财华仁和 | 财华考证系列辅导书

2021年度全国会计专业技术资格考试

中级会计实务
应试指导 上册

财华仁和学院　编著

立信会计出版社
LIXIN ACCOUNTING PUBLISHING HOUSE

图书在版编目(CIP)数据

中级会计实务应试指导 / 财华仁和学院编著. —上
海:立信会计出版社,2021.3
ISBN 978 - 7 - 5429 - 6769 - 5

Ⅰ.①中…　Ⅱ.①财…　Ⅲ.①会计实务—资格考
试—自学参考资料　Ⅳ.①F233

中国版本图书馆 CIP 数据核字(2021)第 041318 号

策划编辑　　方士华
责任编辑　　孙　勇

中级会计实务应试指导
Zhongji Kuaiji Shiwu Yingshi Zhidao

出版发行	立信会计出版社			
地　　址	上海市中山西路 2230 号	邮政编码	200235	
电　　话	(021)64411389	传　　真	(021)64411325	
网　　址	www.lixinaph.com	电子邮箱	lixinaph2019@126.com	
网上书店	http://lixin.jd.com	http://lxkjcbs.tmall.com		
经　　销	各地新华书店			
印　　刷	常熟市文化印刷有限公司			
开　　本	787 毫米×1092 毫米	1/16		
印　　张	30.25			
字　　数	895 千字			
版　　次	2021 年 3 月第 1 版			
印　　次	2021 年 3 月第 1 次			
书　　号	ISBN 978 - 7 - 5429 - 6769 - 5/F			
定　　价	92.00 元			

如有印订差错,请与本社联系调换

编 委 会

主　编：苏禹娴

编著者：（按拼音字母排序）

陈　玲　胡　卓　贾玉琨

李　海　路　欣　潘亚兰

涂　俐　肖丽平　谢　思

袁希太　袁亿鑫　张　鹏

张逸栋

前　　言

　　2020 年,中级会计职称考试(又称中级会计专业技术资格考试)的报名人数达到了182.4 万,再创历史新高。官方统计数据显示,此项资格考试近 3 年的平均通过率约为13.34％,通过率不高,这是因为除了该考试本身有一定难度外,多数考生还是上班族,他们学习时间不足,往往在备考中途放弃。然而实践表明,只要坚持学习,选择合适的教辅资料,结合科学的学习方法,取得中级会计职称证书不是难事。

　　19 年来,选择参加仁和会计培训并通过考试的考生不计其数,仁和为社会输送了数十万名会计人才。这样的成绩离不开仁和老师们优秀的教学水平和学员自身的勤奋,还与一个因素密不可分——仁和会计的讲义和教辅资料。您手中的这套中级会计专业技术资格考试的"应试指导",其底稿来源于仁和的老师们多年来在一线教学过程中不断打磨精研的讲义,并由财华仁和学院从由近千名人员组成的一线教学团队中严选出的名师进行编写。我们希望能借这套书让更多考生顺利通过考试。以下是这套书的模块及特色。

一、知识点细——教材知识点全覆盖,语言好理解

　　中级会计职称考试难度较大,知识内容多而广,如仅使用教材学习难免会眼花缭乱,无从下手,对于基础和理解力较差的考生来说更是学习难度倍增。而这套由仁和的教研团队编写的"应试指导",详尽梳理并全面覆盖了教材的知识点,语言通俗易懂,深入浅出,适用于各个层次的考生。

二、图表结合——删繁就简,系统归纳,省时高效

　　本套"应试指导"尽量用图表形式梳理繁杂的知识,避免表述冗余,有助于考生通过对比分析来理解和记忆,从而节约大量归纳总结的时间。

三、"本节框架"模块——学前一览,心中有数

　　学习没有目标就像盲人打靶,很难达成目的。本套书的"本节框架"模块提纲挈领,梳理每一节即将学习的内容,为考生明确学习任务,使其注意力更集中,目标更明确。

四、"星级标注"——应考纲要求,分清难易,事半功倍

　　据了解,大多考生都是上班族,平时用于学习的时间较少且分散,要吃透每个知识点是有一定难度的。要在有限的时间内提高效率,需要理清学习重点。这套书依据考纲的要求和实际考试情况,在各个章节知识点的标题后标注了星号,使考生能够合理分配时间。其中一星(★)知识点是考纲中要求考生了解的内容,根据编写老师的经验判断,这些知识点在考试中主要以考查原文为主,考生有印象就容易得分,因而不必花费太多时间;二星(★★)知识点是编写老师认为考试中需要分析、判断、比较才能得分的内容;三星(★★★)知识点则是编写老师依据往年考试情况划分的出现次数多和分值比重大(容

易出现在综合题等大题中)的考点。

五、"考试方向"与"例题、案例"模块——结合考点,实际运用,加深理解

本套书中,编写老师在涉及考试的知识点后都附上了"考试方向"模块,为考生指明了对应的考点和具体考查内容,并与例题或案例相结合予以讲解,这样的方式有助于考生理清思路,加深理解,进而掌握、巩固知识点。俗话说"好酒不怕老",这套书中的例题或案例都是精挑细选的历年真题或经典案例,研究这些题,能了解知识点该如何学,考题会如何出,题该如何解,也有助于针对性地学习和复习。

六、"提示"模块——深挖知识细节,解构复杂考点

本套书中有多处"提示"模块,"提示"内容都来自仁和老师们的教学经验,是精华所在。该模块有助于考生充分了解老师在面授教学中对于知识的把握、解读、延伸,强化理解、巩固记忆,进而更好地抓住学习的侧重点。

七、"易错易混点"模块——对比辨析,加深记忆

针对考试中容易出现的易错题和问题陷阱,考生通过认真学习本套书的"易错易混点"模块即可轻松化解。该模块将易错易混的知识点进行对比和分析,考生可以清楚明了地辨别知识点之间的区别,从而加深印象,提高复习效率,让别人的失分点成为自己的得分点。

八、"知识链接"模块——温故知新,构筑体系

本套书中的"知识链接"模块有助于考生在学习过程中回顾相互关联的知识点,自查学习情况并进行复习,构建一个完整的会计知识体系,通过理解而非死记硬背来记忆,培养自身的会计逻辑思维。

九、"同步练习"模块——学完即练,及时巩固

课后习题有助于考生及时巩固刚学的知识,及时检测学习效果、发现问题。每道题的解析会将题目讲透、讲明白,让考生充分掌握解题思路并复习巩固知识点。

除了以上九个模块及特色外,"应试指导"对于部分知识点还提供了一些记忆技巧,希望帮助考生轻松记忆。同时,这套书采用双色印刷,对重要知识点通过异色显示,一目了然,使考生避免阅读时的视觉疲劳。

本套"应试指导"旨在指导考生朋友学习备考,有误之处,欢迎指正。考生可扫描封底二维码关注"仁和公众号"并联系我们,书中勘误会及时在公众号里更新。我们的工作如有疏漏,还望大家海涵。

财华仁和学院

目　录

上　册

第一章
总　论

考 情 回 顾

本章主要学习会计基础性知识,学习难度适中,考试分值较低,本章在近几年考试中所占分值为 1～2 分,题型包括单选题和判断题,预计今年题型和分值均不变。

考 试 变 化

本章内容无实质性变化。

本 章 结 构

第一节　财务报告目标
第二节　会计信息质量要求
第三节　会计要素及其确认与计量

第一章

第一节 财务报告目标

本节框架▶

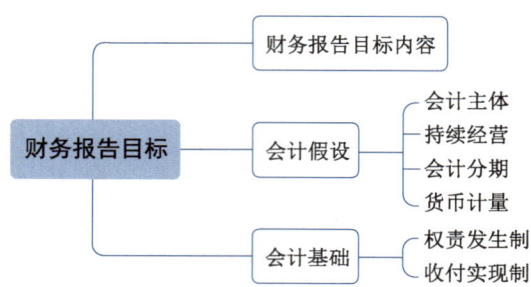

一、 财务报告目标内容★

在我国,企业应当编制财务会计报告。财务会计报告的目标是:

(1)向财务会计报告使用者提供与企业财务状况、经营成果和现金流量等有关的会计信息;

(2)反映企业管理层受托责任履行情况,有助于财务会计报告使用者作出经济决策。

考试方向
考查财务报告的目标。

【例题1-1 单选题】(经典好题) 下列项目中,不属于财务报告目标的是( )。

A. 向财务报告使用者提供与企业财务状况、经营成果和现金流量有关的会计信息

B. 满足投资者的信息需求

C. 反映企业管理层受托责任履行情况

D. 满足企业内部管理需要

【答案】 D

【名师点睛】 财务报告的目标是向财务报告使用者提供与企业财务状况、经营成果和现金流量等有关的会计信息,反映企业管理层受托责任履行情况,有助于财务报告使用者作出经济决策。财务报告目标不包括满足企业内部管理的需要。

二、 会计基本假设★★

会计基本假设是企业会计确认、计量和报告的前提,是会计核算所处时间、空间环境等的合理假定。会计基本假设包括会计主体、持续经营、会计分期和货币计量。

(一)会计主体

会计主体是指会计工作服务的特定对象,是企业会计确认、计量和报告的空间范围。

考试方向
考查会计主体的内涵。

 知识链接▶ 企业的某个事业部、分公司是非法人,均是非法律主体,但是可以进行独立会计核算,是会计主体。在编制合并报表时,集团公司是会计主体,但并不是法律主体。

·易错易混点·

会计主体不同于法律主体,一般来说,法律主体必然是一个会计主体,但是会计主体不一定是法律主体。

(二) 持续经营

持续经营是指在可以预见的将来,企业将会按当前的规模和状态继续经营下去,不会停业,也不会大规模削减业务的情况。在持续经营前提下,会计确认、计量和报告应当以企业持续、正常的生产经营活动为前提。

提示▶ 若预计无形资产可使用年限为 10 年,则不论采用何种摊销方法,都要以 10 年作为计提摊销的基础,这是企业建立在持续经营的假设基础上进行的会计处理;但是,如果可以预知该企业将于第五年破产清算,就不应该以 10 年为基础计提摊销。企业在不能持续经营时仍然使用持续经营假设,并仍按持续经营基本假设选择会计确认、计量和报告原则与方法,就不能客观地反映出企业的财务状况、经营成果和现金流量,以至于会误导会计信息使用者的经济决策。

(三) 会计分期

会计分期是指将一个企业持续经营的生产经营活动划分为一个个连续的、长短相同的期间。在会计分期假设下,企业应当划分会计期间,分期结算账目和编制财务报告。在我国的会计实务中,会计年度从 1 月 1 日至 12 月 31 日,短于一年的财务报告称之为中期报告,主要表现为半年度报告和季度报告。

通过会计期间的划分,将持续经营的生产经营活动划分成连续、相等的期间,据以结算盈亏、按期编报财务报告,从而及时向财务报告使用者提供有关企业财务状况、经营成果和现金流量的信息。

(四) 货币计量

货币计量是指会计主体在会计确认、计量和报告时以货币计量,反映会计主体的生产经营活动。在会计的确认、计量和报告过程中选择货币为基础进行计量,是由货币的本身属性决定的。货币是商品的一般等价物,是衡量一般商品价值的共同尺度,具有价值尺度、流通手段、贮藏手段和支付手段等特点。其他计量单位,如重量、长度等,只能从一个侧面反映企业的生产经营情况,无法在量上进行汇总和比较,不便于会计计量和经营管理。只有选择货币尺度进行计量,才能充分反映企业的生产经营情况。

【例题 1-2 多选题】(经典好题) 关于会计基本假设,下列各项表述中,不正确的有( )。

A. 会计主体确定了会计核算的空间范围　　B. 会计主体就是法律主体

C. 持续经营是收付实现制的基础　　D. 持续经营是会计分期的前提

【答案】 BC

【名师点睛】 一般来说,法律主体必然是一个会计主体,但会计主体不一定是法律主体,选项 B 错误。会计分期假设是权责发生制与收付实现制的基础,故选项 C 不正确。

考试方向

考查会计基本假设的内容。

三、 会计基础 ★★

企业应当以权责发生制为基础进行会计确认、计量和报告。

实务操作中具体表现为：权责发生制基础要求，凡是当期已经实现的收入和已经发生或应当负担的费用，无论款项是否收付，都应当作为当期的收入和费用，计入利润表；凡是不属于当期的收入和费用，即使款项已在当期收付，也不应当作为当期的收入和费用。

收付实现制是与权责发生制相对应的一种会计基础，它是以收到或支付现金作为确认收入和费用等的依据。

考试方向
考查权责发生制和收付实现制的应用范围，重点考查权责发生制在会计处理中的具体应用。

【例题 1-3 单选题】(经典好题)　企业会计确认、计量和报告应当遵循的会计基础是(　　)。

A. 权责发生制　　　　B. 收付实现制　　　　C. 货币计量　　　　D. 会计分期

【答案】　A

【名师点睛】　企业是需要核算利润的，所以使用权责发生制。

第二节　会计信息质量要求

本节框架 ▶▶

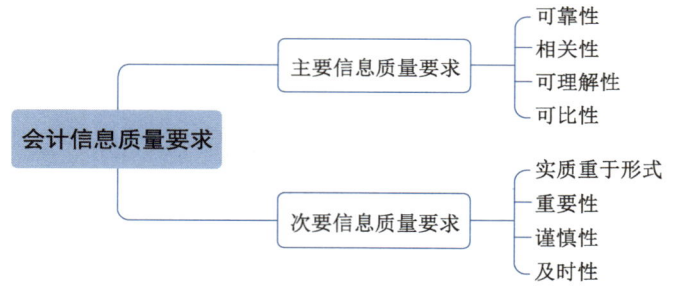

一、 可靠性 ★

考试方向
以客观题的形式考查可靠性的真实性与实际发生的内容。

企业应当以实际发生的交易或者事项为依据进行会计确认、计量和报告，如实反映符合确认和计量要求的各项会计要素及其他相关信息，保证会计信息真实可靠、内容完整。

可靠性强调真实，会计信息要有用，必须以可靠为基础，如果财务报告所提供的会计信息是不可靠的，就会对投资者等使用者的决策产生误导甚至为其带来损失。

二、 相关性 ★★

考试方向
考查相关性和可靠性的联系以及决策有用论。

相关性要求企业提供的会计信息应当与投资者等财务报告使用者的经济决策需要相关，有助于投资者等财务报告使用者对企业过去、现在或未来的情况作出评价或者预测。

会计信息质量的相关性要求,需要企业在确认、计量和报告会计信息的过程中,充分考虑使用者的决策模式和信息需要。但是,相关性是以可靠性为基础的,两者之间并不矛盾,不应将两者对立起来。也就是说,会计信息在可靠性的前提下,尽可能地做到相关性,以满足投资者等财务报告使用者的决策需要。

三、 可理解性★

可理解性要求企业提供的会计信息应当清晰明了,便于投资者等财务报告使用者理解和使用。强调会计信息的可理解性要求的同时,还应假定使用者具有一定的有关企业经营活动和会计方面的知识,并且愿意付出努力去研究这些信息。

考试方向
考查可理解性的目的。

四、 可比性★★★

企业提供的会计信息应当具有可比性,可比性包括纵向可比与横向可比,如表1-1所示。

表1-1　可比性要求

可比类型	含义
纵向可比	同一企业不同时期发生的相同或者相似的交易或者事项,应当采用一致的会计政策,不得随意变更。确需变更的,应当在附注中说明
横向可比	不同企业发生的相同或者相似的交易或者事项,应当采用规定的会计政策,确保会计信息口径一致、相互可比

【例题1-4 单选题】(经典好题)　2019年1月1日,甲公司按照会计准则的规定采用新的财务报表格式进行列报,因为部分财务报表列报项目发生了变更,甲公司对2019年财务报表可比期间的数据按照变更后的财务报表列报项目进行调整,甲公司对于上述会计处理体现的会计信息质量要求的是(　　)。

A. 可比性　　　　B. 权责发生制　　　　C. 实质重于形式　　　　D. 会计主体

【答案】　A

【名师点睛】　满足同一企业不同期间可比的要求,即纵向可比。

考试方向
考查可比性的内涵,正确判断出会计政策和会计估计的处理是否可比。

五、 实质重于形式★★★

企业应当按照交易或者事项的经济实质进行会计确认、计量和报告,不应仅以交易或者事项的法律形式为依据。

【例题1-5 单选题】(经典好题)　下列各项中,体现实质重于形式这一会计信息质量要求的是(　　)。

A. 对无形资产计提减值准备

B. 对应收账款计提坏账准备

C. 对外公布财务报表时提供可比信息

D. 母公司编制合并财务报表

考试方向
考查实质重于形式的内涵,针对具体的会计业务,判断是否属于实质重于形式。

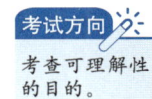

【答案】 D

【名师点睛】 从法律形式上看,合并主体不一定是一个统一的法律实体,而从经济实质上看,应当是一个统一的经济实体,这体现了实质重于形式原则。

六、重要性 ★★★

企业提供的会计信息应当反映与企业财务状况、经营成果和现金流量有关的所有重要交易或者事项。

> **·易错易混点·**
>
> ① 会计事项的重要性主要从"项目性质"和"金额"两个方面判断。
> ② 对于不重要的会计事项不需要遵循会计准则要求进行会计处理,甚至可以不进行会计核算。
> ③ 对于重要的项目则要重点、详细地进行会计核算和披露。

考试方向

考查重要性的内涵,针对企业具体业务的处理方式,从定性和定量的角度判断是否满足重要性。

【例题 1-6 单选题】(经典好题) 甲公司在编制 2019 年度财务报表时,发现 2018 年度某项管理用无形资产未摊销,应摊销金额 20 万元,甲公司将该 20 万元补记的摊销额计入了 2019 年度的管理费用。甲公司 2019 年和 2018 年实现的净利润分别为 20000 万元和 18000 万元。不考虑其他因素,甲公司上述会计处理体现的会计信息质量要求是( )。

A. 重要性   B. 相关性   C. 可比性   D. 及时性

【答案】 A

【名师点睛】 2018 年无形资产未进行摊销,属于会计差错,同时补记金额相对于 2018 年和 2019 年实现的净利润而言,整体影响不大,作为不重大的前期差错处理,因此题中在 2019 年确认为当期管理费用,体现的是重要性原则。

七、谨慎性 ★★★

企业对交易或者事项进行会计确认、计量和报告应当保持应有的谨慎,不应高估资产或者收益、低估负债或者费用。但是,谨慎性的应用并不允许企业设置秘密准备。

谨慎性原则的具体体现:

(1) 企业对应收账款计提坏账准备或其他资产减值。

(2) 采用双倍余额递减法和年数总和法加速计提折旧。

(3) 所得税会计中的只有未来很可能取得足够的应纳税所得额用来抵扣暂时性差异时,才能确认递延所得税资产。

(4) 对售出商品可能发生的保修义务等确认预计负债。

考试方向

考查谨慎性的内涵,针对企业具体的会计处理,判断是否属于谨慎性还是虚构交易。

【例题 1-7 判断题】(2011 年真题) 企业为应对市场经济环境下生产经营活动面临的风险和不确定性,应高估负债和费用,低估资产和收益。( )

【答案】 ×

【名师点睛】 谨慎性原则是不应高估资产或者收益、低估负债或者费用。高估负债和费用、低估资产和收益的,属于虚构交易或者虚假交易。

【例题1-8 单选题】（经典好题） 甲公司销售乙产品,同时对售后2年内因产品质量问题承担免费保修义务。有关产品更换或修理至达到正常使用状态的支出由甲公司负担,2019年,甲公司共销售乙产品1000件,根据历史经验估计,因履行售后保修承诺预计将发生的支出为600万元,甲公司确认了销售费用,同时确认为预计负债。甲公司该会计处理体现的会计信息质量要求是( )。

A. 可比性 　　　　B. 实质重于形式 　　　　C. 谨慎性 　　　　D. 及时性

【答案】 C

【名师点睛】 甲公司根据预计可能承担的保修义务确认预计负债,体现的是谨慎性原则。

【例题1-9 判断题】（2020年真题） 企业根据售出商品可能发生的保修义务确认预计负债,体现了实质重于形式的会计信息质量要求。( )

【答案】 ×

【名师点睛】 企业根据售出商品可能发生的保修义务确认预计负债,体现谨慎性会计信息质量要求。

考试方向

考查及时性的含义、应用和对其他会计信息质量要求的影响。

八、及时性★

及时性要求企业对于已经发生的交易或者事项,应当及时进行确认、计量和报告,不得提前或延后。及时性要求体现在会计信息收集、加工、披露、报告等各个环节。及时性对相关性和可靠性起着制约作用。

第三节　会计要素及其确认与计量

 本节框架 ▶

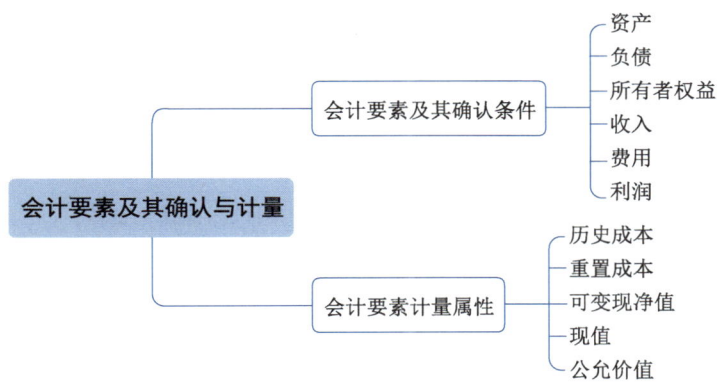

一、会计要素及其确认条件

会计要素是根据交易或者事项的经济特征所确定的财务会计对象和基本分类,如表1-2所示。

表1-2 会计要素分类

项目	经济特征	具体要素
会计要素	反映企业财务状况	资产、负债、所有者权益
	反映企业经营成果	收入、费用、利润

(一)资产的定义及其确认条件★★

资产的定义、特征及其确认条件,如表1-3所示。

表1-3 资产的定义、特征及确认条件

定义	资产是指企业过去的交易或者事项形成的,由企业拥有或者控制的,预期会给企业带来经济利益的资源
特征	① 由企业过去的交易或事项形成 ② 由企业拥有或控制 ③ 预期给企业带来经济利益
确认条件	符合上述资产定义的资源,在同时满足以下条件时,确认为资产: ① 与该资源有关的经济利益很可能流入企业 ② 该资源的成本或者价值能够可靠计量

【考试方向】 考查资产的定义、特征和确认条件,正确判断具体事项是否属于资产。

【例题1-10 判断题】(2016年真题) 企业拥有的一项经济资源,即使没有发生实际成本或者发生的实际成本很小,但如果公允价值能够可靠计量,也应认为符合资产能够可靠计量的确认条件。( )

【答案】 √

【名师点睛】 没有成本可以视为成本为0,而不能视为成本无法可靠计量,所以仍然满足资产的确认条件。

(二)负债的定义及其确认条件★★

负债的定义、特征及其确认条件,如表1-4所示。

表1-4 负债的定义、特征及确认条件

定义	负债是指企业过去的交易或者事项形成的,预期会导致经济利益流出企业的现时义务
特征	① 由企业过去的交易或事项形成 ② 是现时义务(不是潜在义务) ③ 履行该义务会导致经济利益流出企业
确认条件	符合上述负债定义的义务,在同时满足以下条件时,确认为负债: ① 与该义务有关的经济利益很可能流出企业 ② 未来流出的经济利益的金额能够可靠计量

【考试方向】 考查负债的定义、特征和确认条件,辨析现时义务和潜在义务。

·易错易混点·

现时义务可以是法定义务(如合同或者法律法规规定),也可以是推定义务(如企业习惯的做法、商业惯例等),但是负债不能是潜在义务。

(三)所有者权益的定义及其确认条件★★

所有者权益的定义和来源,如表1-5所示。

表1-5 所有者权益的定义及来源

定义	所有者权益是指企业资产扣除负债后,由所有者享有的剩余权益。公司的所有者权益又称为股东权益
来源	① 所有者投入的资本(股本/实收资本、资本溢价/股本溢价) ② 直接计入所有者权益的利得和损失(其他综合收益) ③ 留存收益(盈余公积和未分配利润) ④ 资本公积——其他资本公积

案例 1-1

甲公司现准备增资 100 万元,使其注册资本增加为 500 万元,并引入一位新的股东 A,该股东投入资金 120 万元,并占股本 20%。具体分录为(单位:万元):

借:银行存款   120
    贷:实收资本   100
            资本公积——资本溢价   20

【例题 1-11 判断题】(2012 年真题) 所有者权益体现的是所有者在企业中的剩余权益,其确认和计量主要依赖于资产、负债等其他会计要素的确认和计量。(　　)

【答案】 √

【名师点睛】 所有者权益就是股东享有的权益,从会计上看就是资产扣除负债后的余额,因此其依赖于资产、负债等会计要素的确认和计量。

【例题 1-12 多选题】(2020 年真题) 下列各项交易或事项中,将导致企业所有者权益总额变动的有(　　)。

A. 账面价值与公允价值不同的债权投资重分类为其他债权投资
B. 其他债权投资发生减值
C. 其他权益工具投资的公允价值发生变动
D. 权益法下收到被投资单位发放的现金股利

【答案】 AC

【名师点睛】 选项 A,账面价值与公允价值不同的债权投资重分类为其他债权投资,差额计入其他综合收益,会影响所有者权益总额;选项 B,其他债权投资发生减值,应借记"信用减值损失"科目,贷记"其他综合收益"科目,不影响所有者权益总额;选项 C,其他权益工具投资公允价值变动计入其他综合收益,会影响所有者权益总额;选项 D,权益法下收到被投资单位发放的现金股利,借记"银行存款"科目,贷记"应收股利"科目,不影响所有者权益总额。

(四) 收入的定义及其确认条件 ★★★

1. 收入的定义、特征及其确认条件(见表1-6)

表1-6 收入的定义、特征及确认条件

定义	收入是指企业在日常活动中形成的、会导致所有者权益增加的、与所有者投入资本无关的经济利益的总流入
特征	① 企业在日常活动中形成的(营业外收入不确认为收入) ② 与所有者投入资本无关的经济利益的总流入 ③ 收入会导致所有者权益的增加

考试方向
考查所有者权益的组成和来源以及内部科目的相关转化。

第一章

(续表)

确认条件	企业与客户之间的合同同时满足下列条件时,企业应当在客户取得相关商品或劳务控制权时确认收入: ① 客户各方已批准该合同并承诺将履行各自义务 ② 该合同明确了合同各方与所转让商品或提供劳务相关的权利和义务 ③ 该合同有明确的与所转让商品或提供劳务相关的支付条款 ④ 该合同具有商业实质,即履行该合同将改变企业未来现金流量的风险、时间分布或金额 ⑤ 企业因向客户转让商品或提供劳务而有权取得对价很可能收回

2. 收入和利得的区别与联系(见表1-7)

利得是指由企业非日常活动所形成的、会导致所有者权益增加的、与所有者投入资本无关的经济利益的净流入。

表1-7 收入与利得的区别与联系

		收入	利得
区别		日常	非日常
		总流入	净流入
联系(相同点)		导致所有者权益的增加	
		与所有者投入资本无关	

考试方向

考查收入的定义、特征和确认条件,判断业务类型是属于收入还是利得。

【例题1-13 多选题】(经典好题) 下列业务中的经济利益流入应界定为收入的有( )。

A. 权益结算股份支付形成的"资本公积——股本溢价"

B. 盘盈固定资产

C. 出租投资性房地产确认的其他业务收入

D. 出售商品确认的主营业务收入

【答案】 CD

【名师点睛】 选项A,资本溢价和股本属于股东投入资本总额,与收入无关;选项B,盘盈固定资产计入以前年度损益调整。

(五)费用的定义及其确认条件★★★

1. 费用的定义、特征及其确认条件(见表1-8)

表1-8 费用的定义、特征及确认条件

定义	费用是指企业在日常活动中发生的、会导致所有者权益减少的、与向所有者分配利润无关的经济利益的总流出
特征	① 费用是企业在日常活动中发生的流出 ② 费用会导致所有者权益减少 ③ 费用是与向所有者分配利润无关的经济利益的总流出
确认条件	在确认时除了应当符合费用定义外,至少应当符合以下条件: ① 与费用相关的经济利益应当很可能流出企业 ② 经济利益流出企业的结果会导致资产的减少或者负债的增加 ③ 经济利益的流出额能够可靠计量

2. 费用与损失的区别与联系(见表1-9)

损失是指由企业非日常活动所发生的、会导致所有者权益减少的、与向所有者分配利润无关的经济利益的净流出。

表1-9 费用与损失的区别与联系

	费用	损失
区别	日常	非日常
	总流出	净流出
联系(相同点)	导致所有者权益的减少	
	与向所有者分配利润无关	

第一章

(六) 利润的定义及其确认条件★★

利润的定义、组成及其确认条件如表1-10所示。

表1-10 利润的定义、组成及确认条件

定义	利润是指企业在一定会计期间的经营成果
组成	利润＝收入－费用＋计入利润的利得－计入利润的损失
确认条件	利润反映的是收入减去费用、利得减去损失后的净额。因此,利润的确认主要依赖于收入和费用以及利得和损失的确认,其金额的确定也主要取决于收入、费用、利得和损失金额的计量

二、 会计要素计量属性★★★

会计的计量反映的是会计要素金额的确定基础,主要包括历史成本、重置成本、可变现净值、现值和公允价值等。详见表1-11。

表1-11 会计要素计量属性

计量属性	定义	注意事项
历史成本	资产按照购置时支付的现金或者现金等价物的金额,或者按照购置资产时所付出的对价的公允价值计量 负债按照因承担现时义务而实际收到的款项或者资产的金额,或者承担现时义务的合同金额,或者按照日常活动中为偿还负债预期需要支付的现金或者现金等价物的金额计量	历史成本通常反映的是资产或者负债过去的价值
重置成本	资产按照现在购买相同或者相似资产所需支付的现金或者现金等价物的金额计量 负债按照现在偿付该债务所需支付的现金或者现金等价物的金额计量	盘盈固定资产按照重置成本计量
可变现净值	资产按照其正常对外销售所能收到的现金或者现金等价物的金额扣减该资产至完工时估计将要发生的成本、估计的销售费用以及相关税费后的金额计量	存货期末按照成本与可变现净值孰低计量
现值	资产按照预计从其持续使用和最终处置中所产生的未来净现金流入量的折现金额计量 负债按照预期限内需要偿还的未来现金流出量的折现金额计量	具有融资性质的分期付款购买无形资产或者固定资产

考试方向
考查费用定义、特征和确认条件,判断业务类型是属于费用还是损失。

考试方向
考查利润定义、组成和确认条件。判断具体业务是影响利润、所有者权益还是应该资本化。

（续表）

计量属性	定义	注意事项
公允价值	资产和负债按照市场参与者在计量日发生的有序交易中，出售资产所能收到或者转移负债所需支付的价格计量。公允价值计量是市场经济条件下维护产权秩序的必要手段，也是提高会计信息质量的重要途径，它代表了会计计量体系变革的总体趋势	交易性金融资产、其他债权投资和其他权益工具投资均是按照公允价值计量

考试方向
考查会计要素计量属性定义以及具体的计量属性。

【例题 1-14 判断题】(2019 年真题) 资产的重置成本是指按照当前市场条件购买相同或者相似资产所需支付的现金或者现金等价物的金额。( )

【答案】 √

【例题 1-15 判断题】(2015 年真题) 公允价值是指市场参与者在计量日发生的有序交易中，出售一项资产所能收到或转移一项负债所需支付的价格。( )

【答案】 √

同步练习

一、单项选择题

1. 下列各项中,将导致企业所有者权益总额发生增减变动的是( )。
   A. 实际发放股票股利
   B. 提取法定盈余公积
   C. 宣告分配现金股利
   D. 用盈余公积弥补亏损

2. 企业对向职工提供的非货币性福利进行计量时,应选择的计量属性是( )。
   A. 现值
   B. 历史成本
   C. 重置成本
   D. 公允价值

3. 企业取得或生产制造某项财产物资时所实际支付的现金或者其他等价物属于( )。
   A. 现值
   B. 重置成本
   C. 历史成本
   D. 可变现净值

4. 下列各项中,代表会计计量体系变革的总体趋势的计量属性是( )。
   A. 现值
   B. 历史成本
   C. 重置成本
   D. 公允价值

5. 下列各项交易和事项中,不会影响当期营业利润的是( )。
   A. 广告宣传费
   B. 出租无形资产的租金收入
   C. 股票发行费用
   D. 交易性金融资产初始购买时发生的交易费用

6. 下列各项中,不符合历史成本计量属性的是( )。
   A. 存货的初始入账
   B. 无形资产的摊销
   C. 交易性金融资产
   D. 固定资产的折旧

7. 下列各项中,属于企业的资产的是( )。
   A. 报废的固定资产
   B. 寄存的商品
   C. 代管的商品
   D. 盘盈的存货

8. 下列各项中,不正确的是( )。
   A. 利得和损失会影响所有者权益
   B. 利得和损失一定影响当期损益
   C. 利得和损失可能影响当期损益
   D. 利得和损失最终均会影响所有者权益

二、多项选择题

1. 下列各项中,不体现实质重于形式要求的有( )。
   A. 优先股划分为金融负债
   B. 母子公司形成的企业集团编制合并财务报表
   C. 计提无形资产的摊销
   D. 交易性金融资产期末按公允价值计量

2. 下列各项中,不属于损失和利得的有( )。
   A. 业务招待费
   B. 营业成本
   C. 现金盘亏损失
   D. 计入所有权权益的其他综合收益

3. 下列各项中,属于资产确认条件的是( )。
   A. 与该资源有关的经济利益很可能流入企业
   B. 该资源的成本或者价值能够可靠计量
   C. 企业拥有或者控制的
   D. 预期会给企业带来经济利益的资源

4. 下列关于资产期末计量的表述中,不正确的有( )。
   A. 固定资产按照公允价值计量
   B. 债权投资按照公允价值计量
   C. 交易性金融资产按照公允价值计量
   D. 无形资产按照期末账面价值与可收回金额孰低计量

5. 下列关于会计信息质量要求的表述中,正确的有( )。
   A. 流通企业在采购过程中发生的金额较小的运费计入当期损益而不是计入存货成本,体现了会计信息质量重要性要求
   B. 会计政策不得随意变更体现了会计信息质量可比性要求
   C. 母子公司编制合并财务报表体现了会计信息质量实质重于形式要求
   D. 企业提供的信息应清晰地反映其财务状况和经营成果体现了会计信息质量相关性要求

6. 下列各项中,不会同时引起资产和所有者权益发生变化的是( )。
   A. 接受投资者投入土地
   B. 预收租金
   C. 收回应收账款
   D. 固定资产转化为成本模式计量的投资性房地产

7. 下列各项中,影响营业利润的是(　　)。

　A. 主营营业收入　　　B. 主营营业成本

　C. 税金及附加　　　　D. 营业外收支

8. 下列各项中,应该按照历史成本计量的是(　　)。

　A. 盘盈固定资产

　B. 存货期末计量

　C. 企业采购防疫物资

　D. 企业购置新的生产线

9. 下列各项中,按照公允价值计量的是(　　)。

　A. 交易性金融资产

　B. 债权投资

　C. 其他债权投资

　D. 其他权益工具投资

10. 下列各项中,采用权责发生制核算的是(　　)。

　　A. 政府会计中的预算会计

　　B. 合伙企业

　　C. 股份制公司

　　D. 国有企业

11. 下列表述中,正确的是(　　)。

　　A. 同一企业不同时期应采用统一的会计政策,不得随意变更反映了可比性要求

　B. 承担潜在义务是负债的特征

　C. 利得导致经济利润的流入,但是不属于收入的范畴

　D. 营业成本属于期间费用

三、判断题

1. 企业发生的利得或损失,应计入当期损益。
　　　　　　　　　　　　　　　　　　(　　)

2. 由于疫情原因,上市公司将已达到预定可使用状态后的借款利息支出予以资本化,符合谨慎性要求。　　　　　　　　　　　　(　　)

3. 公司发行的公司债券属于负债。　(　　)

4. 财务会计报告使用者包括投资者、债权人、企业管理者、政府及其有关部门和社会公众。
　　　　　　　　　　　　　　　　　　(　　)

5. 我国的行政事业单位会计核算采用收付实现制,事业单位部分经济业务或者事项的核算采用权责发生制,除此之外的业务核算采用收付实现制。　　　　　　　　(　　)

6. 重要性的判断取决于性质和金额两个方面,故相同的金额对于规模不同的企业,重要性标准应该设定一致。　　　　　(　　)

参考答案及解析

一、单项选择题

1.【答案】 C

　【解析】 选项 C,宣告分配现金股利,借方为利润分配,贷方为应付股利,所有者权益减少,负债增加。其他选项所有者权益总额不变。

2.【答案】 D

　【解析】 企业向职工提供非货币性福利的,应当按照公允价值计量。

3.【答案】 C

　【解析】 历史成本又称实际成本,是指取得或制造某项财产物资时所实际支付的现金或者其他等价物,选项 C 正确。

4.【答案】 D

　【解析】 公允价值计量是市场经济条件下维护产权秩序的必要手段,也是提高会计信息质量的重要途径。它代表了会计计量体系变革的总体趋势。

5.【答案】 C

　【解析】 股票发行费用应冲减"资本公积——股本溢价",不足冲减的应冲减留存收益。

6.【答案】 C

　【解析】 选项 C,交易性金融资产以公允价值计量,属于公允价值计量属性。

7.【答案】 D

　【解析】 选项 A,报废的固定资产预期不会给企业带来经济利益,故不属于资产;选项 BC,所有权不属于企业,企业也不能控制该资源,故也不属于资产。

8.【答案】 B

　【解析】 利得和损失不一定影响当期损益。

二、多项选择题

1.【答案】 CD

　【解析】 选项 AB 的处理和做法是根据其实质来进行的,而不是根据其形式;选项 C,是权责发生制的要求(或成本补偿的要求),不体现实质重于形式的要求;选项 D,交易性金融资产的期末计价采用公允价值,与其投资目的相关,与实质重于形式无关。

2.【答案】　ABC

【解析】　选项 A,列入"管理费用",归于营业利润范畴;选项 B,营业成本属于费用;选项 C,列入"管理费用",属于费用。

3.【答案】　AB

【解析】　符合上述资产定义的资源,在同时满足以下条件时,确认为资产:①与该资源有关的经济利益很可能流入企业;②该资源的成本或者价值能够可靠计量。

4.【答案】　AB

【解析】　固定资产按照期末账面价值与可收回金额孰低计量,选项 A 不正确;债权投资按照摊余成本进行后续计量,选项 B 不正确。

5.【答案】　ABC

【解析】　企业提供的信息应清晰地反映其财务状况和经营成果体现了会计信息质量可理解性要求,选项 D 错误。

6.【答案】　BCD

【解析】　选项 A,会引起资产和所有者权益同时发生变化;选项 B,能同时引起资产和负债发生变化;选项 CD,属于资产项目结构的变化,不会引起所有者权益发生变化。

7.【答案】　ABC

【解析】　选项 D 影响企业利润总额,不影响营业利润。

8.【答案】　CD

【解析】　选项 A,按照重置成本计量;选项 B,存货期末按照成本与可变现净值孰低计量。

9.【答案】　ACD

【解析】　选项 B,债权投资按照摊余成本计量。

10.【答案】　BCD

【解析】　选项 A,政府会计中,预算会计实行收付实现制,财务会计实行权责发生制。

11.【答案】　AC

【解析】　选项 B,负债是企业承担的现时义务;选项 D,费用包括期间费用和营业成本,期间费用指销售费用、管理费用和财务费用。

三、判断题

1.【答案】　×

【解析】　企业发生的各项利得或损失,可能直接影响当期损益,也可能直接影响所有者权益。

2.【答案】　×

【解析】　属于滥用会计政策,不符合谨慎性要求。

3.【答案】　√

4.【答案】　√

5.【答案】　√

6.【答案】　×

【解析】　重要性的判断取决于性质和金额两个方面。需要注意的是,相同的金额对于规模不同的企业,可能存在不同的重要性理解。

第二章
存　货

考 情 回 顾

　　本章重点介绍存货的确认和计量。从整体来看,本章内容有一定的独立性,难度适中。本章分值一般为2～5分,考试涉及的题型主要为单选题、多选题、判断题,也单独出过计算题,曾与收入等结合出综合题,属于比较重要的章节,要注意知识的融会贯通。

考 试 变 化

　　本章内容无实质性变化。

本 章 结 构

　　第一节　存货的确认和初始计量
　　第二节　存货的期末计量

第一节 存货的确认和初始计量

本节框架

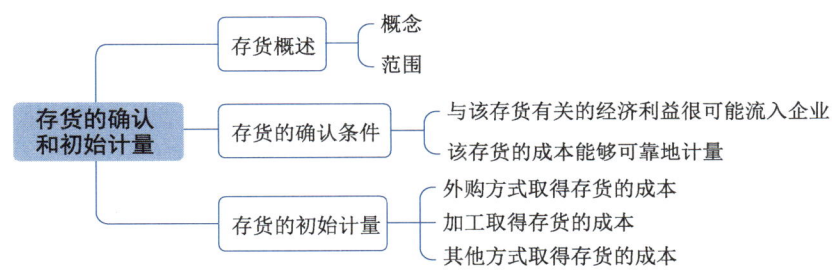

一、存货概述★

存货是指企业在日常活动中持有以备出售的产成品或商品、处在生产过程中的在产品、在生产过程或提供劳务过程中耗用的材料和物料等。

企业的存货通常包括以下内容,如表2-1所示。

表2-1 存货的构成

原材料	原材料指企业在生产过程中经加工改变其形态或性质并构成产品主要实体的各种原料及主要材料、辅助材料、外购半成品(外购件)、修理用备件(备品备件)、包装材料、燃料等
在产品	在产品指企业正在制造但尚未完工的产品,包括正在各个生产工序加工的产品和已加工完毕但尚未检验或已检验但尚未办理入库手续的产品
半成品	半成品指经过一定生产过程并已检验合格交付半成品仓库保管,但尚未制造完工成为产成品,仍需进一步加工的中间产品
产成品	产成品指工业企业已经完成全部生产过程并验收入库,可以按照合同规定的条件送交订货单位,或者可以作为商品对外销售的产品。企业接受外来原材料加工制造的代制品和为外单位加工修理的代修品,在制造和修理完成验收入库后,应视同企业的产成品
商品	商品指流通企业外购或委托加工完成验收入库用于销售的各种商品
周转材料	周转材料指企业能够多次使用、逐渐转移其价值但仍保持原有形态不确认为固定资产的材料,如包装物和低值易耗品等。包装物是指为了包装本企业商品而储备的各种包装容器,如桶、箱、瓶、坛、袋等,其主要作用是盛装、装潢产品或商品

·易错易混点·

为建造固定资产等各项工程而储备的各种材料,虽然同属于材料,但是由于其用于建造固定资产等各项工程,不符合存货的定义,所以不能作为企业存货进行核算。

考试方向

考查存货的概念、来源及构成。

【例题2-1单选题】(经典好题) 下列各项中,属于存货的是(   )。

A. 周转材料　　　　B. 制造费用　　　　C. 工程物资　　　　D. 在产品

【答案】 ABD

【名师点睛】 工程物资不属于存货。

二、存货的确认条件

（1）与该存货有关的经济利益很可能流入企业。

（2）该存货的成本能够可靠地计量。

三、存货的初始计量★★

存货按照成本进行初始计量。存货成本包括采购成本、加工成本和其他成本。

具体计量为能使存货达到目前场所和状态的一切合理且必要的支出，但一般纳税人不包含可抵扣的增值税进项税额。

·易错易混点·

一般纳税人可以抵扣的增值税进项税不计入存货成本，不能抵扣的增值税进项税计入存货成本。

（一）外购方式取得存货的成本

存货的采购成本包括购买价款、相关税费、运输费、装卸费、保险费以及其他可归属于存货采购成本的费用。具体如下：

（1）存货的购买价款。这是指企业购入的材料或商品的发票账单上列明的价款，但不包括按规定可以抵扣的增值税额。

（2）存货的相关税费。这是指企业购买存货发生的进口关税、消费税、资源税和不能抵扣的增值税进项税额等应计入存货采购成本的税费。

（3）其他可归属于存货采购成本的费用。这是指采购成本中除上述各项以外的可归属于存货采购成本的费用，如在存货采购过程中发生的仓储费、包装费、运输途中的合理损耗、入库前的挑选整理费用等。这些费用能分清负担对象的，应直接计入存货的采购成本；不能分清负担对象的，应选择合理的分配方法，分配计入有关存货的采购成本。分配方法通常包括按所购存货的数量或采购价格比例进行分配。

对于采购过程中发生的物资毁损、短缺等，除运输途中的合理损耗应当作为存货的，其他可归属于存货采购成本的费用计入采购成本外，应区别以下两种情况进行会计处理：

（1）从供货单位、外部运输机构等收回的物资短缺或其他赔款，应冲减所购物资的采购成本。

（2）因遭受意外灾害发生的损失和尚待查明原因的途中损耗，暂作为待处理财产损溢进行核算，查明原因后再作处理。

商品流通企业在采购商品过程中发生的运输费、装卸费、保险费以及其他可归属于存货采购成本的费用等：

（1）应当计入存货的采购成本。

（2）可以先进行归集，期末再根据所购商品的存销情况进行分摊。

（3）商品流通企业采购商品的进货费用金额较小的，可以在发生时直接计入当期损益。

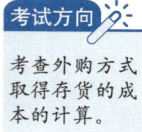

考试方向

考查外购方式取得存货的成本的计算。

【例题 2-2 单选题】（2017 年真题） 甲公司系增值税一般纳税人。2017 年 6 月 1 日，甲公司购买 Y 商品取得的增值税专用发票上注明的价款为 450 万元,增值税税额为 76.5 万元,甲公司另支付不含增值税的装卸费 7.5 万元。不考虑其他因素,甲公司购买 Y 商品的成本为(　　)万元。

A. 526.5　　　　B. 457.5　　　　C. 534　　　　D. 450

【答案】 B

【名师点睛】 一般纳税人取得准予抵扣的增值税税额,不计入商品成本。Y 商品成本＝450＋7.5＝457.5(万元)。

【例题 2-3 判断题】(经典好题) 企业(商品流通)在采购商品过程中发生的运输费、装卸费、保险费以及其他可归属于存货采购成本的费用等进货费用,应当计入存货采购成本,也可以先进行归集,期末根据所购商品的存销情况进行分摊。(　　)

【答案】 √

【例题 2-4 单选题】(2020 年真题) 外购一批存货,购买价款为 100 万元,发生其他相关税费 2 万元,运输途中发生合理损失 5 万元,则该批存货的入账价值为(　　)万元。

A. 100　　　　B. 102　　　　C. 95　　　　D. 97

【答案】 B

【名师点睛】 外购存货成本＝购买价款＋相关税费＝100＋2＝102(万元)

(二) 加工取得存货的成本

1. 委托外单位加工完成的存货

委托外单位加工完成的存货,以实际耗用的原材料或者半成品、加工费、运输费、装卸费等费用以及按规定应计入成本的税金,作为实际成本。

· 易错易混点 ·

(1) 支付的用于连续生产其他应税消费品的消费税应记入"应交税费——应交消费税"科目的借方。

(2) 支付的收回后直接用于销售的或用于继续生产非应税消费品的委托加工环节的消费税,应计入委托加工物资成本。

委托加工物资的成本包括:

① 发出材料或商品的实际成本。

② 支付的运杂费。

③ 支付的加工费(不含可抵扣增值税)。

④ 收回后直接对外销售应税消费品代收代缴的消费税。

【例题 2-5 单选题】(2015 年真题) 甲公司向乙公司发出一批实际成本为 30 万元的原材料,另支付加工费 6 万元(不含增值税),委托乙公司加工一批适用消费税税率为 10% 的应税消费品,加工完成收回后,全部用于连续生产应税消费品,乙公司代扣代缴的消费税款准予后续抵扣。甲公司和乙公司均系增值税一般纳税人,适用的增值税税率均为 17%。不考虑其他因素,甲公司收回的该批应税消费品的实际成本为(　　)万元。

A. 36　　　　B. 39.6　　　　C. 40　　　　D. 42.12

【答案】 A

考试方向
委托加工存货成本包括的内容以及成本的计算。

【名师点睛】 委托加工物资收回后用于继续加工应税消费品的,委托加工环节的消费税是记入"应交税费——应交消费税"科目的借方,不计入委托加工物资的成本,所以实际成本＝30＋6＝36(万元)。

【例题2-6 多选题】(2020年真题) 企业委托外单位加工存货发生的下列各项支出中,应计入收回的委托加工存货入账价值的有( )。

A. 支付的加工费   B. 发出并耗用的原材料成本

C. 收回委托加工存货时支付的运输费   D. 支付给受托方的可抵扣增值税

【答案】 ABC

【名师点睛】 委托外单位加工完成的存货,以实际耗用的原材料或者半成品、加工费、运输费、装卸费等费用以及按规定应计入成本的税金,作为实际成本。选项D,支付给受托方的可抵扣的增值税计入应交税费——应交增值税(进项税额),不计入收回的委托加工存货入账价值。

2. 自行生产的存货

自行生产的存货,其成本由投入的材料或半成品成本、加工成本构成。

存货的加工成本由直接人工和制造费用构成,直接人工是指企业在生产产品过程中直接从事产品生产的工人的职工薪酬。制造费用是指企业为生产产品和提供劳务而发生的各项间接费用。制造费用是一种间接生产成本,包括企业生产部门(如生产车间)管理人员的职工薪酬、折旧费、办公费、水电费、机物料消耗、劳动保护费、季节性和修理期间的停工损失等。

企业在加工存货过程中发生的直接人工和制造费用,如果能够直接计入有关的成本核算对象,则应直接计入该成本核算对象,否则,应按照合理方法分配计入有关成本核算对象。分配方法一经确定,不得随意变更。存货加工成本在产品和完工产品之间的分配应通过成本核算方法进行计算确定。

【例题2-7 单选题】(2016年真题) 下列各项中,应当计入企业产品生产成本的有( )。

A. 生产过程中为达到下一生产阶段所必须的仓储费用

B. 日常修理期间的停工损失

C. 非正常消耗的直接材料成本

D. 生产车间管理人员的工资

【答案】 ABD

【名师点睛】 选项C,非正常消耗的直接材料成本不应计入产品成本,应计入当期损益。

(三) 其他方式取得存货的成本

(1) 投资者投入存货的成本,应当按照投资合同或协议约定的价值确定,但合同或协议约定价值不公允的除外。在投资合同或协议约定价值不公允的情况下,按照该项存货的公允价值作为其入账价值。具体会计分录如下:

借:库存商品等
    应交税费——应交增值税(进项税额)
  贷:实收资本
    资本公积——资本溢价

（2）企业通过提供劳务取得存货的成本，按提供劳务人员的直接人工和其他直接费用以及可归属于该存货的间接费用确定。

第二节　存货的期末计量

本节框架

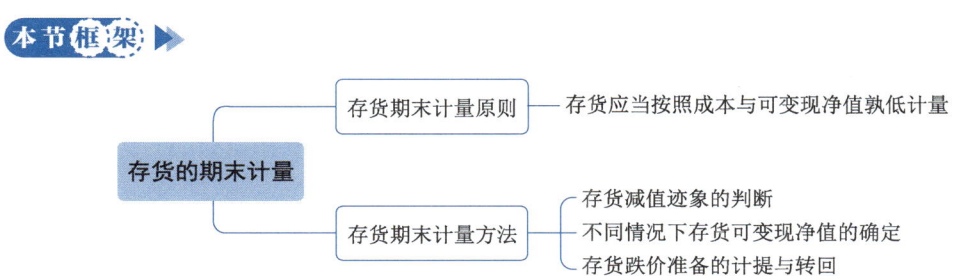

一、存货期末计量原则 ★

资产负债表日，存货应当按照成本与可变现净值孰低计量。存货成本高于存货可变现净值的，应当计提存货跌价准备，计入当期损益；存货的成本低于其可变现净值的，按其成本计量，不计提存货跌价准备，但原已计提存货跌价准备的，应按已计提存货跌价准备金额的范围内转回。

二、存货期末计量方法 ★★

（一）存货减值迹象的判断

1. 存货存在下列情形之一的，表明存货的可变现净值低于成本

（1）该存货的市场价格持续下跌，并且在可预见的未来无回升的希望。

（2）企业使用该项原材料生产的产品的成本大于产品的销售价格。

（3）企业因产品更新换代，原有库存原材料已不适应新产品的需要，而该原材料的市场价格又低于其账面成本。

（4）因企业所提供的商品或劳务过时，或消费者偏好改变而使市场的需求发生变化，导致市场价格逐渐下跌。

（5）其他足以证明该项存货实质上已经发生减值的情形。

2. 存货存在下列情形之一的，表明存货的可变现净值为零

（1）已霉烂变质的存货。

（2）已过期且无转让价值的存货。

（3）生产中已不再需要，并且已无使用价值和转让价值的存货。

（4）其他足以证明已无使用价值和转让价值的存货。

（二）不同情况下存货可变现净值的确定 ★★

1. 产成品、商品和材料等直接用于出售的商品存货

在正常生产经营过程中，应当以该存货的估计售价减去估计的销售费用和相关税费后的金额确定其可变现净值（没有销售合同）。

存货可变现净值＝存货的预计售价－预计销售费用及税费

案例 2-1

2017 年 12 月 31 日,甲公司 w7 型机器的账面成本为 500 万元,但由于 w7 型机器的市场价格下跌,市场销售价格(不含增值税)为 480 万元,估计销售过程中将发生销售费用及相关税费 10 万元。甲公司没有签订有关 w7 型机器的销售合同。

【分析】 本例中由于没有签订销售合同,故 w7 型机器的可变现净值＝480－10＝470(万元)。

2. 需要经过加工的材料存货

在正常生产经营过程中,应当以所生产的产成品的估计售价减去至完工时估计将要发生的成本、估计的销售费用和相关税费后的金额确定其可变现净值(用产品的可变现净值倒推出材料的可变现净值)。

案例 2-2

2020 年 12 月 31 日,甲公司库存丙材料的实际成本为 100 万元,不含增值税的销售价格为 80 万元,拟全部用于生产 1 万件乙产品。将该批材料加工成乙产品尚需投入的成本总额为 40 万元。由于丙材料市场价格持续下降,乙产品每件不含增值税的市场价格由原 160 元下降为 150 元。估计销售该批丁产品将发生销售费用及相关税费合计为 2 万元。

【分析】 (1)先计算材料生产的产品的可变现净值:

乙产品的可变现净值＝150－2＝148(万元)

(2)将产品的可变现净值与其成本进行比较:

乙产品的成本＝100＋40＝140(万元)

可变现净值高于成本,乙产品未发生减值,则丙材料也未发生减值。

案例 2-3 沿用 **案例 2-2**

其他条件不变,由于丙材料市场价格持续下降,乙产品每件不含增值税的市场价格由原 160 元下降为 110 元,估计销售该批乙产品将发生销售费用及相关税费合计为 2 万元。

【分析】 (1)先计算材料生产的产品的可变现净值:

乙产品的可变现净值＝110－2＝108(万元)

(2)将产品的可变现净值与其成本进行比较:

乙产品的成本＝100＋40＝140(万元)

可变现净值低于成本,乙产品发生减值

(3)如果产品发生减值,则材料发生减值,需进一步计算材料的可变现净值:

丙材料的可变现净值＝产品的市场售价(合同价)－进一步加工成本－预计销售费用及相关税费(产品的销售费用)＝110－2－40＝68(万元)

3. 为执行销售合同或者劳务合同而持有的存货

其可变现净值应当以合同价格为基础计算。企业持有存货的数量多于销售合同订购数量的,超出部分的存货的可变现净值应当以一般销售价格为基础计算。

（1）企业持有存货的数量<u>少于</u>销售合同订购数量。

案例 2-4

　　假定 A 公司 2019 年 12 月 31 日库存 W 型机器 12 台，成本为 360 万元，单位成本为 30 万元。该批 W 型机器全部销售给 B 公司。A 公司与 B 公司签订的销售合同约定，2020 年 1 月 20 日，A 公司应按每台 31 万元的价格（不含增值税）向 B 公司提供 W 型机器 12 台。A 公司销售部门提供的资料表明，向长期客户 B 公司销售的 W 型机器的销售费用为 0.12 万元/台；向其他客户销售 W 型机器的销售费用为 0.1 万元/台。2019 年 12 月 31 日，W 型机器的市场销售价格为 32 万元/台。

　　【分析】 在本例中，根据该销售合同规定，库存的 12 台 W 型机器的销售价格全部由销售合同约定。在这种情况下，W 型机器的可变现净值应以销售合同约定的价格 30 万元/台为基础确定。据此，W 型机器的可变现净值＝31×12－0.12×12＝372－1.44＝370.56（万元）。

（2）企业持有存货的数量<u>多于</u>销售合同订购数量。

案例 2-5

　　2020 年 12 月 1 日，甲公司与乙公司签订了一项不可撤销的销售合同，约定甲公司于 2021 年 1 月 12 日以每吨 2 万元的价格（不含增值税）向乙公司销售 K 产品 200 吨。2020 年 12 月 31 日，甲公司库存该产品 300 吨，单位成本为 1.8 万元，单位市场销售价格为 1.5 万元（不含增值税）。甲公司预计销售库存产品将发生销售费用和其他相关税费均为 0.05 万元/吨。

　　【分析】 （1）合同数量以内的部分，存货可变现净值＝合同约定售价－预计销售费用及税金合同数量以内的部分：200 吨库存商品可变现净值＝2×200－0.05×200＝390（万元）。

　　（2）超过合同数量的部分，存货可变现净值＝市场售价－预计销售费用及税金超过合同数量的部分：100 吨库存商品可变现净值＝1.5×100－0.05×100＝145（万元）。

【例题 2-8 多选题】（2011 年真题） 对于需要加工才能对外销售的在产品，下列各项中，属于在确定其可变现净值时应考虑的因素有（　　）。

　　A. 在产品已经发生的生产成本

　　B. 在产品加工成产成品后对外销售的预计销售价格

　　C. 在产品未来加工成产成品估计将要发生的加工成本

　　D. 在产品加工成产成品后对外销售预计发生的销售费用

　　【答案】 BCD

　　【名师点睛】 计算在产品的可变现净值时，不会用到在产品已发生的成本，而要用到产成品售价、销售费用和进一步加工成本。此处的在产品相当于材料。

【例题 2-9 判断题】（2020 年真题） 企业为执行不可撤销的销售合同而持有的存货，应当以合同价格为基础确定其可变现净值。（　　）

　　【答案】 √

考试方向

考查不同情况下确定存货可变现净值的影响因素，以及存货可变现净值的计算。

（三）存货跌价准备的计提与转回★★

1. 存货跌价准备的计提

企业应当将每个存货项目的成本与其可变现净值逐一进行比较，按较低者计量存货，并且按成本高于可变现净值的差额计提存货跌价准备。具体账务处理如下：

借：资产减值损失

　　贷：存货跌价准备

2. 存货跌价准备的转回

资产负债表日，企业应当确定存货的可变现净值。以前减记存货价值的影响因素已经消失的，减记的金额应当予以恢复，并在原已计提的存货跌价准备金额内转回，转回的金额计入当期损益。具体分录如下：

借：存货跌价准备

　　贷：资产减值损失

案例 2-6

相关资料如表 2-2 所示。

表 2-2　存货成本与可变现净值表　　　　　单位：元

月份	成本	可变现净值	期末计量
1 月	100000	90000	90000
2 月	100000	98000	98000
3 月	100000	120000	100000

【分析】　1 月份成本高于可变现净值，发生减值＝100000－90000＝10000（元），应计提存货跌价准备 10000 元。

账务处理如下：

借：资产减值损失　　　　　　　　　　　　　　　　　　　10000

　　贷：存货跌价准备　　　　　　　　　　　　　　　　　　10000

2 月份，可变现净值有所恢复，应计提的存货跌价准备为 2000 元（100000－98000），因 1 月份已计提存货跌价准备 10000 元，则当期应冲减已计提的存货跌价准备 8000 元（10000－2000）。

会计分录如下：

借：存货跌价准备　　　　　　　　　　　　　　　　　　　8000

　　贷：资产减值损失　　　　　　　　　　　　　　　　　　8000

3 月份，可变现净值又有所恢复，可变现净值已经超过成本，减值已经全部恢复。因此，当期应转回的存货跌价准备为 2000 元（即将已计提的"存货跌价准备"余额冲减至零为限）。

借：存货跌价准备　　　　　　　　　　　　　　　　　　　2000

　　贷：资产减值损失　　　　　　　　　　　　　　　　　　2000

3. 存货跌价准备的结转

企业计提了存货跌价准备,如果其中有部分存货已经销售,则企业在结转销售成本时,应同时结转对其已计提的存货跌价准备。具体分录如下:

借:主营业务成本/其他业务成本
　　存货跌价准备
　　贷:库存商品/原材料

【例题 2-10 单选题】(2018 年真题)　2017 年 12 月 1 日,甲公司与乙公司签订一份不可撤销的销售合同,合同约定甲公司以 205 元/件的价格向乙公司销售 1000 件 M 产品。交货日期为 2018 年 1 月 10 日。2017 年 12 月 31 日甲公司库存 M 产品 1500 件。成本为 200 元/件。市场销售价格为 191 元/件。预计 M 产品的销售费用均为 1 元/件。不考虑其他因素,2017 年 12 月 31 日甲公司应对 M 产品计提的存货跌价准备金额为(　　)元。

A. 0　　　　　　　B. 15000　　　　　　C. 5000　　　　　　D. 1000

【答案】　C

【名师点睛】　由于甲公司与乙公司签订了不可撤销合同,约定甲公司向乙公司销售 1000 件 M 产品,合同价为 205 元/件,成本为 200000 元,可变现净值为 204000 元(205×1000-1×1000),未减值,不需计提存货跌价准备。另外 500 件不存在合同部分,成本为 100000 元,可变现净值为 95000 元(191×500-1×500),发生减值,计提存货跌价准备金额=100000-95000=5000(元)。

【例题 2-11 判断题】(2013 年真题)　企业已计提跌价准备的存货在结转销售成本时,应一并结转相关的存货跌价准备。(　　)

【答案】　√

【名师点睛】　企业计提了存货跌价准备,如果其中有部分存货已经销售,则企业在结转销售成本时,应同时结转对其已计提的存货跌价准备。

【例题 2-12 多选题】(2020 年真题)　外购一批存货,成本为 3000 万元,计提存货跌价准备 500 万元。对外出售 40%,售价为 1100 万元。下列说法中,正确的有(　　)。

A. 增加营业收入 1100 万元

B. 增加营业成本 1200 万元

C. 减少存货账面价值 1000 万元

D. 冲减资产减值损失 200 万元

【答案】　AC

【名师点睛】　对外出售存货,账务处理为(单位:万元):

借:银行存款　　　　　　　　　　　　　　　　　　　　1100
　　贷:主营业务收入　　　　　　　　　　　　　　　　　　　1100

借:主营业务成本　　　　　　　　　　　　　　　　　　1000
　　存货跌价准备　　　　　　　　　　　　　　　　　　　200
　　贷:库存商品　　　　　　　　　　　　　　　　　　　　　1200

同步练习

一、单项选择题

1. 2019 年 12 月 31 日,甲公司库存丙材料的实际成本为 100 万元。不含增值税的销售价格为 80 万元,拟全部用于生产 1 万件丁产品。将该批材料加工成丁产品尚需投入的成本总额为 40 万元。由于丙材料市场价格持续下降,丁产品每件不含增值税的市场价格由原 160 元下降为 110 元。估计销售该批丁产品将发生销售费用及相关税费合计为 2 万元。不考虑其他因素,2019 年 12 月 31 日,甲公司该批丙材料的账面价值应为( )万元。

   A. 68   B. 70   C. 80   D. 100

2. 甲公司向乙公司发出一批实际成本为 30 万元的原材料,另支付加工费 6 万元(不含增值税),委托乙公司加工一批适用消费税税率为 10% 的应税消费品,加工完成收回后直接对外销售。甲公司和乙公司均系增值税一般纳税人,销售商品适用的增值税税率均为 13%。乙公司未销售过同类应税消费品。不考虑其他因素,甲公司收回的该批应税消费品的实际成本为( )万元。

   A. 36   B. 39.6   C. 40   D. 42.12

3. 甲公司系增值税一般纳税人,2018 年 12 月 1 日外购一批原材料,取得的增值税专用发票上注明的价款为 80 万元,增值税税额 12.8 元,入库前发生挑选整理费 1 万元。不考虑其他因素,该批原材料的入账价值为( )万元。

   A. 93.8   B. 80   C. 81   D. 92.8

4. 甲公司系增值税一般纳税人,2018 年 3 月 2 日购买 W 商品 1000 千克,运输途中合理损耗 50 千克,实际入库 950 千克。甲公司取得的增值税专用发票上注明的价款为 95000 元,增值税税额为 16150 元。不考虑其他因素,甲公司入库 W 商品的单位成本为( )元/千克。

   A. 100   B. 95   C. 117   D. 111.15

5. 2018 年 12 月 10 日,甲公司与乙公司签订了一份不可撤销的销售合同。合同约定,甲公司应于 2019 年 2 月 10 日以每台 30 万元的价格向乙公司交付 5 台 H 产品。2018 年 12 月 31 日,甲公司库存的专门用于生产上述产品的 K 材料账面价值为 100 万元,市场销售价格为 98 万元,预计将 K 材料加工成上述产品尚需发生加工成本 40 万元,与销售上述产品相关税费为 15 万元。不考虑其他因素,2018 年 12 月 31 日,K 材料的可变现净值为( )万元。

   A. 100   B. 95   C. 98   D. 110

6. 2019 年 12 月 10 日,甲公司与乙公司签订了一份不可撤销的销售合同。合同约定,甲公司应于 2020 年 2 月 10 日以每台 50 万元的价格向乙公司交付 6 台 B 产品。2019 年 12 月 31 日,甲公司库存的 B 产品账面价值为 260 万元,数量为 5 台,单位成本为 52 万元。B 产品市场销售价格为 49 万元/台,预计销售上述产品相关税费为 10 万元。不考虑其他因素,2019 年 12 月 31 日,B 产品的可变现净值为( )万元。

   A. 245   B. 250   C. 240   D. 235

7. 甲公司系增值税一般纳税人。2019 年 12 月 1 日,外购 2000 千克原材料,取得的增值税专用发票上注明的价款为 100000 元、增值税税额为 13000 元,采购过程中发生合理损耗 10 千克。不考虑其他因素,该批原材料的入账价值为( )元。

   A. 112435   B. 100000   C. 99500   D. 113000

8. 甲、乙公司均系增值税一般纳税人。2019 年 12 月 1 日,甲公司委托乙公司加工一批应缴纳消费税的 W 产品,W 产品收回后继续生产应税消费品。为生产该批 W 产品,甲公司耗用原材料的成本为 120 万元,支付加工费用 33 万元,增值税税额 4.29 万元、消费税税额 17 万元。不考虑其他因素,甲公司收回的该批 W 产品的入账价值为( )万元。

   A. 170   B. 174.29   C. 157.29   D. 153

二、多项选择题

1. 企业为外购存货发生的下列各项支出中,应计入存货成本的有( )。

   A. 入库前的挑选整理费
   B. 运输途中的合理损耗
   C. 不能抵扣的增值税进项税额
   D. 运输途中因自然灾害发生的损失

2. 甲公司系增值税一般纳税人,下列各项中,应计入进口原材料入账价值的有(　　)。

A. 进口环节可抵扣增值税

B. 关税

C. 入库前的仓储费

D. 购买价款

3. 企业委托加工一批非金银首饰的应税消费品,收回后直接用于销售。不考虑其他因素。下列各项中,应当计入收回物资的加工成本的有(　　)。

A. 委托加工耗用原材料的实际成本

B. 收回委托加工时支付的运输费

C. 支付给受托方的由其代收代缴的消费税

D. 支付的加工费

4. 下列各项支出中,应作为外购取得存货的成本的是(　　)。

A. 购买价款

B. 运输途中的不合理损耗

C. 入库前的挑选整理费

D. 入库后发生的仓储费

5. 下列关于存货会计处理的表述中,正确的有(　　)。

A. 运输途中的不合理损耗不应计入存货采购成本,根据发生损耗的具体原因,计入对应的科目中

B. 支付的用于连续生产应税消费品的消费税应记入"应交税费——应交消费税"科目的借方

C. 支付的收回后直接用于销售的委托加工环节的消费税,应计入委托加工物资成本

D. 存货采购入库前的挑选整理费计入管理费用

6. 下列关于存货成本的表述中,正确的有(　　)。

A. 委托加工支付的加工费,应计入存货成本

B. 投资者投入存货的成本,应当按照投资合同或协议约定的价值确定,但合同或协议约定价值不公允的除外

C. 委托加工收回后直接对外销售应税消费品代收代缴的消费税,不计入存货成本

D. 商品流通企业在采购商品过程中发生的运输费、装卸费、保险费以及其他可归属于存货采购成本的费用等,应当计入存货的采购成本

7. 下列各项关于可变现净值的确定的表述中,正确的有(　　)。

A. 产成品、商品和材料等直接用于出售的商品存货,在正常生产经营过程中,应当以该存货的估计售价减去估计的销售费用和相关税费后的金额确定其可变现净值

B. 为执行销售合同或者劳务合同而持有的存货,应以其合同约定的售价减去预计销售费用及税金后的差额作为存货可变现净值

C. 需要经过加工的材料存货,应当以所生产的产成品的估计售价减去至完工时估计将要发生的成本、估计的销售费用和相关税费后的金额确定其可变现净值

D. 如果企业持有的同一项存货数量多于销售合同的数量的,应分别确定其可变现净值

三、判断题

1. 企业按照单个存货项目计提存货跌价准备,在结转销售成本时,应同时结转对所售存货已计提的存货跌价准备。(　　)

2. 对直接用于出售的存货和用于继续加工的存货,企业在确定其可变现净值时应当考虑不同的因素。(　　)

3. 企业为执行销售合同而持有的存货,其可变现净值应以合同价格为基础计算。(　　)

4. 企业通过提供劳务取得存货的成本,按提供劳务人员的直接人工和其他直接费用以及可归属于该存货的间接费用确定。(　　)

5. 企业接受投资者投入存货的成本,应当按照投资合同或协议约定的价值确定,但投资合同或协议约定的价值不公允的除外。(　　)

6. 企业的存货跌价准备一经计提,即使减计存货价值的影响因素已经消失,原已计提的存货跌价准备也不得转回。(　　)

7. 为执行销售合同或者劳务合同而持有的存货,应以其合同约定的售价减去预计销售费用及税金后的差额作为存货可变现净值。(　　)

8. 当以前减记存货价值的影响因素已经消失,减记的金额应当予以恢复,并在原已计提的存货跌价准备金额内转回,转回的金额计入当期损益。(　　)

四、计算分析题

甲公司系生产销售机床的上市公司,期末存货按成本与可变现净值孰低计量,并按单个存货项目

计提存货跌价准备。相关资料如下：

(1) 2019 年 9 月 10 日，甲公司与乙公司签订了一份不可撤销的 S 型机床销售合同。合同约定，甲公司应于 2020 年 1 月 10 日向乙公司提供 10 台 S 型机床，单位销售价格为 45 万元/台。2019 年 9 月 10 日，甲公司 S 型机床的库存数量为 14 台，单位成本为 44.25 万元/台，该机床的市场销售价格为 42 万元/台。估计甲公司向乙公司销售该机床的销售费用为 0.18 万元/台，向其他客户销售该机床的销售费用为 0.15 万元/台。2019 年 12 月 31 日，甲公司对存货进行减值测试前，未曾对 S 型机床计提存货跌价准备。

(2) 2019 年 12 月 31 日，甲公司库存一批用于生产 W 型机床的 M 材料。该批材料的成本为 80 万元，可用于生产 W 型机床 10 台，甲公司将该批材料加工成 10 台 W 型机床尚需投入 50 万元。该批 M 材料的市场销售价格总额为 68 万元，估

计销售费用总额为 0.6 万元。甲公司尚无 W 型机床订单。W 型机床的市场销售价格为 12 万元/台，估计销售费用为 0.1 万元/台。2019 年 12 月 31 日，甲公司对存货进行减值测试前，"存货跌价准备——M 材料"账户的贷方余额为 5 万元。假定不考虑增值税等相关税费及其他因素。

要求：

(1) 计算甲公司 2019 年 12 月 31 日 S 型机床的可变现净值。

(2) 判断甲公司 2019 年 12 月 31 日 S 型机床是否发生减值，并简要说明理由。如果发生减值，计算应计提存货跌价准备的金额，并编制相关会计分录。

(3) 判断甲公司 2019 年 12 月 31 日是否应对 M 材料计提或转回存货跌价准备，并简要说明理由。如果发生计提或转回存货跌价准备，计算应计提或转回存货跌价准备，并编制相关会计分录。

参考答案及解析

一、单项选择题

1. 【答案】 A

【解析】 丁产品的可变现净值＝110－2＝108（万元），成本＝100＋40＝140（万元），可变现净值低于成本，丁产品发生减值；丙材料的可变现净值＝110－2－40＝68（万元），成本为 100 万元，存货以成本与可变现净值孰低计量，所以 2019 年 12 月 31 日丙材料的账面价值为 68 万元，选项 A 正确。

2. 【答案】 C

【解析】 委托加工物资收回后直接对外销售的，所缴纳的消费税税款应计入委托加工物资的成本，所以甲公司收回的该批应税消费品的实际成本＝30＋6＋（30＋6）÷（1－10%）×10%＝40（万元）。

3. 【答案】 C

【解析】 外购存货的成本包括购买价款、相关税费、运输费、装卸费、保险费以及其他可归属该存货的相关成本。该批材料的成本＝80＋1＝81（万元）。

4. 【答案】 A

【解析】 购买商品运输途中的合理损耗不影

响商品的总成本，所以单位成本＝95000÷950＝100（元/千克）。

5. 【答案】 B

【解析】 K 材料的可变现净值＝30×5－40－15＝95（万元）

6. 【答案】 C

【解析】 由于甲公司与乙公司签订了合同，B 产品的数量少于合同数量，所以可变现净值＝50×5－10＝240（万元）。

7. 【答案】 B

【解析】 存货的采购成本包括购买价款、相关税费、运输费、装卸费、保险费以及其他可归属于存货采购成本的费用。其中其他可归属于存货采购成本的费用包括存货采购过程中发生的仓储费、包装费、运输途中的合理损耗、入库前的挑选整理费用等。故原材料采购时的合理损耗不用从采购成本中扣除，该批原材料的入账价值为 100000 元。

8. 【答案】 D

【解析】 委托加工物资收回后用于连续生产应税消费品的，发生的消费税不计入相关存货成本，甲公司收回的 W 产品的入账价值＝

120＋33＝153（万元）。

二、多项选择题

1.【答案】 ABC

【解析】 选项 D,自然灾害损失不属于合理损耗,应作为营业外支出,不计入存货成本。

2.【答案】 BCD

【解析】 选项 A,增值税一般纳税人进口环节可抵扣进项税,不计入进口原材料的采购成本。

3.【答案】 ABCD

【解析】 委托外单位加工完成的存货,以实际耗用的原材料或者半成品、加工费、运输费、装卸费等费用以及按规定应计入成本的税金,作为实际成本。支付的收回后直接用于销售的委托加工环节的消费税,应计入委托加工物资成本。

4.【答案】 AC

【解析】 运输途中的不合理损耗、入库后发生的仓储费不计入外购存货的成本。

5.【答案】 ABC

【解析】 选项 D,入库前的挑选整理费应计入存货成本。

6.【答案】 ABD

【解析】 选项 C,委托加工收回后直接对外销售应税消费品代收代缴的消费税,应不计入存货成本。

7.【答案】 ABCD

三、判断题

1.【答案】 √

【解析】 企业对某项存货计提了存货跌价准备,如果其中有部分存货已经销售,则企业在结转销售成本时,应同时结转对其已计提的存货跌价准备。

2.【答案】 √

【解析】 直接用于出售的存货以其售价为基础确定其可变现净值,而继续加工的存货,应以其生产的产成品的预计售价为基础来确定可变现净值。

3.【答案】 √

4.【答案】 √

5.【答案】 √

6.【答案】 ×

【解析】 如果减计存货价值的影响因素已经消失,原已计提的存货跌价准备可以转回。

7.【答案】 √

8.【答案】 √

四、计算分析题

【答案】 (1)对于有合同部分,S 型机床可变现净值＝10×(45－0.18)＝448.2(万元);对于无合同部分,S 型机床可变现净值＝4×(42－0.15)＝167.4(万元)。所以,S 型机床的可变现净值＝448.2＋167.4＝615.6(万元)。

(2)S 型机床中有合同部分未减值,无合同部分发生减值。

理由:对于有合同部分,S 型机床成本＝44.25×10＝442.5(万元),可变现净值为 448.2 万元,成本小于可变现净值,所以有合同部分 S 型机床未发生减值;对于无合同部分,S 型机床成本＝44.25×4＝177(万元),可变现净值为 167.4 万元,成本大于可变现净值,所以无合同部分 S 型机床发生减值,应计提存货跌价准备＝177－167.4＝9.6(万元)。

相关会计分录如下(单位:万元):

借:资产减值损失 9.6

　　贷:存货跌价准备 9.6

(3)M 材料用于生产 W 机床,所以应先确定 W 机床是否发生减值,W 机床的可变现净值＝10×(12－0.1)＝119(万元),成本＝80＋50＝130(万元),W 机床可变现净值低于成本,发生减值,据此判断 M 材料发生减值。M 材料的可变现净值＝(12－0.1)×10－50＝69(万元),M 材料成本为 80 万元,所以存货跌价准备余额＝80－69＝11(万元),因"存货跌价准备——M 材料"科目贷方余额 5 万元,所以本期期末应计提存货跌价准备＝11－5＝6(万元)。

相关会计分录如下(单位:万元):

借:资产减值损失 6

　　贷:存货跌价准备 6

第三章
固定资产

考情回顾

　　本章主要学习固定资产的初始计量、后续计量和固定资产的处置,其中,固定资产折旧部分常与所得税结合考查,难度适中。在近几年考试中本章知识点占 3～10 分,各种题型均有涉及。

考试变化

　　本章删除了"生产车间发生的固定资产修理费用等后续支出计入管理费用"的相关表述。

本章结构

　　第一节　固定资产的确认和初始计量
　　第二节　固定资产的后续计量
　　第三节　固定资产的处置

第一节　固定资产的确认和初始计量

 本节框架 ▶

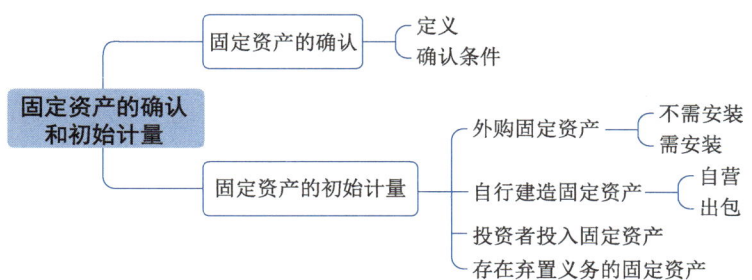

一、固定资产的确认 ★

（一）固定资产的定义

固定资产是指同时具有下列特征的有形资产,如表 3-1 所示。

表 3-1　固定资产的特征

特征	具体内容
固定资产是企业为生产商品、提供劳务、出租或经营管理而持有的,而不是直接出售	出租的固定资产是指用于出租的机器设备类固定资产,不包括以经营租赁方式出租的建筑物,后者属于企业的投资性房地产,不属于固定资产
固定资产使用寿命超过一个会计年度	① 固定资产的使用寿命是指企业使用固定资产的预计期间,或者该固定资产所能生产产品或提供劳务的数量 ② 通常情况下,固定资产的使用寿命是指使用固定资产的预计期间,如自用房屋建筑物的使用寿命按使用年限表示等 ③ 对于某些机器设备或运输设备等固定资产,其使用寿命往往以该固定资产所能生产产品或提供劳务的数量来表示。例如,发电设备按其预计发电量估计使用寿命,汽车或飞机等按其预计行驶里程估计使用寿命等
固定资产为有形资产	固定资产具有实物特征,而这一特征将固定资产与无形资产区别开来。有些无形资产可能同时符合固定资产的其他特征,如企业为生产商品、提供劳务而持有的无形资产的使用寿命超过一个会计年度,但是其由于没有实物形态,所以不属于固定资产

（二）固定资产的确认条件

《企业会计准则第 4 号——固定资产》规定,固定资产同时满足下列条件的,才能予以确认:

（1）与该固定资产有关的经济利益很可能流入企业。

（2）该固定资产的成本能够可靠计量。

固定资产的各组成部分具有不同使用寿命或者以不同方式为企业提供经济利益,适用不同折旧率或折旧方法的,企业应当分别将各组成部分确认为单项固定资产。

考试方向

考查固定资产各组成部分作为单项固定资产处理应满足的条件。

【例题 3-1 判断题】(2020 年真题) 固定资产的各组成部分具有不同使用寿命且能够单独可靠计量的,企业应当将各组成部分确认为单项固定资产。(   )

【答案】 √

二、固定资产的初始计量★★

固定资产应当按照成本进行初始计量。

(一)外购固定资产

外购固定资产的成本,包括购买价款、相关税费、使固定资产达到预定可使用状态前所发生的可归属于该项资产的运输费、装卸费、安装费和专业人员服务费等。以一笔款项购入多项没有单独标价的固定资产时,企业应当按照各项固定资产公允价值比例对总成本进行分配,分别确定各项固定资产的成本。

1. 外购不需安装的固定资产

> **案例 3-1**
>
> 甲公司为增值税一般纳税人,于 2019 年 2 月 3 日购进一台不需要安装的生产设备 M,收到的增值税专用发票上注明的 M 设备价款为 3000 万元,增值税税额为 390 万元,款项已支付。另支付保险费 15 万元,装卸费 5 万元。当日,该 M 设备投入使用。
>
> **【分析】** 假定不考虑其他因素,甲公司账务处理如下(单位:万元):
>
> 该 M 设备系 2019 年购入的生产用设备,其增值税可以抵扣,则甲公司 M 设备的初始入账价值=3000+15+5=3020(万元)。
>
> 借:固定资产——M 设备　　　　　　　　　　　　　　3020
> 　　应交税费——应交增值税(进项税额)　　　　　　　 390
> 　　贷:银行存款　　　　　　　　　　　　　　　　　　3410
>
> 企业以一笔款项购入多项没有单独标价的固定资产,按各固定资产公允价值比例对总成本进行分配,分别确定各项固定资产成本。

> **案例 3-2**
>
> 企业以 100 万元购入 A、B、C 三项没有单独标价的固定资产。这三项资产的公允价值分别为 30 万元、40 万元和 50 万元。
>
> **【分析】** A 固定资产公允价值比例=30÷(30+40+50)×100%=25%
> A 固定资产的成本=100×25%=25(万元)

2. 外购需要安装的固定资产

外购需要安装的固定资产,需先通过"在建工程"科目核算,达到预定可使用状态后再转入固定资产。

> **案例 3-3**
>
> 2019 年 1 月 1 日,甲公司与乙公司签订一项购货合同,甲公司从乙公司购入一台需要安装的特大型设备 N。甲公司取得增值税专用发票,该 N 设备的价款为 100 万元,增值税税额为 13 万元。当日,N 设备如期运抵甲公司并开始安装。2019 年 12 月 31 日,N 设备达到预定可使用状态,发生安装费 10 万元,已用银行存款付讫。

【分析】 2019年1月1日,甲公司的账务处理如下(单位:万元):

借:在建工程——N设备   100
    应交税费——应交增值税(进项税额)   13
    贷:银行存款   113

借:在建工程——N设备   10
    贷:银行存款   10

借:固定资产——N设备   110
    贷:在建工程——N设备   110

【例题3-2 单选题】(2018年真题) 甲公司为增值税一般纳税人,2018年1月15日,购入一项生产设备并立即投入使用。取得增值税专用发票上注明的价款为500万元,增值税额为85万元。当日预付未来一年的设备维修费,取得增值税专用发票上注明的价款为10万元,增值税税额为1.7万元。不考虑其他因素,该设备的入账价值为(   )万元。

A. 500   B. 510   C. 585   D. 596.7

【答案】 A

【名师点睛】 当日预付未来一年的设备维修费,不属于使固定资产达到预定可使用状态前所发生的可归属于该项资产的费用,应计入当期损益。因此该设备的入账价值为500万元。

【例题3-3 单选题】(2016年真题) 甲公司系增值税一般纳税人,购入一套需安装的生产设备,取得的增值税专用发票上注明的价款为300万元,增值税税额为51万元,自行安装领用材料20万元,发生安装人工费5万元,不考虑其他因素,设备安装完毕达到预定可使用状态转入固定资产的入账价值为(   )万元。

A. 320   B. 351   C. 376   D. 325

【答案】 D

【名师点睛】 增值税一般纳税人购入设备的增值税,如果注明专用发票,可以抵扣,不计入设备成本。所以固定资产入账价值＝300＋20＋5＝325(万元)。

(二) 自行建造固定资产

自行建造的固定资产的成本,由建造该项资产达到预定可使用状态前所发生的必要支出构成。必要支出包括工程用物资成本、人工成本、缴纳的相关税费、应予资本化的借款费用以及应分摊的间接费用等。

企业自行建造固定资产包括自营建造和出包建造两种方式。

1. 自营方式建造固定资产

企业以自营方式建造固定资产,是指企业自行组织工程物资采购、自行组织施工人员从事工程施工完成固定资产建造。通过"在建工程"科目核算。具体账务处理如下:

(1)购入工程物资时:

借:工程物资(不含税)
    应交税费——应交增值税(进项税额)
    贷:银行存款等

第三章

考试方向
考查外购固定资产的初始成本的计算。

（2）领用工程物资时：

借：在建工程
　　贷：工程物资

（3）领用自产产品时：

借：在建工程
　　贷：库存商品（成本）

（4）领用外购原材料时：

借：在建工程
　　贷：原材料

（5）分配工程人员工资时：

借：在建工程
　　贷：应付职工薪酬

（6）达到预定可使用状态时：

借：固定资产
　　贷：在建工程

案例 3-4

甲公司以自营方式建造一条生产线。2020 年 4 月至 9 月发生的有关经济业务如下：

（1）4 月 5 日，为建造生产线购入工程物资一批，收到的增值税专用发票上注明的价款为 400 万元，增值税税额为 52 万元，款项已通过银行存款支付。

（2）4 月 20 日，建造生产线领用工程物资 150 万元。

（3）6 月 8 日，建造生产线分配工程人员职工薪酬为 90 万元。

（4）7 月 25 日，建造生产线领用外购原材料 80 万元。

（5）9 月 30 日，生产线达到预定可使用状态并交付使用。

假定不考虑其他相关税费和其他因素，要求：编制甲公司相关的账务处理。

【分析】 甲公司的账务处理如下（单位：万元）：

（1）购入工程物资：

借：工程物资　　　　　　　　　　　　　　　　　　　400
　　应交税费——应交增值税（进项税额）　　　　　　　52
　　贷：银行存款　　　　　　　　　　　　　　　　　　　　452

（2）工程领用物资：

借：在建工程　　　　　　　　　　　　　　　　　　　150
　　贷：工程物资　　　　　　　　　　　　　　　　　　　　150

（3）分配工程人员职工薪酬：

借：在建工程　　　　　　　　　　　　　　　　　　　90
　　贷：应付职工薪酬　　　　　　　　　　　　　　　　　　90

（4）领用外购原材料：

借：在建工程　　　　　　　　　　　　　　　　　　　　　　　　80

　　贷：原材料　　　　　　　　　　　　　　　　　　　　　　　　　　　80

（5）生产线交付使用：

借：固定资产　　　　　　　　　　　　　　　　　（150＋90＋80)320

　　贷：在建工程　　　　　　　　　　　　　　　　　　　　　　　　　320

【例题 3-4 单选题】(2020 年真题)　2019 年,甲公司采用自营方式建造一条生产线,建造过程中耗用工程物资 200 万元,耗用生产成本为 20 万元、公允价值为 30 万元的自产产品,应付工程人员薪酬 25 万元,2019 年 12 月 31 日,该生产线达到预定可使用状态。不考虑其他因素,该生产线的入账价值为(　　)万元。

A. 245　　　　　　　　B. 220　　　　　　　　C. 255　　　　　　　　D. 225

考试方向

考查自建方式取得固定资产成本的确定。

【答案】　A

【名师点睛】　自产产品用于建造生产线,应按照成本转入生产线入账价值,不视同销售,该生产线的入账价值＝200＋20＋25＝245(万元)。

2. 出包方式建造固定资产

采用出包方式建造固定资产,企业要与建造承包商签订建造合同。出包方式的具体支出,由建造承包商核算。企业将与建造承包商结算的工程价款,作为工程成本,通过"在建工程"科目核算。具体账务处理如下:

（1）预付工程款时：

借：在建工程

　　贷：银行存款

（2）补付工程款时：

借：在建工程

　　贷：银行存款

（3）达到预定可使用状态时：

借：固定资产

　　贷：在建工程

① 建设期间发生的工程物资盘盈、盘亏、报废、毁损,增加所建工程项目的成本或冲减所建工程项目的成本。

② 工程完工后发生的工程物资盘盈、盘亏、报废、毁损,计入当期营业外收支。

③ 为建造工程发生的管理费、可行性研究费、临时设施费、公证费、监理费、应负担的税金、符合资本化条件的借款费用、建设期间发生的以及负荷联合试车费等,计入在建工程项目成本。

④ 企业采用出包方式建造固定资产的支出,需分摊计入固定资产价值的待摊支出,按照固定资产价值比例分摊。

案例 3-5

管理费、可行性研究费、监理费等待摊支出为 0.6 万元，"建筑工地——厂房"明细科目金额为 1 万元，"建筑工地——冷却循环系统"明细科目金额为 2 万元，"安装工程"明细科目金额为 3 万元。要求：将待摊支出分摊到三个明细科目中。

【分析】　"建筑工地——厂房"金额＝0.6×1÷(1+2+3)＝0.1(万元)

"建筑工程——冷去循环系统"金额＝0.6×2÷(1+2+3)＝0.2(万元)

"安装工程"金额＝0.6×3÷(1+2+3)＝0.3(万元)

·易错易混点·

① 在资产达到预定可使用状态时转为固定资产，而非办理了竣工决算时。

② 资产在竣工决算前达到预定可使用状态，应按照估计价值转为固定资产，当办理竣工决算后调整资产价值，但不调整已提折旧额。

考试方向

考查自行建造固定资产成本包含的内容及成本的计算。

【例题 3-5 单选题】(2017 年真题)　下列应计入自行建造固定资产成本的有(　　)。

A. 达到预定可使用状态前分摊的间接费用

B. 为建造固定资产通过出让方式取得土地使用权而支付的土地出让金

C. 达到预定可使用状态前满足资本化条件的借款费用

D. 达到预定可使用状态前发生的工程用物资成本

【答案】　ACD

【名师点睛】　选项 B，为建造固定资产通过支付土地出让金的方式取得土地使用权应确认为无形资产，不计入固定资产成本。

(三) 投资者投入固定资产

《企业会计准则第 4 号——固定资产》规定，投资者投入固定资产的成本，应当按照投资合同或协议约定的价值确定，但合同或协议约定价值不公允的除外。

(四) 存在弃置义务的固定资产

确定固定资产成本时，企业应当考虑预计弃置费用因素。

对于特殊行业的特定固定资产，例如，对于油气水井及相关设施、核电站核废料等，企业在确定其初始入账成本时，还应考虑弃置费用。弃置费用通常是指根据国家法律和行政法规、国际公约等规定，企业承担的环境保护和生态恢复等义务所确定的支出，如核电站、核设施等的弃置和恢复环境义务等。

弃置费用的金额与其现值比较，通常相差较大，需要考虑货币时间价值。对于特殊行业的特定固定资产，按照现值计算确定应计入固定资产成本的金额和相应的预计负债。在固定资产的使用寿命内按照预计负债的摊余成本和实际利率计算确定的利息费用，应计入财务费用。一般工商企业的固定资产发生的报废清理费用不属于弃置费用，应当在发生时作为固定资产处置费用处理。

购入固定资产时：

借：固定资产(实际发生成本＋弃置费用的现值)

　　贷：银行存款(实际发生成本)

　　　　预计负债(弃置费用的现值，一般会直接给出)

【例题 3-6 单选题】(2011 年真题)　2010 年 12 月 31 日,甲公司建造了一座核电站,达到预定可使用状态并投入使用,累计发生的资本化支出为 210000 万元。当日,甲公司预计该核电站在使用寿命届满时为恢复环境发生弃置费用 10000 万元,其现值为 8200 万元。该核电站的入账价值为(　　)万元。

考试方向
考查存在弃置义务的固定资产的入账价值的计算。

A. 200000　　　　　B. 210000　　　　　C. 218200　　　　　D. 220000

【答案】　C

【名师点睛】　核电站入账价值＝210000＋8200＝218200(万元)

第二节　固定资产的后续计量

本节框架

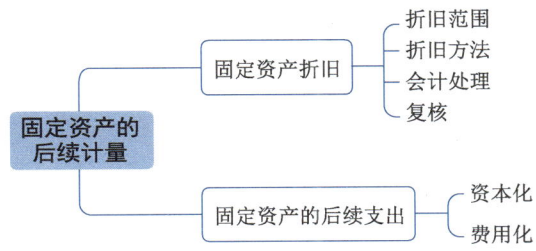

一、固定资产折旧

(一) 计提折旧的范围★

《企业会计准则第 4 号——固定资产》规定,企业应当对所有固定资产计提折旧。固定资产应当按月计提折旧,并根据用途计入相关资产的成本或者当期损益。

但以下情况的固定资产不计提折旧:

(1) 已提足折旧仍继续使用的固定资产。所谓提足折旧,是指已经提足该项固定资产的应计折旧额。固定资产提足折旧后,不管能否继续使用,均不再计提折旧。

(2) 作为固定资产单独估价入账的土地。

(3) 提前报废的固定资产也不再补提折旧。

(4) 处于修理、更新改造过程而停止使用的固定资产,符合固定资产确认条件的,应当转入在建工程,停止计提折旧。

提示　当月增加当月不提,当月减少当月要提。

　　▶已达到预定可使用状态的固定资产,无论是否交付使用,尚未办理竣工决算的,应当按照估计价值确认为固定资产,并计提折旧;待办理了竣工决算手续后,再按实际成本调整原来的暂估价值,但不需要调整原已计提的折旧额。

(二) 固定资产折旧方法★★

企业应当根据与固定资产有关的经济利益的预期消耗方式,合理选择固定资产折旧方法。可选用的折旧方法包括年限平均法、工作量法、双倍余额递减法和年数总和法等。

固定资产的折旧方法一经确定,不得随意变更。

1. 年限平均法

年限平均法又称直线法,是指将固定资产的应计折旧额均衡地分摊到固定资产预计使用寿命内的一种方法。采用这种方法计算的每期折旧额均相等。

计算公式如下:

年折旧额＝(固定资产原价－预计净残值)÷预计可使用寿命＝固定资产原价×(1－净残值率)÷预计可使用寿命

月折旧额＝年折旧额÷12

> **案例 3-6**
>
> 固定资产原值为 130 万元,净残值为 10 万元,使用年限为 10 年(120 个月)。
>
> 月折旧额＝(130－10)÷120＝1(万元)

2. 工作量法

工作量法是根据实际工作量计算每期应提折旧额的一种方法。

计算公式如下:

单位工作量折旧额＝固定资产原价×(1－预计净残值率)÷预计总工作量

某项固定资产月折旧额＝该项固定资产当月工作量×单位工作量折旧额

> **案例 3-7**
>
> 甲公司一台机器设备的原价为 800000 元,预计生产产品的产量为 4000000 个,预计净残值率为 5%,本月生产产品 40000 个。假设甲公司没有对该机器设备计提减值准备,该台机器设备的本月折旧额计算如下:
>
> 单个产品折旧额＝800000×(1－5%)÷4000000＝0.19(元/个)
>
> 本月折旧额＝40000×0.19＝7600(元)

3. 双倍余额递减法

双倍余额递减法是指在不考虑固定资产预计净残值的情况下,根据每期期初固定资产原价减去累计折旧后的金额和双倍的直线法折旧率计算固定资产折旧的一种方法。企业应用这种方法计算固定资产折旧额时,由于每年年初固定资产净值没有扣除预计净残值,所以企业在应用这种方法计算固定资产折旧额时,应在其折旧年限到期前两年内,将固定资产净值扣除预计净残值后的余额平均摊销。

计算公式如下:

年折旧率＝2÷预计使用寿命(年)×100%

月折旧率＝年折旧率÷12

年折旧额＝年初固定资产账面价值×年折旧率＝(固定资产原价－已提折旧)×年折旧率

> **案例 3-8**
>
> 甲公司拥有的某项设备的原价为 120 万元,预计使用寿命为 5 年,预计净残值率为 4%。假设甲公司没有对该机器设备计提减值准备,甲公司按双倍余额递减法计提折旧,每年折旧额计算如下:

年折旧率＝2÷5×100％＝40％

第一年应提的折旧额＝120×40％＝48(万元)

第二年应提的折旧额＝(120－48)×40％＝28.8(万元)

第三年应提的折旧额＝(120－48－28.8)×40％＝17.28(万元)

从第四年起改按年限平均法(直线法)计提折旧。

第四年、第五年应提折旧额＝(120－48－28.8－17.28－120×4％)÷2＝10.56(万元)

·易错易混点·

① 这里的年折旧额是指12个月的折旧额,而不是从1月1日至12月31日。

② 除到期前两年,需考虑固定资产的预计净残值,其他计提折旧年限,不考虑固定资产预计净残值。

③ 每年提折旧的基数为年初固定资产账面价值,即年初固定资产原价－已提折旧。

4. 年数总和法

年数总和法又称年限合计法,是指将固定资产的原价减去预计净残值后的余额,乘以一个以固定资产尚可使用寿命为分子、以预计使用寿命逐年数字之和为分母的逐年递减的分数计算每年的折旧额的方法。计算公式如下:

年折旧率＝尚可使用年限÷预计使用寿命的年数总和×100％

月折旧率＝年折旧率÷12

月折旧额＝(固定资产原价－预计净残值)×月折旧率

案例 3-9

某企业拥有一台机器,原价1000000元,预计可使用年限为5年,预计净残值为4000元。采用年数总和法计提折旧。要求:计算每年计提的折旧额。

【分析】 折旧额计算见表3-2。

表 3-2　折旧额计算表

年份	原价－残值	折旧率	年折旧额	累计折旧额
一	996000	5/15	332000	332000
二	996000	4/15	265600	597600
三	996000	3/15	199200	796800
四	996000	2/15	132800	929600
五	996000	1/15	66400	996000

 固定资产发生减值损失,在以后会计期间计提折旧时,应当考虑减值对折旧的影响。

(三) 固定资产折旧的会计处理

固定资产应当按月计提折旧,计提的折旧应通过"累计折旧"科目核算,并根据用途计入相关资产的成本或者当期损益。例如,企业自行建造固定资产过程中使用的固定资

考试方向

不同折旧方法下折旧金额的计算。

第三章

产,其计提的折旧应计入在建工程成本;基本生产车间所使用的固定资产,其计提的折旧应计入制造费用;管理部门所使用的固定资产,其计提的折旧应计入管理费用;销售部门所使用的固定资产,其计提的折旧应计入销售费用。

计提折旧的会计分录:

借:管理费用(管理部门使用)
    销售费用(销售部门使用)
    制造费用(生产车间使用)
    在建工程等
  贷:累计折旧

(四)固定资产使用寿命、预计净残值和折旧方法的复核

企业至少应当于每年年度终了,对固定资产的使用寿命、预计净残值和折旧方法进行复核。使用寿命预计数与原先估计数有差异的,应当调整固定资产使用寿命。预计净残值预计数与原先估计数有差异的,应当调整预计净残值。与固定资产有关的经济利益预期消耗方式有重大改变的,应当改变固定资产折旧方法。固定资产使用寿命、预计净残值和折旧方法的改变应当作为会计估计变更。

考试方向

考查期末对固定资产使用寿命、净残值、折旧方法符合作为会计估计变更处理。

【例题3-7 多选题】(2020年真题) 每年年末,企业应当对固定资产的下列项目进行复核的有(   )。

A. 预计净残值   B. 预计使用寿命   C. 折旧方法   D. 已计提折旧

【答案】 ABC

【名师点睛】 《企业会计准则第4号——固定资产》规定,企业至少应当于每年年度终了,对固定资产的使用寿命、预计净残值和折旧方法进行复核。

二、固定资产的后续支出 ★★

固定资产的后续支出通常包括固定资产在使用过程中发生的日常修理费、大修理费用、更新改造支出、房屋的装修费用等。

固定资产发生的更新改造支出、房屋装修费用等,符合固定资产确认条件的,应当计入固定资产成本,同时将被替换部分的账面价值扣除;不符合固定资产确认条件的,应当在发生时计入当期损益。

(一)资本化的后续支出

固定资产发生可资本化的后续支出时,企业一般应将该固定资产的原价、已计提的累计折旧和减值准备转销,将固定资产的账面价值转入在建工程,并停止计提折旧。发生的后续支出,通过"在建工程"科目核算。在固定资产发生的后续支出完工并达到预定可使用状态时,再从在建工程转为固定资产,并按重新确定的使用寿命、预计净残值和折旧方法计提折旧。

企业发生的一些固定资产后续支出可能涉及替换原固定资产的某组成部分,当发生的后续支出符合固定资产确认条件时,应将其计入固定资产成本,同时将被替换部分的账面价值扣除。这样可以避免将替换部分的成本和被替换部分的成本同时计入固定资产成本,导致固定资产成本虚高。

案例 3-10

某航空公司于 2010 年 12 月购入一架飞机甲,总计花费 80000000 元(含发动机),发动机当时的购价为 5000000 元。公司未将发动机作为一项单独的固定资产进行核算。2019 年年初,公司开辟新航线,航程增加。为延长甲飞机的空中飞行时间,公司决定更换一部性能更为先进的发动机。新发动机购价为 7000000 元,另需支付安装费用 51000 元。假定甲飞机的年折旧率为 3‰,不考虑相关税费的影响。

【分析】 (1)固定资产转入在建工程:

2019 年年初,甲飞机的累计折旧金额＝80000000×3‰×8＝19200000(元)。

借:在建工程——甲飞机　　　　　　　　　　　　　　　　60800000
　　累计折旧　　　　　　　　　　　　　　　　　　　　　19200000
　　　贷:固定资产——甲飞机　　　　　　　　　　　　　　　　80000000

(2)安装新发动机:

借:在建工程——甲飞机　　　　　　　　　　　　　　　　7051000
　　　贷:工程物资——甲发动机　　　　　　　　　　　　　　　7000000
　　　　银行存款　　　　　　　　　　　　　　　　　　　　　51000

(3)终止确认老发动机的账面价值。假定报废处理,无残值:

2019 年年初,老发动机的账面价值＝5000000－5000000×3‰×8＝3800000(元)。

借:营业外支出　　　　　　　　　　　　　　　　　　　3800000
　　　贷:在建工程——甲飞机　　　　　　　　　　　　　　　3800000

(4)发动机安装完毕,投入使用:

固定资产的入账价值＝60800000＋7051000－3800000＝64051000(元)

借:固定资产——甲飞机　　　　　　　　　　　　　　　64051000
　　　贷:在建工程——甲飞机　　　　　　　　　　　　　　64051000

考试方向
考查当固定资产发生资本化后续支出时,重新确定固定资产入账价值、使用寿命、预计净残值和折旧方法。

【例题 3-8 多选题】(2015 年真题) 企业在固定资产发生资本化后续支出并达到预定可使用状态时进行的下列各项会计处理中,正确的有(　　　)。

A. 重新确定预计净残值　　　　　　B. 重新确定折旧方法
C. 重新确定入账价值　　　　　　　D. 重新确定使用寿命

【答案】 ABCD

【名师点睛】 在固定资产发生的后续支出完工并达到预定可使用状态时,再从在建工程转为固定资产,并按重新确定的使用寿命、预计净残值和折旧方法计提折旧。

(二)费用化的后续支出

一般情况下,固定资产投入使用之后,由于固定资产磨损、各组成部分耐用程度不同,可能导致固定资产的局部损坏,为了维护固定资产的正常运转和使用,充分发挥其使用效能,企业会对固定资产进行必要的维护。

固定资产的日常修理费用只是确保固定资产的正常工作状况,一般不产生未来的经济利益,因此,这些支出通常不符合固定资产的确认条件,在发生时应直接计入当期损益。企业行政管理部门等发生的固定资产修理费用等后续支出计入管理费用;企业专设销售机构的,其发生的与专设销售机构相关的固定资产修理费用等后续支出,计入销售费用。对于处于修理、更新改造过程而停止使用的固定资产,如果其修理、更新改造支出不满足固定资产的确认条件,在发生时也应直接计入当期损益。

考试方向

考查固定资产发生后续费用化支出包含的内容,区分后续支出为资本化支出还是费用化支出。

案例 3-11

2020 年 1 月 3 日,甲公司对现有的一台生产用机器设备进行日常维护,维护过程中领用本公司原材料一批,价值为 94000 元,应支付维护人员的工资为 28000 元。(不考虑其他相关税费)

【分析】 本例中,对机器设备的维护,仅仅是为了维护固定资产的正常使用而发生的,不产生未来的经济利益,因此企业应在其发生时将其确认为费用。甲公司的账务处理如下:

```
借:管理费用                                          122000
    贷:原材料                                              94000
        应付职工薪酬                                        28000
```

【例题 3-9 多选题】(2018 年真题) 下列各项资产后续支出中,应予以费用化处理的有(   )。

A. 办公楼的日常修理费   B. 更换的发动机成本
C. 机动车的交通事故责任强制保障费   D. 生产线的改良支出

【答案】 AC

【名师点睛】 选项 BD 属于资本化支出。

第三节　固定资产的处置

本节框架 ▶

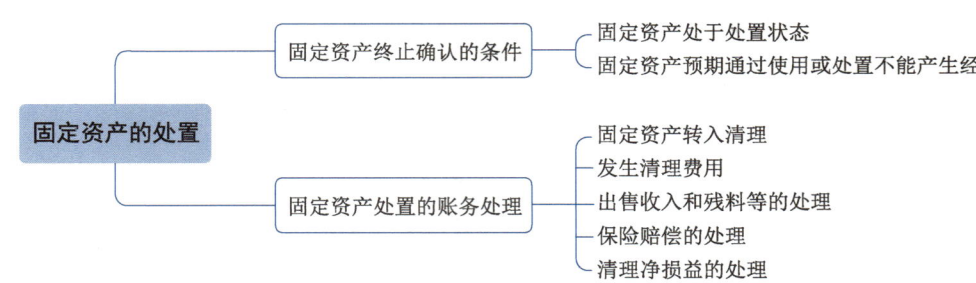

一、固定资产终止确认的条件★

固定资产满足下列条件之一的,应当予以终止确认:

1. 固定资产处于处置状态

固定资产处置包括固定资产的出售、转让、报废或毁损、对外投资、非货币性资产交换、债务重组等。处于处置状态的固定资产不再用于生产商品、提供劳务、出租或经营管理,因此不再符合固定资产的定义,应予终止确认。

2. 固定资产预期通过使用或处置不能产生经济利益

固定资产的确认条件之一是"与该固定资产有关的经济利益很可能流入企业",如果一项固定资产预期通过使用或处置不能产生经济利益,那么它就不再符合固定资产的定义和确认条件,应予终止确认。

二、固定资产处置的账务处理★★

企业出售、转让、报废固定资产或发生固定资产毁损,应当将处置收入扣除账面价值和相关税费(不包括确认的增值税销项税额)后的余额计入当期损益。固定资产的账面价值是固定资产成本扣减累计折旧和累计固定资产减值准备后的金额。固定资产处置一般通过"固定资产清理"科目进行核算。

具体账务处理如下:

1. 固定资产转入清理

借:固定资产清理
　　固定资产减值准备
　　累计折旧
　　　贷:固定资产(固定资产账面原值)

2. 发生清理费用

借:固定资产清理
　　　贷:银行存款

3. 出售收入和残料等的处理

借:银行存款
　　　贷:固定资产清理
　　　　　应交税费——应交增值税(销项税额)

4. 保险赔偿的处理

借:其他应收款/银行存款
　　　贷:固定资产清理

5. 清理净损益的处理

(1)属于正常出售、转让的:

借(贷):资产处置损益
　　　　　贷(借):固定资产清理

(2)属于报废毁损的:

借:营业外支出
　　　贷:固定资产清理

或:

借:固定资产清理
　　　贷:营业外收入

考试方向

考查固定资产处置损益的计算及固定资产处置的账务处理。

第三章

【例题 3-10 单选题】(经典好题)　甲公司系一般纳税人,2019 年 8 月 31 日,以不含增值税的价格 100 万元售出 2015 年购入的一台生产用车床,增值税销项税额为 13 万元,该机床原价为 200 万元(不含增值税),已计提折旧 120 万元,已计提减值 30 万元,不考虑其他因素,甲公司处置该机床的利得为(　　)万元。

A. 3　　　　　　B. 20　　　　　　C. 33　　　　　　D. 50

【答案】　D

【名师点睛】　具体账务处理如下(单位:万元):

① 固定资产转入清理:

借:固定资产清理　　　　　　　　　　　　　　　　　　　　　50
　　固定资产减值准备　　　　　　　　　　　　　　　　　　　30
　　累计折旧　　　　　　　　　　　　　　　　　　　　　　　120
　　贷:固定资产(固定资产账面原值)　　　　　　　　　　　　　　200

② 出售收入:

借:银行存款　　　　　　　　　　　　　　　　　　　　　　　113
　　贷:固定资产清理　　　　　　　　　　　　　　　　　　　　　100
　　　　应交税费——应交增值税(销项税额)　　　　　　　　　　　13

③ 清理净损益的处理:

属于正常出售、转让的:

借:固定资产清理　　　　　　　　　　　　　　　　　　　　　50
　　贷:资产处置损益　　　　　　　　　　　　　　　　　　　　　50

甲公司处置该机床利得=50(万元)

同步练习

一、单项选择题

1. 甲公司某项固定资产已完成改造,累计发生的改造成本为 400 万元,拆除部分的原价为 200 万元。改造前,该项固定资产原价为 800 万元,已计提折旧 250 万元,不考虑其他因素,甲公司该项固定资产改造后的账面价值为( )万元。

    A. 750　　　B. 812.5　C. 950　　　D. 1000

2. 甲公司一台用于生产 M 产品的设备预计使用年限为 5 年,预计净残值为零。假定 M 产品各年产量基本均衡。下列折旧方法中,能够使该设备第一年计提折旧金额最多的是( )。

    A. 工作量法　　　　　B. 年限平均法

    C. 年数总和法　　　　D. 双倍余额递减法

3. 甲公司系增值税一般纳税人,购入一套需安装的生产设备,取得的增值税专用发票上注明的价款为 500 万元,增值税税额为 65 万元,自行安装领用材料 30 万元,发生安装人工费 8 万元,不考虑其他因素,设备安装完毕达到预定可使用状态转入固定资产的入账价值为( )万元。

    A. 530　　　B. 565　　　C. 538　　　D. 603

4. 甲公司系增值税一般纳税人,2016 年 12 月 31 日,甲公司出售一台原价为 452 万元、已提折旧 364 万元的生产设备,取得的增值税专用发票上注明的价款为 150 万元,增值税税额为 19.5 万元。出售该生产设备发生不含增值税的清理费用为 8 万元,不考虑其他因素,甲公司出售该生产设备的利得为( )万元。

    A. 54　　　B. 87.5　　　C. 62　　　D. 79.5

5. 2017 年 6 月 20 日,某公司以银行存款 1500 万元外购一条生产线并立即投入使用,预计使用年限为 15 年,预计净残值为零,采用年限平均法计提折旧。2018 年 12 月 31 日,估计可收回金额为 1209 万元,预计尚可使用年限为 13 年,预计净残值为零,仍采用年限平均法计提折旧。不考虑其他因素,2019 年年末,该资产的账面价值为( )万元。

    A. 1116　　B. 1250　　C. 1209　　D. 1407

6. 2019 年,甲公司采用自营方式建造一条生产线,建造过程中耗用工程物资 200 万元,耗用生产成本为 20 万元、公允价值为 30 万元的自产产品,应付工程人员薪酬为 25 万元。2019 年 12 月 31 日,该生产线达到预定可使用状态。不考虑其他因素,该生产线的入账价值为( )万元。

    A. 245　　　B. 220　　　C. 255　　　D. 225

7. 甲企业对一项原值为 300 万元,已提折旧 150 万元的固定资产进行改建,发生改建支出 78 万元,取得变价收入 28 万元。则改建后该项固定资产的入账价值为( )万元。

    A. 200　　　B. 228　　　C. 122　　　D. 150

8. 因出售、转让等原因产生的固定资产处置损失,应记入( )科目。

    A. "资产处置损益"　　B. "营业外支出"

    C. "管理费用"　　　　D. "其他综合收益"

9. 采用出包方式建造固定资产时,按合同规定预付的工程价款,应借记的会计科目是( )。

    A. "固定资产"　　　　B. "在建工程"

    C. "工程物资"　　　　D. "预付账款"

10. 甲公司系增值税一般纳税人。2020 年 1 月 10 日,甲公司购入一台需安装的生产设备,取得的增值税专用发票上注明的价款为 200 万元、增值税税额为 26 万元;支付设备安装费取得的增值税专用发票上注明的安装费为 2 万元、增值税税额为 0.18 万元。2020 年 1 月 20 日,该设备安装完毕并达到预定可使用状态。不考虑其他因素,该设备达到预定可使用状态时的入账价值为( )万元。

    A. 200　　　B. 226　　　C. 202　　　D. 228.18

二、多项选择题

1. 下列各项中,影响固定资产处置损益的有( )。

    A. 固定资产原价

    B. 固定资产清理费用

    C. 固定资产处置收入

    D. 固定资产减值准备

2. 下列关于固定资产会计处理的表述中,正确的有( )。

    A. 未投入使用的固定资产不应计提折旧

    B. 特定固定资产弃置费用的现值应计入该资

产的成本

C. 融资租入固定资产发生的费用化后续支出应计入当期损益

D. 预期通过使用或处置不能产生经济利益的固定资产应终止确认

3. 企业发生的固定资产资本化后续支出,进行的下列各项会计处理中,正确的有( )。

A. 符合固定资产确认条件的,应当计入固定资产成本

B. 固定资产发生可资本化的后续支出时,将其账面价值转入在建工程

C. 固定资产发生可资本化的后续支出时,不影响固定资产折旧计提

D. 固定资产后续支出涉及替换原固定资产的组成部分,应将被替换部分的账面价值扣除

4. 下列应计入自行建造固定资产成本的有( )。

A. 建设期间发生的工程物资盘盈、盘亏、报废、毁损

B. 为建造工程发生的管理费、可行性研究费、临时设施费、公证费、监理费

C. 达到预定可使用状态前满足资本化条件的借款费用

D. 为建造固定资产通过支付土地出让金方式取得土地使用权

5. 下列各项中,应当计入企业固定资产入账价值的有( )。

A. 固定资产建造期间因安全事故连续停工 4 个月的借款费用

B. 满足资本化条件的固定资产改建支出

C. 固定资产的日常维修费

D. 固定资产的预计弃置费用的现值

6. 下列各项关于固定资产后续计量会计处理的表述中,正确的有( )。

A. 因更新改造停止使用的固定资产不再计提折旧

B. 已达到预定可使用状态但尚未办理竣工决算的固定资产应计提折旧

C. 专设销售机构发生的固定资产日常修理费用计入销售费用

D. 行政管理部门发生的固定资产日常修理费用计入管理费用

三、判断题

1. 企业以一笔款项购入多项没有单独标价的固定资产,应将该款项按各项固定资产公允价值占公允价值总额的比例进行分配,分别确定各项固定资产的成本。 ( )

2. 按暂估价值入账的固定资产在办理竣工决算后,企业应当根据暂估价值与竣工决算价值的差额调整原已计提的折旧金额。 ( )

3. 企业为符合国家有关环保规定购置的大型环保设备,因其不能为企业带来直接的经济利益,因此不确认为固定资产。 ( )

4. 特殊行业的特定固定资产存在弃置费用的,企业应将弃置费用的现值计入相关固定资产的成本,同时确认相应的预计负债。 ( )

5. 固定资产的各组成部分具有不同使用寿命且能够单独可靠计量的,企业应当将各组成部分确认为单项固定资产。 ( )

6. 企业自行建造的厂房达到预定可使用状态但尚未办理竣工决算的,按暂估价值转入固定资产并计提折旧,办理竣工决算手续后,不需按新的入账价值调整原已计提的折旧额。 ( )

7. 企业的固定资产因自然灾害产生的净损失应计入资产处置损益。 ( )

四、计算分析题

1. 甲公司系增值税一般纳税人,有关业务资料如下:

2020 年 8 月 1 日,甲公司从乙公司购入 1 台不需安装的 A 生产设备并投入使用,已收到增值税专用发票,价款为 1000 万元,增值税税额为 130 万元,付款期为 3 个月。

要求:编制甲公司购进固定资产的相关会计分录(答案中金额单位以万元表示)。

2. 甲公司系增值税一般纳税人,2018 年至 2021 年与固定资产业务相关的资料如下:

(1) 2018 年 12 月 5 日,甲公司以银行存款购入一套不需安装的大型生产设备,取得的增值税专用发票上注明的价款为 5000 万元,增值税税额为 650 万元。

(2) 2018 年 12 月 31 日,该设备投入使用,预计使用年限为 5 年,净残值为 50 万元,采用年数总和法按年计提折旧。

(3) 2020 年 12 月 31 日,该设备出现减值迹象,预计未来现金流量的现值为 1500 万元,公允价值减去处置费用后的净额为 1800 万元,甲公司对该设备计提减值准备后,根据新获得

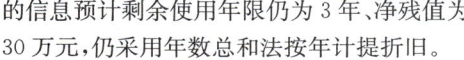

的信息预计剩余使用年限仍为 3 年、净残值为 30 万元,仍采用年数总和法按年计提折旧。

(4) 2021 年 12 月 31 日,甲公司售出该设备,开具的增值税专用发票上注明的价款为 900 万元,增值税税额为 117 万元,款项已收存银行,另以银行存款支付清理费用 2 万元。

假定不考虑其他因素。

要求(答案中金额单位以万元表示):

(1) 编制甲公司 2018 年 12 月 5 日购入该设备的会计分录。

(2) 分别计算甲公司 2019 年度和 2020 年度对该设备应计提的折旧金额。

(3) 计算甲公司 2020 年 12 月 31 日对该设备应计提减值准备的金额,并编制相关会计分录。

(4) 计算甲公司 2021 年度对该设备应计提的折旧金额,并编制相关会计分录。

(5) 编制甲公司 2021 年 12 月 31 日处置该设备的会计分录。

五、综合题

甲公司系增值税一般纳税人,适用的增值税税率为 13%,所得税税率为 25%,预计未来期间能够取得足够的应纳税所得额用以抵减可抵扣暂时性差异。

相关资料如下:

(1) 2016 年 12 月 10 日,甲公司以银行存款购入一台需自行安装的生产设备,取得的增值税专用发票上注明的价款为 495 万元,增值税税额为 64.35 万元,甲公司当日进行设备安装,安装过程中发生安装人员薪酬 5 万元,2016 年 12 月 31 日,安装完毕并达到预定可使用状态交付使用。

(2) 甲公司预计该设备可使用 10 年,预计净残值为 20 万元,采用双倍余额递减法计提折旧;所得税纳税申报时,该设备在其预计使用寿命内每年允许税前扣除的金额为 48 万元。该设备取得时的成本与计税基础一致。

(3) 2019 年 12 月 31 日,该设备出现减值迹象,经减值测试,其可收回金额为 250 万元。甲公司对该设备计提减值准备后,预计该设备尚可使用 5 年,预计净残值为 10 万元,仍采用双倍余额递减法计提折旧。所得税纳税申报时,该设备在其预计使用寿命内每年允许税前扣除的金额仍为 48 万元。

(4) 2020 年 12 月 31 日,甲公司出售该设备,开具的增值税专用发票上注明的价款为 100 万元,增值税税额为 13 万元,款项当日收讫并存入银行,甲公司另外以银行存款支付清理费用 1 万元(不考虑增值税)。

假定不考虑其他因素。

要求(答案中金额单位以万元表示):

(1) 计算甲公司 2016 年 12 月 31 日该设备安装完毕并达到预定可使用状态的成本,并编制设备购入、安装及达到预定可使用状态的相关会计分录。

(2) 分别计算甲公司 2017 年和 2018 年对该设备应计提的折旧额。

(3) 分别计算甲公司 2018 年 12 月 31 日该设备的账面价值、计税基础、暂时性差异(需指出是应纳税暂时性差异还是可抵扣暂时差异),以及相应的递延所得税负债或递延所得税资产的账面余额。

(4) 计算甲公司 2019 年 12 月 31 日对该设备应计提的减值准备金额,并编制相关会计分录。

(5) 计算甲公司 2020 年对该设备应计提的折旧额。

(6) 编制甲公司 2020 年 12 月 31 日出售该设备的相关会计分录。

参考答案及解析

一、单项选择题

1.【答案】 B

【解析】 该项固定资产被替换部分的账面价值 = 200 − 200 ÷ 800 × 250 = 137.5(万元),固定资产更新改造后的账面价值 = (800 − 250) − 137.5 + 400 = 812.5(万元),选项 B 正确。

2.【答案】 D

【解析】 由于各年产量基本均衡,所以工作量法和年限平均法下年折旧率相同,为 20%;年数总和法第一年的折旧率 = 5 ÷ 15 × 100% = 33.33%;双倍余额递减法第一年折旧率为

40％,所以选项 D 正确。

3.【答案】 C

【解析】 增值税一般纳税人购入设备的增值税可以抵扣,不计入设备成本,安装过程中领用材料的增值税可以抵扣,不计入设备成本,所以设备安装完毕达到预定可使用状态转入固定资产的入账价值＝500＋30＋8＝538(万元)。

4.【答案】 A

【解析】 甲公司出售该生产设备的利得＝(150－8)－(452－364)＝54(万元)

5.【答案】 A

【解析】 2018 年 12 月 31 日,减值之前的账面价值＝1500－1500÷10－1500÷10×6÷12＝1350(万元)。可收回金额为 1209 万元,发生减值＝1350－1209＝141(万元)。计提减值准备后的账面价值为 1209 万元。2019 年计提折旧＝1209÷13＝93(万元)。2019 年年末,该资产的账面价值＝1209－93＝1116(万元)。

6.【答案】 A

【解析】 自产产品建造生产线,应按成本转入生产线入账价值。该生产线的入账价值＝200＋20＋25＝245(万元)。

7.【答案】 B

【解析】 该固定资产的入账价值＝300－150＋78＝228(万元)

8.【答案】 A

【解析】 因出售、转让等原因产生的固定资产处置利得或损失应计入资产处置损益。

9.【答案】 D

【解析】 采用出包方式建造固定资产时,按合同规定预付的工程价款,应计入在建工程。

10.【答案】 C

【解析】 该设备达到预定可使用状态时的入账价值＝200＋2＝202(万元)

二、多项选择题

1.【答案】 ABCD

【解析】 影响固定资产处置损益的有固定资产的账面价值、处置售价以及处置过程中发生的相关费用,其中固定资产原价、累计折旧和减值准备影响固定资产的账面价值,选项 ABCD 均正确。

2.【答案】 BCD

【解析】 未投入使用的固定资产也应该计提折旧,选项 A 错误。

3.【答案】 ABD

【解析】 固定资产发生可资本化的后续支出时,将其账面价值转入在建工程,并停止计提折旧。选项 C 错误。

4.【答案】 ABC

【解析】 选项 D,为建造固定资产通过支付土地出让金方式取得土地使用权应确认为无形资产,不计入固定资产成本。

5.【答案】 BD

【解析】 固定资产建造期间因安全事故连续停工 4 个月,属于非正常中断超过 3 个月,借款费用应暂停资本化,应予以费用化,选项 A 错误;固定资产的日常维修费,不符合资本化条件,应当在发生时直接计入当期损益,选项 C 错误。

6.【答案】 ABCD

三、判断题

1.【答案】 √

【解析】 企业以一笔款项购入多项没有单独标价的固定资产,应当按照各项固定资产的公允价值比例对总成本进行分配,分别确定各项固定资产的成本。

2.【答案】 ×

【解析】 按暂估价值入账的固定资产在办理竣工决算后,应当按照暂估价值与竣工决算价值的差额调整入账价值,但是不需要调整已经计提的折旧金额。

3.【答案】 ×

【解析】 环保设备虽不能直接带来经济利益,但有助于企业从其他资产的使用中获得未来经济利益或获得更多的未来经济利益,也应确认为固定资产。

4.【答案】 √

5.【答案】 √

6.【答案】 √

7.【答案】 ×

【解析】 固定资产因已丧失使用功能或自然灾害发生毁损等原因而报废清理产生的利得或损失,应计入营业外收支。

四、计算分析题

1.【答案】 2020 年 8 月 1 日:

借:固定资产　　　　　　　　　1000

　　应交税费——应交增值税(进项税额)

　　　　　　　　　　　　　　　130

　贷:应付账款　　　　　　　　1130

2.【答案】 (1)甲公司2018年12月5日购入该设备：

借：固定资产 5000
　　应交税费——应交增值税（进项税额）
　　　　　　　　　　　　　　650
　贷：银行存款 5650

(2)甲公司2019年度对该设备应计提的折旧金额＝（5000－50）×5÷15＝1650（万元）
甲公司2020年度对该设备应计提的折旧金额＝（5000－50）×4÷15＝1320（万元）

(3)甲公司2020年12月31日对该设备应计提减值准备的金额＝（5000－1650－1320）－1800＝230（万元）（减值准备的计算参考第七章资产减值）。

借：资产减值损失 230
　贷：固定资产减值准备 230

(4)甲公司2021年度对该设备应计提的折旧金额＝（1800－30）×3÷6＝885（万元）

借：制造费用 885
　贷：累计折旧 885

(5)借：固定资产清理 915
　　固定资产减值准备 230
　　累计折旧
　　　（1650＋1320＋885）3855
　贷：固定资产 5000

借：固定资产清理 2
　贷：银行存款 2

借：银行存款 1017
　贷：固定资产清理 900
　　　应交税费——应交增值税（销项税额）
　　　　　　　　　　　　117

借：资产处置损益 17
　贷：固定资产清理 17

五、综合题

【答案】 (1)2016年12月31日,甲公司该设备安装完毕并达到预定可使用状态的成本＝495＋5＝500（万元）。
相关会计分录如下。
① 购入：

借：在建工程 495.00
　　应交税费——应交增值税（进项税额）
　　　　　　　　　　　　64.35
　贷：银行存款 559.35

② 安装：

借：在建工程 5
　贷：应付职工薪酬 5

③ 达到预定可使用状态：

借：固定资产 500
　贷：在建工程 500

(2)2017年该设备应计提的折旧额＝500×2÷10＝100（万元）
2018年该设备应计提的折旧＝（500－100）×2÷10＝80（万元）

(3)2018年年末,设备的账面价值＝500－100－80＝320（万元）,计税基础＝500－48－48＝404（万元）,因此账面价值小于计税基础,产生可抵扣暂时性差异＝404－320＝84（万元）,形成递延所得税资产余额＝84×25%＝21（万元）。

(4)2019年12月31日,甲公司该设备的账面价值＝500－100－80－（500－100－80）×2÷10＝256（万元）,可收回金额为250万元,应计提减值准备＝256－250＝6（万元）。
相关会计分录如下：

借：资产减值损失 6
　贷：固定资产减值准备 6

(5)2020年该设备计提的折旧额＝250×2÷5＝100（万元）

(6)借：固定资产清理 150
　　累计折旧 344
　　固定资产减值准备 6
　贷：固定资产 500

借：固定资产清理 1
　贷：银行存款 1

借：银行存款 113
　贷：固定资产清理 100
　　　应交税费——应交增值税（销项税额）
　　　　　　　　　　　　13

借：资产处置损益 51
　贷：固定资产清理 51

第四章
无形资产

考情回顾

本章主要学习无形资产的取得、后续计量和处置,难度适中,其中,无形资产摊销部分常与所得税结合出题。在近几年考试中本章知识点占 3～10 分的分值,各种题型均有涉及。

考试变化

本章内容无实质性变化。

本章结构

第一节　无形资产的确认和初始计量
第二节　内部研究开发支出的确认和计量
第三节　无形资产的后续计量
第四节　无形资产的处置

第一节　无形资产的确认和初始计量

 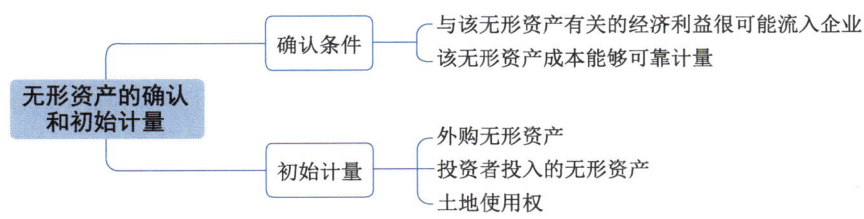

一、无形资产概述 ★

无形资产是指企业拥有或者控制的没有实物形态的可辨认非货币性资产。无形资产主要包括专利权、非专利技术、商标权、著作权、土地使用权、特许权等。

商誉是企业合并成本大于合并中取得的被购买方各项可辨认资产、负债公允价值份额的差额，其存在无法与企业自身分离，不具有可辨认性，不属于无形资产。

二、无形资产的确认条件 ★

无形资产同时满足下列条件的，才能予以确认。

（一）与该无形资产有关的经济利益很可能流入企业

企业在判断无形资产产生的经济利益是否很可能流入时，应当对无形资产在预计使用寿命内可能存在的各种经济因素作出合理估计，并且应当有明确证据支持。

（二）该无形资产的成本能够可靠计量

成本能够可靠地计量是确认资产的一项基本条件，对于无形资产而言，这个条件显得更为重要。如企业内部产生的品牌、报刊名、刊头、客户名单和实质上类似项目的支出，由于不能与整个业务开发成本区分开来，成本无法可靠计量，不应确认为无形资产。

三、无形资产的初始计量

按照取得方式，无形资产可以分为外购的无形资产、投资者投入的无形资产、非货币性资产交换换入的无形资产和自行研发的无形资产。无形资产通常是按实际成本计量的，即以取得无形资产并使之达到预定用途而发生的全部支出作为无形资产的成本。对于不同来源取得的无形资产，其初始成本构成也不尽相同。

（一）外购无形资产的初始计量 ★★

外购无形资产的成本，包括购买价款、相关税费以及直接归属于使该项资产达到预定用途所发生的其他支出。购买无形资产的价款超过正常信用条件延期支付，实质上具有融资性质的，无形资产的成本以购买价款的现值为基础确定。实际支付的价款与购买价款的现值之间的差额，除满足借款费用资本化条件应予资本化的以外，应当在信用期间内计入当期损益。

·易错易混点·

◎ 为引入新产品进行宣传发生的广告费、管理费用及其他间接费用，不计入无形资产成本。

② 无形资产已经达到预定用途以后发生的费用，不计入无形资产成本。

案例 4-1

因甲公司某项生产活动需要乙公司已获得的专利技术，如果使用了该项专利技术，甲公司预计其生产能力比原先提高 20%，销售利润率增长 15%，为此，甲公司从乙公司购入一项专利权，实际支付的价款为 300 万元，并支付相关税费 1 万元和有关专业服务费用 5 万元，款项已通过银行转账支付。

【分析】 （1）甲公司购入的专利权符合无形资产的定义，即甲公司能够拥有或者控制该项专利技术，符合可辨认的条件，同时该专利权是不具有实物形态的非货币性资产。

（2）甲公司购入的专利权符合无形资产的确认条件。首先，甲公司的某项生产活动需要乙公司已获得的专利技术，甲公司使用了该项专利技术，预计甲公司的生产能力比原先提高 20%，销售利润率增长 15%，即经济利益很可能流入；其次，甲公司购买该项专利权的成本为 300 万元，另外支付相关税费和有关专业服务费用 6 万元，即成本能够可靠计量。由此，符合无形资产的确认条件。

无形资产初始计量的成本＝300＋1＋5＝306（万元）

甲公司的账务处理如下：

借：无形资产——专利权　　　　　　　　　　　　　　　　　3060000
　　贷：银行存款　　　　　　　　　　　　　　　　　　　　　　3060000

（二）投资者投入的无形资产的初始计量★

根据《企业会计准则第 6 号——无形资产》，企业应当按照投资合同或协议约定的价值确定投资者投入无形资产的成本，但合同或协议约定价值不公允的除外。如果投资合同或协议约定价值不公允的，应按无形资产的公允价值作为无形资产初始成本入账。

案例 4-2

因乙公司创立的商标有较好的声誉，甲公司预计使用乙公司商标后可使自己未来利润增长 30%。为此，甲公司与乙公司协议商定，乙公司以其商标权投资于甲公司，双方协议价格（等于公允价值）为 500 万元，甲公司另支付相关税费 2 万元，款项已通过银行转账支付。该商标权的初始计量，应当以取得时的成本为基础。取得时的成本为投资协议约定的价格 500 万元，加上支付的相关税费 2 万元。

【分析】 甲公司接受乙公司作为投资的商标权的成本＝500＋2＝502（万元）

甲公司的账务处理如下（单位：万元）：

借：无形资产——商标权　　　　　　　　　　　　　　　　　502
　　贷：实收资本（或股本）　　　　　　　　　　　　　　　　　500
　　　　银行存款　　　　　　　　　　　　　　　　　　　　　　　2

(三) 取得土地使用权的初始计量★★

企业取得的土地使用权,通常应当按照取得时所支付的价款及相关税费之和确认为无形资产。土地使用权用于自行开发建造厂房等地上建筑物时,土地使用权的账面价值不与地上建筑物合并计算其成本,而仍作为无形资产进行核算,土地使用权与地上建筑物分别进行摊销和计提折旧,但下列情况除外:

(1) 房地产开发企业取得的土地使用权用于建造对外出售的房屋建筑物,相关的土地使用权应当计入所建造的房屋建筑物成本。

(2) 企业外购的房屋建筑物,实际支付的价款中包括土地使用权以及建筑物的价值的,则应当对支付的价款按照合理的方法(如公允价值比例)在土地使用权和地上建筑物之间进行分配;如果确实无法在地上建筑物与土地使用权之间进行合理分配的,应当将其全部作为固定资产,按照固定资产确认和计量的规定进行会计处理。

企业将土地使用权用于出租或增值目的时,应将其转为投资性房地产。

案例 4-3

2020 年 1 月 1 日,A 公司购入一块土地的使用权及地上办公楼,以银行存款转账支付 38000 万元,其中土地使用权公允价值为 8000 万元,办公楼公允价值为 30000 万元。

【分析】 A 公司的账务处理如下(单位:万元):

支付转让价款:

借:无形资产——土地使用权	8000
固定资产	30000
贷:银行存款	38000

【例题 4-1 单选题】(2019 年真题) 2018 年 12 月 20 日,甲公司以银行存款200 万元外购一项专利技术用于 W 产品的生产,另支付相关税费 1 万元,达到预定用途前的专业服务费 2 万元,宣传 W 产品的广告费 4 万元。2018 年 12 月 20 日,该专利技术的入账价值为( )万元。

A. 203   B. 201   C. 207   D. 200

【答案】 A

【名师点睛】 专利技术的入账价值=200+1+2=203(万元)。新产品的广告宣传费不计入无形资产成本。

【例题 4-2 判断题】(经典好题) 企业将土地使用权用于自行开发建造自用厂房的,应当将土地使用权的金额计入厂房的成本中,一并计提折旧。( )

【答案】 ×

【名师点睛】 土地使用权用于自行开发建造厂房等地上建筑物时,土地使用权的账面价值不与地上建筑物合并计算其成本,而仍作为无形资产进行核算,土地使用权与地上建筑物分别进行摊销和提取折旧。

【例题 4-3 多选题】(2018 年真题) 下列各项关于企业土地使用权的会计处理的表述中,正确的有( )。

A. 工业企业持有并准备增值后转让的土地使用权作为投资性房地产核算

考试方向

考查不同取得方式下无形资产初始成本的计算,以及土地使用权的特殊处理。

B. 工业企业将购入的用于建造办公楼的土地使用权作为无形资产核算

C. 工业企业将租出的土地使用权作为无形资产核算

D. 房地产开发企业将购入的用于建造商品房的土地使用权作为存货核算

【答案】 ABD

【名师点睛】 工业企业将租出的土地使用权作为投资性房地产核算,故选项 C 错误。

【例题 4-4 多选题】(2020 年真题) 企业持有的下列土地使用权中,应确认为无形资产的有( )。

A. 用于建造企业自用厂房的土地使用权

B. 用于建造对外出售商品房的土地使用权

C. 外购办公楼时能够单独计量的土地使用权

D. 已出租的土地使用权

【答案】 AC

【名师点睛】 选项 B,用于建造对外出售商品房的土地使用权,应作为存货核算;选项 D,已出租的土地使用权,应作为投资性房地产核算。

第二节 内部研究开发支出的确认和计量

本节框架 ▶

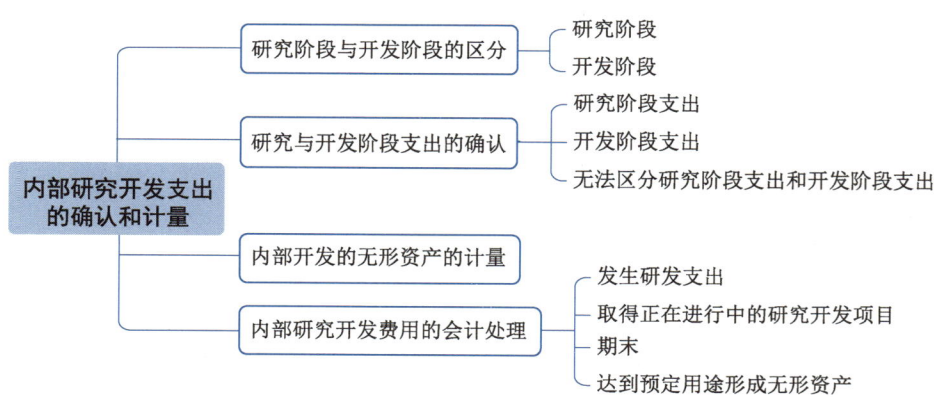

一、 研究阶段与开发阶段的区分 ★

企业内部研究开发项目,应当区分研究阶段与开发阶段。

(一)研究阶段

研究是指为获取新的科学或技术知识等进行的有计划的调查。研究阶段基本上是探索性的,是为进一步的开发活动进行资料及相关方面的准备,从已经进行的研究活动看,将来是否会转入开发,开发后是否会形成无形资产等具有较大的不确定性。

有关研究活动的例子：意在获取知识而进行的活动；研究成果或其他知识的应用研究、评价和最终选择；材料、设备、产品、工序、系统或服务替代品的研究；新的或经改进的材料、设备、产品、工序、系统或服务的可能替代品的配制、设计、评价和最终选择等。

（二）开发阶段

开发阶段相对研究阶段而言，应当是已完成研究阶段的工作，在很大程度上已经具备形成一项新产品或新技术的基本条件。

有关开发活动的例子：生产前或使用前的原型和模型的设计、建造和测试；含新技术的工具、夹具、模具和冲模的设计；不具有商业性生产经济规模的试生产设施的设计、建造和运营；新的或经改造的材料、设备、产品、工序、系统或服务所选定的替代品的设计、建造和测试等。

二、研究与开发阶段支出的确认

（一）研究阶段支出

企业内部研究开发项目，研究阶段的支出应当于发生时计入当期损益（管理费用）。

（二）开发阶段支出

开发阶段的支出符合资本化条件的，才能确认为无形资产；不符合资本化条件的计入当期损益（管理费用）。

《企业会计准则第6号——无形资产》规定，企业内部研究开发项目，开发阶段的支出同时满足下列条件的，才能确认为无形资产：

（1）完成该无形资产以使其能够使用或出售在技术上具有可行性。

（2）具有完成该无形资产并使用或出售的意图。

（3）无形资产产生经济利益的方式，包括能够证明运用该无形资产生产的产品存在市场或无形资产自身存在市场；无形资产将在内部使用的，应当证明其有用性。

（4）有足够的技术、财务资源和其他资源支持，以完成该无形资产的开发，并有能力使用或出售该无形资产。

（5）归属于该无形资产开发阶段的支出能够可靠计量。

（三）无法区分研究阶段支出和开发阶段支出

无法区分研究阶段支出和开发阶段支出，应当将其所发生的研发支出全部费用化，计入当期损益（管理费用）。

【例题4-5 多选题】（2018年真题） 下列关于企业内部研发支出会计处理的表述中，正确的有（　　）。

A. 开发阶段的支出，满足资本化条件的，应予以资本化

B. 无法合理分配的多项开发活动所发生的共同支出，应全部予以费用化

C. 无法区分研究阶段和开发阶段的支出，应全部予以费用化

D. 研究阶段的支出，应全部予以费用化

【答案】 ABCD

【名师点睛】 研究阶段的支出，应当于发生时计入当期损益；开发阶段的支出符合条件的予以资本化。无法区分研究阶段支出和开发阶段支出，应当将其所发生的研发支出全部费用化。

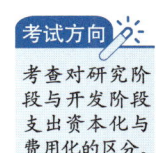

考试方向

考查对研究阶段与开发阶段支出资本化与费用化的区分。

第四章

三、 内部开发的无形资产的计量 ★

内部开发活动形成的无形资产,其成本由可直接归属于该无形资产的创造、生产并使该无形资产能够以管理层预定的方式运作的所有必要支出组成。

四、 内部研究开发费用的会计处理 ★ ★

内部研究开发费用的会计处理如表 4-1 所示。

表 4-1 内部研究开发费用的会计处理

情形		科目
企业自行开发无形资产发生的研发支出	不满足资本化条件的	借记"研发支出——费用化支出"科目
	满足资本化条件的	借记"研发支出——资本化支出"科目,贷记"原材料""银行存款""应付职工薪酬"等科目
企业以其他方式取得的正在进行中的研究开发项目		应按确定的金额,借记"研发支出——资本化支出"科目,贷记"银行存款"等科目。以后发生的研发支出,应当比照上述第一条原则进行处理
期末		将不符合资本化条件的研发支出转入管理费用,借记"管理费用"科目,贷记"研发支出——费用化支出"科目
研究开发项目达到预定用途形成无形资产的		应按"研发支出——资本化支出"科目的余额,借记"无形资产"科目,贷记"研发支出——资本化支出"科目

案例 4-4

某企业自行研究开发一项新产品专利技术,在研究开发过程中发生材料费 4000 万元、人工工资 1000 万元,以及用银行存款支付其他费用 3000 万元,总计 8000 万元,其中,符合资本化条件的支出为 5000 万元。期末,该专利技术已经达到预定用途。(假定不考虑相关税费)

【分析】 该企业的账务处理如下(单位:万元):

借:研发支出——费用化支出		3000
——资本化支出		5000
贷:原材料		4000
应付职工薪酬		1000
银行存款		3000
借:管理费用		3000
贷:研发支出——费用化支出		3000
借:无形资产		5000
贷:研发支出——资本化支出		5000

【例题 4-6 判断题】(2020 年真题)　在自行开发的无形资产达到预定用途时,企业应将前期已经费用化的研发支出调整计入无形资产成本。(　　　)

【答案】　×

【名师点睛】　自行研发无形资产费用化支出期末应转入管理费用,以后期间无需转入无形资产成本,不影响自行研发无形资产的成本。

考试方向

考查内部研究开发费用的会计处理。

第三节　无形资产的后续计量

 本节框架

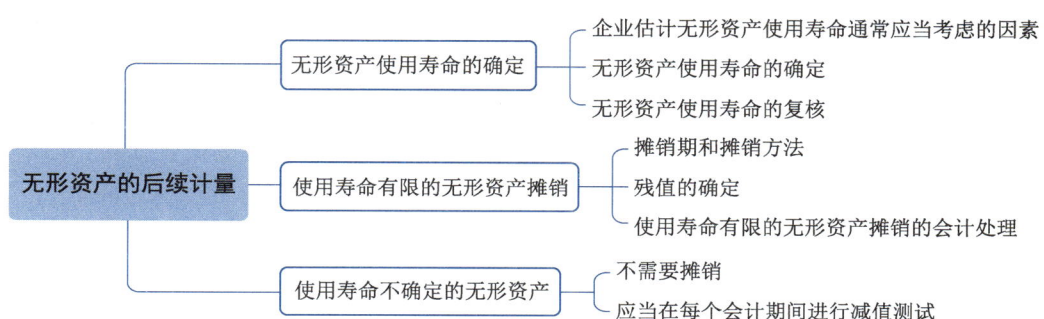

一、 无形资产使用寿命的确定★

企业应当于取得无形资产时分析判断其使用寿命。若无形资产的使用寿命是有限的,则企业应当估计该使用寿命的年限或者构成使用寿命的产量等类似计量单位数量;无法预见无形资产为企业带来未来经济利益期限的,应当视为使用寿命不确定的无形资产。

(一) 企业估计无形资产使用寿命通常应当考虑的因素

(1) 运用该无形资产生产的产品通常的寿命周期、可获得的类似资产使用寿命的信息。

(2) 技术、工艺等方面的现阶段情况及对未来发展趋势的估计。

(3) 以该无形资产生产的产品或提供的服务的市场需求情况。

(4) 现在或潜在的竞争者预期将采取的行动。

(5) 为维持该无形资产带来经济利益能力的预期维护支出,以及企业预计支付有关支出的能力。

(6) 对该无形资产的控制期限,以及对该资产使用的相关法律规定或类似限制,如特许使用期、租赁期等。

(7) 与企业持有其他资产使用寿命的关联性等。

(二) 无形资产使用寿命的确定

无形资产使用寿命的确定如表 4-2 所示。

表4—2 无形资产使用寿命的确定

情形	使用寿命的确定
源自合同性权利或其他法定权利取得的无形资产	使用寿命通常不应超过合同性权利或其他法定权利的期限
企业使用资产的预期期限短于合同性权利或其他法定权利规定的期限的无形资产	应当按照企业预期使用的期限来确定其使用寿命
没有明确的合同或法律规定无形资产的使用寿命的	企业应当综合各方面因素判断,来确定无形资产为企业带来未来经济利益的期限
企业经过上述努力仍确实无法合理确定无形资产为企业带来经济利益的期限的	使用寿命不确定

(三)无形资产使用寿命的复核

企业至少应当于每年年度终了,对使用寿命有限的无形资产的使用寿命及摊销方法进行复核。无形资产的使用寿命及摊销方法与以前估计不同的,应当改变摊销期限和摊销方法。

企业应当在每个会计期末对使用寿命不确定的无形资产的使用寿命进行复核。如果有证据表明无形资产的使用寿命是有限的,应当作为会计估计变更进行处理,并按照使用寿命有限的无形资产的处理原则进行会计处理。

二、使用寿命有限的无形资产摊销

(一)摊销期和摊销方法

无形资产的摊销期自其可供使用(即其达到预定用途)时起至终止确认时止,即无形资产摊销的起始和停止日期为:当月增加的无形资产,当月开始摊销;当月减少的无形资产,当月不再摊销。

具体来说,在无形资产的使用寿命内系统地分摊其应摊销金额,存在多种方法,这些方法包括直线法、产量法等。企业选择的无形资产摊销方法,应当能够反映与该项无形资产有关的经济利益的预期消耗方式,并一致地运用于不同会计期间。例如,受技术陈旧因素影响较大的专利权和专有技术等无形资产,可采用类似固定资产加速折旧的方法进行摊销;有特定产量限制的特许经营权或专利权,应采用产量法进行摊销。无法可靠确定其预期消耗方式的,应当采用直线法进行摊销。

(二)残值的确定

除下列情况外,无形资产的残值一般为零:

(1)有第三方承诺在无形资产使用寿命结束时购买该无形资产。

(2)可以根据活跃市场得到无形资产预计残值信息,并且该市场在无形资产使用寿命结束时可能存在。

(三)使用寿命有限的无形资产摊销的会计处理

使用寿命有限的无形资产应当在其使用寿命内,采用合理的摊销方法进行摊销。摊销时,企业应当考虑该项无形资产所服务的对象,并以此为基础将其摊销价值计入相关资产的成本或者当期损益。

无形资产的摊销金额一般应计入当期损益,但如果某项无形资产是专门用于生产某种产品或者其他资产,其所包含的经济利益是通过转入到所生产的产品或其他资产中实现的,则该无形资产的摊销金额应当计入相关资产的成本。例如,某项专门用于生产过程中的专利技术,其摊销费用应构成所生产产品成本的一部分,计入制造该产品的制造费用。

知识链接 ▶ 无形资产发生减值损失,在以后会计期间进行摊销时,应当考虑减值对摊销的影响。

·易错易混点·

当月增加的无形资产,当月开始摊销;当月减少的无形资产,当月不再摊销。
当月增加的固定资产,当月不提折旧;当月减少的固定资产,当月计提折旧。

案例 4-5

2016 年 1 月 1 日,A 公司从外单位购得一项非专利技术,支付价款 5000 万元,款项已支付,估计该项非专利技术的使用寿命为 10 年,该项非专利技术用于生产产品。同时,购入一项商标权,支付价款 3000 万元,款项已支付,估计该商标权的使用寿命为 15 年。假定这两项无形资产的净残值均为 0,并按直线法摊销。

【分析】 本例中,A 公司外购的非专利技术的估计使用寿命为 10 年,表明该项无形资产是使用寿命有限的无形资产,且该项无形资产用于产品生产,因此,应当将其摊销金额计入相关产品的制造成本。A 公司外购的商标权的估计使用寿命为 15 年,表明该项无形资产同样也是使用寿命有限的无形资产,而商标权的摊销金额通常直接计入当期管理费用。

A 公司的账务处理如下(单位:元):

(1)取得无形资产时:

借:无形资产——非专利技术　　　　　　　　　　　　　　　　50000000
　　　　　　——商标权　　　　　　　　　　　　　　　　　30000000
　　贷:银行存款　　　　　　　　　　　　　　　　　　　　　80000000

(2)按年摊销时:

借:制造费用——非专利技术　　　　　　　　　　　　　　　　5000000
　　管理费用——商标权　　　　　　　　　　　　　　　　　2000000
　　贷:累计摊销　　　　　　　　　　　　　　　　　　　　　7000000

案例 4-6 沿用 案例 4-5

如果 A 公司于 2017 年 12 月 31 日根据科学技术发展的趋势判断 2016 年购入的该项非专利技术在 4 年后将被淘汰,不能再为 A 公司带来经济利益,决定对其再使用 4 年后不再使用。为此,A 公司应当在 2017 年 12 月 31 日据此变更该项非专利技术的估计使用寿命,并按会计估计变更进行处理。

【分析】 2017 年 12 月 31 日,该项无形资产累计摊销金额为 1000 万元(500×2),2018 年该项无形资产的摊销金额为 1000 万元[(5000-1000)÷4]。A 公司 2018 年对该项非专利技术按年摊销的账务处理如下(单位:元):

借:制造费用——非专利技术　　　　　　　　　　　　　　　10000000
　　贷:累计摊销　　　　　　　　　　　　　　　　　　　　10000000

考试方向

考查无形资产摊销的计算及账务处理。

【例题 4-7 单选题】(2013 年真题) 2013 年 1 月 1 日,甲公司某项特许使用权的原价为 960 万元,已摊销 600 万元,已计提减值准备 60 万元。预计尚可使用年限为 2 年,预计净残值为 0,采用直线法按月摊销。不考虑其他因素,2013 年 1 月,甲公司该项特许使用权应摊销的金额为( )万元。

A. 12.5　　　　　B. 15　　　　　C. 37.5　　　　　D. 40

【答案】 A

【名师点睛】 甲公司该项特许使用权 2013 年 1 月应摊销的金额＝(960－600－60)÷2×1÷12＝12.5(万元),选项 A 正确。

【例题 4-8 单选题】(2020 年真题) 2018 年 1 月 1 日,甲公司以银行存款 240 万元外购一项专利技术并立即投入使用,预计使用年限为 5 年,预计残值为零,采用直线法摊销。2019 年 1 月 1 日,甲公司与乙公司签订协议,甲公司将于 2021 年 1 月 1 日以 100 万元的价格向乙公司转让该专利技术,甲公司对该专利技术仍采用直线法摊销。不考虑其他因素,甲公司 2019 年应对该专利技术计提摊销的金额为( )万元。

A. 46　　　　　B. 48　　　　　C. 50　　　　　D. 96

【答案】 A

【名师点睛】 2018 年,无形资产摊销金额＝240÷5＝48(万元),2019 年 1 月 1 日,无形资产账面价值＝240－48＝192(万元)。由于甲公司签订协议于 2021 年 1 月 1 日以 100 万元出售该无形资产,因此,无形资产尚可使用年限变为 2 年,预计净残值为 100 万元。2019 年,无形资产摊销金额＝(192－100)÷2＝46(万元),选项 A 正确。

三、 使用寿命不确定的无形资产

　　根据可获得的相关信息判断,如果无法合理估计某项无形资产的使用寿命,则企业应将其作为使用寿命不确定的无形资产进行核算。对于使用寿命不确定的无形资产,企业在持有该无形资产期间内不需要摊销,但应当在每个会计期末进行减值测试。减值测试按照资产减值的原则进行处理,如经减值测试表明已发生减值,则需要计提相应的减值准备,借记"资产减值损失"科目,贷记"无形资产减值准备"科目。

知识链接 ▶ 资产减值是指资产的可收回金额低于其账面价值,可收回金额应当根据资产的公允价值减去处置费用后的净额与资产预计未来现金流量的现值,两者之间较高者确定。

案例 4-7

　　2019 年 1 月 1 日,A 公司购入的一项市场领先的畅销产品的商标的成本为 6000 万元。该商标可视为使用寿命不确定的无形资产。2020 年年底,A 公司对该商标按照资产减值的原则进行减值测试,经测试表明该商标已发生减值。2020 年年底,该商标的可回收金额为 4000 万元。

　　【分析】 A 公司的账务处理如下(单位:元):

　　(1) 2019 年购入商标时:

　　借:无形资产——商标权　　　　　　　　　　　　　　　　　　　　60000000

　　　　贷:银行存款　　　　　　　　　　　　　　　　　　　　　　　　60000000

（2）2020 年发生减值时：

借：资产减值损失　　　　　　　　　　　　　　（60000000－40000000）20000000

　　贷：无形资产减值准备——商标权　　　　　　　　　　　　　　　　　20000000

【例题 4-9 单选题】(2015 年真题)　2014 年 12 月 31 日，甲公司某项无形资产的原价为 120 万元，已摊销 42 万元，未计提减值准备，当日，甲公司对该无形资产进行减值测试，预计公允价值减去处置费用后的净额为 55 万元，未来现金流量的现值为 60 万元，2014 年 12 月 31 日，甲公司应为该无形资产计提的减值准备为(　　)万元。

A. 18　　　　　　　　B. 23　　　　　　　　C. 60　　　　　　　　D. 65

【答案】　A

【名师点睛】　无形资产的可收回金额应当根据资产的公允价值减去处置费用后的净额与资产预计未来现金流量的现值，两者之间较高者确定。所以，本题中无形资产的可收回金额为 60 万元，减值测试前无形资产的账面价值＝120－42＝78(万元)，应计提减值准备的金额＝78－60＝18(万元)。

考试方向
考查无形资产进行减值测试，可收回金额及无形资产减值准备的计算。

第四章

第四节　无形资产的处置

 **本节框架** ▶

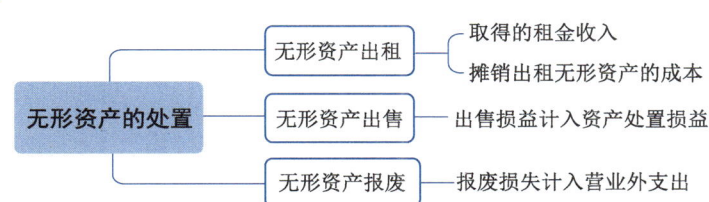

无形资产的处置，主要是指无形资产出售、对外出租、对外捐赠，或者是无法为企业带来未来经济利益时，应予终止确认并转销。

一、无形资产出租 ★★

企业将所拥有的无形资产的使用权让渡给他人并收取租金时，该让渡行为所产生的收入属于与企业日常活动相关的其他经营活动取得的收入，在满足收入确认条件的情况下，应确认相关的收入及成本。

企业按照让渡无形资产使用权而取得的租金收入，借记"银行存款"等科目，贷记"其他业务收入"等科目；企业在摊销租出无形资产的成本并发生与转让有关的各种税费支出时，借记"其他业务成本""税金及附加"等科目，贷记"累计摊销""应交税费"等科目。

案例 4-8

2019 年 1 月 1 日，A 企业将一项专利技术出租给 B 企业使用。该专利技术的账面余额为 500 万元，摊销期限为 10 年。出租合同规定，承租方每销售一件用该专利生产的产品，必须付给出租方 10 元专利技术使用费。假定承租方当年销售该产品 10 万件，增值税税率为 6%，应交的增值税税额为 6 万元。

【分析】 A 企业的账务处理如下：

（1）取得该项专利技术使用费时：

借：银行存款 1060000
　　贷：其他业务收入 1000000
　　　　应交税费——应交增值税（销项税额） 60000

（2）按年对该项专利技术进行摊销：

借：其他业务成本 500000
　　贷：累计摊销 500000

二、 无形资产出售 ★★

企业出售某项无形资产，表明企业放弃无形资产的所有权。出售无形资产时，具体账务处理如下：

借：银行存款（实际收款的金额）
　　累计摊销（已计提的累计摊销额）
　　无形资产减值准备（已计提的减值准备）
　　贷：无形资产（账面余额）
　　　　应交税费（应支付的相关税费）
　　　　银行存款
　　　　资产处置损益（或借，差额倒挤）

案例 4-9

甲企业为增值税一般纳税人，出售某项专利技术，取得不含税价款 200 万元，应缴纳的增值税为 12 万元（不考虑其他税费）。该项专利技术的账面余额为 500 万元，摊销期限为 10 年，采用直线法进行摊销，已累计摊销 300 万元。假定该项专利权的残值为 0，已累计计提的减值准备为 80 万元。

【分析】 假定不考虑其他相关因素，则甲企业的账务处理如下：

借：银行存款 2120000
　　累计摊销 3000000
　　无形资产减值准备 800000
　　贷：无形资产——专利权 5000000
　　　　应交税费——应交增值税（销项税额） 120000
　　　　资产处置损益 800000

三、 无形资产报废 ★★

如果无形资产预期不能为企业带来未来经济利益，如该无形资产已被其他新技术所替代或超过法律保护期，不能再为企业带来经济利益，则其不再是无形资产，企业应将其报废并予以转销，其账面价值转作当期损益（营业外支出）。

报废无形资产时，具体账务处理如下：

借：累计摊销（已计提的累计摊销额）
　　无形资产减值准备（已计提的减值准备）
　　营业外支出（差额倒挤）
　　贷：无形资产（账面余额）

案例 4-10

　　C 企业拥有某项专利技术，根据市场调查，用其生产的产品已没有市场，决定应予转销。转销时，该项专利技术的账面余额为 600 万元，摊销期限为 10 年，采用直线法进行摊销，已累计摊销 300 万元。假定该项专利权的残值为零，已累计计提的减值准备为 160 万元。

　　【分析】　假定不考虑其他相关因素，则 C 企业的账务处理如下：

借：累计摊销　　　　　　　　　　　　　　　　　　　　　　3000000
　　无形资产减值准备　　　　　　　　　　　　　　　　　　1600000
　　营业外支出——处置非流动资产损失　　　　　　　　　　1400000
　　贷：无形资产——专利权　　　　　　　　　　　　　　　　6000000

考试方向

考查无形资产出售、对外出租、无形资产报废的账务处理，以及影响利润金额的计算。

第四章

同步练习

一、单项选择题

1. 2019 年 8 月 1 日,甲公司某项专利技术的原价为 500 万元,已摊销 260 万元,已计提减值准备 80 万元。预计尚可使用年限为 2 年,预计净残值为 0,采用直线法按月摊销。不考虑其他因素,2019 年 8 月,甲公司该项专利技术应摊销的金额为( )万元。
   A. 6.67   B. 10   C. 17.5   D. 20.83

2. 甲公司自行研发一项新技术,累计发生研究开发支出 800 万元,其中符合资本化条件的支出为 500 万元。研发成功后向国家专利局提出专利权申请并获得批准,实际发生注册登记费 8 万元,为使用该项新技术发生的有关人员培训费为 6 万元。不考虑其他因素,甲公司该项无形资产的入账价值为( )万元。
   A. 508   B. 514   C. 808   D. 814

3. 2018 年 1 月 1 日,甲公司以银行存款 240 万元购入一项专利技术并立即投入使用,预计使用年限为 5 年,预计净残值为 0,采用直线法进行摊销。2019 年 1 月 1 日,甲公司与乙公司签订协议,约定甲公司将于 2021 年 1 月 1 日以 100 万元的价格向乙公司转让该专利技术,甲公司对该专利技术仍采用直线法摊销。不考虑其他因素,甲公司在 2019 年应对该专利技术摊销的金额为( )万元。
   A. 56   B. 48   C. 46   D. 50

4. 2019 年 5 月 20 日,甲公司以银行存款 300 万元外购一项专利技术用于产品的生产,另支付相关税费 5 万元,达到预定用途前的专业服务费 6 万元,测试专利技术正常使用的测试费 8 万元,新产品宣传发生广告费 4 万元。2019 年 5 月 20 日,该专利技术的入账价值为( )万元。
   A. 305   B. 311   C. 319   D. 323

5. 关于无形资产的摊销,下列说法正确的是( )。
   A. 无形资产的摊销期应自可供使用时起至终止确认时止
   B. 无形资产的应摊销金额,是指其成本扣除预计残值后的金额,已计提减值准备的无形资产,不影响无形资产的应摊销金额
   C. 使用寿命不确定的无形资产,应按 10 年摊销

   D. 无形资产的摊销金额一般应计入当期损益。例如,一项专门用于生产某产品的专利技术,摊销金额计入当期损益

6. 下列关于无形资产摊销的表述中,不正确的是( )。
   A. 企业选择的无形资产摊销方法,应当反映与该项无形资产有关的经济利益的预期消耗方式,无法可靠确定预期消耗方式的,应当采用直线法摊销
   B. 无形资产的残值一般为零
   C. 有特定产量限制的特许经营权或专利权,应采用产量法进行摊销
   D. 无形资产自达到预定用途的次月开始摊销

7. 企业自行研发专利技术发生的下列各项支出中,应计入无形资产入账价值的是( )。
   A. 为有效使用自行研发的专利技术而发生的培训费用
   B. 研究阶段发生的支出
   C. 无法区分研究阶段和开发阶段的支出
   D. 专利技术的注册登记费

8. 2019 年 1 月 1 日,甲公司以银行存款 60 万元外购一项法律保护期为 10 年的专利技术并立即投入使用。甲公司预计该专利技术在未来 6 年为其带来经济利益,采用直线法摊销。当日,甲公司与乙公司签订协议。甲公司将于 2021 年 1 月 1 日以 24 万元的价格向乙公司转让该专利技术。不考虑其他因素,2019 年 12 月 31 日,甲公司该专利技术的账面价值为( )万元。
   A. 50   B. 56.4   C. 42   D. 54

二、多项选择题

1. 下列关于无形资产后续计量的表述中,正确的有( )。
   A. 至少应于每年年度终了对以前确定的无形资产残值进行复核
   B. 应在每个会计期间对使用寿命不确定的无形资产的使用寿命进行复核
   C. 至少应于每年年度终了对使用寿命有限的无形资产的使用寿命进行复核
   D. 至少应于每年年度终了对使用寿命有限的无形资产的摊销方法进行复核

2. 下列关于使用寿命有限的无形资产摊销的表述中,正确的有( )。

A. 自达到预定用途的下月起开始摊销

B. 至少应于每年年末对使用寿命进行复核

C. 有特定产量限制的经营特许权,应采用产量法进行摊销

D. 无法可靠确定与其有关的经济利益预期消耗方式的,应采用直线法进行摊销

3. 下列关于企业内部研发支出会计处理的表述中,正确的有( )。

A. 发生研发支出,满足资本化条件的,借记"研发支出——资本化支出"科目

B. 达到预定用途形成无形资产的,应按"研发支出——资本化支出"科目的余额,借记"无形资产"科目

C. 达到预定用途形成无形资产的,应按"研发支出——资本化支出"科目的余额,贷记"研发支出——资本化支出"科目

D. 发生研发支出,不满足资本化条件的,借记"研发支出——费用化支出"科目

4. 下列各项关于企业无形资产会计处理资产的表述中,正确的有( )。

A. 计提的减值准备在以后会计期间可以转回

B. 使用寿命不确定的,不进行摊销

C. 使用寿命有限的,摊销方法由年限平均法变更为产量法,按会计估计变更处理

D. 使用寿命不确定的,至少应在每年年末进行减值测试

5. 下列各项关于企业土地使用权的会计处理的表述中,正确的有( )。

A. 工业企业改变土地使用权的用途,将其用于资本增值的,应将其转为投资性房地产

B. 工业企业将购入的用于自行开发建造厂房的土地使用权作为无形资产核算

C. 工业企业将租出的土地使用权作为无形资产核算

D. 房地产开发企业取得的土地使用权用于建造对外出售的房屋建筑物,相关的土地使用权应当计入所建造房屋建筑物成本

6. 下列各项满足资本化条件后的企业内部的研发支出,应予以资本化会计处理的有( )。

A. 开发过程中研发人员支出

B. 开发过程中正常耗用的材料

C. 开发过程中所用专利权的摊销

D. 开发过程中固定资产的折旧

7. 下列各项关于企业无形资产残值会计处理的表述中,正确的有( )。

A. 无形资产残值的估计应以其处置时的可收回金额为基础

B. 预计净残值发生变化时,应对已计提的摊销金额进行调整

C. 无形资产预计净残值高于其账面价值时,不再摊销

D. 资产负债表日应当对无形资产的残值进行复核

8. 下列关于无形资产摊销的会计处理中,正确的有( )。

A. 当月增加的无形资产,当月开始摊销;当月减少的无形资产,当月不再摊销

B. 使用寿命不确定的无形资产按照不低于10年的期限进行摊销

C. 企业选择的无形资产摊销方法,应当一致地运用于不同会计期间

D. 有特定产量限制的特许经营权或专利权,应采用产量法进行摊销

三、判断题

1. 企业用于生产某种产品的、已确认为无形资产的非专利技术,其摊销金额应计入当期管理费用。 ( )

2. 企业将土地使用权用于自行开发建造自用厂房的,该土地使用权与厂房应分别进行摊销和提取折旧。 ( )

3. 无形资产预期不能为企业带来未来经济利益的,企业应当将其账面价值转入当期损益。 ( )

4. 在自行开发的无形资产达到预定用途时,企业应将前期已经费用化的研发支出调整计入无形资产成本。 ( )

5. 甲企业购入一项土地使用权并用于开发建造一栋自用厂房,该土地使用权的取得成本应当计入厂房的建造成本。 ( )

6. 无法区分研究阶段支出和开发阶段支出,应当将其所发生的研发支出全部费用化,计入当期损益。 ( )

7. 对使用寿命不确定的无形资产进行复核时,如果有证据表明该无形资产使用寿命有限时,应当作为会计估计变更处理。 ( )

8. 出售无形资产时,按实际收款的款项,借记"银行存款"等科目;按已计提的累计摊销额,借记"累计摊销"科目;原已计提减值准备的,借记"无形资产减值准备"科目;按应支付的相关税费及其他费用,贷记"应交税费""银行存款"等科目;按其账面余额,贷记"无形资产"科目;按

其差额,记入"营业外支出"科目。　　(　　)

9. 企业为建造自用办公楼外购土地使用权支付的价款,应当计入办公楼的建造成本。(　　)

10. 为使用企业内部开发的无形资产而发生的员工培训支出,不构成企业无形资产的开发成本。　　　　　　　　　　　(　　)

四、计算分析题

1. 甲公司 2020 年至 2021 年与 F 专利技术有关的资料如下:

(1) 2020 年 1 月 1 日,甲公司与乙公司签订 F 专利技术转让协议,协议约定,该专利技术的转让价款为 2000 万元。当日,甲、乙公司办妥相关手续,甲公司以银行存款支付,立即将该专利技术用于产品生产,预计使用 10 年,预计净残值为零,采用直线法摊销。

(2) 2021 年 1 月 1 日,甲公司因经营方向转变,将 F 专利技术转让给丙公司,转让价款 1500 万元收讫存入银行。同日,甲、丙公司办妥相关手续。

假定不考虑其他因素。

要求(答案中金额单位以万元表示):

(1) 编制甲公司 2020 年 1 月 1 日取得 F 专利技术的相关会计分录。

(2) 计算 2020 年专利技术的摊销额,并编制相关会计分录。

(3) 编制甲公司 2021 年 1 月 1 日转让 F 专利技术的相关会计分录。

2. 2015 年 1 月 1 日至 2019 年 12 月 31 日,甲公司 A 专利技术相关的交易或事项如下:

(1) 2015 年 1 月 1 日,甲公司董事会批准开始自行研发 A 专利技术以生产新产品。2015 年 1 月 1 日至 6 月 30 日为研究阶段,发生材料费 500 万元、研发人员薪酬 300 万元、研发用设备的折旧费用 200 万元。

(2) 2015 年 7 月 1 日,A 专利技术的研发活动进入开发阶段。2016 年 1 月 1 日,该专利技术研发成功并达到预定用途。在开发阶段,发生材料费 800 万元、研发人员薪酬 400 万元、研发用设备的折旧费用 300 万元。上述研发支出均满足资本化条件。甲公司预计 A 专利技术的使用寿命为 10 年,预计残值为零,按年采用直线法摊销。

(3) 2017 年 12 月 31 日,A 专利技术出现减值迹象。经减值测试,该专利技术的可收回金额为 1300 万元。预计尚可使用 5 年,预计残值为零,仍按年采用直线法摊销。

(4) 2019 年 12 月 31 日,甲公司以 450 万元将 A 专利技术对外出售,价款已收存银行。

本题不考虑增值税等相关税费及其他因素。

要求("研发支出"科目应写出必要的明细科目)(答案中金额单位以万元表示):

(1) 编制甲公司 2015 年 1 月 1 日至 6 月 30 日研发 A 专利技术发生相关支出的会计分录。

(2) 编制甲公司 2016 年 1 月 1 日 A 专利技术达到预定用途时的会计分录。

(3) 计算甲公司 2016 年度 A 专利技术应摊销的金额,并编制相关会计分录。

(4) 计算甲公司 2017 年 12 月 31 日对 A 专利技术应计提减值准备的金额,并编制相关会计分录。

(5) 计算甲公司 2019 年 12 月 31 日对外出售 A 专利技术应确认的损益金额,并编制相关会计分录。

3. 2017 年至 2020 年,甲公司发生的与 A 非专利技术相关的交易或事项如下:

资料一:2017 年 7 月 1 日,甲公司开始自行研发 A 非专利技术用于生产新产品。2017 年 7 月 1 日至 8 月 31 日为研发阶段,耗用原材料 150 万元,应付研发人员薪酬 400 万元,计提研发专用设备折旧 250 万元。

资料二:2017 年 9 月 1 日,A 非专利技术研发活动进入开发阶段。至 2017 年 12 月 31 日,耗用原材料 700 万元,应付研发人员薪酬 800 元、计提研发专用设备折旧 500 万元,上述研发支出均满足资本化条件。2018 年 1 月 1 日,该非专利技术研发成功并达到预定用途。甲公司无法合理估计该非专利技术的使用寿命。

资料三:2018 年 12 月 31 日,经减值测试,该非专利技术的可收回金额为 2050 万元。2019 年 12 月 31 日,经减值测试,该非专利技术的可收回金额为 1950 万元。

资料四:2020 年 7 月 1 日,甲公司以 1900 万元将 A 非专利技术对外出售,价款已收存银行。

本题不考虑增值税等相关税费及其他因素。

要求("研发支出"科目应写出必要的明细科目)(答案中金额单位以万元表示):

(1) 编制甲公司 2017 年 7 月 1 日至 12 月 31 日研发 A 非专利技术发生相关支出的会计分录。

(2) 编制甲公司 2018 年 1 月 1 日 A 非专利技术达到预定用途时的会计分录。

(3) 计算甲公司 2018 年 12 月 31 日及 2019 年 12 月 31 日对 A 非专利技术计提减值准备的

第四章

金额,并编制相关会计分录。

(4)计算甲公司 2020 年 7 月 1 日对外出售 A 非专利技术应确认的损益金额,并编制相关会计分录。

五、综合题

甲公司适用的企业所得税税率为 25%,预计未来期间适用的企业所得税税率不会发生变化。未来期间能够产生足够的应纳税所得额用以抵减可抵扣暂时性差异,甲公司发生的与某专利技术有关的交易或事项如下:

(1)2015 年 1 月 1 日,甲公司以银行存款 800 万元购入一项专利技术用于新产品的生产,当日投入使用,预计使用年限为 5 年,预计净残值为零,采用年限平均法摊销,该专利技术的初始入账金额与计税基础一致,根据税法规定,2015 年甲公司该专利技术的摊销额能在税前扣除的金额为 160 万元。

(2)2016 年 12 月 31 日,该专利技术出现减值迹象,经减值测试,该专利技术的可收回金额为 420 万元,预计尚可使用 3 年,预计净残值为零,仍采

用年限平均法摊销。

(3)甲公司 2016 年度实现利润总额为 1000 万元,根据税法规定,2016 年甲公司该专利技术的摊销额能在税前扣除的金额为 160 万元,当年对该专利技术计提的减值准备不允许税前扣除。除该事项外,甲公司无其他纳税调整事项。

本题不考虑除企业所得税以外的税费及其他因素。

要求(答案中金额单位以万元表示):

(1)编制甲公司 2015 年 1 月 1 日取得专利技术的相关会计分录。

(2)计算 2015 年专利技术的摊销额并编制相关会计分录。

(3)计算甲公司 2016 年 12 月 31 日对专利技术应计提减值准备的金额并编制相关会计分录(减值准备相关计算参考第七章资产减值)。

(4)计算 2016 年甲公司应交企业所得税、递延所得税资产和所得税费用的金额,并编制相关会计分录(递延所得税相关计算参考第十三章所得税)。

(5)计算甲公司 2017 年度该专利技术应摊销金额,并编制相关会计分录。

参考答案及解析

一、单项选择题

1.【答案】 A

【解析】 甲公司该项专利技术 2019 年 8 月应摊销的金额＝(500－260－80)÷2×1÷12＝6.67(万元),选项 A 正确。

2.【答案】 A

【解析】 甲公司该项无形资产入账价值＝500＋8＝508(万元),为使用该项新技术发生的有关人员培训费计入当期损益,不构成无形资产的入账价值。

3.【答案】 C

【解析】 2018 年该无形资产摊销额＝(240－0)÷5＝48(万元)。2019 年 1 月 1 日,甲公司与乙公司签订协议,约定甲公司将于 2021 年 1 月 1 日以 100 万元的价格向乙公司转让该专利技术,则预计使用年限为 2 年,预计净残值为 100 万元。2019 年应对该专利技术摊销的金额＝(240－48－100)÷2＝46(万元)。

4.【答案】 C

【解析】 该专利技术的入账价值＝300＋5＋6＋8＝319(万元)。新产品的广告宣传费不

计入无形资产成本。

5.【答案】 A

【解析】 选项 B,无形资产的应摊销金额,是指其成本扣除预计残值后的金额,已计提减值准备的无形资产,应扣除减值准备后进行摊销金额;选项 C,使用寿命不确定的无形资产,使用期间不需要进行摊销;选项 D,无形资产的摊销金额一般应计入当期损益。一项专门用于生产某产品的专利技术,摊销金额应当计入相关资产的成本。

6.【答案】 D

【解析】 选项 D,无形资产自达到预定用途的当月开始摊销。

7.【答案】 D

【解析】 选项 A,为有效使用专利技术发生的培训费不属于为使无形资产达到预定用途的合理必要支出,不应计入无形资产成本;选项 B,研究阶段发生的支出应全部费用化;选项 C,无法区分研究阶段和开发阶段的支出全部费用化。

8.【答案】 C

【解析】 甲公司该项专利技术将于 2021 年 1 月 1 日以 24 万元出售给乙公司故其预计净残值为 24 万元,2019 年 12 月 31 日,该专利技术的账面价值＝60－(60－24)÷2＝42(万元)。

二、多项选择题

1. 【答案】 ABCD

   【解析】 企业应至少于每年年度终了对使用寿命有限的无形资产的使用寿命、摊销方法及预计净残值进行复核,选项 ACD 正确;企业应于每个会计期间对使用寿命不确定的无形资产的使用寿命进行复核,选项 B 正确。

2. 【答案】 BCD

   【解析】 选项 A,使用寿命有限的无形资产应自达到预定用途的当月开始摊销。

3. 【答案】 ABCD

4. 【答案】 BCD

   【解析】 选项 A,计提的减值不得转回,故选项 A 错误。

5. 【答案】 ABD

   【解析】 选项 C,工业企业将租出的土地使用权作为投资性房地产核算。

6. 【答案】 ABCD

   【解析】 开发阶段的支出符合资本化条件的,确认为无形资产。内部开发活动形成的无形资产,其成本由可直接归属于该无形资产的创造、生产并使该无形资产能够以管理层预定的方式运作的所有必要支出组成。

7. 【答案】 ACD

   【解析】 选项 B,预计净残值发生变化,属于会计估计变更,采用未来适用法,不调整已计提的摊销额。

8. 【答案】 ACD

   【解析】 选项 B,使用寿命不确定的无形资产,企业在持有该无形资产期间内不需要摊销。

三、判断题

1. 【答案】 ×

   【解析】 无形资产用于生产某种产品的,其摊销金额应当计入产品的成本。

2. 【答案】 √

   【解析】 企业外购土地使用权通常应单独确认为无形资产。土地使用权用于自行开发建造厂房等地上建筑物时,土地使用权与地上建筑物分别进行摊销和提取折旧。

3. 【答案】 √

4. 【答案】 ×

   【解析】 自行开发的无形资产,企业应将前期已经费用化的研发支出计入管理费用,在达到预定用途时,不调整无形资产成本。

5. 【答案】 ×

   【解析】 甲企业购入一项土地使用权并用于开发建造一栋自用厂房,该土地使用权应当作为无形资产核算。

6. 【答案】 √

7. 【答案】 √

8. 【答案】 ×

   【解析】 出售无形资产时,按实际收款的款项与该无形资产账面价值的差额作为资产处置利得或损失,记入"资产处置损益"科目。

9. 【答案】 ×

   【解析】 企业建造自用办公楼外购的土地使用权应单独计入无形资产中,不计入办公楼建造成本。

10. 【答案】 √

四、计算分析题

1. 【答案】 (1)

   借:无形资产 2000
   　贷:银行存款 2000

   (2) 2020 年,专利技术的摊销额＝2000÷10＝200(万元)。

   相关会计分录如下:

   借:制造费用 200
   　贷:累计摊销 200

   (3)

   借:银行存款 1500
   　　累计摊销 200
   　　资产处置损益 300
   　贷:无形资产 2000

2. 【答案】 (1)

   借:研发支出——费用化支出 1000
   　贷:原材料 500
   　　　应付职工薪酬 300
   　　　累计折旧 200

   (2)

   借:无形资产(800＋300＋400)1500
   　贷:研发支出——资本化支出 1500

   (3) 2016 年度,甲公司 A 专利技术应摊销的金额＝1500÷10＝150（万元）。

相关会计分录如下：

借：制造费用 150

　　贷：累计摊销 150

（4）甲公司该项无形资产计提减值准备前的账面价值＝1500－1500÷10×2＝1200（万元），可收回金额为1000万元，应计提减值准备金额＝1200－1000＝200（万元）。

相关会计分录如下：

借：资产减值损失 200

　　贷：无形资产减值准备 200

（5）甲公司该项无形资产2019年12月31日的账面价值＝1000－1000÷5－1000÷5×11÷12＝616.67（万元）

甲公司出售该无形资产应确认损益＝450－616.67＝－166.67（万元）

相关会计分录如下：

借：银行存款 450

　　累计摊销

　　　　（1500÷10×2＋1000÷5＋

　　　　1000÷5×11÷12）683.33

　　无形资产减值准备 200

　　资产处置损益 166.67

　　贷：无形资产 1500

3.【答案】（1）

借：研发支出——费用化支出 800

　　贷：原材料 150

　　　　应付职工薪酬 400

　　　　累计折旧 250

借：研发支出——资本化支出 2000

　　贷：原材料 700

　　　　应付职工薪酬 800

　　　　累计折旧 500

借：管理费用 800

　　贷：研发支出——费用化支出 800

（2）借：无形资产 2000

　　　贷：研发支出——资本化支出 2000

（3）2018年12月31日，甲公司对A非专利技术计提减值准备的金额为0；2019年12月31

日，对A非专利技术计提减值准备的金额＝2000－1950＝50（万元）。

借：资产减值损失 50

　　贷：无形资产减值准备 50

（4）2020年7月1日，出售该无形资产对损益的影响金额＝1900－（2000－50）＝－50（万元）。

借：银行存款 1900

　　无形资产减值准备 50

　　资产处置损益 50

　　贷：无形资产 2000

五、综合题

【答案】（1）2015年1月1日取得专利技术

借：无形资产 800

　　贷：银行存款 800

（2）2015年专利技术的摊销金额＝（800－0）÷5＝160（万元）

相关会计分录如下：

借：制造费用 160

　　贷：累计摊销 160

（3）2016年12月31日，无形资产账面价值＝800－160－160＝480（万元），大于可收回金额420万元。计提减值准备金额＝480－420＝60（万元）

相关会计分录如下：

借：资产减值损失 60

　　贷：无形资产减值准备 60

（4）2016年，应交所得税＝（1000＋60）×25％＝265（万元），递延所得税资产＝60×25％＝15（万元），所得税费用＝265－15＝250（万元）。

相关会计分录如下：

借：所得税费用 250

　　递延所得税资产 15

　　贷：应交税费——应交所得税 265

（5）2017年，无形资产应摊销金额＝（420－0）÷3＝140（万元）

相关会计分录如下：

借：制造费用 140

　　贷：累计摊销 140

第五章
长期股权投资

考情回顾

　　本章主要学习长期股权投资的范围、初始计量和后续计量,难度较大。在近几年考试中本章知识点占 5～20 分,各种题型均有涉及,本章内容在综合题中出现概率较高。预计今年考查题型不变,分值占 6～20 分。

考试变化

　　本章无实质性变化。

本章结构

　　第一节　长期股权投资的范围和初始计量
　　第二节　长期股权投资的后续计量

第一节　长期股权投资的范围和初始计量

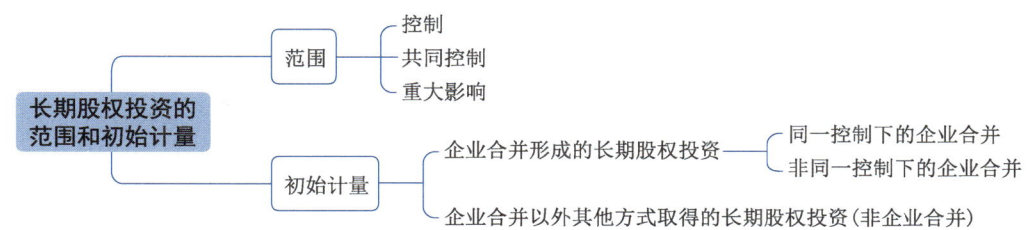

一、长期股权投资的范围★

《企业会计准则第 2 号——长期股权投资》对长期股权投资的内容、确认、计量进行了规范。《企业会计准则第 2 号——长期股权投资》第二条指出,长期股权投资是指投资方对被投资单位实施控制、重大影响的权益性投资,以及对其合营企业的权益性投资。

本章所指的长期股权投资包括以下内容:

(1) 投资方能够对被投资单位实施控制的权益性投资,即对子公司投资。

(2) 投资企业与其他合营方一同对被投资单位实施共同控制且对被投资单位净资产享有权利的权益性投资,即对合营企业投资。

(3) 投资方对被投资单位具有重大影响的权益性投资,即对联营企业投资。重大影响是指投资方对被投资单位的财务和经营政策有参与决策的权力,但并不能够控制或者与其他方一起共同控制这些政策的制定。

【例题 5-1 多选题】(经典好题)　下列各项中,应当作为长期股权投资核算的有(　　)。

A. 对能够实施重大影响的被投资单位的投资

B. 对能够实施控制的被投资单位的投资

C. 对合营企业的投资

D. 对被投资单位不具有控制、共同控制或重大影响,并且在活跃市场中没有报价、公允价值不能够可靠计量的权益性投资

【答案】　ABC

【名师点睛】　选项 D,对被投资单位不具有控制、共同控制或重大影响,并且在活跃市场中没有报价、公允价值不能够可靠计量的权益性投资,按照《企业会计准则第 22 号——金融工具确认和计量》的规定进行处理(参照第八章内容)。

二、长期股权投资的初始计量★★★

长期股权投资的初始计量,应分为企业合并形成的长期股权投资和企业合并以外形成的长期股权投资。

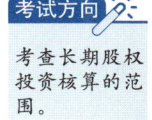

考查长期股权投资核算的范围。

（一）企业合并形成的长期股权投资

企业合并，是指将两个或者两个以上单独的企业合并形成一个报告主体的交易或事项。企业合并分为同一控制下的企业合并和非同一控制下的企业合并。同一控制下的企业合并是指有关联方关系的双方进行的合并，非同一控制下的企业合并是指没有关联方关系的双方进行的合并。

对于控股合并形成的长期股权投资，企业应分别针对形成同一控制下控股合并与非同一控制下控股合并两种情况确定长期股权投资的初始投资成本。

提示▶考试中会直接明确合并双方是否有关联方关系，或者明确是母子公司关系，可以直接推定有关联方关系。

1. 同一控制下的企业合并

同一控制下的企业合并时，合并方以支付现金、转让非现金资产或承担债务方式作为合并对价的，合并方应当在合并日按照被合并方在最终控制方合并财务报表中的净资产的账面价值的份额作为长期股权投资的初始投资成本。对于长期股权投资的初始投资成本与支付的现金、转让的非现金资产以及所承担债务账面价值之间的差额，合并方应当调整资本公积；资本公积的余额不足冲减的，合并方应调整留存收益。

合并方以发行权益性工具作为合并对价的，应当在合并日按照被合并方在最终控制方合并财务报表中的账面价值的份额作为长期股权投资的初始投资成本。合并方应将发行股份的面值总额作为股本，按照长期股权投资初始投资成本与所发行股份面值总额之间的差额，应当调整资本公积；资本公积不足冲减的，调整留存收益。

在按照合并日应享有被合并方在最终控制方合并财务报表中的净资产的账面价值的份额确定长期股权投资的初始投资成本时，前提是合并前合并方与被合并方采用的会计政策应当一致。如果会计政策不一致，应基于重要性原则，统一合并方与被合并方的会计政策。在按照合并方的会计政策对被合并方在最终控制方合并财务报表中的净资产的账面价值进行调整的基础上，计算确定长期股权投资的初始投资成本。

（1）用资产、负债取得被合并方股权。

案例 5-1

2020 年 6 月 30 日，甲公司以银行存款 4000 万元取得其母公司控制的乙公司 80% 的股权，并于当日起能够对乙公司实施控制。2020 年 6 月 30 日，母公司合并财务报表中的乙公司净资产账面价值为 7000 万元。乙公司个别报表净资产的账面价值为 6300 万元。（假定甲公司与乙公司的会计年度和采用的会计政策相同）

【分析】 不考虑其他因素，账务处理如下（单位：万元）：

借：长期股权投资（最终控制方净资产账面价值份额）　　　　　　　（7000×80%）5600
　　贷：银行存款　　　　　　　　　　　　　　　　　　　　　　　　　　　　4000
　　　　资本公积——股本溢价　　　　　　　　　　　　　　　　　　　　　　1600

案例 5-2

2020 年 6 月 30 日，甲公司以一项土地使用权取得其母公司控制的乙公司 80% 的股权,并于当日起能够对乙公司实施控制。合并日,该土地使用权的账面价值为 3200 万元(原值为 4000 万元,累计摊销为 800 万元),公允价值为 4000 万元;2020 年 6 月 30 日,母公司合并财务报表中的乙公司净资产账面价值为 7000 万元。乙公司个别报表净资产的账面价值为 6300 万元。(假定甲公司与乙公司的会计年度和采用的会计政策相同)

【分析】　不考虑其他因素,账务处理如下(单位:万元):

借:长期股权投资(最终控制方净资产账面价值份额)　　　　(7000×80%)5600
　　累计摊销　　　　　　　　　　　　　　　　　　　　　　　　800
　　贷:无形资产　　　　　　　　　　　　　　　　　　　　　　　4000
　　　　资本公积——股本溢价　　　　　　　　　　　　　　　　　2400

(2) 合并方以发行"权益性证券"取得被合并方股权(所有者权益)。

案例 5-3

2020 年 6 月 30 日,P 公司向同一集团内 S 公司的原股东定向增发 1500 万股普通股(每股面值为 1 元,市价为 13.02 元),取得 S 公司 100%的股权,并于当日起能够对 S 公司实施控制。合并后,S 公司仍维持其独立法人资格继续经营。两公司在企业合并前采用的会计政策相同。合并日,S 公司的账面所有者权益的总额为 6606 万元。

S 公司在合并后维持其法人资格继续经营。合并日,P 公司在其账簿及个别财务报表中应确认对 S 公司的长期股权投资。

【分析】　账务处理如下(单位:万元):

借:长期股权投资(最终控制方净资产账面价值份额)　　　　　6606
　　贷:股本(发行股票面值)　　　　　　　　　　　　　　　　1500
　　　　资本公积——股本溢价　　　　　　　　　　　　　　　　5106

(3) 同一控制下企业合并中费用的处理。

合并方发生的审计、法律服务、评估咨询等中介费用以及其他相关管理费用,于发生时计入当期损益。

与发行权益性工具作为合并对价直接相关的交易费用,应当冲减资本公积(资本溢价或股本溢价),资本公积(资本溢价或股本溢价)不足冲减的,依次冲减盈余公积和未分配利润。

与发行债务性工具作为合并对价直接相关的交易费用,应当计入债务性工具的初始确认金额。

【例题 5-2 单选题】(经典好题)　2019 年 6 月 30 日,B 公司向同一集团内的甲公司的原股东 A 公司定向增发 1000 万股普通股(每股面值为 1 元,市价为 8.68 元),取得甲公司 100%股权,相关手续于当日完成,并能够对甲公司实施控制。合并后甲公司仍维持其独立法人资格继续经营。甲公司为 A 公司于 2018 年 5 月 10 日以非同一控制下企业合并的方式收购的全资子公司。合并日,甲公司财务报表中净资产的账面价值为 2200 万元,A 公司合并财务报表中的甲公司可辨认净资产账面价值为 3500 万元。假定 B 公司和甲公司都受 A 公司同一控制。不考虑相关税费等其他因素影响。2019 年 6 月 30 日,

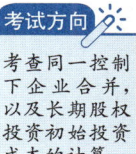

考试方向

考查同一控制下企业合并,以及长期股权投资初始投资成本的计算。

B公司对甲公司长期股权投资初始投资成本为（　　　）万元。

A. 3500　　　　　　B. 4000　　　　　　C. 2200　　　　　　D. 2700

【答案】　A

【名师点睛】　同一控制下企业合并，长期股权投资初始投资成本＝被投资方相对于最终控制方而言的可辨认净资产账面价值份额＝3500×100％＝3500（万元）。

【例题5-3 多选题】(经典好题)　下列关于同一控制下企业合并形成的长期股权投资会计处理表述中，正确的有（　　　）。

A. 合并方发生的评估咨询费用，应计入当期损益

B. 与发行债务工具作为合并对价直接相关的交易费用，应计入债务工具的初始确认金额

C. 与发行权益工具作为合并对价直接相关的交易费用，应计入当期损益

D. 合并成本与合并对价账面价值之间的差额，应计入其他综合收益

【答案】　AB

【名师点睛】　选项C，与发行权益工具作为合并对价直接相关的交易费用，应冲减资本公积，资本公积不足冲减的，调整留存收益；选项D，合并成本与合并对价账面价值之间的差额，应计入资本公积，资本公积不足冲减的，调整留存收益。

2. 非同一控制下的企业合并

非同一控制下的控股合并中，购买方在购买日应当按照确定的企业合并成本作为长期股权投资的初始投资成本。企业合并成本包括购买方付出的资产、发生或承担的负债、发行的权益性工具或债务性工具的公允价值之和。合并方或购买方为企业合并发生的审计、法律服务、评估咨询等中介费用以及其他相关管理费用，应当于发生时计入当期损益。

• 易错易混点 •

如果题目中考虑增值税等相关税费，则企业合并成本包括付出资产的增值税等相关税费。

（1）以支付现金取得长期股权投资。

案例5-4

甲公司于2019年2月10日自公开市场中买入乙公司70％的股份，实际支付价款8000万元。另外，甲公司在购买过程中支付手续费等相关费用200万元。甲公司取得该部分股权后，能够对乙公司的生产经营决策施加控制。（假定甲公司与乙公司不存在任何关联方关系）

【分析】　甲公司应当将实际支付的购买价款作为取得长期股权投资的成本，其账务处理如下（单位：万元）：

借：长期股权投资（付出资产的公允价值）　　　　　　　　　　　8000

　　管理费用　　　　　　　　　　　　　　　　　　　　　　　　200

　　贷：银行存款　　　　　　　　　　　　　　　　　　　　　　　　8200

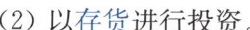

（2）以存货进行投资。

以存货进行投资,相当于将存货出售。与一般的存货出售的差别仅在于,出售存货取得的不是货币资金,而是长期股权投资。对存货出售的相关会计处理,参考本书第二章《存货》的相关内容。

案例 5-5

甲公司于 2019 年 2 月 10 日以账面余额 7000 万元、存货跌价准备 800 万元、公允价值 8000 万元的库存商品换取乙公司 70% 的股权,增值税率为 13%。（假定甲公司与乙公司不存在任何关联方关系）

【分析】 相关分录如下（单位：万元）：

借：长期股权投资（存货公允价值＋增值税）	9040	
贷：主营业务收入（公允价值）		8000
应交税费——应交增值税（销项税额）		1040
借：主营业务成本	6200	
存货跌价准备	800	
贷：库存商品		7000

（3）以固定资产投资。

以固定资产投资,相当于将固定资产处置。与一般的固定资产处置的差别仅在于,处置固定资产取得的不是货币资金,而是长期股权投资。对固定资产处置的相关会计处理,参考本书第三章《固定资产》的相关内容。

案例 5-6

甲公司于 2019 年 2 月 10 日以一台设备取得乙公司 70% 的股权,该设备原值为7000 万元,已计提折旧 500 万元,公允价值为 8000 万元,适用增值税税率为 13%,合并过程中发生资产评估费、审计费等共计 200 万元。（假定甲公司与乙公司不存在任何关联方关系,不考虑相关税费等其他因素影响）

【分析】 相关分录如下（单位：万元）：

借：固定资产清理	6500	
累计折旧	500	
贷：固定资产		7000
借：长期股权投资（付出资产的公允价值＋增值税）	9040	
管理费用	200	
贷：固定资产清理（公允价值）		8000
应交税费——应交增值税（销项税额）		1040
银行存款		200
借：固定资产清理	1500	
贷：资产处置损益		1500

（4）以无形资产进行投资。

以无形资产进行投资,相当于将无形资产处置。与一般的无形资产处置的差别仅在于,处置无形资产取得的不是货币资金,而是长期股权投资。对无形资产处置相关会计处理,参考本书第四章《无形资产》的相关内容。

案例 5-7

2020 年 12 月 31 日,甲公司以专利技术自非关联方乙公司换入 70％股权,取得控制权,专利技术原值为 1200 万元,摊销 200 万元,公允价值为 1500 万元,适用增值税税率为 6％。乙公司可辨认净资产账面价值为 800 万元,公允价值为 1000 万元,不考虑相关税费等其他因素。

【分析】 本例中,因甲公司于乙公司在合并前不存在任何关联方关系,应作为非同一控制下的企业合并处理。甲公司对于合并形成的对乙公司的长期股权投资,应按支付对价的公允价值确定其初始投资成本。甲公司应进行的账务处理为(单位:万元):

借:长期股权投资(付出资产的公允价值＋增值税)	1590
累计摊销	200
贷:无形资产	1200
应交税费——应交增值税(销项税额)	90
资产处置损益	500

【例题 5-4 单选题】(经典好题) 2019 年 12 月 31 日,甲公司以一项土地使用权自非关联方乙公司处换入 80％的股权,取得控制权,专利的账面价值为 2000 万元,公允价值为 2500 万元,乙公司可辨认净资产的账面价值为 1900 万元,公允价值为 2000 万元,不考虑其他因素,该业务对甲公司个别利润表中当期损益的影响金额为(　　)万元。

A. 增加 500　　　　B. 减少 500　　　　C. 增加 100　　　　D. 减少 300

【答案】 A

【名师点睛】 本题考查以非现金资产作为合并对价取得非同一控制下企业合并的处理问题。影响甲公司个别利润表中的当期损益金额即为无形资产的处置损益＝2500－2000＝500(万元)。

(5) 以发行权益性证券进行投资。

以发行权益性证券进行投资,与一般的发行权益性证券的差别仅在于,发行权益性证券取得的不是货币资金,而是长期股权投资。

股份有限公司发行权益性证券取得货币资金。

① 取得发行收入账务处理:

借:银行存款(发行价款公允价值)
　　贷:股本(按股票面值 1 元/股×发行股票数量)
　　　　资本公积——股本溢价(差额)

② 发行股票发生的手续费、佣金等交易费用账务处理:

借:资本公积——股本溢价
　　贷:银行存款

考试方向

考查非同一控制下的企业合并,以无形资产取得长期股权投资,初始投资成本的确认,初始投资对当期损益影响金额的计算。

第五章

案例 5-8

　　甲公司定向增发 600 万股普通股（每股面值 1 元）作为对价自丙公司手中取得乙公司 60% 的股权，每股的公允价值为 10 元。甲公司为此支付给券商 8 万元的发行费用。同时，发生换入股票所支付的直接相关费用 10 万元。合并日乙公司账面净资产总额为 1300 万元。甲公司与乙公司的会计年度和采用的会计政策相同。（假定 A 公司与 B 公司不存在任何关联方关系）

　　【分析】 相关分录如下（单位：万元）：

借：长期股权投资（公允价值 10 元/股×发行股票数量）		6000
管理费用		10
贷：股本（股票面值 1 元/股×发行股票数量）		600
资本公积——股本溢价		5400
银行存款（直接相关费用）		10
借：资本公积——股本溢价		8
贷：银行存款（发行手续费）		8

　　【例题 5-5 单选题】(2019 年真题) 2018 年 1 月 1 日，甲公司以定向增发 1500 万股普通股（每股面值为 1 元、公允价值为 6 元）的方式取得乙公司 80% 的股权，另以银行存款支付股票发行费用 300 万元，相关手续于当日完成，并取得了乙公司的控制权，该企业合并不属于反向购买。当日，乙公司所有者权益的账面价值为 12000 万元。本次投资前，甲公司与乙公司不存在关联方关系。不考虑其他因素，甲公司该长期股权投资的初始投资成本为（　　）万元。

　　A. 9600　　　　　B. 9900　　　　　C. 9300　　　　　D. 9000

　　【答案】 D

　　【名师点睛】 甲公司取得乙公司的股权属于非同一控制下的企业合并，长期股权投资的初始投资成本＝1500×6＝9000（万元）。

　　(6) 以交易性金融资产进行投资。

　　以交易性金融资产进行投资，相当于将交易性金融资产处置。与一般的交易性金融资产处置的差别仅在于，处置交易性金融资产取得的不是货币资金，而是长期股权投资。对交易性金融资产处置的相关会计处理，参考本书第八章《金融资产和金融负债》的相关内容。

　　借：长期股权投资（公允价值）
　　　贷：交易性金融资产——成本
　　　　　　　　　　　　——公允价值变动（或借方）
　　　　　投资收益（或借方）

　　提示▶ 交易性金融资产的持有期间累计公允价值变动的金额无需从公允价值变动损益转入投资收益。

　　(7) 以其他权益工具投资进行投资。

　　以其他权益工具投资进行投资，相当于将其他权益工具投资处置。与一般的其他权益工具投资处置的差别仅在于，处置其他权益工具投资取得的不是货币资金，而是长期

考试方向 考查非同一控制下的企业合并，以发行权益性证券进行投资，初始投资成本的确认，以及发行溢价的处理规则。

第五章

股权投资。对其他权益工具投资处置的相关会计处理,参考本书第八章《金融资产和金融负债》的相关内容。

案例 5-9

2019 年 4 月 30 日,甲公司与乙公司的控股股东 A 公司签订股权转让协议,以一笔其他权益工具投资换取 A 公司持有的乙公司 80％的股权。假设其他权益工具投资的账面价值为 10000 万元(其中成本为 9000 万元,公允价值变动为 1000 万元),公允价值为 12310 万元。2019 年 5 月 31 日,甲公司与 A 公司的股东大会批准收购协议。2019 年 6 月 30 日,甲公司将作为对价的资产所有权转移给 A 公司,参与合并各方已办理了必要的财产权交接手续。甲公司于当日起控制乙公司的财务和经营政策。假设甲公司按照净利润的 10％提取法定盈余公积,请编制相关会计分录。

【分析】 相关会计分录如下(单位:万元):

借:长期股权投资(公允价值)　　　　　　　　　　　　　　　　12310
　　贷:其他权益工具投资——成本(账面价值)　　　　　　　　　9000
　　　　　　　　　　　　——公允价值变动(账面价值)　　　　　1000
　　　　利润分配——未分配利润　　　　　　　　　　　　　　　2079
　　　　盈余公积　　　　　　　　　　　　　　　　　　　　　　231
借:其他综合收益　　　　　　　　　　　　　　　　　　　　　　1000
　　贷:利润分配——未分配利润　　　　　　　　　　　　　　　　900
　　　　盈余公积　　　　　　　　　　　　　　　　　　　　　　100

·易错易混点·

① 非同一控制下企业合并,支付审计、法律服务等相关费用,计入管理费用。

② 以发行权益性证券(股票)进行投资的,发行股票的手续费,冲减发行溢价,发行溢价不足冲减,则冲减留存收益。

③ 以发行债务性证券(债券)进行投资的,发行债券的手续费,计入债券投资——利息调整。

(二) 企业合并以外的其他方式取得的长期股权投资(非企业合并)

适用于:①取得对联营企业(重大影响)的投资;②取得对合营企业(共同控制)的投资。

处理原则:以支付的资产或承担的负债的公允价值作为长期股权投资的入账成本。还包括购买过程中支付的手续费等必要支出。不同长期股权投资取得方式下的费用处理如表 5-1 所示。

表 5-1　不同长期股权投资取得方式下费用处理

取得长期股权 投资的方式	直接相关的费用 (初始直接费用)	发行权益型证券支付 手续费及佣金
同一控制企业合并	管理费用	冲减发行溢价(资本公积——股本溢价)
非同一控制企业合并	管理费用	发行溢价不足冲减或没有发行溢价的
企业合并以外方式	长期股权投资成本	冲减留存收益

1. <u>支付现金</u>取得长期股权投资

应当按照实际支付的购买价款作为初始投资成本,包括与取得长期股权投资直接相关的费用、税金及其他必要支出,但不包括应自被投资单位收取的已宣告但尚未发放的现金股利或利润。

案例 5-10

甲公司于 2019 年 5 月 20 日自公开市场中买入乙公司 30% 的股份,实际支付价款 5000 万元。另外,甲公司在购买过程中支付手续费等相关费用 200 万元。甲公司取得该部分股权后,能够对乙公司的生产经营决策施加重大影响。

【分析】 甲公司应当将实际支付的购买价款和相关费用作为取得长期股权投资的成本,其账务处理如下(单位:万元):

借:长期股权投资   5200
  贷:银行存款   5200

案例 5-11 沿用 **案例 5-10**

假定甲公司取得该投资时,价款中包含乙公司已宣告但尚未发放的现金股利 30 万元。

【分析】 甲公司应当按照实际支付的购买价款,作为取得长期股权投资的成本,但不包括应自被投资单位收取的已宣告但尚未发放的现金股利,其账务处理如下(单位:万元):

借:长期股权投资——投资成本   5170
    应收股利   30
  贷:银行存款   5200

【例题 5-6 多选题】(2020 年真题) 下列各项关于企业对长期股权投资会计处理的表述中,正确的有( )。

A. 以合并方式取得子公司股权时,支付的法律服务费计入管理费用

B. 以定向增发普通股的方式取得联营企业股权时,普通股的发行费用计入长期股权投资的初始投资成本

C. 以发行债券的方式取得子公司股权时,债券的发行费用计入长期股权投资的初始投资成本

D. 取得合营企业股权时,支付的手续费计入长期股权投资的初始投资成本

【答案】 AD

【名师点睛】 以定向增发普通股的方式取得联营企业股权时,普通股的发行费用应冲减资本公积——股本溢价,资本公积——股本溢价不足冲减的,依次冲减盈余公积和未分配利润,不计入长期股权投资的初始投资成本,选项 B 错误;以发行债券的方式取得子公司股权时,债券的发行费用应计入债券的初始确认金额,不计入长期股权投资的初始投资成本,选项 C 错误。

考试方向
考查取得长期投资时有关费用的处理规则。

2. <u>发行权益性证券</u>取得的长期股权投资

应当按照发行权益性证券的<u>公允价值</u>作为初始投资成本,但<u>不包括</u>应自被投资单位

收取的已宣告但尚未发放的现金股利或利润。为发行权益性证券支付的手续费、佣金等与发行直接相关的费用,不构成长期股权投资的初始投资成本。这部分费用应自所发行证券的溢价发行收入中扣除,溢价收入不足冲减的,应依次冲减盈余公积和未分配利润。

案例 5-12

2020 年 3 月,A 公司通过增发 6000 万股本公司普通股(每股面值为 1 元)取得 B 公司 20% 的股权。按照增发前后的平均股价计算,该 6000 万股股份的公允价值为 10400 万元。为增发该部分股份,A 公司向证券承销机构等支付了 400 万元的佣金和手续费。假定 A 公司取得该部分股权后,能够对 B 公司的生产经营决策施加重大影响。

【分析】 本例中,A 公司应当以所发行股份的公允价值作为取得长期股权投资的成本,其账务处理如下(单位:万元):

借:长期股权投资   10400
  贷:股本   6000
    资本公积——股本溢价   4400

发行权益性证券过程中支付的佣金和手续费,应冲减权益性证券的溢价发行收入,其账务处理如下(单位:万元):

借:资本公积——股本溢价   400
  贷:银行存款   400

提示 ▶ 企业无论是以何种方式取得长期股权投资,取得投资时,对于支付的对价中包含的应享有被投资单位已经宣告但尚未发放的现金股利或利润应确认为应收项目,不构成取得长期股权投资的初始投资成本。

·易错易混点·

① 同一控制下企业合并的初始投资成本为被合并方所有者权益在最终控制方合并财务报表中的账面价值的份额。

② 非同一控制下企业合并的初始投资成本,为付出的资产、发生或承担的负债、发行的权益性证券的公允价值。

③ 企业合并以外其他方式(非企业合并)的初始投资成本,为付出的资产、发生或承担的负债、发行的权益性证券的公允价值及手续费。

考试方向 ☀

考查通过企业合并以外的其他方式取得的长期股权投资初始投资成本的确认,易与权益法核算的后续计量结合出题。

【例题 5-7 多选题】(经典好题) 2019 年 2 月 12 日,甲公司购入乙公司 30% 的股份(甲公司和乙公司不存在关联关系),实际支付的价款为 1000 万元,另外购买过程中支付的手续费等支出为 100 万元,甲公司取得乙公司的股权后,能够对乙公司施加重大影响。甲公司取得股权时,乙公司已宣告但尚未发放的现金股利为 1000 万元。下列表述中,正确的有( )。

A. 手续费 100 万元计入当期损益

B. 手续费 100 万元为长期股权投资成本

C. 已宣告但尚未发放的现金股利 1000 万元计入应收股利

D. 已宣告但尚未发放的现金股利 300 万元计入应收股利

【答案】 BD

【名师点睛】 本题属于企业合并以外其他方式取得长期股权投资,购买过程中支付的手续费应计入长期股权投资的成本,已宣告但尚未发放的现金股利确认为应收股利,不计入长期股权投资的成本。具体分录如下(单位:万元):

借:长期股权投资——投资成本　　　　　　　　　　　　　　　　　　　800
　　应收股利　　　　　　　　　　　　　　　　　　　　　(1000×30%)300
　　贷:银行存款　　　　　　　　　　　　　　　　　　　　　　　　　1100

第二节　长期股权投资的后续计量

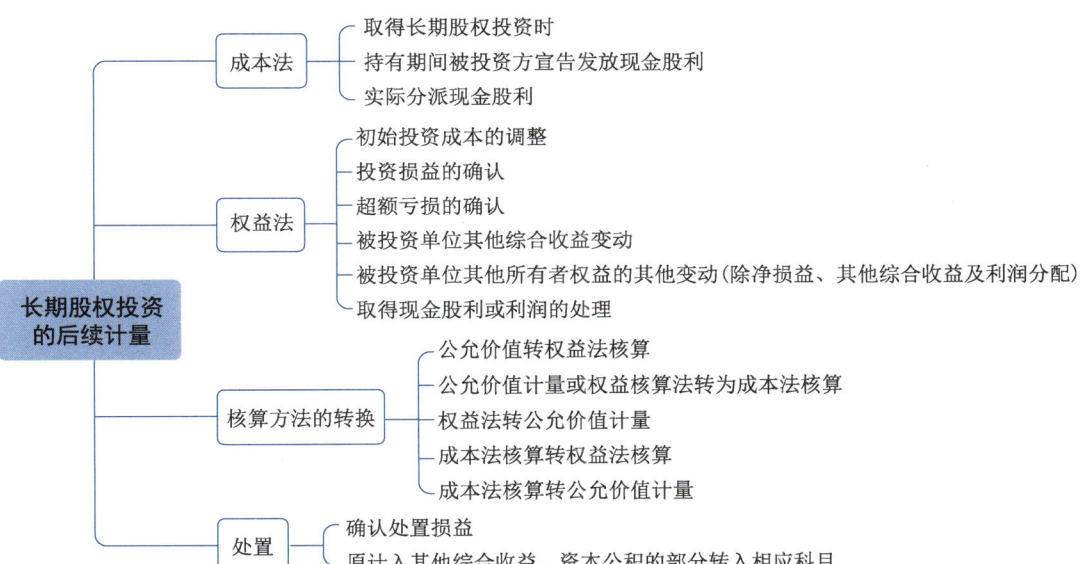

长期股权投资的后续计量方法有两种:成本法和权益法。

一、成本法★

投资企业能够对被投资单位实施控制的长期股权投资应当采用成本法核算。

(1)采用成本法核算的长期投资,应当按照初始投资成本计价。追加或收回投资应当调整长期股权投资的成本。

(2)被投资单位宣告分派现金股利或利润的,投资方根据应享有的部分确认当期投资收益,除取得投资时实际支付的价款或对价中包含的已宣告但尚未发放的现金股利或利润外。

(3)投资企业在确认自被投资单位应分得的现金股利或利润后,应当考虑长期股权投资是否发生减值。在判断该类长期股权投资是否存在减值迹象时,投资企业应当关注长期股权投资的账面价值是否大于享有被投资单位净资产（包括相关商誉）账面价值的份额等情况。出现类似情况时，投资企业应当按照《企业会计准则第 8 号——资产减值》的规定对长期股权投资进行减值测试，可收回金额低于长期股权投资账面价值的，应当计提减值准备。

案例 5-13

2020 年 1 月，甲公司取得对乙公司 5% 的股权，成本为 800 万元。2020 年 2 月，甲公司又以 1200 万元取得对乙公司 6% 的股权。假定甲公司对乙公司的生产经营决策不具有重大影响或共同控制，且该投资不存在活跃的交易市场，公允价值无法取得。2020 年 3 月，乙公司宣告分派现金股利，甲公司按其持股比例可取得 10 万元。

【分析】 甲公司应进行的会计处理为（单位：万元）：

借：长期股权投资　　　　　　　　　　　　　　　　　　800
　　贷：银行存款　　　　　　　　　　　　　　　　　　　800

借：长期股权投资　　　　　　　　　　　　　　　　　　1200
　　贷：银行存款　　　　　　　　　　　　　　　　　　　1200

借：应收股利　　　　　　　　　　　　　　　　　　　　10
　　贷：投资收益　　　　　　　　　　　　　　　　　　　10

企业按照上述规定确认自被投资单位应分得的现金股利或利润后，应当考虑长期股权投资是否减值。

二、权益法 ★★★

投资企业对被投资单位具有共同控制或重大影响的长期股权投资时，应当采用权益法核算。权益法是指初始投资以初始投资成本计量后，在投资持有期间，根据被投资单位所有者权益的变动，投资企业按应享有（或应分担）被投资企业所有者权益的份额调整其投资账面价值的方法。

（一）初始投资成本的调整

（1）长期股权投资的初始投资成本大于取得投资时，投资企业应享有被投资单位可辨认净资产公允价值份额的，该部分差额实质上是投资企业在取得投资过程中通过购买作价体现出的与所取得股权份额相对应的商誉及被投资单位不符合确认条件的资产价值，不调整长期股权投资的初始投资成本。

（2）长期股权投资的初始投资成本小于取得投资时，投资企业应享有被投资单位可辨认净资产公允价值份额的，两者之间的差额体现为双方在交易作价过程中的让步，该部分经济利益流入应当计入取得投资当期的营业外收入，同时调整增加长期股权投资的账面价值。

案例 5-14

A 企业于 2020 年 1 月取得 B 公司 30% 的股权，支付价款 6000 万元。A 企业取得投资时，被投资单位 B 公司的净资产账面价值为 15000 万元（假定被投资单位各项可辨认资产、负债的公允价值与其账面价值相同）。

A 企业在取得 B 公司的股权后,能够对 B 公司施加重大影响,对该投资采用权益法核算。

【分析】 取得投资时,A 企业应进行以下账务处理(单位:万元):

借:长期股权投资——投资成本 6000
　　贷:银行存款 6000

长期股权投资的初始投资成本 6000 万元大于取得投资时应享有被投资单位可辨认净资产公允价值的份额 4500 万元(15000×30%),该差额不调整长期股权投资的账面价值。

案例 15-15 沿用 **案例 5-14**

如果本例中取得投资时被投资单位可辨认净资产的公允价值为 36000 万元,A 企业按持股比例 30% 计算确定应享有 10800 万元,则初始投资成本与应享有被投资单位可辨认净资产公允价值份额之间的差额 1800 万元应计入取得投资当期损益营业外收入。

【分析】 账务处理如下(单位:万元):

借:长期股权投资——成本 10800
　　贷:银行存款 9000
　　　　营业外收入 1800

·易错易混点·

注意区分权益法下长期股权投资的初始投资成本和入账价值。初始投资成本为初始取得时付出对价的公允价值之和加交易费用;入账价值是初始投资成本经过调整后的金额。

(二) 投资损益的确认

1. 投资收益确认原则

投资企业在取得长期股权投资后,应当按照应享有或应分担的被投资单位实现的净损益的份额,确认投资损益并调整长期股权投资的账面价值。

投资企业按照被投资单位宣告分派的利润或现金股利计算应分得的部分,相应减少长期股权投资的账面价值。

2. 确认投资收益时被投资单位净损益的调整

对于采用权益法核算的长期股权投资,在确认应享有或应分担被投资单位的净利润或净亏损时,投资企业应在被投资单位账面净利润的基础上,考虑以下因素的影响并进行适当调整:

(1) 被投资单位采用的会计政策及会计期间与投资企业不一致的,应按投资企业的会计政策及会计期间对被投资单位的财务报表进行调整,在此基础上确定被投资单位的损益。

(2) 以取得投资时被投资单位固定资产、无形资产的公允价值为基础计提的折旧额或摊销额,以及以投资企业取得投资时有关资产的公允价值为基础计算确定的资产减值准备金额等对被投资单位净利润的影响。

被投资单位个别利润表中的净利润是以其持有的资产、负债账面价值为基础持续计算的,而投资企业在取得投资时,是以被投资单位有关资产、负债的公允价值为基础确定投资成本的,所以取得投资后应确认的投资收益代表的是被投资单位资产、负债在公允价值计量的情况下在未来期间通过经营产生的损益中归属于投资企业的部分。取得投资时有关资产、负债的公允价值与其账面价值不同的,未来期间,在计算归属于投资企业应享有的净利润或应承担的净亏损时,应考虑对被投资单位计提的折旧额、摊销额以及资产减值准备金额等进行调整。

案例 5-16

甲公司于 2020 年 1 月 10 日购入乙公司 30%的股份,购买价款为 2200 万元,并自取得投资之日起派人参与乙公司的生产经营决策。取得投资当日,乙公司可辨认净资产的公允价值为 6000 万元,除表 5-2 所列项目外,乙公司其他各项资产、负债的公允价值与账面价值相同。

表 5-2 被投资企业净利润调整基础数据表

项目	账面原值（万元）	已提折旧或摊销	公允价值（万元）	乙公司预计使用年限（年）	甲公司取得投资后剩余使用年限（年）
存货	500		700		
固定资产	1200	240	1600	20	16
无形资产	700	140	800	10	8
合计	2400	380	3100		

假定乙公司 2020 年实现净利润 600 万元,其中,在甲公司取得投资时的账面存货有 80%对外出售。甲公司与乙公司的会计年度及采用的会计政策相同。固定资产、无形资产均按直线法提取折旧或摊销,预计净残值均为 0。(假定甲、乙公司间未发生任何内部交易)

【分析】 甲公司在确定其应享有的投资收益时,应在乙公司实现净利润的基础上,根据取得投资时乙公司有关资产的账面价值与其公允价值差额的影响进行调整(假定不考虑所得税影响)。

存货账面价值与公允价值的差额应调减的利润 $=(700-500)\times80\%=160$(万元)

固定资产公允价值与账面价值的差额应调增的折旧额 $=1600\div16-1200\div20=40$(万元)

无形资产公允价值与账面价值的差额应调增的摊销额 $=800\div8-700\div10=30$(万元)

调整后的净利润 $=600-160-40-30=370$(万元)

甲公司应享有份额 $=370\times30\%=111$(万元)

甲公司确认投资收益的账务处理如下(单位:万元):

借:长期股权投资——损益调整　　　　　　　　　　　　　111
　　贷:投资收益　　　　　　　　　　　　　　　　　　　　111

【例题 5-8 多选题】(经典好题) 甲企业于 2019 年 1 月 1 日取得对联营企业乙公司 40％的股权,能够对被投资单位乙公司施加重大影响。取得投资时乙公司无形资产的公允价值为 600 万元,账面价值为 500 万元,无形资产预计使用年限为 10 年,净残值为 0,采用直线法进行摊销。乙公司 2019 年度实现净利润 500 万元,不考虑其他因素,甲企业 2019 年应确认的投资收益为(   )万元。

A. 196　　　　　　B. 200　　　　　　C. 100　　　　　　D. 169

【答案】 A

【名师点睛】 2019 年甲企业应确认的投资收益＝[500－(600－500)÷10]×40％＝196(万元)

(3) 对于投资企业与其联营企业及合营企业之间发生的未实现内部交易损益,投资企业应予抵销。即投资企业与联营企业及合营企业之间发生的未实现内部交易损益,按照应享有的比例计算归属于投资企业的部分,投资企业应当予以抵销,并在此基础上确认投资损益。投资企业与被投资单位发生的内部交易损失,按照《企业会计准则第 8 号——资产减值》等规定属于资产减值损失的,应当全额确认。

应当注意的是,该未实现内部交易损益的抵销,既包括顺流交易,也包括逆流交易。顺流交易是指投资企业向其联营企业或合营企业出售资产的交易。逆流交易是指联营企业或合营企业向投资企业出售资产的交易。当该未实现的内部交易损益体现在投资企业或其联营企业、合营企业持有的资产账面价值中时,对于相关的损益,投资企业应在计算确认投资损益时应予抵销。

① 对于联营企业或合营企业向投资企业投出或出售资产的逆流交易,在该交易存在未实现内部交易损益(即有关资产未对外部独立第三方出售)的情况下,投资企业在采用权益法计算确认应享有联营企业或合营企业的投资损益时,应抵销该未实现内部交易损益的影响。当投资企业自其联营企业或合营企业购买资产时,在将该资产出售给外部独立的第三方之前,不应确认联营企业或合营企业因该交易产生的损益中本企业应享有的部分。因逆流交易产生的未实现内部交易损益,在未对外部独立第三方出售之前,体现在投资企业持有资产的账面价值当中。

> **案例 5-17**
>
> 甲企业于 2017 年 1 月取得乙公司 20％有表决权的股份,能够对乙公司施加重大影响。假定甲企业取得该项投资时,乙公司各项可辨认资产、负债的公允价值与其账面价值相同。2017 年 8 月,乙公司将其成本为 600 万元的某商品以 1000 万元的价格出售给甲企业,甲企业将取得的商品作为存货。至 2017 年资产负债表日,甲企业仍未对外出售该存货。乙公司 2017 年实现净利润为 3200 万元。(假定不考虑所得税因素)
>
> 该项交易产生未实现内部交易利润 400 万元,甲企业在按照权益法确认应享有乙公司 2017 年净损益时,应进行以下账务处理(单位:万元):
>
> 借:长期股权投资——损益调整　　　　　　　　　[(3200－400)×20％]560
> 　　贷:投资收益　　　　　　　　　　　　　　　　　　　　　　　　　560

> **案例 5-18** 沿用 **案例 5-17**
>
> 假定在 2018 年,甲企业将该商品以 1000 万元的价格向外部独立第三方出售。甲企业 2018 年实现的净利润为 4000 万元。

【分析】　因该部分内部交易损益已经实现,所以甲企业在确认应享有乙公司 2018 年的净损益时,应考虑将原未确认的该部分内部交易损益计入投资损益,即应在考虑其他因素计算确定的投资损益基础上调整增加 80 万元。会计分录如下(单位:万元):

借:长期股权投资——损益调整　　　　　　　[(4000+400)×20%]880
　　贷:投资收益　　　　　　　　　　　　　　　　　　　　　880

② 对于投资企业向联营企业或合营企业出售资产的顺流交易,在该交易存在未实现内部交易损益的情况下(即有关资产未向外部独立第三方出售或未被消耗),投资企业在采用权益法计算确认应享有联营企业或合营企业的投资损益时,应抵销该未实现内部交易损益的影响,同时调整对联营企业或合营企业长期股权投资的账面价值。当投资企业向联营企业或合营企业投出或出售资产,同时有关资产由联营企业或合营企业持有时,投资方因投出或出售资产应确认的损益仅限于与联营企业或合营企业其他投资者交易的部分。在顺流交易中,投资方投出资产或出售资产给其联营企业或合营企业产生的损益中,按照持股比例计算确定归属于本企业的部分不予确认。

案例 5-19

甲企业持有乙公司 20% 有表决权的股份,能够对乙公司生产经营施加重大影响。2020 年 11 月,甲企业将其账面价值为 600 万元的商品以 900 万元的价格出售给乙公司。乙公司将取得的商品作为管理用固定资产核算,预计使用寿命为 10 年,净残值为 0。假定甲企业取得该项投资时,乙公司各项可辨认资产、负债的公允价值与其账面价值相同,两者在以前期间未发生过内部交易。乙公司 2020 年实现的净利润为 1000 万元。(假定不考虑所得税因素)

【分析】　甲企业在该项交易中实现利润 300 万元,其中的 60 万元(300×20%)是针对本企业持有的对联营企业的权益份额,在采用权益法计算确认投资损益时,应予抵销,同时应考虑相关固定资产折旧对损益的影响,甲企业应当进行的账务处理如下(单位:万元):

借:长期股权投资——损益调整　　　　　　[(1000-300+2.5)×20%]104.5
　　贷:投资收益　　　　　　　　　　　　　　　　　　　　　104.5

应当说明的是,投资企业与其联营企业及合营企业之间发生的无论是顺流交易还是逆流交易产生的未实现内部交易损失,属于所转让资产发生减值损失的,有关未实现内部交易损失不应予以抵销。

【例题 5-9 多选题】(经典好题)　甲公司持有乙公司 30% 有表决权的股份,能够对乙公司施加重大影响。2019 年 5 月 20 日,甲公司将账面价值 700 万元的存货以 1000 万元的价格出售给乙公司,截止至年底乙公司尚未将存货对外卖出。假设甲公司取得投资时,乙公司各资产的公允价值和账面价值没有差异。乙公司 2019 年实现净利润 1000 万元,不考虑其他因素,甲公司就该笔交易确认"长期股权投资——损益调整"时,对应的投资收益为(　　)万元。

A. 210　　　　　　　B. 300　　　　　　　C. 600　　　　　　　D. 390

【答案】　A

第五章

考试方向
考查权益法核算投资收益的计算以及顺流交易、逆流交易对被投资单位净利润的调整金额的计算。

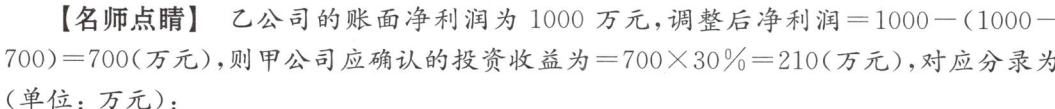

【名师点睛】 乙公司的账面净利润为 1000 万元,调整后净利润＝1000－(1000－700)＝700(万元),则甲公司应确认的投资收益为＝700×30％＝210(万元),对应分录为(单位:万元):

借:长期股权投资——损益调整　　　　　　　　　　　　　　　210
　　贷:投资收益　　　　　　　　　　　　　　　　　　　　　　　　　210

(三) 超额亏损的确认

(1) 投资企业确认被投资单位发生的净亏损时,应当以长期股权投资的账面价值以及其他实质上构成对被投资单位净投资的长期权益减记至零为限,投资企业负有承担额外损失义务的除外。

(2)"其他实质上构成对被投资单位净投资的长期权益"通常是指长期应收项目。例如,企业对被投资单位的长期应收款的清偿没有明确的计划且在可预见的未来期间难以收回的,实质上构成长期权益。

(3) 投资企业存在其他实质上构成对被投资单位净投资的长期权益项目以及负有承担额外损失义务的情况下,在确认应分担被投资单位发生的亏损时,应当按照以下顺序进行处理:

① 减记长期股权投资的账面价值。

② 长期股权投资的账面价值减记至零时,如果存在实质上构成对被投资单位净投资的长期权益,应以该长期权益的账面价值为限减记长期权益的账面价值,继续确认投资损失,冲减长期应收项目等的账面价值。

③ 长期权益的价值减记至零时,如果按照投资合同或协议约定,投资方需要企业承担额外义务的,应按预计承担的金额确认为预计负债,计入当期投资损失。

④ 被投资单位在以后期间实现盈利的,投资方应按以上相反顺序恢复长期股权投资的账面价值,同时确认投资收益。

(4) 具体账务处理。在实务操作过程中,投资企业在发生投资损失时,应借记"投资收益"科目,贷记"长期股权投资——损益调整"科目。在长期股权投资的账面价值减记至零以后,投资企业应考虑其他实质上构成对被投资单位净投资的长期权益,继续确认的投资损失,应借记"投资收益"科目,贷记"长期应收款"等科目;因投资合同或协议约定导致投资企业需要承担额外义务的,按照或有事项准则的规定,对于符合确认条件的义务,应确认为当期损失,同时确认预计负债,借记"投资收益"科目,贷记"预计负债"科目。除上述情况仍未确认的应分担被投资单位的损失,在账外备查登记。

在确认了有关的投资损失以后,被投资单位于以后期间实现盈利的,投资企业应按以上相反顺序分别减记账外备查登记的金额、已确认的预计负债、恢复其他长期权益及长期股权投资的账面价值,同时确认投资收益。这时应当按顺序分别借记"预计负债""长期应收款""长期股权投资"等科目,贷记"投资收益"科目。

案例 5-20

甲企业持有乙企业 40％ 的股权,能够对乙企业施加重大影响。2020 年 12 月 31 日,该项长期股权投资的账面价值为 4000 万元。乙企业 2021 年由于一项主营业务的市场条件发生变化,当年度亏损 6000 万元。假定甲企业在取得该投资时,乙企业各项可辨认资产、负债的公允价值与其账面价值相等,双方所采用的会计政策及会计期间也相同。则甲企业当年度应确认的投资损失为 2400 万元。确认上述投资损失后,长期股权投资的账面价值变为 1600 万元。

【分析】 如果乙企业 2021 年的亏损额变为 12000 万元,则甲企业按其持股比例确认应分担的损失为 4800 万元,但长期股权投资的账面价值仅为 4000 万元。如果没有其他实质上构成对被投资单位净投资的长期权益项目,则甲企业应确认的投资损失仅为 4000 万元,超额损失在账外进行备查登记。在确认了 4000 万元的投资损失,长期股权投资的账面价值减记至零以后,如果甲企业账上仍有应收乙企业的长期应收款 1600 万元,该款项从目前的情况看,没有明确的清偿计划(并非产生于商品购销等日常活动),则甲企业应进行的账务处理如下(单位:万元):

```
借:投资收益                          4000
    贷:长期股权投资——损益调整              4000
借:投资收益                           800
    贷:长期应收款                        800
```

(四) 被投资单位其他综合收益变动的处理

在权益法核算下,被投资单位确认的其他综合收益及其变动,也会影响被投资单位所有者权益总额,进而影响投资企业应享有被投资单位所有者权益的份额。因此,当被投资单位其他综合收益发生变动时,投资企业应当按照归属于本企业的部分,相应调整长期股权投资的账面价值,同时增加或减少其他综合收益。

案例 5-21

A 企业持有 B 企业 30% 的股份,能够对 B 企业施加重大影响。当期,B 企业因持有的其他权益工具投资公允价值的变动计入其他综合收益的金额为 1200 万元。除该事项外,B 企业当期实现的净损益为 6400 万元。假定 A 企业与 B 企业适用的会计政策、会计期间相同,A 企业投资时 B 企业有关资产、负债的公允价值与其账面价值亦相同,双方当期及以前期间未发生任何内部交易。

【分析】 A 企业在确认应享有被投资单位所有者权益的变动时,应进行的账务处理如下(单位:万元):

```
借:长期股权投资——损益调整              1920
              ——其他综合收益             360
    贷:投资收益                          1920
        其他综合收益                       360
```

(五) 被投资单位除净损益、其他综合收益以及利润分配以外的所有者权益的其他变动

《企业会计准则第 2 号——长期股权投资》规定,投资方对于被投资单位除净损益、其他综合收益和利润分配以外的所有者权益的其他变动,应当按照持股比例与被投资单位所有者权益的其他变动计算的归属于本企业的部分,需相应调整长期股权投资的账面

价值,并增加或减少资本公积(其他资本公积)。被投资单位除净损益、其他综合收益和利润分配以外的所有者权益的其他变动主要包括:被投资单位接受其他股东的资本性投入、被投资单位发行可分离交易的可转换公司债券中包含的权益成分、以权益结算的股份支付、其他股东对被投资单位增资导致投资方持股比例变动等。

案例 5-22

　　A 企业持有 B 公司 30% 的股份,能够对 B 公司施加重大影响。B 公司为上市公司。当期,B 公司的母公司向 B 公司捐赠 1000 万元。该捐赠实质上属于资本性投资,B 公司将其计入资本公积(股本溢价)。

　　【分析】　A 企业在确认应享有被投资单位所有者权益的变动时,应进行的账务处理如下(单位:万元):

　　　借:长期股权投资——其他权益变动　　　　　　　　　　　　　300
　　　　贷:资本公积——其他资本公积　　　　　　　　　　　　　　　300

(六)取得现金股利或利润的处理

　　按照权益法核算的长期股权投资,投资企业自被投资单位取得的现金股利或利润,应抵减长期股权投资的账面价值。投资企业在被投资单位宣告分派现金股利或利润时,借记"应收股利"科目,贷记"长期股权投资——损益调整"科目。应将自被投资单位取得的现金股利或利润超过已确认损益调整的部分视同投资成本的收回,冲减长期股权投资的账面价值。

三、长期股权投资核算方法的转换★★

(一)公允价值计量转权益法核算

　　原持有的对被投资单位的股权投资(不具有控制、共同控制或重大影响的),按照金融工具确认和计量准则进行会计处理的,因追加投资等原因导致持股比例上升,能够对被投资单位施加共同控制或重大影响的,在转按权益法核算时,投资方应当按其确定的原股权投资的公允价值加上为取得新增投资而应支付对价的公允价值,作为改按权益法核算的初始投资成本。

　　原持有的股权投资分类为公允价值计量且其变动计入当期损益的(交易性)金融资产的,其公允价值与账面价值之间的差额应当转入改按权益法核算的当期损益;原持有的股权投资指定为以公允价值计量且其变动计入其他综合收益的非交易性权益工具(其他权益工具)投资的,其公允价值与账面价值之间的差额以及原计入其他综合收益的累计公允价值变动应当直接转入留存收益。然后,比较上述计算所得的初始投资成本,与按照追加投资后全新的持股比例计算确定的应享有被投资单位在追加投资日可辨认净资产公允价值份额之间的差额,前者大于后者的,不调整长期股权投资的账面价值;前者小于后者的,两者的差额应调整长期股权投资的账面价值,并计入当期营业外收入。

案例 5-23

　　2019 年 2 月,甲公司以 600 万元现金自非关联方处取得乙公司 10% 的股权。甲公司将其作为交易性金融资产。2020 年 1 月 4 日,甲公司又以 1200 万元的现金自另一非关联方处取得乙公司 12％的股权,相关手续于当日完成。当日,乙公司可辨认净资产公允价值总额为 8000 万元。甲公司原持有的乙公司 10％股权公允价值为 1000 万元(假定其公允价值在 2019 年年末未发生变化)。取得该部分股权后,按照乙公司章程规定,甲公司能够对乙公司施加重大影响,对该项投资转为采用权益法核算。(不考虑相关税费等其他因素影响)

【分析】 本例中,甲公司原持有 10％股权的公允价值为 1000 万元,2020 年 1 月 4 日,产生的公允价值变动为 400 万元(1000－600),应当计入当期损益。

甲公司原持有 10％股权的公允价值为 1000 万元,为取得新增投资而支付对价的公允价值为 1200 万元,因此甲公司对乙公司 22％的股权的初始投资成本为 2200 万元。

甲公司的最终持股比例为 22％,应享有乙公司可辨认净资产的公允价值的份额为 1760 万元(8000×22％)。由于初始投资成本 2200 万元大于应享有乙公司可辨认净资产公允价值的份额 1760 万元,所以甲公司无需调整长期股权投资的成本。

2020 年 1 月 4 日,甲公司确认对乙公司的长期股权投资,进行的账务处理如下(单位:万元):

借:交易性金融资产——公允价值变动　　　　　　　　　　　400
　　贷:公允价值变动损益　　　　　　　　　　　　　　　　　　　400
借:长期股权投资——投资成本　　　　　　　　　　　　　2200
　　贷:交易性金融资产　　　　　　　　　　　　　　　　　　　1000
　　　　银行存款　　　　　　　　　　　　　　　　　　　　　　1200

案例 5-24

2019 年 2 月,甲公司以 600 万元现金自非关联方处取得乙公司 10％的股权。甲公司将其作为其他权益工具投资。2020 年 1 月 4 日,甲公司又以 1200 万元的现金自另一非关联方处取得乙公司 12％的股权,相关手续于当日完成。当日,乙公司可辨认净资产公允价值总额为 8000 万元,甲公司对乙公司的投资的账面价值为 1000 万元,计入其他综合收益的累积公允价值变动为 400 万元。取得该部分股权后,按照乙公司章程规定,甲公司能够对乙公司施加重大影响,对该项投资转为采用权益法核算。甲公司按净利润的 10％提取盈余公积。(不考虑相关税费等其他因素影响)

【分析】 本例中,甲公司原持有 10％股权的公允价值为 1000 万元,2020 年 1 月 4 日,产生的公允价值变动为 400 万元(1000－600),应当计入其他综合收益,并在转换为权益法核算时转入留存收益。

甲公司原持有 10％股权的公允价值为 1000 万元,为取得新增投资而支付对价的公允价值为 1200 万元,因此甲公司对乙公司 22％的股权的初始投资成本为 2200 万元。

甲公司的最终持股比例为 22％,应享有乙公司可辨认净资产的公允价值的份额为 1760 万元(8000×22％)。由于初始投资成本 2200 万元大于应享有乙公司可辨认净资产公允价值的份额 1760 万元,所以甲公司无需调整长期股权投资的成本。

2020 年 1 月 4 日,甲公司确认对乙公司的长期股权投资,进行的账务处理如下(单位:万元):

借:其他权益工具投资——公允价值变动　　　　　　　　　　　　　400
　　贷:其他综合收益　　　　　　　　　　　　　　　　　　　　　　400

借:长期股权投资——投资成本　　　　　　　　　　　　　　　　2200
　　贷:其他权益工具投资　　　　　　　　　　　　　　　　　　　1000
　　　　银行存款　　　　　　　　　　　　　　　　　　　　　　　1200

借:其他综合收益　　　　　　　　　　　　　　　　　　　　　　　400
　　贷:盈余公积　　　　　　　　　　　　　　　　　　　　　　　　40
　　　　利润分配——未分配利润　　　　　　　　　　　　　　　　360

(二)公允价值计量或权益法核算转为成本法核算

投资方原持有的对被投资单位不具有控制、共同控制或重大影响的按照金融资产进行会计处理的权益性投资,或者原持有对联营企业、合营企业的长期股权投资,因追加投资等原因,能够对被投资单位实施控制的长期股权投资,应按有关企业合并形成的长期股权投资有关内容进行会计处理。

追加投资形成的企业合并应该将同一控制和非同一控制区分处理。对于同一控制下通过多次交换交易分步取得股权最终形成控股合并的,合并方应当以持股比例计算的合并日应享有被合并方账面所有者权益份额,作为该项投资的初始投资成本。合并方应按照初始投资成本与其原长期股权投资账面价值加上合并日为取得新的股份所支付对价的现金、转让的非现金资产及所承担债务账面价值之和的差额,调整资本公积(资本溢价或股本溢价)。资本公积不足冲减的,冲减留存收益。对于非同一控制下通过多次交换交易分步取得股权最终形成控股合并的,投资方应当将原持有的股权投资账面价值加上新增投资成本之和,作为改按成本法核算的初始投资成本。

购买日之前持有的股权投资因采用权益法核算而确认的其他综合收益,应当在处置该项投资时采用与被投资单位直接处置相关资产或负债相同的基础进行会计处理。购买日之前持有的股权投资按照《企业会计准则第 22 号——金融工具确认和计量》的有关规定进行会计处理的,如非交易性权益工具投资分类为以公允价值计量且其变动计入其他综合收益的金融资产,应按照转换时的公允价值确认长期股权投资,原确认计入其他综合收益的累计公允价值变动应结转计入留存收益,不得计入当期损益。

案例 5-25

2018 年 1 月 1 日,H 公司取得同一控制下的 A 公司 25% 的股份,实际支付款项为 6000 万元,能够对 A 公司施加重大影响。相关手续于当日办理完毕。当日,A 公司可辨认净资产账面价值为 22000 万元(假定与公允价值相等)。2018 年及 2019 年,A 公司共实现净利润 1000 万元,无其他所有者权益变动。2020 年 1 月 1 日,H 公司以定向增发 2000 万股普通股(每股面值为 1 元,每股公允价值为 4.5 元)的方式购买同一控制下另一企业所持有的 A 公司 40% 股权,相关手续于当日完成。进一步取得投资后,H 公司能够对 A 公司实施控制。当日,A 公司在最终控制方合并财务报表中的净资产的账面价值为 23000 万元。假定 H 公司和 A 公司采用的会计政策和会计期间相同,均

按照 10%的比例提取盈余公积。H 公司和 A 公司一直同受同一最终控制方控制。上述交易不属于一揽子交易。（不考虑相关税费等其他因素影响）

【分析】 （1）确定合并日长期股权投资的初始投资成本：

合并日追加投资后 H 公司持有 A 公司股权比例为 65%（25%＋40%）。

合并日 H 公司享有 A 公司在最终控制方合并财务报表中净资产的账面价值份额为 14950 万元（23000×65%）。

（2）长期股权投资初始投资成本与合并对价账面价值之间的差额处理：

原 25%的股权投资采用权益法核算,在合并日的原账面价值为 6250 万元（6000＋1000×25%）。追加投资（40%）所支付对价的账面价值为 2000 万元。合并对价账面价值为 8250 万元（6250＋2000）。长期股权投资初始投资成本与合并对价账面价值之间的差额为 6700 万元（14950－8250）。

H 公司有关会计处理如下（单位：万元）：

借：长期股权投资——投资成本	14950
贷：长期股权投资——投资成本	6000
——损益调整	250
股本	2000
资本公积——股本溢价	6700

案例 5-26

2017 年 1 月 1 日,A 公司以每股 5 元的价格购入某上市公司 B 公司的股票 100 万股,并由此持 B 公司 2%的股权。A 公司与 B 公司不存在关联方关系。A 公司将对 B 公司的投资作为其他权益工具投资进行会计处理。2020 年 1 月 1 日,A 公司以现金 1.75 亿元为对价,向 B 公司大股东收购 B 公司 50%的股权,相关手续于当日完成。假设 A 公司购买 B 公司 2%的股权和后续购 50%的股权不构成"一揽子交易",A 公司取得 B 公司控制权之日为 2020 年 1 月 1 日,B 公司当日股价为每股 7 元,B 公司可辨认净资产的公允价值为 2 亿元。（不考虑相关税费等其他因素影响）

【分析】 购买日前,A 公司持有对 B 公司的股权投资作为其他权益工具投资进行会计处理,购买日前 A 公司原持有其他权益工具投资的账面价值为 700 万元（7×100）。本次追加投资应支付对价的公允价值为 17500 万元。购买日对子公司按成本法核算的初始投资成本为 18200 万元（17500＋700）。购买日前 A 公司原持有其他权益工具投资相关的其他综合收益为 200 万元[（7－5）×100],购买日该其他综合收益转入留存收益。有关会计处理如下（单位：万元）：

借：长期股权投资——投资成本	18200
贷：其他权益工具投资	700
银行存款	17500
借：其他综合收益	200
贷：盈余公积	20
未分配利润	180

2018 年 1 月 1 日,A 公司以现金 3000 万元自非关联方处取得了 B 公司 20％股权,并能够对其施加重大影响。当日,B 公司可辨认净资产公允价值为 1.4 亿元。2020 年 7 月 1 日,A 公司另支付现金 8000 万元,自另一非关联方处取得 B 公司 40％股权,并取得对 B 公司的控制权。购买日,A 公司原持有的对 B 公司的 20％股权的公允价值为 4000 万元,账面价值为 3500 万元,A 公司确认与 B 公司权益法核算相关的累计其他综合收益为 400 万元,其他所有者权益变动 100 万元,B 公司可辨认净资产公价值为 1.8 亿元。假设 A 公司购买 B 公司 20％的股权和后续购买 40％的股权的交易不构成"一揽子交易"。以上交易的相关手续均于当日完成。(不考虑相关税费等其他因素影响)

【分析】 购买日前,A 公司持有 B 公司的投资作为联营企业进行会计核算,购买日前 A 公司原持有股权的账面价值为 3500 万元(3000＋400＋100)。本次投资应支付对价的公允价值为 8000 万元。购买日对子公司按成本法核算的初始投资成本为 11500 万元(8000＋3500)。购买日前 A 公司原持有股权相关的其他综合收益 400 万元以及其他所有者权益变动 100 万元在购买日均不进行会计处理。

(三) 权益法核算转公允价值计量

原权益法核算的长期股权投资,投资企业因减少投资等原因对被投资单位不再具有共同控制或重大影响的,处置后的剩余股权应当改按金融资产进行核算,其在丧失共同控制或重大影响之日的公允价值与账面价值之间的差额计入当期损益。原股权投资因采用权益法核算而确认的其他综合收益,应当在终止采用权益法核算时,采用与被投资单位直接处置相关资产或负债相同的基础进行会计处理,因被投资单位除净损益、其他综合收益和利润分配以外的其他所有者权益变动而确认的所有者权益,应当在终止采用权益法核算时,全部转入当期损益。

甲公司持有乙公司 30％的有表决权股份。因能够对乙公司的生产经营决策施加重大影响,甲公司对该项投资采用权益法核算。2020 年 10 月,甲公司将该项投资中的 50％对外出售,取得价款 1800 万元,相关手续当日完成。甲公司无法再对乙公司施加重大影响,将剩余股权投资转为公允价值计量且其变动计入当期损益的金融资产。出售时,该项长期股权投资的账面价值为 3200 万元,其中,投资成本为 2600 万元,损益调整为 300 万元,其他综合收益为 200 万元(性质为被投资单位其他债权投资的累积公允价值变动),除净损益、其他综合收益和利润分配外的其他所有者权益变动为 100 万元,剩余股权的公允价值为 1800 万元。(不考虑相关税费等其他因素影响)

【分析】 甲公司确认处置损益时应进行以下账务处理(单位:万元):

(1) 确认有关股权投资的处置损益:

```
借:银行存款                                          1800
    贷:长期股权投资——投资成本            (2600×50％)1300
              ——损益调整               (300×50％)150
              ——其他综合收益           (200×50％)100
              ——其他权益变动           (100×50％)50
        投资收益                                       200
```

（2）由于终止采用权益法核算，将原确认的相关其他综合收益全部转入当期损益：

借：其他综合收益   200

    贷：投资收益   200

（3）由于终止采用权益法核算，将原计入资本公积的其他所有者权益变动全部转入当期收益：

借：资本公积——其他资本公积   100

    贷：投资收益   100

（4）剩余股权投资转为交易性金融资产，当天公允价值为 1800 万元，账面价值为 1600 万元，两者差异应计入当期投资收益：

借：交易性金融资产   1800

    贷：长期股权投资——投资成本   （2600×50%）1300

              ——损益调整   （300×50%）150

              ——其他综合收益   （200×50%）100

              ——其他权益变动   （100×50%）50

        投资收益   200

（四）成本法核算转权益法核算★★★

因处置投资等原因导致对被投资单位由能够实施控制转为具有重大影响或者与其他投资方一起实施共同控制的，投资企业首先应按处置或收回投资的比例结转应终止确认的长期股权投资成本。然后，投资企业应比较剩余长期股权投资的成本与按照剩余持股比例计算原投资时应享有的被投资单位可辨认净资产公允价值的份额，前者大于后者的，属于投资作价中体现的商誉部分，不调整长期股权投资的账面价值；前者小于后者的，在调整长期股权投资成本的同时，调整留存收益。

成本法核算转权益法核算的不同情形及投资企业对应的调整内容如表 5-3 所示。

表 5-3 成本法核算转权益法核算的情形及其调整内容

情形	调整内容
对于原取得投资时至处置投资时（转为权益法核算）之间被投资单位实现净损益中投资方应享有的份额	投资企业应调整长期股权投资的账面价值
对于原取得投资时至处置投资当期期初被投资单位实现的净损益（扣除已宣告发放的现金股利和利润）中应享有的份额	调整留存收益
对于处置当期期初至处置投资之日被投资单位实现的净损益中享有的份额	调整当期损益
对于被投资单位其他综合收益变动中应享有的份额	在调整长期股权投资账面价值的同时，应当计入其他综合收益
除净损益、其他综合收益和利润分配外其他原因导致被投资单位其他所有者权益变动中应享有的份额	在调整长期股权投资账面价值的同时，应当计入资本公积（其他资本公积）

在长期股权投资自成本法转为权益法后，投资企业在未来期间应当按照长期股权投

资准则规定计算确认应享有被投资单位实现的净损益、其他综合收益和所有者权益其他变动的份额。

1. 处置股权投资确认损益

借：银行存款
　　贷：长期股权投资（处置部分）
　　　　投资收益（或借方）

2. 剩余股权投资采用权益法进行调整

（1）投资企业应比较剩余长期股权投资的成本与按照剩余持股比例计算原投资时应享有的被投资单位可辨认净资产公允价值的份额，前者大于后者的，属于投资作价中体现的商誉部分，不调整长期股权投资的账面价值；前者小于后者的，在调整长期股权投资成本的同时，调整留存收益。

借：长期股权投资
　　贷：盈余公积
　　　　利润分配——未分配利润

（2）将原取得投资时至处置投资当期期初被投资单位实现的净损益（扣除已宣告发放的现金股利和利润）中应享有的份额调整为留存收益。

借：长期股权投资
　　贷：利润分配——未分配利润（被投资方净利润的变动×处置后剩余持股比例×90%）
　　　　盈余公积（被投资方净利润的变动×处置后剩余持股比例×10%）

（3）将处置当期期初至处置投资之日被投资单位实现的净损益中享有的份额调整为当期损益。

借：长期股权投资
　　贷：投资收益（被投资方净利润变动×处置后剩余持股比例）

（4）被投资单位其他综合收益变动中应享有的份额，在调整长期股权投资账面价值的同时，应当计入其他综合收益。

借：长期股权投资
　　贷：其他综合收益（被投资方其他综合收益变动×处置后剩余持股比例）

（5）除净损益、其他综合收益和利润分配外其他原因导致被投资单位其他所有者权益变动中应享有的份额，在调整长期股权投资账面价值的同时，应当计入资本公积（其他资本公积）。

借：长期股权投资
　　贷：资本公积——其他资本公积（其他原因导致被投资单位所有者权益变动×处置后剩余持股比例）

案例 5-29

2018 年 1 月 1 日，甲公司支付 600 万元取得乙公司 100%的股权。甲公司投资当时，乙公司可辨认净资产的公允价值为 500 万元。2018 年 1 月 1 日至 2018 年 12 月 31 日，乙公司的净资产增加了 75 万元，其中，实现的净利润为 50 万元，持有其他权益工具投资公允价值上升了 25 万元。

2019 年 1 月 14 日,甲公司转让乙公司 60％的股权,收取现金 480 万元并存入银行。转让后,甲公司对乙公司的持股比例为 40％,仍能对乙公司施加重大影响。2019 年 1 月 14 日,即甲公司丧失对乙公司的控制权当天,乙公司剩余 40％股权的公允价值为 320 万元。假定甲、乙公司提取盈余公积的比例为 10％,且乙公司未分配现金股利,并不考虑其他因素。

【分析】 甲公司的处理分别如下(单位:万元):

(1)确认部分股权处置收益:

借:银行存款   480
    贷:长期股权投资   (600×60％)360
        投资收益   120

(2)对剩余股权改按权益法核算:

① 甲公司剩余长期股权投资的成本 240 万元(600×40％)与按照剩余持股比例计算原投资时应享有的被投资单位可辨认净资产公允价值的份额 200 万元(500×40％),前者大于后者的,属于投资作价中体现的商誉部分,不调整长期股权投资的账面价值。

② 甲公司将原取得投资时至处置投资当期期初被投资单位实现的净损益 50 万元(扣除已宣告发放的现金股利和利润)中应享有的份额调整为留存收益。

借:长期股权投资   20
    贷:盈余公积   (50×40％×10％)2
        利润分配   (50×40％×90％)18

③ 乙公司其他综合收益变动中甲公司应享有的份额,在调整长期股权投资账面价值的同时,应当计入其他综合收益。

借:长期股权投资   10
    贷:其他综合收益   (25×40％)10

考试方向

考查成本法核算转权益法的账务处理。

【例题 5-10 多选题】(经典好题) 2020 年 1 月 1 日,甲公司长期股权投资账面价值为 2000 万元。当日,甲公司将持有的乙公司 80％股权中的一半以 1200 万元出售给非关联方,剩余的股权比例对乙公司的股权投资仍具有重大影响。甲公司原取得乙公司股权时,乙公司可辨认净资产的账面价值为 2200 万元,各项可辨认资产、负债的公允价值与其账面价值相同。自甲公司取得乙公司股权投资至处置投资日,乙公司实现净利润 1500 万元,增加其他综合收益 300 万元。假定按照净利润的 10％提取法定盈余公积,不考虑增值税等相关税费及其他因素。下列关于 2020 年 1 月 1 日甲公司个别财务报表中对长期股权投资的会计处理表述中,正确的有( )。

A. 增加盈余公积 60 万元   B. 增加未分配利润 540 万元
C. 增加投资收益 320 万元   D. 增加其他综合收益 120 万元

【答案】 ABD

【名师点睛】 会计分录如下(单位:万元):

借:银行存款   1200
    贷:长期股权投资   (2000÷2)1000
        投资收益   200

借：长期股权投资——损益调整　　　　　　　　　　　　　　　　　600

　　　　　　　　　　——其他综合收益　　　　　　　　　　　　120

　　贷：盈余公积　　　　　　　　　　　　　　　　(1500×40%×10%)60

　　　　利润分配——未分配利润　　　　　　　　(1500×40%×90%)540

　　　　其他综合收益　　　　　　　　　　　　　　　(300×40%)120

(五) 成本法核算转公允价值计量

原持有对被投资单位具有控制的长期股权投资,因部分处置等原因导致持股比例下降,不再对被投资单位实施控制、共同控制或重大影响的,投资方应改按金融工具确认和计量准则进行会计处理,并将在丧失控制之日的公允价值与账面价值之间的差额计入当期投资收益。

案例 5-30

甲公司持有乙公司 60% 的有表决权股份,能够对乙公司实施控制,对该股权投资采用成本法核算。2020 年 10 月,甲公司将该项投资中的 80% 出售给非关联方,取得价款 8000 万元。相关手续于当日完成。甲公司无法再对乙公司实施控制,也不能施加共同控制或重大影响,将剩余股权投资分类为以公允价值计量且其变动计入当期损益的金融资产。出售时,该项长期股权投资的账面价值为 8000 万元,剩余股权投资的公允价值为 2000 万元。(不考虑相关税费等其他因素影响)

【分析】　甲公司的会计处理如下(单位：万元)：

(1) 确认有关股权投资的处置损益：

借：银行存款　　　　　　　　　　　　　　　　　　　　　8000

　　贷：长期股权投资　　　　　　　　　　　　　　(8000×80%)6400

　　　　投资收益　　　　　　　　　　　　　　　　　　　1600

(2) 剩余股权投资转为以公允价值计量且其变动计入当期损益的金融资产,当天公允价值为 2000 万元,账面价值为 1600 万元,两者差异应计入当期投资收益：

借：交易性金融资产　　　　　　　　　　　　　　　　　　2000

　　贷：长期股权投资　　　　　　　　　　　　　　　　　1600

　　　　投资收益　　　　　　　　　　　　　　　　　　　400

四、 长期股权投资的处置 ★ ★

企业处置长期股权投资时,应相应结转与所售股权相对应的长期股权投资的账面价值,一般情况下,出售所得价款与处置长期股权投资账面价值之间的差额,应确认为处置损益。

投资方全部处置权益法核算的长期股权投资时,原权益法核算的相关其他综合收益应当在终止采用权益法核算时,采用与被投资单位直接处置相关资产或负债相同的基础进行会计处理,因被投资方除净损益、其他综合收益和利润分配以外的其他所有者权益变动而确认的所有者权益,应当在终止采用权益法核算时全部转入当期投资收益。

投资方部分处置权益法核算的长期股权投资,剩余股权仍采用权益法核算的,原权益法核算的相关其他综合收益,应当采用与被投资单位直接处置相关资产或负债相同的基础处理并按比例结转,因被投资方除净损益、其他综合收益和利润分配以外其他所有者权益变动而确认的所有者权益,应当按比例结转入当期投资收益。

案例 5-31

A 企业原持有 B 企业 40%的股权并采用权益法核算。2019 年 12 月 20 日,A 企业决定出售其持有的 B 企业股权的 1/4。出售时,A 企业账面上对 B 企业长期股权投资的账面价值构成为:投资成本 1200 万元,损益调整 320 万元,其他权益变动 200 万元,出售取得价款 470 万元。

【分析】 A 企业确认处置损益时的账务处理如下(单位:万元):

借:银行存款 470
　　贷:长期股权投资 430
　　　　投资收益 40

同时,还应将原计入资本公积的部分按比例转入当期损益(单位:万元):

借:资本公积——其他资本公积 50
　　贷:投资收益 50

【例题 5-11 多选题】(2017 年真题)　2017 年 5 月 10 日,甲公司将其持有的一项以权益法核算的长期股权投资全部出售,取得价款 1200 万元,当日办妥相关手续。出售时,该项长期股权投资的账面价值为 1100 万元,其中投资成本为 700 万元,损益调整为 300 万元,可重分类进损益的其他综合收益为 100 万元,不考虑增值税等相关税费及其他因素。甲公司处置该项股权投资应确认的投资收益为(　　)万元。

A. 100　　　　　　B. 500　　　　　　C. 200　　　　　　D. 400

考试方向
考查长期股权投资的处置收益的计算。

【答案】　C

【名师点睛】　会计分录如下(单位:万元):

借:银行存款 1200
　　贷:长期股权投资——投资成本 700
　　　　　　　　　　——损益调整 300
　　　　　　　　　　——其他综合收益 100
　　　　投资收益 100

借:其他综合收益 100
　　贷:投资收益 100

甲公司处置该项股权投资应确认的投资收益＝1200－1100＋100＝200(万元)

同步练习

一、单项选择题

1. 丙公司为甲、乙公司的母公司，2018 年 1 月 1 日，甲公司以银行存款 7000 万元取得乙公司 60％有表决权的股份，另以银行存款 100 万元支付与合并直接相关的中介费用，当日办妥相关股权划转手续后，取得了乙公司的控制权；乙公司在丙公司合并财务报表中的净资产账面价值为 9000 万元。不考虑其他因素，甲公司该项长期股权投资在合并日的初始投资成本为（　　）万元。

   A. 7100　　B. 7000　　C. 5400　　D. 5500

2. 2015 年 1 月 1 日，甲公司以银行存款 2500 万元取得乙公司 20％有表决权的股份，对乙公司具有重大影响，采用权益法核算；乙公司当日可辨认净资产的账面价值为 12000 万元，各项可辨认资产、负债的公允价值与其账面价值均相同。乙公司 2015 年度实现的净利润为 1000 万元。不考虑其他因素，2015 年 12 月 31 日，甲公司该项投资在资产负债表中应列示的年末余额为（　　）万元。

   A. 2500　　B. 2400　　C. 2600　　D. 2700

3. 2017 年 3 月 20 日，甲公司合并乙企业，该项合并属于同一控制下的企业合并。合并中，甲公司发行本公司普通股 1000 万股（每股面值为 1 元，市价为 2.1 元），作为对价取得乙企业 60％股权。合并日，乙企业的净资产账面价值为 3200 万元（相对于最终控制方而言），公允价值为 3500 万元。假定合并前双方采用的会计政策及会计期间均相同。不考虑其他因素，甲公司对乙企业长期股权投资的初始投资成本为（　　）万元。

   A. 1920　　B. 2100　　C. 3200　　D. 3500

4. 2019 年 6 月 30 日，甲公司以银行存款 2000 万元及一项专利技术取得其母公司控制的乙公司 70％的股权，并于当日起能够对乙公司实施控制。合并日，该专利技术的账面价值为 4000 万元，公允价值为 4500 万元。2019 年 6 月 30 日，母公司合并财务报表中的调整后乙公司净资产账面价值为 7500 万元。乙公司个别报表净资产的账面价值为 7000 万元。假定甲公司与乙公司的会计年度和采用的会计政策相同，不考虑其他因素，甲公司的下列会计处理中，正确的是（　　）。

   A. 确认长期股权投资 6500 万元，不确认资本公积

   B. 确认长期股权投资 5250 万元，冲减资本公积 750 万元

   C. 确认长期股权投资 6500 万元，确认资本公积 500 万元

   D. 确认长期股权投资 5000 万元，冲减资本公积 200 万元

5. 甲公司 2019 年 6 月 20 日取得乙公司 40％的股权，支付价款为 3500 万元，取得投资时乙公司可辨认净资产公允价值为 9000 万元。2019 年乙公司实现净利润为 1000 万元。不考虑其他因素，影响甲公司当期损益的金额为（　　）万元。

   A. 100　　B. 400　　C. 500　　D. 300

6. 甲公司持有乙公司 30％有表决权的股份，能够对乙公司施加重大影响。2019 年 6 月 1 日，甲公司将账面价值为 2500 万元的存货以 2000 万元的价格出售给乙公司。乙公司至年底均未对外出售。假设乙公司取得股权时，乙公司可辨认资产和负债的账面价值和公允价值无差异。乙公司 2019 年实现净利润 1000 万元。不考虑其他因素，则甲公司就该笔交易确认长期股权投资——损益调整时，对应的投资收益为（　　）万元。

   A. 450　　B. 300　　C. 150　　D. 200

7. 甲公司持有乙公司 30％的股权，能够对乙公司施加重大影响。2019 年 12 月 31 日，甲公司持有乙公司的长期股权投资的账面价值为 2500 万元，乙公司 2019 年发生巨额亏损 10000 万元，甲公司账面上还有一项对乙公司的长期权益——长期应收款 2000 万元。假设甲公司取得投资时，乙公司各项可辨认资产和负债的公允价值和账面价值相等，不考虑其他因素，则 2019 年年底，甲公司持有乙公司的长

期股权投资的账面价值为（　　）万元。

    A. 0　　　　B. 2500　　C. 500　　D. 3000

8. 2019 年 6 月 30 日，甲公司将其持有的一项以权益法核算的长期股权投资全部出售，取得价款 2000 万元，出售时，该项长期股权投资的账面价值为 1800 万元，其中投资成本为 1500 万元，损益调整为 200 万元，可重分类进损益的其他综合收益为 100 万元。不考虑其他因素，甲公司处置该项长期股权投资应确认的投资收益为（　　）万元。

    A. 200　　　B. 300　　　C. 100　　　D. 500

9. 2019 年 6 月 30 日，甲公司以银行存款 3000 万元取得乙公司 30% 有表决权的股份，对乙公司具有重大影响，采用权益法核算，乙公司当日可辨认净资产的账面价值为 15000 万元，各项可辨认资产、负债的公允价值与账面价值均相同。乙公司 2019 年度实现的净利润为 900 万元。不考虑其他因素，2019 年 12 月 31 日，甲公司该项长期股权投资在资产负债表中应列示的年末余额为（　　）万元。

    A. 4500　　B. 3270　　C. 4770　　D. 3000

10. 2019 年 1 月 2 日，甲公司定向增发 2000 万股普通股（每股面值为 1 元、公允价值为 5 元）取得乙公司 70% 的股权，另以银行存款支付股票发行费用 200 万元，当日取得乙公司的控制权，该企业合并不属于反向购买，当日乙公司所有者权益的账面价值为 15000 万元，本次投资前，甲公司与乙公司不存在关联关系，则甲公司该长期股权投资的成本为（　　）万元。

    A. 2000　　B. 10000　　C. 10500　　D. 9800

11. A 公司为甲和乙公司的母公司，2019 年 1 月 1 日，甲公司以银行存款 8000 万元取得乙公司 70% 有表决权的股份，另以银行存款 200 万元支付合并相关的中介费用，当日取得乙公司的控制权，乙公司在 A 公司合并财务报表中的净资产账面价值为 12000 万元。不考虑其他因素，甲公司该项长期股权投资在合并日的成本为（　　）万元。

    A. 8400　　B. 8000　　C. 8200　　D. 8300

12. 2019 年 6 月 20 日，甲公司合并乙公司，属于同一控制下企业合并。合并日，甲公司发行本公司普通股 2000 万股（每股面值 1 元、公允价值 5 元），作为支付对价取得乙公司

70% 的股权。合并日，乙公司相对于最终控制方而言净资产账面价值为 5600 万元，乙公司净资产的公允价值为 6000 万元。假设不考虑其他因素，甲公司对乙公司长期股权投资的初始入账成本为（　　）万元。

    A. 3920　　B. 2000　　C. 10000　　D. 4200

13. 对于风险投资机构、共同基金以及类似主体持有的其他权益性投资，在初始确认时，应当按照（　　）进行确认。

    A. 其他权益工具投资

    B. 以公允价值计量且其变动计入当期损益的金融资产

    C. 长期股权投资

    D. 其他权益工具

14. 2019 年 3 月 1 日，甲公司以账面价值 2500 万元、公允价值 3500 万元的一项无形资产换取乙公司 40% 的普通股权，达到对乙公司的重大影响。投资当日乙公司的账面价值和公允价值均为 7500 万元，甲公司另外支付相关税费 15 万元。2019 年 6 月 20 日，乙公司宣告分配现金股利 300 万元，并于 6 月 30 日发放。2019 年乙公司实现调整后净利润 700 万元，其中 1 月至 2 月利润为 150 万元。2020 年 6 月 1 日，乙公司宣告分配现金股利 200 万元，并于 6 月 30 日发放。2020 年乙公司实现调整净利润为 600 万元，则 2020 年年末，甲公司长期股权投资的账面余额为（　　）万元。

    A. 3775　　B. 4000　　C. 3840　　D. 3720

15. 2019 年，甲公司的合营企业乙公司发生的下列交易或事项中，将对甲公司当年投资收益产生影响的是（　　）。

    A. 乙公司宣告分配现金股利

    B. 乙公司当年发生的电视台广告费

    C. 乙公司持有的其他债权投资公允价值上升

    D. 乙公司股东大会通过发放股票股利的议案

二、多项选择题

1. 2018 年 1 月 1 日，甲公司以银行存款 3950 万元取得乙公司 30% 的股份，另以银行存款 50 万元支付了与该投资直接相关的手续费，相关手续于当日完成，能够对乙公司施加重大影响。当日，乙公司可辨认净资产的公允价值

为14000万元。各项可辨认资产、负债的公允价值均与其账面价值相同。乙公司2018年实现净利润2000万元,其他债权投资的公允价值上升100万元。不考虑其他因素,下列各项中甲公司2018年与该投资相关的会计处理中,正确的有( )。

A. 确认投资收益600万元
B. 确认财务费用50万元
C. 确认其他综合收益30万元
D. 确认营业外收入200万元

2. 企业采用权益法核算长期股权投资时,下列各项中影响长期股权投资账面价值的有( )。

A. 被投资单位其他综合收益变动
B. 被投资单位发行一般公司债券
C. 被投资单位以盈余公积转增资本
D. 被投资单位实现净利润

3. 甲公司对乙公司的长期股权投资采用权益法核算。乙公司发生的下列交易事项中,将导致甲公司长期股权投资账面价值发生变动的有( )。

A. 提取法定盈余公积
B. 接受其他企业的现金捐赠
C. 宣告分派现金股利
D. 发行可转换公司债券

4. 因处置部分长期股权投资,企业将剩余长期股权投资的核算方法由成本法转变为权益法时进行的下列会计处理中,正确的有( )。

A. 按照处置部分的比例结转应终止确认的长期股权投资成本
B. 剩余股权按照处置投资当期期初至处置投资日应享有的被投资单位已实现净损益中的份额调整当期损益
C. 剩余股权按照原取得投资时至处置投资当期期初应享有的被投资单位已实现净损益中的份额调整留存收益
D. 将剩余股权的账面价值大于按照剩余持股比例计算原投资时应享有的被投资单位可辨认净资产公允价值份额的差额,调整长期股权投资的账面价值

5. 下列选项中,应将多次交易事项作为"一揽子交易"进行会计处理的是( )。

A. 这些交易是同时或者在考虑了彼此影响的情况下订立的
B. 这些交易整体才能达成一项完整的商业结

果的
C. 一项交易的发生取决于其他至少一项交易的发生的
D. 一项交易单独看是不经济的,但和其他交易一并考虑时是经济的

6. 非同一控制下的控股合并中,购买方应当按照确定的企业合并成本作为长期股权投资的初始投资成本,下列对合并成本的表述正确的有( )。

A. 购买方付出的资产的公允价值
B. 发行的债务性工具的公允价值
C. 发行的权益性工具的公允价值
D. 合并成本包括购买方为企业合并发生的审计、法律服务、评估咨询等中介费用以及其他相关管理费用

7. 对于非同一控制下企业合并,下列表述中,正确的有( )。

A. 对于购买日前持有的股权投资分类为以公允价值计量且其变动计入当期损益的金融资产的,购买日其公允价值与账面价值之间的差额转入改按成本法核算的当期投资收益
B. 对于购买日前持有的股权投资指定为以公允价值计量且其变动计入其他综合收益的非交易性权益工具的,其公允价值与账面价值之间的差额以及原计入其他综合收益的累积公允价值变动应当直接转入留存收益
C. 企业通过多次交易分步实现非同一控制下企业合并的,应当区分个别财务报表和合并财务报表进行会计处理
D. 在编制个别财务报表时,应当按照原持有的股权投资的账面价值加上新增投资成本之和,作为改按成本法核算的初始投资成本

8. 2019年6月30日,甲公司通过发行1000万股作为支付对价,从非关联方取得乙公司30%的股权,发行股票的公允价值为4200万元,为增发该股票,甲公司支付了发行手续费及佣金200万元。取得乙公司股权后,甲公司能够对乙公司施加重大影响。不考虑其他相关因素,下列表述正确的有( )。

A. 长期股权投资初始投资成本为4200万元
B. 该笔业务对资本公积的影响为3200万元

C. 该笔业务对资本公积的影响为 3000 万元

D. 长期股权投资初始投资资本为 3200 万元

9. 甲公司于 2019 年 5 月 20 日自非关联公司取得乙公司 70% 的股权,支付价款为 1400 万元,当日能够对乙公司实施控制。2019 年 6 月 20 日,乙公司宣告分配现金股利 2000 万元。2019 年 6 月 30 日,乙公司实际发放现金股利。不考虑其他因素,下列表述中,正确的有( )。

A. 该交易属于同一控制下企业合并

B. 该交易属于非同一控制下企业合并

C. 长期股权投资入账价值为 1400 万元

D. 确认的投资收益为 1400 万元

10. 对于权益法核算的长期股权投资,下列表述中,正确的有( )。

A. 被投资单位所有者权益的变动相应长期股权投资的账面价值也需要按比例变动

B. 被投资单位实现净损益和其他综合收益而产生的所有者权益的变动,投资方应当按照应享有的份额,增加或减少长期股权投资的账面价值,同时确认投资损益和其他综合收益

C. 对于被投资单位宣告分派的利润或现金股利计算应分得的部分,相应减少长期股权投资的账面价值

D. 对于被投资单位除净损益、其他综合收益以及利润分配以外的因素导致的其他所有者权益变动,相应调整长期股权投资的账面价值,同时确认资本公积(其他资本公积)

11. 权益法核算的股权投资,投资方确认应分担被投资单位发生的损失,下列表述中,正确的有( )。

A. 原则上应以长期股权投资及其他实质上构成对被投资单位净投资的长期权益减记至零为限

B. 投资方在确认应分担被投资单位发生的损失时,首先减记长期股权投资的账面价值

C. 在长期股权投资的账面价值减记至零的情况下,考虑是否有其他构成长期权益的项目,如果有,则以其他实质上构成对被投资单位长期权益的账面价值为限,继续确认投资损失,冲减长期应收项目

等的账面价值

D. 长期权益的价值也减记至零的情况下,如果按照投资合同或协议约定,投资方需要履行其他额外的损失赔偿义务,则需按预计将承担责任的金额确认预计负债,计入当期投资损失

12. 2019 年 1 月 1 日,甲公司长期股权投资账面价值为 2400 万元。当日,甲公司将持有的乙公司 60% 股权中的一半以 1500 万元出售给非关联方,剩余的股权投资对乙公司具有重大影响。甲公司原取得乙公司股权投资时,乙公司可辨认净资产公允价值和账面价值均为 2600 万元。自甲公司取得乙公司股权投资至处置投资日,乙公司实现净利润 2000 万元,其他综合收益增加 200 万元。假设按照净利润的 10% 提取法定盈余公积金,不考虑其他因素,下列关于 2019 年 1 月 1 日甲公司个别报表中对长期股权投资的会计处理,正确的有( )。

A. 增加盈余公积 60 万元

B. 增加未分配利润 540 万元

C. 增加投资收益 300 万元

D. 增加其他综合收益 60 万元

13. 2019 年 1 月 1 日,甲公司以银行存款 4000 万元取得乙公司 40% 的股权,另外支付与该项投资相关的手续费 40 万元,当日能够对乙公司施加重大影响。取得投资当日,乙公司可辨认净资产的公允价值和账面价值相同为 12000 万元。乙公司 2019 年全年实现净利润 2500 万元,其他债权投资的公允价值上升 200 万元。不考虑其他因素,下列关于甲公司 2019 年的长期股权投资表述中,正确的有( )。

A. 确认投资收益 1000 万元

B. 确认营业外收入 760 万元

C. 确认其他综合收益 80 万元

D. 长期股权投资期末余额为 5880 万元

14. 下列选项中,影响权益法核算的长期股权投资账面价值的有( )。

A. 被投资单位宣告发放现金股利

B. 被投资单位实现净利润

C. 被投资单位增资

D. 被投资单位盈余公积转增股本

15. 同一控制下企业合并,下列表述中,正确的

有（　　）。

A. 合并成本与合并对价的差额，计入资本公积，资本公积不足的，调整留存收益

B. 合并方发生的评估咨询费用，计入长期股权投资成本

C. 与发行债务工具作为合并对价直接相关的交易费用，应计入债务工具的初始确认金额

D. 与发行权益工具作为合并对价直接相关的交易费用，应冲减资本公积，资本公积不足冲减的，调整留存收益

三、判断题

1. 企业采用权益法核算长期股权投资的，在确认投资收益时，不需考虑顺流交易产生的未实现内部交易利润。　　　　　　　（　　）

2. 增值税一般纳税企业支付现金方式取得联营企业股权的，所支付的与股权投资直接相关的费用应计入当期损益。　　　　（　　）

3. 同一控制下企业合并，被合并方在合并日净资产的账面价值为负数，则长期股权投资可以为负数。　　　　　　　　　　　（　　）

4. 同一控制下企业合并，合并方发生的审计、法律服务、评估咨询等中介费用以及其他相关管理费用，于发生时计入当期损益。　（　　）

5. 与发行权益性工具作为合并对价直接相关的交易费用，应当冲减资本公积（资本溢价或股本溢价），资本公积（资本溢价或股本溢价）不足冲减的，依次冲减盈余公积和未分配利润。　　　　　　　　　　　　（　　）

6. 与发行债务性证券作为合并对价直接相关的交易费用，应当计入债务性工具的初始确认金额。　　　　　　　　　　　（　　）

7. 企业合并前合并方与被合并方采用的会计政策不同的，应基于重要性原则，统一合并方与被合并方的会计政策，应当将合并方的会计政策调整为被合并方的会计政策。（　　）

8. 同一控制下企业合并，长期股权投资初始投资成本与合并对价账面价值之间的差额，应该调整资本公积（资本溢价或股本溢价），资本公积不足冲减的，冲减留存收益。　（　　）

9. 合并日之前持有的股权投资，因采用权益法核算而确认的其他综合收益，暂不进行会计处理，直至处置该项投资时采用与被投资单位直接处置相关资产或负债相同的基础进行会计

处理。　　　　　　　　　　　（　　）

10. 非同一控制下企业合并，个别报表中购买日之前持有的股权投资，按照金融资产的相关内容进行会计处理的，应当将按其确定的股权投资的公允价值加上新增投资成本之和，作为改按成本法核算的初始投资成本。（　　）

11. 企业合并以外的其他方式取得的长期股权投资，其直接相关的费用、税金及其他必要支出，应该计入当期损益。　　　（　　）

12. 长期股权投资自被投资单位收取的已宣告但尚未发放的现金股利或利润，应该计入应收项目，不能计入长期股权投资成本。（　　）

13. 以发行权益性证券取得的权益法核算的长期股权投资，应当按照发行权益性证券的公允价值作为初始投资成本，但不包括应自被投资单位收取的已宣告但尚未发放的现金股利或利润。为发行权益性证券支付的手续费、佣金等与发行直接相关的费用，构成长期股权投资的初始投资成本。　　　（　　）

14. 投资者投入的长期股权投资应根据法律法规的要求进行评估作价，在公平交易当中，投资者投入的长期股权投资的公允价值，与所发行证券（工具）的公允价值不应存在重大差异。如有确凿证据表明，取得长期股权投资的公允价值比所发行证券（工具）的公允价值更加可靠的，以投资者投入的长期股权投资的公允价值为基础确定其初始投资成本。　　　　　　（　　）

15. 成本法核算的长期股权投资，在被投资单位宣告分派现金股利或利润的，投资方根据应享有的部分确认当期投资收益。（　　）

四、计算分析题

甲公司持有乙公司40%的股权，能够对乙公司施加重大影响。2019年6月，甲公司将该项投资中的50%出售给非关联方，取得价款1600万元。相关手续于当日完成。甲公司无法再对乙公司施加重大影响，将剩余股权投资转为公允价值计量且其变动计入当期损益的金融资产。出售时，该项长期股权投资的账面价值为2400万元，其中投资成本为1200万元，损益调整300万元，其他综合收益为150万元（可以重分类进损益），除净损益、其他综合收益和利润分配以外的其他所有者权益变动为750万元，剩余股权的公允价值

为 1600 万元。

不考虑其他因素。

要求(答案中金额单位以万元表示):

(1) 甲公司处置 50% 股权的会计处理。

(2) 甲公司剩余股权转为公允价值计量且其变动计入当期损益的金融资产的会计处理。

(3) 该笔交易影响甲公司投资收益的金额。

五、综合题

1. 甲公司对乙公司股权投资相关业务如下:

(1) 2017 年 1 月 1 日,甲公司以银行存款 7300 万元从非关联方取得了乙公司 20% 的有表决权股份,对其财务和经营政策具有重大影响。当日,乙公司所有者权益的账面价值为 40000 万元,各项可辨认资产、负债的公允价值与账面价值均相等。本次投资前,甲公司不持有乙公司股份且与乙公司不具有关联方关系,甲公司的会计政策、会计期间和乙公司一致。

(2) 2017 年 6 月 15 日,甲公司将生产的一项成本为 600 万元的设备销售给乙公司,销售价款为 1000 万元。当日,乙公司以银行存款支付了全部货款,并将其交付给本公司专设销售机构作为固定资产立即投入使用。乙公司预计该设备使用年限为 10 年,预计净残值为零,采用年限平均法计提折旧。

(3) 乙公司 2017 年度实现的净利润为 6000 万元,因持有的其他债权投资公允价值上升计入其他综合收益 380 万元。

(4) 2018 年 4 月 1 日,乙公司宣告分配现金股利 1000 万元;2018 年 4 月 10 日,甲公司按其持股比例收到乙公司分配的股利并存入银行。

(5) 2018 年 9 月 1 日,甲公司以定向发行普通股股票 2000 万股(每股面值为 1 元,公允价值为 10 元)的方式,继续从非关联方购入乙公司 40% 的有表决权股份,至此共持有 60% 的有表决权股份,对其形成控制。该项合并不构成反向购买。当日,乙公司可辨认净资产的账面价值与公允价值均为 45000 万元,甲公司原持有 20% 股权的公允价值为 10000 万元。

假定不考虑增值税和所得税等税费的影响。

要求(答案中金额单位以万元表示):

(1) 判断甲公司 2017 年 1 月 1 日甲公司是否需要调整对乙公司股权投资的初始投资成本,并编制取得投资的相关分录。

(2) 计算 2017 年甲公司应确认的投资收益、其他综合收益的金额,以及 2017 年年末甲公司股权投资的账面价值,并编制相关分录。

(3) 编制 2018 年 4 月 1 日甲公司在乙公司分配现金股利时的分录,以及 2018 年 4 月 10 日甲公司收到现金股利的分录。

(4) 计算 2018 年 9 月 1 日甲公司股权投资由权益法转为成本法时应确认的初始投资成本,并编制相关分录。

(5) 计算 2018 年 9 月 1 日甲公司应确认合并成本和商誉的金额。

2. 2018 年至 2019 年,甲公司发生的与股权投资相关的交易或事项如下:

资料一:2018 年 4 月 1 日,甲公司以银行存款 800 万元自非关联方购入乙公司 5% 的股权,甲公司将其指定为以公允价值计量且其变动计入其他综合收益的金融资产,相关手续当日完成。2018 年 6 月 30 日,甲公司所持乙公司股权的公允价值为 900 万元。

资料二:2018 年 6 月 30 日,甲公司以银行存款 4500 万元自非关联方取得乙公司 25% 的股权,累计持股比例达到 30%,相关手续当日完成,甲公司能够对乙公司的财务和经营政策施加重大影响,对该项股权投资采用权益法进行后续核算。当日,乙公司可辨认净资产的账面价值为 17000 万元,各项可辨认资产、负债的公允价值均与其账面价值相同。

资料三:2018 年 9 月 15 日,乙公司以 800 万元价格向甲公司销售其生产的一台成本为 700 万元的设备。当日,甲公司将该设备作为行政管理用固定资产并立即投入使用,预计使用年限为 10 年,预计净残值为零,采用年限平均法计提折旧。

资料四:2018 年 7 月 1 日至 12 月 31 日,乙公司实现净利润 800 万元,其所持以公允价值计量且其变动计入其他综合收益的金融资产的公允价值增加 40 万元。

资料五:2019 年度,乙公司实现净利润 2000 万元。

甲、乙公司均以公历年度作为会计年度,采用相同的会计政策。

本题不考虑增值税、企业所得税等相关税费及其他因素。

要求("其他权益工具投资""长期股权投资"

科目应写出必要的明细科目)(答案中金额单位以万元表示):

(1)编制甲公司 2018 年 4 月 1 日购入乙公司5%股权时的会计分录。

(2)编制甲公司 2018 年 6 月 30 日对所持乙公司 5%股权按公允价值进行计量的会计分录。

(3)计算甲公司 2018 年 6 月 30 日对乙公司持

股比例达到 30%时长期股权投资的初始投资成本,并编制相关会计分录。

(4)计算甲公司 2018 年度对乙公司股权投资应确认投资收益和其他综合收益的金额,并编制相关会计分录。

(5)计算甲公司 2019 年度对乙公司股权投资应确认投资收益的金额,并编制相关会计分录。

参考答案及解析

一、单项选择题

1.【答案】 C

【解析】 同一控制下企业合并,长期股权投资的初始投资成本=被投资方相对于最终控制方而言的可辨认净资产账面价值份额=9000×60%=5400(万元)。

2.【答案】 D

【解析】 2015 年 12 月 31 日,该项投资在资产负债表中应列示的余额=2500+1000×20%=2700(万元)。

3.【答案】 A

【解析】 本题属于同一控制下的企业合并,应以取得被合并方所有者权益相对于最终控制方而言的账面价值的份额作为初始投资成本,因此甲公司对乙企业长期股权投资的初始投资成本=3200×60%=1920(万元)。

4.【答案】 B

【解析】 同一控制下企业合并取得长期股权投资的入账价值=7500×70%=5250(万元),应确认的资本公积=5250-(2000+4000)=-750(万元),相关分录如下(单位:万元):

借:长期股权投资　　　　5250
　　资本公积　　　　　　　750
　　贷:银行存款　　　　　　　　2000
　　　　无形资产　　　　　　　　4000

5.【答案】 C

【解析】 相关分录如下(单位:万元):

2019 年 6 月 20 日:

借:长期股权投资——投资成本
　　　　　　　　　　　　　　3500
　　贷:银行存款　　　　　　3500

甲公司享有乙公司可辨认净资产公允价值的份额=9000×40%=3600(万元),则:

借:长期股权投资——成本
　　　　(3600-3500)100
　　贷:营业外收入　　　　　　100

借:长期股权投资——损益调整 400
　　贷:投资收益　　(1000×40%)400

影响损益的金额=100+400=500(万元)

6.【答案】 B

【解析】 权益法核算的长期股权投资,投资方与联营企业或者合营企业之间的顺流交易或者逆流交易产生的未实现内部交易损益,其中转让资产发生减值损失的,有关的未实现内部交易损益不应予以抵销。则确认的投资收益=1000×30%=300(万元)。

7.【答案】 A

【解析】 相关分录如下(单位:万元):

借:投资收益　　(10000×30%)3000
　　贷:长期股权投资　　　　　2500
　　　　长期应收款　　　　　　500

8.【答案】 B

【解析】 相关分录如下(单位:万元):

借:银行存款　　　　　　　2000
　　贷:长期股权投资——投资成本
　　　　　　　　　　　　　　1500
　　　　　　——损益调整 200
　　　　　　——其他综合收益
　　　　　　　　　　　　　　100
　　　　投资收益　　　　　　200

借：其他综合收益　　　　　　　100
　　贷：投资收益　　　　　　　　　　100

投资收益＝200＋100＝300（万元）

9.【答案】　C
【解析】　2019年12月31日，甲公司长期股权投资资产负债表应列示的金额为＝3000＋（15000×30％－3000）＋900×30％＝4770（万元）。

10.【答案】　B
【解析】　长期股权投资成本＝2000×5＝10000（万元）

11.【答案】　A
【解析】　长期股权投资初始投资成本＝12000×70％＝8400（万元）

12.【答案】　A
【解析】　长期股权投资初始入账成本＝5600×70％＝3920（万元）

13.【答案】　B

14.【答案】　A
【解析】　2019年3月1日，长期股权投资初始投资成本＝3500＋15＝3515（万元），甲公司享有乙公司可辨认净资产公允价值的份额＝7500×40％＝3000（万元），前者大于后者，故不调整。2019年，甲公司应确认的应收股利和冲减长期股权投资——损益调整的金额＝300×40％＝120（万元）；2019年，甲公司应确认的投资收益和长期股权投资——损益调整的金额＝（700－150）×40％＝220（万元）；2020年，甲公司应确认的应收股利和冲减长期股权投资——损益调整的金额＝200×40％＝80（万元）；2020年，甲公司应确认的投资收益和长期股权投资——损益调整的金额＝600×40％＝240（万元）；则2020年年底，甲长期股权投资的账面余额＝3515－120＋220－80＋240＝3775（万元）。

15.【答案】　B
【解析】　乙公司宣告分配现金股利应借记"应收股利"，贷记"长期股权投资——损益调整"，不影响投资收益，选项A不符合题意；乙公司当年发生的电视台广告费通过影响乙公司的当期损益影响乙公司的净利润，进而影响甲公司的投资收益，选项B符合题意；乙公司持有的其他债权投资公允价值上升，甲公

司按照享有份额借记"长期股权投资——其他综合收益"，贷记"其他综合收益"，选项C不符合题意；乙公司股东大会通过发放股票股利议案，属于乙公司所有者权益内部增减变动，不影响乙公司所有者权益总额，甲公司不作账务处理，选项D不符合题意。

二、多项选择题

1.【答案】　ACD
【解析】　采用权益法核算的长期股权投资，投资方对于被投资方的净资产的变动应调整长期股权投资的账面价值。相关账务处理如下（单位：万元）：

借：长期股权投资——投资成本
　　｛3950＋50＋［14000×30％－（3950＋50）］｝
　　　　　　　　　　　　　　　　　4200
　　贷：银行存款　　（3950＋50）4000
　　　　营业外收入　　　　　　　　200
借：长期股权投资——损益调整
　　　　　　　　（2000×30％）600
　　贷：投资收益　　　　　　　　　600
借：长期股权投资——其他综合收益
　　　　　　　　　（100×30％）30
　　贷：其他综合收益　　　　　　　30

所以，选项ACD正确。

2.【答案】　AD
【解析】　选项BC，被投资单位所有者权益总额不发生变动，投资方不需要调整长期股权投资账面价值。

3.【答案】　BCD
【解析】　选项A，提取法定盈余公积，乙公司盈余公积增加，未分配利润减少，属于乙公司所有者权益内部项目发生增减变动，所有者权益总额未发生变化，因此，甲公司无需进行账务处理。

4.【答案】　ABC
【解析】　选项D，不调整长期股权投资的账面价值。

5.【答案】　ABCD

6.【答案】　ABC
【解析】　购买方为企业合并发生的审计、法律服务、评估咨询等中介费用以及其他相关管理费用，应于发生时计入当期损益。

7.【答案】　ABCD

8.【答案】 AC

【解析】 相关分录如下(单位:万元):

借:长期股权投资——投资成本
4200
　贷:股本　　　　　　　1000
　　资本公积——股本溢价　3200
借:资本公积——股本溢价　200
　贷:银行存款　　　　　200

9.【答案】 BCD

【解析】 该交易属于非同一控制下企业合并,具体分录如下(单位:万元):

① 2019年5月20日:

借:长期股权投资　　　1400
　贷:银行存款　　　　　1400

② 2019年6月20日:

借:应收股利　(2000×0.7)1400
　贷:投资收益　　　　　1400

③ 2019年6月30日:

借:银行存款　　　　　1400
　贷:应收股利　　　　　1400

10.【答案】 ABCD
11.【答案】 ABCD
12.【答案】 ABCD

【解析】 相关分录如下(单位:万元):

借:银行存款　　　　　1500
　贷:长期股权投资　(2400÷2)1200
　　投资收益　　　　　300
借:长期股权投资——损益调整
600
　　　　　——其他综合收益
60
　贷:盈余公积
(2000×30％×10％)60
　　利润分配——未分配利润
(2000×30％×90％)540
　　其他综合收益　(200×30％)60

13.【答案】 ABCD

【解析】 相关分录如下(单位:万元):
2019年1月1日:

借:长期股权投资——投资成本
4040
　贷:银行存款　　　　　4040

甲公司应享有乙公司可辨认净资产公允价值的份额＝12000×40％＝4800(万元),则:

借:长期股权投资——投资成本
760
　贷:营业外收入　(4800−4040)760
借:长期股权投资——损益调整
1000
　贷:投资收益　(2500×40％)1000
借:长期股权投资——其他综合收益
80
　贷:其他综合收益　(200×40％)80

长期股权投资期末余额＝4040＋760＋1000＋80＝5880(万元)

14.【答案】 ABC

【解析】 选项D,被投资单位所有者权益总额不发生变动,投资方不需要调整长期股权投资账面价值。

15.【答案】 ACD

【解析】 选项B,同一控制下企业合并,合并方发生的评估咨询费用,应计入当期损益。

三、判断题

1.【答案】 ×

【解析】 权益法核算的长期股权投资计算投资收益时,应考虑未实现的内部交易利润的金额。

2.【答案】 ×

【解析】 取得联营企业股权投资支付的直接相关费用,应计入其初始投资成本。

3.【答案】 ×

【解析】 同一控制下企业合并,被合并方在合并日的净资产账面价值为负数的,长期股权投资成本按零确定,同时在备查簿中予以登记。

4.【答案】 √
5.【答案】 √
6.【答案】 √
7.【答案】 ×

【解析】 应该将被合并方的会计政策调整为合并方会计政策。

8.【答案】 √

9.【答案】 √

10.【答案】 √

11.【答案】 ×

【解析】 企业合并以外的其他方式取得长期股权投资的初始投资成本,包括与取得长期股权投资直接相关的费用、税金及其他必要支出。

12.【答案】 √

13.【答案】 ×

【解析】 发行权益性证券支付的手续费、佣金等与发行直接相关的费用,不构成长期股权投资的初始投资成本,这部分费用应自所发行证券的溢价发行收入中扣除,溢价收入不足冲减的,应依次冲减盈余公积和未分配利润。

14.【答案】 √

15.【答案】 √

四、计算分析题

【答案】 (1)甲公司处置50%股权的会计处理:

借:银行存款　　　　　　　1600
　　贷:长期股权投资——投资成本
　　　　　　　　　　(1200÷2)600
　　　　——损益调整
　　　　　　　　　　(300÷2)150
　　　　——其他综合收益
　　　　　　　　　　(150÷2)75
　　　　——其他权益变动
　　　　　　　　　　(750÷2)375
　　　　投资收益　　　　　400

(2)甲公司剩余股权转为公允价值计量且其变动计入当期损益的金融资产的会计处理:

借:交易性金融资产　　　　1600
　　贷:长期股权投资——投资成本
　　　　　　　　　　(1200÷2)600
　　　　——损益调整
　　　　　　　　　　(300÷2)150
　　　　——其他综合收益
　　　　　　　　　　(150÷2)75
　　　　——其他权益变动
　　　　　　　　　　(750÷2)375
　　　　投资收益　　　　　400
借:其他综合收益　　　　　150
　　贷:投资收益　　　　　150

借:资本公积——其他资本公积　750
　　贷:投资收益　　　　　750

(3)该笔交易影响甲公司投资收益的金额＝400＋400＋150＋750＝1700(万元)

五、综合题

1.【答案】 (1)需要调整。

甲公司应确认初始投资成本＝7300(万元),当日应享有被投资方可辨认净资产公允价值的份额＝40000×20%＝8000(万元),初始投资成本小于享有被投资方可辨认净资产公允价值的份额,因此应调整长期股权投资账面价值,同时确认营业外收入,分录为:

借:长期股权投资——投资成本
　　　　　　　　　　　　8000
　　贷:银行存款　　　　7300
　　　　营业外收入　　　700

(2)乙公司调整后净利润＝6000－(1000－600)＋(1000－600)÷10÷2＝5620(万元)

甲公司应确认投资收益＝5620×20%＝1124(万元)

甲公司应确认其他综合收益＝380×20%＝76(万元)

2017年年末,甲公司长期股权投资账面价值＝8000＋1124＋76＝9200(万元)

相关分录如下:

借:长期股权投资——损益调整
　　　　　　　　　　　　1124
　　贷:投资收益　　　　1124

借:长期股权投资——其他综合收益
　　　　　　　　　　　　76
　　贷:其他综合收益　　76

(3)2018年4月1日,甲公司确认现金股利:

借:应收股利　　　　　　200
　　贷:长期股权投资——损益调整
　　　　　　　　　(1000×20%)200

2018年4月10日,甲公司收到现金股利:

借:银行存款　　　　　　200
　　贷:应收股利　　　　200

(4)甲公司应确认初始投资成本＝(8000＋1124＋76－200)＋2000×10＝29000(万元)

相关分录如下：

借：长期股权投资　　　　　　　29000

　　贷：股本　　　　　　　　　　2000

　　　　资本公积　　　　　　　　18000

　　　　长期股权投资——投资成本　8000

　　　　　　　　——损益调整　924

　　　　　　　　——其他综合收益76

(5)甲公司应确认合并成本＝10000＋2000×10＝30000(万元)

合并商誉＝30000－45000×60％＝3000(万元)

2.【答案】　(1)2018年4月1日：

借：其他权益工具投资——成本 800

　　贷：银行存款　　　　　　　　800

(2)2018年6月30日：

借：其他权益工具投资——公允价值变动

　　　　　　　　　　　　　　　100

　　贷：其他综合收益　　　　　　100

(3)2018年6月30日,长期股权投资的初始投资成本＝4500＋900＝5400(万元)。

借：长期股权投资——投资成本

　　　　　　　　　　　　5400

　　贷：银行存款　　　　　　　　4500

其他权益工具投资——成本　800

　　　　　　——公允价值变动

　　　　　　　　　　　　100

借：其他综合收益　　　　　　100

　　贷：盈余公积　　　　　　　　10

　　　　利润分配——未分配利润　90

(4)2018年度,甲公司对乙公司股权投资应确认投资收益＝800×30％－[(800－700)－(800－700)÷10×3÷12]×30％＝210.75(万元),应确认其他综合收益＝40×30％＝12(万元)。

借：长期股权投资——损益调整

　　　　　　　　　　210.75

　　　　　　——其他综合收益

　　　　　　　　　　12.00

　　贷：投资收益　　　　　　210.75

　　　　其他综合收益　　　　12.00

(5)2019年度,对乙公司股权投资应确认的投资收益＝[2000＋(800－700)÷10]×30％＝603(万元)。

借：长期股权投资——损益调整 603

　　贷：投资收益　　　　　　　603

第六章
投资性房地产

考情回顾

本章近年考试平均分值为 6 分。本章是基础性章节,复习难度并不大,但在近年考试中频繁出题,各种题型都有涉及,特别是主观题考查的次数较多。其中本章内容结合其他章节考查的概率较高,如结合固定资产、无形资产、所得税等内容出题。

考试变化

本章中投资性房地产后续计量模式的变更,变更日公允价值与其账面之间的差额,由"贷记或借记'利润分配——未分配利润、盈余公积'等科目"改成"调整期初留存利益",仅仅是表述上的变化,对本章的学习无实质性影响。

本章结构

第一节　投资性房地产概述
第二节　投资性房地产的确认和初始计量
第三节　投资性房地产的后续计量
第四节　投资性房地产的转换和处置

第一节　投资性房地产概述

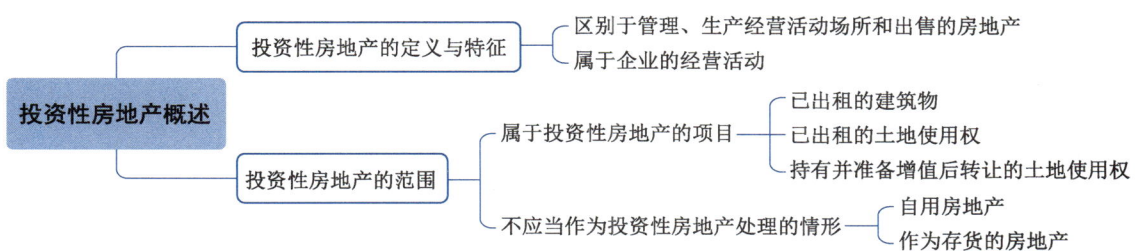

一、投资性房地产的定义与特征

(一) 定义

投资性房地产,是指为赚取租金或资本增值,或者两者兼有而持有的房地产。投资性房地产应当能够单独计量和出售。

(二) 特征

投资性房地产具有以下特征:

(1) 投资性房地产是一种经营性活动。投资性房地产是一个单位的附营业务,而不是一个单位的投资活动。因此,关于投资性房地产的收入与成本都应相应地计入其他业务收入与其他业务成本,而并非投资收益等科目。

(2) 投资性房地产在用途、状态、目的等方面区别于作为生产经营场所的房地产和用于销售的房地产。持有投资性房地产的主要目的是用于经营性租赁。而若该房地产用于公司经营或管理等自用,则属于固定资产或无形资产。若该公司是房地产开发公司,持有的土地和建造后的商品房,应作为公司存货来管理。

二、投资性房地产的范围★★

(一) 属于投资性房地产的项目

(1) 已出租的建筑物。

(2) 已出租的土地使用权。

(3) 持有并准备增值后转让的土地使用权。

(二) 不应当作为投资性房地产处理的情形

(1) 自用房地产,是指为生产商品、提供劳务或者经营管理而持有的房地产,包括自用建筑物和自用土地使用权,如公司的厂房和办公楼,公司生产经营用的土地使用权等。

(2) 作为存货的房地产,是指房地产开发公司在正常经营过程中销售的或为销售而正在开发的商品房和土地。

　　如果某项房地产部分用于赚取租金或资本增值、部分自用(即用于生产商品、提供劳务或经营管理),用于赚取租金或资本增值的部分能够单独计量和出售的,可以确认为投资性房地产;否则,不能作为投资性房地产。该项房地产自用的部分,以及不能够单独计量和出售的、用于赚取租金或资本增值的部分,应当确认为固定资产或无形资产。

·易错易混点·

①　房地产开发公司取得土地使用权计入开发成本,属于房地产开发公司存货。
②　房地产开发公司开发用于出售的商品房计入开发产品,属于房地产开发公司存货。

【例题 6-1 判断题】(2019 年真题)　甲公司将其自有写字楼的部分楼层以经营租赁方式对外出租,因自用部分与出租部分不能单独计量,为此甲公司将该写字楼整体确认为固定资产。(　　　)

考试方向
考查投资性房地产的范围。

【答案】　√
【名师点睛】　甲公司写字楼部分用于对外出租、部分用于自用,无法明确区分自用与出租部分的,应将该写字楼整体确认为固定资产核算。

第二节　投资性房地产的确认和初始计量

本节框架▶

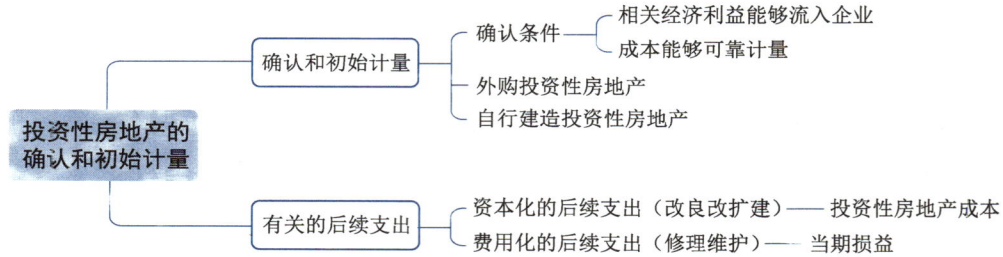

一、 投资性房地产的确认和初始计量★

　　投资性房地产只有在符合定义,并同时满足下列条件时,才能予以确认:
　　(1)与该投资性房地产有关的经济利益很可能流入企业。
　　(2)该投资性房地产的成本能够可靠地计量。
　　(一)外购投资性房地产的确认条件和初始计量
　　1. 确认条件
　　企业外购的房地产,只有在购入的同时开始对外出租或用于资本增值,才能作为投资性房地产加以确认。
　　2. 初始计量
　　公司外购投资性房地产时,应当按照取得时的实际成本进行初始计量。取得时的实际成本,包括购买价款、相关税费和可直接归属于该资产的其他支出。

借：投资性房地产（成本模式）/投资性房地产成本（公允价值模式）
　　贷：银行存款

案例 6-1

2020 年 4 月，甲公司计划购入一栋写字楼用于对外出租。同年 4 月 15 日，甲公司与乙公司签订了经营租赁合同，约定自写字楼购买日起将这栋写字楼出租给乙公司，为期 5 年。当日，甲公司购入写字楼，支付价款共计 2400 万元。假设不考虑其他因素，甲公司采用成本模式进行后续计量。

【分析】　甲公司的账务处理如下（单位：万元）：

借：投资性房地产——写字楼　　　　　　　　　　　　　　　　2400
　　贷：银行存款　　　　　　　　　　　　　　　　　　　　　　　2400

在公允价值计量模式下，外购的投资性房地产应当按照取得时的实际成本进行初始计量，其实际成本的确定方法与采用成本模式计量的投资性房地产的实际成本的确定方法一致。公司应当在"投资性房地产"科目下设置"成本"和"公允价值变动"两个明细科目，并按照外购的土地使用权和建筑物发生的实际成本，记入"投资性房地产——成本"科目。

案例 6-2 沿用 **案例 6-1**

假设甲公司拥有的投资性房地产符合采用公允价值计量模式的条件，采用公允价值模式进行后续计量。

【分析】　甲公司的账务处理如下（单位：万元）：

借：投资性房地产——成本（写字楼）　　　　　　　　　　　　2400
　　贷：银行存款　　　　　　　　　　　　　　　　　　　　　　　2400

（二）自行建造投资性房地产的确认条件和初始计量

1. 确认条件

企业自行建造的房地产，只有在自行建造活动完成（即达到预定可使用状态）的同时开始对外出租或用于资本增值，才能将自行建造的房地产确认为投资性房地产。

2. 初始计量

自行建造投资性房地产，其成本由建造该项资产达到预定可使用状态前发生的必要支出构成，包括土地开发费，建造成本、安装成本、应予资本化的借款费用、支付的其他费用和分摊的间接费用等。

借：投资性房地产（成本模式）/投资性房地产成本（公允价值模式）
　　贷：在建工程

案例 6-3

2020 年 1 月 1 日，甲公司从当期政府手中拍得一块土地的使用权，支付土地出让金 10000 万元，并在这块土地上建造一栋办公楼。2021 年 1 月 1 日，该栋办公楼建造完工，并于当日与丙公司签订经营租赁合同，租期为 5 年，于当日开始起租。该栋办公楼的整体造价为 20000 万元。

【分析】 甲公司的账务处理如下（单位：万元）：

借：投资性房地产——厂房　　　　　　　20000
　　贷：在建工程——厂房　　　　　　　　　　　20000

借：投资性房地产——土地使用权　　　　10000
　　贷：无形资产——土地使用权　　　　　　　　10000

二、 与投资性房地产有关的后续支出 ★

(一) 资本化的后续支出

改扩建或装修支出满足确认条件的,应当将其资本化。企业对某项投资性房地产进行改扩建等再开发且将来仍作为投资性房地产的,再开发期间应继续将其作为投资性房地产,不计提折旧或摊销。

1. 采用成本模式计量的

借：投资性房地产——在建
　　投资性房地产累计折旧/投资性房地产累计摊销
　　投资性房地产减值准备
　　贷：投资性房地产

2. 采用公允模式计量的

借：投资性房地产——在建
　　贷：投资性房地产——成本
　　　　　　　　　——公允价值变动(或借)

3. 发生改建支出

借：投资性房地产——在建
　　贷：银行存款/原材料等科目

4. 改建结束转回投资性房地产

借：投资性房地产
　　贷：投资性房地产——在建

案例 6-4

2020 年 6 月,甲公司与乙公司的一项办公楼经营租赁合同即将到期。该办公楼按照成本模式进行后续计量,原价为 3000 万元,已计提折旧 1600 万元。甲公司认为与乙公司签订的租赁合同租金低于同地段其他办公楼的租金水平,打算对该办公楼进行改扩建,再出租以获取更高的租金收入。同年 6 月 15 日,与乙公司的租赁合同到期,厂房随即进入改扩建工程。同年 12 月 10 日,厂房改扩建工程完工,共发生支出 200 万元,并即日按照租赁合同出租给丙公司。(假设甲公司采用成本计量模式)

【分析】 本例中,改扩建支出属于资本化的后续支出,应当计入投资性房地产的成本。

甲公司的账务处理如下（单位：万元）：

（1）2020 年 6 月 15 日，投资性房地产转入改扩建工程：

借：投资性房地产——在建   1400

    投资性房地产累计折旧   1600

      贷：投资性房地产——办公楼   3000

（2）2020 年 6 月 15 日至 12 月 10 日：

借：投资性房地产——在建   200

      贷：银行存款等   200

（3）2020 年 12 月 10 日，改扩建工程完工：

借：投资性房地产——办公楼   1600

      贷：投资性房地产——在建   1600

案例 6-5

　　2020 年 8 月，甲公司与乙公司签订的一栋办公楼的租赁合同即将到期。甲公司决定对该办公楼进行改扩建后出租给丙公司，并与丙公司签订了经营租赁合同，约定自改扩建完工时将厂房出租给丙公司。2020 年 8 月 15 日，与乙公司的租赁合同到期，办公楼随即进入改扩建工程。2020 年 12 月 20 日，办公楼改扩建工程完工，共发生支出 200 万元，即日起按照租赁合同出租给丙公司。2020 年 3 月 15 日，办公楼的账面余额为 1500 万元，其中，成本为 1000 万元，累计公允价值变动 500 万元。（假设甲公司采用公允价值计量模式）

　　【分析】 甲公司的账务处理如下（单位：万元）：

（1）2020 年 8 月 15 日，投资性房地产转入改扩建工程：

借：投资性房地产——在建   1500

      贷：投资性房地产——成本   1000

          ——公允价值变动   500

（2）2020 年 8 月 15 日至 12 月 20 日：

借：投资性房地产——在建   200

      贷：银行存款   200

（3）2020 年 12 月 20 日，改扩建工程完工：

借：投资性房地产——成本   1700

      贷：投资性房地产——在建   1700

（二）费用化的后续支出

　　与投资性房地产有关的后续支出，不满足投资性房地产确认条件的，应当在发生时计入当期损益。例如，公司对投资性房地产进行日常维护所发生的支出。企业在发生投资性房地产费用化的后续支出时，借记"其他业务成本"等科目，贷记"银行存款"等科目。

 固定资产发生日常维护修理费用应当计入当期损益，管理部门、车间发生的修理费用计入管理费用，销售部门发生的修理费计入销售费用。

考试方向

考查投资性房地产的日常维护支出要计入其他业务成本即当期损益,报表中体现为"营业成本"项目。

【例题6-2 单选题】(2019年真题) 公司对其分类为投资性房地产的写字楼进行日常维护所发生的相关支出,应当计入的财务报表项目是( )。

A."营业成本" 　　　　　　　　B."投资收益"

C."管理费用" 　　　　　　　　D."营业外支出"

【答案】 A

【名师点睛】 对其分类为投资性房地产的写字楼进行日常维护所发生的相关支出应计入其他业务成本,报表项目为"营业成本"。

第三节 投资性房地产的后续计量

本节框架 ▶

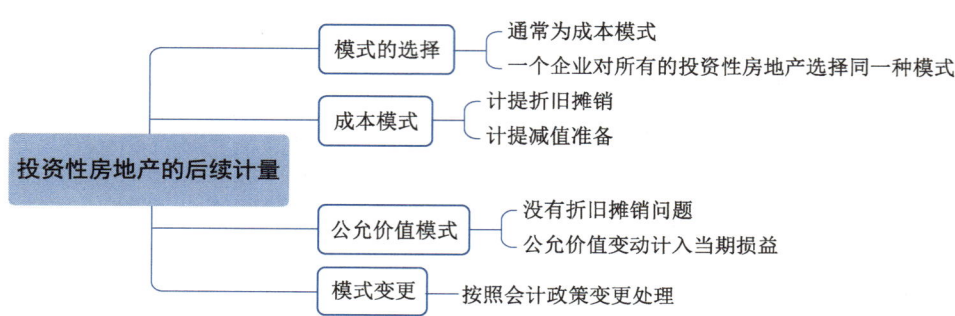

投资性房地产的后续计量模式有成本和公允价值两种,一般情况下,企业应当在资产负债表日中采用成本模式对投资性房地产进行后续计量。只有在满足一定条件时,企业才可以对投资性房地产采用公允价值模式进行计量。但是,同一企业只能采用一种模式对其所有的投资性房地产进行后续计量,不得同时采用两种计量模式。

一、采用成本模式计量的投资性房地产 ★★★

企业采用成本模式对投资性房地产进行后续计量,并遵循以下会计处理规定:

(1) 按(期)月计提折旧或者摊销,借记"其他业务成本"科目,贷记"投资性房地产累计折旧(摊销)"科目。

(2) 取得的租金收入,借记"银行存款"等科目,贷记"其他业务收入"等科目。

(3) 投资性房地产存在减值迹象的,适用资产减值的有关规定。经减值测试后确定发生减值的,应当计提相应的减值准备。借记"资产减值损失"科目,贷记"投资性房地产减值准备"科目。已经计提减值准备的投资性房地产,其减值准备在以后在会计期间不得转回。具体会计处理如下:

(1) 按期(月)计提折旧或者摊销:

借:其他业务成本

　　贷:投资性房地产累计折旧/投资性房地产累计摊销

（2）按期（月）确认收入租金：

借：银行存款/其他应收款
　　贷：其他业务收入
　　　　应交税费——应交增值税（销项税额）

（3）出现减值迹象，计提减值准备：

借：资产减值损失
　　贷：投资性房地产减值准备

案例6-6

考试方向
考查投资性房地产成本模式的核算特点及会计分录。

2020年1月1日，甲公司与乙公司签订一份经营租赁合同，将一栋办公楼出租给乙公司使用，并于当日开始起租。假设这栋办公楼的成本为1920万元，按照直线法计提折旧，使用寿命为20年，预计净残值为零。按照经营租赁合同约定，乙公司每月支付甲公司租金10万元。至当年年末，该写字楼没有出现减值迹象。（假定不考虑增值税等税费的影响）

【分析】 甲公司的账务处理如下（单位：万元）：

（1）计提折旧：

每月计提的折旧＝1920÷20÷12＝8（万元）

借：其他业务成本　　　　　　　　　　　　　　8
　　贷：投资性房地产累计折旧　　　　　　　　　　8

（2）确认租金：

借：银行存款（或其他应收款）　　　　　　　　10
　　贷：其他业务收入　　　　　　　　　　　　　　10

·易错易混点·

投资性房地产计提折旧摊销的科目是"投资性房地产累计折旧"或者"投资性房地产累计摊销"。固定资产计提折旧的科目是"累计折旧"，无形资产计提摊销的科目是"累计摊销"。

二、 采用公允价值模式计量的投资性房地产 ★★

有确凿证据表明投资性房地产的公允价值能够持续可靠取得的，可以对投资性房地产采用公允价值模式进行后续计量。企业一旦选择采用公允价值计量模式，就应当对其所有投资性房地产均采用公允价值模式进行后续计量。

（一）采用公允价值模式计量的条件
采用公允价值模式计量的投资性房地产，应当同时满足以下条件：
（1）投资性房地产所在地有活跃的房地产交易市场。
（2）企业能够从活跃的房地产交易市场上取得同类或类似房地产的市场价格及其他相关信息，从而对投资性房地产的公允价值作出合理的估计。
（二）采用公允价值模式计量的会计处理规定
采用公允价值模式进行后续计量的投资性房地产，应当遵循以下会计处理规定：

（1）不对投资性房地产计提折旧或摊销。企业应当以资产负债表日投资性房地产的公允价值为基础调整其账面价值，公允价值与原账面价值之间的差额计入当期损益。

其中，资产负债表日：①投资性房地产的公允价值高于原账面价值的差额时，借记"投资性房地产——公允价值变动"科目，贷记"公允价值变动损益"科目；②公允价值低于原账面价值的差额时，作相反的账务处理。会计处理如下：

借（贷）：投资性房地产——公允价值变动
　　贷（借）：公允价值变动损益

（2）取得的租金收入，借记"银行存款"等科目，贷记"其他业务收入"等科目。

案例 6-7

2020 年 8 月 10 日，甲公司与乙公司签订租赁协议，约定将甲公司自建的一栋精装修的写字楼于建造完成当天开始租赁给乙公司使用，租赁期为 10 年。2020 年 8 月 31 日，该写字楼建造完成。假定该写字楼的造价为 10000 万元。2020 年 12 月 31 日，该写字楼的公允价值为 12200 万元。（假设甲公司采用公允价值计量模式）

考试方向
考查公允价值模式的核算特点及会计分录。

【分析】 甲公司的账务处理如下（单位：万元）：

（1）2020 年 8 月 31 日，写字楼开发完成并被出租：

借：投资性房地产——写字楼——成本　　　　　　　　　　10000
　　贷：在建工程——写字楼　　　　　　　　　　　　　　　　10000

（2）2020 年 12 月 31 日，以公允价值为基础调整写字楼的账面价值，而公允价值与原账面价值之间的差额计入当期损益：

借：投资性房地产——写字楼——公允价值变动　　　　　　2200
　　贷：公允价值变动损益　　　　　　　　　　　　　　　　　2200

·易错易混点·

① 以公允价值计量且其变动计入当期损益的金融资产（交易性金融资产）不计提减值准备。

② 指定为以公允价值计量且其变动计入其他综合收益的金融资产（其他权益工具投资）不计提减值准备。

③ 分类为以公允价值计量且其变动计入其他综合收益的金融资产（其他债权投资）应当计提减值损失，且计入其他综合收益。

三、 投资性房地产后续计量模式的变更★★

（1）公司对投资性房地产的计量模式一经确定，不得随意变更。

（2）只有在房地产市场比较成熟、能够满足采用公允价值模式条件的情况下，公司才能将投资性房地产的计量模式从成本模式计量变更为公允价值模式计量。

（3）成本模式转为公允价值模式的，应当作为会计政策变更处理，将计量模式变更时公允价值与账面价值的差额，调整期初留存收益。

第六章

借：投资性房地产——成本

投资性房地产累计折旧/投资性房地产累计摊销

投资性房地产减值准备

贷：投资性房地产

盈余公积

利润分配——未分配利润

（4）已采用公允价值模式计量的投资性房地产,不得从公允价值模式转为成本模式。

案例 6-8

甲公司将某一栋写字楼租赁给乙公司使用,并一直采用成本模式进行后续计量。2020 年 1 月 1 日,甲公司认为,出租给乙公司使用的写字楼,其所在地的房地产交易市场比较成熟,具备了采用公允价值模式计量的条件,决定对该项投资性房地产从成本模式转换为公允价值模式计量。该写字楼的原造价为 100000000 元,已计提折旧 25000000 元,账面价值为 75000000 元。2020 年 1 月 1 日,该写字楼的公允价值为 90000000 元。假定甲公司按净利润的 10％ 计提盈余公积。（假定不考虑所得税的影响）

要求：根据上述资料编制甲公司相关的账务处理。

【分析】 甲公司的账务处理如下：

借：投资性房地产——成本(写字楼)　　　　　　　　　　90000000

投资性房地产累计折旧　　　　　　　　　　　　　　25000000

贷：投资性房地产——写字楼　　　　　　　　　　　　　100000000

利润分配——未分配利润　　　　　　　　　　　13500000

盈余公积　　　　　　　　　　　　　　　　　　1500000

考试方向

考查投资性房地产后续计量模式转换的核算特点以及账务处理。

第六章

【例题 6-3 多选题】(2018 年真题) 投资性房地产的后续计量由成本模式,变更为公允价值模式时,其公允价值与账面价值的差额,对公司下列财务报表项目产生影响的有( )。

A."未分配利润" 　　B."其他综合收益" 　　C."盈余公积" 　　D."资本公积"

【答案】 AC

【名师点睛】 成本模式转为公允价值模式的,应当作为会计政策变更处理,将计量模式变更时公允价值与账面价值的差额,调整期初留存收益。

第四节　投资性房地产的转换和处置

本节框架

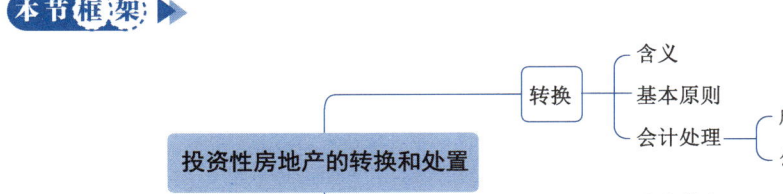

投资性房地产的转换和处置
- 转换
  - 含义
  - 基本原则
  - 会计处理
    - 成本模式
    - 公允价值模式
- 处置
  - 成本模式
  - 公允价值模式

一、 投资性房地产的转换

（一）投资性房地产转换的含义

房地产的转换是指房地产用途的变更。企业不得随意对自用或作为存货的房地产进行重新分类。

企业必须有确凿证据表明房地产用途发生改变时，才能将投资性房地产转换为非投资性房地产，或者将非投资性房地产转换为投资性房地产，如自用的办公楼改为出租等。

（二）投资性房地产转换的基本原则

公司有确凿证据表明房地产用途发生改变，满足下列条件之一的，应当将投资性房地产转换为其他资产或者将其他资产转换为投资性房地产：

（1）投资性房地产开始自用。

（2）作为存货的房地产改为出租。

（3）自用土地使用权停止自用，用于赚取租金或资本增值。

（4）自用建筑物停止自用，改为出租。

（三）房地产转换的会计处理★★★

1. 成本模式下的转换

（1）投资性房地产转换为固定资产、无形资产或存货。详见表6-1。

表6-1 投资性房地产转为固定资产、无形资产或存货

投资性房地产转为固定资产、无形资产	投资性房地产转为存货
借：固定资产/无形资产 　　投资性房地产累计折旧/投资性房地产累计摊销 　　投资性房地产减值准备 　贷：投资性房地产 　　　累计折旧/累计摊销 　　　固定资产减值准备/无形资产减值准备	借：开发产品 　　投资性房地产累计折旧/投资性房地产累计摊销 　　投资性房地产减值准备 　贷：投资性房地产

案例 6-9

2020年8月1日，甲公司将出租在外的厂房收回，开始用于本公司生产商品。该项房地产账面价值为4500万元，其中，原价为6000万元，累计已提折旧1500万元。假设甲公司采用成本计量模式。

【分析】 甲公司的账务处理如下（单位：万元）：

借：固定资产	6000
投资性房地产累计折旧	1500
贷：投资性房地产	6000
累计折旧	1500

（2）固定资产、无形资产或存货转换为投资性房地产。详见表6-2。

表6-2 固定资产、无形资产或存货转为投资性房地产

固定资产、无形资产转为投资性房地产	存货转为投资性房地产
借：投资性房地产 　累计折旧/累计摊销 　固定资产减值准备/无形资产减值准备 　贷：固定资产/无形资产 　　投资性房地产累计折旧/投资性房地产 　　累计摊销 　　投资性房地产减值准备	借：投资性房地产 　存货跌价准备 　贷：开发产品

案例6-10

2020年12月1日，甲公司将一栋自用办公楼转为出租，该栋写字楼原价为4800万元，预计可使用寿命为20年，预计净残值为零，采用平均年限法计提折旧。截至2020年12月1日，甲公司已计提10年折旧。假设甲公司对投资性房地产采用成本计量模式。截至2020年12月1日，甲公司已累计计提折旧额＝4800÷20×10＝2400（万元）。

【分析】 甲公司的账务处理如下（单位：万元）：

借：投资性房地产　　　　　　　　　　　　　4800
　累计折旧　　　　　　　　　　　　　　　　2400
　贷：固定资产　　　　　　　　　　　　　　4800
　　投资性房地产累计折旧　　　　　　　　　2400

【例题6-4 单选题】（2020年真题） 2020年1月1日，甲公司将自用的写字楼转换为以成本模式进行后续计量的投资性房地产。当日的账面余额为5000万元，已计提折旧500万元，已计提固定资产减值准备400万元，公允价值为4200万元。甲公司将该写字楼转为投资性房地产核算时的初始入账价值为（　　）万元。

A. 4500　　　B. 4200　　　C. 4600　　　D. 4100

【答案】 D

【名师点睛】 自用写字楼转为成本模式计量的投资性房地产，以转换日的账面价值作为投资性房地产的入账价值＝5000－500－400＝4100（万元）。

【例题6-5 判断题】（2020年真题） 自用房地产转换为以成本模式计量的投资性房地产，不影响损益金额。（　　）

【答案】 √

·易错易混点·

存货与投资性房地产（成本模式）相互转换，由于资产性质不相同，不能够直接转换，应按减除备抵科目后的账面价值转换。

考试方向：考查成本模式下转换的会计处理。

2. 公允价值模式下的转换

（1）投资性房地产转换为固定资产、无形资产或存货：

借：固定资产/无形资产/开发产品(转换日公允价值)
　　贷：投资性房地产——成本
　　　　　　　　——公允价值变动(或借)
　　　公允价值变动损益(或借)

案例 6-11

2020 年 12 月 1 日,甲公司一项办公楼的租赁合同到期。甲公司收回该写字楼用于自用。甲公司一直采用公允价值模式对该投资性房地产进行核算。2020 年 12 月 1 日,该写字楼的公允价值为 12000000 元,账面价值为 10000000 元,其中,成本为 8000000 元,公允价值变动为 2000000 元。

【分析】 甲公司的账务处理如下:

借：固定资产　　　　　　　　　　　　　　　　　　　　12000000
　　贷：投资性房地产——成本　　　　　　　　　　　　8000000
　　　　　　　　　——公允价值变动　　　　　　　　2000000
　　　公允价值变动损益　　　　　　　　　　　　　2000000

---

(2)固定资产、无形资产或存货转换为投资性房地产:

借：投资性房地产——成本(转换日公允价值)
　　累计折旧/累计摊销
　　固定资产减值准备/无形资产减值准备/存货跌价准备
　　公允价值变动损益(借方差额)
　　贷：固定资产/无形资产/开发产品
　　　其他综合收益(贷方差额)

案例 6-12

2020 年 3 月 10 日,甲房地产开发公司与乙公司签订了租赁协议,将其开发的一栋临街商铺出租给乙公司。租赁期开始日为 2020 年 5 月 25 日。当日,该商铺的账面余额为 5000 万元,公允价值为 5200 万元。2020 年 12 月 31 日,该项投资性房地产的公允价值为 5300 万元。

【分析】 甲公司的账务处理如下(单位:万元):

(1)2020 年 5 月 25 日:

借：投资性房地产——成本　　　　　　　　　　　　5200
　　贷：开发产品　　　　　　　　　　　　　　　　5000
　　　其他综合收益　　　　　　　　　　　　　　200

(2)2020 年 12 月 31 日:

借：投资性房地产——公允价值变动　　　　　　　　100
　　贷：公允价值变动损益　　　　　　　　　　　　100

案例 6-13

2020 年 7 月,甲公司搬至新建办公楼,将原办公楼出租。2020 年 8 月 1 日,甲公司与乙公司签订租赁合同。由于甲公司原办公楼地处商业繁华地带。甲公司以公允价值模式计量该投资性房地产。2020 年 8 月 1 日,该写字楼的公允价值为 400 万元。账面原价为 1000 万元,已计提折旧 500 万元。

【分析】 甲公司的账务处理如下(单位:万元):

借:投资性房地产——成本　　　　　　　　　　　　　　　　　　　　400
　　公允价值变动损益　　　　　　　　　　　　　　　　　　　　　　100
　　累计折旧　　　　　　　　　　　　　　　　　　　　　　　　　　500
　　贷:固定资产　　　　　　　　　　　　　　　　　　　　　　　　　　　1000

· 易错易混点 ·

① 投资性房地产(公允价值模式)转换为固定资产、无形资产或者存货,无论分录的差额在什么方向,都应记入"公允价值变动损益"科目。

② 固定资产、无形资产或者存货转换为投资性房地产(公允价值模式),如果转换日公允价值大于非投资性房地产的账面价值,其差额记入"其他综合收益"科目(贷方)。

【例题 6-6 多选题】(2019 年真题) 公司将自用房地产转换为以公允价值模式计量的投资性房地产时,转换日的公允价值与原账面价值的差额,可能影响的财务报表项目有( )。

A. "资本公积"　　　　　　　　　　B. "其他综合收益"

C. "公允价值变动收益"　　　　　　D. "投资收益"

【答案】 BC

【名师点睛】 公司将自用房地产转换为以公允价值模式进行后续计量的投资性房地产,转换日公允价值大于账面价值的差额计入其他综合收益,公允价值小于账面价值的差额计入公允价值变动损益,选项 BC 正确。

考试方向 考查公允价值模式下转换的会计处理。

二、 投资性房地产的处置 ★★★

当投资性房地产被处置,或者永久退出使用且预计不能从其处置中取得经济利益时,应当终止确认该项投资性房地产。企业出售、转让、报废投资性房地产或者发生投资性房地产毁损,应当将处置收入扣除其账面价值和相关税费后的金额计入当期损益。

成本模式与公允价值模式计量的投资性房地产的处置,如表 6-3 所示。

表 6-3　会计分录对比表

成本模式计量的投资性房地产的处置	公允价值模式计量的投资性房地产的处置
借:银行存款等 　　贷:其他业务收入 借:其他业务成本 　　投资性房地产累计折旧/投资性房地产累计摊销 　　投资性房地产减值准备 　　贷:投资性房地产	借:银行存款等 　　贷:其他业务收入 借:其他业务成本 　　贷:投资性房地产——成本 　　　　　　　　——公允价值变动(或借方) 借(贷):公允价值变动损益 　　贷(借):其他业务成本 借:其他综合收益 　　贷:其他业务成本

考试方向

考查成本模式以及公允价值模式下，投资性房地产处置的会计处理。

案例 6-14

甲公司将其出租的一栋写字楼确认为投资性房地产，采用成本模式计量。租赁期届满后，甲公司将该栋写字楼出售给乙公司，合同价款为 50000 万元，乙公司已用银行存款付清。出售时，该栋写字楼的成本为 38000 万元，已计提折旧 8000 万元。（假设不考虑相关税费）

【分析】 甲公司的账务处理如下（单位：万元）：

借：银行存款   50000
　　贷：其他业务收入   50000

借：其他业务成本   30000
　　投资性房地产累计折旧   8000
　　贷：投资性房地产——写字楼   38000

案例 6-15

2020 年 1 月 1 日，甲公司将自己的一栋办公楼转用作出租，并与乙公司签订租赁合同，当日开始起租。该办公楼所处地段属于繁华地段。甲公司拟采用公允价值模式计量该投资性房地产。该办公楼原价为 1000 万元，已计提折旧额为 200 万元，未计提减值准备，公允价值为 850 万元。2020 年 12 月 31 日，该办公楼的公允价值为 860 万元。2021 年 1 月 1 日，租赁合同到期，甲公司收回该栋办公楼并出售，价款为 1000 万元。

【分析】 甲公司的账务处理如下（单位：万元）：

（1）2020 年 1 月 1 日，甲公司出租办公楼：

借：投资性房地产——成本   850
　　累计折旧   200
　　贷：固定资产   1000
　　　　其他综合收益   50

（2）2020 年 12 月 31 日：

借：投资性房地产——公允价值变动   10
　　贷：公允价值变动损益   10

（3）2021 年 1 月 1 日，出售该办公楼：

借：银行存款   1000
　　贷：其他业务收入   1000

（4）投房转其他业务成本：

借：其他业务成本   860
　　贷：投资性房地产——成本   850
　　　　　　　　　　——公允价值变动   10

借：公允价值变动损益   10
　　贷：其他业务成本   10

借：其他综合收益   50
　　贷：其他业务成本   50

·易错易混点·

① 转换过程中形成的其他综合收益,在处置投资性房地产时应一并转入其他业务成本。

② 交易性金融资产处置时,累计公允价值变动计入公允价值变动,损益金额不再转入投资收益。

③ 投资性房地产处置时,累计公允价值变动计入公允价值变动,损益金额转入其他业务成本,且不影响当期损益。

第六章

同步练习

一、单项选择题

1. 甲公司对投资性房地产以成本模式进行后续计量,2020 年 1 月 10 日,甲公司以银行存款 9600 万元购入一栋写字楼并立即以经营租赁方式租出,甲公司预计该写字楼的使用寿命为 40 年,预计净残值为 120 万元。采用年限平均法计提折旧,不考虑相关税费及其他因素,2020 年,甲公司应对该写字楼计提的折旧金额为( )万元。
   A. 240 B. 220 C. 217.25 D. 237

2. 投资性房地产的后续计量从成本模式转为公允价值模式的,转换日投资性房地产的公允价值高于其账面价值的差额会影响的财务报表项目是( )。
   A. "资本公积" B. "营业外收入"
   C. "未分配利润" D. "投资收益"

3. 公司将自用房地产转为以公允价值模式计量的投资性房地产,下列关于转换日该房地产公允价值小于账面价值的差额的会计处理表述中,正确的是( )。
   A. 计入递延收益 B. 计入当期损益
   C. 计入其他综合收益 D. 计入资本公积

4. 自用房地产转换为采用公允价值模式计量的投资性房地产,转换日该房地产公允价值大于账面价值的差额,正确的会计处理是( )。
   A. 计入其他综合收益
   B. 计入期初留存收益
   C. 计入营业外收入
   D. 计入公允价值变动损益

5. RH 公司对投资性房地产以成本模式进行后续计量,2019 年 1 月 2 日,RH 公司以银行存款 9120 万元购入一栋写字楼并立即出租,RH 公司预计该写字楼的使用寿命为 30 年,预计净残值为 120 万元,采用年限平均法计提折旧。不考虑其他因素,2019 年,RH 公司应对该写字楼计提折旧金额为( )万元。
   A. 240 B. 300 C. 275 D. 237

二、多项选择题

1. 下列关于公司投资性房地产会计处理的表述中,正确的有( )。

   A. 自行建造的投资性房地产,按达到预定可使用状态前所发生的必要支出进行初始计量
   B. 以成本模式进行后续计量的投资性房地产,计提的减值准备以后会计期间可以转回
   C. 投资性房地产后续计量由成本模式转为公允价值模式时,其公允价值与账面价值的差额应计入当期损益
   D. 满足投资性房地产确认条件的后续支出,应予以资本化

2. 下列各项关于公司土地使用权的会计处理的表述中,正确的有( )。
   A. 工业公司持有并准备增值后转让的土地使用权作为投资性房地产核算
   B. 工业公司将购入的用于建造办公楼的土地使用权作为无形资产核算
   C. 工业公司将出租的土地使用权作为无形资产核算
   D. 房地产开发公司将购入的用于建造商品房的土地使用权作为存货核算

3. 下列有关投资性房地产后续计量会计处理的表述中,正确的有( )。
   A. 不同公司可以分别采用成本模式或公允价值模式
   B. 满足特定条件时可以采用公允价值模式
   C. 同一公司可以分别采用成本模式和公允价值模式
   D. 同一公司不得同时采用成本模式和公允价值模式

4. 公司采用公允价值模式对投资性房地产进行后续计量的,后期投资性房地产公允价值的变动,应计入( )。
   A. 资本公积——其他资本公积
   B. 投资性房地产——公允价值变动
   C. 公允价值变动损益
   D. 其他综合收益

5. 下列各项中,不属于投资性房地产的有( )。
   A. 出租的房地产
   B. 租入再转租的房地产

C. 持有并准备增值后转让的土地使用权

D. 出租给员工使用的员工宿舍

6. 下列各项关于企业投资性房地产后续计量的表述中,正确的有( )。

A. 已经采用公允价值模式计量的投资性房地产,不得从公允价值模式转为成本模式

B. 采用公允价值模式计量的,不得计提折旧或摊销

C. 采用成本模式计量的,不得确认减值损失

D. 由成本模式转为公允价值模式的,应当作为会计政策变更处理

7. 下列各项对企业以成本模式计量的投资性房地产会计处理的表述中,正确的有( )。

A. 年末无需对其预计使用寿命进行复核

B. 应当按期计提折旧或摊销

C. 存在减值迹象时,应当进行减值测试

D. 计提的减值准备,在以后的会计期间不允许转回

三、判断题

1. 公司将其拥有的办公大楼由自用转为收取租金收益时,应将其转为投资性房地产。( )

2. 公司对采用成本模式计量的投资性房地产进行再开发,且将来仍作为投资性房地产的,再开发期间应当对此资产继续计提折旧或摊销。
( )

3. 投资性房地产,是指为赚取租金或资本增值,或者两者兼有而持有的房地产。( )

4. 为保证会计信息的可比性,公司对投资性房地产的计量模式一经确定,不得随意变更。
( )

5. 已采用公允价值模式计量的投资性房地产,因为后期公允价值不能可靠取得,可以从公允价值模式转为成本模式。( )

6. 采用成本模式计量的投资性房地产的,投资性房地产进行改扩建或装修阶段后,应当将其账面价值转入在建工程。( )

7. 为了赚取租金而持有的房地产属于投资性房地产,故公司将房地产出租给自己的员工,这部分出租给员工的房地产也属于投资性房地产。( )

8. 公司对投资性房地产的写字楼进行日常维护所发生的支出应计入其他业务成本。( )

9. 以成本模式后续计量的投资性房地产转换为存货,存货应按转换日的公允价值计量,公允价值大于原账面价值的差额确认为其他综合收益,公允价值小于原账面价值的差额确认为当期损益。( )

10. 以公允价值模式后续计量的投资性房地产转换为自用固定资产,自用固定资产应按转换日的公允价值计量,公允价值大于账面价值的差额确认为其他综合收益。( )

11. 公司为了提高投资性房地产的使用效能,对投资性房地产进行改建、扩建而使其更加坚固耐用,或者通过装修而改善其室内装潢,改扩建或装修支出满足确认条件的,应当将其资本化。( )

12. 根据公司当前业务模式,公司可以对其持有的不同的投资性房地产,匹配不同的计量模式。( )

13. 已经计提减值准备的投资性房地产,其减值损失在以后的会计期间可以转回。( )

14. 公司一旦选择采用公允价值计量模式,就应当对其所有投资性房地产均采用公允价值模式进行后续计量。( )

四、计算分析题

1. 甲公司以公允价值模式对投资性房地产进行计量。2017年至2018年相关资料如下:

(1) 2017年3月1日,甲公司将原作为固定资产核算的写字楼,以经营租赁的方式租给乙公司,租期为18个月,当日该写字楼的公允价值为16000万元,账面原值为15000万元,已计提折旧3000万元。

(2) 2017年3月31日,甲公司收到第一个月租金收入125万元,存入银行。12月31日,该写字楼的公允价值为17000万元。

(3) 2018年9月1日,租赁期届满,甲公司以17500万元的价格出售该写字楼。

假设不考虑增值税等相关税费。

要求(答案中金额单位以万元表示):

(1) 编制甲公司出租写字楼的会计分录。

(2) 编制甲公司2017年3月31日收到租金的会计分录。

(3) 编制甲公司2017年12月31日公允价值变动的会计分录。

(4) 编制甲公司处置该写字楼的会计分录。

2. 甲公司对投资性房地产采用公允价值模式进行后续计量,2016年至2018年与A办公楼相关的交易或事项如下:

(1) 2016 年 6 月 30 日,甲公司以银行存款 12000 万元购入 A 办公楼,并于当日出租给乙公司使用,且已办妥相关手续,租期为 2 年,租金为 500 万元/年,每半年收一次。

(2) 2016 年 12 月 31 日,甲公司收到首期租金 250 万元,并存入银行,2016 年 12 月 31 日,该办公楼公允价值为 11800 万元。

(3) 2018 年 6 月 30 日,租赁期满,甲公司收回并交付本公司行政管理部门使用,当日,该办公楼账面价值与公允价值均为 11500 万元,预计尚可使用 20 年,预计净残值为零。采用年限平均法计提折旧。

本题不考虑增值税及其他因素。

要求(答案中金额单位以万元表示):

(1) 编制甲公司 2016 年 6 月 30 日购入 A 办公楼的会计分录。

(2) 编制甲公司 2016 年 12 月 31 日收到租金的会计分录。

(3) 编制甲公司 2016 年 12 月 31 日 A 办公楼公允价值变动的会计分录。

(4) 编制甲公司 2018 年 6 月 30 日收回 A 办公楼并交付本公司使用的会计分录。

(5) 计算甲公司对 A 办公楼应计提的 2018 年下半年折旧总额,并编制会计分录。

3. 2016 年至 2019 年,甲公司发生的与 A 仓库相关的交易和事项如下:

资料一:2016 年 12 月 31 日,甲公司以银行存款 7240 万元购入 A 仓库并于当日出租给乙公司,相关手续已完成,租期为 3 年,年租金为 600 万元并于每年年末收取。甲公司预计 A 仓库的使用寿命为 20 年,预计净残值为 40 万元,采用年限平均法计提折旧。甲公司对投资性房地产采用成本模式进行后续计量。

资料二:2019 年 1 月 1 日,甲公司对投资性房地产由成本模式变更为公允价值模式进行后续计量。当日,投资性房地产的公允价值为 7000 万元。

资料三:2019 年 12 月 31 日,A 仓库租期届满,甲公司将其收回并以 7600 万元的价格出售给丙公司,款项已收存银行。

甲公司按净利润的 10%计提法定盈余公积。

本题不考虑增值税、所得税及相关因素。

要求("投资性房地产"科目写出必要的明细科目)(答案中金额单位以万元表示):

(1) 编制甲公司 2016 年 12 月 31 日购入 A 仓库并出租的会计分录。

(2) 计算影响 2018 年损益的金额。

(3) 计算 2019 年 1 月 1 日将投资性房地产转化为公允价值模式对留存收益的影响金额,并编制相关分录。

(4) 计算处置投资性房地产影响营业利润的金额,并编制相关会计分录。

参考答案及解析

一、单项选择题

1.【答案】 C

【解析】 2020 年年末,计提折旧金额＝(9600－120)÷40÷12×11＝217.25(万元)。

2.【答案】 C

【解析】 投资性房地产由成本模式转为公允价值模式,应该作为会计政策变更处理,公允价值与账面价值的差额应计入留存收益。选项 C 正确。

3.【答案】 B

【解析】 公司将自用房地产转为公允价值模式计量的投资性房地产,当日公允价值小于账面价值的差额,应该计入公允价值变动损益。

4.【答案】 A

【解析】 自用房地产转换为公允价值模式计量的投资性房地产时,转换日公允价值大于账面价值的差额记入"其他综合收益"科目。

5.【答案】 C

【解析】 2019 年年末,甲公司对该写字楼计提折旧＝(9120－120)÷30÷12×11＝275(万元)。

二、多项选择题

1.【答案】 AD

【解析】 选项 B,以成本模式计量的投资性房地产,计提的减值准备以后不能转回;选项 C,投资性房地产后续计量模式的变更,作为会计政策变更处理,按计量模式变更时公允价值与账面价值的差额,调整期初留存收益。

2.【答案】 ABD
【解析】 工业公司将土地使用权出租作为投资性房地产核算,选项 C 错误。

3.【答案】 ABD

4.【答案】 BC
【解析】 公司采用公允价值模式对投资性房地产进行后续计量的,后期公允价值和账面价值的不同,应借记"投资性房地产——公允价值变动",贷记"公允价值变动损益"(或相反的分录)。

5.【答案】 BD
【解析】 选项 B,租入的房地产,公司没有房地产的所有权,租入后再转租的房地产不能作为投资性房地产核算;选项 D,出租给员工使用的员工宿舍,作为自有固定资产核算。

6.【答案】 ABD
【解析】 采用成本模式进行后续计量的投资性房地产,存在减值迹象时,应进行减值测试,确定发生减值的,应当计提减值准备,选项 C 不正确。

7.【答案】 BCD
【解析】 以成本模式计量的投资性房地产,需要计提折旧或摊销,则年末需要对其预计使用寿命进行复核,选项 A 错误。

三、判断题

1.【答案】 √
【解析】 投资性房地产主要包括:已出租的土地使用权、持有并准备增值后转让的土地使用权、已出租的建筑物。

2.【答案】 ×
【解析】 以成本模式计量的投资性房地产再开发期间的折旧或摊销与固定资产或无形资产的相关规定一样,暂停计提折旧或摊销。

3.【答案】 √

4.【答案】 √

5.【答案】 ×
【解析】 已经采用公允价值计量的投资性房地产,不得从公允价值计量模式再转化为成本模式。

6.【答案】 ×
【解析】 应该将账面价值转化为投资性房地产——在建。

7.【答案】 ×
【解析】 为员工提供的住房,属于公司的自有固定资产。

8.【答案】 √
【解析】 公司对投资性房地产的写字楼进行日常维护所发生的支出应计入当期损益(其他业务成本)。

9.【答案】 ×
【解析】 采用成本模式计量的投资性房地产转为非投资性房地产,应当将该房地产转换前的账面价值作为转换后的入账价值。

10.【答案】 ×
【解析】 采用公允价值模式计量的投资性房地产转换为自用房地产时,应当以其转换当日的公允价值作为自用房地产的入账价值,公允价值与原账面价值的差额计入公允价值变动损益。

11.【答案】 √
【解析】 投资性房地产后续支出符合资本化条件的,应当计入投资性房地产的成本。

12.【答案】 ×
【解析】 同一公司只能采用一种模式对所有投资性房地产进行后续计量,不得同时采用两种计量模式。

13.【答案】 ×
【解析】 已经计提减值准备的投资性房地产,其减值损失在以后的会计期间不得转回。

14.【答案】 √
【解析】 同一公司应当对所有的投资性房地产采用同一种计量模式。

四、计算分析题

1.【答案】 (1) 2017 年 3 月 1 日,出租写字楼:

借:投资性房地产——成本 16000
　　累计折旧 3000
　　贷:固定资产 15000
　　　　其他综合收益 4000

(2) 2017 年 3 月 31 日,收到租金:

借:银行存款 125
　　贷:其他业务收入 125

(3) 2017 年 12 月 31 日,公允价值变动:

借：投资性房地产——公允价值变动
　　　　　　　　　　1000
　　贷：公允价值变动损益　1000

(4)2018年9月1日,处置写字楼:

借：银行存款　　　　　17500
　　贷：其他业务收入　　　17500

借：其他业务成本　　　17000
　　贷：投资性房地产——成本　16000
　　　　　　　　——公允价值变动
　　　　　　　　　　　1000

借：公允价值变动损益　1000
　　贷：其他业务成本　　　1000

借：其他综合收益　　　4000
　　贷：其他业务成本　　　4000

2.【答案】(1)2016年6月30日,购入办公楼:

借：投资性房地产——成本　12000
　　贷：银行存款　　　　　12000

(2)2016年12月31日,确认租金收入:

借：银行存款　　　　　250
　　贷：其他业务收入　　　250

(3)2016年12月31日,确认公允价值变动:

借：公允价值变动损益　200
　　贷：投资性房地产——公允价值变动
　　　　　　　　　　　200

(4)2018年6月30日,收回办公楼转为自用:

借：公允价值变动损益　300
　　贷：投资性房地产——公允价值变动
　　　　　　　　　　　300

借：固定资产　　　　　11500
　　投资性房地产——公允价值变动
　　　　　　　　　　500
　　贷：投资性房地产——成本　12000

(5)2018年下半年,固定资产应计提折旧额＝11500÷20÷2＝287.5(万元)

借：管理费用　　　　　287.5
　　贷：累计折旧　　　　　287.5

3.【答案】(1)借：投资性房地产
　　　　　　　　　7240
　　贷：银行存款　　　　7240

(2)影响2018年损益的金额＝600－[(7240－40)÷20]＝240(万元)

(3)2019年1月1日,将投资性房地产转换为公允价值模式对留存收益的影响金额＝7000－(7240－360×2)＝480(万元)。

2019年1月1日:

借：投资性房地产——成本　7000
　　投资性房地产累计折旧
　　　　　　　　(360×2)720
　　贷：投资性房地产　　　7240
　　　　盈余公积　　　　　48
　　　　利润分配——未分配利润　432

(4)处置投资性房地产影响营业利润的金额＝7600－7000＝600(万元)

2019年12月31日:

借：银行存款　　　　　7600
　　贷：其他业务收入　　　7600

借：其他业务成本　　　7000
　　贷：投资性房地产——成本　7000

第七章
资产减值

本章近年分值在 3 分左右,一般为 1~2 道客观题,以单选题、判断题为主,偶尔考查主观题。例如,2019 年结合无形资产开发考查计算题,2020 年考查资产组减值计算题。本章复习有一定难度,但考点突出,考生应当关注单项资产减值测试以及资产组减值测试的有关内容。

考 试 变 化

本章无实质性变化。

本 章 结 构

第一节　资产减值概述
第二节　资产可回收金额的计量和减值损失的确定
第三节　资产组减值的处理

第一节　资产减值概述

本节框架 ▶

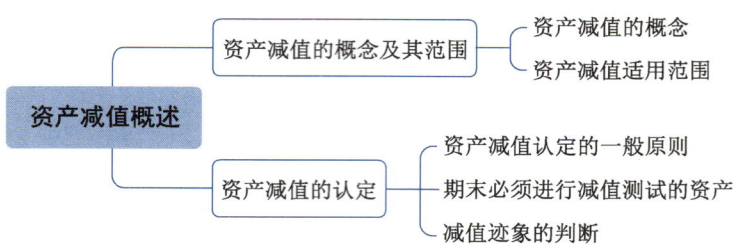

一、资产减值的概念及其范围 ★★

（一）资产减值的概念

根据《企业会计准则——基本准则》规定,资产减值是指资产的可收回金额低于其账面价值。本章所指的资产包括单项资产和资产组。

（二）资产减值的适用范围

本章涉及的资产减值具体包括以下资产的减值:①对子公司、联营企业和合营企业的长期股权投资;②采用成本模式进行后续计量的投资性房地产;③固定资产;④无形资产;⑤商誉;⑥探明石油天然气矿区权益和井及相关设施等。

·易错易混点·

① 本章规范资产减值准备一律不得转回。

② 其他章节规范资产减值准备可以转回。例如:a.存货跌价准备;b.金融资产减值(债权投资减值准备、其他债权投资信用损失、坏账准备等)。

【例题 7-1 单选题】(2019 年真题)　企业对下列资产计提的减值准备在以后期间不可转回的是(　　)。

A. 合同资产　　　　B. 合同取得成本　　　　C. 库存商品　　　　D. 长期股权投资

【答案】　D

【名师点睛】　选项 D 属于《企业会计准则第 8 号——资产减值》规定范围内的资产,计提的减值以后期间不得转回,即长期股权投资计提减值准备以后期间不得转回。

【例题 7-2 多选题】(2020 年真题)　下列各项资产中,企业应采用可收回金额与账面价值孰低的方法进行减值测试的有(　　)。

A. 存货　　　　B. 长期股权投资　　　　C. 固定资产　　　　D. 债权投资

【答案】　BC

【名师点睛】　资产减值,是指资产的可收回金额低于其账面价值。这里说的资产是

考试方向

考查资产减值的范围。

第七章

资产减值准则中规范的资产,具体包括对子公司、联营企业和合营企业的长期股权投资,采用成本模式进行后续计量的投资性房地产,固定资产,无形资产,商誉,探明石油天然气矿区权益和井及相关设施等。所以选项BC正确。

二、资产减值的认定 ★★

(一)资产减值认定的一般原则

(1)企业应当在资产负债表日判断资产是否存在可能发生减值的迹象。

(2)如果资产存在发生减值的迹象,应当进行减值测试,估计资产的可收回金额。

(3)可收回金额低于账面价值的,应当按照可收回金额低于账面价值的差额,计提减值准备,确认减值损失。

(二)期末必须进行减值测试的资产

(1)因企业合并形成的商誉。

(2)使用寿命不确定的无形资产。

对于这两类资产,无论是否存在减值迹象,都应当至少于每年年度终了进行减值测试。

·易错易混点·

由于商誉及使用寿命不确定的无形资产为企业带来未来经济利益有较大的不确定性,为了避免资产价值高估,应及时对这两项资产进行减值测试。

【例题7-3 多选题】(2019年真题) 下列各项资产中,无论是否出现减值迹象,企业每年年末必须进行减值测试的有( )。

A. 使用寿命不确定的无形资产　　　B. 使用寿命有限的无形资产

C. 商誉　　　　　　　　　　　　　D. 为成本模式计量的投资性房地产

【答案】 AC

【名师点睛】 期末必须进行减值测试的资产包括商誉和寿命不能确定的无形资产。

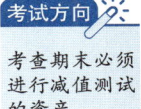

考试方向

考查期末必须进行减值测试的资产。

(三)减值迹象的判断

资产可能发生减值的迹象,主要可从外部信息来源和内部信息来源两方面加以判断。详见表7-1。

表7-1　减值迹象判断表

外部因素	资产的市价当期大幅度下跌,其跌幅明显高于因时间的推移或者正常使用而预计的下跌
	企业经营所处的经济、技术或者法律等环境以及资产所处的市场在当期或者将在近期发生重大变化,从而对企业产生不利影响
	市场利率或者其他市场投资报酬率在当期已经提高,从而影响企业计算资产预计未来现金流量现值的折现率,导致资产可收回金额大幅度降低
内部因素	有证据表明资产已经陈旧过时或者其实体已经损坏
	资产已经或者将被闲置、终止使用或者计划提前处置
	企业内部报告的证据表明资产的经济绩效已经低于或者将低于预期,如资产所创造的净现金流量或者实现的营业利润(或者亏损)远远低于(或者高于)预计金额等

第七章

第二节 资产可收回金额的计量和减值损失的确定

本节框架 ▶

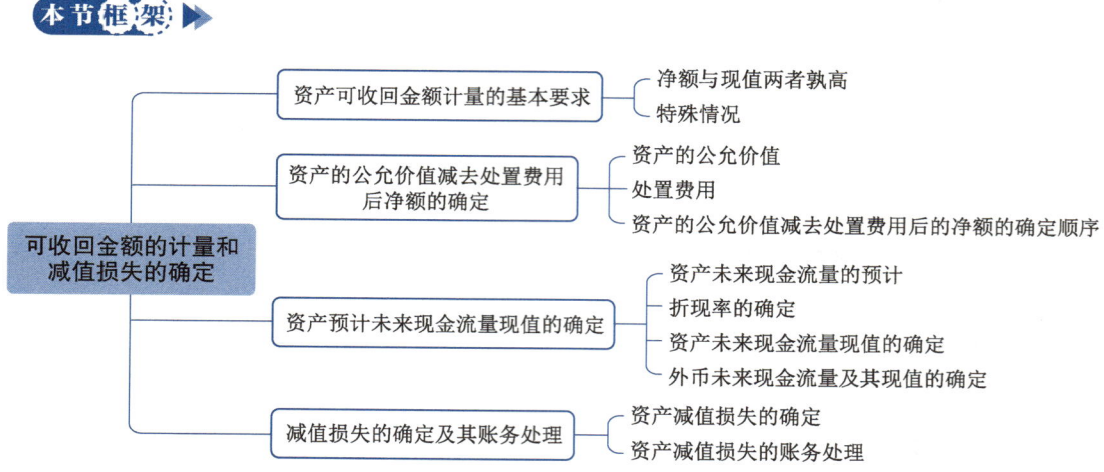

一、 资产可收回金额计量的基本要求 ★

资产的可收回金额,应当根据资产的公允价值减去处置费用后的净额与资产预计未来现金流量的现值两者之间较高者确定。因此,估计资产的可收回金额,通常需要同时估计该资产的公允价值减去费用后的净额和资产预计未来现金流量的现值。但是在下列情况下,可以有例外或者作特殊考虑,如表 7-2 所示:

表 7-2 资产可收回金额计量的特殊情况

情况	做法
资产的公允价值减去处置费用后的净额与资产预计未来现金流量的现值,只要有一项超过了资产的账面价值	表明资产没有发生减值,不需要再估计另一项金额
没有确凿证据或者理由表明,资产预计未来现金流量现值显著高于其公允价值减去处置费用后的净额的	可将资产的公允价值减去处置费用后的净额视为资产的可收回金额
以前报告期间的计算结果表明,资产可收回金额显著高于其账面价值,之后又没有发生消除这一差异的交易或者事项的	资产负债表日可以不重新估计该资产的可收回金额
以前报告期间的计算与分析表明,资产可收回金额相对于某种减值迹象反应不敏感,在本报告期间又发生了该减值迹象的	可不因该减值迹象的出现而重新估计该资产的可收回金额

二、 资产的公允价值减去处置费用后净额的确定 ★

(1)资产的公允价值是指市场参与者在计量日发生的有序交易中,出售一项资产所能收到的价格。

（2）处置费用是指可以直接归属于资产处置的增量成本，包括与资产处置有关的法律费用、相关税费、搬运费以及为使资产达到可销售状态所发生的直接费用等。

·易错易混点·

处置费用不包括财务费用和所得税费用。对资产进行减值测试属于企业的经营活动，财务费用是由于企业的筹资活动产生的；所得税不是企业能够控制的因素。企业在对资产进行减值测试时应当考虑税前影响。

（3）资产的公允价值减去处置费用后的净额的确定顺序。

① 应当按照公平交易中资产的销售协议价格减去可直接归属于该资产的处置费用后的金额确定。

② 不存在销售协议但存在资产活跃市场的，应当按照该资产的市场价格减去处置费用后的金额确定。资产的市场价格通常应当根据资产的买方出价确定。

③ 在不存在销售协议和资产活跃市场的情况下，应当以可获取的最佳信息为基础，估计资产的公允价值减去处置费用后的净额，该净额可以参考同行业类似资产的最近交易价格或者结果进行估计。企业按照上述规定仍然无法可靠估计资产的公允价值减去处置费用后的净额的，应当以该资产预计未来现金流量的现值作为其可收回金额。

三、 资产预计未来现金流量现值的确定 ★

资产预计未来现金流量的现值，应当按照资产在持续使用过程中和最终处置时所产生的预计未来现金流量，选择恰当的折现率对其进行折现后的金额加以确定。预计资产未来现金流量的现值，应当综合考虑资产的预计未来现金流量、资产的使用寿命和折现率等因素。

（一）资产未来现金流量的预计

1. 预计资产未来现金流量应当包括的内容

（1）资产持续使用过程中预计产生的现金流入。

（2）为实现资产持续使用过程中产生的现金流入所必需的预计现金流出（包括为使资产达到预定可使用状态所发生的现金流出）。

（3）资产使用寿命结束时，处置资产所收到或者支付的净现金流量。

【例题 7-4 判断题】（2020 年真题） 在建工程出现减值迹象，企业预计其未来现金流量时，应当包括预期为使其达到预定可使用状态而发生的全部现金流出数。（ ）

【答案】 √

2. 预计资产未来现金流量应当考虑的因素

预计资产的未来现金流量，应当以经企业管理层批准的最近财务预算或者预测数据，以及该预算或者预测期之后年份稳定的或者递减的增长率为基础。企业管理层如能证明递增的增长率是合理的，可以以递增的增长率为基础。建立在预算或者预测基础上的预计现金流量最多涵盖 5 年，企业管理层如能证明更长的期间是合理的，则可以涵盖更长的期间。

（1）增长率的确定。

在对预算或者预测期之后年份的现金流量进行预计时，所使用的增长率除了企业能够证明更高的增长率是合理的之外，不应当超过企业经营的产品、市场、所处的行业或者所在国家或者地区的长期平均增长率或者该资产所处市场的长期平均增长率。

（2）以资产当前状况为基础。

预计资产的未来现金流量，应当以资产的当前状况为基础，不应当包括与将来可能会发生的、尚未作出承诺的重组事项或者与资产改良有关的预计未来现金流量。预计资产的未来现金流量也不应当包括筹资活动产生的现金流入或者流出以及与所得税收付有关的现金流量。企业已经承诺重组的应当考虑重组所能节约的费用和由重组所带来的其他利益，以及因重组所导致的估计未来现金流出数。

3. 预计资产未来现金流量的方法

预计资产未来现金流量，通常应当根据资产未来期间最有可能产生的现金流量进行预测，即使用单一的未来每期预计现金流量和单一的折现率计算资产未来现金流量现值。

考试方向
期望现金流量法的计算。

案例 7-1

企业某固定资产的剩余使用年限为 3 年。在正常的情况下企业预计未来 3 年里，该资产每年可为企业产生的净现金流量分别为 200 万元、150 万元和 50 万元。该现金流量通常即为最有可能产生的现金流量，企业应以该现金流量的预计数为基础计算资产的现值。

在实务中，如果影响资产未来现金流量的因素较多，不确定性较大，使用单一的现金流量可能并不能如实反映资产创造现金流量的实际情况。此时，如果采用期望现金流量法更为合理，企业应当采用期望现金流量法预计资产未来现金流量，即资产未来现金流量应当根据每期现金流量期望值进行预计，每期现金流量期望值按照各种可能情况下的现金流量乘以相应的发生概率加总计算。

案例 7-2 沿用 **案例 7-1**

假定利用固定资产生产的产品受市场行情波动影响大，企业预计未来 3 年每年的现金流量情况如表 7-3 所示。

表 7-3　各年现金流量概率分布及发生情况　　　　　　单位：万元

年限	产品行情好 （30%的可能性）	产品行情一般 （50%的可能性）	产品行情差 （20%的可能性）
第 1 年	200	100	40
第 2 年	60	30	20
第 3 年	40	20	0

【分析】　按照表 7-3 提供的情况，企业每年的预计未来现金流量如下：

第 1 年的预计现金流量（期望现金流量）＝200×30％＋100×50％＋40×20％＝118（万元）

第 2 年的预计现金流量(期望现金流量)=60×30%+30×50%+20×20%=37(万元)

第 3 年的预计现金流量(期望现金流量)=40×30%+20×50%+0×20%=22(万元)

应当注意的是,如果资产未来现金流量的发生时间是不确定的,那么企业就应当根据资产在每一种可能情况下的现值及其发生概率直接加权计算资产未来现金流量的现值。

(二)折现率的确定

在资产减值测试中,计算资产未来现金流量现值时所使用的折现率应当是反映当前市场货币时间价值和资产特定风险的税前利率。该折现率是企业在购置或者投资资产时所要求的必要报酬率。折现率的确定通常应当以该资产的市场利率为依据。该资产的市场利率无法从市场获得的,可以使用替代利率估计折现率。替代利率可以根据加权平均资金成本、增量借款利率或者其他相关市场借款利率作适当调整后确定。

(三)资产未来现金流量现值的确定

在预计资产的未来现金流量和折现率的基础上,企业将该资产的预计未来现金流量按照预计折现率在预计期限内预计折现后,即可确定该资产未来现金流量的现值。计算公式如下:

$$资产未来现金流量的现值(PV)=\sum \frac{第 t 年预计资产未来现金流量(NCF_t)}{[1+折现率(R)]^t}$$

案例 7-3

甲航运公司(以下简称"甲公司")于 2020 年年末对一艘远洋运输船只进行减值测试。该船舶账面价值为 1.8 亿元,预计尚可使用年限为 8 年。该船舶的公允价值减去处置费用后的净额难以确定,因此,甲公司需要通过计算其未来现金流量的现值确定资产的可收回金额。假定甲公司当初购置该船舶用的资金是银行长期借款资金,借款年利率为 15%,甲公司认为 15% 是该资产的最低必要报酬率,已考虑了与该资产有关的货币时间价值和特定风险。因此,在计算其未来现金流量现值时,甲公司使用 15% 作为其折现率(税前)。

甲公司管理层批准的财务预算显示:甲公司将于 2026 年更新船舶的发动机系统,预计为此发生资本性支出 2000 万元。这一支出将降低船舶运输油耗、提高其使用效率等,从而提高资产的运营绩效。

为了计算船舶在 2020 年年末未来现金流量的现值,甲公司首先必须预计其未来现金流量。假定甲公司管理层批准的 2020 年年末的该船舶预计未来现金流量如表7-4所示。

表 7-4　未来现金流量预计表

单位:万元

年份	预计未来现金流量 (不包括改良的影响金额)	预计未来现金流量 (包括改良的影响金额)
2021	2600	
2022	2460	

(续表)

年份	预计未来现金流量 （不包括改良的影响金额）	预计未来现金流量 （包括改良的影响金额）
2023	2480	
2024	2260	
2025	2190	
2026	2370	3390
2027	2400	3180
2028	2310	3200

根据资产减值准则的规定,在2020年年末预计资产未来现金流量时,甲公司应当以资产当时的状况为基础,不应考虑与该资产改良有关的预计未来现金流量。因此,尽管2025年船舶的发动机系统将进行更新以改良资产绩效,提高资产未来现金流量,但是在2020年年末对其进行减值测试时,甲公司不应将其包括在现值计算范围内,在2020年年末计算该资产未来现金流量的现值时,应当以不包括资产改良影响金额的未来现金流量为基础加以计算,如表7-5所示。

表7-5　现值的计算　　　　　　　　　　　　　　金额单位:万元

年份	预计未来现金流量 （不包括改良的影响金额）	以折现率为15% 的折现系数	预计未来现金 流量的现值
2021	2600	0.8696	2261
2022	2460	0.7561	1860
2023	2480	0.6575	1630
2024	2260	0.5718	1292
2025	2190	0.4972	1088
2026	2370	0.4323	1024
2027	2400	0.3759	902
2028	2310	0.3269	755
合计			10812

由于在2020年年末,船舶的账面价值(尚未确认减值损失)为18000万元,而其可收回金额为10812万元,账面价值高于其可收回金额,所以甲公司应当确认减值损失,并计提相应的资产减值准备。

甲公司应确认的减值损失=18000-10812=7188(万元)

假定在2021年至2025年该船舶没有出现进一步减值的迹象,那么甲公司不必再进行减值测试,无需计算其可收回金额。2026年发生了2000万元的资本性支出,改良了资产绩效,导致其未来现金流量增加,但由于《企业会计准则第8号——资产减值》不允许将以前期间已经确认的资产减值损失予以转回,因此,在这种情况下,也不必计算其可收回金额。

（四）外币未来现金流量及其现值的确定

预计资产的未来现金流量如果涉及外币，企业应当按照下列步骤确定资产未来现金流量的现值：

（1）应当以该资产所产生的未来现金流量的结算货币为基础预计其未来现金流量，并按照该货币适用的折现率计算资产预计未来现金流量的现值。

（2）将该外币现值按照计算资产未来现金流量现值当日的即期汇率进行折算，从而折算成按照记账本位币表示的资产未来现金流量的现值。

（3）在该现值基础上，将其与资产公允价值减去处置费用后的净额相比较，确定其可收回金额，再根据可收回金额与资产账面价值相比较，确定是否需要确认减值损失以及确认多少减值损失。

【例题 7-5 判断题】（2019 年真题） 资产负债表日，企业对未来现金流量为外币的固定资产进行减值测试时，应当以资产负债表日的即期汇率对未来外币现金流量的现值进行折算。（　　）

【答案】 √

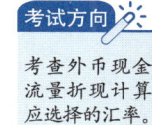

考试方向
考查外币现金流量折现计算应选择的汇率。

四、减值损失的确定及其账务处理

（一）资产减值损失的确定

企业在对资产作了减值测试并计算确定资产可收回金额后，如果资产的可收回金额低于账面价值，应当将资产的账面价值减记至可收回金额，减记的金额确认为资产减值损失，计入当期损益，同时计提相应的资产减值准备。如果可收回金额高于账面价值，则无需计提减值。

（二）资产减值损失的账务处理

借：资产减值损失
　　贷：×××减值准备

【例题 7-6 单选题】（2015 年真题） 2014 年 12 月 31 日，甲公司某项无形资产的原价为 120 万元，已摊销 42 万元，未计提减值准备，当日，甲公司对该无形资产进行减值测试，预计公允价值减去处置费用后的净额为 55 万元，未来现金流量的现值为 60 万元，2014 年 12 月 31 日，甲公司应为该无形资产计提的减值准备为（　　）万元。

A. 18　　　　　　　B. 23　　　　　　　C. 60　　　　　　　D. 65

【答案】 A

【名师点睛】 2014 年年末无形资产账面价值＝120－42＝78（万元），可收回金额 60 万元，所以应计提减值准备＝78－60＝18（万元）。

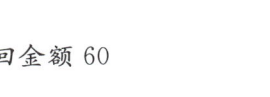

考试方向
考查单项资产减值准备计算。

【例题 7-7 单选题】（2020 年真题） 2017 年 6 月 20 日，以银行存款 1500 万元外购一条生产线并立即投入使用，预计使用年限为 15 年，预计净残值为零，采用年限平均法计提折旧，2018 年 12 月 31 日，估计可收回金额为 1209 万元，预计尚可使用年限为 13 年，预计净残值为零，仍采用年限平均法计提折旧。不考虑其他因素，2019 年末该资产的账面价值为（　　）万元。

A. 1116　　　　　　B. 1250　　　　　　C. 1209　　　　　　D. 1407

第七章

【答案】 A

【名师点睛】 2018 年 12 月 31 日,该固定资产计提折旧后的账面价值＝1500－(1500÷15)×1.5＝1350(万元),期末固定资产按照账面价值 1350 万元和可收回金额 1209 万元孰低计量,则 2018 年 12 月 31 日该固定资产需要计提减值准备＝1350－1209＝141(万元),2019 年该固定资产的账面价值＝1209－1209÷13＝1116(万元)。

第三节　资产组减值的处理

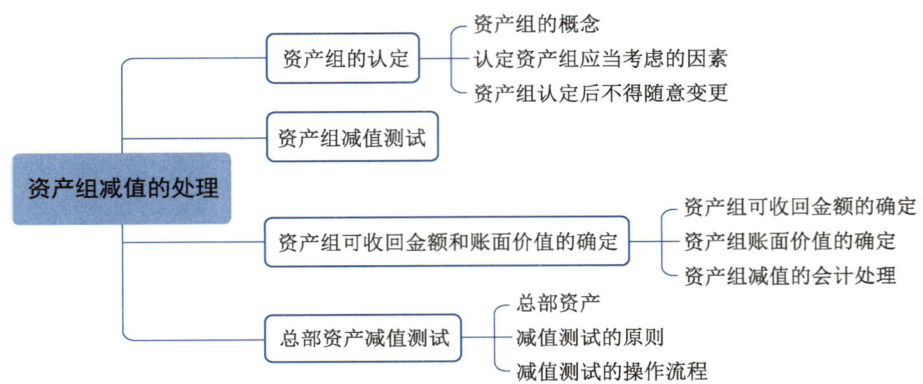

一、资产组的认定 ★

有迹象表明一项资产可能发生减值的,企业应当以单项资产为基础估计其可收回金额。企业难以对单项资产的可收回金额进行估计的,应当以该资产所属的资产组为基础确定资产组的可收回金额。

（一）资产组的概念

资产组是指企业可以认定的最小资产组合,其产生的现金流入应当基本上独立于其他资产或者资产组产生的现金流入。资产组应当由创造现金流入相关的资产组成。

（二）认定资产组应当考虑的因素

（1）资产组的认定,应当以资产组产生的主要现金流入是否独立于其他资产或者资产组的现金流入为依据。

（2）资产组的认定,应当考虑企业管理层管理生产经营活动的方式(如是按照生产线、业务种类,还是按照地区或者区域等)和对资产的持续使用或者处置的决策方式等。

案例 7-4

甲公司拥有 A、B、C 三家工厂,以生产某单一产品。A、B、C 三家工厂分别位于三个不同的国家,三个国家又位于三个不同的洲。A 工厂生产一种组件,由 B 工厂或者 C 工厂进行组装,最终产品由 B 或者 C 销往世界各地,B 工厂的产品可以在本地销售,也可以在 C 工厂所在洲销售(如果将产品从 B 工厂运到 C 工厂所在洲更方便的话)。B、C 工厂的生产能力合在一起尚有剩余,没有被完全利用。B、C 工厂生产能力的利用程度依赖于甲公司对于所销售产品在两地之间的分配。请分别认定与工厂 A、B、C 有关的资产组。

【分析】 如果 A 工厂生产的产品(即组件)存在活跃市场,则 A 工厂很可能可以认定为一个单独的资产组,原因是它生产的产品尽管主要用于 B 工厂或者 C 工厂组装销售,但是由于该产品存在活跃市场,可以产生独立的现金流量,因此,通常应当认定为一个单独的资产组。在确定其未来现金流量现值时,甲公司应当调整其财务预算或预测,按照在公平交易中对 A 工厂所生产产品未来价格的最佳估计数,而不是内部转移价格,估计 A 工厂的预计未来现金流量。

对于 B 工厂和 C 工厂而言,即使组装的产品存在活跃市场,B 工厂和 C 工厂的现金流入依赖于产品在两地之间的分配。B 工厂和 C 工厂的未来现金流入不可能单独确定,但是,B 工厂和 C 工厂组合在一起是可以认定的,可产生基本上独立于其他资产或者资产组的现金流入的资产组合。因此,B 工厂和 C 工厂应当认定为一个资产组。在确定该资产组未来现金流量现值时,甲公司也应当调整其财务预算或预测,按照在公平交易中从 A 工厂所购买产品未来价格的最佳估计数,而不是内部转移价格,估计 B 工厂和 C 工厂的预计未来现金流量。

(三)资产组认定后不得随意变更

资产组一经确定,在各个会计期间应当保持一致,不得随意变更,即资产组各项资产的构成通常不能随意变更。但是,企业如果由于重组、变更资产用途等原因,导致资产组的构成确需变更的,企业可以进行变更,但企业管理层应当证明该变更是合理的,并应当在附注中作出说明。

二、 资产组减值测试★

资产组减值测试的原理和单项资产是一致的,即企业需要预计资产组的可收回金额和计算资产组的账面价值,并将两者进行比较。如果资产组的可收回金额低于其账面价值,则表明资产组发生了减值损失,应当予以确认。

三、 资产组可收回金额和账面价值的确定

(一)资产组可收回金额的确定

资产组的可收回金额,应当按照该资产组的公允价值减去处置费用后的净额与其预计未来现金流量的现值两者之间较高者确定。

(二)资产组账面价值的确定

资产组的账面价值包括可直接归属于资产组与可以合理和一致地分摊至资产组的资产账面价值(总部资产、商誉),通常不应当包括已确认负债的账面价值,但如果不考虑该负债金额就无法确定资产组可收回金额的除外。

(三)资产组减值的会计处理★★

1. 处理原则

资产组或者资产组组合的可收回金额低于其账面价值的(总部资产和商誉分摊至某

资产组或者资产组组合的,该资产组或者资产组组合的账面价值应当包括相关总部资产和商誉的分摊额),应当确认相应的减值损失。

2. 减值准备分摊

减值损失金额应当先抵减分摊至资产组或者资产组组合中商誉的账面价值,再根据资产组或者资产组组合中除商誉之外的其他各项资产的账面价值所占比重,按比例抵减其他各项资产的账面价值。

3. 减值准备计提的限制

抵减后的各资产的账面价值不得低于以下三者之中最高者:

(1)该资产的公允价值减去处置费用后的净额(如可确定的)。

(2)该资产预计未来现金流量的现值(如可确定的)。

(3)零。

因此而导致的未能分摊的减值损失金额,应当按照相关资产组或者资产组组合中其他各项资产的账面价值所占比重进行分摊。

考试方向

考查资产组减值测试处理原则以及资产组减值分摊。

案例 7-5

乙公司有一条生产线,用于生产电子产品,该生产线由 A、B、C 共 3 部机器构成,成本分别为 600000 元、800000 元和 600000 元。3 部机器的使用年限均为 10 年,净残值为零,以年限平均法计提折旧。各机器均无法单独产生现金流量,但整条生产线构成完整的产销单位,属于一个资产组。2020 年,该生产线所生产的电子产品有替代产品上市,到年底,乙公司电子产品的销路锐减 40%,因此,乙公司对该生产线进行减值测试。该生产线于 2015 年取得。假定生产线上的三台设备均按年计提折旧。

2020 年 12 月 31 日,A 机器、B 机器、C 机器 3 部机器的账面价值分别为 300000 元、400000 元、300000 元。乙公司估计 A 机器的公允价值减去处置费用后的净额为 250000 元,B 机器、C 机器的公允价值减去处置费用后的净额以及未来现金流量的现值都无法合理估计。

整条生产线预计尚可使用 5 年。经估计其未来 5 年的现金流量及其恰当的折现率后,得到该生产线预计未来现金流量的现值为 800000 元。由于乙公司无法合理估计该生产线的公允价值减去处置费用后的净额,所以乙公司以该生产线预计未来现金流量的现值为其可收回金额。

鉴于在 2020 年 12 月 31 日该生产线的账面价值为 1000000 元,而其可收回金额为 800000 元,该生产线的账面价值高于其可收回金额,因此,该生产线已经发生了减值,乙公司应当确认减值损失 200000 元,并将该减值损失分摊到构成生产线的 3 部机器中。由于 A 机器的公允价值减去处置费用后的净额为 250000 元,所以 A 机器分摊了减值损失后的账面价值不应低于 250000 元。具体分摊过程如表 7-6 所示。

表 7-6 资产组减值损失分摊表

单位:元

项目	机器 A	机器 B	机器 C	整个生产线(资产组)
账面价值	300000	400000	300000	1000000
可回收金额				800000

(续表)

项目	机器 A	机器 B	机器 C	整个生产线（资产组）
减值损失				200000
减值损失分摊比例	30%	40%	30%	
分摊减值损失	50000	80000	60000	190000
分摊后账面价值	250000	320000	240000	
尚未分摊的减值损失				10000
二次分摊比例		57.14%	42.86%	
二次分摊减值损失		5714	4286	10000
二次分摊后应确认损失总额		85714	64286	200000
二次分摊后账面价值	250000	314286	235714	800000

　　按照分摊比例，机器 A 应当分摊减值损失 60000 元（200000×30%），但由于机器 A 的公允价值减去处置费用后的净额为 250000 元，所以机器 A 最多只能确认减值损失 50000 元（300000－250000），未能分摊的减值损失 10000 元（60000－50000），应当在机器 B 和机器 C 之间进行再分摊。

　　根据上述计算和分摊结果，构成该生产线的机器 A、机器 B 和机器 C 应当分别确认减值损失 50000 元、85714 元和 64286 元，账务处理如下：

```
借：资产减值损失——机器 A                                    50000
            ——机器 B                                    85714
            ——机器 C                                    64286
    贷：固定资产减值准备——机器 A                              50000
                ——机器 B                              85714
                ——机器 C                              64286
```

·易错易混点·

　　在对尚未分摊的资产组减值时应按照一次分摊后的资产账面价值比例分摊。

四、总部资产减值测试 ★

（一）总部资产

　　企业总部资产包括企业集团或其事业部的办公楼、电子数据处理设备、研发中心等资产。总部资产的显著特征是难以脱离其他资产或者资产组产生独立的现金流入，而且其账面价值难以完全归属于某一资产组。

（二）总部资产减值测试的原则

　　在资产负债表日，如果有迹象表明某项总部资产可能发生减值，企业应当计算确定该总部资产所归属的资产组或者资产组组合的可收回金额，然后将其与相应的账面价值相比较，据以判断是否需要确认资产减值损失。

（三）总部资产减值测试的操作流程

企业在对某一资产组进行减值测试时，应当先认定所有与该资产组相关的总部资产，再根据相关总部资产能否按照合理和一致的基础分摊至该资产组，分成下列情况处理，如表7-7所示：

表 7-7　总部资产减值测试的处理

情况	处理办法
对于相关总部资产能够按照合理和一致的基础分摊至该资产组的部分	将该部分总部资产的账面价值分摊至该资产组，再据以比较该资产组的账面价值（包括已分摊的总部资产的账面价值部分）和可收回金额，并按照资产组减值测试的原则进行处理
对于相关总部资产中有部分资产难以按照合理和一致的基础分摊至该资产组的	按照下列步骤处理： ① 在不考虑相关总部资产的情况下，估计和比较资产组的账面价值和可收回金额，并按照资产减值的基本原则进行处理 ② 认定由若干个资产组组成的最小的资产组组合。该资产组组合应当包括所测试的资产组与可以按照合理和一致的基础将该部分总部资产的账面价值分摊其上的部分 ③ 比较所认定的资产组组合的账面价值（包括已分摊的总部资产的账面价值部分）和可收回金额，并按照相关规定进行会计处理

考试方向

考查总部资产减值测试处理原则。

案例 7-6

丙高科技公司拥有 A、B 和 C 共 3 个资产组。在 2020 年年末，这 3 个资产组的账面价值分别为 200 万元、300 万元和 400 万元，没有商誉。这 3 个资产组为 3 条生产线，预计剩余使用寿命分别为 10 年、20 年和 20 年，采用直线法计提折旧。由于丙公司的竞争对手通过技术创新推出了更高技术含量的产品，并且受到市场欢迎，从而对丙公司产品产生了重大不利影响，为此，丙公司于 2020 年年末对各资产组进行了减值测试。

【分析】 在对资产组进行减值测试时，首先应当认定与其相关的总部资产。丙公司的经营管理活动由总部负责，总部资产包括一栋办公大楼和一个研发中心，其中，办公大楼的账面价值为 300 万元，研发中心的账面价值为 100 万元。办公大楼的账面价值可以在合理和一致的基础上分摊至各资产组，但是，研发中心的账面价值难以在合理和一致的基础上分摊至各相关资产组。对于办公大楼的账面价值，丙公司根据各资产组的账面价值和剩余使用寿命加权平均计算的账面价值分摊比例进行分摊，如表7-8 所示。

表 7-8　各资产组账面价值表　　　　　　　　　　　　　　　　　单位：万元

项目	资产组 A	资产组 B	资产组 C	合计
该资产组账面价值	200	300	400	900
各资产组剩余使用寿命	10	20	20	
按使用寿命计算的权重	1	2	2	
加权计算后的账面价值	200	600	800	1600
办公大楼分摊比例（各资产组加权计算后的账面价值/各资产组加权计算后的账面价值合计）（%）	12.5%	37.5%	50%	100%
办公大楼账面价值分摊到各资产组的金额	37.5	112.5	150	300
包括分摊的办公大楼账面价值部分的各资产组账面价值	237.5	412.5	550	1200

第七章

丙公司随后应当确定各资产组的可收回金额,并将其与账面价值(包括已分摊的办公大楼的账面价值部分)相比较,以确定相应的减值损失。考虑到研发中心的账面价值难以按照合理和一致的基础分摊至资产组,因此,确定由 A、B、C 共 3 个资产组组成最小资产组组合(即整个丙公司)。假定各资产组和资产组组合的公允价值减去处置费用后的净额难以确定,丙公司根据它们的预计未来现金流量的现值来计算其可收回金额,计算现值所用的折现率为 15%,计算过程如表 7-9 所示。

表 7-9 现金流量预测及折现计算表 单位:万元

年份	资产组 A		资产组 B		资产组 C		包括研发中心在内的最小资产组组合(丙公司)	
	未来现金流量	现值	未来现金流量	现值	未来现金流量	现值	未来现金流量	现值
2021	36	32	18	16	20	18	78	68
2022	62	46	32	24	40	30	144	108
2023	74	48	48	32	68	44	210	138
2024	84	48	58	34	88	50	256	146
2025	94	48	64	32	102	50	286	142
2026	104	44	66	28	112	48	310	134
2027	110	42	68	26	120	44	324	122
2028	110	36	70	22	126	42	332	108
2029	106	30	70	20	130	36	334	96
2030	96	24	70	18	132	32	338	84
2031			72	16	132	28	264	56
2032			70	14	132	24	262	50
2033			70	12	132	22	262	42
2034			66	10	130	18	256	36
2035			60	8	124	16	244	30
2036			52	6	120	12	230	24
2037			44	4	114	10	216	20
2038			36	2	102	8	194	16
2039			28	2	86	6	170	12
2040			20	2	70	4	142	8
现值合计		398		328		542		1440

根据上述资料分析如下:

(1) 根据表 7-9 中的数据,资产组 A 的未来现金流量现值即可回收金额为 398 万元,根据表 7-8 中的数据,资产组 A 的账面价值为 237.5 万元。由于资产组 A 的账面价值<可收回金额,因此,资产组 A 没有发生减值,分摊至资产组 A 的总部资产也未发生减值。

（2）根据表7-9中的数据,资产组B的未来现金流量现值即可回收金额为328万元,根据表7-8中的数据资产组B的账面价值为412.5万元。由于资产组B的账面价值＞可回收金额,所以资产组B发生减值,减值金额为412.5－328＝84.5（万元）。分摊至资产组B中的总部资产应分配的减值准备金额＝84.5×112.5÷412.5＝23.05（万元）。资产组B应分配的资产减值金额＝84.5－23.05＝61.45（万元）。

（3）根据表7-9中的数据资产组C的未来现金流量现值即可回收金额为542万元,根据表7-8中的数据资产组C的账面价值为550万元。由于资产组C的账面价值＞可回收金额,所以资产组C发生减值,减值金额＝550－542＝8（万元）。分摊至资产组C中的总部资产应分配的减值准备金额＝8×150÷550＝2.18（万元）。资产组C应分配的资产减值金额＝8－2.18＝5.82（万元）。

（4）经过上述减值测试后:

① 资产组A的账面价值＝200（万元）

② 资产组B的账面价值＝300－61.45＝238.55（万元）

③ 资产组C的账面价值＝400－5.82＝394.18（万元）

④ 办公大楼的账面价值＝300－（23.05＋2.18）＝274.77（万元）

⑤ 包含研发中心在内的最小资产组组合的账面价值＝200＋238.55＋394.18＋274.77＋100＝1207.5（万元）。包含研发中心在内的最小资产组组合的可回收金额＝1440（万元）。由于其账面价值＜可回收金额,所以无需进一步减值测试。

（5）会计分录如下（单位:万元）:

借:资产减值损失——B	61.45
——C	5.82
——办公大楼	25.23
贷:固定资产减值准备——B	61.45
——C	5.82
——办公大楼	25.23

第七章

同步练习

一、单项选择题

1. 2020 年 12 月 31 日,甲公司某项固定资产计提减值准备前的账面价值为 1000 万元,公允价值为 980 万元,预计处置费用为 80 万元,预计未来现金流量的现值为 1050 万元。2013 年 12 月 31 日,甲公司应对该项固定资产计提的减值准备为( )万元。

A. 0   B. 20   C. 50   D. 0.1

2. 2020 年 12 月 31 日,丁企业某项固定资产的公允价值为 1000 万元。预计处置费用为 100 万元,预计未来现金流量的现值为 960 万元。当日该项固定资产的可收回金额为( )万元。

A. 860   B. 900   C. 960   D. 1000

3. 2020 年 2 月 1 日,乙公司以 2800 万元购入一项专门用于生产 H 设备的专利技术。该专利技术按产量进行摊销,预计净残值为零,预计该专利技术可用于生产 500 台 H 设备。乙公司 2020 年共生产 90 台 H 设备。2020 年 12 月 31 日,经减值测试,该专利技术的可收回金额为 2100 万元。不考虑增值税等相关税费及其他因素。乙公司 2020 年 12 月 31 日应该确认的资产减值损失金额为( )万元。

A. 700   B. 0   C. 196   D. 504

4. 2018 年 12 月 31 日,丙公司一台原价为 500 万元、已计提折旧 210 万元、已计提减值准备 20 万元的固定资产出现减值迹象。经减值测试,其未来税前和税后净现金流量的现值分别为 250 万元和 210 万元,公允价值减去处置费用后的净额为 240 万元。不考虑其他因素,2018 年 12 月 31 日,丙公司应为该固定资产计提减值准备的金额为( )万元。

A. 30   B. 20   C. 50   D. 0.6

5. 下列各项资产中,无论是否存在减值迹象,至少应于每年年度终了对其进行减值测试的是( )。

A. 商誉
B. 固定资产
C. 长期股权投资
D. 投资性房地产

6. 下列关于企业为固定资产减值测试目的预计未来现金流量的表述中,不正确的是( )。

A. 预计未来现金流量包括与所得税相关的现金流量
B. 预计未来现金流量应当以固定资产的当前状况为基础
C. 预计未来现金流量不包括与筹资活动相关的现金流量
D. 预计未来现金流量不包括与固定资产改良相关的现金流量

7. 下列关于固定资产减值的表述中,符合会计准则规定的是( )。

A. 预计固定资产未来现金流量应当考虑与所得税收付相关的现金流量
B. 固定资产的公允价值减去处置费用后的净额高于其账面价值,但预计未来现金流量现值低于其账面价值的,应当计提减值
C. 在确定固定资产未来现金流量现值时,应当考虑将来可能发生的与改良有关的预计现金流量的影响
D. 单项固定资产本身的可收回金额难以有效估计的,应当以其所在的资产组为基础确定可收回金额

8. 2018 年 12 月 31 日,甲公司以银行存款 12000 万元外购一栋写字楼并立即出租给乙公司使用,租期为 5 年,每年年末收取租金 1000 万元。该写字楼的预计使用年限为 20 年,预计净残值为零,采用年限平均法计提折旧。甲公司对投资性房地产采用成本模式进行后续计量。2019 年 12 月 31 日,该写字楼出现减值迹象,可收回金额为 11200 万元。不考虑其他因素,与该写字楼相关的交易或事项对甲公司 2019 年度营业利润的影响金额为( )万元。

A. 400   B. 800   C. 200   D. 1000

二、多项选择题

1. 下列资产中,资产减值损失一经确认,在以后会计期间不得转回的有( )。

A. 固定资产
B. 长期股权投资

C. 债权投资

D. 以成本模式计量的投资性房地产

2. 企业在资产减值测试时,下列各项关于预计资产未来现金流量的表述中,正确的有(　　)。

　　A. 包括资产处置时取得的净现金流量

　　B. 不包括与所得税收付有关的现金流量

　　C. 包括将来可能会发生的、尚未作出承诺的重组事项

　　D. 包括与资产改良支出有关的现金流量

3. 下列各项中,属于固定资产减值迹象的有(　　)。

　　A. 固定资产将被闲置

　　B. 计划提前处置固定资产

　　C. 有证据表明资产已经陈旧过时

　　D. 企业经营所处的经济环境在当期发生重大变化且对企业产生不利影响

4. 下列关于资产减值测试时认定资产组的表述中,正确的有(　　)。

　　A. 资产组是企业可以认定的最小资产组合

　　B. 认定资产组应当考虑对资产的持续使用或处置的决策方式

　　C. 认定资产组应当考虑企业管理层管理生产经营活动的方式

　　D. 资产组产生的现金流入应当独立于其他资产或资产组产生的现金流入

5. 下列各项中,无论是否有确凿证据表明资产存在减值迹象,均应至少于每年年末进行减值测试的有(　　)。

　　A. 对联营企业的长期股权投资

　　B. 使用寿命不确定的专有技术

　　C. 非同一控制下企业合并产生的商誉

　　D. 以成本模式计量的投资性房地产

6. 下列各项中,影响企业使用寿命有限的无形资产计提减值准备金额的因素有(　　)。

　　A. 取得成本

　　B. 累计摊销额

　　C. 预计未来现金流量的现值

　　D. 公允价值减去处置费用后的净额

三、判断题

1. 固定资产的可收回金额,应当根据该资产的公允价值减去处置费用后的净额和未来现金流量现值两者之中的较低确定。(　　)

2. 资产组一经确定,在各个会计期间应当保持一致,不得随意变更。(　　)

3. 企业合并形成的商誉至少应当于每年年末进行减值测试。(　　)

4. 包含商誉的资产组发生的减值损失,应按商誉的账面价值和资产组内其他资产账面价值的比例进行分摊。(　　)

四、计算分析题

1. 丁公司拥有 A、B、C 三家工厂,分别位于国内、美国和英国,假定各工厂除生产设备外无其他固定资产,2020 年受国内外经济发展趋缓的影响,丁公司产品销量下降 30%,各工厂的生产设备可能发生减值,该公司 2020 年 12 月 31 日对其进行减值测试,有关资料如下:

(1) A 工厂负责加工半成品,年生产能力为 100 万件,完工后按照内部转移价格全部发往 B、C 工厂进行组装,但 B、C 工厂每年各自最多只能将其中的 60 万件半成品组装成最终产品,并各自负责其组装完工的产品于当地销售。丁公司根据市场需求的地区分布和 B、C 工厂的装配能力,将 A 工厂的半成品在 B、C 工厂之间进行分配。

(2) 12 月 31 日,A、B、C 工厂生产设备的预计尚可使用年限均为 8 年,账面价值分别为人民币 6000 万元、4800 万元和 5200 万元,以前年度均未计提固定资产减值准备。

(3) 由于半成品不存在活跃市场,A 工厂的生产设备无法产生独立的现金流量。12 月 31 日,估计该工厂生产设备的公允价值减去处置费用后的净额为人民币 5000 万元。

(4) 12 月 31 日,丁公司无法估计 B、C 工厂生产设备的公允价值减去处置费用后的净额以及未来现金流量的现值,也无法合理估计 A、B、C 三家工厂生产设备在总体上的公允价值减去处置费用后的净额,但根据未来 8 年最终产品的销量及恰当的折现率得到的预计未来现金流量的现值为人民币 13000 万元。

要求(答案中金额单位以万元表示):

(1) 为达到减值测试的目的,丁公司应当如何确认资产组? 请说明理由。

(2) 分析计算丁公司 2020 年 12 月 31 日对 A、B、C 三家工厂生产设备各应计提的减值准以及计提减值准备后的账面价值,请将相关计算过程的结果填列以下表格中。

项目	A工厂	B工厂	C工厂	丁公司
账面价值				
可收回金额				
总的减值损失				
减值损失分摊比例				
首次分摊的损失				
减值后的账面价值				
尚未分配的减值损失				
二次分摊比例				
二次分摊减值损失				
二次分摊后应确认减值损失总额				
二次分摊后账面价值				

（3）编制丁公司 2020 年 12 月 31 日对 A、B、C 三家工厂生产设备计提减值准备的会计分录。

2. 甲股份有限公司(本题下称"甲公司")系生产家用电器的上市公司，实行事业部制管理，有平板电视机、洗衣机、电冰箱三个事业部，分别生产不同的家用电器，每一事业部为一个资产组。甲公司有关总部资产以及平板电视机、洗衣机、电冰箱三个事业部的资料如下：

（1）甲公司的总部资产为一组服务器，至 2018 年年末，总部资产服务器的账面价值为 6000 万元，预计剩余使用年限为 16 年。服务器用于平板电视机、洗衣机、电冰箱三个事业部的行政管理，由于技术已经落后，其存在减值迹象。

（2）平板电视机资产组为一条生产线，该生产线由 A、B、C 三部机器组成。至 2018 年年末，A、B、C 机器的账面价值分别为 10000 万元、15000 万元、25000 万元，预计剩余使用年限均为 4 年。由于产品技术落后于其他同类产品，平板电视机资产组出现减值迹象。经对平板电视机资产组(包括分配的总部资产，下同)未来 4 年的现金流量进行预测并按适当的折现率折现后，甲公司预计平板电视机资产组未来现金流量现值为 42400 万元。甲公司无法合理预计平板电视机资产组公允价值减去处置费用后的净额，因 A、B、C 机器均无法单独产生现金流量，因此也无法预计 A、B、C 机器各自的未来现金流量现值。甲公司估计 A 机器公允价值减去处置费用后的净额为 9000 万

元，但无法估计 B、C 机器公允价值减去处置费用后的净额。

（3）洗衣机资产组为一条生产线，至 2018 年年末，该生产线的账面价值为 7500 万元，预计剩余使用年限为 16 年。洗衣机资产组未出现减值迹象。经对洗衣机资产组(包括分配的总部资产，下同)未来 16 年的现金流量进行预测并按适当的折现率折现后，甲公司预计洗衣机资产组未来现金流量现值为 13000 万元。甲公司无法合理预计洗衣机资产组公允价值减去处置费用后的净额。

（4）电冰箱资产组为一条生产线，至 2018 年年末，该生产线的账面价值为 10000 万元，预计剩余使用年限为 8 年。电冰箱资产组出现减值迹象。经对电冰箱资产组(包括分配的总部资产，下同)未来 8 年的现金流量进行预测并按适当的折现率折现后，甲公司预计电冰箱资产组未来现金流量现值为 10080 万元。甲公司无法合理预计电冰箱资产组公允价值减去处置费用后的净额。

（5）其他资料如下：

① 全部资产均采用年限平均法计提折旧，预计净残值均为零。

② 服务器按各资产组的账面价值和剩余使用年限加权平均计算的账面价值比例进行分配。除上述所给资料外，不考虑其他因素。

要求(答案中金额单位以万元表示)：

（1）计算甲公司 2018 年 12 月 31 日将总部资产服务器分配至平板电视机、洗衣机、电冰箱资产组的账面价值。

（2）计算各个资产组(包括分配的总部资产)应计提的减值准备，并计算各个资产组(不包括分配的总部资产)和总部资产服务器应分配的减值准备，编制总部资产减值的会计分录。

（3）计算分摊平板电视机资产组各资产的减值准备，并编制有关平板电视机资产组减值的会计分录。

3. 甲公司拥有一栋办公楼和 M、P、V 三条生产线，办公楼为与 M、P、V 生产线相关的总部资产。2019 年 12 月 31 日，办公楼、M、P、V 生产线的账面价值分别为 200 万元、80 万元、120 万元和 150 万元。2019 年 12 月 31 日，办公楼、M、P、V 生产线出现减值迹象，甲公司决定进行减值测试。办公楼无法单独进行减值测

试。M、P、V 生产线分别被认定为资产组。

资料一：2019 年 12 月 31 日，甲公司运用合理和一致的基础将办公楼账面价值分摊到 M、P、V 生产线的金额分别为 40 万元、60 万元和 100 万元。

资料二：2019 年 12 月 31 日，分摊了办公楼账面价值的 M、P、V 生产线的可收回金额分别为 140 万元、150 万元和 200 万元。

资料三：P 生产线由 E、F 两台设备构成，E、F 设备均无法产生单独的现金流量。2019 年 12 月 31 日，E、F 设备的账面价值分别为 48 万元

和 72 万元，甲公司估计 E 设备的公允价值和处置费用分别为 45 万元和 1 万元，F 设备的公允价值和处置费用均无法合理估计。

不考虑其他因素。

要求（答案中金额单位以万元表示）：

（1）分别计算分摊了办公楼账面价值的 M、P、V 生产线应确认减值损失的金额。

（2）计算办公楼应确认减值损失的金额，并编制相关会计分录。

（3）分别计算 P 生产线中 E、F 设备应确认减值损失的金额。

参考答案及解析

一、单项选择题

1.【答案】 A

【解析】 该固定资产公允价值减去处置费用后的净额＝980－80＝900（万元），未来现金流量现值为 1050 万元，可收回金额根据两者中较高者确定，所以可收回金额为 1050 万元，大于账面价值 1000 万元，表明该固定资产未发生减值，不需计提减值准备，选项 A 正确。

2.【答案】 C

【解析】 可收回金额为公允价值减去处置费用后的净额与预计未来现金流量的现值两者之间较高者确定，其中公允价值减去处置费用后的净额＝1000－100＝900（万元），预计未来现金流量现值 960 万元，所以该固定资产的可收回金额为 960 万元，选项 C 正确。

3.【答案】 C

【解析】 2020 年年末，该专利技术的账面价值＝2800－2800÷500×90＝2296（万元），应确认的资产减值损失金额＝2296－2100＝196（万元），选项 C 正确。

4.【答案】 B

【解析】 2018 年 12 月 31 日，丙公司该项固定资产账面价值＝500－210－20＝270（万元）。可收回金额按照预计未来现金流量现值和公允价值减去处置费用后的净额孰高确认，因计算资产未来现金流量现值时所使用的折现率应当反映当前市场货币时间价值和资产特定风险的税前利率，所以丙公司预计未来现

金流量现值为 250 万元，故可收回金额为 250 万元，账面价值大于可收回金额，丙公司应计提减值准备＝270－250＝20（万元）。

5.【答案】 A

【解析】 期末必须进行减值测试的资产有：①因企业合并形成的商誉；②使用寿命不确定的无形资产。对于这两类资产，无论是否存在减值迹象，都应当至少于每年年度终了进行减值测试。

6.【答案】 A

【解析】 企业为固定资产减值测试目的预计未来现金流量不应当包括筹资活动和与所得税收付有关的现金流量，因此选项 A 错误。

7.【答案】 D

【解析】 选项 A，预计固定资产未来现金流量时，不需要考虑与所得税收付相关的现金流量；选项 B，公允价值减去处置费用后的净额与预计未来现金流量现值中有一项高于资产账面价值，则不需计提减值；选项 C，在确定固定资产未来现金流量现值时，不需要考虑与改良有关的预计现金流量。

8.【答案】 C

【解析】 2019 年 12 月 31 日，在减值测试前投资性房地产的账面价值＝12000－12000÷20＝11400（万元），可收回金额为 11200 万元，应计提减值准备的金额＝11400－11200＝200（万元），与该写字楼相关的交易或事项对甲公司 2019 年度营业利润的影响金额＝租金收

入－折旧金额－减值的金额＝1000－12000÷20－200＝200（万元）。

二、多项选择题

1.【答案】 ABD

【解析】 选项 C,债权投资减值可通过信用减值损失转回。

2.【答案】 AB

【解析】 资产预计未来现金流量应当考虑的因素有:资产持续使用过程中预计产生的现金流入;实现资产持续使用过程中产生的现金流入所必需的预计现金流出;资产使用寿命结束时,处置资产所收到或者支付的净现金流量;预计资产未来现金流量不应当包括筹资活动和与所得税收付相关的现金流量。

3.【答案】 ABCD

4.【答案】 ABCD

5.【答案】 BC

【解析】 使用寿命不确定的无形资产和因企业合并所形成的商誉,无论是否存在减值迹象,都应当至少于每年年度终了进行减值测试。

6.【答案】 ABCD

【解析】 使用寿命有限的无形资产计提减值准备的金额＝减值测试前无形资产账面净值－无形资产可收回金额,减值测试前无形资产账面净值＝原值－累计折旧,无形资产可收回金额为预计未来现金流量现值与公允价值减去处置费用后的净额孰高计量,则选项 ABCD 均正确。

三、判断题

1.【答案】 ×

【解析】 固定资产可收回金额应当根据公允价值减去处置费用后的净额和未来现金流量的现值两者之中的较高者进行确认。

2.【答案】 √

3.【答案】 √

4.【答案】 ×

【解析】 包含商誉的资产组发生的减值损失,应先抵减分摊至资产组中商誉的账面价值。

四、计算分析题

1.【答案】 (1)丁公司应将工厂 A、B、C 认定为一个资产组。因为工厂 A、B、C 组成一个独立的产销单元,能够产生独立的现金流量,A 工厂生产的半成品全部发往 B、C 工厂组装,并不直接对外出售,且需在 B、C 工厂之间根据市场需求的地区分布和 B、C 工厂的装配能力进行分配。

(2)

项目	A工厂	B工厂	C工厂	丁公司
账面价值	6000	4800	5200	16000
可收回金额	5000			13000
总的减值损失				3000
减值损失分摊比例	37.5%	30%	32.5%	100%
首次分摊的损失	1000	900	975	2875
减值后的账面价值	5000	3900	4225	13125
尚未分配的减值损失	125			125
二次分摊比例	0	48%	52%	100%
二次分摊减值损失	0	60	65	125
二次分摊后应确认减值损失总额	1000	960	1040	3000
二次分摊后账面价值	5000	3840	4160	13000

(3)

借:资产减值损失　　　　　　3000
　　贷:固定资产减值准备
　　　　——A工厂　　　　　　　1000
　　　　——B工厂　　　　　　　　960
　　　　——C工厂　　　　　　　1040

2.【答案】 (1)由于平板电视机、洗衣机、电冰箱资产组的预计剩余使用年限分别为 4 年、16 年、8 年,因此应考虑时间权重,分别除以最大公约数 4,则权数是 1、4、2。

① 平板电视机资产组分摊的总部资产账面价值＝6000×[(50000×1)÷(50000×1+7500×4+10000×2)]＝3000(万元)

② 洗衣机资产组分摊的总部资产账面价值＝6000×[(7500×4)÷(50000×1+7500×4+10000×2)]＝1800(万元)

③ 电冰箱资产组分摊的总部资产账面价值＝6000×[(10000×2)÷(50000+7500×4+10000×2)]＝1200(万元)

(2)① 计算平板电视机资产组的减值准备。
平板电视机资产组(包括分配的总部资产)应计提的减值准备＝10000+15000+25000+3000－42400＝10600(万元)
平板电视机资产组(不包括总部资产)应计提的减值准备＝10600×[50000÷(50000+3000)]＝10000(万元)

总部资产服务器应计提的减值准备＝10600×[3000÷(50000＋3000)]＝600(万元)

② 计算洗衣机资产组的减值准备。

洗衣机资产组(包括分配的总部资产)的账面价值9300万元(7500＋1800),小于其可收回金额13000万元,无需计提资产减值准备。

③ 计算电冰箱资产组的减值准备。

电冰箱资产组(包括分配的总部资产)应计提的减值准备＝10000＋1200－10080＝1120(万元)

电冰箱资产组(不包括总部资产)应计提的减值准备＝1120×[10000÷(10000＋1200)]＝1000(万元)

总部资产(服务器)应计提的减值准备＝1120×[1200－(10000＋1200)]＝120(万元)。

④ 计算总部资产服务器应计提的减值准备。

总部资产服务器共应计提的减值准备＝600＋120＝720(万元)

借:资产减值损失 720
  贷:固定资产减值准备 720

(3) 由于平板电视机资产组应计提的减值准备为10000万元,应将该减值准备在A机器、B机器、C机器之间分配。

① A机器应计提的减值准备＝10000－9000＝1000(万元)。

如A机器按10000×[10000÷(10000＋15000＋25000)]计提减值准备,则减值准备为2000万元,在此情况下,A机器分配减值准备后的账面价值＝10000－2000＝8000(万元),小于其公允价值减去处置费用后的净额9000万元。

② B机器应计提的减值准备＝(10000－1000)×[15000÷(15000＋25000)]＝3375(万元)

③ C机器应计提的减值准备＝(10000－1000)×[25000÷(15000＋25000)]＝5625(万元)

借:资产减值损失——A机器 1000
     ——B机器 3375
     ——C机器 5625
  贷:固定资产减值准备
    ——A机器 1000
    ——B机器 3375
    ——C机器 5625

3.【答案】 (1) ① 将办公楼账面价值分摊到M生产线后账面价值＝80＋40＝120(万元),其可收回金额为140万元,账面价值小于可收回金额,没有发生减值,则分摊了办公楼账面价值的M生产线应确认减值损失的金额为0。

② 将办公楼账面价值分摊到P生产线后账面价值＝120＋60＝180(万元),其可收回金额为150万元,账面价值大于可收回金额,发生减值30万元(180－150),则分摊了办公楼账面价值的P生产线应确认减值损失的金额为30万元。

③ 将办公楼账面价值分摊到V生产线后账面价值＝150＋100＝250(万元),其可收回金额为200万元,账面价值大于可收回金额,发生减值50万元(250－200),则分摊了办公楼账面价值的V生产线应确认减值损失的金额为50万元。

(2) 将各资产组的减值金额在办公楼和各资产组之间分配:

P资产组减值金额分摊给办公楼的金额＝30×60÷180＝10(万元);

P资产组减值金额分摊给资产组的金额＝30×120÷180＝20(万元);

V资产组减值金额分摊给办公楼的金额＝50×100÷250＝20(万元);

V资产组减值金额分摊给资产组的金额＝50×150÷250＝30(万元);

综上所述,M资产组没有发生减值损失,P资产组发生减值损失20万元,V资产组发生减值损失30万元,办公楼发生减值损失＝10＋20＝30(万元)。

办公楼应确认减值损失的金额为30万元。

借:资产减值损失 30
  贷:固定资产减值准备 30

(3) 分摊了办公楼账面价值的P资产组减值金额分摊给资产组的金额＝30×120÷180＝20(万元);P生产线中E设备应分摊的减值损失的金额＝20×48÷(48＋72)＝8(万元),由于E设备的公允价值减去处置费用后的净额＝45－1＝44(万元),E设备最多能确认减值损失的金额＝48－44＝4(万元);P生产线中F设备应确认的减值损失的金额＝20－4＝16(万元)。

第八章
金融资产和金融负债

考 情 回 顾

本章近年考试平均分值为 12 分,各种题型均有涉及,计算题和综合题的考查形式比较多。本章是重点章节,复习难度较大,考生应关注金融资产分类、金融资产核算、金融资产重分类等内容的学习。

考 试 变 化

本章无实质性变化。

本 章 结 构

第一节　金融资产和金融负债的分类
第二节　金融资产和金融负债的确认和终止确认
第三节　金融资产和金融负债的计量

第一节 金融资产和金融负债的分类

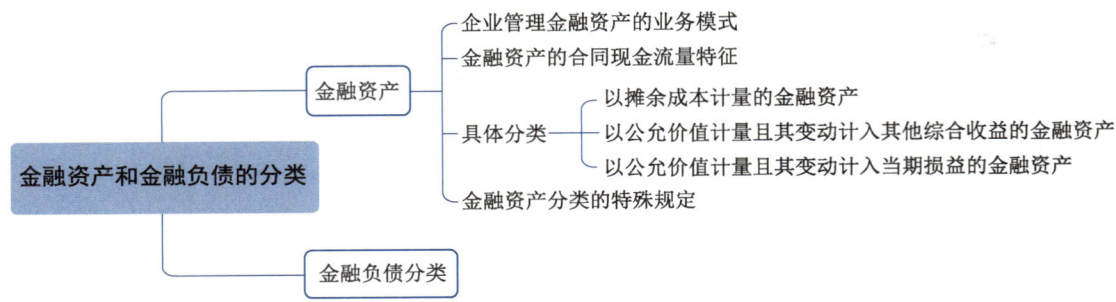

一、金融资产的分类 ★

金融工具是指形成一方的金融资产并形成其他方的金融负债或权益工具的合同。一般来说,金融工具包括金融资产、金融负债和权益工具。详见图8-1。

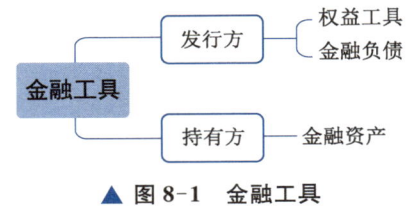

▲ 图8-1 金融工具

根据《企业会计准则第22号——金融工具确认和计量》,企业应当根据其管理金融资产的业务模式和金融资产的合同现金流量特征,将金融资产划分为以下三类:

(1)以摊余成本计量的金融资产。

(2)以公允价值计量且其变动计入其他综合收益的金融资产。

(3)以公允价值计量且其变动计入当期损益的金融资产。

(一)企业管理金融资产的业务模式

1. 业务模式评估

企业管理金融资产的业务模式,是指企业如何管理其金融资产以产生现金流量。业务模式决定企业所管理金融资产现金流量的来源是收取合同现金流量、出售金融资产还是两者兼有。

企业确定其管理金融资产的业务模式时,应当注意以下几个方面,如表8-1所示。

2. 以收取合同现金流量为目标的业务模式

在以收取合同现金流量为目标的业务模式下,企业管理金融资产旨在通过在金融资产存续期内收取合同付款来取得现金流量,而不是通过持有并出售金融资产产生整体回报。

表 8-1　企业确定其金融资产业务模式的注意点

注意点	示例
企业应当在金融资产组合的层次上确定管理金融资产的业务模式,而不必按照单个金融资产逐项确定业务模式。金融资产组合的层次应当反映企业管理该金融资产的层次。有些情况下,企业可能将金融资产组合分拆为更小的组合,以合理反映企业管理该金融资产的层次	企业购买一个抵押贷款组合,以收取合同现金流量为目标管理该组合中的一部分贷款,以出售为目标管理该组合中的其他贷款
一个企业可能会采用多个业务模式管理其金融资产	企业持有一组以收取合同现金流量为目标的投资组合,同时还持有另一组既以收取合同现金流量为目标又以出售该金融资产为目标的投资组合
企业应当以企业关键管理人员决定的对金融资产进行管理的特定业务目标为基础,确定管理金融资产的业务模式	—
企业的业务模式并非企业自愿指定的,而是一种客观事实,通常可以从企业为实现其目标而开展的特定活动中得以反映	—
企业不得以按照合理预期不会发生的情形为基础确定管理金融资产的业务模式	对于某金融资产组合,如果企业预期仅会在压力情形下将其出售,且企业合理预期该压力情形不会发生,则该压力情形不得影响企业对该类金融资产的业务模式的评估

案例 8-1

　　甲企业购买了一个贷款组合,且该贷款组合中包含了发生信用减值的贷款。如果贷款不能按时偿还,甲企业将通过各种方式尽可能实现合同现金流量,例如,通过邮件、电话或其他方式与借款人联系催款。同时,甲企业签订了一项利率互换合同,将贷款组合的利率由浮动利率转换为固定利率。

　　【分析】　本例中,甲企业管理该贷款组合的业务模式是以收取合同现金流量为目标。即使甲企业预期无法收取全部合同现金流量(部分贷款已发生信用减值),但并不影响其业务模式。此外,该企业签订利率互换合同也不影响贷款组合的业务模式。

　　3. 以收取合同现金流量和出售金融资产为目标的业务模式

　　在同时以收取合同现金流量和出售金融资产为目标的业务模式下,企业的关键管理人员认为收取合同现金流量和出售金融资产对于实现其管理目标而言都是不可或缺的。例如,企业的目标是管理日常流动性需求同时维持特定的收益率,或将金融资产的存续期与其相关负债的存续期进行匹配。与以收取合同现金流量为目标的业务模式相比,此业务模式涉及的出售通常频率更高、金额更大。因为出售金融资产是此业务模式的目标之一,在该业务模式下不存在出售金融资产的频率或者价值的明确界限。

案例 8-2

　　甲银行持有金融资产组合以满足其每日流动性需求。甲银行为了降低其管理流动性需求的成本,高度关注该金融资产组合的回报,包括收取的合同现金流量和出售金融资产的利得或损失。

　　【分析】　本例中,甲银行管理该金融资产组合的业务模式以收取合同现金流量和出售金融资产为目标。

4. 其他业务模式

如果企业管理金融资产的业务模式不是以收取合同现金流量为目标,也不是以收取合同现金流量和出售金融资产为目标,则该企业管理金融资产的业务模式是其他业务模式。例如,企业持有金融资产的目的是交易性的或者基于金融资产的公允价值作出决策并对其进行管理。在这种情况下,企业管理金融资产的目标是通过出售金融资产以取得现金流量。即使企业在持有金融资产的过程中会收取合同现金流量,企业管理金融资产的业务模式也不是以收取合同现金流量和出售金融资产为目标,因为收取合同现金流量对实现该业务模式目标来说只是附带性质的活动。

(二)金融资产的合同现金流量特征

金融资产的合同现金流量特征,是指金融工具合同约定的、反映相关金融资产经济特征的现金流量属性。如果一项金融资产在特定日期产生的合同现金流量仅为对本金和以未偿付本金金额为基础的利息的支付(即符合本金加利息的合同现金流量特征),则该金融资产的合同现金流量特征与基本借贷安排相一致。

本金是指金融资产在初始确认时的公允价值,本金金额可能因提前还款等原因在金融资产的存续期内发生变动。利息包括对货币时间价值、与特定时期未偿付本金金额相关的信用风险,以及其他基本借贷风险、成本和利润的对价。

案例 8-3

甲企业持有一项具有固定到期日且支付浮动市场利率的债券。合同规定了利率浮动的上限。对于固定利率或浮动利率特征的金融工具,只要利息反映了对货币时间价值、与特定时期未偿还本金金额相关的信用风险,以及其他基本借贷风险、成本和利润的对价,则其符本金加利息的合同现金流量特征。

【分析】 本例中,合同条款设定利率上限,可以看作是固定利率和浮动利率相结合的工具,通过合同设定利率上限降低合同现金流量的波动性。

(三)金融资产的具体分类

金融资产的具体分类如表 8-2 所示。

表 8-2 金融资产的具体分类

分类	条件(同时符合)
以摊余成本计量的金融资产	① 企业管理该金融资产的业务模式是以收取合同现金流量为目标 ② 该金融资产的合同条款规定,在特定日期产生的现金流量,仅为对本金和以未偿付本金金额为基础的利息的支付
以公允价值计量且其变动计入其他综合收益的金融资产	① 企业管理该金融资产的业务模式,既以收取合同现金流量为目标又以出售该金融资产为目标 ② 该金融资产的合同条款规定,在特定日期产生的现金流量,仅为对本金和以未偿付本金金额为基础的利息的支付
以公允价值计量且其变动计入当期损益的金融资产	按照上述分类为以摊余成本计量的金融资产和以公允价值计量且其变动计入其他综合收益的金融资产之外的金融资产 提示▶在初始确认时,如果能够消除或显著减少会计错配,企业可以将金融资产指定为以公允价值计量且其变动计入当期损益的金融资产。该指定一经作出,不得撤销

第八章

案例8-4

甲企业在销售中通常会给予客户一定的信用期。为了盘活存量资产,提高资金使用效率,甲企业与银行签订应收账款无追索权保理总协议。银行向甲企业一次性授信10亿元人民币,甲企业可以在需要时随时向银行出售应收账款。历史上,甲企业频繁向银行出售应收账款,且出售金额重大,上述出售满足终止确认的规定。

【分析】 本例中,应收账款的业务模式符合既以收取合同现金流量为目标又以出售该金融资产为目标的条件,且该应收账款符合本金加利息的合同现金流量特征,因此应当分类为以公允价值计量且其变动计入其他综合收益的金融资产。

(四)金融资产分类的特殊规定

权益工具投资一般不符合本金加利息的合同现金流量特征,因此应当分类为以公允价值计量且其变动计入当期损益的金融资产。然而在初始确认时,企业可以将非交易性权益工具投资指定为以公允价值计量且其变动计入其他综合收益的金融资产,并按照规定确认股利收入。该指定一经作出不得撤销。

金融资产或金融负债满足下列条件之一的,表明企业持有该金融资产或承担该金融负债的目的是交易性的:

(1)取得相关金融资产或承担相关金融负债的目的,主要是为了近期出售或回购。

(2)相关金融资产或金融负债在初始确认时属于集中管理的可辨认金融工具组合的一部分,且有客观证据表明近期实际存在短期获利目的。

(3)相关金融资产或金融负债属于衍生工具。但符合财务担保定义的衍生工具以及被指定为有效套期工具的衍生工具除外。

金融资产的分类详见图8-2。

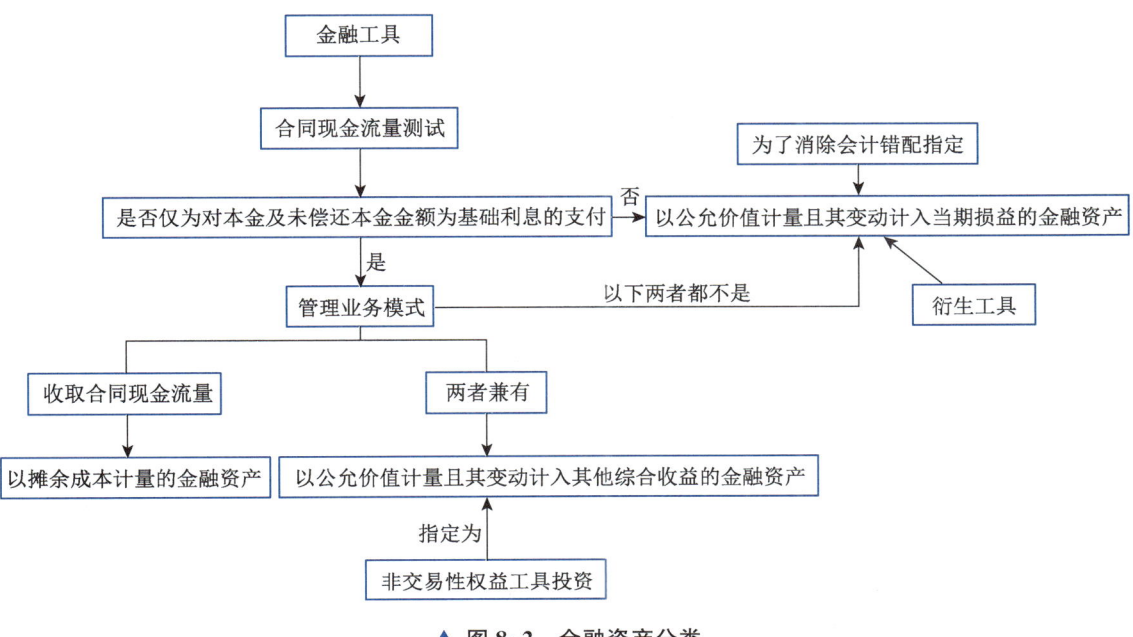

▲ 图8-2 金融资产分类

·易错易混点·

① 权益工具一般分类为第三类（以公允价值计量且其变动计入当期损益的金融资产，下同），非交易性权益工具指定为第二类（以公允价值计量且其变动计入其他综合收益的金融资产，下同），这属于特殊分类。

② 第一类（以摊余成本计量的金融资产）、第二类为债务工具，第三类也可能是债务工具。

③ 指定为第二类、第三类的特殊情况，一经指定不能撤销，也就意味着不可以重分类。

【例题8-1 单选题】(2019年真题)　甲公司对其购入债券的业务管理模式是以收取合同现金流量为目标。该债券的合同条款规定，在特定日期产生的现金流量，仅为对本金和以未偿还本金金额为基础的利息的支付。不考虑其他因素，甲公司应将该债券投资分类为（　　）。

A. 其他货币资金

B. 以公允价值计量且其变动计入当期损益的金融资产

C. 以公允价值计量且其变动计入其他综合收益的金融资产

D. 以摊余成本计量的金融资产

【答案】　D

【名师点睛】　企业管理金融资产的业务模式是以收取合同现金流量为目标，合同条款规定仅为对本金和以未偿付本金金额为基础的利息支付的金融资产，应该划分为以摊余成本计量的金融资产。

二、 金融负债的分类★

除下列各项外，企业应当将金融负债分类为以摊余成本计量的金融负债。

（1）以公允价值计量且其变动计入当期损益的金融负债，包括交易性金融负债（含属于金融负债的衍生工具）和指定为以公允价值计量且其变动计入当期损益的金融负债。

（2）不符合终止确认条件的金融资产转移或继续涉入被转移金融资产所形成的金融负债。

（3）不属于上述1或2情形的财务担保合同，以及不属于以公允价值计量且其变动计入当期损益的金融负债的、以低于市场利率贷款的贷款承诺。

在非同一控制下的企业合并中，企业作为购买方确认的或有对价形成的金融负债的，该金融负债应当按照以公允价值计量且其变动计入当期损益金融负债进行会计处理。

提示▶企业对金融负债的分类一经确定，不得变更。

【例题8-2 判断题】(2019年真题)　在特定条件下，企业可以将以公允价值计量且其变动计入当期损益的金融负债重分类为以摊余成本计量的金融负债。（　　）

【答案】　×

第二节　金融资产和金融负债的确认和终止确认

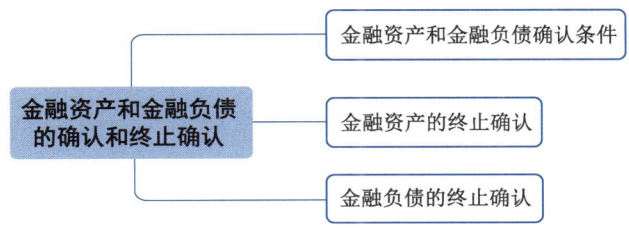

一、金融资产和金融负债确认条件

企业在成为金融工具合同的一方时,应当确认一项金融资产或金融负债。当企业尚未成为合同一方时,即使企业已有计划在未来交易,不管其发生的可能性有多大,都不是企业的金融资产或金融负债。

二、金融资产的终止确认

1. 金融资产满足下列条件之一的,应当终止确认:

(1) 收取该金融资产现金流量的合同权利终止。

(2) 该金融资产已转移,且该转移满足《企业会计准则第 23 号——金融资产转移》关于金融资产终止确认的规定。

2. 金融资产的一部分满足下列条件之一的,企业应当将终止确认的规定适用于该金融资产部分,除此之外,企业应当将终止确认的规定适用于该金融资产整体:

(1) 该金融资产部分仅包括金融资产所产生的特定可辨认现金流量。

(2) 该金融资产部分仅包括与该金融资产所产生的全部现金流量完全成比例的现金流量部分。

(3) 该金融资产部分仅包括与该金融资产所产生的特定可辨认现金流量完全成比例的现金流量部分。

三、金融负债的终止确认

金融负债终止确认,是指企业将之前确认的金融负债从其资产负债表中予以转出。金融负债(或其一部分)的现实义务已经解除,企业应当终止确认该金融负债(或该部分金融负债)。

案例 8-5

甲企业因购买商品于 2018 年 3 月 1 日确认了一项应付账款 1000 万元。按合同约定,甲企业于 2018 年 4 月 1 日支付银行存款 1000 万元解除了相关现实义务,为此,甲企业应将应付账款 1000 万元终止确认。如果按合同规定,该货款应于 2018 年 4 月 1 日、4 月 30 日分两次等额清偿。那么,甲企业应在 4 月 1 日支付银行存款 500 万元时终止确认应付账款 500 万元,在 4 月 30 日支付剩余的货款 500 万元时终止确认剩余的应付账款 500 万元。

第三节　金融资产和金融负债的计量

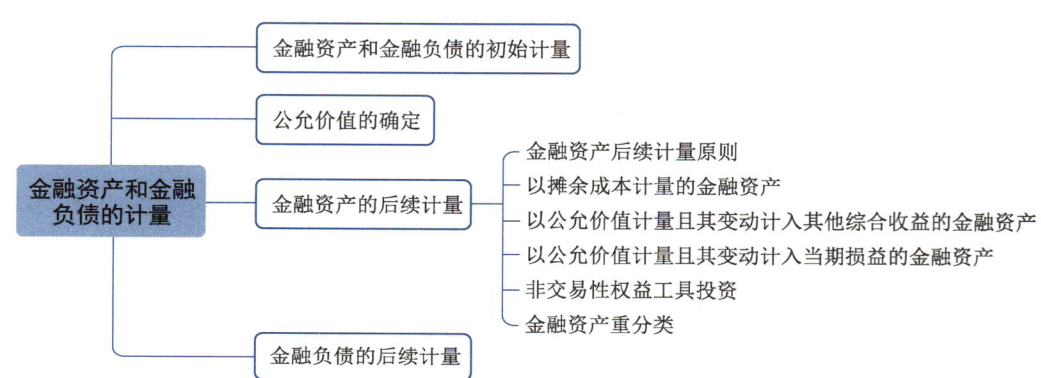

一、金融资产和金融负债的初始计量★★

企业初始确认金融资产或金融负债,应当按照公允价值计量。对于以公允价值计量且其变动计入当期损益的金融资产和金融负债,相关交易费用应当直接计入当期损益(投资收益);对于其他类别的金融资产或金融负债,相关交易费用应当计入初始确认金额。

企业取得金融资产所支付的价款中包含的已宣告但尚未发放的现金股利或已到付息期但尚未领取的利息,应当单独确认为应收项目处理。

二、公允价值的确定

公允价值,是指市场参与者在计量日发生的有序交易中,出售一项资产所能收到或者转移一项负债所需支付的价格。

企业应当将公允价值计量所使用的输入值划分为三个层次,并首先使用第一层次输入值,其次使用第二层次输入值,最后使用第三层次输入值。

(一)第一层次输入值

第一层次输入值是在计量日能够取得的相同资产或负债在活跃市场上未经调整的报价。活跃市场,是指相关资产或负债交易量和交易频率足以持续提供定价信息的市场。在活跃市场中交易对象具有同质性,可随时找到自愿交易的买方和卖方,且市场价

第八章

格信息是公开的。

(二) 第二层次输入值

第二层次输入值是除第一层次输入值外相关资产或负债直接或间接可观察的输入值。对于具有合同期限等具体期限的金融资产,第二层次输入值应当在几乎整个期限内是可观察的。第二层次输入值包括:

(1) 活跃市场中类似金融资产的报价。

(2) 非活跃市场中相同或类似金融资产的报价。

(3) 除报价以外的其他可观察输入值,包括在正常报价间隔期间可观察的利率和收益率曲线、隐含波动率和信用利差等。

(4) 市场验证的输入值等,是指通过相关性分析或其他手段获得的主要来源于可观察市场数据或者经过可观察市场数据验证的输入值。

(三) 第三层次输入值

第三层次输入值是相关资产或负债的不可观察输入值,主要包括不能直接观察和无法由可观察市场数据验证的利率、股票波动率、企业使用自身数据做出的财务预测等。

企业只有在金融资产不存在市场活动或者市场活动很少导致相关可观察输入值无法取得或取得不切实可行的情况下,才能使用第三层次输入值,即不可观察输入值。

三、 金融资产的后续计量 ★★★

(一) 金融资产后续计量原则

金融资产的后续计量与金融资产的分类密切相关。企业应当对不同类别的金融资产,分别以摊余成本、以公允价值计量且其变动计入其他综合收益或以公允价值计量且其变动计入当期损益进行后续计量。

(二) 以摊余成本计量的金融资产的会计处理

1. 实际利率法

实际利率法,是指计算金融资产或金融负债的摊余成本以及将利息收入或利息费用分摊计入各会计期间的方法。

实际利率,是指将金融资产或金融负债在预计存续期的估计未来现金流量,折现为该金融资产账面余额(不考虑减值)或该金融负债摊余成本所使用的利率。

2. 摊余成本

金融资产或金融负债的摊余成本,应当以该金融资产或金融负债的初始确认金额经下列调整后的结果确定:

(1) 扣除已偿还的本金。

(2) 加上或减去采用实际利率法将该初始确认金额与到期日金额之间的差额进行摊销形成的累计摊销额。

(3) 扣除计提的累计信用减值准备(仅适用于金融资产)。

(4) 摊余成本公式。

期末摊余成本＝期初摊余成本＋投资收益－现金流入－已偿还本金－信用减值准备

投资收益＝期初摊余成本×实际利息率

应收利息(现金流入)＝债券面值×票面利率

企业对以摊余成本计量的金融资产和以公允价值计量且其变动计入其他综合收益的金融资产计提信用减值准备时,应当采用预期信用损失法。在预期信用损失法下,减值准备的计提不以减值的实际发生为前提,而是以未来可能的违约事件造成的损失的期望值来计量当前(资产负债表日)应当确认的减值准备。

案例 8-6

甲公司是一家制造业企业,其经营地域单一且固定。2017 年,甲公司应收账款合计为 30000000 元。考虑到客户群由众多小客户构成,甲公司根据代表偿付能力的客户共同风险特征对应收账款进行分类。上述应收账款分类为以摊余成本计量的金融资产,不包含重大融资成分。

甲公司使用逾期天数和违约损失率对照表如表 8-3 所示,确定该应收账款组合的预期信用损失。对照表以此类应收账款预计存续期的历史违约损失率为基础,并根据前瞻性估计予以调整。在每个资产负债表日,甲公司都将分析前瞻性估计的变动,并据此对历史违约损失率进行调整。本例中,假定下一年的经济情况预期将恶化。

表 8-3 甲公司的逾期天数与违约损失率对照表

逾期情况	未逾期	逾期 1~30 日	逾期 31~60 日	逾期 61~90 日	逾期>90 日
违约损失率(%)	0.3	1.6	3.6	6.6	10.6

【分析】 资产负债表日,甲公司应计提的坏账准备如表 8-4 所示。

表 8-4 甲公司应计提的坏账准备

逾期情况	账面余额(A)(元)	违约损失率(B)(%)	按整个存续期内预期信用损失确认的损失准备(C=A×B)(元)
未逾期	15000000	0.3	45000
逾期 1~30 日	7500000	1.6	120000
逾期 31~60 日	4000000	3.6	144000
逾期 61~90 日	2500000	6.6	165000
逾期>90 日	1000000	10.6	106000
合计	30000000	—	580000

【例题 8-3 判断题】(2020 年真题) 企业应当采用预期信用损失法对以摊余成本计量的金融资产计提信用减值准备。( )

【答案】 √

考试方向 考查预期信用损失法的处理规则。

3. 具体会计处理

(1) 取得债权投资时:

借:债权投资——成本(核算债券面值)
　　　　——利息调整(或者贷)
　　应收利息(价格中包含的已到付息期但尚未领取的债券利息)
　　贷:银行存款

（2）资产负债表日计算利息：

借：应收利息（分期付息债券，按票面利率与面值计算的利息）

债权投资——应计利息（到期时一次还本付息债券，按票面利率与面值计算的利息）

贷：投资收益（摊余成本×实际利率）

债权投资——利息调整（差额，也可能在借方）

（3）处置债权投资时：

借：银行存款

债权投资减值准备

贷：债权投资（"成本""利息调整"明细科目余额）

投资收益（差额，也可能在借方）

（4）到期收回本息：

借：银行存款

贷：债权投资——成本

——应计利息（一次还本付息债券利息）

案例 8-7

2016 年 1 月 1 日，甲公司支付价款 1000 万元（含交易费用）从上海证券交易所购入乙公司同日发行的 5 年期公司债券 12500 份，债券票面价值总额为 1250 万元，票面年利率为 4.72%，于年末支付本年度债券利息（即每年利息为 59 万元），本金在债券到期时一次性偿还。合同约定，该债券的发行方在遇到特定情况时可以将债券赎回，且不需要为提前赎回支付额外款项。甲公司在购买该债券时，预计发行方不会提前赎回。甲公司根据其管理该债券的业务模式和该债券的合同现金流量特征，将该债券分类为以摊余成本计量的金融资产。

情形一：

假定不考虑所得税、减值损失等因素，计算该债券的实际利率 r：

$59 \times (1+r)^{-1} + 59 \times (1+r)^{-2} + 59 \times (1+r)^{-3} + 59 \times (1+r)^{-4} + (59+1250) \times (1+r)^{-5} = 1000$，采用插值法，计算得出 r = 10%。

关于甲公司的相关数据如表 8-5 所示：

表 8-5   单位：万元

日期	期初摊余成本（A）	实际利息收入（B=A×10%）	现金流入	期末摊余成本（D=A+B−C）
2016 年	1000	100	59	1041
2017 年	1041	104	59	1086
2018 年	1086	109	59	1136
2019 年	1136	114	59	1191
2020 年	1191	118[①]	1309	0

注：①尾数调整：1250+59−1191=118（万元）

根据表 8-5 中的数据，甲公司的有关账务处理如下：

（1）2016 年 1 月 1 日，购入乙公司债券：

借：债权投资——成本　　　　　　　　　　　　　　　　　　12500000

贷：银行存款　　　　　　　　　　　　　　　　　　10000000

债权投资——利息调整　　　　　　　　　　　　2500000

（2）2016 年 12 月 31 日,确认乙公司债券实际利息收入、收到债券利息:

借:应收利息	590000	
债权投资——利息调整	410000	
贷:投资收益		1000000

| 借:银行存款 | 590000 | |
| 　　贷:应收利息 | | 590000 |

（3）2017 年 12 月 31 日,确认乙公司债券实际利息收入、收到债券利息:

借:应收利息	590000	
债权投资——利息调整	450000	
贷:投资收益		1040000

| 借:银行存款 | 590000 | |
| 　　贷:应收利息 | | 590000 |

（4）2018 年 12 月 31 日,确认乙公司债券实际利息收入、收到债券利息:

借:应收利息	590000	
债权投资——利息调整	500000	
贷:投资收益		1090000

| 借:银行存款 | 590000 | |
| 　　贷:应收利息 | | 590000 |

（5）2019 年 12 月 31 日,确认乙公司债券实际利息收入、收到债券利息:

借:应收利息	590000	
债权投资——利息调整	550000	
贷:投资收益		1140000

| 借:银行存款 | 590000 | |
| 　　贷:应收利息 | | 590000 |

（6）2020 年 12 月 31 日,确认乙公司债券实际利息收入、收到债券利息和本金:

借:应收利息	590000	
债权投资——利息调整	590000	
贷:投资收益		1180000

| 借:银行存款 | 590000 | |
| 　　贷:应收利息 | | 590000 |

| 借:银行存款 | 12500000 | |
| 　　贷:债权投资——成本 | | 12500000 |

情形二:

假定在 2018 年 1 月 1 日,甲公司预计本金的一半(即 625 万元)将会在该年年末收回,而其余的一半将于 2020 年年末付清。遇到这种情况时,甲公司应当调整 2018 年年初的摊余成本,计入当期损益;调整时采用最初确定的实际利率。据此,调整表 8-5 中相关数据后如表 8-6 所示。

表 8-6 单位：万元

日期	期初摊余成本 （A）	实际利息收入 （B＝A×10%）	现金流入 （C）	期末摊余成本 （D＝A＋B－C）
2016 年	1000	100	59	1041
2017 年	1041	104	59	1086
2018 年	1139①	114	684	569
2019 年	569	57	30②	596
2020 年	596	59③	655	0

注：① $(625+59)\times(1+10\%)^{-1}+30\times(1+10\%)^{-2}+(625+30)\times(1+10\%)^{-3}=1139$（万元）（四舍五入）；
② $625\times4.72\%=30$（万元）（四舍五入）；③ $625+30-596=59$（万元）（四舍五入）。

根据上述调整，甲公司的账务处理如下：

（1）2018 年 1 月 1 日，调整期初账面余额：

借：债权投资——利息调整 （11390000－10860000）530000
　　贷：投资收益 530000

（2）2018 年 12 月 31 日，确认实际利息、收回本金等：

借：应收利息 590000
　　债权投资——利息调整 550000
　　贷：投资收益 1140000

借：银行存款 590000
　　贷：应收利息 590000

借：银行存款 6250000
　　贷：债权投资——成本 6250000

（3）2019 年 12 月 31 日，确认实际利息收入等：

借：应收利息 300000
　　债权投资——利息调整 270000
　　贷：投资收益 570000

借：银行存款 300000
　　贷：应收利息 300000

（4）2020 年 12 月 31 日，确认实际利息收入、收回本金等：

借：应收利息 300000
　　债权投资——利息调整 290000
　　贷：投资收益 590000

借：银行存款 300000
　　贷：应收利息 300000

借：银行存款 6250000
　　贷：债权投资——成本 6250000

情形三：

假定甲公司购买的乙公司债券不是分次付息，而是到期一次还本付息，且利息不是以复利计算。此时，甲公司所买乙公司债券的实际利率 r 计算如下：

$(59+59+59+59+59+1250)\times(1+r)^{-5}=1000（万元）$，由此计算得出 r＝9.05%。

据此，调整表 8-5 中相关数据后如表 8-7 所示。

表 8-7 单位：万元

日期	期初摊余成本 （A）	实际利息收入 （B＝A×9.05%）	现金流入 （C）	期末摊余成本 （D＝A＋B－C）
2016 年	1000	90.50	0	1090.50
2017 年	1090.5	98.69	0	1189.19
2018 年	1189.19	107.62	0	1296.81
2019 年	1296.81	117.36	0	1414.17
2020 年	1414.17	130.83①	1545	0

注：①尾数调整：1250＋295－1414.17＝130.83（万元）

根据表 8-7 中的数据，甲公司有关账务处理如下：

（1）2016 年 1 月 1 日，购入乙公司债券：

借：债权投资——成本　　　　　　　　　　　12500000
　　贷：银行存款　　　　　　　　　　　　　10000000
　　　　债权投资——利息调整　　　　　　　2500000

（2）2016 年 12 月 31 日，确认乙公司债券实际利息收入：

借：债权投资——应计利息　　　　　　　　　590000
　　　　　　——利息调整　　　　　　　　　315000
　　贷：投资收益　　　　　　　　　　　　　905000

（3）2017 年 12 月 31 日，确认乙公司债券实际利息收入：

借：债权投资——应计利息　　　　　　　　　590000
　　　　　　——利息调整　　　　　　　　　396900
　　贷：投资收益　　　　　　　　　　　　　986900

（4）2018 年 12 月 31 日，确认乙公司债券实际利息收入：

借：债权投资——应计利息　　　　　　　　　590000
　　　　　　——利息调整　　　　　　　　　486200
　　贷：投资收益　　　　　　　　　　　　　1076200

（5）2019 年 12 月 31 日，确认乙公司债券实际利息收入：

借：债权投资——应计利息　　　　　　　　　590000
　　　　　　——利息调整　　　　　　　　　583600
　　贷：投资收益　　　　　　　　　　　　　1173600

（6）2020 年 12 月 31 日，确认乙公司债券实际利息收入、收回债券本金和票面利息：

```
借：债权投资——应计利息                              590000
            ——利息调整                             718300
    贷：投资收益                                            1308300
借：银行存款                                       15450000
    贷：债权投资——成本                                    12500000
            ——应计利息                                    2950000
```

（三）以公允价值计量且其变动计入其他综合收益的金融资产的会计处理

以公允价值计量且其变动计入其他综合收益的金融资产所产生的所有利得或损失，除减值损失或利得和汇兑损益之外，均应当计入其他综合收益，直至该金融资产终止确认或被重分类。但是，采用实际利率法计算的该金融资产的利息应当计入当期损益。该金融资产计入各期损益的金额应当与视同其一直按摊余成本计量而计入各期损益的金额相等。该金融资产终止确认时，之前计入其他综合收益的累计利得或损失应当从其他综合收益中转出，计入当期损益。相关账务处理如下：

1. 企业取得金融资产

借：其他债权投资——成本（面值）
            ——利息调整（差额，也可能在贷方）
    应收利息（已到付息期但尚未领取的利息）
    贷：银行存款等

2. 资产负债表日计算利息

借：应收利息（分期付息债券按票面利率计算的利息）
    其他债权投资——应计利息（到期时一次还本付息债券按票面利率计算的利息）
    贷：投资收益（摊余成本×实际利率计算确定的利息收入）
        其他债权投资——利息调整（差额，也可能在借方）

3. 资产负债表日公允价值正常变动

借（贷）：其他债权投资——公允价值变动
        贷（借）：其他综合收益——其他债权投资公允价值变动

4. 其他债权投资发生信用减值

借：信用减值损失
    贷：其他综合收益——信用减值准备

5. 出售其他债权投资

借：银行存款等
    贷：其他债权投资——成本/公允价值变动
        投资收益（差额，也可能在借方）

同时：

借（贷）：其他综合收益——其他债权投资公允价值变动
        贷（借）：投资收益

借：其他综合收益——信用减值准备

　　贷：投资收益

案例8-8

2013年1月1日，甲公司支付价款1000万元（含交易费用）从上海证券交易所购入乙公司同日发行的5年期公司债券12500份，债券票面价值总额为1250万元，票面年利率为4.72％，于年末支付本年度债券利息（即每年利息为59万元），本金在债券到期时一次偿还。合同约定，该债券的发行方在遇到特定情况时可以将债券赎回，且不需要为提前赎回支付额外款项。甲公司在购买该债券时，预计发行方不会提前赎回，甲公司根据其管理该债券的业务模式和该债券的合同现金流量特征，将该债券分类为以公允价计量且其变动计入其他综合收益的金融资产。其他资料如下：

（1）2016年12月31日，乙公司债券的公允价值为1200万元（不含利息）。

（2）2017年12月31日，乙公司债券的公允价值为1300万元（不含利息）。

（3）2018年12月31日，乙公司债券的公允价值为1250万元（不含利息）。

（4）2019年12月31日，乙公司债券的公允价值为1200万元（不含利息）。

（5）2020年1月20日，通过上海证券交易所出售了乙公司债券12500份，取得价款1260万元。

【分析】假定不考虑所得税、减值损失等因素，计算该债券的实际利率r：

$59 \times (1+r)^{-1} + 59 \times (1+r)^{-2} + 59 \times (1+r)^{-3} + 59 \times (1+r)^{-4} + (59+1250) \times (1+r)^{-5} = 1000$（万元），采用插值法，计算得出r＝10％。

甲公司相关数据如表8-8所示。

表8-8　　　　　　　　　　　　　　　　单位：万元

日期	现金流入（A）	实际利息收入（B＝期初D×10%）	已收回的本金（C＝A－B）	摊余成本余额（D＝期初D－C）	公允价值（E）	公允价值变动额（F＝E－D－期初G）	公允价值变动累计金额（G＝期初G＋F）
2016年1月1日				1000	1000	0	0
2016年12月31日	59	100	−41	1041	1200	159	159
2017年12月31日	59	104	−45	1086	1300	55	214
2018年12月31日	59	109	−50	1136	1250	−100	114
2019年12月31日	59	113	−54	1190	1200	−104	10

根据表8-8中的数据，甲公司的有关财务处理如下。

（1）2016年1月1日，购入乙公司债券：

借：其他债权投资——成本　　　　　　　　　　　　　　　　　　12500000

　　贷：银行存款　　　　　　　　　　　　　　　　　　　　　　10000000

　　　　其他债权投资——利息调整　　　　　　　　　　　　　　 2500000

（2）2016 年 12 月 31 日，确认乙公司债券实际利息收入、公允价值变动，收到债券利息：

　　借：应收利息 590000
　　　　其他债权投资——利息调整 410000
　　　　贷：投资收益 1000000

　　借：银行存款 590000
　　　　贷：应收利息 590000

　　借：其他债权投资——公允价值变动 1590000
　　　　贷：其他综合收益——其他债权投资公允价值变动 1590000

（3）2017 年 12 月 31 日，确认乙公司债券实际利息收入、公允价值变动，收到债券利息：

　　借：应收利息 590000
　　　　其他债权投资——利息调整 450000
　　　　贷：投资收益 1040000

　　借：银行存款 590000
　　　　贷：应收利息 590000

　　借：其他债权投资——公允价值变动 550000
　　　　贷：其他综合收益——其他债权投资公允价值变动 550000

（4）2018 年 12 月 31 日，确认乙公司债券实际利息收入、公允价值变动，收到债券利息：

　　借：应收利息 590000
　　　　其他债权投资——利息调整 500000
　　　　贷：投资收益 1090000

　　借：银行存款 590000
　　　　贷：应收利息 590000

　　借：其他综合收益——其他债权投资公允价值变动 1000000
　　　　贷：其他债权投资——公允价值变动 1000000

（5）2019 年 12 月 31 日，确认乙公司债券实际利息收入、公允价值变动，收到债券利息：

　　借：应收利息 590000
　　　　其他债权投资——利息调整 540000
　　　　贷：投资收益 1130000

　　借：银行存款 590000
　　　　贷：应收利息 590000

　　借：其他综合收益——其他债权投资公允价值变动 1040000
　　　　贷：其他债权投资——公允价值变动 1040000

（6）2020 年 1 月 20 日,确认出售乙公司债券实现的损益:

"利息调整"科目余额＝2500000－410000－450000－500000－540000＝600000(元)

"公允价值变动"科目余额＝1590000＋550000－1000000－1040000＝100000(元)

借：银行存款 12600000
　　其他债权投资——利息调整 600000
　　　贷：其他债权投资——成本 12500000
　　　　　　　　　　——公允价值变动 100000
　　　　投资收益 600000

借：其他综合收益——其他债权投资公允价值变动 100000
　　　贷：投资收益 100000

案例 8-9

甲公司与 2017 年 12 月 15 日购入一项公允价值为 1000 万元的债务工具,分类为以公允价值计量且其变动计入其他综合收益的金融资产。该工具合同期限为 10 年,年利率为 5％,实际利率也为 5％。2017 年 12 月 31 日,由于市场利率变动,该债务工具的公允价值跌至 950 万元,甲公司计提信用减值损失 30 万元。为简化起见,本例不考虑利息。2018 年 1 月 1 日,甲公司决定以当日的公允价值 950 万元出售该债务工具。（假定不考虑其他因素）

【分析】　甲公司的相关账务处理如下（单位：元）：

（1）购入该工具时：

借：其他债权投资——成本 10000000
　　　贷：银行存款 10000000

（2）2017 年 12 月 31 日：

① 其他债权投资发生公允价值变动：

借：其他综合收益——其他债权投资公允价值变动 500000
　　　贷：其他债权投资——公允价值变动 500000

② 其他债权投资发生信用减值：

借：信用减值损失 300000
　　　贷：其他综合收益——信用减值准备 300000

甲公司在其 2017 年度财务报表中披露该工具累计减值 30 万元。

（3）2018 年 1 月 1 日：

借：银行存款 9500000
　　其他债权投资——公允价值变动 500000
　　　贷：其他债权投资——成本 10000000

同时：

借：其他综合收益——信用减值损失 300000
　　投资收益 200000
　　　贷：其他综合收益——其他债权投资公允价值变动 500000

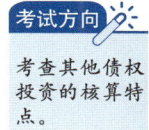

·易错易混点·

① 分类为以公允价值计量且其变动计入其他综合收益的金融资产,在资产负债表日的账面价值即为其资产负债表日的公允价值。

② 分类为以公允价值计量且其变动计入其他综合收益的金融资产公允价值发生信用减值,计入其他综合收益不影响该资产在资产负债表日的账面价值。

考试方向
考查其他债权投资的核算特点。

【例题 8-4 单选题】(2019 年真题) 2018 年 1 月 1 日,甲公司以银行存款 1100 万元购入乙公司当日发行的 5 年期债券,该债券的面值为 1000 万元票面年利率为 10%,每年年末支付当年利息,到期偿还债券面值。甲公司将该债券投资分类为以公允价值计量且其变动计入其他综合收益的金融资产,该债券投资的实际年利率为 7.53%,2018 年 12 月 31 日,该债券的公允价值为 1095 万元,预期信用损失为 20 万元。不考虑其他因素,2018 年 12 月 31 日甲公司该债券投资的账面价值为(   )万元。

  A. 1095   B. 1075   C. 1082.83   D. 1062.831

【答案】 A

【名师点睛】 划分为以公允价值计量且其变动计入其他综合收益的金融资产后续以公允价值计量,发生的减值损失计入其他综合收益,故账面价值为 1095 万元。

(四) 以公允价值计量且其变动计入当期损益的金融资产的会计处理

以公允价值计量且其变动计入当期损益的金融资产的会计处理,着重于反映该类金融资产公允价值的变化,以及对企业财务状况和经营成果的影响。

相关的账务处理如下:

1. 初始取得时

借:交易性金融资产——成本(取得时的公允价值)
  投资收益(交易费用)
  应收股利(价格里包含的已宣告尚未发放的现金股利)
  贷:银行存款

2. 收回价格中包含的现金股利

借:银行存款
  贷:应收股利

3. 公允价值发生变动

借(贷):交易性金融资产——公允价值变动
    贷(借):公允价值变动损益

4. 被投资单位宣告分派现金股利或按期计提利息

借:应收股利/应收利息
  贷:投资收益

5. 收回现金股利或利息

借:银行存款
  贷:应收股利/应收利息

6. 处置交易性金融资产时

借：银行存款

　　贷：交易性金融资产——成本

　　　　　　　　　——公允价值变动（或借）

　　　　投资收益（或借）

考试方向

考查交易性金融资产的核算。

案例 8-10

2019 年 1 月 1 日，甲公司从二级市场购入丙公司债券，支付价款合计 1020000 元（含已到付息期但尚未领取的利息 20000 元），另发生交易费用 20000 元。该债券面值为 1000000 元，剩余期限为 2 年，票面年利率为 4%，每半年末付息一次。甲公司根据其管理该债券的业务模式和该债券的合同现金流量特征，将该债券分类为以公允价值计量且其变动计入当期损益的金融资产。其他资料如下：

① 2019 年 1 月 5 日，收到丙公司债券 2015 年下半年利息 20000 元。

② 2019 年 6 月 30 日，丙公司债券的公允价值为 1150000 元（不含利息）。

③ 2019 年 7 月 5 日，收到丙公司债券 2016 年上半年利息。

④ 2019 年 12 月 31 日，丙公司债券的公允价值为 1100000 元（不含利息）。

⑤ 2020 年 1 月 5 日，收到丙公司债券 2016 年下半年利息。

⑥ 2020 年 6 月 20 日，通过二级市场出售丙公司债券，取得价款 1180000 元（含第一季度利息 10000 元）。

【分析】 假定不考虑其他因素，甲公司的账务处理如下：

（1）2019 年 1 月 1 日，从二级市场购入丙公司债券：

借：交易性金融资产——成本　　　　　　　　　　　　　　1000000

　　应收利息　　　　　　　　　　　　　　　　　　　　　　20000

　　投资收益　　　　　　　　　　　　　　　　　　　　　　20000

　　贷：银行存款　　　　　　　　　　　　　　　　　　　　　1040000

（2）2019 年 1 月 5 日，收到该债券 2015 年下半年利息 20000 元：

借：银行存款　　　　　　　　　　　　　　　　　　　　　20000

　　贷：应收利息　　　　　　　　　　　　　　　　　　　　　20000

（3）2019 年 6 月 30 日，确认丙公司债券公允价值变动和投资收益：

借：交易性金融资产——公允价值变动　　　　　　　　　　150000

　　贷：公允价值变动损益　　　　　　　　　　　　　　　　　150000

借：应收利息　　　　　　　　　　　　　　　　　　　　　20000

　　贷：投资收益　　　　　　　　　　　　　　　　　　　　　20000

（4）2019 年 7 月 5 日，收到丙公司债券 2016 年上半年利息：

借：银行存款　　　　　　　　　　　　　　　　　　　　　20000

　　贷：应收利息　　　　　　　　　　　　　　　　　　　　　20000

（5）2019 年 12 月 31 日，确认丙公司债券公允价值变动和投资收益：

借：公允价值变动损益　　　　　　　　　　　　　　　　　50000

　　贷：交易性金融资产——公允价值变动　　　　　　　　　　50000

```
借：应收利息                                          20000
    贷：投资收益                                              20000
```

（6）2020 年 1 月 5 日，收到丙公司债券 2016 年下半年利息：

```
借：银行存款                                          20000
    贷：应收利息                                              20000
```

（7）2020 年 6 月 20 日，通过二级市场出售丙公司债券：

```
借：银行存款                                        1180000
    贷：交易性金融资产——成本                                1000000
                    ——公允价值变动                           100000
        投资收益                                              80000
```

·易错易混点·

① 交易性金融资产以取得时的公允价值作为初始入账金额。
② 交易费用不应计入交易性金融资产的初始入账金额，应当作为当期损益处理。
③ 出售时，累计公允价值变动计入公允价值变动损益的金额无需转入投资收益。

（五）指定为以公允价值计量且其变动计入其他综合收益的非交易性权益工具投资的会计处理

指定为以公允价值计量且其变动计入其他综合收益的非交易性权益工具投资，除了获得的股利（明确代表投资成本部分收回的股利除外）计入当期损益外，其他相关的利得和损失（包括汇兑损益）均应当计入其他综合收益，且后续不得转入当期损益。当其终止确认时，之前计入其他综合收益的累计利得或损失应当从其他综合收益中转出，计入留存收益。

1. 取得投资时

```
借：其他权益工具投资——成本
    应收股利
    贷：银行存款
```

2. 被投资单位宣告分派现金股利

```
借：应收股利
    贷：投资收益
借：银行存款
    贷：应收股利
```

3. 出售其他权益工具投资

```
借：银行存款
    贷：其他权益工具投资——成本
                        ——公允价值变动（或借）
        盈余公积（或借）
        利润分配——未分配利润（或借）
借（贷）：其他综合收益——其他权益工具投资公允价值变动
        贷（借）：盈余公积
                利润分配——未分配利润
```

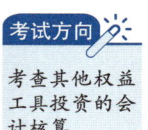

考试方向

考查其他权益工具投资的会计核算。

案例 8-11

2019 年 5 月 6 日,甲公司支付价款 1016 万元(含交易费用 1 万元和已宣告发放现金股利 15 万元),购入乙公司发行的股票 200 万股,占乙公司有表决权股份的 0.5%。甲公司将其指定为以公允价值计量且其变动计入其他综合收益的非交易性权益工具投资。

2019 年 5 月 10 日,甲公司收到乙公司发放的现金股利 15 万元。

2019 年 6 月 30 日,该股票市价为每股 5.2 元。

2019 年 12 月 31 日,甲公司仍持有该股票;当日,该股票市价为每股 5 元。

2020 年 5 月 9 日,乙公司宣告发放股利 4000 万元。

2020 年 5 月 13 日,甲公司收到乙公司发放的现金股利。

2020 年 5 月 20 日,甲公司由于某特殊原因,以每股 4.9 元的价格将股票全部转让。

【分析】 假定不考虑其他因素,甲公司的账务处理如下:

(1)2019 年 5 月 6 日,购入股票:

借:应收股利 150000
　　其他权益工具投资——成本 10010000
　　　贷:银行存款 10160000

(2)2019 年 5 月 10 日,收到现金股利:

借:银行存款 150000
　　　贷:应收股利 150000

(3)2019 年 6 月 30 日,确认股票价格变动:

借:其他权益工具投资——公允价值变动 (2000000×5.2－10010000)390000
　　　贷:其他综合收益——其他权益工具投资公允价值变动 390000

(4)2019 年 12 月 31 日,确认股票价格变动:

借:其他综合收益——其他权益工具投资公允价值变动 400000
　　　贷:其他权益工具投资——公允价值变动 400000

(5)2020 年 5 月 9 日,确认应收现金股利:

借:应收股利 (40000000×0.5%)200000
　　　贷:投资收益 200000

(6)2020 年 5 月 13 日,收到现金股利:

借:银行存款 200000
　　　贷:应收股利 200000

(7)2020 年 5 月 20 日,出售股票:

借:盈余公积 1000
　　利润分配——未分配利润 9000
　　　贷:其他综合收益——其他债权投资公允价值变动 10000

借：银行存款 9800000
　　盈余公积 20000
　　利润分配——未分配利润 180000
　　其他权益工具投资——公允价值变动 10000
　　贷：其他权益工具投资——成本 10010000

如果甲公司根据其管理乙公司股票的业务模式和乙公司股票的合同现金流量特征，将乙公司股票分类为以公允价值计量且其变动计入当期损益的金融资产，且 2019 年 12 月 31 日，乙公司的股票市价为每股 4.8 元，其他资料不变，则甲公司应作如下账务处理：

（1）2019 年 5 月 6 日，购入股票：

借：应收股利 150000
　　交易性金融资产——成本 10000000
　　投资收益 10000
　　贷：银行存款 10160000

（2）2019 年 5 月 10 日，收到现金股利：

借：银行存款 150000
　　贷：应收股利 150000

（3）2019 年 6 月 30 日，确认股票价格变动：

借：交易性金融资产——公允价值变动 400000
　　贷：公允价值变动损益 400000

（4）2019 年 12 月 31 日，确认股票价格变动：

借：公允价值变动损益 800000
　　贷：交易性金融资产——公允价值变动 800000

注：公允价值变动＝200×(4.8－5.2)＝－80(万元)
（5）2020 年 5 月 9 日，确认应收现金股利：

借：应收股利 200000
　　贷：投资收益 200000

（6）2020 年 5 月 13 日，收到现金股利：

借：银行存款 200000
　　贷：应收股利 200000

（7）2020 年 5 月 20 日，出售股票：

借：银行存款 9800000
　　交易性金融资产——公允价值变动 400000
　　贷：交易性金融资产——成本 10000000
　　　　投资收益 200000

·易错易混点·

① 其他权益工具投资的核算非常特殊,考生应当注意与其他债权投资核算的区别。处置时,处置价款与其账面价值的差额以及累计公允价值变动计入其他综合收益的金额计入留存收益,而非投资收益。

② 其他权益工具投资不计提损失减值。

③ 其他权益工具投资不能与其他金融资产相互重分类。

(六) 金融资产之间重分类的会计处理

企业改变其管理金融资产的业务模式时,应当按照规定对所有受影响的相关金融资产进行重分类。企业对金融资产进行重分类,应当自重分类日起采用未来适用法进行相关会计处理,不得对以前已经确认的利得、损失(包括减值损失或利得)或利息进行追溯调整。

1. 以摊余成本计量的金融资产的重分类

(1) 企业将一项以摊余成本计量的金融资产重分类为以公允价值计量且其变动计入当期损益的金融资产的,应当按照该金融资产在重分类日的公允价值进行计量。原账面价值与公允价值之间的差额计入当期损益。会计处理如下:

借:交易性金融资产——成本(重分类日的公允价值)
    债权投资减值准备
  贷:债权投资——成本/利息调整/应计利息
      公允价值变动损益(或借)

案例 8-12

2018 年 10 月 15 日,甲银行以公允价值 500000 元购入一项债券投资,并按规定将其分类为以摊余成本计量的金融资产,该债券的账面余额为 500000 元。2019 年 10 月 15 日,甲银行变更了其管理债券投资的业务模式,其变更符合重分类的要求,因此,甲银行于 2020 年 1 月 1 日将该债券从以摊余成本计量重分类为以公允价值计量且其变动计入当期损益。2020 年 1 月 1 日,该债券的公允价值为 490000 元,已确认的信用减值准备为 6000 元。

【分析】 假定不考虑该债券的利息收入,甲银行的会计处理如下:

借:交易性金融资产   490000
    债权投资减值准备   6000
    公允价值变动损益   4000
  贷:债权投资   500000

---

(2) 企业将一项以摊余成本计量的金融资产重分类为以公允价值计量且其变动计入其他综合收益的金融资产,应当按照该金融资产在重分类日的公允价值进行计量,原账面价值与公允价值之间的差额计入其他综合收益。该金融资产重分类不影响其实际利率和预期信用损失的计量。会计处理如下:

借:其他债权投资(重分类日的公允价值)
  贷:债权投资
      其他综合收益

2. 以公允价值计量且其变动计入其他综合收益的金融资产的重分类

（1）企业将一项以公允价值计量且其变动计入其他综合收益的金融资产重分类为以摊余成本计量的金融资产的，应当将之前计入其他综合收益的累计利得或损失转出，调整该金融资产在重分类日的公允价值，并以调整后的金额作为新的账面价值，即视同该金融资产一直以摊余成本计量。该金融资产重分类不影响其实际利率和预期信用损失的计量。会计处理如下：

借：债权投资（重分类日公允价值）
　　贷：其他债权投资（重分类日公允价值）

借（贷）：债权投资
　　贷（借）：其他综合收益——其他债权投资公允价值变动

借：其他综合收益——损失准备
　　贷：债权投资减值准备

案例 8-13

2018 年 9 月 15 日，甲银行以公允价值 500000 元购入一项债券投资，并按规定将其分类为以公允价值计量且其变动计入其他综合收益的金融资产，该债券的账面余额为 500000 元。2019 年 10 月 15 日，甲银行变更了其管理债券投资组合的业务模式，其变更符合重分类的要求，因此，甲银行于 2020 年 1 月 1 日将该债券从以公允价值计量且其变动计入其他综合收益的金融资产，重分类为以摊余成本计量的金融资产。2020年 1 月 1 日，该债券的公允价值为 490000 元，已确认的信用减值准备为 6000 元。

【分析】 假定不考虑利息收入，甲银行的会计处理如下：

借：债权投资　　　　　　　　　　　　　　　　　　　500000
　　其他债权投资——公允价值变动　　　　　　　　　　10000
　　其他综合收益——信用损失准备　　　　　　　　　　6000
　　贷：其他债权投资——成本　　　　　　　　　　　　500000
　　　　其他综合收益——其他债权投资公允价值变动　　10000
　　　　债权投资减值准备　　　　　　　　　　　　　　6000

（2）企业将一项以公允价值计量且其变动计入其他综合收益的金融资产重分类为以公允价值计量且其变动计入当期损益的金融资产的，应当继续以公允价值计量该金融资产；同时，企业应当将之前计入其他综合收益的累计利得或损失从其他综合收益转入当期损益。会计处理如下：

借：交易性金融资产——成本（重分类日公允价值）
　　贷：其他债权投资——成本
　　　　　　　　　　——公允价值变动

借（贷）：其他综合收益——其他债权投资公允价值变动
　　贷（借）：投资收益

3. 以公允价值计量且其变动计入当期损益的金融资产的重分类

（1）企业将一项以公允价值计量且其变动计入当期损益的金融资产重分类为以摊余成本计量的金融资产的，应当以其在重分类日的公允价值作为新的账面余额。会计处理如下：

借：债权投资（重分类日公允价值）
　　贷：交易性金融资产

借：信用减值损失
　　贷：债权投资减值准备

考试方向
考查金融资产重分类的条件、处理方法和会计处理原则。

（2）企业将一项以公允价值计量且其变动计入当期损益的金融资产重分类为以公允价值计量且其变动计入其他综合收益的金融资产的，应当继续以公允价值计量该金融资产。会计处理如下：

借：其他债权投资（重分类日公允价值）
　　贷：交易性金融资产

借：信用减值损失
　　贷：其他综合收益——信用减值准备

四、 金融负债的后续计量 ★

（一）金融负债后续计量原则

企业应当按照以下原则对金融负债进行后续计量：

（1）以公允价值计量且其变动计入当期损益的金融负债，应当按照公允价值进行后续计量。

（2）上述金融负债以外的金融负债，除特殊规定外，应当按摊余成本进行后续计量。

（二）金融负债后续计量的会计处理

（1）对于以公允价值进行后续计量的金融负债，其公允价值变动形成利得或损失，除与套期会计有关外，应当计入当期损益。

案例 8-14

2019 年 7 月 1 日，甲公司经批准在全国银行间债券市场公开发行 10 亿元人民币短期融资券，期限为 1 年，票面年利率为 5.58％，每张面值为 100 元，到期一次还本付息。所募集资金主要用于公司购买生产经营所需的原材料及配套件等。公司将该短期融资券指定为以公允价值计量且其变动计入当期损益的金融负债。（假定不考虑发行短期融资券相关的交易费用）

2019 年 12 月 31 日，该短期融资券市场价格每张 120 元（不含利息）；2020 年 6 月 30 日，该短期融资券到期兑付完成。

【分析】 甲公司账务处理如下（单位：万元）：

（1）2019 年 7 月 1 日，发行短期融资券：

借：银行存款　　　　　　　　　　　　　　　　　100000
　　贷：交易性金融负债——成本　　　　　　　　　　　100000

（2）2019 年 12 月 31 日，年末确认公允价值变动和利息费用：

借：公允价值变动损益　　　　　　　　　　　　　　20000
　　贷：交易性金融负债——公允价值变动　　　　　　　20000

| 借：财务费用 | （100000×5.58％×6/12）2790 |
| 贷：应付利息 | 2790 |

（3）2020 年 6 月 30 日，短期融资券到期。

| 借：财务费用 | 2790 |
| 贷：应付利息 | 2790 |

借：交易性金融负债——成本	100000
——公允价值变动	20000
应付利息	5580
贷：银行存款	105580
公允价值变动损益	20000

（2）以摊余成本计量且不属于任何套期关系的一部分的金融负债所产生的利得或损失，应当在终止确认时计入当期损益或在按照实际利率法摊销时计入相关期间损益。

案例 8-15

甲公司发行公司债券为建造专用生产线筹集资金。有关资料如下：

（1）2017 年 12 月 31 日，委托证券公司以 7755 万元的价格发行 3 年期分期付息公司债券。该债券面值为 8000 万元，票面年利率为 4.5％，实际年利率为 5.64％，每年付息一次，到期后按面值偿还。支付的发行费用与发行期间冻结资金产生的利息收入相等。

（2）生产线建造工程采用出包方式，于 2018 年 1 月 1 日开始动工，发行债券所得款项当日全部支付给建造承包商，2019 年 12 月 31 日，所建造生产线达到预定可使用状态。

（3）假定各年度利息的实际支付日期均为下年度的 1 月 10 日，2021 年 1 月 10 日，支付 2020 年度利息，一并偿付面值。

（4）所有款项均以银行存款支付。

据此，甲公司计算得出该债券在各年年末的摊余成本、应付利息金额、当年应予资本化或费用化的利息金额、利息调整的本年摊销和年末余额。有关结果如下表 8-9 所示。

表 8-9   单位：万元

项目		2017 年 12 月 31 日	2018 年 12 月 31 日	2019 年 12 月 31 日	2020 年 12 月 31 日
年末摊余成本	面值	8000	8000	8000	8000
	利息调整	−245	−167.62	−85.87	0
	合计	7755	7832.38	7914.13	8000
当年应予资本化或费用化的利息金额			437.38	441.75	445.87
年末应予资本化或费用化的利息金额			360	360	360
"利息调整"年末摊销额			77.38	81.75	85.87

【分析】 相关账务处理如下：

（1）2017 年 12 月 31 日，发行债券：

借：银行存款   77550000

    应计债券——利息调整   2450000

      贷：应付债券——面值   80000000

（2）2018 年 12 月 31 日，确认和结转利息：

借：在建工程   4373800

      贷：应付利息   3600000

         应付债券——利息调整   773800

（3）2019 年 1 月 10 日，支付利息：

借：应付利息   3600000

      贷：银行存款   3600000

（4）2019 年 12 月 31 日，确认和结转利息：

借：在建工程   4417500

      贷：应付利息   3600000

         应付债券——利息调整   817500

（5）2020 年 1 月 10 日，支付利息：

借：应付利息   3600000

      贷：银行存款   3600000

（6）2020 年 12 月 31 日，确认和结转利息：

借：财务费用   4458700

      贷：应付利息   3600000

         应付债券——利息调整   858700

（7）2021 年 1 月 10 日，债券到期兑付：

借：应付利息   3600000

   应付债券——面值   80000000

      贷：银行存款   83600000

第八章

同步练习

一、单项选择题

1. 2017 年 1 月 10 日，甲公司以银行存款 5110 万元（含交易费用 10 万元）购入乙公司股票，将其作为交易性金融资产核算。2017 年 4 月 28 日，甲公司收到乙公司 2017 年 4 月 24 日宣告分派的现金股利 80 万元。2017 年 12 月 31 日，甲公司持有的该股票公允价值为 5600 万元。不考虑其他因素，该项投资使甲公司 2017 年营业利润增加的金额为（　）万元。
   A. 580　　B. 490　　C. 500　　D. 570

2. 2020 年 2 月 3 日，甲公司以银行存款 2003 万元（其中含相关交易费用 3 万元），从二级市场购入乙公司股票 100 万股，作为以公允价值计量且其变动计入当期损益的金融资产核算。2020 年 7 月 10 日，甲公司收到乙公司于当年 5 月 25 日宣告分派的现金股利 40 万元，2020 年 12 月 31 日，上述股票的公允价值为 2800 万元。不考虑其他因素，该项投资使甲公司 2020 年营业利润增加的金额为（　）万元。
   A. 797　　B. 800　　C. 837　　D. 840

3. 2019 年 1 月 1 日，甲公司以 3133.5 万元购入乙公司当日发行的面值总额为 3000 万元的债券，作为以摊余成本计量的金融资产核算。该债券期限为 5 年，票面年利率为 5%，实际年利率为 4%，每年年末付息一次，到期偿还本金。不考虑增值税等相关税费及其他因素，2019 年 12 月 31 日，甲公司该债权投资的投资收益为（　）万元。
   A. 125.34　B. 120　　C. 150　　D. 24.66

4. 2017 年 1 月 1 日，甲公司溢价购入乙公司当日发行的到期一次还本付息的 3 年期债券，作为以摊余成本计量的金融资产核算，并于每年年末计提利息。2017 年年末，甲公司按票面利率确认当年的应计利息为 590 万元，利息调整的摊余金额为 10 万元。不考虑相关税费及其他因素，2017 年度，甲公司对该债券投资应确认的投资收益为（　）万元。
   A. 600　　B. 580　　C. 10　　D. 590

5. 2019 年 1 月 1 日，甲公司以银行存款 1100 万元购入乙公司当日发行的面值为 1000 万元的 5 年期不可赎回债券，将其划分为以摊余成本计

量的金融资产。该债券票面年利率为 10%，每年付息一次，实际年利率为 7.53%，2019 年 12 月 31 日，该债券的公允价值上涨至 1150 万元。假定不考虑其他因素，2019 年 12 月 31 日，甲公司该债券投资的账面价值为（　）万元。
   A. 1082.83　　　　B. 1150
   C. 1182.83　　　　D. 1200

6. 下列各项中，不应计入相关金融资产或金融负债初始入账价值的是（　）。
   A. 发行长期债券发生的交易费用
   B. 取得交易性金融资产发生的交易费用
   C. 取得债权投资发生的交易费用
   D. 取得以公允价值计量且其变动计入其他综合收益的金融资产发生的交易费用

7. 2020 年 1 月 1 日，甲公司发行分期付息、到期一次还本的 5 年期公司债券，实际收到的款项为 18800 万元，该债券面值总额为 18000 万元，票面年利率为 5%，利息于每年年末支付，实际年利率为 4%。2020 年 12 月 31 日，甲公司该项应付债券的摊余成本为（　）万元。
   A. 18000　B. 18652　C. 18800　D. 18948

8. 2018 年 1 月 1 日，甲公司折价购入乙公司当日发行的 5 年期到期一次性还本付息债券，作为债权投资进行核算，并于每年年末计提利息。2018 年年末，甲公司按照票面利率确认应计利息 690 万元，利息调整的摊销额为 20 万元，甲公司 2018 年年末对该债权投资应确认利息收入的金额为（　）万元。
   A. 710　　B. 700　　C. 20　　D. 670

9. 2019 年 1 月 1 日，甲公司以 4500 万元购入乙公司当日发行的面值总额为 4000 万元的债券，将其分类为以摊余成本计量的金融资产，债券期限为 3 年，票面年利率为 4%，实际年利率为 3%，每年年末支付利息，到期一次偿还本金。不考虑其他因素，2019 年年末，甲公司就该债券确认的利息收入为（　）万元。
   A. 160　　B. 135　　C. 130　　D. 155

10. 下列金融资产进行初始确认时，相关交易费用应该计入当期损益的是（　）。
    A. 交易性金融资产
    B. 债券投资

C. 其他债券投资

D. 其他权益工具投资

11. 2019 年 1 月 1 日,甲公司以银行存款 1200 万元购入乙公司当日发行的 3 年期债券,面值为 1000 万元,票面年利率为 10%,每年年末支付利息,到期偿还债券面值。甲公司将该债券投资分类为以摊余成本计量的金融资产。该债券投资的实际年利率为 8%。2019 年 12 月 31 日,该债券的预期信用损失为 20 万元,不考虑其他因素。2019 年 12 月 31 日,该债券的账面价值为(　　)万元。

A. 1176　　B. 1196　　C. 1180　　D. 1200

12. 2019 年 1 月 1 日,甲公司以银行存款 5000 万元(含交易费用 50 万元)购入乙公司股票,将其作为交易性金融资产核算,2019 年 4 月 30 日,甲公司收到乙公司于 2019 年 4 月 25 日宣告分派的现金股利为 40 万元。2019 年 12 月 31 日,甲公司持有的该股票的公允价值变为 5500 万元,不考虑其他因素,该投资对甲公司 2019 年当期损益的影响为(　　)万元。

A. 590　　B. 509　　C. 540　　D. 569

13. 2019 年 1 月 1 日,甲公司以 3200 万元购入乙公司当日发行的面值总额为 3000 万元的债券,作为摊余成本计量的金融资产核算,该债券年限为 5 年,票面利率为 6%,实际利率为 5%,每年年末付息一次,到期偿还本金。不考虑其他因素,2019 年 12 月 31 日,甲公司该投资应确认的投资收益为(　　)万元。

A. 160　　B. 180　　C. 150　　D. 192

二、多项选择题

1. 下列关于企业交易性金融资产会计处理的表述中,正确的有(　　)。

A. 处置时实际收到的金额与交易性金融资产初始入账价值之间的差额计入投资收益

B. 资产负债表日的公允价值变动金额计入投资收益

C. 取得时发生的交易费用计入投资收益

D. 持有期间享有的被投资单位宣告分派的现金股利计入投资收益

2. 下列各项中,将影响企业以摊余成本计量的金融资产处置损益的有(　　)。

A. 卖价

B. 账面价值

C. 缴纳的印花税

D. 支付给代理机构的佣金

3. 下列选项中,属于金融资产的是(　　)。

A. 应收账款　　　　B. 存货

C. 应收票据　　　　D. 固定资产

4. 企业应当根据其管理金融资产的业务模式和金融资产的合同现金流量特征,将金融资产划分为(　　)。

A. 以摊余成本计量的金融资产

B. 以公允价值计量且其变动计入其他综合收益的金融资产

C. 以公允价值计量且其变动计入当期损益的金融资产

D. 其他

5. 下列对于权益工具投资的表述中,正确的是(　　)。

A. 权益工具投资一般情况下不满足合同现金流量的特征

B. 所有的权益工具投资,都应该分类为以公允价值计量且其变动计入当期损益的金融资产

C. 企业可以将非交易性权益工具投资指定为以公允价值计量且其变动计入其他综合收益的金融资产,该指定可以根据企业的情况,可以撤销

D. 企业可以将非交易性权益工具投资指定为以公允价值计量且其变动计入其他综合收益的金融资产,一经指定,不得撤销

6. 下列选项中,影响摊余成本的因素有(　　)。

A. 已偿还的本金

B. 按照实际利率法进行摊销形成的累计摊销额

C. 计提的损失准备

D. 金融资产的公允价值变动

三、判断题

1. 对于以公允价值计量且其变动计入当期损益的金融资产,企业应将相关交易费用直接计入当期损益。　　　　　　　　　　(　　)

2. 企业以摊余成本计量的金融资产应于初始确认时计算其实际利率,并在预期存续期间内保持不变。　　　　　　　　　(　　)

3. 企业将以摊余成本计量的金融资产重分类为以公允价值计量且其变动计入当期损益的金融资产,应当按金融资产在重分类日的公允价值进行计量。　　　　　　(　　)

4. 甲公司因为管理金融资产的业务模式发生变化,可以将摊余成本计量的金融资产划分为以

公允价值计量且其变动计入其他综合收益的金融资产。　　（　　）

5. 其他债券投资计提减值时,借记"信用减值损失"科目,贷记"其他债券投资减值准备"科目。　　（　　）

6. 其他债券投资取得时发生的相关交易费用应计入当期损益。　　（　　）

7. 其他债券投资在资产负债表日将公允价值变动计入当期损益。　　（　　）

8. 部分处置金融资产,尚未出售的金融资产可以重分类为交易性金融资产。　　（　　）

9. 企业管理金融资产的业务模式,决定企业管理现金流量的来源要么是收取合同现金流量,要么是出售金融资产。　　（　　）

10. 如果企业管理金融资产的业务模式不是以收取合同现金流量为目标,也不是以收取合同现金流量和出售金融资产为目标,则该企业管理金融资产的业务模式是其他业务模式,同时将该金融资产分类为以公允价值计量的且其变动计入当期损益的金融资产。（　　）

11. 企业对金融资产进行重分类,应当自重分类日起采用追溯调整法进行相关的会计处理,需要对以前已经确认的利得、损失或者利息进行追溯调整法。　　（　　）

12. 交易性金融资产公允价值变动计入投资收益。　　（　　）

13. 金融资产初始确认时,已宣告但尚未发放的现金股利或者已到付息期但是尚未支付的利息,应该计入应收项目。　　（　　）

四、计算分析题

1. 2019 年至 2020 年,甲公司发生的与债券投资相关的交易或事项如下:

资料一:2019 年 1 月 1 日,甲公司以银行存款 5000 万元购入乙公司当日发行的期限为 5 年、分期付息、到期偿还面值、不可提前赎回的债券。该债券的面值为 5000 万元,票面年利率为 6%,每年的利息在次年 1 月 1 日以银行存款支付,甲公司将购入的乙公司债券分类为以公允价值计量且其变动计入当期损益的金融资产。

资料二:2019 年 12 月 31 日,甲公司所持乙公司债券的公允价值为 5100 万元(不含利息)。

资料三:2020 年 5 月 10 日,甲公司将所持乙公司债券全部出售,取得价款 5150 万元存入银行。

不考虑相关税费及其他因素。

要求("交易性金融资产"科目应写出必要的明细科目)(答案中金额单位以万元表示):

(1) 编制甲公司 2019 年 1 月 1 日购入乙公司债券的会计分录。

(2) 分别编制甲公司 2019 年 12 月 31 日确认债券利息收入的会计分录和 2020 年 1 月 1 日收到利息的会计分录。

(3) 编制甲公司 2019 年 12 月 31 日对乙公司债券投资按公允价值计量的会计分录。

(4) 编制甲公司 2020 年 5 月 10 日出售乙公司债券的会计分录。

2. 2019 年度,甲公司发生的与债券投资相关的交易或事项如下:

资料一:2019 年 1 月 1 日,甲公司以银行存款 2055.5 万元购入乙公司当日发行的期限为 3 年、分期付息、到期偿还面值、不可提前赎回的债券。该债券的面值为 2000 万元,票面年利率为 5%。每年的利息在当年年末支付。甲公司将该债券投资分类为以公允价值计量且其变动计入其他综合收益的金融资产,该债券投资的实际年利率为 4%。

资料二:2019 年 12 月 31 日,甲公司所持乙公司债券的公允价值为 2010 万元(不含利息)。

资料三:2019 年 12 月 31 日,甲公司所持乙公司债券的预期信用损失为 10 万元。

本题不考虑其他因素。

要求("其他债权投资"科目应写出必要的明细科目)(答案中金额单位以万元表示):

(1) 编制甲公司 2019 年 1 月 1 日购入乙公司债券的会计分录。

(2) 计算甲公司 2019 年 12 月 31 日应确认对乙公司债券投资的实际利息收入,并编制相关会计分录。

(3) 编制甲公司 2019 年 12 月 31 日对乙公司债券投资按公允价值计量的会计分录。

(4) 编制甲公司 2019 年 12 月 31 日对乙公司债券投资确认预期信用损失的会计分录。

五、综合题

甲公司所得税税率为 25%,预计未来期间适用的企业所得税税率不变,未来能够产生足够的应纳税所得额用以抵减可抵扣暂时性差异,2018 年 1 月 1 日,甲公司递延所得税资产、负债的年初余额均为 0。甲公司与以公允价值计量且其变动计入当期损益的金融资产相关的交易或事项如下:

(1) 2018 年 10 月 10 日,甲公司以银行存款 600

第八章

万元购入乙公司股票 200 万股,将其分类为以公允价值计量且其变动计入当期损益的金融资产,该金融资产的计税基础与初始入账金额一致。

(2) 2018 年 12 月 31 日,甲公司持有上述乙公司股票的公允价值为 660 万元。

(3) 甲公司 2018 年度的利润总额为 1500 万元,税法规定,金融资产的公允价值变动损益不计入当期应纳税所得额,待转让时一并计入转让当期的应纳税所得额,除该事项外,甲公司不存在其他纳税调整事项。

(4) 2019 年 3 月 20 日,乙公司宣告每股分派现金股利为 0.3 元,2019 年 3 月 27 日,甲公司收到乙公司发放的现金股利并存入银行。2019 年 3 月 31 日,甲公司持有上述乙公司股票的公允价值为 660 万元。

(5) 2019 年 4 月 25 日,甲公司将持有的乙公司股票全部转让,转让所得 648 万元存入银行,不

考虑企业所得税以外的税费及其他因素。

要求("交易性金融资产"科目应写出必要的明细科目)(答案中金额单位以万元表示):

(1) 编制甲公司 2018 年 10 月 10 日购入乙公司股票的会计分录。

(2) 编制甲公司 2018 年 12 月 31 日对乙公司股票投资期末计量的会计分录。

(3) 分别计算甲公司 2018 年度的应纳税所得额、当期应交所得税、递延所得税负债和所得税费用的金额,并编制会计分录。

(4) 编制甲公司 2019 年 3 月 20 日在乙公司宣告分派现金股利时的会计分录。

(5) 编制甲公司 2019 年 3 月 27 日收到现金股利的会计分录。

(6) 编制甲公司 2019 年 4 月 25 日转让乙公司股票的会计分录。

参考答案及解析

一、单项选择题

1.【答案】 D

【解析】 取得交易性金融资产发生的初始费用直接计入投资收益的借方,不影响交易性金融资产的初始确认金额。该项投资使公司 2017 年营业利润增加的金额 = -10+80+[5600-(5110-10)] = 570(万元)。

2.【答案】 C

【解析】 2020 年营业利润增加的金额 = -3+40+800 = 837(万元)

3.【答案】 A

【解析】 2019 年年末,确认的投资收益 = 3133.5×4% = 125.34(万元)。

4.【答案】 B

【解析】 2017 年年末的会计分录(单位:万元):

借:债权投资——应计利息 590
　　贷:债权投资——利息调整 10
　　　　投资收益 580

5.【答案】 A

【解析】 2019 年 12 月 31 日,债权投资的账面价值 = 1100×(1+7.53%)-1000×10% = 1082.83(万元)。

6.【答案】 B

【解析】 取得交易性金融资产发生的相关费用应计入投资收益,其他几项涉及的相关交易费用皆计入其初始入账价值。

7.【答案】 B

【解析】 2020 年 12 月 31 日,应付债券的摊余成本 = 18800+18800×4%-18000×5% = 18652(万元)。

8.【答案】 A

【解析】 2018 年 1 月 1 日,折价购入的债券:

借:债权投资——成本
　　贷:银行存款
　　　　债权投资——利息调整

2018 年 12 月 31 日,计提实际利息(单位:万元):

借:债权投资——利息调整 20
　　债权投资——应计利息 690
　　贷:投资收益 710

9.【答案】 B

【解析】 2019 年 12 月 31 日,甲公司就该债券投资的利息收入 = 期初摊余成本×实际年利率 = 4500×3% = 135(万元)。

10.【答案】 A

【解析】 取得交易性金融资产发生的交易费用应计入当期损益——投资收益。

11.【答案】 A

第八章

【解析】 2019年1月1日(单位:万元):

借:债券投资——成本　　　　　1000
　　　　　　——利息调整　　　200
　　贷:银行存款　　　　　　　　　　1200

2019年12月31日(单位:万元):

借:应收利息　　(1000×10%)100
　　贷:投资收益　　(1200×8%)96
　　　债券投资——利息调整　　　4

借:信用减值损失　　　　　　　20
　　贷:债券投资减值准备　　　　　20

债券投资账面价值＝1000＋200－4－20＝1176(万元)

12.【答案】 C

【解析】 影响2019年当期损益的金额＝
－50＋40＋[5500－(5000－50)]＝540(万元)

13.【答案】 A

【解析】 2019年年末,确认的投资收益＝
3200×5%＝160(万元)。

二、多项选择题

1.【答案】 CD

【解析】 选项A,应该是处置时实际收到的金额与交易性金融资产账面价值(而不是初始入账价值)之间的差额计入投资收益;选项B,应该计入公允价值变动损益。

2.【答案】 ABCD

3.【答案】 AC

【解析】 金融工具是指形成一方的金融资产并形成其他方的金融负债或权益工具的合同。一般来说,金融工具包括金融资产、金融负债和权益工具,也可能包括一些尚未确认的项目。企业的金融资产主要包括库存现金、银行存款、应收账款、应收票据、其他应收款、贷款、垫款、债权投资、股权投资、基金投资、衍生金融资产等。

4.【答案】 ABC

【解析】 《企业会计准则第22号——金融工具确认与计量》将金融资产划分为三类:①以摊余成本计量的金融资产;②以公允价值计量且其变动计入其他综合收益的金融资产;③以公允价值计量且其变动计入当期损益的金融资产。

5.【答案】 AD

【解析】 权益工具投资一般情况下不满足合同现金流量的特征,应该分类为以公允价值计量且其变动计入当期损益的金融资产,但是企业可以将非交易性权益工具投资指定为以公允价值计量且其变动计入其他综合收益的金融资产,一经指定,不得撤销。

6.【答案】 ABC

【解析】 金融资产或金融负债的摊余成本,应当以该金融资产或金融负债的初始确认金额经下列调整后的结果确定:①扣除已偿还的本金;②加上或减去采用实际利率法将该初始确认金额与到期日金额之间的差额进行摊销形成的累计摊销额;③扣除累计计提的损失准备(仅适用于金融资产)。

三、判断题

1.【答案】 √

【解析】 对于以公允价值计量且其变动计入当期损益的金融资产,其相关交易费用应该直接计入投资收益。

2.【答案】 √

【解析】 对于以摊余成本计量的金融资产在初始取得时确定的实际利率,在资产持有过程中保持不变。即使提前收回部分本金也不需要调整实际利率,只需重新计算摊余成本。

3.【答案】 √

【解析】 企业将以摊余成本计量的金融资产重分类为以公允价值计量且其变动计入当期损益的金融资产,应当按金融资产在重分类日的公允价值进行计量。且重分类日的公允价值与摊余成本计量的金融资产的账面价值的差额计入当期损益。

4.【答案】 √

【解析】 企业管理金融资产的业务模式发生改变可以对金融资产进行重分类。

5.【答案】 ×

【解析】 其他债权投资计提减值借记"信用减值损失"科目,贷记"其他综合收益"科目。

6.【答案】 ×

【解析】 相关交易费用应计入其他债权投资初始入账价值。

7.【答案】 ×

【解析】 以公允价值计量且其变动计入其他综合收益的其他债券投资,资产负债表日将公允价值的变动计入其他综合收益。

8.【答案】 ×

【解析】 只有企业业务管理模式发生改变,才可以对金融资产进行重分类。

9.【答案】 ×

【解析】 企业管理金融资产的业务模式,决定企业管理现金流量的来源是收取合同现金流量、出售金融资产,或两者兼有。

10.【答案】 √

11.【答案】 ×

【解析】 企业对金融资产进行重分类,应当自重分类日起采用未来适用法进行相关会计处理,不得对以前已经确认的利得、损失(包括减值损失或利得)或利息进行追溯调整。

12.【答案】 ×

【解析】 以公允价值计量且其变动计入当期损益的金融资产——交易性金融资产,公允价值的变动计入公允价值变动损益。

13.【答案】 √

四、计算分析题

1.【答案】 (1)相关分录如下:

借:交易性金融资产——成本 5000
　　贷:银行存款 5000

(2)2019年12月31日:

借:应收利息 (5000×6%)300
　　贷:投资收益 300

2020年1月1日:

借:银行存款 300
　　贷:应收利息 300

(3)相关分录如下:

借:交易性金融资产——公允价值变动
　　　(5100-5000)100
　　贷:公允价值变动损益 100

(4)相关分录如下:

借:银行存款 5150
　　贷:交易性金融资产——成本 5000
　　　　　　　　——公允价值变动
　　　　　　　　　　　100
　　　　投资收益 50

2.【答案】 (1)相关分录如下:

借:其他债权投资——成本 2000.0
　　　　　　　　——利息调整55.5
　　贷:银行存款 2055.5

(2)2019年12月31日,应确认对乙公司债券投资的实际利息收入=2055.5×4%=82.22(万元)。

借:应收利息 (2000×5%)100.00
　　贷:投资收益 82.22
　　　　其他债权投资——利息调整
　　　　　　　　　　　17.78

借:银行存款 100
　　贷:应收利息 100

(3)2019年12月31日,应确认对公允价值变动的金额=2010-(2055.5-17.78)=-27.72(万元)。

借:其他综合收益 27.72
　　贷:其他债权投资——公允价值变动
　　　　　　　　　　　27.72

(4)相关分录如下:

借:信用减值损失 10
　　贷:其他综合收益 10

五、综合题

【答案】 (1)2018年10月10日,购入乙公司股票:

借:交易性金融资产——成本 600
　　贷:银行存款 600

(2)2018年12月31日,期末计量:

借:交易性金融资产——公允价值变动
　　　(660-600)60
　　贷:公允价值变动损益 60

(3)2018年应纳税所得额=1500-60=1440(万元)
2018年当期应交所得税=1440×25%=360(万元)
2018年递延所得税负债=60×25%=15(万元)
2018年所得税费用=360+15=375(万元)
会计分录:

借:所得税费用 375
　　贷:应交税费——应交所得税 360
　　　　递延所得税负债 15

(4)宣告分配现金股利:

借:应收股利 (200×0.3)60
　　贷:投资收益 60

(5)收到发放的现金股利:

借:银行存款 60
　　贷:应收股利 60

(6)转让乙公司股票:

借:银行存款 648
　　投资收益 12
　　贷:交易性金融资产——成本 600
　　　　　　　　——公允价值变动
　　　　　　　　　　60

第八章

第九章
职工薪酬及借款费用

本章近年考试平均分值为3分,主要以客观题形式考查,偶尔也会考查计算性题目。本章内容由职工薪酬和借款费用两部分构成。其中职工薪酬通常以选择题形式考查,题量一般为1道;借款费用可以考查计算题。本章学习重点在于非货币性职工薪酬、累积带薪缺勤、辞退福利、借款费用范围、资本化起点、终点和暂停资本化的确认条件和借款费用计算。

考试变化

本章无实质性变化。

本章结构

第一节　应付职工薪酬
第二节　借款费用

第一节 应付职工薪酬

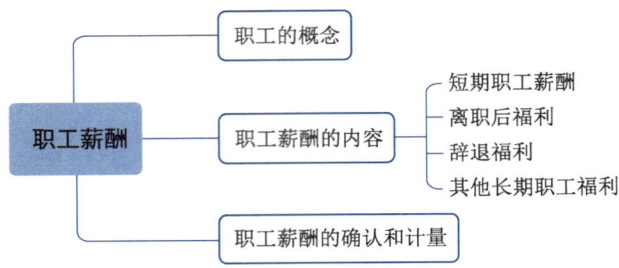

一、职工的概念

职工,是指与企业订立劳动合同的所有人员,含全职、兼职和临时职工,也包括虽未与企业订立劳动合同但由企业正式任命的人员。未与企业订立劳动合同或未由其正式任命,但向企业所提供服务与职工所提供服务类似的人员,也属于职工的范畴,包括通过企业与劳务中介公司签订用工合同而向企业提供服务的人员。

二、职工薪酬的内容★★

职工薪酬,是指企业为获得职工提供的服务或解除劳动关系而给予的各种形式报酬或补偿。职工薪酬包括短期薪酬、离职后福利、辞退福利和其他长期职工福利。企业提供给职工配偶、子女、受赡养人、已故员工遗属及其他受益人等的福利,也属于职工薪酬。详见表 9-1。

表 9-1 职工薪酬的内容

职工薪酬内容		概念
短期薪酬是指企业在职工提供相关服务的年度报告期间结束后 12 个月内需要全部予以支付的职工薪酬,因解除与职工的劳动关系而给予的补偿除外	职工工资、奖金、津贴和补贴	按照构成工资总额的计时工资、计件工资、支付给职工的超额劳动报酬等的劳动报酬、为补偿职工特殊或额外的劳动消耗和因其他特殊原因支付给职工的津贴,以及为了保证职工工资水平不受物价影响支付给职工的物价补贴等
	职工福利费	企业为职工提供的除职工工资、奖金、津贴和补贴、职工教育经费、社会保险费及住房公积金等以外的福利待遇支出
	医疗保险费、工伤保险费和生育保险费	企业按照国家规定的基准和比例计算,向社会保险经办机构缴纳的医疗保险费、工伤保险费和生育保险费
	住房公积金	企业按照国家规定的基准和比例计算的、向住房公积金管理机构缴存的住房公积金

第九章

（续表）

职工薪酬内容		概念
短期薪酬是指企业在职工提供相关服务的年度报告期间结束后 12 个月内需要全部予以支付的职工薪酬,因解除与职工的劳动关系而给予的补偿除外	工会经费和职工教育经费	企业为了改善职工文化生活、为职工学习先进技术和提高文化水平和业务素质,用于开展工会活动和职工教育及职工技能培养等相关支出
	短期带薪缺勤	企业支付工资或提供补偿的职工缺勤,包括年休假、病假、短期伤残、婚假、产假、丧假、探亲假等
	短期利润分享计划	因职工提供服务而与职工达成的基于利润或其他经营成果提供薪酬的协议。长期利润分享计划属于其他长期职工福利
	非货币性福利	企业以自己的产品或外购商品发放给职工作为福利,企业提供给职工无偿使用自己拥有的资产或租赁资产供职工无偿使用等
	其他短期福利	除上述薪酬以外的其他为获得职工提供的服务而给予的短期薪酬
离职后福利		企业为获得职工提供的服务而在职工退休或与企业解除劳动关系后,提供的各种形式的报酬和福利,短期薪酬和辞退福利除外。离职后福利计划按其特征可以分为设定提存计划和设定受益计划
辞退福利		指企业在职工劳动合同到期之前解除与职工的劳动关系,或者为鼓励职工自愿接受裁减而给予职工的补偿
其他长期职工福利		除短期薪酬、离职后福利、辞退福利之外所有的职工薪酬,包括长期带薪缺勤、长期残疾福利、长期利润分享计划等

·易错易混点·

① 失业保险和养老保险属于离职后福利。

② 医疗、工伤和生育(合并进医疗)和公积金属于短期薪酬。

考试方向 考查职工薪酬的核算范围。

【例题 9-1 多选题】(2016 年真题) 下列各项中,企业应作为职工薪酬核算的有（　　）。

A. 职工教育经费　　　　　　　　B. 非货币性福利

C. 长期残疾福利　　　　　　　　D. 累积带薪缺勤

【答案】 ABCD

【例题 9-2 多选题】(2020 年真题) 下列各项在职职工的薪酬中,企业应当根据受益对象分配计入有关资产成本或当期损益的有（　　）。

A. 职工工资　　　　　　　　　　B. 住房公积金

C. 职工福利费　　　　　　　　　D. 基本医疗保险费

【答案】 ABCD

第九章

【名师点睛】 企业发生的职工工资、津贴和补贴,为职工缴纳的医疗保险费、工伤保险费等社会保险费和住房公积金,按规定提取的工会经费和职工教育经费,以及企业发生的职工福利费等短期薪酬,应当按照受益对象计入当期损益或相关资产成本。

三、职工薪酬的确认和计量 ★★

(一) 短期薪酬

1. 一般短期薪酬的确认和计量

（1）货币性职工薪酬。

对于职工工资、奖金、津贴和补贴等货币性职工薪酬,企业应当在职工为其提供服务的会计期间,将实际发生的职工工资、奖金、津贴和补贴等,根据职工提供服务的受益对象,将应确认的职工薪酬计入相关会计科目。具体会计分录如下:

① 计提时:

借:管理费用
　　销售费用
　　制造费用
　　生产成本等
　　　贷:应付职工薪酬——职工工资、奖金、津贴和补贴

② 实际发放时:

借:应付职工薪酬——职工工资、奖金、津贴和补贴
　　　贷:银行存款等
　　　　　应交税费——应交个人所得税
　　　　　其他应收款

（2）国家明确了计提基础和计提标准的职工薪酬。

企业为职工缴纳的医疗保险费、工伤保险费、生育保险费等社会保险费(为职工缴纳的养老保险费、失业保险费调整至离职后福利中)和住房公积金,以及按规定提取的工会经费和职工教育经费,应当在职工为其提供服务的会计期间,根据规定的计提基础和计提比例计算确定相应的职工薪酬金额,并确认相应负债,计入当期损益或相关资产成本。

（3）职工福利费。

企业发生的职工福利费,应当在实际发生时根据实际发生额计入当期损益或相关资产成本。具体会计分录如下:

① 计提时:

借:管理费用
　　销售费用
　　制造费用
　　生产成本
　　合同履约成本等
　　　贷:应付职工薪酬——职工福利费

② 实际发放时:

借:应付职工薪酬——职工福利费
　　　贷:银行存款

（4）非货币性职工薪酬。

企业以自产产品或外购的商品作为非货币性福利发放给职工的,应当根据受益对象,按照产品或商品的公允价值和相关税费确定应付职工薪酬并计入相关产品成本或当期损益。具体会计分录如下:

① 企业将自产的产品发放员工作为集体福利:

借:管理费用
　　销售费用
　　制造费用
　　生产成本等
　　贷:应付职工薪酬——非货币性福利

借:应付职工薪酬——非货币性福利
　　贷:主营业务收入
　　　　应交税费——应交增值税(销项税额)

借:主营业务成本
　　贷:库存商品

② 将外购货物发放员工作为职工福利:

借:管理费用
　　销售费用
　　制造费用
　　生产成本等
　　贷:应付职工薪酬——非货币性福利

借:应付职工薪酬——非货币性福利
　　贷:原材料/库存商品
　　　　应交税费——应交增值税(进项税额转出)

·易错易混点·

计入应付职工薪酬及成本费用的金额应当考虑增值税。

【例题 9-3 单选题】(经典好题) 　甲公司系增值税一般纳税人,适用的增值税税率为13%。2019 年 4 月 5 日,甲公司将自产的 300 件 K 产品作为福利发放给职工。该批产品的单位成本为 400 元/件,公允价值和计税价格均为 600 元/件。不考虑其他因素,甲公司应计入应付职工薪酬的金额为(　)万元。

　　A. 18　　　　　　B. 14.04　　　　　　C. 12　　　　　　D. 20.34

【答案】 　D

【名师点睛】 　应计入应付职工薪酬的金额 $= 600 \times 300 \times (1 + 13\%) \div 10000 = 20.34$(万元)

2. 短期带薪缺勤的确认和计量

对于职工带薪缺勤,企业应当根据其性质及职工享有的权利,分为累积带薪缺勤和非累积带薪缺勤两类。如果带薪缺勤属于长期带薪缺勤,应当作为其他长期职工福利处理。

考试方向
考查非货币性职工薪酬的会计处理以及应付职工薪酬的金额计算。

第九章

（1）累积带薪缺勤。累积带薪缺勤是指带薪权利可以结转下期的带薪缺勤，本期尚未用完的带薪缺勤权利可以在未来期间使用。企业应当在职工提供服务从而增加了其未来享有的带薪缺勤权利时，确认与累积带薪缺勤相关的职工薪酬，并以累积未行使权利而增加的预期支付金额计量。

案例 9-1

甲公司共有 1000 名职工，从 2019 年 1 月 1 日起，该公司实行累积带薪缺勤制度。该制度规定，每个职工每年可享受 5 个工作日带薪年休假，未使用的年休假只能向后结转一个日历年度，超过 1 年未使用的权利作废；职工休年休假时，首先使用当年可享受的权利，不足部分再从上年结转的带薪年休假中扣除；职工离开公司时，对未使用的累积带薪年休假无权获得现金支付。

2019 年 12 月 31 日，每个职工当年平均未使用带薪年休假为 2 天。甲公司预计 2020 年有 950 名职工将享受不超过 5 天的带薪年休假，剩余 50 名职工每人将平均享受 6 天半年休假，假定这 50 名职工全部为总部管理人员，该公司平均每名职工每个工作日工资为 500 元。根据上述资料，甲公司职工 2019 年已休带薪年休假的，由于在休假期间照发工资，因此相应的薪酬已经计入公司每月确认的薪酬金额中。与此同时，公司还需要预计职工 2019 年享有但尚未使用的、预期将在下一年度使用的累积带薪缺勤，并计入当期损益或者相关资产成本。

【分析】 在本例中，甲公司在 2019 年 12 月 31 日预计由于职工累积未使用的带薪年休假权利而导致预期将支付的工资负债即为 75 天（50×1.5）的年休假工资金额 37500 元（75×500），并作如下账务处理：

```
借：管理费用                              37500
    贷：应付职工薪酬——累积带薪缺勤            37500
```

（2）非累积带薪缺勤。非累积带薪缺勤是指带薪权利不能结转下期的带薪缺勤，本期尚未用完的带薪缺勤权利将予以取消，并且职工离开企业时也无权获得现金支付。我国企业职工休婚假、产假、丧假、探亲假、病假期间的工资通常属于非累积带薪缺勤。由于职工提供服务本身不能增加其能够享受的福利金额，企业在职工未缺勤时不应当计提相关费用和负债。为此，本准则规定，企业应当在职工实际发生缺勤的会计期间确认与非累积带薪缺勤相关的职工薪酬。企业确认职工享有的与非累积带薪缺勤权利相关的薪酬，视同职工出勤确认的当期损益或相关资产成本。通常情况下，与非累积带薪缺勤相关的职工薪酬已经包括在企业每期向职工发放的工资等薪酬中，因此，不必额外作相应的账务处理。

3. 短期利润分享计划的确认和计量

短期利润分享计划是指因职工提供服务而与职工达成的基于利润或其他经营成果提供薪酬的协议。长期利润分享计划属于其他长期职工福利。

利润分享计划同时满足下列条件的，企业应当确认相关的应付职工薪酬：

（1）企业因过去事项导致现在具有支付职工薪酬的法定义务或推定义务。

（2）因利润分享计划所产生的应付职工薪酬义务金额能够可靠估计。属于下列三种情形之一的，视为义务金额能够可靠估计：

① 在财务报告批准报出之前企业已确定应支付的薪酬金额。

② 该短期利润分享计划的正式条款中包括确定薪酬金额的方式。

③ 过去的惯例为企业确定推定义务金额提供了明显证据。

案例 9-2

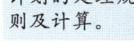

考试方向

考查利润分享计划的处理规则及计算。

乙公司于 2019 年年初制订和实施了一项短期利润分享计划,以对公司管理层进行激励。该计划规定,公司全年的净利润指标为 1000 万元,如果在公司管理层的努力下完成的净利润超过 1000 万元,公司管理层将可以分享超过 1000 万元净利润部分的 10% 作为额外报酬。假定至 2019 年 12 月 31 日,乙公司全年实际完成净利润 1500 万元。假定不考虑离职等其他因素,则乙公司管理层按照利润分享计划可以分享利润 50 万元[(1500-1000)×10%]作为其额外的薪酬。

【分析】 乙公司 2019 年 12 月 31 日的相关账务处理如下(单位:万元):

借:管理费用   50

    贷:应付职工薪酬——利润分享计划   50

【例题 9-4 单选题】(2020 年真题) 2019 年 1 月 1 日,甲公司实施对管理层了一项奖金计划。该计划规定如果甲公司 2019 年度实现的净利润超过 2000 万元,其超过部分的 20% 将作为奖金发放给管理层。2019 年度甲公司实现净利润 2500 万元。甲公司实施该奖金计划影响的财务报表项目是( )。

A. 其他综合收益   B. 管理费用   C. 资本公积   D. 营业外支出

【答案】 B

【名师点睛】 甲公司实施的奖金计划属于短期利润分享计划,由于该奖金是发放给管理层,所以应计入管理费用中。

(二)离职后福利

离职后福利计划,是指企业与职工就离职后福利达成的协议,或者企业为向职工提供离职后福利制定的规章或办法等。企业应当按照企业承担的风险和义务情况,将离职后福利计划分为设定提存计划和设定受益计划两种类型。

设定提存计划,是指企业向单独主体(如基金等)缴存固定费用后,不再承担进一步支付义务的离职后福利计划。

对于设定提存计划,企业应当根据在资产负债表日为换取职工在会计期间提供的服务而应向单独主体缴存的提存金,确认为职工薪酬负债,并计入当期损益或相关资产成本。

(三)辞退福利

企业向职工提供辞退福利的,应当在企业不能单方面撤回因解除劳动关系计划或裁减建议所提供的辞退福利时、企业确认涉及支付辞退福利的重组相关的成本或费用时两者孰早日,确认辞退福利产生的职工薪酬负债,并计入当期损益。

借:管理费用

    贷:应付职工薪酬——辞退福利

第九章

企业应当按照辞退计划条款的规定,合理预计并确认辞退福利产生的职工薪酬负债,并具体考虑下列情况:

（1）对于职工没有选择权的辞退计划,企业应当根据计划条款规定拟解除劳动关系的职工数量、每一职位的辞退补偿等确认职工薪酬负债。

（2）对于自愿接受裁减建议的辞退计划,由于接受裁减的职工数量不确定,企业应当根据本书第十章的相关会计处理规定,预计将会接受裁减建议的职工数量,根据预计的职工数量和每一职位的辞退补偿等确认职工薪酬负债。

（3）对于辞退福利预期在其确认的年度报告期间期末后 12 个月内完全支付的辞退福利,企业应当适用短期薪酬的相关规定。

（4）对于辞退福利预期在年度报告期间期末后 12 个月内不能完全支付的辞退福利,企业应当适用其他长期职工福利的相关规定。

对于职工虽然没有与企业解除劳动合同,但未来不再为企业提供服务,不能为企业带来经济利益,企业承诺提供实质上具有辞退福利性质的经济补偿的,如发生"内退"的情况,在其正式退休日期之前应当比照辞退福利处理,在其正式退休日期之后,应当按照离职后福利处理。

案例 9-3

某公司为一家家用电器制造公司。2019 年 9 月,为了能够在下一年度顺利实施转产,该公司管理层制定了一项重组计划。该计划规定,从 2020 年 1 月 1 日起,企业将以职工自愿方式辞退其平面直角系列彩电生产车间的职工。辞退计划的详细内容,包括拟辞退的职工所在部门、数量、各级别职工能够获得的补偿以及计划大体实施的时间等均已与职工沟通,并达成一致意见。辞退计划已于 2019 年 12 月 10 日经董事会正式批准,辞退计划于下一个年度内实施完毕。

2019 年 12 月 31 日,该公司预计各级别职工拟接受辞退职工数量的最佳估计数（最可能发生数）及其应支付的补偿。

愿意接受辞退的职工最可能数量为 123 名。预计补偿总额为 1400 万元,则公司在 2019 年(辞退计划 2019 年 12 月 10 日由董事会批准)应作如下账务处理(单位:万元):

借:管理费用　　　　　　　　　　　　　　　　　　　　　　　　1400
　　贷:应付职工薪酬——辞退福利　　　　　　　　　　　　　　　　1400

案例 9-4

丙公司是一家空调制造企业。2019 年 9 月,为了能够在下一年度顺利实施转产,丙公司管理层制订了一项辞退计划,计划规定从 2020 年 1 月 1 日起,企业将以职工自愿方式,辞退其柜式空调生产车间的职工。辞退计划的详细内容,包括拟辞退的职工所在部门、数量、各级别职工能够获得的补偿以及计划大体实施的时间等均已与职工沟通,并达成一致意见,辞退计划已于 2019 年 12 月 10 日经董事会正式批准,辞退计划将于下一个年度内实施完毕。该项辞退计划的详细内容如表 9-2 所示。

表9-2 辞退计划表

所属部门	职位	辞退数量（人）	工龄（年）	每人补偿额（万元）
空调车间	车间主任 副主任	10	1～10	10
			10～20	20
			20～30	30
	高级技工	50	1～10	8
			10～20	18
			20～30	28
	一般技工	100	1～10	5
			10～20	15
			20～30	25
合计	—	160	—	—

2019年12月31日,企业预计各级别职工拟接受辞退职工数量的最佳估计数(最可能发生数)及其应支付的补偿如表9-3所示。

表9-3 补偿明细表

所属部门	职位	辞退数量（人）	工龄（年）	接受数量（人）	每人补偿额（万元）	补偿金额（万元）
空调车间	车间主任 副主任	10	1～10	5	10	50
			10～20	2	20	40
			20～30	1	30	30
	高级技工	50	1～10	20	8	160
			10～20	10	18	180
			20～30	5	28	140
	一般技工	100	1～10	50	5	250
			10～20	20	15	300
			20～30	10	25	250
合计		160		123		1400

按照《企业会计准则第13号——或有事项》有关计算最佳估计数的方法,预计接受辞退的职工数量可以根据最可能发生的数量确定。根据表9-3,愿意接受辞退职工的最可能数量为123名,预计补偿总额为1400万元,则企业在2019年(辞退计划是2019年12月10日由董事会批准)应作如下账务处理(单位:万元):

借:管理费用 1400
　　贷:应付职工薪酬——辞退福利 1400

第九章

·易错易混点·

由于离职的员工不再为企业提供服务，因此辞退福利只能计入当期损益"管理费用"，不应比照一般职工薪酬的会计处理，按照受益部门分别计入成本费用中。

（四）其他长期职工福利

企业向职工提供的其他长期职工福利，符合设定提存计划条件的，应当按照设定提存计划的有关规定进行会计处理。企业向职工提供的其他长期职工福利，符合设定受益计划条件的，企业应当按照设定受益计划的有关规定，确认和计量其他长期职工福利净负债或净资产。

第二节　借款费用

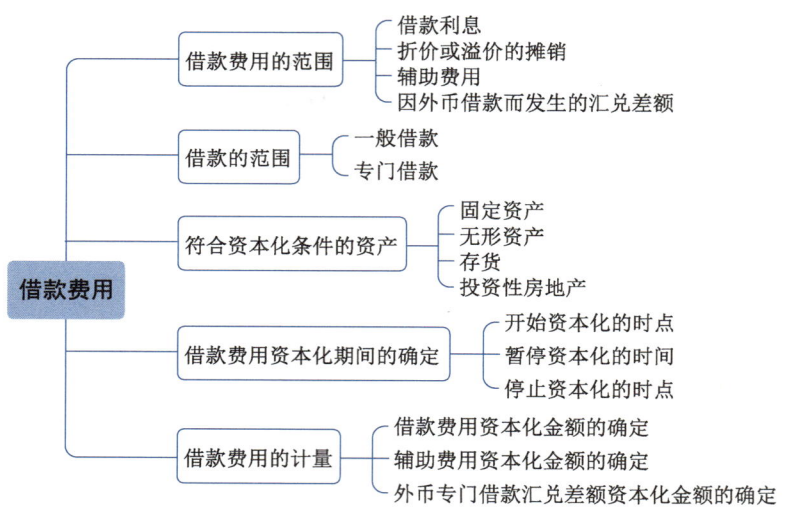

一、借款费用的范围★★

借款费用是企业因借入资金所付出的代价，包括借款利息、折价或者溢价的摊销、辅助费用以及因外币借款而发生的汇兑差额等。详见表9-4。

表9-4　借款费用的范围

借款费用	概念
借款利息	企业向银行或者其他金融机构等借入资金发生的利息、发行公司债券发生的利息，以及为购建或者生产符合资本化条件的资产而发生的带息债务所承担的利息等

(续表)

借款费用	概念
溢价和折价	发行债券等所发生的折价或者溢价,发行债券中的折价或者溢价,其实质是对债券票面利息的调整(即将债券票面利率调整为实际利率),属于借款费用的范畴
辅助费用	企业在借款过程中发生的诸如手续费、佣金等费用,由于这些费用是因安排借款而发生的,也属于借入资金所付出的代价,是借款费用的构成部分
因外币借款而发生的汇兑差额	由于汇率变动对外币借款本金及其利息的记账本位币金额所产生的影响金额

·易错易混点·

权益性资金融资费用计入资本公积,资本公积不足冲减的,冲减留存收益。

【例题 9-5 单选题】(2016 年真题) 企业发生的下列各项融资费用中,不属于借款费用的是(   )。

A. 股票发行费用

B. 长期借款的手续费

C. 外币借款的汇兑差额

D. 溢价发行债券的利息调整

考试方向 考查借款费用的范围。

【答案】 A

【名师点睛】 借款费用包括借款利息、折价或者溢价的摊销、辅助费用以及因外币借款而发生的汇兑差额等,对于企业发生的权益性融资费用,不应包括在借款费用中。

二、借款的范围

借款包括一般借款和专门借款。专门借款是指为购建或者生产符合资本化条件的资产而专门借入的款项。一般借款是指除专门借款之外的借款。相对于专门借款而言,一般借款在借入时,其用途通常没有特指用于符合资本化条件的资产的购建或生产。

三、符合资本化条件的资产

符合资本化条件的资产,是指需要经过相当长时间的购建或者生产活动才能达到预定可使用或者可销售状态的固定资产、投资性房地产和存货等资产。其中,"相当长的时间"是指资产的购建或者生产所必要的时间,通常为 1 年以上(含 1 年)。

四、借款费用资本化期间的确定 ★★

(一) 借款费用开始资本化的时点

借款费用允许开始资本化必须同时满足三个条件(详见表 9-5):

(1)资产支出已经发生。

(2)借款费用已经发生。

(3)为使资产达到预定可使用或者可销售状态所必要的购建或者生产活动已经开始。

第九章

表 9-5 条件的界定

资产支出已经发生的界定	支付现金,是指用货币资金支付符合资本化条件的资产购建或者生产支出。例如,借入款项后开始购买工程物资等
	转移非现金资产,是指企业将自己的非现金资产直接用于符合资本化条件的资产的购建或者生产。例如,将工程物资用于工程建造
	承担带息债务,是指企业为了购建或者生产符合资本化条件的资产而承担的带息应付款项。企业以赊购方式购买这些物资所产生的债务可能带息,也可能不带息。如果企业赊购这些物资承担的是不带息债务,就不应当将购买价款计入资产支出,因为该债务在偿付前不需要承担利息,也没有占用借款资金。企业只有等到实际偿付债务,发生了资源流出时,才能将其作为资产支出
借款费用已经发生的界定	借款费用已经发生,是指企业已经发生了因购建或者生产符合资本化条件的资产而专门借入款项的借款费用,或者占用了一般借款的借款费用
为使资产达到预定可使用或者可销售状态所必要的购建或者生产活动已经开始的界定	为使资产达到预定可使用或可销售状态所必要的购建或者生产活动已经开始,是指符合资本化条件的资产的实体建造或者生产工作已经开始。例如,主体设备的安装、厂房的实际开工建造等。它不包括仅仅持有资产但没有发生为改变资产形态而进行的实质上的建造或者生产活动

(二) 借款费用暂停资本化的时间

符合资本化条件的资产在购建或者生产过程中发生非正常中断且中断时间连续超过 3 个月的,应当暂停借款费用的资本化。在中断期间所发生的借款费用,应当计入当期损益,直至购建或者生产活动重新开始。如果中断是所购建或者生产的符合资本化条件的资产达到预定可使用或者可销售状态必要的程序,则借款费用的资本化应当继续进行。

1. 非正常中断

非正常中断通常是由于企业管理决策上的原因或者其他不可预见的原因等所导致的中断。例如,企业因与施工方发生了质量纠纷,或者工程、生产用料没有及时供应,或者资金周转发生了困难,或者施工、生产发生了安全事故,或者发生了与资产购建、生产有关的劳动纠纷等原因,导致资产购建或者生产活动发生的中断,均属于非正常中断。

案例 9-5

某企业于 2017 年 1 月 1 日利用专门借款开工兴建一幢办公楼,支出已经发生,因此借款费用从当日起开始资本化。工程预计于 2018 年 3 月完工。

2017 年 5 月 15 日,由于工程施工发生了安全事故,导致工程中断,直到 9 月 10 日才复工,该中断就属于非正常中断。因此,上述专门借款在 5 月 15 日至 9 月 10 日期间所发生的借款费用不应资本化,而应作为财务费用计入当期损益。

2. 正常中断

在施工前可以预见的,而且是工程建造必须经过的程序,属于正常中断,如某些工程建造到一定阶段必须暂停下来进行质量或者安全检查,检查通过后才可继续下一阶段的建造工作。某些地区的工程在建造过程中,由于可预见的不可抗力因素(如雨季或冰冻季节等)导致施工出现停顿,也属于正常中断。

案例 9-6

　　某企业在北方某地建造某工程期间,遇上冰冻季节(通常为 6 个月),工程施工因此中断,待冰冻季节过后方能继续施工。

　　【分析】 由于该地区在施工期间出现较长时间的冰冻为正常情况,由此导致的施工中断是可预见的不可抗力因素导致的中断,属于正常中断。在正常中断期间所发生的借款费用可以继续资本化,计入相关资产的成本。

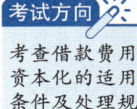

考试方向

考查借款费用资本化的适用条件及处理规则。

　　【例题 9-6 单选题】(2020 年真题) 企业专门借款利息开始资本化后发生的下列各项建造中断事项中,将导致其应暂停借款利息资本化的事项是( )。

　　A. 因可预见的冰冻季节造成建造中断连续超过 3 个月

　　B. 因工程质量纠纷造成建造多次中断累计 3 个月

　　C. 因发生安全事故造成建造中断连续超过 3 个月

　　D. 因劳务纠纷造成建造中断 2 个月

　　【答案】 C

　　【名师点睛】 符合资本化条件的资产在购建或者生产过程中发生非正常中断且中断时间连续超过 3 个月的,应当暂停借款费用的资本化。选项 A,可预见的原因造成的停工不属于非正常中断,不应暂停资本化;选项 B,中断的时间不是连续超过 3 个月,不应暂停资本化;选项 C,安全事故属于非正常中断,且中断时间连续超过 3 个月,应暂停资本化;选项 D,中断时间没有连续超过 3 个月,不应暂停资本化。

(三)借款费用停止资本化的时点

　　购建或者生产符合资本化条件的资产达到预定可使用或者可销售状态时,借款费用应当停止资本化。在符合资本化条件的资产达到预定可使用或者可销售状态之后所发生的借款费用,应当在发生时根据其发生额确认为费用,计入当期损益。

　　依据经济实质判断购建或者生产符合资本化条件的资产达到预定可使用或者可销售的状态的时点,具体分为以下几个方面:

　　(1)符合资本化条件的资产的实体建造(包括安装)或者生产活动已经全部完成或者实质上已经完成。

　　(2)所购建或者生产的符合资本化条件的资产与设计要求、合同规定或者生产要求相符或者基本相符,即使有极个别与设计、合同或者生产要求不相符的地方,也不影响其正常使用或者销售。

　　(3)继续发生在所购建或生产的符合资本化条件的资产上的支出金额很少或者几乎不再发生。

　　购建或者生产符合资本化条件的资产需要试生产或者试运行的,在试生产结果表明资产能够正常生产出合格产品,或者试运行结果表明资产能够正常运转或者营业时,应当认为该资产已经达到预定可使用或者可销售状态。

　　如果购建或者生产的符合资本化条件的资产的各部分分别完工,且每部分在其他部分继续建造或者生产过程中可供使用或者可对外销售,且为使该部分资产达到预定可使用或可销售状态所必要的购建或者生产活动实质上已经完成的,应当停止与该部分资产相关的借款费用的资本化。

第九章

如果购建或者生产的资产的各部分分别完工,但必须等到整体完工后才可使用或者对外销售的,应当在该资产整体完工时停止借款费用的资本化。

·易错易混点·

对于专门借款而言,从借入那一天起借款费用就已经发生了;对于一般借款而言,只有占用了一般借款才算作借款费用已经发生。

考试方向
考查借款费用资本化的起点与终点的确定。

【例题 9-7 单选题】(2018 年真题) 2018 年 2 月 18 日,甲公司以自有资金支付了建造厂房的首期工程款,工程于 2018 年 3 月 2 日开始施工。2018 年 6 月 1 日,甲公司从银行借入与当日开始计息的专门借款,并于 2018 年 6 月 26 日使用该专门借款支付第二期工程款,该专门借款的利息开始资本化的时点为(   )。

A. 2018 年 6 月 26 日 　　　　 B. 2018 年 3 月 2 日

C. 2018 年 2 月 18 日 　　　　 D. 2018 年 6 月 1 日

【答案】 D

【名师点睛】 借款费用允许开始资本化必须同时满足三个条件:① 资产支出已经发生;② 借款费用已经发生;③ 为使资产达到预定可使用或者可销售状态所必要的构建或者生产活动已经开始。本题中,2018 年 6 月 1 日借入专门借款时,与专门借款有关的借款费用已经发生,因此资本化的始点是 2018 年 6 月 1 日,答案为选项 D。

五、 借款费用的计量★★★

(一) 借款利息资本化金额的确定

原则: 应区分专门借款和一般借款。

1. 专门借款利息费用资本化的原则

为购建或者生产符合资本化条件的资产而借入专门借款的,应当以专门借款当期实际发生的利息费用,减去将尚未动用的借款资金存入银行取得的利息收入或进行暂时性投资取得的投资收益后的金额,确定专门借款应予资本化的利息金额。计算公式如下:

专门借款资本化金额=资本化期间内专门借款总的利息—资本化期间内的闲置资金的投资收益或利息收入

2. 一般借款利息费用资本化原则

为购建或者生产符合资本化条件的资产而占用了一般借款的,企业应当根据累计资产支出超过专门借款部分的资产支出加权平均数乘以所占用一般借款的资本化率,计算确定一般借款应予资本化的利息金额。计算公式如下:

(1) 一般借款利息费用资本化金额=累计资产支出超过专门借款部分的资产支出加权平均数×所占一般借款的资本化率

(2) 累计资产支出超过专门借款部分的资产支出加权平均数=$\sum$所占一般借款累计支出×所占天数÷当期天数

(3) 所占一般借款资本化率=所占一般借款加权平均利率=所占一般借款当期实际发生的利息之和所占一般借款本金加权平均数

案例 9-7

甲公司于 2017 年 1 月 1 日正式动工兴建一幢办公楼,工期预计为 1 年零 6 个月,工程采用出包方式,分别于 2017 年 1 月 1 日、2017 年 7 月 1 日和 2018 年 1 月 1 日支付工程进度款。

甲公司为建造办公楼于 2017 年 1 月 1 日专门借款 2000 万元,借款期限为 3 年,年利率为 6％。另外,甲公司在 2017 年 7 月 1 日又专门借款 4000 万元,借款期限为 5 年,年利率为 7％。借款利息按年支付(如无特别说明,本章例题中名义利率与实际利率均相同)。闲置借款资金均用于固定收益债券短期投资,该短期投资月收益率为 0.5％。

办公楼于 2018 年 6 月 30 日完工,达到预定可使用状态。

甲公司为建造该办公楼的支出金额如表 9-6 所示。

表 9-6　建造办公楼的资金支出表　　　　　　　　　　单位:万元

日期	每期资产支出金额	累计资产支出金额	闲置借款资金用于短期投资金额
2017 年 1 月 1 日	1500	1500	500
2017 年 7 月 1 日	2500	4000	2000
2018 年 1 月 1 日	1500	5500	500
总计	5500	—	3000

【分析】　由于甲公司使用了专门借款建造办公楼,而且办公楼建造支出没有超过专门借款金额,所以甲公司 2017 年、2018 年为建造办公楼应予资本化的利息金额计算如下:

(1)确定借款费用资本化期间为 2017 年 1 月 1 日至 2018 年 6 月 30 日。

(2)计算在资本化期间内专门借款实际发生的利息金额。

2017 年专门借款发生的利息金额＝2000×6％＋4000×7％×6÷12＝260(万元)

2018 年 1 月 1 日至 6 月 30 日,专门借款发生的利息金额＝2000×6％×6÷12＋4000×7％×6÷12＝200(万元)

(3)计算在资本化期间内利用闲置的专门借款资金进行短期投资的收益。

2017 年短期投资收益＝500×0.5％×6＋2000×0.5％×6＝75(万元)

2018 年短期投资收益＝500×0.5％×6＝15(万元)

(4)由于在资本化期间内,专门借款利息费用的资本化金额应当以其实际发生的利息费用减去将闲置的借款资金进行短期投资取得的投资收益后的金额确定,所以相关计算如下:

甲公司 2017 年的利息资本化金额＝260－75＝185(万元)

甲公司 2018 年的利息资本化金额＝200－15＝185(万元)

(5)有关账务处理如下(单位:万元):

① 2017 年 12 月 31 日:

借:在建工程　　　　　　　　　　　　　　　　　　　　　　185

　应收利息(或银行存款)　　　　　　　　　　　　　　　　75

　贷:应付利息　　　　　　　　　　　　　　　　　　　　　　260

② 2018 年 6 月 30 日：

借：在建工程   185
　　应收利息（或银行存款）   15
　　　贷：应付利息   200

案例 9-8 沿用 **案例 9-7**

假定甲公司建造办公楼没有专门借款，占用的都是一般借款。甲公司为建造办公楼占用的一般借款有两笔，具体如下：

（1）向 A 银行长期贷款 2000 万元，期限为 2016 年 12 月 1 日至 2019 年 12 月 1 日，年利率为 6%，按年支付利息。

（2）发行公司债券 1 亿元，于 2016 年 1 月 1 日发行，期限为 5 年，年利率为 8%，按年支付利息。

假定这两笔一般借款除了用于办公楼建设外，没有用于其他符合资本化条件的资产的购建或者生产活动。

假定全年按 360 天计算，其他资料沿用【案例 9-7】的资料。

【分析】 鉴于甲公司建造办公楼没有占用专门借款，而占用了一般借款，因此，甲公司应当首先计算所占用一般借款的加权平均利率作为资本化率，然后计算建造办公楼的累计资产支出加权平均数，将其与资本化率相乘，计算求得当期应予资本化的借款利息金额，具体如下：

（1）计算所占用一般借款资本化率。

一般借款资本化率（年）＝（2000×6%＋10000×8%）÷（2000＋10000）×100%≈7.67%

（2）计算累计资产支出加权平均数。

2017 年累计资产支出加权平均数＝1500×360÷360＋2500×180÷360＝2750（万元）

2018 年累计资产支出加权平均数＝（4000＋1500）×180÷360＝2750（万元）

（3）计算每期利息资本化金额。

2017 年为建造办公楼的利息资本化金额＝2750×7.67%＝210.925（万元）

2017 年实际发生的一般借款利息费用＝2000×6%＋10000×8%＝920（万元）

2018 年为建造办公楼的利息资本化金额＝2750×7.67%＝210.925（万元）

2018 年 1 月 1 日至 6 月 30 日，实际发生的一般借款利息费用＝（2000×6%＋10000×8%）×180÷360＝460（万元）

上述计算的利息资本化金额没有超过两笔一般借款实际发生的利息费用，可以资本化。

（4）根据上述计算结果，账务处理如下（单位：元）：

① 2017 年 12 月 31 日：

借：在建工程   2109250
　　财务费用   7090750
　　　贷：应付利息   9200000

② 2018 年 6 月 30 日：

借：在建工程   2109250
　　财务费用   2490750
　　　贷：应付利息   4600000

案例 9-9 沿用 **案例 9-7** 及 **案例 9-8**

假定甲公司为建造办公楼于 2017 年 1 月 1 日专门借款 2000 万元,借款期限为 3 年,年利率为 6%。除此之外,没有其他专门借款。在办公楼建造过程中所占用的一般借款仍为两笔,一般借款有关资料沿用【案例9-8】的资料。其他相关资料均同【案例9-7】和【案例9-8】的资料。

【分析】 在这种情况下,甲公司应当首先计算专门借款利息的资本化金额,然后计算所占用一般借款利息的资本化金额,具体如下:

(1) 计算专门借款利息资本化金额。

2017 年专门借款利息资本化金额＝2000×6%－500×0.5%×6＝105(万元)

2018 年专门借款利息资本化金额＝2000×6%×180÷360＝60(万元)

(2) 计算一般借款资本化金额。

在建造办公楼过程中,自 2017 年 7 月 1 日起已经有 2000 万元占用了一般借款,另外,2018 年 1 月 1 日支出的 1500 万元也占用了一般借款。计算这两笔资产支出的加权平均数,具体如下:

2017 年占用了一般借款的资产支出加权平均数＝2000×180÷360＝1000(万元)

由于一般借款利息资本化率与【案例9-8】的相同,即为 7.67%。

2017 年应予资本化的一般借款利息金额＝1000×7.67%＝76.70(万元)

2018 年占用了一般借款的资产支出平均数＝(2000＋1500)×180÷360＝1750(万元)

2018 年应予资本化的一般借款利息金额＝1750×7.67%＝134.225(万元)

(3) 根据上述计算结果,甲公司建造办公楼应予资本化的利息金额如下:

2017 年利息资本化金额＝105＋76.70＝181.70(万元)

2018 年利息资本化金额＝60＋134.225＝194.225(万元)

(4) 有关账务处理如下(单位:元):

① 2017 年 12 月 31 日:

借:在建工程	1817000	
财务费用	8433000	
应收利息(或银行存款)	150000	
贷:应付利息		10400000

注:2017 年实际借款利息＝2000×6%＋2000×6%＋10000×8%＝1040(万元)

② 2018 年 6 月 30 日:

借:在建工程	1942250	
财务费用	3257750	
贷:应付利息		5200000

注:2018 年 1 月 1 日至 6 月 30 日的实际借款利息＝1040÷2＝520(万元)

3. 资本化期间

在资本化期间内,每一会计期间的利息资本化金额,不应当超过当期相关借款实际发生的利息金额。

·易错易混点·

① 注意计算资本化金额时一定要考虑资本化期间问题,只有在资本化期间才有资本化的问题。

② 区分专门借款和一般借款。

【例题 9-8 判断题】(2020 年真题) 在确定借款利息资本化金额时,每一会计期间的利息资本化金额不应超过当期相关借款实际发生的利息金额。( )

【答案】 √

(二)借款辅助费用资本化金额的确定

专门借款发生的辅助费用,在所购建或者生产的符合资本化条件的资产达到预定可使用或者可销售状态之前发生的,应当在发生时根据其发生额予以资本化,计入符合资本化条件的资产的成本;在所购建或者生产的符合资本化条件的资产达到预定可使用或者可销售状态之后发生的,应当在发生时根据其发生额确认为费用,计入当期损益。一般借款发生的辅助费用,应当在发生时根据其发生额确认为费用,计入当期损益。

(三)外币专门借款汇兑差额资本化金额的确定

在资本化期间内,外币专门借款本金及利息的汇兑差额,应当予以资本化,计入符合资本化条件的资产的成本。

案例 9-10

甲公司于 2019 年 1 月 1 日,为建造某工程项目专门按面值发行公司债券 1000 万美元,年利率为 8%,期限为 3 年。假定不考虑与发行债券有关的辅助费用、未支出专门借款的利息收入或投资收益。合同约定,甲公司于每年 1 月 1 日支付当年利息,到期还本。工程于 2019 年 1 月 1 日开始实体建造,2020 年 6 月 30 日完工,达到预定可使用状态,期间发生的资产支出如下:

① 2019 年 1 月 1 日,支出 200 万美元。

② 2019 年 7 月 1 日,支出 500 万美元。

③ 2020 年 1 月 1 日,支出 300 万美元。

甲公司的记账本位币为人民币,外币业务采用外币业务发生时当日的市场汇率折算。相关汇率如下:

① 2019 年 1 月 1 日,市场汇率为 1 美元=7.70 元人民币。

② 2019 年 12 月 31 日,市场汇率为 1 美元=7.75 元人民币。

③ 2020 年 1 月 1 日,市场汇率为 1 美元=7.77 元人民币。

④ 2020 年 6 月 30 日,市场汇率为 1 美元=7.80 元人民币。

【分析】 本例中,甲公司计算外币借款汇兑差额资本化金额如下:

(1)计算 2019 年汇兑差额资本化金额。

① 债券应付利息=1000×8%×7.75=80×7.75=620(万元)

账务处理如下(单位:元):

借:在建工程 6200000

　　贷:应付利息 6200000

②外币债券本金及利息汇兑差额＝1000×(7.75－7.70)＋80×(7.75－7.75)＝50（万元）

账务处理如下（单位：元）：

借：在建工程　　　　　　　　　　　　　　　　　　　　　　　500000

　　贷：应付债券　　　　　　　　　　　　　　　　　　　　　　　500000

（2）2020年1月1日，实际支付利息时，应当支付80万美元，折算成人民币为621.60万元。该金额与原账面金额620万元之间的差额1.60万元应当继续予以资本化，计入在建工程成本。账务处理如下（单位：元）：

借：应付利息　　　　　　　　　　　　　　　　　　　　　　　6200000

　　在建工程　　　　　　　　　　　　　　　　　　　　　　　　16000

　　贷：银行存款　　　　　　　　　　　　　　　　　　　　　　6216000

（3）计算2020年6月30日时的汇兑差额资本化金额。

①债券应付利息＝1000×8％×(1/2)×7.80＝40×7.80＝312（万元）

账务处理如下（单位：元）：

借：在建工程　　　　　　　　　　　　　　　　　　　　　　　3120000

　　贷：应付利息　　　　　　　　　　　　　　　　　　　　　　3120000

②外币债券本金及利息汇兑差额＝1000×(7.80－7.75)＋40×(7.80－7.80)＝50（万元）

账务处理如下（单位：元）：

借：在建工程　　　　　　　　　　　　　　　　　　　　　　　500000

　　贷：应付债券　　　　　　　　　　　　　　　　　　　　　　　500000

同步练习

一、单项选择题

1. 2019 年 2 月 1 日,甲公司为建造一栋厂房向银行取得一笔专门借款。2019 年 3 月 5 日,以该贷款支付前期订购的工程物资款,因征地拆迁发生纠纷,该厂房延迟至 2019 年 7 月 1 日才开工兴建,开始支付其他工程款,2020 年 2 月 28 日,该厂房建造完成,达到预定可使用状态。2020 年 4 月 30 日,甲公司办理工程竣工决算。不考虑其他因素,甲公司该笔借款费用的资本化期间为(　　)。
   A. 2019 年 2 月 1 日至 2020 年 4 月 30 日
   B. 2019 年 3 月 5 日至 2020 年 2 月 28 日
   C. 2019 年 7 月 1 日至 2020 年 2 月 28 日
   D. 2019 年 7 月 1 日至 2020 年 4 月 30 日

2. 某公司于 2019 年 7 月 1 日从银行取得专门借款 5000 万元用于新建一座厂房,年利率为 5%,利息分季支付,借款期限为 2 年。2019 年 10 月 1 日,正式开始建设厂房,预计工期为 15 个月,采用出包方式建设。该公司于开始建设日、2019 年 12 月 31 日和 2020 年 5 月 1 日分别向承包方付款 1200 万元、1000 万元和 1500 万元。由于可预见的冰冻气候,工程在 2020 年 1 月 12 日至 3 月 12 日期间暂停。2020 年 12 月 31 日,工程达到预定可使用状态,并向承包方支付了剩余工程款 800 万元,该公司从取得专门借款开始,将闲置的借款资金投资于月收益率为 0.4% 的固定收益债券。若不考虑其他因素,该公司在 2020 年应予资本化的上述专门借款费用为(　　)万元。
   A. 121.93　B. 163.6　C. 205.2　D. 250

3. 下列导致固定资产建造中断时间连续超过 3 个月的事项中,不应暂停借款费用资本化的是(　　)。
   A. 劳务纠纷　　　　B. 安全事故
   C. 资金周转困难　　D. 可预测的气候影响

4. 2020 年 4 月 20 日,甲公司以当月 1 日自银行取得的专门借款支付了建造办公楼的首期工程物资款,5 月 10 日开始施工,5 月 20 日因发现文物需要发掘保护而暂停施工,7 月 15 日复工兴建。甲公司该笔借款费用开始资本化的时点为(　　)。
   A. 2020 年 4 月 1 日　B. 2020 年 4 月 20 日
   C. 2020 年 5 月 10 日　D. 2020 年 7 月 15 日

5. 企业对向职工提供的非货币性福利进行计量时,应选择的计量属性是(　　)。
   A. 现值　　　　　　B. 历史成本
   C. 重置成本　　　　D. 公允价值

二、多项选择题

1. 在确定借款费用暂停资本化的期间时,应当区别正常中断和非正常中断,下列各项中,属于非正常中断的有(　　)。
   A. 质量纠纷导致的中断
   B. 安全事故导致的中断
   C. 劳动纠纷导致的中断
   D. 资金周转困难导致的中断

2. 下列各项中,企业应作为职工薪酬核算的有(　　)。
   A. 工会经费　　　　B. 职工福利费
   C. 短期利润分享计划　D. 累积带薪缺勤

3. 下列各项中,企业应作为短期薪酬进行会计处理的有(　　)。
   A. 由企业负担的职工医疗保险费
   B. 向职工发放的高温补贴
   C. 由企业负担的职工住房公积金
   D. 向职工发放的工资

4. 根据企业会计准则的规定,符合资本化条件的资产在购建或生产的过程中发生非正常中断且中断时间超过 3 个月的,应当暂停借款费用的资本化。下列各项中,属于资产购建或生产非正常中断的有(　　)。
   A. 因资金周转困难导致工程停工
   B. 因发生安全事故被相关部门责令停工
   C. 因劳资纠纷导致工程停工
   D. 因工程用料未能及时供应导致工程停工

5. 甲公司为房地产开发企业,主要从事商品房的开发和销售。2019 年度,甲公司发生的有关交易或事项如下:
   (1) 1 月 10 日,经拍卖取得一块 70 年使用权的土地,用于建造自用的实验室。
   (2) 为开发商品房占用了一般借款。

(3) 将未使用的一般借款用于短期投资。

甲公司没有专门借款,按开发商品房发生的累计支出加权平均数乘以所占用一般借款的资本化率计算确定资本化利息金额。不考虑其他因素,下列各项,关于甲公司上述交易或事项会计处理的表述中,正确的有( )。

A. 将一般借款的资本化利息金额计入所开发商品房的成本

B. 将一般借款用于短期投资获得的收益冲减所开发商品房的成本

C. 将建造自用实验室的土地 2019 年度的摊销额计入所开发商品房的成本

D. 将建造自用实验室的土地确认为无形资产并按 70 年摊销

6. 下列各项中,企业应通过应付职工薪酬核算的有( )。

A. 支付给职工的业绩奖金

B. 作为福利发放给职工的自产产品

C. 支付给职工的加班费

D. 支付给职工的辞退补偿

7. 下列各项关于企业职工薪酬会计处理的表述中,正确的有( )。

A. 产品生产工人的工资应当计入生产成本

B. 生活困难职工的补助应当计入营业外支出

C. 内退职工的工资应当计入营业外支出

D. 营销人员的辞退补偿应当计入管理费用

三、判断题

1. 企业每一会计期间的利息资本化金额不应当超过当期相关借款实际发生的利息金额。
( )

2. 符合资本化条件的资产在购建过程中发生了正常中断,且中断时间连续超过一个月的,企业应暂停借款费用资本化。 ( )

3. 企业将自产产品作为非货币性福利发放给职工时,应当按照该产品的账面价值确定职工薪酬金额。 ( )

4. 资本化期间外币一般借款的本金及利息的汇兑差额应当予以资本化。 ( )

5. 因为安全事故导致的建造固定资产的中断,中断时间超过三个月,不应当暂停资本化。
( )

6. 短期薪酬包括辞退福利和设定提存计划。
( )

7. 实施职工内部退休计划的企业,应将支付给内

退职工的工资在职工内退期间分期计入损益。
( )

四、计算分析题

1. 甲公司 2017 年 1 月 1 日采用出包的方式建造一栋厂房,预期两年完工。

(1) 经批准,甲公司于 2017 年 1 月 1 日按面值发行债券,该债券面值为 20000 万元,期限为 3 年,分期付息、一次还本,不得提前赎回,票面利率为 7%(与实际利率一致)。甲公司将建造期间未使用的闲置资金对外投资,取得固定收益,月收益率为 0.3%。

(2) 为建造厂房,甲公司还占用两笔一般借款:

① 2017 年 1 月 1 日,借入款项 5000 万元,期限为 3 年,年利率为 6%。

② 2018 年 1 月 1 日,借入款项 3000 万元,期限为 5 年,年利率为 8%。

(3) 甲公司分别于 2017 年 1 月 1 日、2017 年 7 月 1 日、2018 年 1 月 1 日、2018 年 7 月 1 日支付工程进度款 15000 万元、5000 万元、4000 万元和 2000 万元。

(4) 2018 年 12 月 31 日,该厂房达到预定可使用状态。

本题所涉及利息均为每月月末计提,次年 1 月 1 日支付。假定全年按照 360 天计算,每月按照 30 天计算。

要求(答案中金额单位以万元表示):

(1) 编制发行债券分录。

(2) 计算 2017 年予以资本化利息金额并编制相关分录。

(3) 计算 2018 年予以资本化和费用化利息金额并编制相关分录。

2. 甲股份有限公司(以下简称"甲公司")2019 年发生的与职工薪酬相关的事项如下:

(1) 4 月 10 日,甲公司董事会通过决议,以本公司自产产品作为奖品,对乙车间全体员工超额完成一季度生产任务进行奖励,每名员工奖励一件产品,该车间员工总数为 200 人,其中车间管理人员 30 人,一线生产工人 170 人,发放给员工的本公司产品市场售价为 3000 元/件,成本为 1800 元/件。4 月 20 日,200 件产品发放完毕。

(2) 甲公司共有 2000 名员工,从 2019 年 1 月 1 日起,该公司实行累积带薪休假制度,规定

每名职工每年可享受 7 个工作日带薪休假,未使用的年休假可向后结转 1 个年度,超过期限未使用的作废,员工离职时也不能取得现金支付。2019 年 12 月 31 日,每名职工当年平均未使用带薪休假为 2 天。根据过去的经验并预期该经验将继续适用,甲公司预计 2020 年有 1300 名员工将享受不超过 7 天的带薪休假,剩余 200 名员工每人将平均享受 8.5 天休假,该 200 名员工中,150 名为销售部门人员,50 名为总部管理人员。甲公司平均每名员工每个工作日工资为 400 元。甲公司职工年休假以后进先出为基础,即有关休假首先从当年可享受的权利中扣除。

其他有关资料:甲公司为增值税一般纳税人,销售商品适用的增值税税率为 13%。

本题不考虑其他因素。

要求:就甲公司 2019 年发生的与职工薪酬有关的事项,逐项说明其应进行的会计处理并编制桢关会计分录。

3. 甲股份有限公司(以下简称"甲公司")2019 年发生的与职工薪酬相关的事项如下:

(1) 甲公司正在开发丙研发项目,2019 年其发生项目研发人员工资 200 万元,其中自 2019 年 1 月 1 日研发开始至 6 月 30 日期间发生的研发人员工资 120 万元属于费用化支出,7 月 1 日至 11 月 30 日研发项目达到预定用途前发生的研发人员工资 80 万元属于资本化支出,有关工资以银行存款支付。

(2) 2019 年 12 月 20 日,甲公司董事会作出决议,拟关闭设在某地区的一分公司,并对该分公司员工进行补偿,方案为:对因尚未达到法定退休年龄提前离开公司的员工给予一次性离职补偿 30 万元,另外自其达到法定退休年龄后,按照每月 1000 元的标准给予退休后补偿。涉及员工 80 人、每人 30 万元的一次性补偿 2400 万元已于 12 月 26 日支付。每月 1000 元的退休后补偿将于 2020 年 1 月 1 日起陆续发放,根据精算结果,甲公司估计该补偿义务

的现值为 1200 万元。

其他有关资料:甲公司为增值税一般纳税人。本题不考虑其他因素。

要求:就甲公司 2019 年发生的与职工薪酬有关的事项,逐项说明其应进行的会计处理并编制相关会计分录(答案中金额单位以万元表示)。

五、综合题

2017 年至 2019 年,甲公司发生的与 A 生产线相关的交易或事项如下:

资料一:2017 年 1 月 1 日,因建造 A 生产线向银行借入 2 年期专门借款 1000 万元,该借款的合同年利率与实际年利率均为 6%,每年年末支付当年利息,到期偿还本金。甲公司将专门借款中尚未动用的部分用于固定收益的短期投资,该短期投资年收益率为 3%,假定全年按照 360 天计算,每月按照 30 天计算。

资料二:2017 年 1 月 1 日,开始建造 A 生产线,当日以专门借款资金支付建造工程款 600 万元。2017 年 7 月 1 日,以专门借款资金支付建造工程款 400 万元。

资料三:2018 年 6 月 30 日,A 生产线建造完毕并达到预定可使用状态。立即投入产品生产甲公司预计该生产线的使用年限为 5 年,预计净残值为 84 万元。采用年限平均法提计折旧。

资料四:2019 年 12 月 31 日,A 生产线出现减值迹象。经减值测试,预计可回收金额为 750 万元。

本题不考虑增值税等相关税费及其他的因素。

要求(答案中金额单位以万元表示):

(1) 计算甲公司 2017 年全年、2018 年上半年专门借款利息应予资本化的金额。

(2) 计算甲公司 2018 年 6 月 30 日 A 生产线建造完毕并达到预定可使用状态时的初始入账金额,并编制相关会计分录。

(3) 计算甲公司 2018 年度 A 生产线应计提折旧的金额,并编制相关会计分录。

(4) 计算甲公司 2019 年 12 月 31 日 A 生产线应计提减值准备的金额,并编制相关会计分录。

参考答案及解析

一、单项选择题

1.【答案】 C

【解析】 2019 年 7 月 1 日,工程开始动工,资产支出和借款费用也已发生,因此这一天为资本化期间开始日。2020 年 2 月 28 日,厂房建造完成,达到预定可使用状态,为停止资本化日。因此资本化期间为 2019 年 7 月 1 日至 2020 年 2 月 28 日。

2.【答案】 B

【解析】 该公司在 2020 年应予资本化的专门借款费用 = 5000 × 5% − 2800 × 0.4% × 4 − 1300 × 0.4% × 8 = 163.6(万元)

3.【答案】 D

【解析】 可预测的气候影响导致的中断,不属于非正常中断,所以不应暂停资本化。

4.【答案】 C

【解析】 借款费用开始资本化必须同时满足以下三个条件:①资产支出已经发生;②借款费用已经发生;③为使资产达到预定可使用或者可销售状态所必要的构建或者生产活动已经开始。所以开始资本化时点为 2020 年 5 月 10 日。

5.【答案】 D

【解析】 企业向职工提供非货币性福利的,应当按照公允价值计量,选项 D 正确。

二、多项选择题

1.【答案】 ABCD

【解析】 非正常中断,通常是由于企业管理决策上的原因或者其他不可预见的原因等所导致的中断。例如,企业因与施工方发生了质量纠纷,或者工程、生产用料没有及时供应,或者资金周转发生了困难,或者施工、生产发生了安全事故,或者发生了与资产购建、生产有关的劳动纠纷等原因,导致资产购建或者生产活动发生的中断,均属于非正常中断。

2.【答案】 ABCD

【解析】 职工薪酬是指企业为获得职工提供的服务而给予各种形式的报酬以及其他相关支出,包括职工在职期间和离职后提供给职工的全部货币性薪酬和非货币性福利。企业提供给职工配偶、子女或其他被赡养人的福利等,也属于职工薪酬。故以上选项均正确。

3.【答案】 ABCD

【解析】 短期薪酬是指企业在职工提供相关服务的年度报告期间结束后 12 个月内需要全部予以支付的职工薪酬,因解除与职工的劳动关系给予的补偿除外,故本题选择 ABCD。

4.【答案】 ABCD

5.【答案】 AD

【解析】 一般借款用于短期投资获得的收益应冲减一般借款利息费用化金额,不影响开发商品房成本,选项 B 错误;建造自用实验室的土地 2019 年度的摊销额应计入所建造实验室成本或当期损益,选项 C 错误。

6.【答案】 ABCD

【解析】 职工薪酬是指企业为获得职工提供的服务或解除劳动关系而给予的各种形式的报或补偿,包括短期薪酬、离职后福利、辞退福利和其他长期职工福利。选项 ABCD 均正确。

7.【答案】 AD

【解析】 生活困难职工的补助应根据职工的受益对象计入当期损益或资产成本中,选项 B 不正确;内退职工的工资应一次性计入管理费用中,选项 C 不正确。

三、判断题

1.【答案】 √

2.【答案】 ×

【解析】 符合资本化条件的资产在购建过程中发生非正常中断,且中断时间连续超过 3 个月的,企业应暂停借款费用资本化。

3.【答案】 ×

【解析】 企业以自产的产品作为非货币性福利提供给职工属于视同销售,应当按照该产品的公允价值和相关税费合计确定职工薪酬金额。

4.【答案】 ×

【解析】 资本化期间外币一般借款的本金及利息的汇兑差额应当费用化,计入当期损益。

5.【答案】 ×

【解析】 安全事故是非正常损失,且中断时间超过三个月,应该暂停资本化。

6.【答案】 ×

【解析】 职工薪酬包括短期薪酬、离职后福利（养老保险和失业保险）、辞退福利和其他长期职工福利。短期薪酬不包括辞退福利和设定提存计划。

7.【答案】 ×

【解析】 实施职工内部退休计划的,应当按照内退计划规定,将自职工停止提供服务日至正常退休日期间、企业拟支付的内退职工工资和缴纳的社会保险费等,确认为应付职工薪酬,一次性计入当期损益,不能在职工内退后各期分期确认因支付内退职工工资和为其交纳社会保险费等产生的义务。

四、计算分析题

1.【答案】 （1）发行债券:

借：银行存款 20000
　　贷：应付债券——面值 20000

（2）2017年:
专门借款实际利息费用＝20000×7％＝1400（万元）
闲置资金收益＝（20000－15000）×0.3％×6＝90（万元）
专门借款利息资本化金额＝1400－90＝1310（万元）
一般借款实际利息费用＝5000×6％＝300（万元）,应全部费用化。
因此,2017年应予资本化的利息金额＝1310（万元）。
分录为:

借：在建工程 1310
　　应收利息（或银行存款） 90
　　财务费用 300
　　贷：应付利息 1700

（3）① 2018年:
专门借款利息资本化金额＝20000×7％＝1400（万元）
占用一般借款的累计资产支出加权平均数＝4000×12÷12＋2000×6÷12＝5000（万元）
一般借款加权平均资本化率＝（5000×6％＋3000×8％）÷（5000＋3000）×100％＝6.75％

一般借款利息资本化金额＝5000×6.75％＝337.5（万元）
一般借款实际利息费用＝5000×6％＋3000×8％＝540（万元）
一般借款利息费用化金额＝540－337.5＝202.5（万元）
因此,2018年应予资本化的金额＝1400＋337.5＝1737.5（万元）,应予费用化的金额＝202.5（万元）。
② 分录为:

借：在建工程 1737.5
　　财务费用 202.5
　　贷：应付利息 1940.0

2.【答案】 事项（1）,企业以其生产的产品作为非货币性福利提供给职工的,应当按照该产品公允价值和相关税费计量应计入成本费用的职工薪酬金额,相关收入的确认、销售成本的结转和相关税费的处理,与正常商品销售相同。
计入应付职工薪酬的金额＝200×3000×（1＋13％）＝678000（元）
计入生产成本的金额＝170×3000×（1＋13％）＝576300（元）
计入制造费用的金额＝30×3000×（1＋13％）＝101700（元）
应当计提的增值税税额＝200×3000×13％＝78000（元）
计入主营业务成本的金额＝200×1800＝360000（元）
相关会计分录如下:

借：制造费用 101700
　　生产成本 576300
　　贷：应付职工薪酬 678000

借：应付职工薪酬 678000
　　贷：主营业务收入 600000
　　　　应交税费——应交增值税（销项税额） 78000

借：主营业务成本 360000
　　贷：库存商品 360000

事项（2）,甲公司应当在2019年12月31日预计由于员工累计未使用的带薪年休假权利而导致预期将支付的职工薪酬,根据甲公司预计

2020 年职工的年休假情况,有 150 名销售部门人员和 50 名总部管理人员将平均享受 8.5 天休假,平均每名员工每个工作日工资为 400 元,则:

2019 年因累积带薪缺勤应确认销售费用 = (8.5−7)×150×400 = 90000(元)

因累积带薪缺勤应确认管理费用 = (8.5−7)×50×400 = 30000(元)

相关会计分录如下:

借:管理费用　　　　　　　　　30000
　　销售费用　　　　　　　　　90000
　　　贷:应付职工薪酬　　　　　　120000

3.【答案】 事项(1),甲公司应当根据职工提供服务情况,按照受益对象将相关工资总额计入当期损益或相关资产成本。

相关会计分录如下:

借:研发支出——费用化支出　120
　　　　　　——资本化支出　80
　　　贷:应付职工薪酬　　　　　　200

借:管理费用　　　　　　　　　120
　　　贷:研发支出——费用化支出　120

借:无形资产　　　　　　　　　80
　　　贷:研发支出——资本化支出　80

借:应付职工薪酬　　　　　　　200
　　　贷:银行存款　　　　　　　　200

事项(2),甲公司应将因为分公司关闭计划产生的支付给员工的辞退福利,一次性计入确认当期费用。对于预计以后期间陆续支付的补偿金额,按照其现值确认应当计入当期损益的职工薪酬金额。

相关会计分录如下:

借:管理费用　(2400+1200)3600
　　　贷:应付职工薪酬　　　　　　3600

借:应付职工薪酬　　　　　　　2400
　　　贷:银行存款　　　　　　　　2400

五、综合题

【答案】 (1)2017 年全年专门借款利息予以资

本化的金额 = 1000×6%−(1000−600)×3%×180÷360 = 54(万元)

2018 年上半年专门借款利息予以资本化的金额 = 1000×6%×180÷360 = 30(万元)

(2)2018 年 6 月 30 日,该生产线建造完毕并达到预定可使用状态的入账价值 = 600+400+54+30 = 1084(万元)。

相关分录如下:

2017 年 1 月 1 日:

借:在建工程　　　　　　　　　600
　　　贷:银行存款　　　　　　　　600

2017 年 7 月 1 日:

借:在建工程　　　　　　　　　400
　　　贷:银行存款　　　　　　　　400

2017 年 12 月 31 日:

借:在建工程　　　　　　　　　54
　　应收利息　　　　　　　　　6
　　　贷:应付利息　　　　　　　　60

2018 年 6 月 30 日:

借:在建工程　　　　　　　　　30
　　　贷:应付利息　　　　　　　　30

借:固定资产　　　　　　　　　1084
　　　贷:在建工程　　　　　　　　1084

(3)2018 年度 A 生产线应计提折旧的金额 = (1084−84)÷5×6÷12 = 100(万元)

相关分录如下:

借:制造费用　　　　　　　　　100
　　　贷:累计折旧　　　　　　　　100

(4)甲公司 2019 年年末减值测试前 A 生产线账面价值 = 1084−(1084−84)÷5×1.5 = 784(万元),故甲公司 2019 年 12 月 31 日应计提减值准备的金额 = 784−750 = 34(万元)。

相关分录如下:

借:资产减值损失　　　　　　　34
　　　贷:固定资产减值准备　　　　34

第十章
或有事项

考情回顾

　　本章近年平均分值为 3 分。考试题型主要为客观题,历年考试中偶尔出现主观题。本章主要考查预计负债的确认和计量,同时在近年考试中多次出现与企业所得税结合的计算分析题的形式。

考试变化

　　本章无实质性变化。

本章结构

第一节　或有事项概述
第二节　或有事项的确认和计量
第三节　或有事项会计处理原则的应用

第一节　或有事项概述

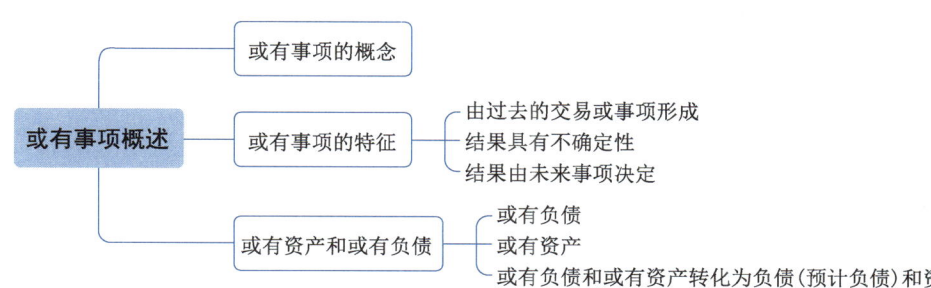

一、或有事项的概念 ★

或有事项是指过去的交易或者事项形成的,其结果须由某些未来事项的发生或不发生才能决定的不确定事项。

二、或有事项的特征 ★

(1) 由过去的交易或事项形成,是指或有事项的现存状况是过去交易或事项引起的客观存在。

未来可能发生的自然灾害、交通事故、经营亏损等,不属于或有事项。

(2) 结果具有不确定性,是指或有事项的结果是否发生具有不确定性,或者或有事项的结果预计将会发生,但发生的具体时间或金额具有不确定性。

(3) 由未来事项决定,是指或有事项的结果只能由未来不确定事项的发生或不发生才能决定。

三、或有负债和或有资产 ★

《企业会计准则第 13 号——或有事项》规定,企业不应当确认或有负债和或有资产。

(一)或有负债

或有负债,是指过去的交易或者事项形成的潜在义务,其存在须通过未来不确定事项的发生或不发生予以证实;或过去的交易或者事项形成的现时义务,履行该义务不是很可能导致经济利益流出企业或该义务的金额不能可靠计量。

案例 10-1

　　2018 年 4 月,B 公司从银行贷款美元 100 万元,期限为 1 年,由 A 公司担保 50%;2018 年 4 月,C 公司通过银行从 D 公司贷款人民币 1000 万元,期限为 2 年,由 A 公司全额担保。2018 年 12 月 31 日,B 公司由于受政策影响和内部管理不善等原因,经营效益不如以往,可能不能偿还到期美元债务;C 公司经营情况良好,预期不存在还款困难。

　　【分析】　本例中,对 B 公司而言,A 公司可能需履行连带责任;就 C 公司而言,A 公司履行连带责任的可能性极小。根据或有事项准则的规定,这两项债务担保形成 A

公司的或有负债,不符合预计负债的确认条件,A 公司应当在 2018 年 12 月 31 日的财务报表附注中披露相关债务担保的被担保单位、担保金额及财务影响等。

【例题 10-1 判断题】(2011 年真题) 或有负债无论涉及潜在义务还是现时义务,均不应在财务报表中确认,但应按相关规定在附注中披露。( )

【答案】 √

【名师点睛】 或有负债无论是潜在义务还是现时义务,均不符合负债的确认条件,因而不能在报表中予以确认,但应按相关规定在财务报表附注中披露。

(二) 或有资产

或有资产,是指过去的交易或者事项形成的潜在资产,其存在须通过未来不确定事项的发生或不发生予以证实。或有资产作为一种潜在资产,其结果具有较大的不确定性,只有随着经济情况的变化,通过某些未来不确定事项的发生或不发生才能证实其是否会形成企业真正的资产。例如,A 企业向法院起诉 B 企业侵犯其商标权,法院尚未对该案件开庭审理,甲企业无法判断自己是否胜诉。对甲企业而言,将来可能胜诉而获得赔偿属于一项或有资产。

 企业通常不应当披露或有资产,但若或有资产很可能会给企业带来经济利益的,应当披露其形成的原因、预计产生的财务影响等。

(三) 或有负债和或有资产转化为预计负债(负债)和资产

或有负债和或有资产不符合负债或资产的定义和确认条件,企业不应当确认或有负债和或有资产,而应当按照或有事项准则的规定进行相应的披露。

但是,影响或有负债和或有资产的多种因素处于不断变化之中,企业应当持续地对这些因素予以关注。随着时间推移和事态的进展,或有负债对应的潜在义务可能转化为现时义务,原本不是很可能导致经济利益流出的现时义务也可能被证实将很可能导致企业流出经济利益,并且现时义务的金额也能够可靠计量。在这种情况下,或有负债就转化为企业的预计负债,应当予以确认。或有资产也是一样,其对应的潜在资产最终是否能够流入企业会逐渐变得明确,如果某一时点企业基本确定能够收到这项潜在资产并且其金额能够可靠计量,则应当将其确认为企业的资产。

第二节 或有事项的确认和计量

本节框架 ▶

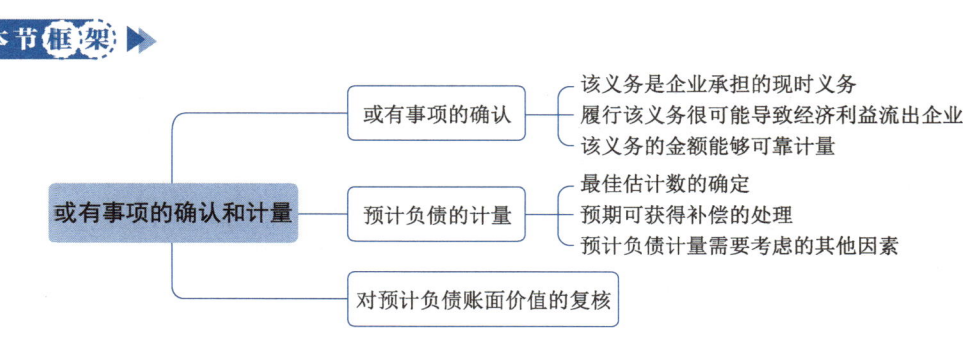

一、 或有事项的确认★★

或有事项的确认通常是与或有事项相关义务的确认。或有事项形成的或有资产只有在企业基本确定能够收到的情况下,才能转变为真正的资产,应当予以确认。

与或有事项相关的义务同时满足下列条件的,应当确认为预计负债。

(一)该义务是企业承担的现时义务

该义务是企业承担的现时义务,是指与或有事项有关的义务是在企业当前条件下已承担的义务,企业没有其他现实的选择,只能履行该现时义务。

(二)履行该义务很可能导致经济利益流出企业

履行该义务很可能导致经济利益流出企业,是指履行与或有事项相关的现时义务时,导致经济利益流出企业的可能性超过50%,但尚未达到基本确定的程度。详见表10-1。

表10-1 经济利益的可能性

结果的可能性	对应的概率区间
极小可能	0＜概率≤5%
可能	5%＜概率≤50%
很可能	50＜概率≤95%
基本确定	95%＜概率＜100%

(三)该义务的金额能够可靠计量

该义务的金额能够可靠地计量,是指与或有事项有关的现时义务的金额能够合理地估计。

> •易错易混点•
>
> ① 要确认预计负债,需同时满足的三个条件:a.现时义务;b.经济利益很可能流出企业;c.义务的金额能够可靠计量。如果上述三个条件有任何一个条件不能满足,则不能确认为预计负债,而应作为或有负债。
>
> ② 或有负债无论是潜在义务还是现时义务,均不符合负债的确认条件,因而不能在报表中予以确认,但应按相关规定在财务报表附注中披露。

二、 或有事项的计量★★

或有事项的计量是指与或有事项相关义务的预计负债的计量,主要涉及两个方面:

(1)最佳估计数的确定。

(2)预期可获得补偿的处理。

(一)最佳估计数的确定

预计负债应当按照履行相关现时义务所需支出的最佳估计数进行初始计量。最佳估计数的确定应当分成两种情况处理。

1. 所需支出存在一个连续范围

所需支出存在一个连续范围且该范围内各种结果发生的可能性相同,则最佳估计数应当按照该范围内的中间值,即上下限金额的平均数确定。

案例 10-2

2017 年 11 月 20 日,A 银行批准 B 公司的信用贷款(无担保、无抵押)申请,同意向其贷款 2000 万元,期限为 1 年,年利率为 7.2%。2018 年 11 月 20 日,B 公司的借款(本金和利息)到期。B 公司具有还款能力,但因与 A 银行之间存在其他经济纠纷,而未按时归还 A 银行的贷款。A 银行遂与 B 公司协商,但没有达成协议。2018 年 12 月 25 日,A 银行向法院提起诉讼。截至 2018 年 12 月 31 日,法院尚未对 A 银行提起的诉讼进行审理。

假定 B 公司预计将要支付的罚息、诉讼费等费用估计为 20 万元至 24 万元之间,而且这个区间内每个金额的可能性都大致相同。根据或有事项准则的规定,B 公司应在 2018 年 12 月 31 日确认一项预计负债 22 万元[(20+24)÷2],其中支付的诉讼费为 3 万元,同时在资产负债表附注中进行披露。

【分析】 B 公司会计处理如下(单位:万元):

借:管理费用——诉讼费	3
营业外支出——罚息支出	19
贷:预计负债——未决诉讼	22

2. 所需支出不存在一个连续范围

所需支出不存在一个连续范围,或者虽然存在一个连续范围,但该范围内各种结果发生的可能性不相同。在这种情况下,最佳估计数按照如下方法确定:

(1) 或有事项涉及单个项目的,按照最可能发生金额确定。

案例 10-3

2018 年 11 月 2 日,A 公司因与 B 公司签订了互相担保协议,成为相关诉讼的第二被告。截至 2018 年 12 月 31 日,诉讼尚未判决。但由于 B 公司经营困难,A 公司很可能要承担还款连带责任。据预计,A 公司承担还款金额 200 万元责任的可能性为 60%,而承担还款金额 100 万元责任的可能性为 40%(假定不考虑诉讼费)。

【分析】 本例中,A 公司因连带责任而承担了现时义务,该义务的履行很可能导致经济利益流出企业,且该义务的金额能够可靠地计量。根据或有事项准则的规定,A 公司应在 2018 年 12 月 31 日确认一项预计负债 200 万元(最可能发生金额),并在附注中作相关披露。有关账务处理如下(单位:万元):

借:营业外支出——赔偿支出	200
贷:预计负债——未决诉讼	200

(2) 如果或有事项涉及多个项目,最佳估计数按照各种可能结果及相关概率加权计算确定。"涉及多个项目"指或有事项涉及的项目不止一个,如产品质量保证。在产品质量保证中,提出产品保修要求的可能有许多客户,相应地,企业对这些客户负有保修义务。

案例 10-4

2020 年 12 月 31 日,甲公司根据产品质量保证条款,对其 2020 年第四季度销售的 D 产品计提保修费。根据历史经验,所售的 D 产品中 80% 不会发生质量问题;15% 将发生较小质量问题,其修理费为销售收入的 3%;5% 将发生较大质量问题,其修理费为销售收入的 6%。2020 年第四季度,甲公司 D 产品的销售收入为 2000 万元。

第十章

【分析】 甲公司 2020 年第四季度,应确认保修费的金额＝2000×(80％×0＋15％×3％＋5％×6％)＝15(万元)。

有关账务处理如下(单位:万元):

借:销售费用——产品质量保证——D 产品　　　　　　　　　　　　　　　15
　　贷:预计负债——产品质量保证——D 产品　　　　　　　　　　　　　　　15

【例题 10-2 单选题】(2015 年真题) 甲公司于 2014 年 1 月 1 日成立,承诺产品售后 3 年内向消费者免费提供维修服务,预计保修期内将发生的保修费在销售收入的 3％至 5％之间,且这个区间内每个金额发生的可能性相同。当年甲公司实现的销售收入为 1000 万元,实际发生的保修费为 15 万元。不考虑其他因素,甲公司 2014 年 12 月 31 日资产负债表预计负债项目的期末余额为( )万元。

A. 15　　　　　　B. 25　　　　　　C. 35　　　　　　D. 40

【答案】 B

【名师点睛】 当年计提预计负债＝1000×(3％＋5％)÷2＝40(万元),当年实际发生保修费冲减预计负债为 15 万元,所以 2014 年年末资产负债表中预计负债＝40－15＝25(万元)。

考试方向
考查预计负债金额的估计。

(二) 预期可获得补偿的处理

企业清偿预计负债所需支出全部或部分预期由第三方或其他方补偿的,补偿金额只有在基本确定能够收到时,才能作为资产单独确认,确认的补偿金额不应当超过预计负债的账面价值。

案例 10-5

甲企业因或有事项确认了一项预计负债为 50 万元,同时,因该或有事项,甲企业还可从乙企业获得 35 万元的赔偿,且这项金额基本确定能收到。

【分析】 在这种情况下,甲企业应分别确认一项预计负债 50 万元和一项资产 35 万元。如果甲企业基本确定能从乙企业获得 55 万元的赔偿,则应分别确认一项预计负债 50 万元和一项资产 50 万元。

考试方向
将预计负债金额的估计与预期获得第三方补偿结合考查选择题。

·易错易混点·

对于预期第三方补偿的处理,不可以直接以冲减负债后的金额作为预计负债的入账金额。

(三) 预计负债的计量需要考虑的其他因素

1. 风险和不确定性

企业应当充分考虑与或有事项有关的风险和不确定性,既不能忽略风险和不确定性对或有事项计量的影响,也需要避免对风险和不确定进行重复调整,从而低估和高估预计负债金额之间寻找平衡点。

2. 货币时间价值

预计负债的金额通常应当等于未来应支付的金额。如果预计负债的确认时点距离

第十章

实际清偿有较长的时间跨度,货币时间价值的影响重大,那么在确定预计负债的确认金额时,应考虑采用现值计量。

3. 未来事项

企业应当考虑可能影响履行现时义务所需金额的相关未来事项。

三、 资产负债表日对预计负债账面价值的复核 ★

企业应当在资产负债表日对预计负债的账面价值进行复核。有确凿证据表明该账面价值不能真实反映当前最佳估计数的,企业应当按照当前最佳估计数对该账面价值进行调整。当相关因素发生变化,表明预计负债金额不再能反映真实情况时,则企业需要按照当前情况下企业清理和赔偿支出的最佳估计数对预计负债的账面价值进行相应的调整。

考试方向

考查资产负债表日对预计负债账面价值的复核。

【例题 10-3 判断题】(2020 年真题) 企业应当在资产负债表日对预计负债的账面价值进行复核,有确凿证据表明该账面价值不能真实反映当前最佳估计数的,应当按照当前最佳估计数对该账面价值进行调整。( )

【答案】 √

第三节 或有事项会计处理原则的应用

本节框架

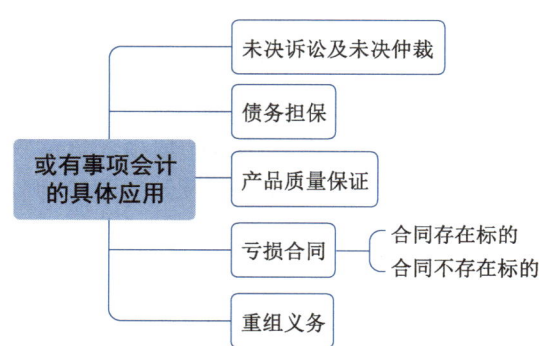

一、 未决诉讼及未决仲裁 ★ ★

未决诉讼和未决仲裁,是指企业涉及尚未判决的诉讼案件、原告提出有赔偿要求的待决事项。如果企业胜诉,将不负有任何责任;但若企业败诉,则负有支付原告提出的赔偿要求的责任。对于被告来说,可能形成或有负债或者预计负债;对原告来说可能形成一项或有资产。

案例 10-6

2020 年 11 月 1 日,A 有限责任公司因产品质量问题而被 B 公司起诉。2020 年 12

月 31 日,A 公司尚未接到法院的判决。在咨询了公司的法律顾问后,A 公司认为最终的法律判决很可能对公司不利。A 有限责任公司法律顾问提供的法律意见是赔偿金额、诉讼费等费用将为 1700000 元至 2400000 元之间的某一金额,而且这个区间内每个金额的可能性都大致相同,其中诉讼费为 50000 元。

【分析】 A 有限公司应在资产负债表中确认一项预计负债,金额为:

(1700000＋2400000)÷2＝2050000(元)

A 公司的有关账务处理如下:

借:管理费用——诉讼费	50000	
营业外支出	2000000	
贷:预计负债——未决诉讼		2050000

·易错易混点·

诉讼费计入管理费用,赔偿支出计入营业外支出。

二、债务担保 ★

债务担保一般涉及或有负债。但是,如果作为提供担保一方,在被担保方出现债务违约,需要承担连带责任的情况下,有可能涉及未决诉讼。企业应当判断是否符合预计负债的确认条件,如果符合预计负债的确认条件,则应当确认预计负债。

案例 10-7

2017 年 10 月,B 公司从银行贷款人民币 40000000 元,期限 2 年,由 A 公司全额担保;2019 年 4 月,C 公司从银行贷款 2000000 元,期限为 1 年,由 A 公司担保 50%;2019 年 6 月,D 公司通过银行从 E 公司贷款 20000000 元,期限为 2 年,由 A 公司全额担保。

截至 2019 年 12 月 31 日,各贷款单位的情况如下:B 公司贷款逾期未还,银行已起诉 B 公司和 A 公司,A 公司因连带责任需赔偿多少金额尚无法确定;C 公司由于受政策影响和内部管理不善等原因,经营效益不如以往,可能不能偿还到期债务;D 公司经营情况良好,预期不存在还款困难。

【分析】 本例中,对 B 公司而言,A 公司很可能需履行连带责任,但损失金额是多少,目前还难以预计;就 C 公司而言,A 公司可能需履行连带责任;就 D 公司而言,A 公司履行连带责任的可能性极小。这三项债务担保形成 A 公司的或有负债,不符合预计负债的确认条件,A 公司在 2019 年 12 月 31 日编制财务报表时,应当在附注中作相应披露。

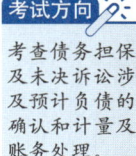

考试方向

考查债务担保及未决诉讼涉及预计负债的确认和计量及账务处理。

【例题 10-4 多选题】(2020 年真题) 2019 年 12 月 31 日,因乙公司的银行借款到期不能偿还,银行起诉其担保人甲公司,甲公司的律师认为败诉的可能性为 90%,一旦败诉,甲公司需向银行偿还借款本息共计 1200 万元,不考虑其他因素,下列对该事项的会计处理中,正确的有(　　)。

A. 确认营业外支出 1200 万元

B. 在附注中披露该或有事项的有关信息

C. 确认预计负债 1200 万元

D. 确认其他应付款 1080 万元

【答案】 ABC

【名师点睛】 甲公司预计承担担保责任的可能性为 90%，且金额能够可靠计量，则满足预计负债确认条件，应确认预计负债和营业外支出 1200 万元，选项 D 错误。

甲公司的账务处理为（单位：万元）：

借：营业外支出　　　　　　　　　　　　　　　　　　　　　　　　　　　1200

　　贷：预计负债　　　　　　　　　　　　　　　　　　　　　　　　　1200

三、 产品质量保证 ★★

产品质量保证，通常是指销售商或制造商在销售产品或提供劳务后，对客户提供服务的一种承诺。在约定期内（或终身保修），若产品或劳务在正常使用过程中出现质量或与之相关的其他属于正常范围的问题，企业负有更换产品、免费或只收成本价进行修理等责任。为此，企业应当在符合确认条件的情况下，于销售成立时确认预计负债。

（1）计算最佳估计数。通过"销售费用"科目来核算，借记"销售费用"，贷记"预计负债"。

（2）将来实际发生修理费时，应借记"预计负债"，贷记"银行存款""原材料"等。

案例 10-8

甲公司 2020 年第一季度实现销售收入为 100000000 元，根据以往的经验，甲公司预计发生产品的维护费用为销售收入的 1%。第一季度实际发生维修费用为 900000 元，其中以银行存款支付 500000 元，消耗原材料 300000 元，人工费用为 100000 元。

【分析】 甲公司 2020 年第一季度的账务处理如下：

（1）确认与产品质量保证有关的预计负债：

甲公司 2020 年第一季度，应当计提产品质量保证费用 = 100000000 × 1% = 1000000（元）。

借：销售费用　　　　　　　　　　　　　　　　　　　　　　　　1000000

　　贷：预计负债　　　　　　　　　　　　　　　　　　　　　1000000

（2）发生产品质量保证费用（维修费）：

借：预计负债　　　　　　　　　　　　　　　　　　　　　　　　900000

　　贷：银行存款　　　　　　　　　　　　　　　　　　　　　500000

　　　　原材料　　　　　　　　　　　　　　　　　　　　　　300000

　　　　应付职工薪酬　　　　　　　　　　　　　　　　　　　100000

在对产品质量保证确认预计负债时，需要考虑的是：

（1）如果发现保证费用的实际发生额与预计数相差较大，应及时对预计比例进行调整。

第十章

（2）如果企业针对特定批次产品确认预计负债，则在保修期结束时，应将"预计负债——产品质量保证"余额冲销，同时冲销销售费用。

（3）已对其确认预计负债的产品，如企业不再生产了，那么在相应的产品质量保证期满后，将"预计负债——产品质量保证"余额冲销，同时冲销销售费用。

四、亏损合同 ★★★

亏损合同，是指履行合同义务不可避免会发生的成本超过预期经济利益的合同。待执行合同变成亏损合同的，该亏损合同产生的义务满足预计负债确认条件的，应当确认为预计负债。待执行合同是指合同各方尚未履行任何合同义务，或部分地履行了同等义务的合同。预计负债的计量应当反映退出该合同的最低净成本，即履行该合同的成本与未能履行该合同而发生的补偿或处罚两者之中较低者。

企业对亏损合同进行会计处理，需要遵循以下原则：

（1）如果与亏损合同相关的义务不需支付任何补偿即可撤销，企业通常就不存在现时义务，不应确认预计负债；如果与亏损合同相关的义务不可撤销，企业就存在现时义务，同时满足该义务很可能导致经济利益流出企业且金额能够可靠计量的，应当确认预计负债。

（2）亏损合同存在标的资产的，应当对标的资产进行减值测试并按规定确认减值损失，在这种情况下，企业通常不需确认预计负债，如果预计亏损超过该减值损失，应将超过部分确认为预计负债；合同不存在标的资产的，亏损合同相关义务满足预计负债确认条件时，应当确认预计负债。

案例 10-9

乙公司于 2017 年 1 月采用经营租赁方式租入生产线生产产品，租赁期为 3 年，生产的产品预计每年均可获利。2018 年 12 月，市政规划要求乙公司迁址，加上宏观政策调整，乙公司决定停产上述产品。原经营租赁合同为不可撤销合同，还要持续 1 年，生产线无法转租给其他单位。

【分析】 此时，乙公司执行原经营租赁合同发生的费用很可能超过预期获得的经济利益，该租赁合同变为亏损合同，应当在 2018 年 12 月 31 日根据未来期间（2019 年）应支付的租金确认预计负债。

案例 10-10

丙公司生产的 A 产品库存积压较大，产品成本为每件 100 元，为了消化库存，盘活资金，丙公司在 2019 年 12 月 20 日与某商店签订了一项产品销售合同，约定在 2020 年 1 月 10 日，以每件 80 元的价格销售 A 产品 10000 件，合同不可撤销。

【分析】 本例中，丙公司销售的 A 产品成本为每件 100 元，而售价为每件 80 元，每销售 1 件亏损 20 元，共计损失 200000 元，并且合同为不可撤销。因此，该销售合同为亏损合同。由于该合同签订时即为亏损合同，且存在标的资产，丙公司应当对 A 产品进行减值测试，计提减值准备，该亏损不超过该减值损失，不需要确认预计负债，如果亏损超过该减值损失，应将超过部分确认为预计负债。

案例 10-11

丁企业于 2017 年 12 月 1 日与某外贸公司签订了一项产品销售合同,约定在 2018 年 5 月 15 日以每件 150 元的价格向外贸公司提供 1 万件 A 产品,若不能按期交货,将对丁企业处以总价款 30% 的违约金。由于这批产品为定制产品,签订合同时产品尚未开始生产。但企业开始筹备原材料以生产这批产品时,原材料价格突然上升,预计生产每件产品需要花费成本 175 元。

假设丁企业产品成本为每件 175 元,而销售为每件 150 元,每销售 1 件亏损 25 元,不考虑预计销售费用,共计损失 250000 元。如果撤销合同,则需要交纳 450000 元的违约金。因此,这项销售合同变成一项亏损合同。

【分析】 有关账务处理如下:

(1)丁企业应当按照履行合同所需成本与违约金中的较低者(250000 元)确认一项预计负债:

借:营业外支出　　　　　　　　　　　　　　　　　　250000

　　贷:预计负债　　　　　　　　　　　　　　　　　　　　250000

(2)待相关产品生产完成后,将已确认的预计负债(250000 元)冲减产品成本:

借:预计负债　　　　　　　　　　　　　　　　　　250000

　　贷:库存商品　　　　　　　　　　　　　　　　　　　　250000

· 易错易混点 ·

① 亏损合同有关的损失符合预计负债确认条件确认预计负债时,是以退出合同的最低净成本计量的,而非最高净成本。

② 合同如果存在标的,应当将合同损失超过标的减值损失部分的金额作为预计负债的入账金额。

考试方向
考查亏损合同的核算原则。

【例题 10-5 多选题】(2018 年真题)　下列各项关于企业亏损合同会计处理的表述中,正确的有(　　)。

A. 与亏损合同相关的义务可以无偿撤销的,不应确认预计负债

B. 无标的资产的亏损合同相关义务满足预计负债确认条件时,应确认预计负债

C. 有标的资产的亏损合同,应对标的资产进行减值测试并按减值金额确定预计负债

D. 因亏损合同确认的预计负债,应以履行该合同的成本与未能履行合同而发生的补偿或处罚之中的较高者来计量

【答案】　AB

【名师点睛】　有标的资产的亏损合同,应对标的资产进行减值测试并按减值金额确定资产减值损失,选项 C 错误;因亏损合同确认的预计负债,应以履行该合同的成本与未能履行合同而发生的补偿或处罚之中的较低者来计量,选项 D 错误。

五、重组义务 ★

重组,是指企业制定和控制的,将显著改变企业组织形式、经营范围或经营方式的计划实施行为。属于重组的事项主要包括:①出售或终止企业的部分业务;②对企业的组

织结构进行较大调整;③关闭企业的部分营业场所,或将营业活动由一个国家或地区迁移到其他国家或地区。

（一）重组义务的确认

企业因重组而承担了重组义务,并且同时满足预计负债确认条件时,才能确认预计负债。同时存在下列情况的,表明企业承担了重组义务:

（1）有详细、正式的重组计划,包括重组涉及的业务、主要地点、需要补偿的职工人数、预计重组支出、计划实施时间等。

（2）该重组计划已对外公告,重组计划已经开始实施,或已向受其影响的各方通告了该计划的主要内容,从而使各方形成了对该企业将实施重组的合理预期。

（二）重组义务的计量

企业应当按照与重组有关的直接支出确定预计负债金额,计入当期损益。其中,直接支出是企业重组必须承担的,并且与主体继续进行的活动无关的支出,不包括留用职工岗前培训、市场推广、新系统和营销网络投入等支出。企业可以参照表 10-2 判断某项支出是否属于与重组有关的直接支出。

表 10-2　与重组有关支出的判断

支出项目	包括	不包括	不包括的原因
自愿遣散	√		
强制遣散（如果自愿遣散数目未满足）	√		
不再使用的厂房的租赁撤销费	√		
将职工和设备从拟关闭的工厂转移到继续使用的工厂		√	
剩余职工的再培训		√	
新经理的招聘成本		√	支出与继续进行的活动相关
推广公司新形象的营销成本		√	
对新营销网络的投资		√	
重组的未来可辨认经营损失（最新预计值）		√	
特定不动产、厂场和设备的减值损失		√	资产减值准备应当按照《企业会计准则第 8 号——资产减值》进行评估,并作为资产的抵减项。

【例题 10-6 单选题】（2020 年真题）　2019 年 12 月 10 日,甲公司董事会决定关闭一个事业部。2019 年 12 月 25 日,该重组计划获得批准并正式对外公告。该重组义务很可能导致经济利益流出且金额能够可靠计量。下列与该重组有关的各项支出中,甲公司应当确认为预计负债的是（　　）。

A. 推广公司新形象的营销支出　　　　B. 设备的预计处置损失

C. 留用员工的岗前培训费　　　　　　D. 不再使用厂房的租赁撤销费

【答案】　D

【名师点睛】　与重组有关的直接支出包括职工的自愿遣散费,强制遣散费以及不再使用厂房的租赁撤销费。选项 A,为推广公司新形象的营销支出不属于与重组直接相关的费用,不确认预计负债;选项 B,设备预计的处置损失不属于与重组直接相关的费用,但应借记"资产减值损失"科目,贷记"固定资产减值准备"科目,不确认为预计负债;选项 C,留用员工的岗前培训费不属于与重组相关的直接支出,不确认预计负债;选项 D,不再使用的厂房租赁撤销费属于与重组相关的直接支出,应确认为预计负债。

同步练习

一、单项选择题

1. 甲公司因违约被起诉,至 2020 年 12 月 31 日,人民法院尚未作出判决,经向公司法律顾问咨询,人民法院的最终判决很可能对本公司不利,预计赔偿额为 20 万元至 50 万元,而该区间内每个金额发生的可能性大致相同。甲公司 2020 年 12 月 31 日由此应确认预计负债的金额为( )万元。
   A. 20   B. 30   C. 35   D. 50

2. 2020 年 12 月 31 日,甲公司根据类似案件的经验判断,一起未决诉讼的最终判决很可能对公司不利,预计将要支付的赔偿金额在 500 万元至 900 万元之间,且在此区间每个金额发生的可能性大致相同;基本确定可从第三方获得补偿款 40 万元。甲公司应对该项未决诉讼确认预计负债的金额为( )万元。
   A. 460   B. 660   C. 700   D. 860

3. 2019 年 12 月 31 日,甲公司涉及一项未决诉讼,预计很可能败诉。甲公司若败诉,需承担诉讼费 10 万元并支付赔款 300 万元,但基本确定可从保险公司获得 60 万元的补偿。2019 年 12 月 31 日,甲公司因该诉讼应确认预计负债的金额为( )万元。
   A. 240   B. 250   C. 300   D. 310

4. 2017 年 12 月 31 日,甲公司有一项未决诉讼,预计在 2017 年度财务报告批准报出日后判决,胜诉的可能性为 60%,若甲公司胜诉,将获得 40 万元至 60 万元的补偿,且这个区间内每个金额发生的可能性相同。不考虑其他因素,该未决诉讼对甲公司 2017 年 12 月 31 日资产负债表中资产项目的影响金额为( )万元。
   A. 40   B. 0   C. 50   D. 60

5. 2018 年 12 月 31 日,甲公司涉及的一项产品质量未决诉讼案,败诉的可能性为 80%。如果胜诉,不需支付任何费用;如果败诉,需支付赔偿金及诉讼费共计 60 万元,同时基本确定可从保险公司获得 45 万元的赔偿。当日,甲公司应确认预计负债的金额为( )万元。
   A. 15   B. 60   C. 0   D. 48

6. 下列关于或有事项的会计处理表述中,正确的是( )。
   A. 现时义务导致的预计负债,在资产负债表中无需复核
   B. 潜在义务导致的或有负债,不能在资产负债表中列为负债
   C. 现时义务导致的预计负债,不能在资产负债表中列为负债
   D. 或有事项形成的或有资产,应在资产负债表中列为资产

7. 2019 年 6 月,甲公司因为生产产品涉嫌侵权,被乙公司起诉。2019 年 12 月 31 日,案件尚未结案。甲公司的律师认为甲公司败诉的可能性很大,预计赔偿金额为 300 万元至 400 万元之间,如果败诉,甲公司需要支付诉讼费 30 万元,甲公司认为生产的产品已经购买了保险,就算败诉,保险公司按照保险合同的规定很可能进行赔付,预计保险赔付 150 万元。不考虑其他因素,甲公司 2019 年度财务报表中对上升诉讼事项应当确认的负债金额为( )万元。
   A. 350   B. 380   C. 300   D. 370

8. 下列关于或有事项的表述中,正确的是( )。
   A. 或有事项形成的预计负债是企业承担的现时义务
   B. 预计负债应当与其相关的或有资产相抵后在资产负债表中以净额列报
   C. 或有事项形成的或有资产应当在很可能收到时予以确认
   D. 预计负债计量应考虑与其相关的或有资产预期处置产生的损益

9. 下列各项关于或有事项会计处理的表述中,正确的是( )。
   A. 与未决诉讼相关的支出应于实际支付赔偿款时确认
   B. 存在标的资产的亏损合同,预计亏损大于标的资产减值损失的部分应计入当期损益
   C. 与产品质量保证相关的负债应在质量保证期间内分期确认
   D. 债务担保义务应于所担保债务存续期间内分期确认

二、多项选择题

1. 下列关于或有事项的表述中,正确的有(　　)。

A. 或有资产由过去的交易或事项形成

B. 或有负债应在资产负债表内予以确认

C. 或有资产不应在资产负债表内予以确认

D. 因或有事项所确认负债的偿债时间或金额不确定

2. R公司为甲公司、乙公司、丙公司和丁公司提供了银行借款担保,下列各项中,R公司不应确认预计负债的有(　　)。

A. 甲公司运营良好,R公司极小可能承担连带还款责任

B. 乙公司发生暂时财务困难,R公司可能承担连带还款责任

C. 丙公司发生财务困难,R公司很可能承担连带还款责任

D. 丁公司发生严重财务困难,R公司基本确定承担还款责任

3. 下列各项中,属于或有事项的有(　　)。

A. 为其他单位提供的债务担保

B. 企业与管理人员签订利润分享计划

C. 未决仲裁

D. 产品质保期内的质量保证

4. 下列关于企业或有事项会计处理的表述中,正确的有(　　)。

A. 因或有事项承担的义务,符合负债定义且满足负债确认条件的,应确认预计负债

B. 因或有事项承担的潜在义务,不应确认为预计负债

C. 因或有事项形成的潜在资产,应单独确认为一项资产

D. 因或有事项预期从第三方获得的补偿,补偿金额很可能收到的,应单独确认为一项资产

5. 企业重组发生的下列支出中,属于与重组有关的直接支出的有(　　)。

A. 撤销设备租赁合同的违约金

B. 留用员工的培训费

C. 设备的迁移费

D. 遣散职工安置费

6. 下列对于最佳估计数的表述中,正确的是(　　)。

A. 或有事项为单个项目的,按照最可能发生的金额确定

B. 或有事项有多个项目的,按照各种可能结果及相关概率计算确定

C. 企业在确定最佳估计数时,仅仅需要考虑与或有事项有关的风险、不确定性

D. 所需支出存在一个连续范围,且该范围内各种结果发生的可能性是相同的,最佳估计数应当按照该范围内的中间值确定

7. 甲公司因为疫情对企业生产经营的不利影响,决定关闭下属一个事业部,有关决定已经传达到受影响的各方,各方预期公司将关闭该事业部,下列支出中,应该确认为预计负债的是(　　)。

A. 市场推广、新系统和营销网络投入

B. 自愿和强制遣散费

C. 事业部的租赁撤消费

D. 留用职工岗前培训

三、判断题

1. 企业因亏损合同确认的预计负债,应当按照退出该合同的最高净成本进行计量。(　　)

2. 对于很可能给企业带来经济利益的或有资产,企业应当披露其形成的原因、预计产生的财务影响等。(　　)

3. 或有负债无论是潜在义务还是现时义务,均不符合负债的确认条件,因而不能在财务报表中予以确认,但应当按照相关规定在财务报表附注中披露有关信息,包括或有负债的种类及其形成原因、经济利益流出不确定性的说明、预计产生的财务影响以及获得补偿的可能性等。(　　)

4. 企业清偿预计负债所需支出全部或部分预期由第三方补偿的,补偿金额在很可能收到时才能作为资产单独确认。(　　)

5. 无形资产的摊销属于或有事项。(　　)

6. 重组是指企业制定和控制的,将显著改变企业组织形式、经营范围或经营方式的计划实施行为。(　　)

7. 企业重组时发生的推广公司新形象的营销成本属于与重组有关的直接支出。(　　)

四、计算分析题

甲公司系增值税一般纳税人,适用的增值税税率为13%。有关资料如下:

(1) 2019年8月1日,甲公司从乙公司购入一台不需安装的A生产设备并投入使用,已收到增值

税专用发票,价款为 1000 万元,增值税税额为 130 万元,付款期为 3 个月。

(2) 2019 年 11 月 1 日,应付乙公司款项到期,甲公司虽有付款能力,但因该设备在使用过程中出现过故障,与乙公司协商未果,未按时支付。2019 年 12 月 1 日,乙公司向人民法院提起诉讼,至当年 12 月 31 日,人民法院尚未判决。甲公司法律顾问认为败诉的可能性为 70%,预计支付诉讼费 5 万元,逾期利息在 20 万元至 30 万元之间,且这个区间内每个金额发生的可能性相同。

(3) 2020 年 5 月 8 日,人民法院判决甲公司败诉,承担诉讼费 5 万元,并在 10 日内向乙公司支付欠款 1130 万元和逾期利息 50 万元。甲公司

和乙公司均服从判决,甲公司于 2020 年 5 月 16 日以银行存款支付上述所有款项。

(4) 甲公司 2019 年度财务报告已于 2020 年 4 月 20 日报出。

不考虑其他因素。

要求(答案中金额单位以万元表示):

(1) 编制甲公司购进固定资产的相关会计分录。

(2) 判断说明甲公司 2019 年年末就该未决诉讼案件是否应当预计确认负债及其理由。如果应当确认预计负债,编制相关会计分录。

(3) 编制甲公司服从判决支付款项的相关会计分录。

参考答案及解析

一、单项选择题

1.【答案】 C

【解析】 预计负债金额=(20+50)÷2=35(万元)

2.【答案】 C

【解析】 甲公司对该项未决诉讼应确认的预计负债=(500+900)÷2=700(万元),基本确定收到的补偿是不能冲减预计负债的确认金额的。

3.【答案】 D

【解析】 应确认预计负债的金额=10+300=310(万元),基本确定可从保险公司获得的 60 万元补偿,应通过其他应收款核算,不能冲减预计负债的账面价值。

4.【答案】 B

【解析】 或有事项确认资产的前提条件是该事项已经确认负债,且在基本确定可以得到补偿时,将基本确定收到的金额确认为其他应收款。因预计有 60% 的可能会获得补偿,未达到基本确定,所以是不能确认资产的。

5.【答案】 B

【解析】 或有事项满足预计负债确认条件应该按照最可能发生金额确认预计负债,对于补偿应该在基本确定能够收到时相应地确认其他应收款,不影响预计负债的金额。

6.【答案】 B

【解析】 企业应当在资产负债表日对预计负债的账面价值进行复核,选项 A 错误;现时义务导致的预计负债,应该在资产负债表中列为负债,选项 C 错误;或有事项形成的或有资产,不符合资产确认条件,因而不能在财务报表中确认,选项 D 错误。

7.【答案】 B

【解析】 因未决诉讼确认预计负债的金额=(300+400)÷2+30=380(万元)

8.【答案】 A

【解析】 选项 B,预计负债与或有资产不能相互抵销;选项 C,或有事项形成的或有资产基本确定收到时才能确认为资产;选项 D,预计负债与或有资产预期处置产生的损益不相关。

9.【答案】 B

【解析】 存在标的资产的亏损合同,预计亏损总额大于标的资产减值损失的部分应计入营业外支出同时确认为预计负债,选项 B 正确。

二、多项选择题

1.【答案】 ACD

【解析】 或有负债尚未满足负债的确认条件,不需要在资产负债表中体现。

2.【答案】 AB

【解析】 选项 AB,都不满足"很可能导致经济利益流出"这一条件,因此不应确认预计负债。

3.【答案】 ACD

【解析】 或有事项,是指过去的交易或者事项形成的,其结果须由某些未来事项的发生或不发生才能决定的不确定事项。主要包括未决诉讼或仲裁、债务担保、产品质量保证(含产品安全保证)、承诺、亏损合同、重组义务、环境污染整治等。因此选项 B 不属于或有事项。

4.【答案】 AB

【解析】 选项 D,因或有事项预期从第三方获得的补偿,补偿金额基本确定收到的,应单独确认为一项资产。

5.【答案】 AD

【解析】 遣散职工的安置费、撤销设备或厂房等租赁合同的违约金属于与重组有关的直接支出;但留用员工的培训费、市场推广费、新系统和营销网络投入、设备的迁移费等支出不属于与重组有关的直接支出。

6.【答案】 ABD

【解析】 选项 C,企业在确定最佳估计数时,应当综合考虑与或有事项有关的风险、不确定性和货币时间价值等因素。货币时间价值影响重大的,企业应当通过对相关未来现金流出进行折现后确定最佳估计数。

7.【答案】 BC

【解析】 企业应当按照与重组有关的直接支出确定预计负债金额。直接支出不包括留用职工岗前培训、市场推广、新系统和营销网络投入等支出。

三、判断题

1.【答案】 ×

【解析】 亏损合同确认的预计负债应该按照退出该项合同的最低净成本计量。

2.【答案】 √

3.【答案】 √

4.【答案】 ×

【解析】 企业清偿预计负债所需支出全部或部分预期由第三方补偿的,补偿金额只有在基本确定能够收到时才能作为资产单独确认。

5.【答案】 ×

【解析】 无形资产的购置原值是确定的,无形资产的价值通过摊销最终会转移到成本和费用的金额是确定的,故不是或有事项。

6.【答案】 √

7.【答案】 ×

【解析】 企业重组时发生的推广公司新形象的营销成本,与未来经营活动有关,不属于与重组相关的直接支出。

四、计算分析题

【答案】 (1) 2019 年 8 月 1 日:

借:固定资产　　　　　　　　　　1000
　　应交税费——应交增值税(进项税额)
　　　　　　　　　　　　　　　　　130
　　贷:应付账款　　　　　　　　　1130

(2) 应该确认预计负债。

理由:甲公司法律顾问认为败诉的可能性为 70%,履行该义务很可能导致经济利益流出企业,预计支付诉讼费 5 万元,逾期利息在 20 万元至 30 万元之间,且这个区间内每个金额发生的可能性相同,说明金额能够可靠计量,应当确认预计负债=5+(20+30)÷2=30(万元)。

相关会计分录如下:

借:营业外支出　　　　　　　　　　25
　　管理费用　　　　　　　　　　　 5
　　贷:预计负债　　　　　　　　　 30

(3) 2020 年 5 月 8 日:

借:预计负债　　　　　　　　　　　30
　　营业外支出　　　　　　　　　　25
　　贷:其他应付款　　　　　　　　 55

2020 年 5 月 16 日,支付款项时:

借:其他应付款　　　　　　　　　　55
　　应付账款　　　　　　　　　　1130
　　贷:银行存款　　　　　　　　1185

第十章

财华仁和 | 财华考证系列辅导书

2021 年度全国会计专业技术资格考试

中级会计实务
应试指导 下册

财华仁和学院　编著

立信会计出版社
LIXIN ACCOUNTING PUBLISHING HOUSE

目　录

下　册

第十一章
收　入

考情回顾

　　本章近年考试平均分值12分。新的《会计准则第14号——收入》相对于以往的《收入准则》而言变化较大,几乎是重新编写,而在近年的考试中也几乎年年都会考查与收入有关的综合性题目。因此,本章是非常重要的一章,复习难度也较大,知识点比较繁杂,准则文字不易理解。考生应当重点学习收入五步法模型的有关内容、合同成本以及特定交易的会计处理。

考试变化

　　本章内容无实质性变动。

本章结构

第一节　收入概述
第二节　收入的确认和计量
第三节　合同成本
第四节　关于特定交易的会计处理

第十一章

第一节 收入概述

 本节框架 ▶

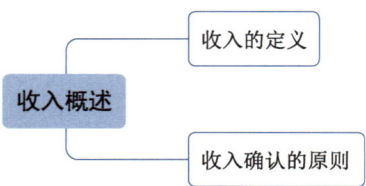

收入概述 ——— 收入的定义

收入概述 ——— 收入确认的原则

一、收入的定义

收入,是指企业在日常活动中形成的、会导致所有者权益增加的、与所有者投入资本无关的经济利益的总流入。

日常活动,是指企业为完成其经营目标所从事的经常性活动以及与之相关的活动。

二、关于收入确认的原则

企业应当在履行了合同中的履约义务,即在客户取得相关商品控制权时确认收入。取得相关商品控制权,是指能够主导商品的使用并从中获得几乎全部的经济利益,也包括有能力阻止其他方主导该商品的使用并从中获得经济利益。取得商品控制权同时包括三要素,如表 11-1 所示。

表 11-1 取得商品控制权的三要素

能力	即客户必须拥有的现时权利,能够主导该商品的使用并从中获得几乎全部经济利益。如果客户只能在未来某一期间主导该商品的使用并从中获益,则表明其尚未取得该商品的控制权
主导该商品的使用	客户有能力主导该商品的使用,是指客户有权使用该商品,或者能够允许或阻止其他方使用该商品
能够获得几乎全部的经济利益	商品的经济利益,是指该商品的潜在现金流量,既包括现金流入的增加,也包括现金流出的减少。客户可以通过很多方式直接或间接地获得商品的经济利益,如使用、消耗、出售或持有该商品、使用该商品提升其他资产的价值,以及将该商品用于清偿债务、支付费用或抵押等

第二节　收入的确认和计量

本节框架

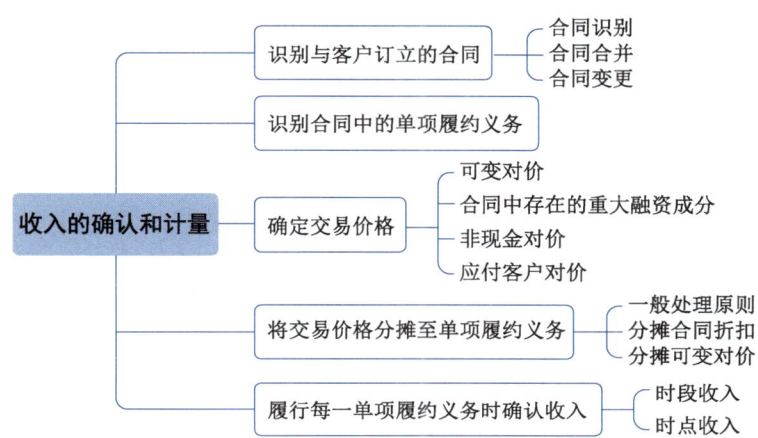

企业在确认收入时一般遵循一定的判断依据与流程。根据收入准则第九条，合同开始日，企业应当对合同进行评估，识别该合同所包含的各单项履约义务，并确定各单项履约义务是在某一时段内履行，还是在某一时点履行，然后在履行了各单项履约义务时分别确认收入。相关流程如图 11-1 所示。

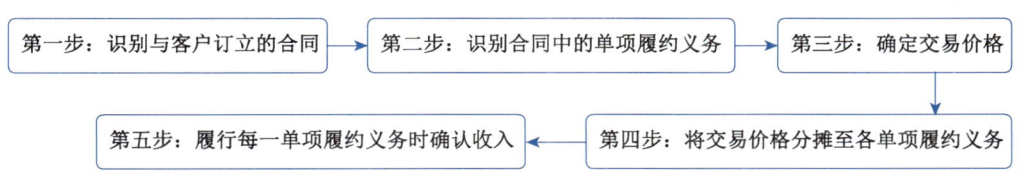

▲ 图 11-1　五步法模型

一、识别与客户订立的合同 ★★★

（一）合同识别

本章所称合同，是指双方或多方之间订立有法律约束力的权利义务的协议，包括书面形式、口头形式以及其他可验证的形式（如隐含于商业惯例或企业以往的习惯做法中等）。

1. 收入确认的原则

企业应当在履行了合同中的履约义务，即在客户取得相关商品控制权时确认收入。取得相关商品控制权，是指能够主导该商品的使用并从中获得几乎全部的经济利益，也包括有能力阻止其他方主导该商品的使用并从中获得经济利益。

2.收入确认的前提条件

企业与客户之间的合同同时满足下列条件的,企业应当在客户取得的相关商品控制权时确认收入:

(1)合同各方已批准该合同并承诺将履行各自义务。

(2)该合同明确了合同各方所转让的商品(或提供的服务,以下简称"转让商品")相关的权利和义务。

(3)该合同明确了所转让的商品相关的支付条款。

(4)该合同具有商业实质,即履行该合同将改变企业未来现金流量的风险、时间分布或金额。

(5)企业因向客户转让商品而有权取得的对价很可能收回。

> **案例 11-1**
>
> 甲房地产开发公司与乙公司签订合同,向其销售一栋建筑物,合同价款为100万元。该建筑物的成本为60万元,乙公司在合同开始日即取得了该建筑物的控制权。根据合同约定,乙公司在合同开始日支付了5%的保证金5万元,并就剩余95%的价款与甲公司签订了不附追索权的长期融资协议,如果乙公司违约,甲公司可重新拥有该建筑物,即使收回的建筑物不能涵盖所欠款项的总额,甲公司也不能向乙公司索取进一步的赔偿。乙公司计划在该建筑物内开设一家餐馆。在该建筑物所在的地区,餐饮行业面临激烈的竞争,但乙公司缺乏餐饮行业的经营经验。
>
> 【分析】 本例中,乙公司计划以该餐馆产生的收益偿还甲公司的欠款,除此之外并无其他的经济来源,乙公司也未对该笔欠款设定任何担保。如果乙公司违约,甲公司虽然可重新拥有该建筑物,但即使收回的建筑物不能涵盖所欠款项的总额,甲公司也不能向乙公司索取进一步的赔偿。因此,甲公司对乙公司还款的能力和意图存在疑虑,认为该合同不满足合同价款很可能收回的条件。甲公司应当将收到的5万元确认为一项负债。

对于不能同时满足上述收入确认的五个条件的合同,企业只有在不再负有向客户转让商品剩余义务(例如,合同已完成或取消),且已向客户收取的对价(包括全部或部分对价)无需退回时,才能将已收取的对价确认为收入;否则,应当将已收取的对价作为负债进行会计处理。

对于在合同开始日即满足上述收入确认条件的合同,企业在后续期间无需对其进行重新评估,除非有迹象表明相关事实和情况发生重大变化。

通常情况下,合同开始日,是指合同开始赋予合同各方具有法律约束力的权利和义务的日期,即合同生效日。

> **案例 11-2**
>
> 甲公司与乙公司签订合同,将一项专利技术授权给乙公司使用,并按其使用情况收取特许权使用费。甲公司评估认为,该合同在合同开始日满足合同确认收入的五个条件。该专利技术在合同开始日即授权给乙公司使用。在合同开始日后的第一年内,乙公司每季度向甲公司提供该专利技术的使用情况报告,并在约定的期间内支付特许权使用费。在合同开始日后的第二年内,乙公司继续使用该专利技术,但是乙公司的

财务状况下滑,融资能力下降,可用现金不足,因此,乙公司仅按合同支付了当年第一季度的特许权使用费,而后三个季度仅按名义金额付款。在合同开始日后的第三年内,乙公司继续使用甲公司的专利技术,但是,甲公司得知,乙公司已经完全丧失了融资能力,且流失了大部分客户,因此,乙公司的付款能力进一步恶化,信用风险显著升高。

【分析】　本例中,该合同在合同开始日满足收入确认的前提条件,因此,甲公司在乙公司使用该专利技术的行为发生时,按照约定的特许权使用费确认收入。合同开始日后的第二年,由于乙公司的信用风险升高,甲公司在确认收入的同时,按照金融资产减值的要求对乙公司的应收账款进行减值测试。合同开始日后的第三年,由于乙公司的财务状况恶化,信用风险显著升高,甲公司对该合同进行了重新评估,认为"企业因向客户转让商品而有权取得的对价很可能收回"这一条件不再满足。因此,甲公司不再确认特许权使用费收入,同时对现有应收款项是否发生减值继续进行评估。

(二) 合同合并

企业与同一客户(或该客户的关联方)同时订立或在相近时间内先后订立的两份或多份合同,在满足下列条件之一的,应当合并为一份合同进行会计处理。

(1) 该两份或多份合同基于同一商业目的而订立并构成"一揽子"交易,如一份合同在不考虑另一份合同的对价情况下将发生亏损。

(2) 该两份或多份合同中的一份合同的对价金额取决于其他合同的定价或履行情况,如一份合同如果发生违约,将会影响另一份合同的对价金额。

(3) 该两份或多份合同中所承诺的商品(或每份合同中所承诺的部分商品)构成单项履约义务。两份或多份合同合并为一份合同进行会计处理的,仍然需要区分该一份合同中包含的各单项履约义务。

(三) 合同变更

合同变更,是指经合同各方批准对原合同范围或价格作出的变更。合同各方可能以书面形式、口头形式或其他形式(如隐含于企业以往的习惯做法中)批准合同变更。企业应当区分下列三种情形对合同变更分别进行会计处理。

1. 合同变更部分作为单独合同

合同变更增加了可明确区分的商品及合同价款,且新增合同价款反映了新增商品单独售价的(以下简称为"合同变更的第一种情形"),应当将该合同变更作为一份单独的合同进行会计处理。此类合同变更不影响原合同的会计处理。

案例 11-3

甲公司承诺向某客户销售 120 件产品,每件产品售价为 100 元。该批产品彼此之间可明确区分,且将用于未来 6 个月内陆续转让给该客户。甲公司将其中的 60 件产品转让给该客户后,双方对合同进行了变更,甲公司承诺向该客户额外销售 30 件相同的产品,这 30 件产品与原合同中的产品可明确区分,其售价为每件 95 元(假定该价格反映了合同变更时该产品的单独售价)。上述价格均不包含增值税。

【分析】　本例中,由于新增的 30 件产品是可明确区分的,且新增的合同价款反映了新产品的单独售价,因此,该合同变更实际上构成了一份单独的、在未来销售 30 件产品的新合同,该新合同并不影响对原合同的会计处理。甲公司应当对原合同中的 120 件产品按每件产品 100 元确认收入,对新合同中的 30 件产品按每件产品 95 元确认收入。

2. 合同变更作为原合同终止及新合同订立

合同变更不属于合同变更的第一种情形,且在合同变更日已转让商品与未转让的商品之间可明确区分的,应当视为原合同终止,同时,将原合同未履约部分与合同变更部分合并为新合同进行会计处理。

> **案例 11-4** 沿用 **案例 11-3**
>
> 甲公司新增销售的 30 件产品售价为每件 80 元(假定该价格不能反映合同变更时该产品的单独售价)。同时,由于客户发现甲公司已转让的 60 件产品存在瑕疵,要求甲公司对已转让的产品提供每件 15 元的销售折让以弥补损失。经协商,双方同意将价格折让在销售新增的 30 产品的合同价款中进行抵减,金额为 900 元。上述价格均不包含增值税。
>
> 【分析】 本例中,由于 900 元的折让金额与已转让的 60 件产品有关,因此应当将其作为已销售的 60 件产品的销售价格的抵减,在该折让发生时冲减当期销售收入。对于合同变更新增的 30 件产品,由于其售价不能反映该产品在合同变更时的单独售价,因此,该合同变更不能作为单独合同进行会计处理。由于尚未转让给客户的产品(包括原合同中尚未支付的 60 件产品以及新增的 30 件产品)与已转让的产品是可明确区分的,因此甲公司应当将该合同变更作为原合同的终止,同时,将原合同的未履约部分与合同变更合并为新合同进行会计处理。该新合同中,剩余商品为 90 件,其对价为 8400 元,即原合同下尚未确认收入的客户已承诺对价 6000 元(100×60)与合同变更部分的对价 2400 元(80×30)之和,新合同中的 90 件产品每件产品应确认收入为 93.33 元(8400÷90)。

3. 合同变更部分作为原合同的组成部分

合同变更不属于合同变更的第 1 种情形,且在合同变更日已转让商品与未转让商品之间不可明确区分的,应当将该合同变更部分作为原合同的组成部分,在合同变更日重新计算履约进度,并调整当期收入和相应成本等。

> **案例 11-5**
>
> 2018 年 1 月 15 日,乙建筑公司和客户签订了一项总金额为 1000 万元的固定造价合同,在客户自有土地上建造一幢办公楼,预计合同总成本为 700 万元。假定该建造服务属于在某一时段内履行的履约义务,并根据累计发生的合同成本占合同预计总成本的比例确定履约进度。
>
> 截至 2018 年年末,乙公司累计已发生成本 420 万元,履约进度为 60%(420÷700)。因此,乙公司在 2018 年确认收入 600 万元(1000×60%)。
>
> 2019 年年初,合同双方同意更改该办公楼屋顶的设计,合同价格和预计总成本因此分别增加 200 万元和 120 万元。

【分析】　在本例中,由于合同变更后拟提供的剩余服务与在合同变更日或之前已提供的服务不可明确区分(即合同仍为单项履约义务),因此,乙公司应当将合同变更作为原合同的组成部分进行会计处理。合同变更后的交易价格为 1200 万元(1000＋200),乙公司重新估计的履约进度为 51.2％[420÷(700＋120)],乙公司在合同变更日应额外确认收入 14.4 万元(51.2％×1200－600)。

【例题 11-1 判断题】(2020 年真题)　企业与同一客户同时订立两份合同,如果一份合同的违约将会影响另一份合同的对价,企业应将两份合同合并为一份合同进行会计处理。(　　)
【答案】　√

考试方向
考查三种合同变更适用的情形及处理原则。

二、识别合同中的单项履约义务 ★

合同开始日,企业应当对合同进行评估,识别该合同所包含的各单项履约义务,并确定各单项履约义务是在某一时段内履行,还是在某一时点履行;然后,在履行各单项履约义务时分别确认收入。履约义务,是指合同中企业向客户转让可明确区分商品的承诺。履约义务既包括合同中明确的承诺,也包括由于企业已公开宣布的政策、特定声明或以往的习惯做法等导致合同订立时客户合理预期企业将履行的承诺。

企业为履行合同而应开展的初始活动,通常不构成履约义务,除非该活动向客户转让了承诺的商品。

(一)企业向客户转让可明确区分商品(或者商品或服务的组合)的承诺

承诺的商品同时满足下列条件的,应当作为可明确区分商品。

(1)客户能够从该商品本身或者从该商品与其他易于获得的资源一起使用中受益,即该商品能够明确区分。

(2)企业向客户转让该商品的承诺与合同中其他承诺可单独区分,即转让该商品的承诺在合同中是可明确区分的。

案例 11-6

丙公司与客户签订合同,向客户销售一台其生产的可直接使用的医疗设备,并且在未来 3 年内向该客户提供用于该设备的专用耗材。该耗材只有丙公司能够生产,因此,客户只能从丙公司购买该耗材。该耗材既可与设备一起销售,也可单独对外销售。

【分析】　本例中,丙公司在合同中对客户的承诺包括销售设备和专用耗材,虽然客户同时购买了设备和专用耗材,但是由于耗材可以单独出售,客户可以从将设备与单独购买的耗材一起使用中获益,表明设备和专用耗材能够明确区分。此外,丙公司未对设备和耗材提供重大的整合服务以将两者形成组合产出,设备和耗材并未对彼此做出重大修改或定制,也不具有高度关联性(这是因为尽管耗材只有用于设备才有用,丙公司仍能够单独履行其在合同中的每一项承诺。也就是说,即使客户没有购买任何耗材,丙公司也可以履行其转让设备的承诺;即使客户单独购买设备,丙公司也可以履行其提供耗材的承诺),表明设备和耗材在合同中彼此之间可明确区分。因此,该项合同包含两项履约义务,即销售设备和提供专用耗材。

下列情形通常表明企业向客户转让该商品的承诺与合同中的其他承诺不可明确

区分。

（1）企业需要提供重大的服务以将该商品与合同中承诺的其他商品进行整合，形成合同约定的某个或某些组合产出转让给客户。

案例 11-7

企业为客户提供写字楼建造的合同中，企业向客户提供包括砖头、水泥、人工等，虽然这些单项商品本身都能够使客户获益（如客户可将这些建筑材料以高于残值的价格出售，也可以将其与其他建筑商提供的材料或人工等资源一起使用），但是，在该合同下，乙公司向客户承诺的是为其建造一栋办公楼，而并非提供这些砖头、水泥和人工等。乙公司需提供重大的服务将这些单项商品进行整合，以形成合同约定的一项组合产出（即写字楼）转让给客户。因此，在该合同中，砖头、水泥和人工等商品彼此之间不能单独区分。

（2）该商品将对合同中承诺的其他商品予以重大修改或定制。

案例 11-8

A 审计公司向 B 软件公司购买 ERP 系统，并要求 B 软件公司在标准 ERP 系统的基础上，设计特定的程序来汇集监管机构所需的报备资料。

【分析】 本例中，定制服务虽然基于合同是可区分的，但没有单独使用价值，因此它是不可明确区分的，需和 ERP 系统合并起来作为一个履约义务。

（3）该商品与合同承诺的其他商品具有高度关联性。

案例 11-9

公司 C 向客户 D 提供设计并制造样品的服务。该设计有一些重要功能尚未完成，需要不断地按照新的设计制造样品，来一步步完善。由于设计是不完善的，公司 C 也许需要在设计完善之后，对每一个样品再做重新加工。由于设计和制造样品不可明确区分，需要被合并起来作为一个履约义务。

（二）一系列实质相同且转让模式相同、可明确区分的商品

企业向客户转让一系列实质相同且转让模式相同的、可明确区分商品的承诺。企业应当将实质相同且转让模式相同的一系列商品作为单项履约义务，即使这些商品可明确区分。

案例 11-10

企业与客户签订为期一年的保洁服务合同，承诺每天为客户提供保洁服务。

【分析】 本例中，企业每天所提供的服务都是可明确区分且实质相同的，并且，根据控制权转移的判断标准，每天的服务都属于在某一时段内履行的履约义务。因此，企业应当将每天提供的保洁服务合并在一起作为单项履约义务进行会计处理。

三、 确定交易价格 ★ ★ ★

交易价格，是指企业因向客户转让商品而预期有权收取的对价金额。企业代第三方

收取的款项(如增值税)以及企业预期将退还给客户的款项,应当作为负债进行会计处理,不计入交易价格。

(一)可变对价

企业与客户的合同中约定的对价金额可能是固定的,也可能会因折扣、价格折让、返利、退款、奖励积分、激励措施、业绩奖金、索赔、未来事项等因素而变化。此外,根据一项或多项或有事项的发生而收取不同对价金额的合同,也属于可变对价的情形。

1. 可变对价最佳估计数的确定

企业应当按照期望值或最可能发生金额确定可变对价的最佳估计数。

(1)如果企业拥有大量具有类似特征的合同,并估计可能产生多个结果,通常按照期望值估计可变对价金额。

案例 11-11

甲公司生产和销售电视机。2018 年 3 月,甲公司向零售商乙公司销售 1000 台电视机,每台价格为 3000 元,合同价款合计 300 万元。甲公司向乙公司提供价格保护,同意在未来 6 个月内,如果同款电视机售价下降,则按照合同价格与最低售价之间的差额向乙公司支付差价。甲公司根据以往执行类似合同的经验,预计各种结果发生的概率如表 11-2 所示。

表 11-2 各种结果发生的概率表

6 个月内降价金额(元/台)	概率
0	40%
200	30%
500	20%
1000	10%

注:上述价格均不包含增值税。

【分析】 本例中,甲公司认为期望值能够更好地预测其有权获取的对价金额。假定不考虑将可变对价计入交易价格的限制要求,在该方法下,甲公司估计的交易价格=$(3000 \times 40\% + 2800 \times 30\% + 2500 \times 20\% + 2000 \times 10\%) = 2740$(元/台)。

---

(2)最可能发生金额是一系列可能发生的对价金额中最可能发生的单一金额,即合同最可能产生的单一结果。

案例 11-12

甲公司与乙公司签订一项办公楼建造合同,合同总价款为 1000 万元,合同约定工期为一年。若超过一年竣工,甲公司需要赔偿乙公司 20 万元。甲公司对合同结果的估计如下:工程按时完工的概率为 90%,工程延期的概率为 10%。

【分析】 本例中,由于该合同涉及两种可能结果,甲公司认为按照最可能发生金额能够更好地预测其有权获取的对价金额。因此,甲公司估计的交易价格为 1000 万元,即为最可能发生的单一金额。

---

2. 计入交易价格的可变对价金额的限制

企业按照期望值或最可能发生金额确定可变对价金额之后,计入交易价格的可变对价金额还应该满足限制条件,即包含可变对价的交易价格,不应超过在相关不确定性消除时累计已确认的收入极可能不会发生重大转回的金额。

每一资产负债表日,企业应当重新估计应计入交易价格的可变对价金额,包括重新评估将估计的可变对价计入交易价格是否受到限制,以如实反映报告期末存在的情况以及报告期内发生的情况变化。

案例 11-13

2018 年 12 月 1 日,甲公司与其分销商乙公司签订合同,向乙公司销售 1000 件产品,每件产品的售价为 100 元,合同总价为 10 万元。乙公司当日取得这些产品的控制权。乙公司通常在取得产品后的 90 天内将其对外售出,且乙公司在这些产品售出后才向甲公司支付货款。上述价格均不包含增值税。该合同中虽然约定了销售价格,但是基于甲公司过往的实务经验,为了维护与乙公司的客户关系,甲公司预计会向乙公司提供价格折扣,以便于乙公司能够以更加优惠的价格向最终客户销售这些产品,从而促进该产品的整体销量。因此,甲公司认为该合同的对价是可变的。

甲公司已销售该产品及类似产品多年,积累了丰富的经验,可观察的历史数据表明,甲公司以往销售此类产品时会给予客户大约 20% 的折扣。同时,根据当前市场信息分析,20% 的降价幅度足以促进该产品的销量,从而提高其周转率。甲公司多年来向客户提供的折扣从未超过 20%。

【分析】 本例中,甲公司按照期望值估计可变对价的金额,因为该方法能够更好地预测其有权获得的对价金额。甲公司估计的交易价格 $= 100 \times (1 - 20\%) \times 1000 = 80000$(元)。同时,甲公司还需考虑有关将可变对价计入交易价格的限制要求,以确定能否将估计的可变对价金额 80000 元计入交易价格。根据其销售此类产品的历史经验、所取得的当前市场信息以及对当前市场的估计,甲公司预计,尽管存在某些不确定性,但是该产品的价格仍可在短期内确定。因此,甲公司认为,在不确定性消除(即折扣的总金额最终确定)时,已确认的累计收入金额 80000 元极可能不会发生重大转回。因此,甲公司应当于 2018 年 12 月 1 日将产品控制权转移给乙公司时,确认收入为 80000 元。

(二) 合同中存在的重大融资成分

当企业将商品的控制权转移给客户的时间与客户实际付款的时间不一致时,如企业以赊销方式销售商品,或者要求客户支付预付款等,如果各方在合同中明确(或者以隐含的方式)约定的付款时间为客户或企业就转让商品的交易提供了重大融资利益,则合同中包含了重大融资成分。合同中存在重大融资成分的,企业应当按照假定客户在取得商品控制权时即以现金支付的金额(即现销价格)确定交易价格。

在评估合同中是否存在融资成分以及该融资成分对于该合同而言是否重大时,企业应当考虑所有相关的事实和情况,包括:

(1)已承诺的对价金额与已承诺商品的现销价格之间的差额。

(2)企业将承诺的商品转让给客户与客户支付相关款项之间的预计时间间隔和相应的市场现行利率的共同影响。

企业向客户转让商品与客户支付相关款项之间虽然存在时间间隔,但两者之间的合同没有包含重大融资成分的情形有:

（1）客户就商品支付了预付款,且可以自行决定这些商品的转让时间。

（2）客户承诺支付的对价中有相当大的部分是可变的,该对价金额或付款时间取决于某一未来事项是否发生,且该事项实质上不受客户或企业控制。

（3）合同承诺的对价金额与现销价格之间的差额是由于向客户或企业提供融资利益以外的原因所导致的。

案例 11-14

2018 年 1 月,甲公司与乙公司签订了一项施工总承包合同。合同约定的工期为 30 个月,工程造价为 8 亿元(不含税价)。甲乙双方每季度进行一次工程结算,并于完工时进行竣工结算,每次工程结算额(除质保金及相应的增值税外)由客户于工程结算后 5 个工作日内支付;除质保金外的工程尾款于竣工后 1 个工作日内支付;合同金额的 3% 作为质保金,用以保证项目在竣工后 2 年内正常运行,在质保期满后 5 个工作日内支付。

【分析】 本例中,乙公司保留了 3% 的质保金直到项目竣工 2 年后支付,虽然服务完成的时间与乙公司付款时间间隔较长,但是,该质保金旨在为乙公司提供工程质量保证,以防甲公司未能完成其合同义务,而并非向乙公司提供融资。因此,甲公司认为该合同中不包含重大融资成分,无需就延期支付质保金的影响调整交易价格。

合同中存在重大融资成分的,企业应当按照假定客户在取得商品控制权时即以现金支付的应付金额确定交易价格。该交易价格与合同对价之间的差额,应当在合同期间内采用实际利率法摊销。

合同开始日,企业预计客户取得商品控制权与客户支付价款间隔不超过一年的,可以不考虑合同中存在的重大融资成分。

案例 11-15

2018 年 1 月 1 日,甲公司与乙公司签订合同,向其销售一批产品。合同约定,该批产品将于 2 年之后交货。合同中包含两种可供选择的付款方式,即乙公司可以在 2 年后支付产品时支付 449.44 万元,或者在合同签订时支付 400 万元。乙公司选择在合同签订时支付货款。该批产品的控制权在交货时转移。甲公司于 2018 年 1 月 1 日收到乙公司支付的货款。上述价格均不包含增值税,且假定不考虑相关税费影响。

【分析】 本例中,按照上述两种付款方式结算的内含利率为 6%。考虑到乙公司付款时间和产品交付时间之间的间隔以及现行市场利率水平,甲公司认为该合同包含重大融资成分,在确定交易价格时,应当对合同承诺的对价金额进行调整,以反映该重大融资成分的影响。假定该融资费用不符合借款费用资本化的要求。

甲公司的账务处理如下(单位:元)。

（1）2018 年 1 月 1 日,收到货款:

借:银行存款　　　　　　　　　　　　　　　　　4000000
　　未确认融资费用　　　　　　　　　　　　　　　494400
　　贷:合同负债　　　　　　　　　　　　　　　　　　　4494400

（2）2018 年 12 月 31 日,确认融资成分的影响:

借:财务费用——利息支出(4000000×6%)　　　　　　　　　240000
　　贷:未确认融资费用　　　　　　　　　　　　　　　　　　　　　240000

（3）2019 年 12 月 31 日,交付产品:

借:财务费用——利息支出[(4000000＋240000)×6%]　　　254400
　　贷:未确认融资费用　　　　　　　　　　　　　　　　　　　　　254400

借:合同负债　　　　　　　　　　　　　　　　　　　　　　　　44944004
　　贷:主营业务收入　　　　　　　　　　　　　　　　　　　　　4494400

"合同负债""合同资产""应收款项"科目之间的对比如表 11-3 所示。

表 11-3　科目对比表

科目	含义
"合同负债"	企业已收或应收客户对价而向客户转让商品的义务
"合同资产"	企业已向客户转让商品而有权收取对价的权利,且该权利取决于时间流失之外的其他因素
应收款项	企业无条件收取合同对价的权利(只有在合同对价到期支付之前仅仅随着时间的流逝即可收款的权利,才是无条件的收款权)

合同资产和合同负债应当在资产负债表中单独列示,并按流动性,分别列示为"合同资产"或"其他非流动资产"以及"合同负债"或"其他非流动负债"。同一合同下的合同资产和合同负债应当以净额列示,不同合同资产和合同负债不能相互抵销。

案例 11-16

2019 年 1 月 1 日,甲公司采用分期收款方式向乙公司销售一套大型设备,合同约定的销售价格为 2000 万元,分 5 次于每年 12 月 31 日等额收取。该大型设备的成本为 1560 万元。在现销方式下,该大型设备的销售价格为 1600 万元。假定甲公司发出商品时,其有关的增值税纳税义务尚未发生,在合同约定的收款日期,发生有关的增值税纳税义务增值税税率为 13%。

【分析】　根据本例的资料,甲公司应当确认的销售商品收入金额为 1600 万元。

根据公式"未来五年收款额的现值＝现销方式下应收款项金额"可以得出:$400×(P/A,r,5)=1600$(万元)。

可在多次测试的基础上,用插值法计算折现率。

当 r＝7% 时,$400×4.1002=1640.08$(万元)>1600 万元

当 r＝8% 时,$400×3.9927=1597.08$(万元)<1600 万元

因此,7%<r<8%。用插值法计算如下:

现值　　　　　　　　利率
1640.08　　　　　　　7%
1600　　　　　　　　r
1597.08　　　　　　　8%

$$\frac{1640.08-1600}{1640.08-1597.08}=\frac{7\%-r}{7\%-8\%}$$

$$r=7.93\%$$

每期计入财务费用的金额如表 11-4 所示。

表 11-4　财务费用和已收本金计算表

单位:万元

年份 (t)	未收本金 ($A_t=A_t-1-D_t-1$)	财务费用 (B＝A×7.93%)	收现总额 (C)	已收本金 (D＝C－B)
2019 年 1 月 1 日	1600			
2019 年 12 月 31 日	1600	126.88	400	273.12
2020 年 12 月 31 日	1326.88	105.22	400	294.78
2021 年 12 月 31 日	1032.10	81.85	400	318.15
2022 年 12 月 31 日	713.95	56.62	400	343.38
2023 年 12 月 31 日	370.57	29.43[①]	400	370.57
总额		400	2000	1600

注:①尾数调整:400－370.57＝29.43

根据表中的计算结果,甲公司各期的会计分录如下(单位:元)。

(1) 2019 年 1 月 1 日,销售实现时:

借:长期应收款　　　　　　　　　　　　　　　　　　　　20000000
　　贷:主营业务收入　　　　　　　　　　　　　　　　　　16000000
　　　　未确认融资收益　　　　　　　　　　　　　　　　　4000000

借:主营业务成本　　　　　　　　　　　　　　　　　　　15600000
　　贷:库存商品　　　　　　　　　　　　　　　　　　　　15600000

(2) 2019 年 12 月 31 日,收取货款和增值税时:

借:银行存款　　　　　　　　　　　　　　　　　　　　　4520000
　　贷:长期应收款　　　　　　　　　　　　　　　　　　　4000000
　　　　应交税费——应交增值税(销项税额)　　　　　　　　520000

借:未实现融资收益　　　　　　　　　　　　　　　　　　1268800
　　贷:财务费用　　　　　　　　　　　　　　　　　　　　1268800

(3) 2020 年 12 月 31 日,收取货款和增值税时:

借:银行存款　　　　　　　　　　　　　　　　　　　　　4520000
　　贷:长期应收款　　　　　　　　　　　　　　　　　　　4000000
　　　　应交税费——应交增值税(销项税额)　　　　　　　　520000

借:未实现融资收益　　　　　　　　　　　　　　　　　　1052200
　　贷:财务费用　　　　　　　　　　　　　　　　　　　　1052200

(4) 2021 年 12 月 31 日,收取货款和增值税时:

借:银行存款　　　　　　　　　　　　　　　　　　　　　4520000
　　贷:长期应收款　　　　　　　　　　　　　　　　　　　4000000
　　　　应交税费——应交增值税(销项税额)　　　　　　　　520000

| 借：未实现融资收益 | 818500 |
| 贷：财务费用 | 818500 |

（5）2022 年 12 月 31 日，收取货款和增值税时：

借：银行存款	4520000
贷：长期应收款	4000000
应交税费——应交增值税（销项税额）	520000

| 借：未实现融资收益 | 566200 |
| 贷：财务费用 | 566200 |

（6）2023 年 12 月 31 日，收取货款和增值税时：

借：银行存款	4520000
贷：长期应收款	4000000
应交税费——应交增值税（销项税额）	520000

| 借：未实现融资收益 | 294300 |
| 贷：财务费用 | 294300 |

考试方向
考查重大融资成分的处理原则。

（三）非现金对价

客户支付非现金对价的，企业应当**按照非现金对价的公允价值确定交易价格**。非现金对价的公允价值不能合理估计的，企业应当参照其承诺向客户转让商品的单独售价间接确定交易价格。非现金对价的公允价值因对价形式以外的原因而发生变动的，应当作为可变对价进行会计处理。

考试方向
考查非现金对价的处理规则。

案例 11-17

甲企业为客户生产一台专用设备。双方约定，如果甲企业能够在 30 天内交货，则可以额外获得 100 股客户的股票作为奖励。合同开始日，该股票的价格为每股 5 元；由于缺乏执行类似合同的经验，因此，当日，甲企业估计，该 100 股股票的公允价值计入交易价格将不满足累计已确认的收入极可能不会发生重大转回的限制条件。合同开始日之后的第 25 天，企业将该设备交付给客户，从而获得了 100 股股票，该股票在此时的价格为每股 6 元。假定企业将该股票作为以公允价值计量且其变动计入当期损益的金融资产。

【分析】 本例中，合同开始日，该股票的价格为每股 5 元，由于缺乏执行类似合同的经验，当日，甲企业估计，该 100 股股票的公允价值计入交易价格将不满足累计已确认的收入极可能不会发生重大转回的限制条件，因此，甲企业不应将该 100 股股票的公允价值 500 元计入交易价格。合同开始日之后的第 25 天，甲企业获得了 100 股股票，该股票在此时的价格为每股 6 元。甲企业应当将股票（非现金对价）的公允价值因对价形式以外的原因而发生的变动，即 500 元（5×100）确认为收入，因对价形式原因而发生的变动，即 100 元（600-500）计入公允价值变动损益。

企业在向客户转让商品的同时，如果客户向企业投入材料、设备或人工等商品，以协助企业履行合同，企业应当评估其是否取得了对这些商品的控制权，取得这些商品控制权的，企业应当将这些商品作为从客户收取的非现金对价进行会计处理。

（四）应付客户对价

企业在向客户转让商品的同时,需要向客户或第三方支付对价的,除为了自客户取得其他可明确区分商品的款项外,应当将该应付对价冲减交易价格,并在确认相关收入与支付(或承诺支付)客户对价两者孰晚的时点冲减当期收入。

> **案例 11-18**
>
> G 供应商向 H 超市销售货物,并第一次向 H 超市支付陈列费。
>
> **【分析】** 按照惯例,G 供应商并不能控制 H 超市员工布置柜台的行为。另外,陈列柜台的所有权也不会转移给 G 供应商。因此,G 供应商无法通过陈列费控制商品或服务,即陈列费不属于由 H 超市向 G 供应商提供的一项单独的商品或服务。由于陈列费不是为了取得一个可明确区分的履约义务,它应该冲减 G 供应商对 H 超市的销售收入。

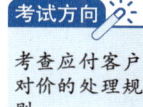

考试方向

考查应付客户对价的处理规则。

四、 将交易价格分摊至各单项履约义务 ★★★

（一）一般处理原则

当合同中包含两项或多项履约义务时,企业应当在合同开始日,按照各单项履约义务所承诺商品的单独售价的相对比例,将交易价格分摊至各单项履约义务。

单独售价,是指企业向客户单独销售商品的价格。单独售价无法直接观察的,企业应当综合考虑其能够合理取得的全部相关信息,采用市场调整法、成本加成法、余值法等方法合理估计单独售价。企业应当最大限度地采用可观察的输入值,并对类似的情况采用一致的估计方法。详见表 11-5。

表 11-5 单独售价估计方法表

类别	特点
市场调整法	企业根据某商品或类似商品的市场售价,考虑本企业的成本和毛利等进行适当调整后,确定其单独售价的方法
成本加成法	企业根据某商品的预计成本加上其合理毛利后的价格,确定其单独售价的方法
余值法	企业根据合同交易价格减去合同中其他商品可观察的单独售价后的余值,确定某商品单独售价的方法

> **案例 11-19**
>
> 甲公司与客户签订合同,向其销售 A、B、C 三件产品,合同价款为 10000 元。A、B、C 产品的单独售价分别为 5000 元、2500 元和 7500 元,合计 15000 元。上述价格均不包含增值税。
>
> **【分析】** 本例中,根据上述交易价格分摊原则,A 产品应当分摊的交易价格 = 5000÷15000×10000=3333(元),B 产品应当分摊的交易价格 = 2500÷15000×10000=1667(元),C 产品应当分摊的交易价格=7500÷15000×10000=5000(元)。

（二）分摊合同折扣

合同折扣,是指合同中各单项履约义务所承诺商品的单独售价之和高于合同交易价格的金额。对于合同折扣,企业应当在各单项履约义务之间按比例分摊。有确凿证据表明合同折扣仅与合同中的一项或多项(而非全部)履约义务相关的,企业应当将该合同折扣分摊至相关一项或多项履约义务。

同时满足下列条件时,企业应当将合同折扣全部分摊至合同中的一项或多项(而非全部)履约义务:

(1)企业经常将该合同中的各项可明确区分的商品单独销售或者以组合的方式单独销售。

(2)企业也经常将其中部分可明确区分的商品以组合方式按折扣价格单独销售。

3.上述第 2 项中的折扣和该合同中的折扣基本相同,且针对每一组合中的商品的评估为将该合同的全部折扣归属于某一项或多项履约义务提供了可观察的证据。

案例 11-20

甲公司与客户签订合同,向其销售 A、B、C 三种产品,合同总价款为 120 万元,这三种产品构成 3 个单项履约义务。企业经常单独出售 A 产品,其可直接观察的单独售价为 50 万元;B 产品和 C 产品的单独售价不可直接观察,企业采用市场调整法估计 B 产品的单独售价为 25 万元,采用成本加成法估计 C 产品的单独售价为 75 万元。甲公司经常以 50 万元的价格单独销售 A 产品,并且经常将 B 产品和 C 产品组合在一起以 70 万元的价格销售。假定上述价格均不包含增值税。

【分析】 本例中,这三种产品的单独售价合计为 150 万元,而该合同的价格为 120 万元,因此,该合同的折扣为 30 万元。甲公司经常将 B 产品和 C 产品组合在一起以 70 万元的价格销售,该价格与其单独售价的差额为 30 万元,与该合同的折扣一致,而 A 产品单独销售的价格与其单独售价一致,证明该合同的折扣仅应归属于 B 产品和 C 产品。因此,在该合同下,分摊至 A 产品的交易价格为 50 万元,分摊至 B 产品和 C 产品的交易价格合计为 70 万元,甲公司应当进一步按照 B 产品和 C 产品的单独售价的相对比例将该价格在两者之间进行分摊。

因此,A 产品交易价格为 50 万元,B 产品交易价格 $= 25 - (25 \div 100 \times 30) = 17.5$(万元),C 产品交易价格 $= 75 - (75 \div 100 \times 30) = 52.5$(万元)。

(三)分摊可变对价

合同中包含可变对价的,该可变对价可能与整个合同相关,也可能仅与合同中的某一特定组成部分有关,后者包括两种情况:一是可变对价可能与合同中的一项或多项(而非全部)履约义务有关;二是可变对价可能与企业向客户转让的构成单项履约义务的一系列可明确区分商品中的一项或多项(而非全部)商品有关。

同时满足下列条件的,企业应当将可变对价及可变对价的后续变动额全部分摊至与之相关的某项履约义务,或者构成单项履约义务的一系列可明确区分商品中的某项商品:

(1)可变对价的条款专门针对企业为履行该项履约义务或转让该项可明确区分商品所作的努力(或者是履行该项履约义务或转让该项可明确区分商品所导致的特定结果)。

(2)企业在考虑了合同中的全部履约义务及支付条款后,将合同对价中的可变金额全部分摊至该项履约义务或该项可明确区分商品符合分摊交易价格的目标。

案例 11-21

甲公司与乙公司签订合同,将其拥有的两项专利技术 X 和 Y 授权给乙公司使用。假定两项授权均构成单项履约义务,且都属于在某一时点履行的履约义务。合同约定,授权使用 X 的价格为 80 万元,授权使用 Y 的价格为乙公司使用该专利技术所生产的产品销售额的 3%。X 和 Y 的单独售价分别为 80 万元和 100 万元。甲公司估计其就授权使用 Y 而有权收取的特许权使用费为 100 万元。假定上述价格均不包含增值税。

【分析】　本例中,该合同中包含固定对价和可变对价,其中,授权使用 X 的价格为固定对价,且与其单独售价一致,授权使用 Y 的价格为乙公司使用该专利技术所生产的产品销售额的 3%,属于可变对价,该可变对价全部与授权使用 Y 能够收取的对价有关,且甲公司估计基于实际销售情况收取的特许权使用费的金额接近 Y 的单独售价。因此,甲公司将可变对价部分的特许权使用费金额全部由 Y 承担符合交易价格的分摊目标。

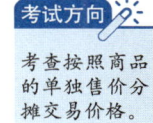

考试方向

考查按照商品的单独售价分摊交易价格。

五、 履行每一单项履约义务时确认收入 ★★★

企业应当在履行了合同中的履约义务,即客户取得相关商品控制权时确认收入。企业根据实际情况,首先判断履约义务是否满足在某一时段内履行的条件,如不满足,则该履约义务属于某一时点的履约义务。对于在某一时段内履行的履约义务,企业应当选取恰当的方法来确定履约进度;对于在某一时点履行的履约义务,企业应当综合分析控制权转移的迹象,判断其转移时点。

(一) 在某一时段内履行的履约义务

1. 满足条件

满足下列条件之一的,属于在某一时段内履行的履约义务,相关收入应当在该履约义务履行的期间内确认:

(1) 客户在企业履约的同时即取得并消耗企业履约所带来的经济利益。企业在履约过程中是持续地向客户转移该服务的控制权的,该履约义务属于某一时段内履行的履约义务,企业应当在提供该服务的期间确认收入,如常规或经常性服务(酒店管理服务)。

(2) 客户能够控制企业履约过程中在建的商品。企业在履约过程中创建的商品包括在产品、在建工程、尚未完成的研发项目、正在进行的服务等,如果客户在企业创建该商品的过程中能够控制这些商品,应当认为企业提供商品的履约义务属于在某一时段内履行的履约义务。

案例 11-22

甲企业与客户签订合同,在客户拥有的土地上按照客户的设计要求为其建造厂房。在建造过程中客户有权修改厂房的设计,并与企业重新协商设计变更后的合同价款。客户每月末按当月工程进度向企业支付工程款。如果客户终止合同,已完成建造部分的厂房归客户所有。

【分析】　本例中,甲企业为客户建造厂房,该厂房位于客户的土地上,客户中止合同时,已建造的厂房归客户所有。这些均表明客户在该厂房建造的过程中就能够控制该在建的厂房。因此,企业提供的该建造服务属于在某一时段内履行的履约义务,企业应当在提供该服务的期间内确认收入。

（3）企业履约过程中所产出的商品具有不可替代用途，且该企业在整个合同期间内有权就累计至今已完成的履约部分收取款项。

① 商品具有不可替代用途：指因合同限制或实际可行性限制，企业不能轻易地将商品用于其他用途。

② 企业在整个合同期间内有权就累计至今已完成的履约部分收取款项：指在由于客户或其他方终止合同的情况下，企业有权就累计至今已完成的履约部分收取能够补偿其已发生成本和合理利润的款项，并且该权力具有法律约束力。

案例 11-23

甲公司是一家造船企业，与乙公司签订了一份船舶建造合同，按照乙公司的具体要求设计和建造船舶。甲公司在自己的厂区内完成该船舶的建造，乙公司无法控制在建过程中的船舶。甲公司如果想把该船舶出售给其他客户，需要发生重大的改造成本。双方约定，如果乙公司单方面解约，乙公司需向甲公司支付相当于合同总价 30% 的违约金，且建造中的船舶归甲公司所有。假定该合同仅包含一项履约义务，即设计和建造船舶。

【分析】 本例中，船舶是按照乙公司的具体要求进行设计和建造的，甲公司需要发生重大的改造成本将该船舶改造之后才能将其出售给其他客户，因此，该船舶具有不可替代用途。然而，如果乙公司单方面解约，仅需向甲公司支付相当于合同总价 30% 的违约金，表明甲公司无法在整个合同期间内都有权就累计至今已完成的履约部分收取能够补偿其已发生成本和合理利润的款项。因此，甲公司为乙公司设计和建造船舶不属于在某一时段内履行的履约义务。

---

2. 收入确认方法

对于在某一时段内履行的履约义务，企业应当在该时段时间内按照履约进度确认收入，履约进度不能合理确定的除外。企业应当考虑商品的性质，采用产出法或投入法确定恰当的履约进度，并且在确定履约进度时，应当扣除那些控制权尚未转移给客户的商品和服务。企业按照履约进度确认收入时，通常应当在资产负债表日按照合同的交易价格乘以履约进度扣除以前会计期间累计已确认收入后的金额，确认为当期收入。

（1）产出法。产出法主要是根据已转移给客户的商品对于客户的价值确定履约进度，主要包括按照实际测量的完工进度、评估已实现的结果、已达到的工程进度节点、时间进度、已完工或交付的产品等产出指标确定履约进度的方法。

案例 11-24

2018 年 8 月 1 日，甲公司与客户签订合同，为该客户拥有的一条铁路更换 100 根铁轨，合同价格为 10 万元（不含税价）。截至 2018 年 12 月 31 日，甲公司共更换铁轨 60 根，剩余部分预计在 2019 年 3 月 31 日之前完成。该合同仅包含一项履约义务，且该履约义务满足在某一时段内履行的条件。（假定不考虑其他情况）

【分析】 本例中，甲公司提供的更换铁轨的服务属于在某一时段内履行的履约义务，甲公司按照已完成的工作量确定履约进度。因此，截至 2018 年 12 月 31 日，该合同的履约进度 = 60 ÷ 100 = 60%，甲公司应确认的收入 = 10 × 60% = 6（万元）。

（2）投入法。投入法主要是根据企业履行履约义务的投入确定履约进度的方法，主要包括以投入的材料数量、花费的人工工时或机器工时、发生的成本和时间进度等投入指标确定履约进度。

企业在采用成本法确定履约进度时，可能需要对已发生的成本进行适当调整的情形有：①已发生的成本并未反映企业履行其履约义务的进度；②已发生的成本与企业履行其履约义务的进度不成比例。

案例 11-25

2018 年 10 月，甲公司与客户签订合同，为客户装修一栋办公楼并安装一部电梯，合同总金额为 100 万元。甲公司预计的合同总成本为 80 万元，其中包括电梯的采购成本 30 万元。

2018 年 12 月，甲公司将电梯运达施工现场并经过客户验收，客户已取得对电梯的控制权，但是根据装修进度，预计到 2019 年 2 月才会安装该电梯。截至 2018 年 12 月，甲公司累计发生成本 40 万元，其中包括支付给电梯供应商的采购成本 30 万元以及因采购电梯发生的运输和人工等相关成本 5 万元。

假定该装修服务（包括安装电梯）构成单项履约义务，并属于在某一时段内履行的履约义务，甲公司是主要责任人，但不参与电梯的设计和制造；甲公司采用成本法确定履约进度。上述金额均不含增值税。

【分析】 本例中，截至 2018 年 12 月，甲公司发生成本 40 万元（包括电梯采购成本 30 万元以及因采购电梯发生的运输和人工等相关成本 5 万元），甲公司认为其已发生的成本和履约进度不成比例，因此需要对履约进度的计算作出调整，将电梯的采购成本排除在已发生成本和预计总成本之外。

在该合同中，该电梯不构成单项履约义务，其成本相对于预计总成本而言是重大的，甲公司是主要责任人，但是未参与该电梯的设计和制造，客户先取得了电梯的控制权，随后才接受与之相关的安装服务，因此，甲公司在客户取得该电梯控制权时，按照该电梯的采购成本金额确认转让电梯产生的收入。

因此，2018 年 12 月，该合同的履约进度为 20%[（40－30）÷（80－30）]，应确认的收入和成本金额分别为 44 万元[（100－30）×20%＋30]和 40 万元[（80－30）×20%＋30]。

对于同一合同下属于在一时段内履行的履约义务涉及与客户结算对价的，通常情况下，企业对其已向客户转让商品而有权收取的对价金额应当确认为合同资产或应收账款，对其已收或应收客户对价而应向客户转让商品的义务，应当按已收或应收的金额确认为合同负债。由于同一合同下的合同资产或合同负债应当以净额列示，企业也可以设置"合同结算"科目（或其他类似科目），以核算同一合同下属于在一时段内履行的履约义务涉及与客户结算对价所产生的合同资产或合同负债。在此科目下设置"合同结算——价款结算"科目反映定期与客户进行结算的金额，设置"合同结算——收入结转"科目反映按履约进度结转的收入金额。资产负债表日，"合同结算"科目的期末余额在借方的，根据其流动性，在资产负债表中分别列示为"合同资产"或"其他非流动资产"项目；期末余额在贷方的，根据其流动性，在资产负债表中分别列示为"合同负债"或"其他非流动负债"。

案例 11-26

2018 年 1 月 1 日,甲公司与乙公司签订一项大型设备建造工程合同,根据双方合同,该工程的造价为 6300 万元,工程期限为一年半,预计于 2019 年 6 月 30 日竣工,预计可能发生的总成本为 4000 万元。甲公司负责工程的施工及全面管理,乙公司按照第三方工程监理公司确认的工程完工量,每半年与甲公司结算一次。假定该建造工程整体构成单项履约义务,并属于在某一时段履行的履约义务,甲公司采用已发生成本占预计总成本比例计算履约进度,增值税税率为 9%,不考虑其他相关因素。

考试方向 🪄
考查建造合同的会计处理。

2018 年 6 月 30 日,工程累计实际发生成本 1500 万元,乙公司与甲公司结算合同价款 2500 万元,甲公司实际收到价款 2000 万元;2018 年 12 月 31 日,工程累计实际发生成本 3000 万元,乙公司与甲公司结算合同价款 1100 万元,甲公司实际收到价款 1000 万元;2019 年 6 月 30 日,工程累计实际发生成本 4100 万元,乙公司与甲公司结算合同竣工价款 2700 万元,并支付剩余工程款 3300 万元。上述价款均不含增值税。假定甲公司与乙公司结算时即发生增值税纳税义务,乙公司在实际支付工程价款的同时支付其对应的增值税。

【分析】 甲公司的账务处理如下(单位:元)。

(1) 2018 年 1 月 1 日至 2018 年 6 月 30 日,实际发生工程成本时:

借:合同履约成本	15000000
贷:原材料/应付职工薪酬等	15000000

(2) 2018 年 6 月 30 日:

履约进度 = 15000000 ÷ 40000000 × 100% = 37.5%

合同收入 = 63000000 × 37.5% = 23625000(元)

借:合同结算——收入结转	23625000
贷:主营业务收入	23625000
借:主营业务成本	15000000
贷:合同履约成本	15000000
借:应收账款	27250000
贷:合同结算——价款结算	25000000
应交税费——应交增值税(销项税额)	2250000
借:银行存款	20000000
贷:应收账款	20000000

当日,"合同结算"科目余额为贷方 137.5 万元(2500-2362.5),表明甲公司已与乙公司结算但尚未履行履约义务的净额为 137.5 万元,由于甲公司预计该部分履约义务将在 2018 年年内完成,因此,应在资产负债表中作为"合同负债"列示。

(3) 2018 年 7 月 1 日至 12 月 31 日,实际发生工程成本:

借:合同履约成本	15000000
贷:原材料/应付职工薪酬等	15000000

第
十
一
章

（4）2018年12月31日：

履约进度＝30000000÷40000000×100％＝75％

合同收入＝63000000×75％－23625000＝23625000（元）

借：合同结算——收入结转　　　　　　　　　　　　23625000
　　贷：主营业务收入　　　　　　　　　　　　　　　　　　23625000

借：主营业务成本　　　　　　　　　　　　　　　　15000000
　　贷：合同履约成本　　　　　　　　　　　　　　　　　　15000000

借：应收账款　　　　　　　　　　　　　　　　　　11990000
　　贷：合同结算——价款结算　　　　　　　　　　　　　　11000000
　　　　应交税费——应交增值税（销项税额）　　　　　　　　990000

借：银行存款　　　　　　　　　　　　　　　　　　10000000
　　贷：应收账款　　　　　　　　　　　　　　　　　　　　10000000

当日，"合同结算"科目的余额为借方1125万元（2362.5－1100－137.5），表明甲公司已经履行履约义务但尚未与乙公司结算的金额为1125万元，由于该部分金额将在2019年年内结算，因此，在资产负债表中作为"合同资产"列示。

（5）2019年1月1日至6月30日，实际发生工程成本时：

借：合同履约成本　　　　　　　　　　　　　　　　11000000
　　贷：原材料、应付职工薪酬　　　　　　　　　　　　　　11000000

（6）2019年6月30日：

由于当日工程已竣工决算，其履约进度为100％。

合同收入＝63000000－23625000－23625000＝15750000（元）

借：合同结算——收入结转　　　　　　　　　　　　15750000
　　贷：主营业务收入　　　　　　　　　　　　　　　　　　15750000

借：主营业务成本　　　　　　　　　　　　　　　　11000000
　　贷：合同履约成本　　　　　　　　　　　　　　　　　　11000000

借：应收账款　　　　　　　　　　　　　　　　　　29430000
　　贷：合同结算——价款结算　　　　　　　　　　　　　　27000000
　　　　应交税费——应交增值税（销项税额）　　　　　　　2430000

借：银行存款　　　　　　　　　　　　　　　　　　38670000
　　贷：应收账款　　　　　　　　　　　　　　　　　　　　38670000

提示 ▶对于每一项履约义务，企业只能采用一种方法来确定其履约进度，并加以一贯运用。对于类似情况下的类似履约义务，企业应当采用相同的方法确定履约进度。

▶当履约进度不能合理确定时，企业已经发生的成本预计能够得到补偿的，应当按照已经发生的成本金额确认收入，直到履约进度能够合理确定为止。

第
十
一
章

（二）在某一时点履行的履约义务

当一项履约义务不属于在某一时段内履行的履约义务时,则属于某一时点履行的履约义务。对于某一时点履行的履约义务,企业应当在客户取得相关商品控制权时点确认收入。在判断客户是否已取得商品控制权时,企业应当考虑下列迹象:

(1)企业就该商品享有现时收款权利,即客户就该商品负有现时付款义务。

(2)企业已将该商品的法定所有权转移给客户,即客户已拥有该商品的法定所有权。

(3)企业已将该商品实物转移给客户,即客户已占有该商品实物。

(4)企业已将该商品所有者权上的主要风险和报酬转移给客户,即客户已取得该商品所有权上的主要风险和报酬。

(5)客户已接受该商品。

1. 委托代销安排

这一安排是指委托方和受托方签订代销合同或协议,委托受托方向终端客户销售商品的过程。在这种安排下,企业应当评估受托方在企业向其转让商品时是否已获得对该商品的控制权,如果没有,企业不应在此时确认收入,通常应当在受托方售出商品时确认销售商品收入;受托方应当在商品销售后,按合同或协议约定的方法计算确定的手续费确认收入。

案例 11-27

甲公司委托乙公司销售 W 商品 1000 件,W 商品已经发出,每件成本为 70 元。合同约定乙公司应按每件 100 元对外销售,甲公司按不含增值税的销售价格的 10% 向乙公司支付手续费。除非这些商品在乙公司存放期间内由于乙公司的责任发生毁损或丢失,否则在 W 商品对外销售之前,乙公司没有义务向甲公司支付货款。乙公司不承担包销责任,没有售出的 W 商品须退回给甲公司,同时,甲公司也有权要求收回 W 商品或将其销售给其他的客户。乙公司对外实际销售 1000 件,开出的增值税专用发票上注明的销售价格为 100000 元,增值税税额为 13000 元,款项已经收到,乙公司立即向甲公司开具代销清单并支付货款。甲公司收到乙公司开具的代销清单时,向乙公司开具一张相同金额的增值税专用发票。假定甲公司发出 W 商品时纳税义务尚未发生,手续费增值税税率为 6%,不考虑其他因素。

【分析】 甲公司的账务处理如下。

(1)发出商品:

借:发出商品——乙公司	70000	
贷:库存商品——W 商品		70000

(2)收到代销清单,同时发生增值税纳税义务:

借:应收账款——乙公司	113000	
贷:主营业务收入——销售 W 商品		100000
应交税费——应交增值税(销项税额)		13000
借:主营业务成本——销售 W 商品	70000	
贷:发出商品——乙公司		70000
借:销售费用——代销手续费	10000	
应交税费——应交增值税(进项税额)	600	
贷:应收账款——乙公司		10600

（3）收到乙公司支付的货款：

借：银行存款　　　　　　　　　　　　　　　　　　102400
　　贷：应收账款——乙公司　　　　　　　　　　　　　102400

乙公司的账务处理如下。

（1）收到商品：

借：受托代销商品——甲公司　　　　　　　　　　　　100000
　　贷：受托代销商品款——甲公司　　　　　　　　　　100000

（2）对外销售：

借：银行存款　　　　　　　　　　　　　　　　　　113000
　　贷：受托代销商品——甲公司　　　　　　　　　　　100000
　　　　应交税费——应交增值税（销项税额）　　　　　　13000

（3）收到增值税专用发票：

借：受托代销商品款——甲公司　　　　　　　　　　　100000
　　应交税费——应交增值税（进项税额）　　　　　　　13000
　　贷：应付账款——甲公司　　　　　　　　　　　　　113000

（4）支付货款并计算代销手续费：

借：应付账款——甲公司　　　　　　　　　　　　　　113000
　　贷：银行存款　　　　　　　　　　　　　　　　　102400
　　　　其他业务收入——代销手续费　　　　　　　　　　10000
　　　　应交税费——应交增值税（销项税额）　　　　　　　600

2. 售后代管商品安排

售后代管商品是指根据企业与客户签订的合同，企业已经就销售商品向客户收款或取得了收款权利，但是直到在未来某一时点将该商品交付给客户前，企业仍然继续持有该商品实物的安排。售后代管商品安排，企业除了考虑客户是否取得商品控制权的迹象之外，还应当同时满足下列条件，才表明客户取得了该商品的控制权。

（1）该安排必须具有商业实质。例如，该安排是应客户的要求而订立的。

（2）属于客户的商品必须能够单独识别。例如，将属于客户的商品单独存放在指定地点。

（3）该商品可以随时应客户要求交付给客户。

（4）企业不能自行使用该商品或将该商品提供给其他客户。

案例 11-28

2018 年 1 月 1 日，甲公司与乙公司签订合同，向其销售 M 专用零部件。M 部件的制造期为 2 年。甲公司在完成 M 零部件的生产之后，能够证明其符合合同约定的规格。假定企业向客户转让 M 零部件是单项履约义务，且属于在某一时点履行的履约义务。2019 年 12 月 31 日，乙公司支付了 M 零部件的合同价款，并对其进行了验收。但是考虑到其自身的仓储能力有限,且其工厂紧邻甲公司的仓库,因此要求将 M 零部件存放于甲公司的仓库中,并且要求甲公司按照其指令随时安排发货。乙公司已拥有 M 零部件的法定所有权,且 M 零部件可明确识别为属于乙公司的物品。甲公司不能使用 M 零部件,也不能将其提供给其他客户使用。

【分析】 本例中,2019 年 12 月 31 日,甲公司已经收取 M 零部件合同价款,但是应乙公司的要求尚未发货,乙公司已拥有 M 零部件的法定所有权并且对其进行了验收,虽然 M 零部件实物尚由甲公司持有,但是其满足在"售后代管商品"的安排下客户取得商品控制权的条件,这些零部件的控制权也已经转移给了乙公司。因此,甲公司应当确认销售 M 零部件的收入。除此之外,甲公司还为乙公司提供了仓储保管服务,该服务于 M 零部件可明确区分,构成单项履约义务。

第三节　合同成本

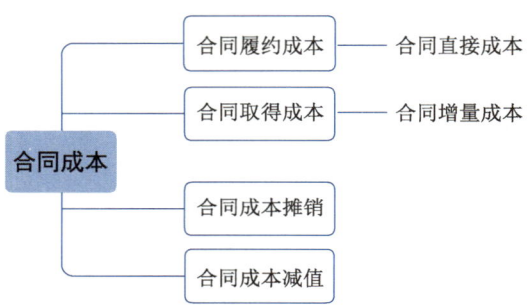

一、合同履约成本 ★ ★

企业为履行合同发生的成本,不属于其他企业会计准则规范范围且同时满足下列条件的,应当作为合同履约成本确认为一项资产:

（1）该成本与一份当前或预期取得的合同直接相关,包括直接人工、直接材料、制造费用（或类似费用）、明确由客户承担的成本以及仅因该合同而发生的其他成本。

（2）该成本增加了企业未来用于履行（或持续履行）履约义务的资源。

（3）该成本预期能够收回。

企业应当在下列支出发生时,将其计入当期损益：①管理费用,除非这些费用明确由客户承担;②非正常消耗的直接材料、直接人工和制造费用（或类似费用）,这些支出为履行合同发生,但未反映在合同价格中;③与履约义务中已履行部分相关的支出,该支出与企业过去的履约活动相关;④无法在尚未履行的与已履行（或已部分履行）的履约义务之间区分的相关支出。

案例 11-29

　　甲公司与乙公司签订合同,为其信息中心提供管理服务,合同期限为 5 年。在向乙公司提供服务之前,甲公司设计并搭建了一个信息技术平台供其内部使用,该信息技术平台由相关的硬件和软件组成。甲公司需要提供设计方案,将该信息技术平台与乙公司现有的信息系统对接,并进行相关测试。该平台并不会转让给乙公司,但是将用于向乙公司提供服务。甲公司为该平台的设计、购买硬件和软件以及信息中心的测试发生了成本。除此之外,甲公司专门指派两名员工,负责向乙公司提供服务。

　　【分析】　本例中,甲公司为履行合同发生的上述成本中,购买硬件和软件的成本应当分别按照定固定资产和无形资产进行会计处理。设计服务成本和信息中心的测试成本不属于其他章节的规范范围,但是这些成本与履行该合同直接相关,并且增加了甲公司未来用于履行履约义务(即提供管理服务)的资源,如果甲公司预期该成本可通过未来提供服务收取的对价收回,则甲公司应当将这些成本确认为一项资产。甲公司向两名负责该项目的员工支付的工资费用,虽然与向乙公司提供服务有关,但是由于其并未增加企业未来用于履行履约义务的资源,因此,应当于发生时计入当期损益。

二、 合同取得成本 ★ ★

　　企业为取得合同发生的增量成本预期能够收回的,应当作为合同取得成本确认为一项资产。该资产摊销期限不超过一年的,可以在发生时计入当期损益。

　　增量成本,是指企业不取得合同就不会发生的成本。

　　企业为取得合同发生的、除预期能够收回的增量成本之外的其他支出,如无论是否取得合同均会发生的差旅费等,应当在发生时计入当期损益,但是明确由客户承担的除外。

案例 11-30

　　甲公司是一家咨询公司,其通过竞标赢得一个新客户,为取得和该客户的合同,甲公司发生下列支出:①聘请外部律师进行尽职调查的支出为 15000 元;②因投标发生的差旅费为 10000 元;③销售人员佣金为 5000 元。甲公司预期这些支出未来能够收回。此外,甲公司根据其年度销售目标、整体盈利情况及个人业绩等,向销售部门经理支付年度奖金 10000 元。

　　【分析】　本例中,甲公司向销售人员支付的佣金属于为取得合同发生的增量成本,应当将其作为合同取得成本确认为一项资产。甲公司聘请外部律师进行尽职调查发生的支出,为投标发生的差旅费,无论是否取得合同都会发生,不属于增量成本,因此,应当于发生时直接计入当期损益。甲公司向销售部门经理支付的年度奖金也不是为取得合同发生的增量成本,这是因为该奖金发放与否以及发放金额还取决于其他因素(包括公司的盈利情况和个人业绩),其并不能直接归属于可识别的合同。

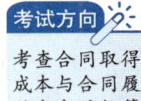
考查合同取得成本与合同履约成本的核算范围。

三、 合同成本的摊销 ★

　　对于确认资产的合同履约成本和合同取得成本,企业应当采用与该资产相关的商品收入确认相同的基础(即在履约义务履行的时点或按照履约义务的履约进度)进行摊销,计入当期损益。

四、合同成本的减值★

合同履约成本和合同取得成本的账面价值高于下列两项的差额的,超出部分应当计提减值准备,并确认为资产减值损失:①企业因转让与该资产相关的商品预期能够取得的剩余对价;②为转让该相关商品估计将要发生的成本。

以前期间减值的因素之后发生变化,使得①减去②的差额高于该资产账面价值的,应当转回原已计提的资产减值准备,并计入当期损益,但转回后的资产账面价值不应超过假定不计提减值准备情况下该资产在转回日的账面价值。

第四节　关于特定交易的会计处理

 本节框架 ▶

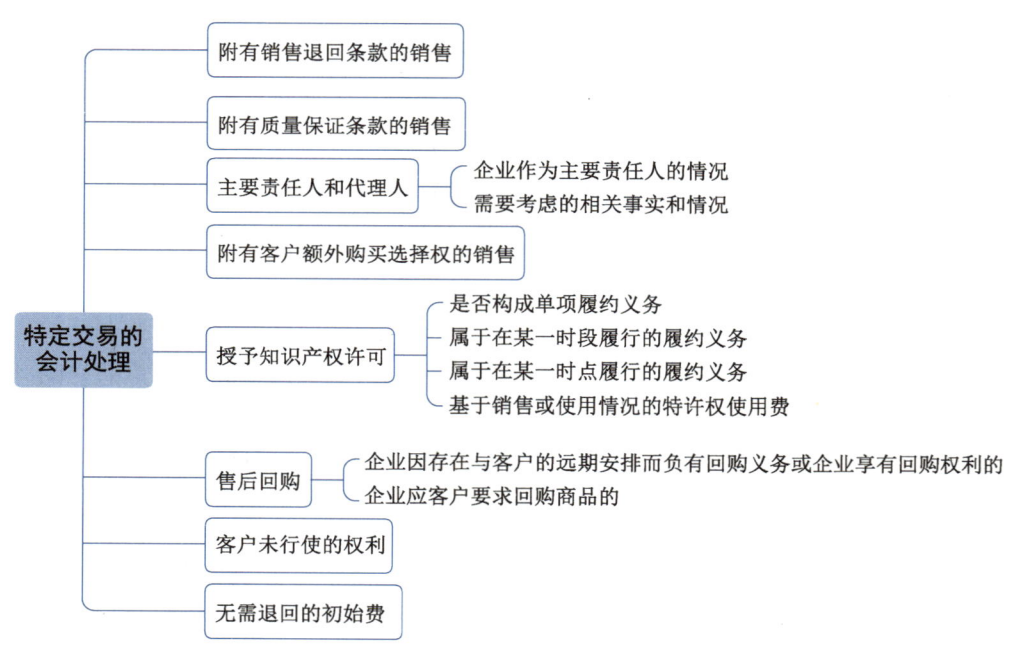

一、附有销售退回条款的销售★★★

对于附有销售退回条款的销售,企业应当在客户取得相关商品控制权时,按照因向客户转让商品而预期有权收取的对价金额(即不包含预期因销售退回将退还的金额)确认收入,按照预期因销售退回将退还的金额确认负债;同时,按照预期将退回商品转让时的账面价值,扣除收回该商品预计发生的成本(包括退回商品的价值减损)后的余额,确认一项资产,按照所转让商品转让时的账面价值,扣除上述资产成本的净额结转成本。

每一资产负债表日,企业应当重新估计未来销售退回情况,如有变化,应当作为会计估计变更进行会计处理。

考试方向

考查附有销售退回条款销售的处理规则及账务处理。

案例 11-31

甲公司是一家健身器材销售公司。2018 年 11 月 1 日,甲公司向乙公司销售 5000 件健身器材,单位销售价格为 500 元,单位成本为 400 元,开出的增值税专用发票上注明的销售价格为 250 万元,增值税为 42.5 万元。健身器材已经发出,但款项尚未收到。根据协议约定,乙公司应于 2018 年 12 月 1 日之前支付货款。

乙公司在 2019 年 3 月 31 日之前有权退还健身器材。甲公司根据过去的经验,估计该批健身器材的退货率约为 20%。在 2018 年 12 月 31 日,甲公司对退货率进行了重新评估,认为只有 10% 的健身器材会被退回。甲公司为增值税一般纳税人,健身器材发出时纳税义务已经发生,实际发生退回时取得税务机关开具的红字增值税专用发票。假定健身器材发出时控制权转移给乙公司。

【分析】 甲公司的账务处理如下(单位:元)。

(1)2018 年 10 月 1 日,发出健身器材时:

借:应收账款　　　　　　　　　　　　　　　　　2825000
　　贷:主营业务收入　　　　　　　　　　　　　　　2000000
　　　　预计负债——应付退货款　　　　　　　　　　500000
　　　　应交税费——应交增值税(销项税额)　　　　325000

借:主营业务成本　　　　　　　　　　　　　　　　1600000
　　应收退货成本　　　　　　　　　　　　　　　　400000
　　贷:库存商品　　　　　　　　　　　　　　　　2000000

(2)2018 年 12 月 1 日前收到货款时:

借:银行存款　　　　　　　　　　　　　　　　　　2825000
　　贷:应收账款　　　　　　　　　　　　　　　　2825000

(3)2018 年 12 月 31 日,甲公司对退货率进行重新评估(未发生退货):

借:预计负债——应付退货款　　　　　　　　　　　250000
　　贷:主营业务收入　　　　　　　　　　　　　　250000

借:主营业务成本　　　　　　　　　　　　　　　　200000
　　贷:应收退货成本　　　　　　　　　　　　　　200000

(4)2019 年 3 月 31 日,发生销售退回,实际退货量为 400 件,退货款项已经支付:

借:库存商品　　　　　　　　　　　　　　　　　　160000
　　应交税费——应交增值(销项税额)　　　　　　　26000
　　预计负债——应付退货款　　　　　　　　　　　250000
　　贷:应收退货成本　　　　　　　　　　　　　　160000
　　　　主营业务收入　　　　　　　　　　　　　　50000
　　　　银行存款　　　　　　　　　　　　　　　　226000

借:主营业务成本　　　　　　　　　　　　　　　　40000
　　贷:应收退货成本　　　　　　　　　　　　　　40000

二、 附有质量保证条款的销售 ★

对于附有质量保证条款的销售,企业应当评估该质量保证是否在向客户保证所销售商品符合既定标准之外提供了一项单独的服务。企业提供额外服务的,应当作为单项履约义务,按照本章进行会计处理;否则,质量保证责任应当按照或有事项的要求进行会计处理。具体如图 11-2 所示。

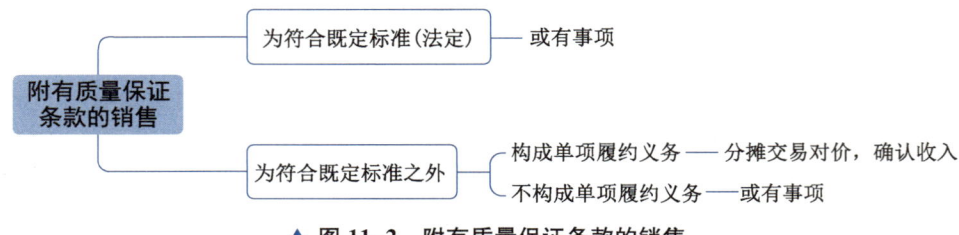

▲ 图 11-2 附有质量保证条款的销售

案例 11-32

甲公司与客户签订合同,销售一部手机。该手机自出售起一年内如果发生质量问题,甲公司负责提供质量保证服务。此外,在此期间内,由于客户使用不当(如手机进水)等原因造成的产品故障,甲公司也免费提供维修服务。该维修服务不能单独购买。

【分析】 本例中,甲公司的承诺包括销售手机、提供质量保证服务以及维修服务。甲公司针对产品的质量问题提供的质量保证服务是为了向客户保证所销售商品符合既定标准,因此不构成单项履约义务;甲公司对由于客户使用不当而导致的产品故障提供的免费维修服务,属于在向客户保证所销售商品符合既定标准之外提供的单独服务尽管其没有单独销售,该服务与手机可明确区分,应该作为单项履约义务。

因此,在该合同下,甲公司的履约义务有两项:销售手机和提供维修服务。甲公司应当按照其各自单独售价的相对比例,将交易价格分摊至这两项履约义务,并在各项履约义务履行时分别确认收入。

三、 主要责任人和代理人 ★★

企业应当根据其在向客户转让商品前是否拥有对该商品的控制权,来判断其从事交易时的身份是主要责任人还是代理人。企业在向客户转让商品前能够控制该商品的,该企业为主要责任人,应当按照已收或应收的对价总额确认收入;否则,该企业为代理人,应当按照预期有权收取的佣金或手续费的金额确认收入,该金额应当按照已收或应收对价总额扣除应支付给其他相关方的价款后的净额,或者按照既定的佣金金额或比例等确定。

(一)企业作为主要责任人的情况

当存在第三方参与企业向客户提供商品时,企业向客户转让特定商品之前能够控制该商品,从而应当作为主要责任人的情形包括如下几种。

(1)企业自该第三方取得商品或其他资产控制权后,再转让给客户。

案例 11-33

甲公司经营购物网站,在该网站购物的消费者可以明确获知在该网站上销售的商品均为其他零售商直接销售的商品,这些零售商负责发货以及售后服务等。甲公司与零售商签订的合同约定,该网站所售商品的采购、定价、发货以及售后服务等均由零售商自行负责,甲公司仅负责协助零售商和消费者结算货款,并按照每笔交易的实际销售额收取 5% 的佣金。

【分析】　本例中,甲公司经营的购物网站是一个购物平台,零售商在该平台发布所销售商品信息,消费者可以从该平台购买零售商销售的商品。消费者在该网站购物时,向其提供的特定商品为零售商在网站上销售的商品,除此之外,甲公司并未提供任何其他的商品或服务。这些特定商品在转移给消费者之前,甲公司从未有能力主导这些商品的使用,例如,甲公司不能将这些商品提供给购买该商品的消费者之外的其他方,也不能阻止零售商向该消费者转移这些商品,甲公司不能控制零售商用于完成该网站订单的相关存货。因此,消费者在该网站购物时,在相关商品转移给消费者之前,甲公司并未控制这些商品,甲公司的履约义务是安排零售商向消费者提供相关商品,而并未自行提供这些商品,甲公司在该交易中的身份是代理人。

案例 11-34

2017 年 1 月,甲旅行社从 A 航空公司购买了一定数量的折扣机票,并对外销售。甲旅行社向旅客销售机票时,可自行决定机票的价格等,未售出的机票不能退还给 A 航空公司。

【分析】　本例中,甲旅行社向客户提供的特定商品为机票,并在确定特定客户之前已经预先从航空公司购买了机票,因此,该权利在转让给客户之前已经存在。甲旅行社从 A 航空公司购入机票后,可以自行决定该机票的价格、销售对象等,甲旅行社有能力主导该机票的使用并且能够获得其几乎全部的经济利益。因此,甲旅行社在将机票销售给客户之前,能够控制该机票,甲旅行社的身份是主要责任人。

（2）企业能够主导该第三方代表本企业向客户提供服务,说明企业在相关服务提供给客户之前能够控制该相关服务。

案例 11-35

甲公司与乙公司签订合同,为其写字楼提供保洁服务,并商定了服务范围及其价格。甲公司每月按照约定的价格向乙公司开具发票,乙公司按照约定的日期向甲公司付款。双方签订合同后,甲公司委托服务供应商丙公司代表其为乙公司提供该保洁服务,并与其签订了合同。甲公司和丙公司商定了服务价格,双方签订的合同付款条款大致上与甲公司和乙公司约定的付款条款一致。当丙公司按照与甲公司的合同约定提供了服务时,无论乙公司是否向甲公司付款,甲公司都必须向丙公司付款。乙公司无权主导丙公司提供未经甲公司同意的服务。

【分析】　本例中,甲公司向乙公司提供的特定服务是写字楼的保洁服务,根据甲公司与丙公司签订的合同,甲公司能够主导丙公司提供的服务,包括要求丙公司代表甲公司向乙公司提供保洁服务,相当于甲公司利用其自身资源履行了该合同。乙公司无权主导丙公司提供未经甲公司同意的服务。因此,甲公司在丙公司向乙公司提供保洁服务之前控制了该服务,甲公司在该交易中的身份为主要责任人。

（3）企业自该第三方取得商品控制权后，通过提供重大的服务将该商品与其他商品整合成合同约定的某组合产出转让给客户。

案例 11-36

甲公司与乙公司签订合同，向其销售一台特种设备，并商定了该设备的具体规格和销售价格，甲公司负责按照约定的规格设计该设备，并按双方商定的销售价格向乙公司开具发票。该特种设备的设计和制造高度相关。为履行该合同，甲公司与其供应商丙公司签订合同，委托丙公司按照其设计方案制造该设备，并安排丙公司直接向乙公司交付设备。丙公司将设备交付给乙公司后，甲公司按与丙公司约定的价格向丙公司支付制造设备的对价；丙公司负责设备质量问题，甲公司负责设备由于设计原因引致的问题。

【分析】 本例中，甲公司向乙公司提供的特定商品是其设计的专用设备。虽然甲公司将设备的制造工作分包给丙公司进行，但是甲公司认为该设备的设计和制造高度相关，不能明确区分，应当作为单项履约义务。由于甲公司负责该合同的整体管理，如果在设备制造过程中发现需要对设备规格作出任何调整，甲公司需要负责制定相关的修订方案，通知丙公司进行相关调整，并确保任何调整均符合修订后的规格要求。甲公司主导了丙公司的制造服务，并通过必要的重大整合服务，将其整合作为向乙公司转让的组合产出（专用设备）的一部分，在该专用设备向客户转让前控制了该专用设备，因此，甲公司在该交易中的身份为主要责任人。

（二）需要考虑的相关事实和情况

实务中，企业在判断其在向客户转让特定商品之前是否已经拥有对该商品的控制权时，不应仅局限于合同的法律形式，而应当综合考虑所有相关事实和情况进行判断，这些事实和情况包括但不仅限于如下情况。

（1）企业承担向客户转让商品的主要责任，该主要责任包括就特定商品的可接受性（如确保商品的规格满足客户的要求）承担责任等。当存在第三方参与向客户提供特定商品时，如果企业就该特定商品对客户承担主要责任，则可能表明该第三方是在代表企业提供该特定商品。企业在评估是否承担向客户转让商品的主要责任时，应当从客户的角度进行评估，即客户认为哪一方承担了主要责任。例如，客户认为谁负责商品的质量或性能、谁负责提供售后服务、谁负责解决客户投诉等。

（2）企业在转让商品之前或之后承担了该商品的存货风险。当企业在与客户订立合同之前已经购买或者承诺将自行购买特定商品时，这可能表明企业在将该特定商品转让给客户之前，承担了该特定商品的存货风险，企业有能力主导特定商品的使用并从中取得几乎全部的经济利益。在附有销售退回条款的销售中，企业将商品销售给客户之后，客户有权要求向该企业退货，这可能表明企业在转让商品之后仍然承担了该商品的存货风险。

（3）企业有权自主决定所交易商品的价格。企业有权决定与客户交易的特定商品的价格，可能表明企业有能力主导该商品的使用并从中获得几乎全部的经济利益。然而，在某些情况下，代理人可能在一定程度上也拥有定价权（如在主要责任人规定的某一价格范围内决定价格），以便其在代表主要责任人向客户提供商品时，能够吸引更多的客户，从而赚取更多的收入。例如，当代理人向主要责任人的客户提供一定折扣优惠，以激励该客户购买主要责任人的商品时,即使代理人有一定的定价能力,也并不表明其身份是主要责任人,代理人只是放弃了一部分自己应当赚取的佣金或手续费而已。

【例题 11-2 多选题】(2020 年真题)　下列各项交易或事项中,甲公司的身份是主要责任人的有(　　)。

A. 甲公司在其经营的购物网站上销售由丙公司生产、定价、发货及提供售后服务

B. 甲公司从航空公司购买机票并自行定价向旅客出售,未售出的机票不能退还

C. 甲公司委托乙公司按其约定的价格销售商品,乙公司未售出商品将退还给甲

D. 为履行与戊公司签署的安保服务协议,甲公司委托丁公司代表其向戊公司提供的服务内容均需甲公司同意

【答案】　BCD

【名师点睛】　选项 A,丙公司负责商品的生产、定价、发货及售后服务,则甲公司并未控制商品,甲公司的履约义务是安排丙公司向消费者提供相关商品,而非自行提供这些商品,甲公司是代理人。

考试方向
考查主要责任人和代理人的划分依据以及主要责任人和代理人收入确认的规则。

四、 附有客户额外购买选择权的销售 ★★★

企业在销售商品的同时,有时会向客户授予选择权,允许客户据此免费或者以折扣价格购买额外的商品,此种情况称为附有客户额外购买选择权的销售。

对于附有客户额外购买选择权的销售,企业应当评估该选择权是否向客户提供了一项重大权利。企业提供重大权利的,应当作为单项履约义务,按照本章有关交易价格分摊的要求将交易价格分摊至该履约义务,在客户未来行使购买选择权取得相关商品控制权时,或者该选择权失效时,确认相应的收入。

客户虽然有额外购买商品选择权,但客户行使该选择权购买商品时的价格反映了这些商品单独售价的,不应被视为企业向该客户提供了一项重大权利。企业无需分摊交易价格,只有在客户行使选择权购买额外的商品时才需要进行相应的会计处理。

案例 11-37

考试方向
考查奖励积分的会计处理。

2018 年 1 月 1 日,甲公司开始推行一项奖励积分计划。根据该计划,客户在甲公司每消费 10 元可获得 1 个积分,每个积分从次月开始在购物时可以抵减 1 元。截至 2018 年 1 月 31 日,客户共消费 100000 元,可获得 10000 个积分,根据历史经验,甲公司估计该积分的兑换率为 95%。假定上述金额均不包含增值税等的影响。

【分析】　本例中,甲公司认为其授予客户的积分为客户提供了一项重大权利,应当作为一项单独的履约义务。客户购买商品的单独售价合计为 100000 元,考虑积分的兑换率,甲公司估计积分的单独售价为 9500 元(1×10000×95%)。甲公司按照商品和积分单独售价的相对比例对交易价格进行分摊,具体如下:

分摊至商品的交易价格＝[100000÷(100000＋9500)]×100000＝91324(元)

分摊至积分的交易价格＝[9500÷(100000＋9500)]×100000＝8676(元)

因此,甲公司应当在商品的控制权转移时确认收入 91324 元,同时确认合同负债 8676 元。

借:银行存款　　　　　　　　　　　　　　　　　　　　　　　　　100000

　　贷:主营业务收入　　　　　　　　　　　　　　　　　　　　　　91324

　　　　合同负债　　　　　　　　　　　　　　　　　　　　　　　　8676

截至 2017 年 12 月 31 日,客户共兑换了 4500 个积分,甲公司对该积分的兑换率进行了重新估计,仍然预计客户总共将会兑换 9500 个积分。因此,甲公司以客户兑换的积分数占预期将兑换的积分总数的比例为基础确认收入。

积分应当确认的收入 = 4500 ÷ 9500 × 8676 = 4110(元);剩余未兑换的积分 = 8676 - 4110 = 4566(元),仍然作为合同负债。

借:合同负债 4110
　　贷:主营业务收入 4110

截至 2018 年 12 月 31 日,客户累计兑换了 8500 个积分。甲公司对该积分的兑换率进行了重新估计,预计客户总共将会兑换 9700 个积分。

积分应当确认的收入 = 8500 ÷ 9700 × 8676 - 4110 = 3493(元);剩余未兑换的积分 = 8676 - 4110 - 3493 = 1073(元),仍然作为合同负债。

借:合同负债 3493
　　贷:主营业务收入 3493

五、授予知识产权许可 ★

授予知识产权许可,是指企业授予客户对企业拥有的知识产权享有相应的权利。常见的包括软件和技术、影视和音乐等的版权、特许经营权以及专利权、商标权和其他版权等。

(一)授予知识产权许可是否构成单项履约义务

企业向客户授予知识产权许可时,可能也会同时销售商品,这些承诺可能在合同中明确约定,也可能隐含于企业已公开宣布的政策、特定声明或者企业以往的习惯做法中。授予客户的知识产权许可不构成单项履约义务的,企业应当将该知识产权许可和所售商品一起作为单项履约义务进行会计处理。

案例 11-38

甲生物制药公司将其拥有的某合成药的专利权许可证授予乙公司,授权期限为 10 年。同时,甲公司承诺为乙公司生产该种药品。除此之外,甲公司不会从事任何与支持该药品相关的活动。该药品的生产流程特殊性极高,没有其他公司能够生产该药品。

【分析】 本例中,甲公司向乙公司授予专利权许可,并为其提供生产服务。由于市场上没有其他公司能够生产该药品,客户将无法从该专利权许可中单独获益,因此,该专利权许可和生产服务不可明确区分,应当将其一起作为单项履约义务进行会计处理。相反,如果该药品的生产流程特殊性不高,其他公司也能够生产该药品,则该专利权许可和生产服务可明确区分,应当各自分别作为单项履约义务进行会计处理。

(二)授予知识产权许可属于在某一时段履行的履约义务

授予客户的知识产权许可构成单项履约义务的,企业应当根据该履约义务的性质,进一步确定其是在某一时段内履行还是在某一时点履行。企业向客户授予的知识产权许可,同时满足下列 3 项条件的,应当作为在某一时段内履行的履约义务确认相关收入;否则,应当作为在某一时点履行的履约义务确认相关收入:

(1)合同要求或客户能够合理预期企业将从事对该项知识产权有重大影响的活动。

（2）该活动对客户将产生有利或不利影响。

（3）该活动不会导致向客户转让某项商品。

案例 11-39

甲公司是一家设计制作连环漫画的公司。甲公司授权乙公司在 4 年内使用其 3 部连环漫画中的角色形象和名称。甲公司的每部连环漫画都有相应的主要角色。但是，甲公司会定期创造新的角色，且角色的形象也会随时演变。乙公司是一家大型游轮的运营商，乙公司可以以不同的方式（如展览或演出）使用这些漫画中的角色。合同要求乙公司必须使用最新的角色形象。在授权期内，甲公司每年向乙公司收取 1000 万元。

【分析】 本例中，甲公司除了授予知识产权许可外不存在其他履约义务。也就是说，与知识产权许可相关的额外活动并未向客户提供其他商品或服务，因为这些活动是企业授予知识产权许可承诺的一部分，且实际上改变了客户享有知识产权许可的内容。

甲公司需要评估该知识产权许可相关的收入应当在某一时段内确认还是在某一时点确认。甲公司考虑了下列因素：①乙公司合理预期（根据甲公司以往的习惯做法），甲公司将实施对该知识产权许可产生重大影响的活动，包括创作角色及出版包含这些角色的连环漫画等；②这些活动直接对乙公司产生的有利或不利影响，这是因为合同要求乙公司必须使用甲公司创作的最新角色，这些角色塑造得成功与否，会直接对乙公司产生影响；③尽管乙公司可以通过该知识产权许可从这些活动中获益，但在这些活动发生时并没有导致向乙公司转让任何商品或服务。因此，甲公司授予该知识产权许可的相关收入应当在某一时段内确认。

由于合同规定乙公司在一段固定期间内可无限制地使用其取得授权许可的角色，因此，甲公司按照时间进度确定履约进度可能是最恰当的方法。

（三）授予知识产权许可属于在某一时点履行的履约义务

授予知识产权许可不属于在某一时段内履行的履约义务的，应当作为在某一时点履行的履约义务，在履行该履约义务时确认收入。在客户能够使用某项知识产权许可并开始从中获利之前，企业不能对此类知识产权许可确认收入。

案例 11-40

甲音乐唱片公司将其拥有的一首经典民歌的版权授予乙公司，并约定乙公司在两年内有权在国内所有商业渠道（包括电视、广播和网络广告等）使用该经典民歌。因提供该版权许可，甲公司每月收取 1000 元的规定对价。除该版权之外，甲公司无需提供任何其他的商品。该合同不可撤销。

【分析】 本例中，甲公司除了授予该版权许可外，并无任何义务从事改变该版权的后续活动，该版权也具有重大的独立功能（即民歌的录音直接用于播放），乙公司主要通过该重大独立功能获利。因此，甲公司应在乙公司能够主导该版权的使用并从中获得几乎完全经济利益时，全额确认收入。此外，由于甲公司履约的时间与客户付款（两年内每月支付）之间间隔的时间较长，甲公司需要判断该项合同中是否存在重大的融资成分，并进行相应的会计处理。

（四）基于销售或使用情况的特许权使用费

企业向客户授予知识产权许可，并约定按客户实际销售或使用情况（如按照客户的销售额)收取特许权使用费的,应当在客户后续销售或使用行为实际发生与企业履行相关履约义务两者孰晚的时点确认收入。

案例 11-41

甲公司是一家著名的足球俱乐部,授权乙公司在其设计生产的服装、帽子、水杯以及毛巾等产品上使用甲公司球队的名称和图标,授权期间为 2 年。合同约定,甲公司收取的合同对价由两部分组成:一是 200 万元固定金额的使用费;二是按照乙公司销售上述商品所取得销售额的 5% 计算的提成。乙公司预期甲公司会继续参加当地顶级联赛,并取得优异的成绩。

【分析】 本例中,该合同仅包括一项履约义务,即授予使用权许可,甲公司继续参加比赛并取得优异成绩等活动是该许可的组成部分。由于乙公司能够合理预期甲公司将继续参加比赛,甲公司的成绩将会对其品牌(包括名称和图标等)的价值产生重大影响,而该品牌价值可能会进一步影响乙公司产品的销量,甲公司从事的上述活动并未向乙公司转让任何可明确区分的商品,因此,甲公司授予的该使用权许可,属于在 2 年内履行的履约义务。甲公司收取的 200 万元固定金额的使用费应当在 2 年内平均确认收入,按照乙公司销售相关商品所取得销售额的 5% 计算的提成应当在乙公司的销售发生时确认收入。

六、 售后回购 ★★

售后回购,是指企业销售商品的同时承诺或有权选择日后再将该商品(包括相同或几乎相同的商品,或以该商品作为组成部分的商品)购回的销售方式。对于不同类型的售后回购交易,企业应当区分下列两种情形并分别进行会计处理。

(一)企业因存在与客户的远期安排而负有回购义务或企业享有回购权利的

企业因存在与客户的远期安排而负有回购义务或企业享有回购权利的,表明客户在销售时点并未取得相关商品控制权,企业应当作为租赁交易或融资交易进行相应的会计处理。其中,回购价格低于原售价的,应当视为租赁交易;回购价格不低于原售价的,应视为融资交易,并在收到客户款项时确认金融负债,并将该款项和回购价格的差额在回购期间内确认为利息费用等。

案例 11-42

2018 年 4 月 1 日,甲公司向乙公司销售一台设备,销售价格为 200 万元,同时双方约定 2 年之后,即 2020 年 4 月 1 日,甲公司将以 120 万元的价格回购该设备。

【分析】 本例中,根据合同约定,甲公司负有在两年后回购该设备的义务,因此,乙公司并未取得该设备的控制权。假定不考虑货币时间价值,该交易的实质是乙公司支付了 80 万元(200-120)的对价取得了该设备 2 年的使用权。甲公司应当将该交易作为租赁交易进行会计处理。

案例 11-43 沿用 **案例 11-42**

假定甲公司将在 2020 年 4 月 1 日不是以 120 万元,而是以 250 万元的价格回购该设备。

【分析】　本例中,假定不考虑货币时间价值,该交易的实质是甲公司以该设备作为质押取得了 200 万元的借款,2 年后归还本息合计 250 万元。甲公司应当将该交易视为融资交易,不应当终止确认该设备,而应当在收到客户款项时确认金融负债,并将该款项和回购价格的差额在回购期间内确认为利息费用等。

(二) 企业应客户要求回购商品的

企业负有应客户要求回购商品义务的,应当在合同开始日评估客户是否有行使该要求权的重大经济动因。客户具有行使该要求权重大经济动因的,企业应当将售后回购作为租赁交易或融资交易,按照上述(一)的情形进行会计处理。否则,企业应当将其作为附有销售退回条款的销售交易进行会计处理。如果回购价格明显高于该资产回购时市场价值,则表明企业有行权的重大经济动因。

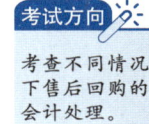
考查不同情况下售后回购的会计处理。

> **案例 11-44**
>
> 甲公司向乙公司销售其生产的一台设备,销售价格为 2000 万元,双方约定,乙公司在 5 年后有权要求甲公司以 1500 万元的价格回购该设备。甲公司预计该设备在回购时的市场价值将远低于 1500 万元。
>
> 【分析】　本例中,假定不考虑时间价值的影响,甲公司的回购价格低于原售价,但远高于该设备在回购时的市场价值,甲公司判断乙公司有重大的经济动因行使其权利要求甲公司回购该设备。因此,甲公司应当将该交易作为租赁交易进行会计处理。

七、 客户未行使的权利 ★

企业向客户预收销售商品款项的,应当首先将该款项确认为合同负债,待履行了相关履约义务时再转为收入。当企业预售款项无需退回,且客户可能会放弃其全部或部分合同权利时,如放弃储值卡的使用等,企业预期将有权获得与客户所放弃的合同权利相关的金额的,应当按照客户行使合同权利的模式按比例将上述金额确认收入。否则,企业只有在客户要求其履行剩余履约义务的可能性极低时,才能将上述负债的相关余额转为收入。企业在确定其是否预期将有权获得与客户所放弃的合同权利相关的金额时,应当考虑将估计的可变对价计入交易价格的限制要求。

如果有相关法律规定,企业所收取的客户未行使权利相关的款项须转交给其他方的(如法律规定无人认领的财产须上交政府),企业不应将其确认为收入。

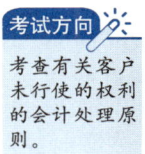
考查有关客户未行使的权利的会计处理原则。

> **案例 11-45**
>
> 甲公司经营连锁面包店。2018 年,甲公司向客户销售了 5000 张储值卡,每张卡的面值为 200 元,总额为 1000000 元。客户可在甲公司经营的任何一家门店使用该储值卡进行消费。根据历史经验,甲公司预期客户购买的储值卡中将有大约相当于储值卡面值金额 5%(即 50000 元)的部分不会被消费。截至 2018 年 12 月 31 日,客户使用该储值卡消费的金额为 400000 元。假定甲公司为增值税一般纳税人,在客户使用该储值卡消费时发生增值税纳税义务。

【分析】 甲公司在 2018 年销售的储值卡应当确认的收入金额为 372613 元
[(400000＋50000×400000÷950000)÷(1＋13％)]。甲公司的账务处理如下。

（1）销售储值卡：

借：库存现金　　　　　　　　　　　　　　　　　　　　　　1000000
　　贷：合同负债　　　　　　　　　　　　　　　　　　　　　884956
　　　　应交税费——待转销项税额　　　　　　　　　　　　　115044

（2）根据储值卡的消费金额确认收入，同时将对应的待转销项税额确认为销项税额：

借：合同负债　　　　　　　　　　　　　　　　　　　　　　372613
　　应交税费——待转销项税额　　　　　　　　　　　　　　　48440
　　贷：主营业务收入　　　　　　　　　　　　　　　　　　　372613
　　　　应交税费——应交增值税（销项税额）　　　　　　　　48440

八、 无需退回的初始费 ★ ★

企业在合同开始（或接近合同开始）日向客户收取的无需退回的初始费通常包括入会费、接驳费、初装费等，应当计入交易价格。企业应当评估该初始费是否与向客户转让已承诺的商品相关。①该初始费与向客户转让已承诺的商品相关，并且该商品构成单项履约义务的，企业应当在转让该商品时，按照分摊至该商品的交易价格确认收入；②该初始费与向客户转让已承诺的商品相关，但该商品不构成单项履约义务的，企业应当在包含该商品的单项履约义务履行时，按照分摊至该单项履约义务的交易价格确认收入；③该初始费与向客户转让已承诺的商品不相关的，该初始费应当作为未来将转让商品的预收款，在未来转让该商品时确认为收入。

企业收取了无需退回的初始费且未履行合同应开展初始活动，但这些本身并没有向客户转让已承诺的商品的，应当在未来转让该商品时确认为收入。

考试方向

考查无需退回初始费的三种不同情况下的会计处理原则。

案例 11-46

甲公司经营一家会员制健身俱乐部。甲公司与客户签订了为期 2 年的合同，客户入会之后可以随时在该俱乐部健身。除俱乐部的年费 2000 元之外，甲公司还向客户收取了 50 元的入会费，用于补偿俱乐部为客户进行注册登记、准备会籍资料以及制作会员卡等初始活动所花费的成本。甲公司收取的入会费和年费均无需返还。

【分析】 本例中，甲公司承诺的服务是向客户提供健身服务，而甲公司为会员入会所进行的初始活动并未向客户提供其所承诺的服务，而只是一些内部行政管理性质的工作。因此，甲公司虽然为补偿这些初始活动向客户收取了 50 元入会费，但是该入会费实质上是客户为健身服务所支付的对价的一部分，故应当作为健身服务的预收款，与收取的年费一起在 2 年内分摊确认为收入。

同步练习

一、单项选择题

1. 下列各项中,适用于新收入准则的是( )。

　　A. 企业以存货换取客户的固定资产

　　B. 企业对外出租资产收取的租金

　　C. 债权投资收取的利息

　　D. 保险合同取得的保费收入

2. 甲公司为设备安装企业,2019 年 10 月 1 日,甲公司接受一项设备安装任务(属于某一时段内履行履约义务),安装期限为 4 个月,合同总价款为 240 万元。至 2019 年 12 月 31 日,甲公司已预收合同价款 140 万元,实际发生安装费用 100 万元,预计还将发生安装费用 50 万元。假定甲公司按实际发生的成本占预计总成本的比例确定履约进度。甲公司 2019 年该设备安装业务应确认的收入为( )万元。

　　A. 160　　B. 175　　C. 240　　D. 180

3. 2019 年 3 月 1 日,甲公司签订了一项总额为 2000 万元的固定造价建造合同,采用投入法确认合同收入和合同费用。至当年年末,甲公司实际发生成本 350 万元,履约进度为 35%。不考虑增值税等相关税费及其他因素,甲公司 2019 年度应确认的合同毛利为( )万元。

　　A. 0　　B. 200　　C. 300　　D. 350

4. 2019 年 2 月 1 日,甲公司与乙公司签订了一项总额为 20000 万元的固定造价合同,在乙公司自有土地上为乙公司建造一栋办公楼。截至 2019 年 12 月 20 日,甲公司累计已发生成本 6500 万元,2019 年 12 月 25 日,经协商合同双方同意变更合同范围,附加装修办公楼的服务内容,合同价格相应增加 3400 万元,假定上述新增合同价款不能反映装修服务的单独售价。不考虑其他因素,下列各项关于上述合同变更会计处理的表述中,正确的是( )。

　　A. 合同变更部分作为单独合同进行会计处理

　　B. 合同变更部分作为原合同组成部分进行会计处理

　　C. 合同变更部分作为单项履约义务于完成装修时确认收入

　　D. 原合同未履约部分与合同变更部分作为新合同进行会计处理

5. 甲公司承诺向客户销售 240 件商品,每件商品的售价为 200 元。该批商品彼此之间可明确区分,承诺且将于未来 12 个月内陆续转让给客户。甲公司将其中的 120 件产品转让给客户后,甲公司和客户对合同进行了变更,甲公司承诺向客户额外再转让 60 件相同商品(假定该价格反映了合同变更时该商品的单独售价)。这 60 件产品和原合同的商品可明确区分,单独售价为每件 190 元。不考虑其他因素,下列各项关于上述合同变更会计处理的表述中,正确的是( )。

　　A. 合同变更部分作为单独履约义务

　　B. 合同变更作为原合同终止及新合同订立

　　C. 合同变更部分作为原合同的组成部分

　　D. 原合同未履约部分与合同变更部分作为新合同进行会计处理

6. 甲公司为取得新客户的合同,发生下列支出:

　　(1)聘请外部律师和会计师事务所进行尽职调查的支出为 30000 元。

　　(2)因投标发生的差旅费为 15000 元。

　　(3)销售人员佣金为 10000 元,甲公司预期这些支出未来能够收回。

　　(4)甲公司根据其年度销售目标、整体盈利情况及个人业绩等,向销售部门经理支付年度奖金 10000 元。

甲公司发生的以上支出中,属于合同取得成本的是( )。

　　A. 聘请外部律师和会计师事务所进行尽职调查的支出为 30000 元

　　B. 因投标发生的差旅费为 15000 元

　　C. 销售人员佣金为 10000 元

　　D. 向销售部门经理支付年度奖金 10000 元

7. 2020 年 7 月 1 日,甲公司与客户签订一项合同,向其销售 H、K 两件商品。合同交易价格为 5 万元,H、K 两件商品的单独售价分别为 1.2 万元和 4.8 万元。合同约定,H 商品于合同开始日交付,K 商品在 7 月 10 日交付,当两件商品全部交付之后,甲公司才有权收取全部货款。交付 H 商品和 K 商品分别构成单项履约义务,控制权分别在交付时转移给客户。不考虑增值税等相关税费及其他因素。甲公司在交付 H 商品时应确认( )。

A. 应收账款 1 万元

B. 合同资产 1 万元

C. 合同资产 1.2 万元

D. 应收账款 1.2 万元

二、多项选择题

1. 取得商品控制权需要满足的条件是( )。

A. 能力,客户必须拥有现时权利

B. 客户能够主导使用

C. 客户能够获得几乎全部的经济利益

D. 客户能够获得商品的所有权

2. 企业为取得销售合同发生的且由企业承担的下列支出中,应在发生时计入当期损益的有( )。

A. 尽职调查发生的费用

B. 投标活动发生的交通费

C. 投标文件制作费

D. 招标文件购买费

3. 合同履约成本应满足的条件包括( )。

A. 该成本与一份当前或预期取得的合同直接相关

B. 该成本增加了企业未来用于履行履约义务的资源

C. 该成本预期能够收回

D 未履行合同发生的非正常消耗的直接材料、直接人工和制造费用

4. 合同是指双方或多方之间订立有法律约束力的权利义务的协议,包括( )。

A. 书面形式的合同

B. 口头形式的合同

C. 商业惯例

D. 企业以往的习惯做法

5. 对于在某一时点履行的履约义务,企业应当在客户取得相关商品控制权时确认收入。在判断客户是否取得商品的控制权时,企业应当考虑的迹象有( )。

A. 客户已接受该商品

B. 客户已拥有该商品的法定所有权

C. 客户已取得该商品所有权上的主要风险和报酬

D. 客户就该商品负有现时付款义务

6. 收入确认的步骤中,和收入计量相关的步骤是( )。

A. 识别与客户订立的合同

B. 识别合同中的单项履约义务

C. 确定交易价格

D. 将交易价格分摊至各单项履约义务

7. 合同具有商业实质是指( )。

A. 履行该合同将改变企业未来现金流量的风险

B. 履行该合同将改变企业未来现金流量的时间发布

C. 履行该合同将改变企业未来现金流量的金额

D. 合同具有真实的交易,且符合市场的公平交易要求

8. 下列各项中,符合合同合并的要求的是( )。

A. 多份合同是基于同一商业目的而订立并构成"一揽子"交易

B. 多份合同中的一份合同的对价金额取决于其他合同的定价或履行情况

C. 多份合同中所承诺的商品构成单项履约义务

D. 一份合同如果发生违约,不会影响另一份合同的对价金额

9. A 公司与客户签订合同,每周为客户的办公楼提供保洁服务,合同期限为 3 年,客户每年向 A 公司支付服务费 10 万元(假定该价格反映了合同开始日该项服务的单独售价)。在第 2 年年末,合同双方对合同进行了变更,将第 3 年的服务费调整为 8 万元(假定该价格反映了合同变更日该项服务的单独售价),同时以 20 万元的价格将合同期限延长 3 年(假定该价格不反映合同变更日该 3 年服务的单独售价),即每年的服务费为 6.67 万元,于每年年初支付。上述价格均不包含增值税。不考虑其他因素,下列各项关于上述合同变更会计处理的表述中,正确的是( )。

A. 合同变更部分作为单独履约义务

B. 合同变更作为原合同终止及新合同订立

C. 合同变更部分作为原合同的组成部分

D. 原合同未履约部分与合同变更部分作为新合同进行会计处理

10. 2019 年 1 月 15 日,甲建筑公司和客户签订了一项总金额为 2000 万元的固定造价合同,在

客户自有土地上建造一幢办公楼,预计合同总成本为 1400 万元。假定该建造服务属于在某一时段内履行的履约义务,并根据累计发生的合同成本占合同预计总成本的比例确定履约进度,截至 2019 年年末,甲公司累计已发生成本 840 万元。2020 年年初,合同双方同意更改该办公楼屋顶的设计,合同价格和预计总成本因此而分别增加 400 万元和 240 万元。下列表述中,正确的是(　　)。

A. 合同变更部分作为原合同的组成部分

B. 合同变更前,应该确认的收入为 1000 万元

C. 2020 年合同变更后,确定的履约进度为 60%

D. 2020 年合同变更后,额外确认收入为 28.8 万元

11. 企业向客户承诺的商品同时满足(　　)条件的,应当作为可明确区分的商品。

A. 客户能够从该商品本身或从该商品与其他易于获得资源一起使用中受益,即该商品本身能够明确区分

B. 企业向客户转让该商品的承诺与合同中其他承诺可单独区分,即转让该商品的承诺在合同中是可明确区分的

C. 企业需提供重大的服务以将该商品与合同中承诺的其他商品进行整合,形成合同约定的某个或某些组合产出转让给客户

D. 企业转让的商品将对合同中承诺的其他商品予以重大修改或定制

12. 下列各项中,可变对价表述正确的有(　　)。

A. 合同可能产生多个结果时,按照期望值估计可变对价金额通常是恰当的

B. 包含可变对价的交易价格,应当不超过在相关不确定性消除时,累计已确认的收入极可能不会发生重大转回的金额

C. 每一资产负债表日,企业应当重新估计应计入交易价格的可变对价金额

D. 企业一项或多项或有事项的发生而收取不同对价金额的合同,均满足计入交易价格的可变对价的条件

13. 单独售价无法直接观察的,企业应当综合考虑其能够合理取得的全部相关信息,采用(　　)进行合理估计单独售价。

A. 市场调整法　　　B. 成本加成法

C. 余值法　　　　　D. 市场参考法

14. 甲公司经营购物网站,在该网站购物的消费者可以明确获知在该网站上销售的商品均为其他零售商直接销售的商品。这些零售商负责发货以及售后服务等。甲公司与零售商签订的合同约定,该网站所售商品的采购、定价、发货以及售后服务等均由零售商自行负责,甲公司仅负责协助零售商和消费者结算货款,并按照每笔交易的实际销售额收取 5% 的佣金。下列表述中,正确的是(　　)。

A. 甲公司是主要责任人

B. 甲公司是代理人

C. 甲公司按照总额法确认收入

D. 甲公司按照净额法确认收入

15. 甲公司是一家著名的足球俱乐部,授权乙公司在其设计生产的服装、帽子、水杯以及毛巾等产品上使用甲公司球队的名称和图标,授权期间为 2 年。合同约定,甲公司收取的合同对价由两部分组成:一是 200 万元固定金额的使用费;二是按照乙公司销售上述商品所取得销售额的 5% 计算的提成。乙公司预期甲公司会继续参加当地顶级联赛,并取得优异的成绩。下列表述中,正确的是(　　)。

A. 该合同仅包括一项履约义务,即授予使用权许可

B. 甲公司授予的该使用权许可,属于在 2 年内履行的履约义务

C. 甲公司收取的 200 万元固定金额的使用费收取的时候确认收入

D. 乙公司销售相关商品所取得销售额的 5% 计算的提成应当在乙公司的销售发生时确认收入

16. 2018 年 4 月 1 日,甲公司向乙公司销售一台设备,销售价格为 200 万元,同时双方约定两年之后,即 2020 年 4 月 1 日,甲公司将以 120 万元的价格回购该设备。下列表述中,正确的是(　　)。

A. 乙公司并未取得该设备的控制权

B. 回购价格低于原售价的,应当视为融资交易,在收到客户款项时确认金融负债

C. 回购价格低于原售价的,应当视为租赁交易

D. 交易的实质是乙公司支付了 80 万元的对价取得了该设备 2 年的使用权

17. 甲公司经营一家会员制健身俱乐部。甲公司

第十一章

与客户签订了为期 2 年的合同,客户入会之后可以随时在该俱乐部健身。除俱乐部的年费 2000 元之外,甲公司还向客户收取了 50 元的入会费,用于补偿俱乐部为客户进行注册登记、准备会籍资料以及制作会员卡等初始活动所花费的成本。甲公司收取的入会费和年费均无需返还。下列表述中,正确的是(　　)。

A. 收取了 50 元的入会费应当在收取的时候计入当期损益

B. 入会费 50 元实质上是客户为健身服务所支付的对价的一部分,故应作为健身服务的预收款

C. 入会费与收取的年费一起在 2 年内分摊确认为收入

D. 企业在确定履约进度时不应考虑会费

18. 甲旅行社从航空公司购买了一定数量的折扣机票,并对外销售。甲旅行社向旅客销售机票时,可自行决定机票的价格等,未售出的机票不能退还给航空公司。下列各项中,正确的是(　　)。

A. 甲旅行社是主要责任人

B. 航空公司是主要责任人

C. 甲旅行社是代理人

D. 甲旅行社在将机票销售给客户之后,能够全额确认收入

三、判断题

1. 销售合同约定客户支付对价的形式为股票的,企业应当根据合同开始日后股票公允价值的变动调整合同的交易价格。(　　)

2. 为取得合同发生但预期能够收回的增量成本应作为合同履约成本。(　　)

3. 取得相关商品控制权,是指能够主导该商品的使用并从中获得几乎全部的经济利益,不包括有能力阻止其他方主导该商品的使用并从中获得经济利益。(　　)

4. 两家石油公司之间相互交换石油,以便及时满足各自不同地点客户的需求,应当确认收入。(　　)

5. 企业与客户签订为期一年的保洁服务合同,承诺每天为客户提供保洁服务,该服务应该作为单项履约义务进行会计处理,且按照一个时点来确认收入。(　　)

6. 最可能发生金额是一系列可能发生的对价金额中最可能发生的单一金额,即合同最可能产生的单一结果。当合同仅有两个可能结果(例如,企业能够达到或不能达到某业绩奖金目标)时,按照最可能发生金额估计可变对价金额可能是恰当的。(　　)

7. 合同中存在重大融资成分的,企业应当按照假定客户在取得商品控制权时按照现值来确定交易价格。该交易价格与合同对价之间的差额,应当在合同期间内采用实际利率法摊销。(　　)

8. 合同开始日,企业预计客户取得商品控制权与客户支付价款间隔不超过一年的,可以不考虑合同中存在的重大融资成分。(　　)

9. 应收账款并不是一项无条件收款权,该权利除了时间流逝之外,还取决于其他条件(合同中的其他履约义务)才能收取相应的合同对价。(　　)

10. 合同资产和合同负债应当以净额列示。(　　)

11. 合同开始日后,非现金对价的公允价值因对价形式以外的原因而发生变动的,应当作为可变对价原则来处理。(　　)

12. 企业在估计单独售价时,应当最大限度地采用可观察的输入值,并对类似情况采用一致的估计方法。(　　)

13. 与向客户转让已承诺的商品相关的初始费,并且该商品构成单项履约义务的,企业应当在转让该商品时,按照分摊至该商品的交易价格确认收入。(　　)

14. 企业为取得合同发生的、除预期能够收回的增量成本之外的其他支出,如无论是否取得合同均会发生的差旅费、投标费、为准备投标资料发生的相关费用等,应当在发生时计入当期损益,除非这些支出明确由客户承担。(　　)

15. 合同取得成本、合同资产的减值,一经计提,不得随意转回。(　　)

16. 对于在某一时段内履行的履约义务,只有当其履约进度能够合理确定时,才能按照履约进度确认收入。(　　)

四、计算分析题

1. 2018 年 9 月至 12 月,甲公司发生的部分交易或事项如下。

(1) 2018 年 9 月 1 日,甲公司向乙公司销售

2000 件 A 产品,单位销售价格为 0.4 万元,单位成本为 0.3 万元,销售货款已收存银行。根据销售合同约定,乙公司在 2018 年 10 月 31 日之前有权退还 A 产品,2018 年 9 月 1 日,甲公司根据以往经验估计该批 A 产品的退货率为 10%,2018 年 9 月 30 日,甲公司对该批 A 产品的退货率重新评估为 5%,2018 年 10 月 31 日,甲公司收到退回的 120 件 A 产品,并以银行存款退还相应的销售款。

(2) 2018 年 12 月 1 日,甲公司向客户销售成本为 300 万元的 B 产品,售价 400 万元已收存银行。客户为此获得 125 万个奖励积分,每个积分可在 2019 年购物时抵减 1 元,根据历史经验,甲公司估计该积分的兑换率为 80%。

(3) 2018 年 12 月 10 日,甲公司向联营企业丙公司销售成本为 100 万元的 C 产品,售价 150 万元已收存银行。至 2018 年 12 月 31 日,该批产品未向外部第三方出售。甲公司在 2017 年 11 月 20 日取得丙公司 20% 有表决权股份,当日,丙公司各项可辨认资产、负债的公允价值均与其账面价值相同。甲公司采用的会计政策、会计期间与丙公司的相同。丙公司 2018 年度实现净利润 3050 万元。

(4) 2018 年 12 月 31 日,甲公司根据产品质量保证条款,对其 2018 年第四季度销售的 D 产品计提保修费。根据历史经验,所售 D 产品的 80% 不会发生质量问题;15% 将发生较小质量问题,其修理费为销售收入的 3%;5% 将发生较大质量问题,其修理费为销售收入的 6%。2018 年第四季度,甲公司 D 产品的销售收入为 1500 万元。A 产品、B 产品、C 产品转移给客户,控制权随之转移。

本题不考虑增值税相关税费及其他因素。

要求(答案中金额单位以万元表示):

(1) 根据资料(1),分别编制甲公司 2018 年 9 月 1 日确认 A 产品销售收入并结转销售成本,9 月 30 日重新评估 A 产品退货率,10 月 31 日实际发生 A 产品销售退回时的相关会计分录。

(2) 根据资料(2),计算甲公司 2018 年 12 月 1 日应确认的收入和合同负债的金额,并编制确认收入、结转成本的分录。

(3) 根据资料(3),计算甲公司 2018 年持有丙公司股权应确认投资收益的金额,并编制相关会计分录。

(4) 根据资料(4),计算甲公司 2018 年第四季度应确认保修费的金额,并编制相关会计分录。

2. 甲公司 2018 年 12 月发生的与收入相关的交易或事项如下。

(1) 2018 年 12 月 1 日,甲公司与客户乙公司签订一项销售并安装合同,合同期限为 2 个月,交易价格为 270 万元。合同约定,当甲公司履约完毕时,才能从乙公司收取全部合同金额,甲公司对设备质量和安装质量承担责任。该设备单独售价为 200 万元,安装劳务单独售价为 100 万元。2018 年 12 月 5 日,甲公司以银行存款 170 万元从丙公司购入并取得该设备的控制权,于当日按合同约定直接运抵乙公司指定地点并安装,乙公司对其验收并取得控制权,此时甲公司向客户乙销售设备履约义务已完成。

(2) 至 2018 年 12 月 31 日,甲公司实际发生安装费用 48 万元(均系甲公司员工薪酬),估计还将发生安装费用 32 万元,甲公司向乙公司提供设备安装劳务属于一个时段履行的履约义务,按实际发生的成本占估计总成本的比例确定履约进度,不考虑增值税及其他因素。

要求(答案中金额单位以万元表示):

(1) 判断甲公司向乙公司销售设备时的身份是主要责任人还是代理人,并说明理由。

(2) 计算甲公司将交易价格分摊到设备销售与安装的金额。

(3) 编制 2018 年 12 月 5 日甲公司销售设备时确认销售收入并结转销售成本的会计分录。

(4) 编制甲公司 2018 年 12 月发生设备安装费用的会计分录。

(5) 分别计算甲公司 2018 年 12 月 31 日设备安装履约进度和应确认设备安装收入金额,并编制确认安装收入和结转安装成本的会计分录。

3. 甲公司为增值税一般纳税人,增值税税率为 9%,不考虑其他相关因素。2019 年,甲公司与乙公司签订了一份住宅建造合同,该建造合同整体构成单项履约义务,并属于在某一时段履行的履约义务。甲公司采用已发生成本占预计总成本比例确定履约进度,合同总价款为 25000 万元。如果 2020 年 12 月底工程完工并验收合格,甲公司可获得奖金 50 万元。甲公司负责工程的施工及全面管理,乙公司按照第三方工程监理公司确认的工程完工量,分别在2019年年末、2020年6月30日和完工时分三次结算;预计建造期限为2年,甲公司于2019年1月1日开工建设,初始估计工程总成本为20000万元。有关资料如下:

(1) 2019年1月1日,甲公司开工时预收20%合同价款并存入银行,截至2019年12月31日,无法确定甲公司是否能够按时完工而获得奖金50万元,甲公司实际发生成本10560万元(其中原材料占50%,职工薪酬占50%,下同),预计完成合同尚需发生成本11440万元。2019年12月31日,结算合同价款8000万元,实际收到含税价款3200万元。

(2) 2020年1月初,乙公司决定修改部分工程图纸,与甲公司协商一致,合同价格和预计总成本因此而分别增加2500万元和956.22万元。

(3) 2020年1月至6月,甲公司实际发生成本7804.98万元,预计为完成合同尚需发生成本4591.24万元。至2020年6月30日,结算合同价款20000万元,实际收到含税价款15000万元。

(4) 2020年12月底,甲公司实际发生工程成本4700万元,工程按时完工并验收合格,乙公司同意支付奖金50万元。

上述价款均不含增值税。假定甲公司与乙公司结算时即发生增值税纳税义务,乙公司在实际支付工程价款的同时支付其对应的增值税款。

要求(答案中金额单位以万元表示):

(1) 根据资料(1),判断甲公司是否应将可变对价计入合同收入并说明理由,编制2019年甲公司相关会计分录。说明年末"合同结算"科目的余额应在资产负债表中如何列示。

(2) 根据资料(2),说明合同变更的处理方法,编制2020年1月初相关会计分录。

(3) 根据资料(3),编制甲公司2020上半年相关会计分录。

(4) 根据资料(4),计算2020年12月31日应确认的收入。

4. 甲公司为境内上市公司且为增值税一般纳税人,销售货物适用的增值税税率为13%。2016年度及2017年度,甲公司发生的有关交易或

事项如下。

(1) 2016年1月1日,甲公司与乙公司签订合同约定:甲公司按照乙公司设计的图纸为乙公司建造厂房,合同价格为8000万元,建造期限为2年;厂房建造过程中,乙公司有权修改厂房设计图纸,并与甲公司重新协商设计变更后的合同价格;如果乙公司终止合同,已完成建造的厂房部分归乙公司所有,乙公司应支付已完成合同所发生的成本及合理的毛利;如果合同一方违约,违约的一方按合同价格的25%向另一方支付违约金。乙公司于合同签订日支付合同价格的20%,其余分4次平均支付,每半年支付1次,但最后一次付款于厂房建造完成并办理了竣工决算手续后支付。2016年2月1日起,甲公司开始履行合同义务。2017年12月31日,厂房完成建造并办理了竣工决算手续。

(2) 2016年6月20日,甲公司与丙公司签订合同约定:甲公司向丙公司销售A、B两种商品,A商品于合同签订后的3个月内交付,B商品于A商品交付后6个月内交付,丙公司于A、B商品全部交付并经验收合格后的2个月内支付合同价格为5000万元的全部款项。甲公司分别于2016年9月10日和2017年2月20日向丙公司交付了A商品和B商品,商品控制权也随之转移给丙公司。甲公司交付商品给丙公司的同时,开具了增值税专用发票。丙公司于2017年4月10日支付了全部合同价款及相关的增值税。甲公司A商品单独的销售价格为2240万元,B商品单独的销售价格为3360万元。

要求(答案中金额单位以万元表示):

(1) 根据资料(1),说明甲公司为乙公司建造厂房应采用何种方法确认收入,并陈述理由。

(2) 根据资料(2),说明甲公司于合同开始日将交易价格分摊至各单项履约义务的原则和方法,计算各单项履约义务应分摊的合同价格,并编制与2016年销售商品相关的会计分录。

5. 甲公司为境内上市公司且为增值税一般纳税人,销售货物适用的增值税税率为13%。2016年度及2017年度,甲公司发生的有关交易或事项如下:

(1) 2017年3月30日,甲公司销售给丁公司

一台 C 设备。根据销售协议的约定,甲公司于 2017 年 10 月 10 日前交付 C 设备,合同价格为 15000 万元,甲公司提供该设备的质量保证,即在 1 年之内,如果该设备发生质量问题,甲公司负责免费维修,但如果因丁公司员工操作不当等非设备本身质量原因导致的故障,甲公司不提供免费维修服务;另外,甲公司为 C 设备保质期后未来 5 年提供维修和保养服务,合同价格为 600 万元。甲公司销售 C 设备单独的销售价格为 15000 万元,单独对外提供设备维修服务的销售价格为每年每台 100 万元,单独对外提供设备保养服务的销售价格为每年每台 20 万元。

(2) 2017 年 7 月 1 日,甲公司开始推行一项奖励积分计划。根据该计划,甲公司每销售 1 台合同价格为 10000 万元的 D 设备,客户可获得 625 万个积分,每个积分从购买 D 设备的次年起 3 年内可在该客户再次购买 D 设备时抵减 5 元。2017 年 7 月 1 日起至 12 月 31 日止期间,甲公司共计销售 D 设备 10 台,合同价格总额 100000 万元及增值税总额 13000 万元(假定税法规定按照全部合同价格计算增值税销项税额)已收存银行。销售 D 设备产生的积分为 6250 万个。该积分是甲公司向客户提供的一项重大权利,甲公司预计销售 D 设备积分的兑换率为 80%。甲公司负责提供销售 D 设备的质量保证服务,如果 D 设备在 1 年内出现质量问题,甲公司负责免费维修,但如果因客户员工操作不当等非设备本身质量原因导致的故障,甲公司不负责提供免费维修服务。根据以往经验,甲公司销售的 D 设备 1 年保质期内 70% 不会发生质量问题;20% 可能发生较小质量问题;10% 发生较大质量问题。甲公司预计销售的 D 设备发生较小质量问题的维修费用为销售合同价格总额的 1%;发生较大质量问题的维修费用为销售合同价格总额的 2%。

本题所涉及的协议或合同均符合企业会计准则关于合同的定义并经各方管理层批准,因向客户转让商品或提供服务而有权取得的对价很可能收回,涉及的销售价格或合同价格均不含增值税。

除上述所给资料外,不考虑货币时间价值,不考虑除增值税以外的税费及其他因素。

要求(答案中金额单位以万元表示):

(1) 根据资料(1),说明甲公司销售 C 设备合同附有的单项履约义务,并陈述理由;计算每一单项履约义务应分摊的合同价格;分别说明甲公司销售 C 设备在保质期内提供的维修服务和保质期以后所提供维修服务和保养服务应当如何进行会计处理。

(2) 根据资料(2),说明甲公司销售 D 设备合同附有的单项履约义务;计算每一单项履约义务应分摊的合同价格;计算甲公司因销售 D 设备应确认的质量保证费用;编制甲公司与销售 D 设备及相应的质量保证服务相关的会计分录。

6. 甲公司 2019 年至 2020 年,甲公司发生的相关交易或事项如下。

资料一:2019 年 12 月 31 日,甲公司与乙公司签订合同,以每辆 20 万元的价格向乙公司销售所生产的 15 辆工程车。当日,甲公司将 15 辆工程车的控制权转移给乙公司,300 万元的价款已收存银行,同时,甲公司承诺,如果在未来 3 个月内,该型号工程车售价下降,则按照合同价格与最低售价之间的差额向乙公司退还差价。根据以往执行类似合同的经验,甲公司预计未来 3 个月内该型号工程车不降价的概率为 50%。每辆降价 2 万元的概率为 30%,每辆降价 5 万元的概率为 20%。

2020 年 3 月 31 日,因该型号工程车售价下降为每台 18.4 万元。甲公司以银行存款向乙公司退还差价 24 万元。

资料二:2020 年 3 月 1 日,甲公司与丙公司签订合同,向丙公司销售其生产的成本为 300 万元的商务车,商务车的控制权已于当日转移给丙公司。根据合同约定,丙公司如果当日付款需支付 400 万元。丙公司如果在 2023 年 3 月 1 日付款,则需按照 3% 的年利率支付货款与利息共计 437 万元。丙公司选择 2023 年 3 月 1 日付款。

本题不考虑增值税,企业所得税等相关税费及其他因素。

要求(答案中金额单位以万元表示):

(1) 计算甲公司 2019 年 12 月 31 日向乙公司销售工程车应确认收入的金额,并编制会计分录。

(2) 编制甲公司 2020 年 3 月 31 日向乙公司退还工程车差价的会计分录。

（3）分别编制甲公司 2020 年 3 月 1 日向丙公司销售商务车时确认销售收入和结转销售成本的会计分录。

五、综合题

2019 年度，甲公司与销售相关的会计处理如下：

资料一：2019 年 9 月 1 日，甲公司将其生产的成本为 350 万元的 A 产品以 500 万元的价格出售给乙公司，该产品的控制权已转移，款项已收存银行。双方约定乙公司在 8 个月后有权要求甲公司以 540 万元的价格回购 A 产品。甲公司预计 A 产品在回购时的市场价格远低于 540 万元。2019 年 9 月 1 日，甲公司确认了销售收入 500 万元，结转了销售成本 350 万元。

资料二：2019 年 12 月 15 日，甲公司作为政府推广使用的 B 产品的中标企业，以市场价格 300 万元减去财政补贴资金 30 万元后的价格，将其生产的成本为 260 万元的 B 产品出售给丙公司，该产品的控制权已转移。甲公司确认了销售收入 270 万元并结转了销售成本 260 万元。2019 年 12 月 20 日，甲公司收到销售 B 产品的财政补贴资金 30 万元并存入银行。甲公司将其确认为其他收益。

资料三：2019 年 12 月 31 日，甲公司将其生产的成本为 800 万元的 C 产品以 995 万元的价格出售给丁公司，该产品的控制权已转移，款项已收存银行。合同约定，该产品自售出之日起一年内如果发生质量问题，甲公司负责提供免费维修服务，该维修服务构成单项履约义务。

C 产品的单独售价为 990 万元，一年期维修服务单独售价为 10 万元。2019 年 12 月 31 日，甲公司确认了销售收入 995 万元，结转了销售成本 800 万元。

本题不考虑增值税、企业所得税等税费以及其他因素。

（1）分别判断甲公司 2019 年 9 月 1 日向乙公司销售 A 产品时确认收入和结转销售成本的会计处理是否正确。如果不正确，请编制正确的相关会计分录。

（2）分别判断甲公司 2019 年 12 月 20 日收到销售 B 产品的财政补贴资金时的会计处理是否正确。如果不正确，请编制正确的相关会计分录。

（3）分别判断甲公司 2019 年 12 月 31 日销售 C 产品时确认收入和结转销售成本的会计处理是否正确。如果不正确，请编制正确的相关会计处理。

参考答案及解析

一、单项选择题

1.【答案】 A

【解析】 收入准则适用于所有与客户之间的合同，不涉及企业对外出租资产收取的租金、进行债权投资收取的利息、进行股权投资取得的现金股利、保险合同取得的保费收入等。企业以存货换取客户的存货、固定资产、无形资产以及长期股权投资等可以适用于新收入准则。

2.【答案】 A

【解析】 至 2019 年 12 月 31 日，履约进度＝100÷（100＋50）＝66.67%，甲公司 2019 年该设备安装业务应确认的收入 ＝ 240 × 66.67%＝160（万元）。

3.【答案】 D

【解析】 2019 年合同毛利 ＝ 2000 × 35% － 350＝350（万元）

4.【答案】 B

【解析】 在合同变更日已转让商品与未转让商品之间不可明确区分的，应当将该合同变更部分作为原合同的组成部分，在合同变更日重新计算履约进度，并调整当期收入和相应成本等。

5.【答案】 A

【解析】 由于新增的 60 件产品是可明确区分的，且新增的合同价款反映了新增产品的单独售价，因此，该合同变更实际上构成了一份单独的、在未来销售 60 件产品的新合同。

6.【答案】 C

【解析】 聘请外部律师和会计师事务所进行尽职调查的支出为 30000 元，不属于增量成本，计入当期损益；因投标发生的差旅费为 15000 元，不属于增量成本，计入当期损益；销售人员佣金为 10000 元,甲公司预期这些支出未来能够收回,属于合同取得成本,确认为一项资产;向销售部门经理支付年度奖金 10000 元,不属于增量成本,计入当期损益。

7.【答案】　B

【解析】　甲公司在交付 H 产品时,应确认合同资产=5×1.2÷（1.2+4.8）=1(万元)。

二、多项选择题

1.【答案】　ABC

【解析】　一是能力,即客户必须拥有现时权利,能够主导该商品的使用并从中获得几乎全部经济利益。二是主导该商品的使用。客户有能力主导该商品的使用,是指客户有权使用该商品,或者能够允许或阻止其他方使用该商品。三是能够获得几乎全部的经济利益。商品的经济利益,是指该商品的潜在现金流动,既包括现金流入的增加,也包括现金流出的减少。

2.【答案】　ABCD

【解析】　差旅费、投标费、为准备投标资料发生的相关费用等,这些支出无论是否取得合同均会发生,应当在发生时计入当期损益,除非这些支出明确由客户承担。

3.【答案】　ABC

【解析】　企业为履行合同发生的成本,不属于其他企业会计准则规范范围且同时满足下列条件的,应当作为合同履约成本确认为一项资产:①该成本与一份当前或预期取得的合同直接相关,包括直接人工、直接材料、制造费用(或类似费用)、明确由客户承担的成本以及仅因该合同而发生的其他成本;②该成本增加了企业未来用于履行履约义务的资源;③该成本预期能够收回。

4.【答案】　ABCD

【解析】　合同包括书面形式、口头形式以及其他形式(如隐含于商业惯例或企业以往的习惯做法中等)。

5.【答案】　ABCD

【解析】　在判断客户是否已取得商品控制权时,企业应当考虑下列迹象:①企业就该商品享有现时收款权利,即客户就该商品负有现时付款义务;②企业已将该商品的法定所有权转移给客户,即客户已拥有该商品的法定所有权;③企业已将该商品实物转移给客户,即客户已占有该商品实物;④企业已将该商品所有

权上的主要风险和报酬转移给客户,即客户已取得该商品所有权上的主要风险和报酬;⑤客户已接受该商品等。

6.【答案】　CD

【解析】　收入的确认和计量大致分为五步:第一步,识别与客户订立的合同;第二步,识别合同中的单项履约义务;第三步,确定交易价格;第四步,将交易价格分摊至各单项履约义务;第五步,履行各单项履约义务时确认收入。其中,第一步、第二步和第五步主要与收入的确认有关,第三步和第四步主要与收入的计量有关。

7.【答案】　ABCD

8.【答案】　ABC

【解析】　选项 D,一份合同如果发生违约,影响另一份合同的对价金额,才符合合同合并的要求。

9.【解析】　BD

【解析】　在合同变更日,由于新增的 3 年保洁服务的价格不能反映该项服务在合同变更时的单独售价,该合同变更不能作为单独的合同进行会计处理。由于在剩余合同期间需提供的服务与已提供的服务是可明确区分的,所以 A 公司应当将该合同变更作为原合同终止,同时,将原合同中未履约的部分与合同变更合并为一份新合同进行会计处理。

10.【答案】　AD

【解析】　由于合同变更后拟提供的剩余服务与在合同变更日或之前已提供的服务不可明确区分(即该合同仍为单项履约义务),乙公司应当将合同变更作为原合同的组成部分进行会计处理。2019 年履约进度为 60%(840÷1400×100%)。因此,甲公司在 2019 年确认收入为 1200 万元(2000×60%);2020 年甲公司重新估计的履约进度为 51.2%[840÷(1400+240)×100%],乙公司在合同变更日应额外确认收入 28.8 万元(51.2%×2400－1200)。

11.【答案】　AB

12.【答案】　ABC

【解析】　选项 D,包含可变对价的交易价格,应当不超过在相关不确定性消除时,累计已确认的收入极可能不会发生重大转回的金额,故企业一项或多项或有事项的发生而收取不同对价金额的合同,不一定满足计入交

第十一章

易价款的可变对价的条件。

13.【答案】 ABC

【解析】 单独售价无法直接观察的,企业应当综合考虑其能够合理取得的全部相关信息,采用市场调整法、成本加成法、余值法进行合理估计单独售价。

14.【答案】 BD

【解析】 消费者在该网站购物时,在相关商品转移给消费者之前,甲公司并未控制这些商品,甲公司的履约义务是安排零售商向消费者提供相关商品,而并未自行提供这些商品,甲公司在该交易中的身份是代理人,代理人按照净额法确认收入。

15.【答案】 ABD

【解析】 选项 C,甲公司授予的该使用权许可,属于在 2 年内履行的履约义务。甲公司收取的 200 万元固定金额的使用费应当在 2 年内平均确认收入。

16.【答案】 ACD

【解析】 根据合同约定,甲公司负有在两年后回购该设备的义务,因此,乙公司并未取得该设备的控制权。假定不考虑货币时间价值,该交易的实质是乙公司支付了 80 万元(200-120)的对价取得了该设备 2 年的使用权。甲公司应当将该交易作为租赁交易进行会计处理。

17.【答案】 BCD

【解析】 甲公司承诺的服务是向客户提供健身服务(即可随时使用的健身场地),而甲公司为会员入会所进行的初始活动并未向客户提供其所承诺的服务,而只是一些内部行政管理性质的工作。因此,甲公司虽然为补偿这些初始活动向客户收取了入会费,但是该入会费实质上是客户为健身服务所支付的对价的一部分,故应当作为健身服务的预收款,与收取的年费一起在 2 年内分摊确认为收入。

18.【答案】 AD

【解析】 甲旅行社从航空公司购入机票后,可以自行决定该机票的价格、向哪些客户销售等,甲旅行社有能力主导该机票的使用并且能够获得其几乎全部的经济利益。因此,甲旅行社在将机票销售给客户之前,能够控制该机票,甲旅行社的身份是主要责任人。

三、判断题

1.【答案】 ×

【解析】 销售合同约定客户支付对价的形式为股票的,应以合同开始日股票的公允价值确认交易价格,合同开始日后,股票的公允价值发生变动的,该变动金额不应计入交易价格。

2.【答案】 ×

【解析】 企业为取得合同发生的增量成本预期能够收回的,应当作为合同取得成本确认为一项资产。

3.【答案】 ×

【解析】 取得相关商品控制权,是指能够主导该商品的使用并从中获得几乎全部的经济利益,也包括有能力阻止其他方主导该商品的使用并从中获得经济利益。

4.【答案】 ×

【解析】 从事相同业务经营的企业之间,为便于向客户或潜在客户销售商品而进行的非货币性资产交换。两家石油公司之间相互交换石油,以便及时满足各自不同地点客户的需求,不应当确认收入。

5.【答案】 ×

【解析】 企业每天所提供的服务都是可明确区分且实质相同的,并且根据控制权转移的判断标准,每天的服务都属于在某一时段内履行的履约义务(边履约边受益)。因此,企业应当将每天提供的保洁服务合并在一起作为单项履约义务进行会计处理。

6.【答案】 √

7.【答案】 ×

【解析】 合同中存在重大融资成分的,企业应当按照假定客户在取得商品控制权时即以现金支付的应付金额确定交易价格。该交易价格与合同对价之间的差额,应当在合同期间内采用实际利率法摊销。

8.【答案】 √

9.【答案】 ×

【解析】 合同资产和应收款项都是企业拥有的有权收取对价的合同权利,两者的区别在于,应收款项代表的是无条件收取合同对价的权利,即企业仅仅随着时间的流逝即可收款,而合同资产并不是一项无条件收款权,该权利除了时间流逝之外,还取决于其他条件(合同中的其他履约义务)才能收取相应的合同对价。

10.【答案】 ✕

【解析】 同一合同下的合同资产和合同负债应当以净额列示,不同合同下的合同资产和合同负债不能互相抵销。

11.【答案】 ✓

12.【答案】 ✓

13.【答案】 ✓

14.【答案】 ✓

15.【答案】 ✕

【解析】 合同取得成本、合同资产的减值,可以转回,但是转回后的资产账面价值不应超过假定不计提减值准备情况下该资产在转回日的账面价值。

16.【答案】 ✓

四、计算分析题

1.【答案】 (1) 2018 年 9 月 1 日:

借:银行存款　800
　　贷:主营业务收入
　　　　[2000×0.4×(1−10%)]720
　　　　预计负债——应付退货款
　　　　　　(2000×0.4×10%)80

借:主营业务成本
　　[2000×0.3×(1−10%)]540
　　应收退货成本
　　　　(2000×0.3×10%)60
　　贷:库存商品　600

2018 年 9 月 30 日:

借:预计负债——应付退货款
　　[2000×0.4×(10%−5%)]40
　　贷:主营业务收入　40

借:主营业务成本
　　[2000×0.3×(10%−5%)]30
　　贷:应收退货成本　30

2018 年 10 月 31 日:

借:库存商品　(120×0.3)36
　　预计负债——应付退货款　40
　　主营业务收入(120×0.4−40)8
　　贷:主营业务成本　(120×0.3−30)6
　　　　应收退货成本　30
　　　　银行存款　(120×0.4)48

(2) 2018 年 12 月 1 日奖励积分的单独售价=125×1×80%=100(万元),甲公司按照产品和积分单独售价的相对比例对交易价格进行分摊:

产品分摊的交易价格=[400÷(400+100)]×400=320(万元)

积分分摊的交易价格=[100÷(400+100)]×400=80(万元)

故 2018 年 12 月 1 日应确认收入为 320 万元,应确认的合同负债为 80 万元。

借:银行存款　400
　　贷:主营业务收入　320
　　　　合同负债　80

借:主营业务成本　300
　　贷:库存商品　300

(3) 甲公司 2018 年持有丙公司股权应确认投资收益的金额=[3050−(150−100)]×20%=600(万元)

借:长期股权投资——损益调整 600
　　贷:投资收益　600

(4) 甲公司 2018 年第四季度应确认保修费的金额=80%×0×1500+15%×3%×1500+5%×6%×1500=11.25(万元)

借:销售费用　11.25
　　贷:预计负债　11.25

2.【答案】 (1) 甲公司是主要责任人。

理由:2018 年 12 月 5 日,甲公司从丙公司购入设备并取得该设备的控制权,甲公司对设备质量和安装质量承担责任。因此甲公司是主要责任人。

(2) 设备销售应分摊的交易价格=270×200÷(200+100)=180(万元)

设备安装应分摊的交易价格=270×100÷(200+100)=90(万元)

(3) 甲公司销售设备时确认销售收入并结转销售成本:

借:库存商品　170
　　贷:银行存款　170

借:合同资产　180
　　贷:主营业务收入——设备销售 180

借：主营业务成本——设备销售 170
　　贷：库存商品　　　　　　　　170

（4）甲公司 12 月发生设备安装费用：

借：合同履约成本——设备安装　48
　　贷：应付职工薪酬　　　　　　　48

（5）2018 年 12 月 31 日，甲公司安装履约进度＝48÷（48＋32）×100％＝60％。

2018 年 12 月 31 日，甲公司应确认安装收入金额＝90×60％＝54（万元）。

借：合同资产　　　　　　　　　54
　　贷：主营业务收入——设备安装　54

借：主营业务成本——设备安装　48
　　贷：合同履约成本——设备安装　48

3. 【答案】（1）奖金 50 万元不能计入合同收入。

理由：在合同开始日，甲公司无法对工程能否准时完工进行估计，不满足累计已确认的收入金额极可能不会发生重大转回的条件，所以奖金 50 万元不能计入合同收入。

预收 20％的合同价款：

借：银行存款　　　　　　　　5000
　　贷：合同负债　　　　　　　　5000

实际发生成本 10560 万元：

借：合同履约成本　　　　　　10560
　　贷：原材料　　　　　　　　5280
　　　　应付职工薪酬　　　　　5280

确认的合同收入：

2019 年履约进度＝10560÷（10560＋11440）×100％＝48％

2019 年应确认的合同收入＝25000×48％＝12000（万元）

借：合同结算——收入结转　12000
　　贷：主营业务收入　　　　　　12000

借：主营业务成本　　　　　　10560
　　贷：合同履约成本　　　　　10560

借：合同负债　　　　　　　　5000
　　应收账款　　　　　　　　3720
　　贷：合同结算——价款结算　　8000
　　　　应交税费——应交增值税（销项税额）
　　　　　　　　　　（8000×9％）720

借：银行存款　　　　　　　　3200
　　贷：应收账款　　　　　　　　3200

年末"合同结算"科目的余额为借方 4000 万元，表明甲公司已经履行履约义务但尚未与客户结算的金额为 4000 万元，由于该部分金额将在 2020 年内结算，因此，应在资产负债表中作为"合同资产"列示。

（2）由于合同变更后拟提供的剩余服务与在合同变更日或之前已提供的服务不可明确区分（即该合同仍为单项履约义务），因此，应当将合同变更作为原合同的组成部分进行会计处理。

合同变更后的交易价格＝25000＋2500＝27500（万元）

重新估计的履约进度＝10560÷（10560＋11440＋956.52）×100％＝46％

合同变更日 2020 年 1 月初应额外确认收入＝27500×46％－12000＝650（万元）

借：合同结算——收入结转　　650
　　贷：主营业务收入　　　　　　650

（3）实际发生成本 7804.98 万元：

借：合同履约成本　　　　　7804.98
　　贷：原材料　　　　　　　3902.49
　　　　应付职工薪酬　　　　3902.49

确认的合同收入等：

2020 年 6 月 30 日，履约进度＝（10560＋7804.98）÷（10560＋7804.98＋4591.24）×100％＝80％。

2020 年 6 月 30 日，应确认的合同收入＝27500×80％－12000－650＝9350（万元）。

借：合同结算——收入结转　9350
　　贷：主营业务收入　　　　　　9350

借：主营业务成本　　　　　7804.98
　　贷：合同履约成本　　　　7804.98

借：应收账款　　　　　　　21800
　　贷：合同结算——价款结算　20000
　　　　应交税费——应交增值税（销项税额）
　　　　　　　　　　（20000×9％）1800

借：银行存款　　　　　　　15000
　　贷：应收账款　　　　　　　15000

（4）2020 年年末应确认的合同收入＝（25000＋2500＋50）－12000－650－9350＝5550（万元）

4.【答案】 （1）甲公司应选择投入法确认收入。理由：产出法是直接计量已完成的产出，一般能够客观地反映履约进度，当产出法所需的信息可能无法观察或直接获得，可采用投入法。

（2）甲公司于合同开始日应将交易价格按照 A 商品和 B 商品的单独售价比例进行分摊。

分摊至 A 商品的合同价格＝5000×2240÷（2240＋3360）＝2000（万元）

分摊至 B 商品的合同价格＝5000×3360÷（2240＋3360）＝3000（万元）

借：合同资产　　　　　　　　　2260
　　贷：主营业务收入　　　　　　　2000
　　　　应交税费——应交增值税（销项税额）
　　　　　　　　　　　　　　　　　260

5.【答案】 （1）① 甲公司销售 C 设备合同分为销售 C 设备、提供未来 5 年维修服务和提供未来 5 年保养服务三个单项履约义务。理由：客户能够选择单独购买维修服务、单独购买保养服务，甲公司销售 C 设备、提供维修服务和提供保养服务的三项承诺均可明确区分。

② C 设备单独售价为 15000 万元，每年每台设备单独提供维修服务的单独售价为 100 万元，每年每台设备单独提供保养服务的单独售价为 20 万元。

C 设备应分摊的合同价格＝（15000＋600）×[15000÷（15000＋100×5＋20×5）]＝15000（万元）

保质期后未来 5 年提供维修服务应分摊的合同价格＝（15000＋600）×[（100×5）÷（15000＋100×5＋20×5）]＝500（万元）

保质期后未来 5 年提供保养服务应分摊的合同价格＝（15000＋600）×[（20×5）÷（15000＋100×5＋20×5）]＝100（万元）

③ 甲公司销售 C 设备在保质期内提供的维修服务应按照或有事项准则确认为预计负债，并计入当期损益。甲公司销售 C 设备在保质期以后提供维修服务和保养服务应当与销售 C 设备分别作为单项履约义务，按照各自单独售价分摊合同价格，分摊至保质期以后所提供维修服务和保养服务的部分确认为合同负债，分

时段确认为收入。

（2）① 甲公司销售 D 设备合同分为销售 D 设备和授予客户奖励积分两个单项履约义务。

② 考虑积分兑换率后奖励积分的单独售价＝5×6250×80％＝25000（万元）

分摊至商品的合同价格＝100000×[100000÷（100000＋25000）]＝80000（万元）

分摊至积分的合同价格＝100000×[25000÷（100000＋25000）]＝20000（万元）

③ 甲公司因销售 D 设备应确认的质量保证费用＝100000×（20％×1‰＋10％×2‰）＝400（万元）

④ 会计分录如下：

借：银行存款　　　　　　　　　113000
　　贷：主营业务收入　　　　　　　80000
　　　　合同负债　　　　　　　　　20000
　　　　应交税费——应交增值税（销项税额）
　　　　　　　　　　　　　　　　　13000

借：销售费用　　　　　　　　　　　400
　　贷：预计负债　　　　　　　　　　400

6.【答案】 （1）2019 年 12 月 31 日，甲公司向乙公司销售工程车应确认的收入金额＝[20－（50％×0＋30％×2＋20％×5）]×15＝276（万元）。

借：银行存款　　　　　　　　　　　300
　　贷：主营业务收入　　　　　　　　276
　　　　预计负债　　　　　　　　　　24

（2）借：预计负债　　　　　　　　　　24
　　　　贷：银行存款　　　　　　　　　24

（3）借：长期应收款　　　　　　　　437
　　　　贷：主营业务收入　　　　　　400
　　　　　　未实现融资收益　　　　　37

借：主营业务成本　　　　　　　　300
　　贷：库存商品　　　　　　　　　300

五、综合题

【答案】 （1）甲公司会计处理不正确。

理由：企业因存在与客户的远期安排而负有回购义务，客户具有行权的重大经济动因，并且回购价格高于原售价的，应当视为融资交易，在收到客户款项时确认金融负债，而不应该确认收入结转成本。

正确会计分录：

2019 年 9 月 1 日：

借：银行存款　　　　　　　　500
　　贷：其他应付款　　　　　　　　500

借：发出商品　　　　　　　　350
　　贷：库存商品　　　　　　　　　350

2019 年 12 月 31 日：

借：财务费用　[(540－500)÷8×4]20
　　贷：其他应付款　　　　　　　　20

(2) 甲公司的会计处理不正确。

理由：企业从政府取得的经济资源,如果与企业销售商品或提供服务等活动密切相关,且是企业商品或服务的对价或者是对价的组成部分,应当将取得的政府补助作为销售商品或提供服务的对价确认收入。

正确会计分录：

借：应收账款　　　　　　　　300
　　贷：主营业务收入　　　　　　　300

借：主营业务成本　　　　　　260
　　贷：库存商品　　　　　　　　　260

借：银行存款　　　　　　　　30
　　贷：应收账款　　　　　　　　　30

(3) 甲公司的会计处理不正确。

理由：甲公司销售 C 产品并负责提供免费维修服务且该维修服务构成单项履约义务,甲公司应将合同价款在 C 产品与维修服务之间进行分摊,分摊到维修服务的价款应确认为合同负债,以后期间分摊确认收入。

正确会计分录：

借：银行存款　　　　　　　　995.00
　　贷：主营业务收入
　　　　[995×990÷(990＋10)]985.05
　　　　合同负债　　　　　　　　　9.95

借：主营业务成本　　　　　　800
　　贷：库存商品　　　　　　　　　800

第 十 二 章
政府补助

考情回顾

本章近年考试平均分值为 2 分,除 2018 年财政部修改《会计准则第 16 号——政府补助》后考查了一道计算题外,其他年份主要以客观题的形式进行考查。本章是非重点章节,考生主要把握政府补助的形式,与资产相关的政府补助以及与收益相关的政府补助的会计处理。

考试变化

本章无实质性变化。

本章结构

第一节　政府补助概述
第二节　政府补助的会计处理

第一节 政府补助概述

本节框架 ▶

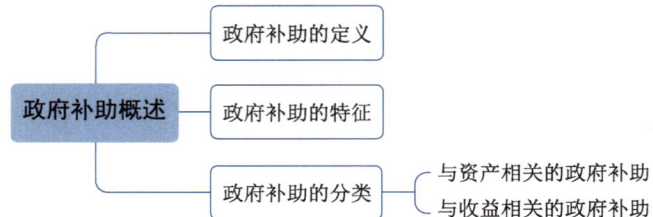

一、政府补助的定义 ★★

政府补助是指企业从政府无偿取得货币性资产或非货币性资产。

政府补助主要形式包括政府对企业的无偿拨款、税收返还、财政贴息,以及无偿给予非货币性资产等。通常情况下,直接减征、免征、增加计税抵扣额,抵免部分税额等不涉及资产直接转移的经济资源,不适用政府补助准则。

·易错易混点·

出口环节退还的增值税实际上是政府退回企业事先垫付的进项税,不属于政府补助。内销环节即征即退、先征后退的增值税属于政府补助。

考试方向
考查政府补助的形式。

【例题 12-1 单选题】(2017 年真题) 下列各项中,不属于企业获得的政府补助的是( )。

A. 政府部门对企业银行贷款利息给予的补贴

B. 政府部门无偿拨付给企业进行技术改造的专项资金

C. 政府部门作为企业所有者投入的资本

D. 政府部门先征后返的增值税

【答案】 C

【名师点睛】 选项 C,政府与企业之间的关系是投资者与被投资者之间的关系,属于互惠交易,不属于政府补助。

二、政府补助的特征 ★

(1)政府补助是来源于政府的经济资源。

(2)政府补助是无偿的。

提示 ▶政府以投资者身份向企业投入资本,不适用政府补助准则。

▶企业从政府取得的经济资源,如果与企业销售商品或提供劳务等活动密切相关,且是企业商品或服务的对价或者是对价的组成部分,应当适用《企业会计准则第14号——收入》等相关会计准则。

• **易错易混点** •

政府补助是政府与企业之间的非互惠行为,政府以投资者身份向企业投入资本、政府购买服务等行为属于政府与企业之间的互惠性交易,不属于政府补助。

考试方向
考查政府补助的范围。

【例题 12-2 单选题】(2019 年真题) 甲公交公司为履行政府的市民绿色出行政策,在乘客乘坐公交车时给予乘客 0.5 元/乘次的票价优惠,公交公司因此少收的票款予以补贴。2018 年 12 月,甲公交公司实际收到乘客票款 800 万元。同时收到政府按乘次给予的当月车票补贴款 200 万元。不考虑其他因素,甲公交公司 2018 年 12 月应确认的营业收入为( )万元。

A. 200   B. 600   C. 1000   D. 800

【答案】 C

【名师点睛】 由于政府提供的补贴与企业销售商品或提供劳务等活动密切相关,因此应当作为企业的收入来处理。故甲公交公司 2018 年 12 月应确认的营业收入=800+200=1000(万元)。

【例题 12-3 单选题】(2020 年真题) 下列各项中,企业应当作为政府补助进行会计处理的是( )。

A. 政府以出资者身份向企业投入资本

B. 对企业直接减征企业所得税

C. 企业收到增值税出口退税

D. 企业收到即征即退的增值税

【答案】 D

【名师点睛】 政府以投资者身份向企业投入资本,享有相应的所有权权益,属于互惠性交易,不属于政府补助,选项 A 错误;直接减征的企业所得税不涉及资产直接转移的经济资源,不属于政府补助,选项 B 错误;增值税出口退税不属于政府补助,选项 C 错误。

三、关于政府补助的分类 ★

政府补助应当划分为与资产相关的政府补助和与收益相关的政府补助。

(一)与资产相关的政府补助

与资产相关的政府补助,是指企业取得的,用于购建或以其他方式形成长期资产的政府补助。

(二)与收益相关的政府补助

与收益相关的政府补助,是指除与资产相关的政府补助之外的政府补助。此类补助主要是用于补偿企业已发生或即将发生的相关成本费用或损失,受益期相对较短,通常在满足补助所附条件时计入当期损益或冲减相关成本。

第二节　政府补助的会计处理

 本节框架 ▶

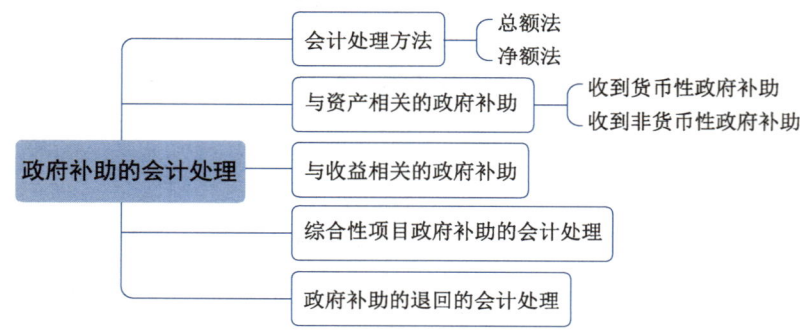

一、会计处理方法 ★

政府补助有两种会计处理方法：总额法和净额法。总额法是在确认政府补助时，将其全额一次或分次确认为收益，而不是作为相关资产账面价值或者成本费用等的扣减。净额法是将政府补助确认为对相关资产账面价值或者所补偿成本费用等的扣减。

同一企业不同时期发生的相同或者相似的交易或者事项，应当采用一致的会计政策，不得随意变更；确需变更的，应当在附注中说明。

企业应当根据经济业务的实质，判断某一类政府补助业务应当采用总额法还是净额法进行会计处理。通常情况下，对同类或类似政府补助业务只能选用一种方法，同时，企业对该业务应当一贯地运用该方法，不得随意变更。

与企业日常活动相关的政府补助，应当按照经济业务实质，计入其他收益或冲减相关成本费用。与企业日常活动无关的政府补助，计入营业外收入或冲减相关损失。通常情况下，若政府补助补偿的成本费用是营业利润之中的项目，或该补助与日常销售等经营行为（如增值税即征即退等）密切相关，则认为该政府补助与日常活动相关。

二、与资产相关的政府补助 ★★

（一）收到货币性政府补助

1. 总额法

（1）企业在取得与资产相关的政府补助时：

借：银行存款
　　贷：递延收益

（2）在相关资产使用寿命内按合理、系统的方法分期计入损益：

借：固定资产/无形资产
　　贷：银行存款

借：递延收益
　　贷：其他收益/营业外收入

提示▶ 如果企业先取得与资产相关的政府补助，再确认所购建的长期资产，总额法下应当在开始对相关资产计提折旧或进行摊销时按照合理、系统的方法将递延收益分期计入当期收益；如果相关长期资产投入使用后企业再取得与资产相关的政府补助，总额法下应当在相关资产的剩余使用寿命内按照合理、系统的方法将递延收益分期计入当期收益。

（3）相关资产在使用寿命结束时或结束前被处置（出售、报废、转让、发生毁损等）的，尚未分配的相关递延收益余额应当转入资产处置当期的损益，不再予以递延。

借：递延收益
　　贷：其他收益/营业外收入

2. 净额法

净额法下，企业在取得政府补助时应当按照补助资金的金额冲减相关资产的账面价值。

（1）取得政府补助时：

借：银行存款
　　贷：递延收益

（2）将政府补助冲减资产入账价值：

借：递延收益
　　贷：固定资产/无形资产

（3）按照调整后的资产账面价值计提折旧、摊销：

借：管理费用等
　　贷：累计折旧/累计摊销

【例题 12-4 判断题】(2020 年真题) 企业取得的与资产相关的政府补助，在总额法下应当在购进资产时冲减相关资产账面价值。（　　）

【答案】 ×

【名师点睛】 企业取得的与资产相关的政府补助，在净额法下应当在购进资产时冲减相关资产账面价值。

（二）收到非货币性政府补助

（1）企业在收到非货币性政府补助时：

借：固定资产/无形资产等
　　贷：递延收益

（2）在相关资产使用寿命内按合理、系统的方法分期计入损益：

借：递延收益
　　贷：其他收益/营业外收入

提示▶ 企业取得的政府补助为非货币型资产的，应当按照公允价值计量；公允价值不能可靠取得的，按照名义金额(1 元)计量。

考试方向 考查与资产相关的政府补助的会计处理。

案例 12-1

按照国家有关政策,企业购置环保设备可以申请补助以补偿其环保支出。乙企业于 2018 年 1 月向政府有关部门提交了 210 万元的政府申请,作为对其购置环保设备的补贴。2018 年 3 月 15 日,乙企业收到了政府补贴 210 万元。2018 年 4 月 20 日,乙企业购入不需安装的环保设备一台,实际成本为 480 万元,使用寿命为 10 年,采用直线法计提折旧(不考虑净残值)。2026 年 4 月,乙企业的这台设备发生毁损。本例中不考虑相关税费等其他因素。

【分析】 乙企业账务处理如下(单位:元)。

方法一:乙企业选择总额法进行会计处理。

(1) 2018 年 3 月 15 日,实际收到财政拨款,确认递延收益:

借:银行存款 2100000
　　贷:递延收益 2100000

(2) 2018 年 4 月 20 日,购入设备:

借:固定资产 4800000
　　贷:银行存款 4800000

(3) 自 2018 年 5 月起,每个资产负债表日(月末)计提折旧,同时分摊递延收益:

① 计提折旧(假设该设备用于污染物排放测试,折旧费用计入制造费用):

借:制造费用 (4800000÷10÷12)40000
　　贷:累计折旧 40000

② 分摊递延收益(月末):

借:递延收益 (2100000÷10÷12)17500
　　贷:其他收益 17500

(4) 2026 年 4 月,设备毁损,同时转销递延收益余额:

① 设备毁损:

借:固定资产清理 960000
　　累计折旧 (40000×8×12)3840000
　　贷:固定资产 4800000

借:营业外支出 960000
　　贷:固定资产清理 960000

② 转销递延收益余额:

借:递延收益 (2100000-17500×8×12)420000
　　贷:营业外收入 420000

方法二:乙企业选择净额法进行会计处理。

(1) 2018 年 3 月 15 日,实际收到财政拨款:

借:银行存款 2100000
　　贷:递延收益 2100000

（2）2018 年 4 月 20 日，购入设备：

借：固定资产 4800000

　　贷：银行存款 4800000

借：递延收益 2100000

　　贷：固定资产 2100000

（3）自 2018 年 5 月起，每个资产负债表日（月末）计提折旧：

借：制造费用 ［（4800000－2100000）÷10÷12］22500

　　贷：累计折旧 22500

（4）2026 年 4 月，设备毁损：

借：固定资产清理 540000

　　累计折旧 2160000

　　贷：固定资产 2700000

借：营业外支出 540000

　　贷：固定资产清理 540000

· 易错易混点 ·

考生应当区别日常活动与非日常活动的处理，日常活动计入其他收益或冲减当期损益、资产成本；非日常活动计入营业外收入或冲减营业外支出。

三、 与收益相关的政府补助 ★★

1. 用于补偿以后期间的相关成本费用或损失

与收益相关的政府补助如果用于补偿企业以后期间的相关成本费用或损失，企业应当将其确认为递延收益，并在确认相关费用或损失的期间，计入当期损益或冲减相关成本。

（1）总额法：

借：银行存款

　　贷：递延收益

借：递延收益

　　贷：其他收益/营业外收入

（2）净额法：

借：银行存款

　　贷：递延收益

借：递延收益

　　贷：管理费用/营业外支出等

案例 12-2

丙企业于 2017 年 3 月 15 日与其所在地地方政府签订合作协议，根据协议约定，当地政府将向丙企业提供 1000 万元奖励资金，用于企业的人才奖励和人才引进奖励，丙企业必须按年向当年政府报送详细的资金使用计划并按规定用途使用资金。丙企业用于 2017 年 4 月 10 日收到 1000 万元补助资金，分别在 2017 年 12 月、2018 年 12 月、

2019 年 12 月使用了 400 万元、300 万元和 300 万元,用于发给总裁级高管年度奖金。本例中不考虑相关税费等其他因素。

【分析】 假定丙企业选择净额法对此类补助进行会计处理,其账务处理如下(单位:元):

(1) 2017 年 4 月 10 日,丙企业实际收到补助资金:

借:银行存款　　　　　　　　　　　　　　　　　　　　　　　　10000000
　　贷:递延收益　　　　　　　　　　　　　　　　　　　　　　　　10000000

(2) 2017 年 12 月、2018 年 12 月、2019 年 12 月,丙企业将补助资金发放高管奖金,相关结转递延收益:

① 2017 年 12 月:

借:递延收益　　　　　　　　　　　　　　　　　　　　　　　　4000000
　　贷:管理费用　　　　　　　　　　　　　　　　　　　　　　　　4000000

② 2018 年 12 月:

借:递延收益　　　　　　　　　　　　　　　　　　　　　　　　3000000
　　贷:管理费用　　　　　　　　　　　　　　　　　　　　　　　　3000000

③ 2019 年 12 月:

借:递延收益　　　　　　　　　　　　　　　　　　　　　　　　3000000
　　贷:管理费用　　　　　　　　　　　　　　　　　　　　　　　　3000000

如果本例中丙企业选择按总额法对此类政府补助进行会计处理,则应当在确认相关管理费用的期间,借记"递延收益"科目,贷记"其他收益"科目。

2. 用于已发生的相关成本费用或损失

与收益相关的政府补助如果用于补偿企业已发生的相关成本费用或损失,企业应当将其直接计入当期损益或冲减成本费用。

(1) 总额法:

借:银行存款
　　贷:其他收益/营业外收入

(2) 净额法:

借:银行存款
　　贷:管理费用/营业外支出

案例 12-3

丁企业销售其自主开发生产的动漫软件。按照国家有关规定,该企业的这种产品适用增值税即征即退政策,按 13% 税率征收增值税后,对其增值税实际税负超过 3% 的部分,实行即征即退。丁企业 2017 年 8 月在进行纳税申报时,对归属于 7 月的增值税即征即退提交申请,经主管税务机关审核后的退税额为 10 万元。

【分析】 本例中,软件企业即征即退增值税与企业日常销售密切相关,属于企业的日常活动相关的政府补助。丁企业 2017 年 8 月申请退税并确定了增值税退税额,账务处理如下(单位:元):

借:其他应收款　　　　　　　　　　　　　　　　　　　　　　　100000
　　贷:其他收益　　　　　　　　　　　　　　　　　　　　　　　100000

案例 12-4

甲企业于 2017 年 11 月遭受重大自然灾害,并于 2017 年 12 月 20 日收到了政府补助资金 200 万元用于弥补其遭受自然灾害的损失。

【分析】 2017 年 12 月 20 日,甲企业实际收到补助资金并选择总额法进行会计处理,其账务处理如下(单位:元):

借:银行存款   2000000
　贷:营业外收入   2000000

·易错易混点·

考生应当区分取得与收益相关的政府补助是在费用损失发生之前还是在发生之后。

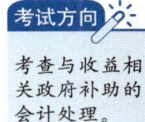

考试方向

考查与收益相关政府补助的会计处理。

四、综合性项目政府补助的会计处理 ★

对于同时包含与资产相关部分和与收益相关部分的政府补助,企业应当将其进行分解,区分不同部分分别进行会计处理;难以区分的,企业应当将其整体归类为与收益相关的政府补助进行会计处理。

案例 12-5

2017 年 6 月 15 日,某市科技创新委员会与乙企业签订了科技计划项目合同书,拟对乙企业的新药临床研究项目提供研究补助资金。该项目总预算为 600 万元,其中,市科技创新委员会资助 200 万元,乙企业自筹 400 万元。市科技创新委员会资助的 200 万元用于辅助设备费 60 万元,材料费 15 万元,测试化验加工费 95 万元,会议费 30 万元,假定除设备费外的其他各项费用都高于研究支出。市科技创新委员会应当在合同签订之日起 30 日内将资金拨付给甲企业。乙企业于 2017 年 7 月 10 日收到补助资金,在项目期内按照合同约定的用途使用了补助资金。乙企业于 2017 年 7 月 25 日按项目合同书的约定购置了相关设备,设备成本为 150 万元,其中使用补助资金 60 万元,该设备使用年限为 10 年,采用直线法计提折旧(不考虑净残值)。假设本例中不考虑相关税费等其他因素。

【分析】 本例中,乙企业收到的政府补助是综合性项目政府补助,需要区分与资产相关的政府补助和与收益相关的政府补助并分别进行处理。假设乙企业对收到的与资产相关的政府补助选择净额法进行会计处理。乙企业账务处理如下(单位:元)。

(1)2017 年 7 月 10 日,甲企业实际收到补贴资金:

借:银行存款   2000000
　贷:递延收益   2000000

(2)2017 年 7 月 25 日,购入设备:

借:固定资产   1500000
　贷:银行存款   1500000

借:递延收益   600000
　贷:固定资产   600000

（3）自 2017 年 8 月起，每个资产负债表日（月末）计提折旧，折旧费用计入研发支出：

借：研发支出 7500
　贷：累计折旧 7500

（4）对其他与收益相关的政府补助，乙企业应当按照相关经济业务的实质确定是计入其他收益还是冲减相关成本费用，在企业按规定用途实际使用补助资金时计入损益或者在实际使用的当期期末根据当期累计使用的金额计入损益，借记"递延收益"科目，贷记有关损益科目。

五、 政府补助退回的会计处理 ★

已确认的政府补助需要退回的，应当在需要退回的当期分情况按照以下规定进行会计处理：

1. 初始确认时冲减相关资产账面价值的，调整资产账面价值。
2. 存在相关递延收益的，冲减相关递延收益账面余额，超出部分计入当期损益。
3. 属于其他情况的，直接计入当期损益。

此外，对于属于前期差错的政府补助退回，应当按照前期差错更正进行追溯调整。

案例 12-6 沿用 **案例 12-1**

假设 2019 年 5 月有关部门在对丙企业的检查中发现，丙企业不符合申请补助的条件，要求丙企业退回补助款。丙企业于当月退回了补助款 210 万元。

【分析】 丙企业账务处理如下（单位：元）。

方法一：丙企业选择总额法进行会计处理，应当结转递延收益，并将超出部分计入当期损益。

2019 年 5 月，丙企业退回补助款时：

借：递延收益 （2100000－17500×12）1890000
　　其他收益 210000
　　贷：银行存款 2100000

方法二：丙企业选择净额法进行会计处理，应当视同一开始没有收到政府补助，调整固定资产账面价值，将实际退回金额与账面价值调整数额之间的差额计入当期损益。

2019 年 5 月，丙企业退回补助款时：

借：固定资产 2100000
　　其他收益 210000
　　贷：银行存款 2100000
　　　累计折旧 （2100000÷10）210000

案例 12-7

丁企业于 2017 年 11 月与某开发区政府签订合作协议，在开发区内投资设立生产基地。协议约定，开发区政府自协议签订之日起 6 个月内向乙企业提供 300 万元产业补贴资金,用于奖励该企业在开发区内投资并开展经营活动,丁企业自获得补贴起 5 年内注册地址不迁离本区。如果丁企业在此期限内提前迁离开发区,开发区政府允许丁企业按照实际留在本区的时间保留部分补贴,并按剩余时间追回补贴资金。丁企业于 2018 年 1 月 3 日收到补贴资金。

【分析】 假设丁企业在实际收到补助资金时,客观情况表明丁企业在未来 5 年内迁离开发区的可能性很小,丁企业在收到补助资金时应当记入"递延收益"科目。由于协议约定如果丁企业提前迁离开发区,开发区政府有权追回部分补助,说明企业每留在开发区内一年,就有权取得与这一年相关的补助,与这一年补助有关的不确定性基本消除,补贴收益得以实现,所以丁企业应当将该补助在 5 年内平均摊销结转计入损益。

本例中,开发区政府对丁企业的补助是对该企业在开发区内投资并开展经营活动的奖励,并不指定用于补偿特定的成本费用。丁企业的账务处理如下(单位:元)。

(1) 2018 年 1 月 3 日,丁企业实际收到补助资金:

借:银行存款　　　　　　　　　　　　　　　　　　　3000000
　　贷:递延收益　　　　　　　　　　　　　　　　　　　　3000000

(2) 2018 年 12 月 31 日及以后年度,丁企业分期将递延收益结转入当期损益:

借:递延收益　　　　　　　　　　　　　　　　　　　　600000
　　贷:其他收益　　　　　　　　　　　　　　　　　　　　600000

假设 2020 年 1 月,丁企业因重大战略调整迁离开发区,开发区政府根据协议要求丁企业退回补助 180 万元:

借:递延收益　　　　　　　　　　　　　　　　　　　1800000
　　贷:其他应付款　　　　　　　　　　　　　　　　　　　1800000

同步练习

一、单项选择题

1. 根据税法规定,甲动漫公司销售其自主开发的动漫软件可享受增值税即征即退政策,2018年12月10日,该公司收到即征即退的增值税税额40万元。下列各项中,甲公司对该笔退税款的会计处理正确的是(   )。
   - A. 冲减管理费用
   - B. 确认为递延收益
   - C. 确认为其他收益
   - D. 确认为营业外收入

2. 下列各项中,应作为政府补助核算的是(   )。
   - A. 直接减征和免征的增值税
   - B. 增值税的加计扣除
   - C. 增值税出口退税
   - D. 增值税的先征后返

3. 2019年4月,甲公司准备购置一台生产经营用固定资产,根据相关政策,甲公司向当地政府申请250万元的政府补助金,2019年6月,政府批准了甲公司的申请并给予了250万元的补助,6月30日,甲企业收到该笔款项。2019年6月30日,甲公司购入了该固定资产,实际支付价款500万元(不考虑增值税),甲公司采用直线法按照10年计提折旧,预计净残值为零。甲公司采用总额法核算政府补助,则不考虑相关税费,假设该机器设备生产的产品均未对外出售,甲公司购入和使用该固定资产对2019年当期损益的影响金额为(   )万元。
   - A. 12.5
   - B. −12.5
   - C. 25
   - D. −25

4. 甲公司从2015年开始,受政府委托进口医药类特种丙原料,再将丙原料销售给国内生产企业,加工出丁产品并由政府定价后销售给最终用户,由于国际市场上丙原料的价格上涨,而国内丁产品的价格保持不变,形成进销价格倒挂的局面。2019年之前,甲公司销售给生产企业的丙原料以进口价格为基础定价,国家财政弥补生产企业产生的进销差价;2019年以后,国家为规范管理,改为限定甲公司对生产企业的销售价格,然后由国家财政弥补甲公司的进销差价。不考虑其他因素,从上述交易的实质判断,下列关于甲公司从政府获得进销差价弥补的会计处理中,正确的是(   )。
   - A. 确认为与销售丙原料相关的营业收入

   - B. 确认为与收益相关的政府补助,直接计入当期其他收益
   - C. 确认为所有者的资本性投入计入所有者权益
   - D. 确认为与资产相关的政府补助,并按照销量比例在各期分摊计入其他收益

5. 2019年12月,甲公司取得政府无偿拨付的技术改造资金100万元、增值税出口退税30万元、财政贴息50万元。不考虑其他因素,甲公司2019年12月获得的政府补助金额为(   )万元。
   - A. 180
   - B. 150
   - C. 100
   - D. 130

二、多项选择题

1. 下列各项关于政府补助会计处理的表述中,正确的有(   )。
   - A. 总额法下,收到的自然灾害补贴款应确认为营业外收入
   - B. 净额法下,收到的人才引进奖励金应确认为营业外收入
   - C. 收到的用于未来购买环保设备的补贴款应确认为递延收益
   - D. 收到的即征即退增值税应确认为其他收益

2. 下列各项与资产相关的政府补助会计处理的表述中,正确的有(   )。
   - A. 总额法下,企业提前处置使用无须退回的政府补助购建的固定资产,尚未摊销完毕的递延收益应当转入当期损益
   - B. 总额法下,企业收到政府补助时确认递延收益,在相关资产使用寿命内按合理、系统的方法分期转入损益
   - C. 净额法下,企业在购入相关资产时,应将原已收到并确认递延收益的政府补助冲减所购资产账面价值
   - D. 净额法下,企业已确认的政府补助退回时,应当调整相关资产的账面价值

3. 下列各项关于已确认的政府补助需要退回的会计处理的表述中,正确的有(   )。
   - A. 初始确认时计入其他收益或营业外收入的,直接计入当期损益
   - B. 初始确认时冲减相关成本费用或营业外支出的,直接计入当期损益

C. 初始确认时冲减资产账面价值的,调整资产账面价值

D. 初始确认时确认为递延收益的,冲减相关递延收益账面余额,超出部分计入当期损益

4. 下列各项中,属于政府补助的有(　　)。

A. 财政拨款

B. 增值税即征即退

C. 行政划拨土地使用权

D. 增值税出口退税

5. 甲公司于 2019 年 12 月申请政府研发补助,该研发项目预计总支出 400 万元,为期 4 年,已经进行了 2 年的研发投入,投入资金 100 万元,尚在研究阶段,剩余 2 年还将发生研发支出 300 万元,包括购置相应的设备、原材料和人工工资等支出,甲公司自行筹资 150 万元,向国家申请补助资金 150 万元(该项补贴难以区分与资产有关的部分和与收益有关的部分)。相关部门批准了甲公司的申请,并于 2020 年 1 月 1 日通过财政拨款支付 150 万元,甲公司对政府补助按照总额法进行核算,则下列表述中,正确的是(　　)。

A. 将该交易事项作为与资产相关的政府补助进行核算

B. 该交易事项作为与收益相关的政府补助进行核算

C. 收到拨款确认营业外收入 150 万元

D. 收到拨款确认递延收益 150 万元,在 2020 年和 2021 年分别转入当期损益 75 万元

三、判断题

1. 企业从政府取得的经济资源,如果与自身销售商品密切相关,且是企业商品对价的组成部分,不应作为政府补助进行会计处理。(　　)

2. 与收益相关的政府补助用于补偿企业以后期间的相关成本费用或损失的,直接计入当期损益。(　　)

3. 对于属于前期差错的政府补助退回,企业应当按照前期差错更正进行追溯调整。(　　)

4. 2019 年,甲公司因生产并销售环保型冰柜收到政府补贴 40 万元。按规定甲公司每销售一台环保型冰柜,政府给予补贴 500 元。该环保型冰柜每台生产成本为 900 元,国家规定的销售价格为 600 元,收到的 40 万元应该作为政府补助。(　　)

5. 企业为研发第二代节能环保节能产品发生研发费用 900 万元,税法允许税前抵扣 1575 万元,超出 900 万元的部分为 675 万元,属于政府补助。(　　)

6. 企业按照政策规定直接定额减免企业所得税 200 万元,属于政府补助。(　　)

7. 政府为补助甲公司以后期间研发无形资产的投入,取得与收益相关政府补助 6000 万元(按政府规定使用该笔资金),影响所有者权益中资本性项目的金额。(　　)

8. 对同类或类似政府补助业务只能选用一种方法,同时,企业对该业务应当一贯地运用该方法,不得随意变更。(　　)

9. 政府无偿给予企业土地使用权,应当按照名义金额(1 元)计量。(　　)

10. 企业取得针对综合性项目的政府补助应当作为与收益相关的政府补助处理。(　　)

11. 因不满足政府补助所附条件,甲公司需退回一笔与固定资产相关的补助款,甲公司对于政府补助采用净额法核算,则应调整固定资产的账面价值。(　　)

四、计算分析题

甲公司对政府补助采用总额法进行会计处理。其与政府补助相关的资料如下:

(1) 2017 年 4 月 1 日,根据国家相关政策,甲公司向政府有关部门提交了购置 A 环保设备的补贴申请。2017 年 5 月 20 日,甲公司收到了政府补贴款 12 万元存入银行。

(2) 2017 年 6 月 20 日,甲公司以银行存款 60 万元购入 A 环保设备并立即投入使用。预计使用年限为 5 年。预计净残值为零,采用年限平均法计提折旧。

(3) 2018 年 6 月 30 日,因自然灾害导致甲公司的 A 环保设备报废且无残值,相关政府补助无需退回。

本题不考虑增值税等相关税费及其他因素。

要求(答案中金额单位以万元表示):

(1) 编制甲公司 2017 年 5 月 20 日收到政府补贴款的会计分录。

(2) 编制 2017 年购入设备的会计分录。

(3) 计算 2017 年 7 月份计提折旧的金额,并编制相关会计分录。

(4) 计算 2017 年 7 月份应分摊的政府补助的金额,并编制相关会计分录。

(5) 编制 2018 年 6 月 30 日环保设备报废的分录。

参考答案及解析

一、单项选择题

1.【答案】 C

【解析】 企业收到即征即退的增值税,属于与收益相关的政府补助,与企业日常销售密切相关,在收到时直接记入"其他收益"科目核算。

2.【答案】 D

【解析】 选项 AB 属于不涉及资产直接转移的经济资源,不属于政府补助;选项 C,增值税出口退税实际上是政府退回企业事先垫付的进项税,不属于政府补助。

3.【答案】 A

【解析】 相应的会计处理如下(单位:万元):

① 2019 年 6 月 30 日:

借:银行存款　　　　　　250

　　贷:递延收益　　　　　　　250

借:固定资产　　　　　　500

　　贷:银行存款　　　　　　　500

② 2019 年 12 月 3 日:

借:制造费用　　　　　　25

　　贷:累计折旧　(500÷10÷2)25

借:递延收益　(250÷10÷2)12.5

　　贷:其他收益　　　　　　　12.5

则对当期损益的影响金额为 12.5 万元。

4.【答案】 A

【解析】 甲公司自财政部门取得的款项不属于政府补助,从政府获得了经济资源,但甲公司交付了商品,不是无偿取得,该交易具有商业实质,需要根据收入准则确认为营业收入。

5.【答案】 B

【解析】 增值税出口退税不属于政府补助。增值税出口退税实际上是政府退回企业事先垫付的增值税进项税,不属于政府补助。故甲公司 2019 年 12 月获得的政府补助金额＝100＋50＝150(万元),选项 B 正确。

二、多项选择题

1.【答案】 ACD

【解析】 选项 B,净额法下,收到的人才引进奖励金应确认为日常活动的政府补助,用于补偿已发生部分的直接冲减管理费用,用于以后期间将发生的人才引进费用的,应当先计入递延收益,以后期间进行摊销。

2.【答案】 ABCD

【解析】 选项 A,总额法下,相关资产在使用寿命结束时或结束前被处置(出售、转让、报废等),尚未分摊的递延收益余额应当一次性转入资产处置当期的损益,不再予以递延;选项 B,总额法下,收到与资产相关的政府补助,应该在收到当期确认递延收益,然后在相关资产使用寿命内按合理、系统的方法分期计入损益;选项 C,净额法下,企业先收到补助资金,再按照政府要求将补助资金用于购建固定资产或无形资产等长期资产,应将补助冲减相关资产账面价值;选项 D,净额法下,因为与资产相关政府补助初始确认时冲减相关资产账面价值,所以退回时调整相关资产账面价值。

3.【答案】 ABCD

【解析】 政府补助需要退回的,应当在需要退回的当期分情况按照以下规定进行会计处理:① 初始确认时冲减相关资产账面价值的,调整资产账面价值;② 存在相关递延收益的,冲减相关递延收益账面余额,超出部分计入当期损益;③ 属于其他情况的,直接计入当期损益。

4.【答案】 ABC

【解析】 选项 D,增值税出口退税实际上是政府退回企业事先垫付的进项税,不属于政府补助。

5.【答案】 BD

【解析】 因为该项补贴难以区分与资产有关的部分和与收益有关的部分,所以应当作为与收益有关的政府补助进行核算,选项 B 正确。收到的拨款应当在项目剩余期间分期摊销将递延收益转入当期损益,选项 D 正确。

三、判断题

1.【答案】 √

2.【答案】 ×

【解析】 与收益相关的政府补助如果用于补偿企业以后期间的相关成本费用或损失,企业应当将其确认为递延收益,并在确认相关费用或损失的期间,计入当期损益或冲减相关成本。

3.【答案】 √

4.【答案】 ×

【解析】 收到政府给予的销售环保型冰柜补贴 40 万元应按照收入准则进行处理。

5.【答案】 ×

【解析】 研发第二代节能环保型产品发生的研发费用可予税前抵扣 1575 万元,企业没有取得来源于政府的经济资源,均不属于政府补助。

6.【答案】 ×

【解析】 直接定额减免企业所得税 300 万元,企业没有取得来源于政府的经济资源,均不属于政府补助。

7.【答案】 ×

【解析】 取得与收益相关的政府补助,用于补偿以后期间发生的支出,应当在收到时计入递延收益,在以后期间分期摊销计入当期损益,不影响所有者权益中资本性项目的金额。

8.【答案】 √

9.【答案】 ×

【解析】 政府无偿给予企业长期非货币性资产的情况,如无偿给予土地使用权、天然起源的天然林等。企业取得的政府补助为非货币性资产的,应当按照公允价值计量;公允价值不能可靠取得的,按照名义金额(1 元)计量。

10.【答案】 ×

【解析】 企业取得针对综合性项目的政府补助,需要将其分解为与资产相关的部分和与收益相关的部分,分别进行会计处理;难以区分的,将政府补助整体归类为与收益相关的政府补助。

11.【答案】 √

四、计算分析题

【答案】 (1)2017 年 5 月 20 日,收到政府补贴款的处理:

借:银行存款　　　　　　　　 12
　　贷:递延收益　　　　　　　　 12

(2)2017 年 6 月 20 日,购入 A 环保设备的处理:

借:固定资产　　　　　　　　 60
　　贷:银行存款　　　　　　　　 60

(3)2017 年 7 月,应计提折旧的金额＝60÷5÷12＝1(万元),分录为:

借:制造费用　　　　　　　　 1
　　贷:累计折旧　　　　　　　　 1

(4)2017 年 7 月,应分摊政府补助的金额＝12÷5÷12＝0.2(万元),分录为:

借:递延收益　　　　　　　　 0.2
　　贷:其他收益　　　　　　　　 0.2

(5)固定资产报废的分录为:

借:固定资产清理　　　　　　 48
　　累计折旧　　　　　　　　 12
　　贷:固定资产　　　　　　　　 60

借:营业外支出　　　　　　　 48
　　贷:固定资产清理　　　　　　 48

尚未分摊的递延收益＝12－12÷5＝9.6(万元),转销递延收益余额:

借:递延收益　　　　　　　　 9.6
　　贷:营业外收入　　　　　　　 9.6

第十三章
所得税

考情回顾

本章分值一般为 12 分左右,难度较大,分值较高。本章知识点在各种题型均有涉及,以主观题为主。考试重点考查暂时性差异的认定、递延所得税的计算和会计处理、所得税费用的计算和会计处理、商誉的所得税的会计处理。

考试变化

本章无实质性变化。

本章结构

第一节　计税基础与暂时性差异
第二节　递延所得税负债和递延所得税资产的确认与计量
第三节　所得税费用的确认和计量

第一节　计税基础与暂时性差异

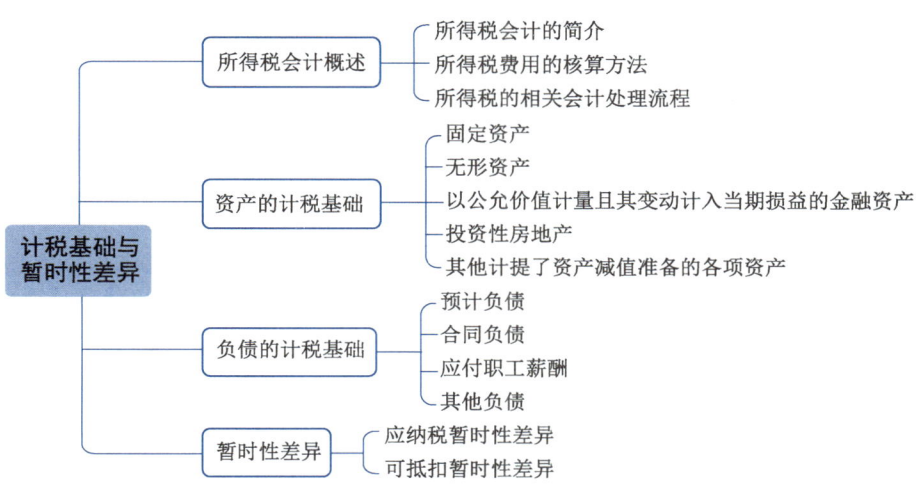

一、所得税会计概述

（一）所得税会计简介

所得税会计是研究处理会计收益和应税收益差异的理论和方法。企业的会计处理和税收处理分别遵循不同的原则，服务于不同的目的。在我国，会计的确认、计量、报告应当遵从企业会计准则的规定，目的在于真实、完整地反映企业的财务状况、经营成果和现金流量等，为投资者、债权人以及其他会计信息使用者提供对其决策有用的信息。税法则是以课税为目的，根据国家有关税收法律、法规的规定，确定一定时期内纳税人应交纳的税额，从所得税的角度，主要是确定企业的应纳税所得额，以对企业的经营所得征税。

（二）所得税费用的核算方法

所得税准则采用资产负债表债务法核算所得税。资产负债表债务法是从资产负债表出发，通过比较资产负债表上列示的资产、负债按照会计准则规定确定的账面价值与按照税法规定确定的计税基础，对于两者之间的税会差异，先判断暂时性差异的类型：是属于应纳税暂时性差异还是属于可抵扣暂时性差异，进而确认相应的递延所得税负债或递延所得税资产，并在此基础上确定每一会计期间利润表中的所得税费用。

（三）所得税的相关会计处理流程

采用资产负债表债务法核算所得税的情况下，企业一般应于每一资产负债表日进行所得税的核算。企业进行所得税核算一般应遵循以下程序。

（1）按照相关会计准则规定确定资产负债表中除递延所得税资产和递延所得税负债以外的其他资产和负债项目的账面价值。

（2）按照会计准则中对于资产和负债计税基础的确定方法，以适用的税收法规为基础，确定资产负债表中有关资产、负债项目的计税基础。

（3）比较资产、负债的账面价值与其计税基础，对于两者之间存在差异的，分析其性质，除会计准则中规定的特殊情况外，分别用应纳税暂时性差异与可抵扣暂时性差异乘以适用的所得税税率，确定资产负债表日递延所得税负债和递延所得税资产的应有金额，并与期初递延所得税负债和递延所得税资产的余额相比，确定当期应予进一步确认的递延所得税资产和递延所得税负债金额或应予转销的金额，作为构成利润表中所得税费用的其中一个组成部分——递延所得税。

（4）按照适用的税法规定计算确定当期应纳税所得额，将应纳税所得额与适用的所得税税率计算的结果确认为当期应交所得税，作为利润表中应予确认的所得税费用的另外一个组成部分——当期所得税。

（5）确定利润表中的所得税费用。利润表中的所得税费用包括当期所得税和递延所得税两个组成部分，企业在计算确定当期所得税和递延所得税后，两者之和（或之差），是利润表中的所得税费用。

二、 资产的计税基础★★

资产的计税基础，是指企业收回资产账面价值过程中，计算应纳税所得额时按照税法规定可以自应税经济利益中抵扣的金额，即某一项资产在未来期间计税时按照税法规定可以税前扣除的金额。通常情况下，资产取得时其入账价值与计税基础是相同的，后续计量因会计准则规定与税法规定不同，可能造成账面价值与计税基础的差异。

（一）固定资产

固定资产的初始计量在税法上是认可的，因此固定资产的初始计量标准不存在差异。两者的差异来自以下两个方面。

（1）税法和会计的折旧方法不同或者折旧年限不同。

（2）计提资产减值准备导致的会计和税法的差异。

案例 13-1

甲企业于 2018 年 12 月 20 日取得的某项固定资产，原价为 1500 万元，使用年限为 10 年，会计上采用直线法计提折旧，净残值为零。税法规定该类固定资产采用加速折旧法计提的折旧可予税前扣除，该企业在计税时采用双倍余额递减法计提折旧，净残值为零。2020 年 12 月 31 日，A 企业估计该项固定资产的可收回金额为 1100 万元。

【分析】 本例中，2020 年 12 月 31 日，该项固定资产的账面价值＝1500－(1500÷10)×2＝1200(万元)，该账面价值大于其可收回金额 1100 万元，两者之间的差额应计提 100 万元的固定资产减值准备。2020 年 12 月 31 日，考虑了减值后，该项固定资产的账面价值＝1500－(1500÷10)×2－100＝1100(万元)，计税基础＝1500－1500×20%－(1500－1500×20%)×20%＝960(万元)。该项固定资产的账面价值 1100 万元与其计税基础 960 万元之间存在 140 万元的差额。

（二）无形资产

除内部研究开发形成的无形资产以外，其他方式取得的无形资产，初始确认时按照

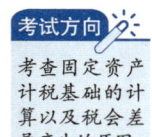
考试方向
考查固定资产计税基础的计算以及税会差异产生的原因。

会计准则规定确定的入账价值与按照税法规定确定的计税基础之间一般不存在差异。无形资产的账面价值与计税基础之间的差异主要产生于内部研究开发形成的无形资产以及使用寿命不确定的无形资产。

（1）内部研究开发形成的无形资产，其成本为开发阶段符合资本化条件以后至达到预定用途前发生的支出，除此之外，研究开发过程中发生的其他支出应予费用化计入损益。税法规定，自行开发的无形资产，以开发过程中该资产符合资本化条件后至达到预定用途前发生的支出为计税基础。另外，对于研究开发费用的加计扣除，税法中规定企业为开发新技术、新产品、新工艺发生的研究开发费用，未形成无形资产计入当期损益的，在按照规定据实扣除的基础上，按照研究开发费用的 75% 加计扣除；形成无形资产的，按照无形资产成本的 175% 摊销。

案例 13-2

乙企业当期为开发新技术发生研究开发支出为 2000 万元，其中，研究阶段支出 400 万元，开发阶段符合资本化条件前发生的支出为 400 万元，符合资本化条件后至达到预定用途前发生的支出为 1200 万元。税法规定，乙企业为开发新技术、新产品、新工艺发生的研究开发费用，未形成无形资产计入当期损益的，按照研究开发费用的 75% 加计扣除；形成无形资产的，按照无形资产成本的 175% 摊销。假定开发形成的无形资产在当期期末已达到预定用途（尚未开始摊销）。

【分析】 乙企业当期发生的研究开发支出中，按照会计准则规定，应予费用化的金额为 800 万元，形成无形资产的成本为 1200 万元，即期末所形成无形资产的账面价值为 1200 万元。乙企业当期发生的 2000 万元研究开发支出，该支出可在当期税前扣除的金额为 1400 万元（800×175%）。无形资产在未来期间可予税前扣除的金额为 2100 万元（1200×175%），其计税基础为 2100 万元，形成暂时性差异 900 万元（2100-1200）。

（2）无形资产在后续计量时，会计与税收的差异主要产生于是否需要摊销及无形资产减值准备的计提。

根据《企业会计准则第 6 号——无形资产》的规定，企业应根据无形资产的使用寿命情况，将无形资产区分为使用寿命有限的无形资产与使用寿命不确定的无形资产。对于使用寿命不确定的无形资产，不要求摊销，但企业应在持有期间每年进行减值测试。税法规定，企业取得的无形资产成本，应在一定期限内摊销。对于使用寿命不确定的无形资产，企业在会计处理时不予摊销，但计税时按照税法规定确定的摊销额允许税前扣除，造成该类无形资产账面价值与计税基础的差异。在对无形资产计提减值准备的情况下，因税法规定计提的无形资产减值准备在转变为实质性损失前不允许税前扣除，即无形资产的计税基础不会随减值准备的提取发生变化，从而造成无形资产的账面价值与计税基础的差异。

案例 13-3

丙公司于 2020 年 1 月 1 日取得某项无形资产，成本为 100 万元，丙公司根据各方面情况判断，无法合理预计其带来经济利益的期限，作为使用寿命不确定的无形资产。2020 年 12 月 31 日，对该项无形资产进行减值测试表明未发生减值。丙公司在计税时，对该项无形资产按照 10 年的期间摊销，有关摊销额允许税前扣除。

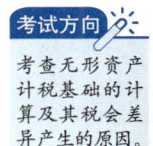

考试方向

考查无形资产计税基础的计算及其税会差异产生的原因。

【分析】 本例中,会计准则规定,对于使用寿命不确定的无形资产,不计提摊销,在资产负债表日做减值测试,发现减值,做减值处理即可,2020 年 12 月 31 日,对该项无形资产进行减值测试表明未发生减值;税法对该无形资产按照 10 年计提摊销,产生税会差异。2020 年 12 月 31 日,该无形资产账面价值为 100 万元(没有发生减值),计税基础＝100－100÷10＝90(万元),形成暂时性差异。

(三) 以公允价值计量且其变动计入当期损益的金融资产

按照《企业会计准则第 22 号——金融工具确认和计量》的规定,以公允价值计量且其变动计入当期损益的金融资产于某一会计期末的账面价值为其公允价值。税法规定,企业以公允价值计量的金融资产,持有期间公允价值的变动不计入应纳税所得额,在实际处置或结算时,处置取得的价款扣除其历史成本后的差额应计入处置或结算期间的应纳税所得额。按照该规定,以公允价值计量的金融资产在持有期间市价的波动在计税时不予考虑,有关金融资产在某一会计期末的计税基础为其取得成本,从而造成在公允价值变动的情况下,对以公允价值计量的金融资产账面价值与计税基础之间的差异。

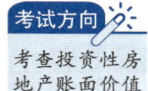
考查交易性金融资产的计税基础和账面价值的确定。

案例 13-4

2019 年 7 月,丁公司以 100 万元取得 A 公司股票 10 万股作为交易性金融资产核算。2019 年 12 月 31 日,丁公司尚未出售所持有的 A 公司股票,A 公司股票公允价值为每股 12 元。税法规定,资产在持有期间公允价值的变动不计入当期应纳税所得额,待处置时一并计算应计入应纳税所得额的金额。该企业适用所得税税率为 25%。

【分析】 本例中,按照会计准则的规定,2019 年 12 月 31 日,该金融资产的账面价值＝12×10＝120(万元),按照税法的规定该金融资产的计税基础为 100 万元,该金融资产的账面价值 120 万元大于计税基础 100 万元,形成暂时性差异 20 万元。

(四) 投资性房地产

企业持有的投资性房地产进行后续计量时,会计准则规定可以采用两种模式:一种是成本模式,采用该种模式计量的投资性房地产,其账面价值与计税基础的确定与固定资产、无形资产的相同;另一种是在符合规定条件的情况下,可以采用公允价值模式对投资性房地产进行后续计量。对于采用公允价值模式进行后续计量的投资性房地产,其计税基础的确定类似于固定资产或无形资产计税基础的确定。两种模式的对比如表 13-1 所示。

表 13-1　成本模式与公允价值模式计量的投资性房地产的账面价值与计税基础

计量模式	账面价值	计税基础
成本模式	原值-会计折旧或摊销-投资性房地产减值准备	原值-税法折旧或摊销
公允价值模式	公允价值	原值-税法折旧或摊销

考查投资性房地产账面价值与计税基础的计算。

案例 13-5

甲公司的 A 建筑物于 2018 年 12 月 30 日投入使用并直接出租,成本为 800 万元。甲公司对投资性房地产采用公允价值模式进行后续计量。2019 年 12 月 31 日,已出租 A 建筑物的公允价值为 850 万元。根据税法规定,已出租 A 建筑物以历史成本扣除按税法规定计提折旧后作为其计税基础,折旧年限为 20 年,净残值为零,自投入使用的次月起采用年限平均法计提折旧。该企业适用所得税税率为 25%。

【分析】 本例中,2019 年年末,该投资性房地产账面价值为 850 万元,计税基础＝800－800÷20＝760(万元),账面价值 850 万元大于计税基础 760 万元,形成暂时性差异＝850－760＝90(万元)。

(五) 其他计提了资产减值准备的各项资产

有关资产计提了减值准备后,其账面价值会随之下降,而税法规定资产在发生实质性损失之前,不允许税前扣除,即其计税基础不会因减值准备的提取而变化,造成在计提资产减值准备以后资产的账面价值与计税基础之间的差异。

三、 负债的计税基础 ★ ★

负债的计税基础是指负债的账面价值减去未来期间计算应纳税所得额时按照税法规定可予抵扣的金额。

负债的计税基础＝账面价值－未来期间按照税法规定可予税前扣除的金额

一般而言,短期借款、应付票据、应付账款、其他应付款等负债的确认和偿还,不会对当期损益和应纳税所得额产生影响,其计税基础即为账面价值。某些情况下,负债的确认可能会影响企业的损益,进而影响不同期间的应纳税所得额,使得其计税基础与账面价值之间产生差额。

(一) 预计负债

企业对于预计提供售后服务将发生的支出在满足有关确认条件时,销售当期就应确认为费用,同时确认预计负债。如果税法规定,与销售产品相关的支出应于实际发生时税前扣除,则因该类事项产生的预计负债在期末的计税基础为其账面价值与未来期间可税前扣除的金额之间的差额,故预计负债的计税基础为 0。

其他交易或事项中确认的预计负债,应按照税法规定的计税原则确定其计税基础。某些情况下,因有些事项确认的预计负债,税法规定其支出无论是否实际发生均不允许税前扣除,即未来期间按照税法规定可予抵扣的金额为 0,则其计税基础与账面价值相同。

案例 13-6

乙公司 2019 年因销售产品承诺保修服务,在 2019 年度利润表中确认了 100 万元销售费用,同时确认为预计负债,当年度发生保修支出 20 万元,预计负债的期末余额为 80 万元。假定税法规定,与产品售后服务相关的费用在实际发生时税前扣除。乙公司适用所得税税率为 25%。

【分析】 2019 年 12 月 31 日,乙公司预计负债的账面价值＝80(万元)。

2019 年 12 月 31 日,乙公司预计负债的计税基础＝账面价值－未来期间计算应纳税所得额时按照税法规定可予抵扣的金额＝80－80＝0。

案例 13-7

2020 年 5 月 25 日,丙公司为丁公司的一项银行借款提供债务担保,丁公司未如期偿还借款,而被银行提起诉讼,要求丙公司承担连带责任担保。12 月 31 日,该案件尚未结案。丙公司预计很可能履行的担保责任为 100 万元。假定税法规定,企业为其他单位债务提供担保发生的损失不允许在税前扣除。

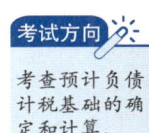
考试方向
考查预计负债计税基础的确定和计算。

【分析】 本例中,丙公司为丁公司的债务提供担保而于 2020 年 12 月 31 日确认了预计负债 100 万元,则预计负债的账面价值为 100 万元。税法规定,企业为其他单位债务提供担保发生的损失不允许在税前扣除,则丙公司 2020 年 12 月 31 日预计负债的计税基础 = 账面价值 − 未来期间计算应纳税所得额时按照税法规定可予抵扣的金额 = 100 − 0 = 100(万元),则计税基础 = 账面价值,不产生暂时性差异。

(二) 合同负债

企业在收到客户预付的款项时,因不符合收入确认条件,会计上将其确认为负债。税法中对于收入的确认原则一般与会计规定相同,即会计上未确认收入时,计税时一般亦不计入应纳税所得额,该部分经济利益在未来期间计税时可予税前扣除的金额为 0,计税基础等于账面价值。

某些情况下,因不符合会计准则规定的收入确认条件,未确认为收入的合同负债,而按照税法规定应计入当期应纳税所得额时,有关合同负债的计税基础为 0,即因其产生时已经计算交纳所得税,未来期间可全额税前扣除。

考试方向
考查合同负债计税基础的确定和计算。

案例 13-8

甲公司于 2019 年 12 月 20 日自客户收到一笔合同预付款,金额为 300 万元。甲公司将该款项作为合同负债核算。按照适用税法规定,该款项应计入取得当期应纳税所得额计算交纳所得税。

【分析】 本例中,该合同负债在甲公司 2019 年 12 月 31 日资产负债表中的账面价值为 300 万元;该合同负债的计税基础 = 账面价值 − 未来期间计算应纳税所得额时按照税法规定可予抵扣的金额 = 300 − 300 = 0。该项负债的账面价值 300 万元与其计税基础 0 之间产生的 300 万元暂时性差异,会减少企业于未来期间的应纳税所得额。

(三) 应付职工薪酬

根据《企业会计准则第 9 号——职工薪酬》的规定,企业为获得职工提供的服务给予的各种形式的报酬以及其他相关支出均应作为企业的成本费用,在未支付之前确认为负债。税法基本允许合理的职工薪酬税前扣除,但税法中如果规定了税前扣除标准,按照会计准则规定计入成本费用支出的金额超过规定标准部分,应进行纳税调整。因超过部分在发生当期不允许税前扣除,在以后期间也不允许税前扣除,即该部分差额对未来期间计税不产生影响,所产生应付职工薪酬的账面价值等于计税基础。

考试方向
考查应付职工薪酬计税基础的确定和计算。

案例 13-9

乙企业 2017 年 12 月计入成本费用的职工工资总额为 4000 万元,至 2017 年 12 月 31 日尚未支付。按照税法规定,当期计入成本费用的 4000 万元工资支出中,可予税前扣除的合理部分为 3000 万元。

【分析】 该项应付职工薪酬负债于 2017 年 12 月 31 日的账面价值为 4000 万元。该项应付职工薪酬负债于 2017 年 12 月 31 日的计税基础 = 账面价值 − 未来期间计算应纳税所得额时按照税法规定可予抵扣的金额 = 4000 − 0 = 4000(万元),该项负债的账面价值 4000 万元与其计税基础 4000 万元相同,不形成暂时性差异。

（四）其他负债

其他负债，如企业应交的罚款和滞纳金等，在尚未支付之前，应按照相关规定确认为费用，同时作为负债反映。税法规定，罚款和滞纳金不能税前扣除，即该部分费用无论是在发生当期还是发生在以后期间均不允许税前扣除，其计税基础为账面价值减去未来期间计税时可予税前扣除的金额 0 之间的差额，即计税基础等于账面价值。其他交易或事项产生的负债，其计税基础的确定应当遵从适用税法的相关规定。

> **案例 13-9**
>
> 丙公司 2017 年 12 月因违反当地有关环保法规的规定，接到环保部门的处罚通知，被罚款 500 万元。税法规定，企业因违反国家有关法律法规支付的罚款和滞纳金，计算应纳税所得额时不允许税前扣除。至 2017 年 12 月 31 日，该项罚款尚未支付。
>
> **【分析】** 本例中，应支付罚款产生的负债账面价值为 500 万元。该项负债的计税基础＝账面价值－未来期间计算应纳税所得额时按照税法规定可予抵扣的金额＝500－0＝500（万元），该项负债的账面价值 500 万元与其计税基础 500 万元相同，不形成暂时性差异。

考试方向
考查行政罚款和滞纳金计税基础的确定和计算。

四、暂时性差异 ★★

根据《企业会计准则第 18 号——所得税》第七条规定，暂时性差异是指资产或负债的账面价值与其计税基础之间的差额。按照暂时性差异对未来期间应税金额的影响，分为应纳税暂时性差异和可抵扣暂时性差异。

（一）应纳税暂时性差异

应纳税暂时性差异是指在确定未来收回资产或清偿负债期间的应纳税所得额时，将导致产生应税金额的暂时性差异。应纳税暂时性差异通常产生于以下情况：

（1）资产的账面价值大于其计税基础。

（2）负债的账面价值小于其计税基础。

> **案例 13-10**
>
> 丁企业持有一项交易性金融资产，成本为 1000 万元，期末公允价值为 1500 万元。
>
> **【分析】** 本例中，期末交易性金融资产的账面价值为 1500 万元，而交易性金融资产的计税基础仍维持 1000 万元不变，该项资产的账面价值 1500 万元大于计税基础 1000 万元，这 500 万元（1500－1000）的差异即为应纳税暂时性差异。

（二）可抵扣暂时性差异

可抵扣暂时性差异是指在确定未来收回资产或清偿负债期间的应纳税所得额时，将导致产生可抵扣金额的暂时性差异。可抵扣暂时性差异通常产生于以下情况：

（1）资产的账面价值小于其计税基础。

（2）负债的账面价值大于其计税基础。

> **案例 13-11**
>
> 2019 年 12 月 1 日，甲公司购入一批生产用原材料，购入时支付的不含税价款为 500 万元，因为 2020 年 1 月底疫情爆发，该企业停产停工，甲企业在 2020 年 1 月 31 日就该批原材料计提了 50 万元的跌价准备。

【分析】 本例中,2020 年 1 月 31 日,该批原材料的账面价值＝500－50＝450(万元)。而税法规定,该项原材料的计税基础不会因存货跌价准备的提取而发生变化,其计税基础为 500 万元。则该资产的账面价值 450 万元小于计税基础 500 万,产生可抵扣暂时性差异＝500－450＝50(万元)。

考试方向

根据具体的业务,考查可抵扣暂时性差异与应纳税暂时性差异的区别。

【**例题 13-1 单选题**】(**2020 年真题**) 2018 年 12 月 31 日,甲公司以银行存款 180 万元外购一台生产用设备并立即投入使用,预计使用年限为 5 年,预计净残值为 30 万元,采用年数总和法计提折旧。当日,该设备的初始入账金额与计税基础一致。根据税法规定,该设备在 2019 年至 2023 年每年可予税前扣除的折旧金额均为 36 万元。不考虑其他因素,2019 年 12 月 31 日,该设备的账面价值与计税基础之间形成的暂时性差异为( )万元。

A. 36   B. 0   C. 24   D. 14

【答案】 D

【名师点睛】 2019 年 12 月 31 日,该设备的账面价值＝180－(180－30)×5÷15＝130(万元),计税基础＝180－36＝144(万元),账面价值小于计税基础,产生可抵扣暂时性差异＝144－130＝14(万元)。

第二节 递延所得税负债和递延所得税资产的确认与计量

本节框架

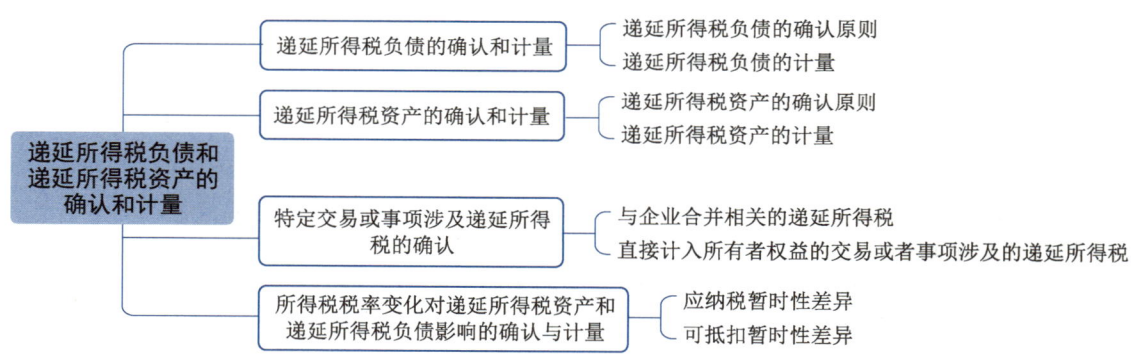

一、递延所得税负债的确认和计量 ★★★

(一)递延所得税负债的确认原则

1. 确认原则

企业在确认因应纳税暂时性差异产生的递延所得税负债时,应遵循以下原则。

除会计准则中明确规定可不确认递延所得税负债的情况以外,企业对于所有的应纳税暂时性差异均应确认相关的递延所得税负债。除与直接计入所有者权益的交易或事项以及企业合并中取得资产、负债相关的以外,在确认递延所得税负债的同时,应增加利润表中的所得税费用。

与应纳税暂时性差异相关的递延所得税负债的确认,体现了会计上的谨慎性原则,即企业进行会计核算时不应高估资产、不应低估负债。

2. 不确认递延所得税负债的特殊情况

有些情况下,虽然资产、负债的账面价值与其计税基础不同,产生了应纳税暂时性差异,但出于各方面考虑,会计准则中规定不确认相应的递延所得税负债,主要包括两种情况。

(1)商誉的初始确认。非同一控制下的企业合并中,企业合并成本大于合并中取得的被购买方可辨认净资产公允价值份额的差额,按照会计准则规定应确认为商誉。因会计与税收的划分标准不同,会计上作为非同一控制下的企业合并,在按照税法规定作为免税合并的情况下,商誉的计税基础为0,其账面价值与计税基础形成应纳税暂时性差异,会计准则规定不确认与其相关的递延所得税负债。

(2)除企业合并以外的其他交易或事项中,如果该项交易或事项发生时既不影响会计利润,也不影响应纳税所得额,则所产生的资产、负债的初始确认金额与其计税基础不同,形成应纳税暂时性差异的,交易或事项发生时不确认相应的递延所得税负债。该规定主要是考虑到由于交易发生时既不影响会计利润,也不影响应纳税所得额,确认递延所得税负债的直接结果是增加有关资产的账面价值或是降低所确认负债的账面价值,使得资产、负债在初始确认时,违背历史成本原则,影响会计信息的可靠性。

案例 13-12

A 企业于 2017 年 12 月 6 日购入某项设备,取得成本为 500 万元,会计上采用年限平均法计提折旧,使用年限为 10 年,净残值为 0。因该资产常年处于强震动状态,所以计税时按双倍余额递减法计列折旧,使用年限及净残值与会计相同。A 企业适用的所得税税率为 25%(假设以后期间保持不变)。假定该企业不存在其他会计与税收处理的差异。

【分析】 本例中,2018 年资产负债表日,该项固定资产按照会计规定计提的折旧额=500÷10=50(万元),计税时允许扣除的折旧额=500×2÷10=100(万元),则该固定资产的账面价值[500-50=450(万元)]与其计税基础[500-100=400(万元)]的差额构成应纳税暂时性差异,A 企业应确认相关的递延所得税负债。

(二)递延所得税负债的计量

根据《企业会计准则第 18 号——所得税》的规定,资产负债表日,对于递延所得税负债,企业应当根据适用税法规定,按照预期收回该资产或清偿该负债期间的适用税率计量。适用税率发生变化的,应对已确认递延所得税负债进行重新计量,除直接在所有者权益中确认的交易或者事项产生的递延所得税负债以外,应当将其影响数计入变化当期的所得税费用。递延所得税负债应以相关应纳税暂时性差异转回期间按照税法规定适用的所得税税率计量。无论应纳税暂时性差异的转回期间如何,相关的递延所得税负债不要求折现。

案例 13-13 沿用 **案例 13-12**

A 企业确认的应纳税暂时性差异=450-400=50(万元),则 A 企业应确认的递延所得税负债的金额=50×25%=12.5(万元),对应的会计处理如下(单位:万元)。

借:所得税费用　　　　　　　　　　　　　　　　　　　12.5
　　贷:递延所得税负债　　　　　　　　　　　　　　　　12.5

考试方向
考查不确认递延所得税负债的两种情况以及递延所得税负债的计量。

【例题13-2 单选题】(2020年真题) 2018年10月18日,甲公司以银行存款3000万元购入乙公司的股票,分类为以公允价值计量且其变动计入当期损益的金融资产。2018年12月31日,该股票投资的公允价值为3200万元,2019年12月31日,该股票投资的公允价值为3250万元。甲公司适用的企业所得税税率为25%。2019年12月31日,该股票投资的计税基础为3000万元。不考虑其他因素,甲公司对该股票投资公允价值变动应确认递延所得税负债的余额为( )万元。

A. 12.5   B. 62.5   C. 112.5   D. 50

【答案】 B

【名师点睛】 交易性金融资产的期末账面价值为3250万元,计税基础为3000万元,产生应纳税暂时性差异余额为250万元(3250−3000),应确认递延所得税负债余额为62.5万元(250×25%)。

二、递延所得税资产的确认和计量 ★★★

(一)递延所得税资产的确认原则

1. 确认的一般原则

(1) 递延所得税资产产生于可抵扣暂时性差异。确认因可抵扣暂时性差异产生的递延所得税资产应以未来期间可能取得的应纳税所得额为限。在可抵扣暂时性差异预期转回的未来期间内,企业无法产生足够的应纳税所得额用以利用可抵扣暂时性差异的影响,使得与可抵扣暂时性差异相关的经济利益无法实现的,不应确认递延所得税资产;企业有明确的证据表明其于可抵扣暂时性差异转回的未来期间能够产生足够的应纳税所得额,进而利用可抵扣暂时性差异的,则应以可能取得的应纳税所得额为限,确认相关的递延所得税资产。

在判断企业于可抵扣暂时性差异转回的未来期间是否能够产生足够的应纳税所得额时,应考虑企业在未来期间通过正常的生产经营活动能够实现的应纳税所得额以及以前期间产生的应纳税暂时性差异在未来期间转回时将增加的应纳税所得额。

(2) 对于按照税法规定可以结转以后年度的未弥补亏损和税款抵减,应视同可抵扣暂时性差异处理。在有关的亏损或税款抵减金额得到税务部门的认可或预计能够得到税务部门的认可且预计可利用未弥补亏损或税款抵减的未来期间内能够取得足够的应纳税所得额时,除准则中规定不予确认的情况外,应当以很可能取得的应纳税所得额为限,确认相应的递延所得税资产,同时减少确认当期的所得税费用。

2. 不确认递延所得税资产的情况

某些情况下,企业发生的某项交易或事项不属于企业合并,并且交易发生时既不影响会计利润也不影响应纳税所得额,且该项交易中产生的资产、负债的初始确认金额与其计税基础不同,产生可抵扣暂时性差异的,所得税准则中规定在交易或事项发生时不确认相应的递延所得税资产。

┌───┐
│ **案例 13-14** 沿用 **案例 13-2**

该三新(开发新技术、新产品、新工艺)支出形成的无形资产的账面价值为1200万元,计税基础为2100万元,形成的暂时性差异=2100−1200=900(万元),但不确认递延所得税资产。因为乙企业的无形资产并非产生于企业合并,并且该无形资产的初始
└───┘

确认既不影响会计利润也不影响应纳税所得额,所以如果确认该无形资产的账面价值与计税基础之间产生暂时性差异的所得税影响,需要调整该项资产的历史成本,违背历史成本计量原则,会影响会计信息的可靠性,准则规定该种情况下不确认相关的递延所得税资产。

(二)递延所得税资产的计量

企业在确认递延所得税资产时,应当以预期收回该资产期间的适用所得税税率为基础计算确定。无论相关的可抵扣暂时性差异转回期间如何,递延所得税资产均不要求折现。企业在确认了递延所得税资产以后,资产负债表日,应当对递延所得税资产的账面价值进行复核。如果未来期间很可能无法取得足够的应纳税所得额用以利用可抵扣暂时性差异带来的利益,应当减记"递延所得税资产"的账面价值。减记的"递延所得税资产",除原确认时计入所有者权益的,其减记金额亦应计入所有者权益外,其他的情况均应增加所得税费用。

因无法取得足够的应纳税所得额利用可抵扣暂时性差异减记递延所得税资产账面价值的,以后期间根据新的环境和情况判断能够产生足够的应纳税所得额利用可抵扣暂时性差异,使得递延所得税资产包含的经济利益能够实现的,应相应恢复递延所得税资产的账面价值。

【例题 13-3 单选题】(2020 年真题) 企业应当在资产负债表日对递延所得税资产的账面价值进行复核。如果未来期间很可能无法取得足够的应纳税所得额用以利用递延所得税资产的利益。应当减记递延所得税资产的账面价值。(   )

【答案】 √

考试方向
考查不确认递延所得税资产的情况以及递延所得税资产的计量。

三、特定交易或事项涉及递延所得税的确认 ★★★

(一)与企业合并相关的递延所得税

在非同一控制下的免税合并中,按照会计准则中的要求确认的被合并方的各项可辨认净资产、负债的账面价值与税法承认的被合并方个别报表中的计税基础不一致,形成的暂时性差异,应确认递延所得税资产或者递延所得税负债,同时调整合并中应予确认的商誉。

(二)直接计入所有者权益的交易或者事项涉及的递延所得税

当期及以前期间直接计入所有者权益的交易或事项相关的当期所得税及递延所得税应当计入所有者权益。直接计入所有者权益的交易或事项主要有:

(1)会计政策变更采用追溯调整法或对前期差错更正采用追溯重述法调整期初留存收益(计入留存收益)。

(2)以公允价值计量且其变动计入其他综合收益的金融资产公允价值的变动金额(计入其他综合收益)。

(3)自用房地产转为采用公允价值模式计量的投资性房地产时公允价值大于原账面价值的差额(计入其他综合收益)。

考试方向
考查与企业合并相关的递延所得税的会计处理。

【例题 13-4 单选题】(经典好题) 甲公司于 2019 年 6 月 12 日自公开市场以每股 10元的价格取得乙公司普通股 200 万股,指定为以公允价值计量且其变动计入其他综合收益的金融资产。2019 年 12 月 31 日,甲公司持有的乙公司普通股市价为每股 12 元。甲公司适用的所得税税率为 25%。假设不考虑其他因素,2019 年 12 月 31 日,甲公司关于上述业务表述正确的是( )。

  A. 产生应纳税暂时性差异 400 万元 B. 确认递延所得税负债 100 万元

  C. 确认所得税费用 100 万元   D. 减少其他综合收益 100 万元

【答案】 ABD

【名师点睛】 该其他权益工具投资公允价值变动导致账面价值和计税基础的差异＝(12－10)×200＝400(万元),产生应纳税暂时性差异 400 万元,确认递延所得税负债＝400×25%＝100(万元),同时确认其他综合收益 100 万元。会计处理为(单位:万元):

  借:其他综合收益   100

    贷:递延所得税负债   100

四、所得税税率变化对递延所得税资产和递延所得税负债影响的确认与计量

考试方向

考查确认递延所得税资产和递延所得税负债时所得税税率的选择。

  因税收法规的变化,导致企业在某一会计期间适用的所得税税率发生变化的,企业应对已确认的递延所得税资产和递延所得税负债按照新的税率进行重新计量。除直接计入所有者权益的交易或事项产生的递延所得税资产及递延所得税负债,相关的调整金额应计入所有者权益以外,其他情况下因税率变化产生的调整金额应确认为税率变化当期的所得税费用(或收益)。

第三节 所得税费用的确认和计量

本节框架

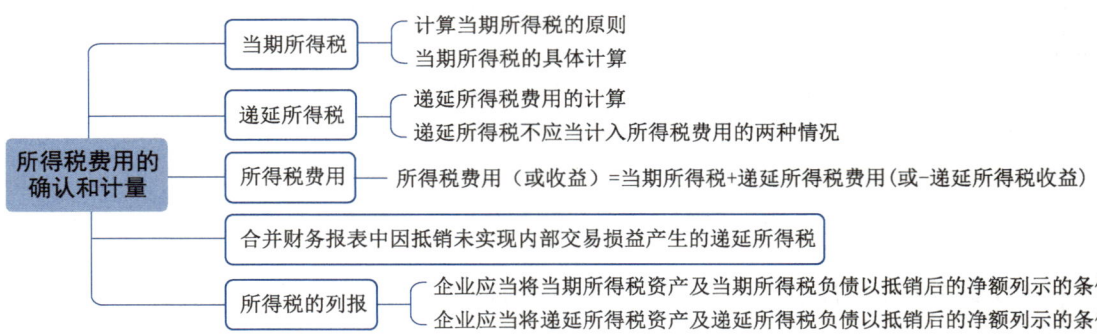

  利润表中的所得税费用由两部分内容构成:一是当期所得税费用(当期应交所得税);二是递延所得税费用,但不包括直接计入所有者权益项目的交易和事项以及企业合并的所得税影响。企业在计算确定当期所得税以及递延所得税费用(或收益)的基础上,应将两者之和确认为利润表中的所得税费用(或收益),但不包括直接计入所有者权益的

交易或事项的所得税影响。计算公式如下：

所得税费用（或收益）＝当期所得税＋递延所得税费用（或－递延所得税收益）

一、 当期所得税

（一）计算当期所得税的原则

当期所得税是指企业按照税法规定计算确定的针对当期发生的交易和事项，应缴纳给税务部门的所得税金额，即应交所得税。当期所得税应以适用的税收法规为基础计算确定，会计处理与税收处理不同的，应在会计利润的基础上，按照适用税收法规的要求进行调整。计算出当期应纳税所得额后，按照应纳税所得额与适用税率计算确定当期应交所得税。如果有依照《企业所得税法》和相关税收优惠规定减征、免征和抵免的应纳税额，还应作相应扣减。

（二）当期所得税的具体计算

一般情况下，应纳税所得额可在会计利润的基础上，考虑会计与税收之间的差异，按照以下公式计算确定：

应纳税所得额＝会计利润＋纳税调增额－纳税调减额

当期所得税＝当期应交所得税＝应纳税所得额×适用的所得税税率

二、 递延所得税（或收益）

递延所得税是指按照会计准则规定应予确认的递延所得税资产和递延所得税负债在会计期末应有的金额相对于原已确认金额之间的差额，即递延所得税资产及递延所得税负债的当期发生额的综合结果。用公式表示即为：

递延所得税＝（期末递延所得税负债－期初递延所得税负债）－（期末递延所得税资产－期初递延所得税资产）

应予说明的是，企业因确认递延所得税资产和递延所得税负债产生的递延所得税，一般应当计入所得税费用，但以下两种情况除外：

（1）某项交易或事项按照会计准则规定应计入所有者权益的，由该交易或事项产生的递延所得税资产或递延所得税负债及其变化亦应计入所有者权益，不构成利润表中的递延所得税费用（或收益）。

（2）企业合并中取得的资产、负债，其账面价值与计税基础不同，应确认相关递延所得税的，该递延所得税的确认影响合并中产生的商誉或是计入合并当期损益的金额，不影响所得税费用。

三、 所得税费用 ★★★

计算确定了当期所得税及递延所得税以后，利润表中应予确认的所得税费用为两者之和，即：

所得税费用（或收益）＝当期所得税＋递延所得税费用（或－递延所得税收益）

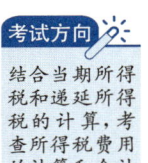

案例 13−15

A 公司 2017 年度利润表中利润总额为 3000 万元,该公司适用的所得税税率为 25%。递延所得税资产及递延所得税负债无期初余额。2017 年,A 公司发生的有关交易和事项中,会计处理与税收处理存在差别的事项如下。

(1) 2017 年 1 月开始计提折旧的一项固定资产,成本为 1500 万元,使用年限为 10 年,净残值为 0,会计处理按双倍余额递减法计提折旧,税收处理按直线法计提折旧。假定税法规定的使用年限及净残值与会计规定相同。

(2) 向关联企业捐赠现金 500 万元。假定按照税法规定,A 公司向关联方的捐赠不允许税前扣除。

(3) 当期取得作为交易性金融资产核算的股票投资成本为 800 万元,2017 年 12 月 31 日的公允价值为 1200 万元。税法规定,以公允价值计量的金融资产持有期间市价变动不计入应纳税所得额。

(4) 违反环保法规定,应支付罚款 250 万元。

(5) 期末对持有的存货计提了 75 万元的存货跌价准备。

【分析】 针对本案例,当期所得税具体分析如下。

2017 年,按照会计的双倍余额递减法,固定资产计提的折旧金额=1500×2÷10=300(万元),但是按照税法规定的直线法计提折旧的金额=1500÷10=150(万元),则需要纳税调增=300−150=150(万元)。向关联企业捐赠现金 500 万元(营业外支出),税法不承认向关联方的捐赠,则需要纳税调增 500 万元。税法不承认交易性金融资产公允价值的变动金额=1200−800=400(万元),则需要纳税调减 400 万元。违反环保法规定,应支付罚款 250 万元,税法规定,企业因违反国家有关法律法规支付的罚款和滞纳金,计算应纳税所得额时不允许税前扣除,也不得结转以后年度扣除,则需要纳税调增 250 万元。期末对持有的存货计提了 75 万元的存货跌价准备,税法不承认存货跌价准备,则需要纳税调增 75 万元。

2017 年度当期应交所得税:

应纳税所得额=3000+150+500−400+250+75=3575(万元)

应交所得税=3575×25%=893.75(万元)

针对本案例,递延所得税具体分析如下:

2017 年年底,固定资产的账面价值=1500−300=1200(万元),计税基础=1500−150=1350(万元),账面价值小于计税基础,产生可抵扣暂时性差异=1350−1200=150(万元),确认递延所得税资产=150×25%=37.5(万元)。2017 年年底,交易性金额资产的账面价值为 1200 万元,计税基础为 800 万元,账面价值大于计税基础,产生应纳税暂时性差异=1200−800=400(万元),确认递延所得税负债=400×25%=100(万元)。2017 年年底,存货因为计提了 75 万元的存货跌价准备,导致账面价值小于计税基础,产生可抵扣暂时性差异 75 万元,确认递延所得税资产=75×25%=18.75(万元)。

2017 年度递延所得税:

递延所得税资产=150×25%+75×25%=56.25(万元)

递延所得税负债=400×25%=100(万元)

递延所得税=(100−0)−(56.25−0)=43.75(万元)

利润表中应确认的所得税费用：

所得税费用＝893.75＋43.75＝937.50（万元）

账务处理如下（单位：万元）：

借：所得税费用   937.50

    递延所得税资产   56.25

    贷：应交税费——应交所得税   893.75

        递延所得税负债   100.00

四、 合并财务报表中因抵销未实现内部交易损益产生的递延所得税

企业在编制合并财务报表时，因抵销未实现内部销售损益导致合并资产负债表中资产、负债的账面价值与其在纳入合并范围的企业按照适用税法规定确定的计税基础之间产生暂时性差异的，在合并资产负债表中应当确认递延所得税资产或递延所得税负债，同时调整合并利润表中的所得税费用，但与直接计入所有者权益的交易或事项及企业合并相关的递延所得税除外。

企业在编制合并财务报表时，按照合并报表的编制原则，应将纳入合并范围的企业之间发生的未实现内部交易损益予以抵销。因此，所涉及的资产负债项目在合并资产负债表中列示的价值与其所属的企业个别资产负债表中的价值会不同，并进而可能产生与有关资产、负债所属个别纳税主体计税基础的不同。从合并财务报表作为一个完整经济主体的角度，企业应当确认由此产生的暂时性差异的所得税影响。

案例 13-16

甲公司拥有乙公司 80％有表决权的股份，能够控制乙公司的生产经营决策。2017年 9 月，甲公司以 800 万元将一批自产产品销售给乙公司。该批产品在甲公司的生产成本为 500 万元。至 2017 年 12 月 31 日，乙公司尚未对外销售该批商品。假定该批商品未发生减值。甲、乙公司适用的所得税税率均为 25％，且在未来期间预计不会发生变化。税法规定，企业的存货以历史成本作为计税基础。

【分析】 针对本案例，具体分析如下（单位：万元）。

（1）甲公司在编制合并财务报表时，对于与乙公司发生的内部交易应进行如下抵销处理：

借：营业收入   800

    贷：营业成本   500

        存货   300

（2）经过上述抵销处理后，该项内部交易中涉及的存货在合并资产负债表中体现的价值为 500 万元。未发生减值的情况下，此金额为出售方的成本，其计税基础为 800万元，两者之间产生了 300 万元可抵扣暂时性差异，与该暂时性差异相关的递延所得税＝300×25％＝75（万元），在乙公司并未确认。为此，甲公司在合并财务报表中应进行以下处理：

借：递延所得税资产   75

    贷：所得税费用   75

考试方向

考查合并报表层次确认递延所得税的处理。

【例题 13-5 判断题】(2020 年真题)　在编制合并财务报表时,抵销母子公司间未实现内部销售损益形成的暂时性差异不应确认递延所得税。(　　　)

【答案】　×

【名师点睛】　合并报表中涉及相关资产的计税基础为其交易价格(出售方的售价),而账面价值为出售方的成本。资产账面价值小于计税基础,形成可抵扣暂时性差异,应确认递延所得税资产。

五、 所得税的列报

企业对所得税的核算结果,除利润表中列示的所得税费用以外,在资产负债表中形成的应交税费(应交所得税)以及递延所得税资产和递延所得税负债应当遵循准则规定进行列报。其中,递延所得税资产和递延所得税负债一般应当分别作为非流动资产和非流动负债在资产负债表中列示,所得税费用应当在利润表中单独列示,同时还应在附注中披露与所得税有关的信息。

1. 当期

同时满足下列条件时,企业应当将当期所得税资产及当期所得税负债以抵销后的净额列示:

(1) 企业拥有以净额结算的法定权利。

(2) 意图以净额结算或取得资产、清偿债务同时进行。

当期所得税资产及当期所得税负债以净额列示,是指当企业实际缴纳的所得税税款大于按照税法规定计算的应交税时,超过部分在资产负债表中应当列示为"其他流动资产";当企业实际缴纳的所得税税款小于按照税法规定计算的应交税时,差额部分应当作为资产负债表中的"应交税费"项目列示。

2. 递延

同时满足下列条件时,企业应当将递延所得税资产及递延所得税负债以抵销后的净额列示:

(1) 企业拥有以净额结算当期所得税资产及当期所得税负债的法定权利。

(2) 递延所得税资产和递延所得税负债是与同一税收征管部门对同一纳税主体征收的所得税相关或者对不同的纳税主体相关,但在未来每一具有重要性的递延所得税资产和递延所得税负债转回的期间内,涉及的纳税主体意图以净额结算当期所得税资产及当期所得税负债或是同时取得资产、清偿债务。

一般情况下,在个别财务报表中,当期所得税资产与负债及递延所得税资产及递延所得税负债可以以抵销后的净额列示。在合并财务报表中,纳入合并范围的企业中,一方的当期所得税资产或递延所得税资产与另一方的当期所得税负债或递延所得税负债一般不能予以抵销,除非所涉及的企业具有以净额结算的法定权利并且意图以净额结算。

同步练习

一、单项选择题

1. 下列各项负债中,其计税基础为 0 的是(   )。

A. 因欠税产生的应交税款滞纳金

B. 因购入存货形成的应付账款

C. 因确认保修费用形成的预计负债

D. 为职工计提的应付养老保险金

2. 2018 年 12 月 31 日,甲公司因交易性金融资产和其他债权投资的公允价值变动,分别确认了 10 万元的递延所得税资产和 20 万元的递延所得税负债。甲公司当期应交所得税的金额为 150 万元。假定不考虑其他因素,该公司 2011 年度利润表"所得税费用"项目应列示的金额为(   )万元。

A. 120   B. 140   C. 160   D. 180

3. 2019 年,甲公司实现利润总额 210 万元,包括 2019 年收到的国债利息收入 10 万元,因违反环保法规被环保部门处以罚款 20 万元。甲公司 2019 年年初递延所得税负债余额为 20 万元,年末余额为 25 万元,上述递延所得税负债均产生于固定资产账面价值与计税基础的差异。甲公司适用的所得税税率为 25%。不考虑其他因素,甲公司 2019 年的所得税费用为(   )万元。

A. 52.5   B. 55   C. 57.5   D. 60

4. 2017 年 12 月 7 日,甲公司以银行存款 600 万元购入一台生产设备并立刻投入使用,该设备取得时的成本与计税基础一致,2018 年度甲公司对该固定资产计提折旧费 200 万元,企业所得税纳税申报时允许税前扣除的折旧额为 120 万元,2018 年 12 月 31 日,甲公司估计该项固定资产的可回收金额为 460 万元,不考虑增值税相关费及其他因素,2018 年 12 月 31 日,甲公司该项固定资产产生的暂时性差异为(   )。

A. 可抵扣暂时性差异 80 万元

B. 应纳税暂时性差异 60 万元

C. 可抵扣暂时性差异 140 万元

D. 应纳税暂时性差异 20 万元

5. 2017 年,甲公司当期应交所得税 15800 万元,递延所得税资产本期净增加 320 万元(其中 20 万元对应其他综合收益),递延所得税负债未发生变化,不考虑其他因素,2017 年利润表应列示的所得税费用金额为(   )万元。

A. 15480   B. 16100   C. 15500   D. 16120

6. 甲公司 2019 年当年及以前适用的所得税税率为 15%,从 2020 年开始所得税税率为 25%。2019 年实现的利润总额为 1000 万元,2019 年当年发生的交易事项中,税会差异有:①以公允价值计量且其变动计入其他综合收益的金融资产 2019 年公允价值上升了 500 万元;②国债利息收益为 100 万元,税法规定国家利息收入免税;③2019 年计提的存货跌价准备为 250 万元。假设 2019 年期初不存在暂时性差异,预计未来期间能够产生足够的应纳税所得用于抵扣可抵扣的暂时性差异。甲公司 2019 年度所得税费用为(   )万元。

A. 35   B. 110   C. 220   D. 172.5

7. 甲公司所得税税率为 25%,于 2017 年 12 月 15 日取得一项固定资产,其初始入账价值为 1000 万元,预计使用年限为 20 年,采用年限平均法计提折旧,预计净残值为 0。税法规定,对于该固定资产采用双倍余额递减法计提折旧,折旧年限、预计净残值和会计相同。则 2019 年 12 月 31 日,该项固定资产应确认的递延所得税负债为(   )万元。

A. 22.5   B. 10   C. 12.5   D. 20

8. 甲公司适用的企业所得税税率为 25%。2019 年 6 月 30 日,甲公司以 3000 万元(不含增值税)的价格购入一套环境保护专用设备,并于当月投入使用。按照企业所得税法的相关规定,甲公司对上述环境保护专用设备投资额的 10% 可以从当年应纳税额中抵免,当年不足抵免的,可以在以后 5 个纳税年度抵免。2019 年度,甲公司实现利润总额 1000 万元。假定甲公司未来 5 年很可能获得足够的应纳税所得额用来抵扣可抵扣亏损和税款抵减,不考虑其他因素,甲公司在 2019 年度利润表中应当列报的所得税费用金额为(   )万元。

A. 0　　　B. 190　　　C. −50　　　D. 250

二、多项选择题

1. 下列各项资产和负债中,因账面价值与计税基础不一致形成暂时性差异的有(　　)。
   A. 使用寿命不确定的无形资产
   B. 已计提减值准备的固定资产
   C. 已确认公允价值变动损益的交易性金融资产
   D. 因违反税法规定应缴纳但尚未缴纳的滞纳金

2. 下列各项中,能够产生应纳税暂时性差异的有(　　)。
   A. 账面价值大于其计税基础的资产
   B. 账面价值小于其计税基础的负债
   C. 超过税法扣除标准的业务宣传费
   D. 按税法规定可以结转以后年度的未弥补亏损

3. 下列关于企业递延所得税负债会计处理的表述中,正确的有(　　)。
   A. 商誉初始确认时形成的应纳税暂时性差异应确认相应的递延所得税负债
   B. 与损益相关的应纳税暂时性差异确认的递延所得税负债应计入所得税费用
   C. 因纳税暂时性差异转回期间超过一年的,相应的递延所得税负债应以现值进行计量
   D. 递延所得税负债以相关应纳税暂时性差异转回期间适用的企业所得税税率计量

4. 下列各项中,将产生可抵扣暂时性差异的是(　　)。
   A. 交易性金融资产公允价值的上升
   B. 国债利息收入
   C. 债券投资的减值
   D. 其他权益工具投资公允价值的下降

5. 固定资产税会差异产生的原因有(　　)。
   A. 折旧方法的不同
   B. 折旧年限的不同
   C. 固定资产减值准备的计提
   D. 预计净残值的不同

6. 下列项目中,一般计税基础和账面价值相等,不存在税会差异的是(　　)。
   A. 短期借款　　　　B. 应付票据
   C. 交易性金融资产　　D. 应付账款

7. 甲公司 2019 年 12 月因违反当地有关环保法规的规定,接到环保部门的处罚通知,被罚款 300 万元。税法规定,企业因违反国家有关法律法规支付的罚款和滞纳金,计算应纳税所得额时不允许税前扣除。至 2019 年 12 月 31 日,该项罚款尚未支付。则下列关于此笔交易产生的暂时性差异的表述中正确的是(　　)。
   A. 不产生暂时性差异
   B. 产生可抵扣暂时性差异 300 万元
   C. 产生应纳税暂时性差异 300 万元
   D. 该负债的计税基础为 300 万元

8. 下列各项中,不确认递延所得税负债的是(　　)。
   A. 商誉的初始确认
   B. 交易产生的应纳税暂时性差异,不是企业合并产生,交易发生时既不影响会计利润也不影响应纳税所得额
   C. 交易性金融资产公允价值的上升
   D. 其他债权投资公允价值的上升

9. 甲企业持有的某项其他权益工具投资,成本为 500 万元,会计期末,其公允价值为 600 万元。该企业适用的所得税税率为 25%。除该事项外,该企业不存在其他会计与税收法规之间的差异,且递延所得税资产和递延所得税负债不存在期初余额。甲公司该项投资的下列表述中,正确的是(　　)。
   A. 确认递延所得税负债 25 万元
   B. 确认所有者费用 25 万元
   C. 确认其他综合收益 25 万元
   D. 确认递延所得税资产 25 万元

三、判断题

1. 非同一控制下的企业合并中,购买日商誉的账面价值大于计税基础产生的应纳税暂时性差异的,应当确认递延所得税负债。　(　　)

2. 税法规定企业为开发新技术、新产品、新工艺发生的研究开发费用,形成无形资产的,按照无形资产成本的 175% 税前摊销,产生的可抵扣暂时性差异,需要确认为递延所得税资产。
　(　　)

3. 企业确认递延所得税资产和递延所得税负债,应该按照企业当期所得税税率计算。　(　　)

4. 企业应当将递延所得税资产及递延所得税负债以抵销以后的净额列报。　(　　)

5. 资产负债表日,有确凿证据表明未来期间很可能获得足够的应纳税所得额来抵扣可抵扣暂时性差异的,企业应当确认以前期间未确认的递延所得税资产,体现了会计谨慎性原则。
　(　　)

四、计算分析题

甲公司适用的企业所得税税率为25%。预计未来期间适用的企业所得税税率不会发生变化,未来期间能够产生足够的应纳税所得额用以抵减可抵扣暂时性差异。

2018年1月1日,甲公司递延所得税资产、递延所得税负债的年初余额均为0。甲公司2018年发生的会计处理与税收处理存在差异的交易或事项如下。

(1)甲公司于2017年12月20日,取得并立即提供给行政管理部门使用的一项初始入账金额为150万元的固定资产,预计使用年限为5年,预计净残值为0。会计处理采用年限平均法计提折旧。该固定资产的计税基础与初始入账金额一致。根据税法规定,2018年,甲公司该固定资产的折旧额能在税前扣除的金额为50万元。

(2)2018年11月5日,甲公司取得乙公司股票20万股,并将其指定为以公允价值计量且其变动计入其他综合收益的金融资产,初始入账金额为600万元。该金融资产的计税基础与初始入账金额一致。2018年12月31日,该股票的公允价值为550万元。税法规定,金融资产的公允价值变动不计入当期应纳税所得额,待转让时一并计入转让当期的应纳税所得额。

(3)2018年12月10日,甲公司因当年偷漏税向税务机关缴纳罚款200万元,税法规定,偷漏税的罚款支出不得税前扣除。甲公司2018年度实现的利润总额为3000万元。

本题不考虑除企业所得税以外的税费及其他因素。

要求(答案中金额单位以万元表示):

(1)计算甲公司于2018年12月31日上述行政管理用固定资产的暂时性差异,判断该差异为应纳税暂时性差异还是可抵扣暂时性差异,并编制确认递延所得税资产或递延所得税负债的会计分录。

(2)计算甲公司于2018年12月31日对乙公司股票投资的暂时性差异,判断该差异为应纳税暂时性差异还是可抵扣暂时性差异,并编制确认递延所得税资产或递延所得税负债的会计分录。

(3)分别计算甲公司2018年度的应纳税所得额和应交企业所得税的金额,并编制相关会计分录。

五、综合题

1. 甲公司适用的企业所得税税率为25%,预计未来期间适用的企业所得税税率不会发生变化,未来期间能够产生足够的应纳税所得额用以抵减可抵扣暂时性差异,甲公司发生的与某专利技术有关的交易或事项如下:

(1)2015年1月1日,甲公司以银行存款800万元购入一项专利技术用于新产品的生产,当日投入使用,预计使用年限为5年,预计净残值为0,采用年限平均法摊销,该专利技术的初始入账金额与计税基础一致,根据税法规定,2015年甲公司该专利技术的摊销额能在税前扣除的金额为160万元。

(2)2016年12月31日,该专利技术出现减值迹象,经减值测试,该专利技术的可收回金额为420万元,预计尚可使用3年,预计净残值为0,仍采用年限平均法摊销。

(3)甲公司2016年度实现的利润总额为1000万元,根据税法规定,2016年甲公司该专利技术的摊销额能在税前扣除的金额为160万元,当年对该专利技术计提的减值准备不允许税前扣除。除该事项外,甲公司无其他纳税调整事项。

本题不考虑除企业所得税以外的税费及其他因素。

要求(答案中金额单位以万元表示):

(1)编制甲公司2015年1月1日取得专利技术的相关会计分录。

(2)计算2015年专利技术的摊销额并编制相关会计分录。

(3)计算甲公司2016年12月31日对专利技术应计提减值准备的金额并编制相关会计分录。

(4)计算2016年甲公司应交企业所得税、递延所得税资产和所得税费用的金额,并编制相关会计分录。

(5)计算甲公司2017年度该专利技术应摊销的金额,并编制相关会计分录。

2. 甲公司2015年年初的递延所得税资产借方余额为50万元,与之对应的预计负债贷方余额为200万元;递延所得税负债无期初余额。

甲公司2015年度实现的利润总额为9520万元,适用的企业所得税税率为25%且预计在未来期间保持不变;预计未来期间能够产生足够的应纳税所得额用以抵扣可抵扣暂时性差异。甲公司 2015 年度发生的有关交易和事项中,会计处理与税收处理存在差异的相关资料如下。

(1) 2015 年 8 月,甲公司向非关联企业捐赠现金 500 万元。

(2) 2015 年 9 月,甲公司以银行存款支付产品保修费用 300 万元,同时冲减了预计负债年初贷方余额 200 万元。2015 年年末,保修期结束,甲公司不再预提保修费。

(3) 2015 年 12 月 31 日,甲公司对应收账款计提了坏账准备 180 万元。

(4) 2015 年 12 月 31 日,甲公司以定向增发公允价值为 10900 万元的普通股股票为对价取得乙公司 100% 有表决权的股份,形成非同一控制下控股合并。假定该项企业合并符合税法规定的免税合并条件,且乙公司选择进行免税处理。乙公司当日可辨认净资产的账面价值为 10000 万元,其中股本 2000 万元,未分配利润 8000 万元;除一批账面价值与计税基础均为 200 万元、公允价值为 360 万元的库存商品外,其他各项可辨认资产、负债的账面价值与其公允价值、计税基础均相同。

假定不考虑其他因素。

要求(答案中金额单位以万元表示):

(1) 计算甲公司 2015 年度的应纳税所得额和应交所得税。

(2) 根据资料(1)至(3),逐项分析甲公司每一交易或事项对递延所得税的影响金额(如无影响,也明确指出无影响的原因)。

(3) 根据资料(1)至(3),逐笔编制甲公司与递延所得税有关的会计分录(不涉及递延所得税的,不需要编制会计分录)。

(4) 计算甲公司 2015 年度利润表中应列示的所得税费用。

(5) 根据资料(4),分别计算甲公司在编制购买日合并财务报表时应确认的递延所得税和商誉的金额,并编制与购买日合并资产负债表有关的调整和抵销分录。

3. 甲公司适用的企业所得税税率为 25%。预计未来期间适用的企业所得税税率不会发生变化,未来期间能够产生足够的应纳税所得额用以抵减可抵扣暂时性差异。2019 年 1 月 1 日,甲公司递延所得税资产、递延所得税负债的年

初余额均为 0。2019 年度,甲公司发生的与股权投资相关的交易或事项如下。

资料一:2019 年 8 月 1 日,甲公司以银行存款 70 万元从非关联方购入乙公司的股票并将其分类为以公允价值计量且其变动计入当期损益的金融资产,当日,该金融资产的初始入账金额与计税基础一致。2019 年 12 月 31 日,该股票投资的公允价值为 80 万元。

资料二:2019 年 9 月 1 日,甲公司以银行存款 900 万元从非关联方购入丙公司的股票并将其指定为以公允价值计量且其变动计入其他综合收益的金融资产,当日,该金融资产的初始入账金额与计税基础一致,2019 年 12 月 31 日,该股票投资的公允价值为 840 万元。

资料三:2019 年 12 月 1 日,甲公司以银行存款 8000 万元从非关联方取得丁公司 30% 的有表决权股份,对丁公司的财务和经营政策具有重大影响,采用权益法核算。当日,丁公司所有者权益的账面价值为 25000 万元,各项可辨认资产、负债的公允价值均与其账面价值相同。该股权投资的初始入账金额与计税基础一致。丁公司 2019 年 12 月实现的净利润为 200 万元。甲公司与丁公司未发生其他交易。甲公司的会计政策、会计期间与丁公司的相同。

根据税法规定,甲公司所持乙公司和丙公司股票的公允价值变动不计入当期应纳税所得额,待转让时将转让收入扣除初始投资成本的差额计入转让当期的应纳税所得额。

本题不考虑除企业所得税以外的税费及其他因素。

要求:"交易性金融资产""其他权益工具投资""长期股权投资"科目应写出必要的明细科目(答案中金额单位以万元表示)。

(1) 编制甲公司 2019 年 8 月 1 日购入乙公司股票的会计分录。

(2) 编制甲公司 2019 年 12 月 31 日持有乙公司股票公允价值变动及递延所得税的会计分录。

(3) 编制甲公司 2019 年 9 月 1 日购入丙公司股票的会计分录。

(4) 编制甲公司 2019 年 12 月 31 日持有丙公司股票公允价值变动及递延所得税的会计分录。

(5) 编制甲公司 2019 年 12 月 1 日取得丁公司

股权的会计分录。

（6）编制甲公司 2019 年 12 月 31 日持有丁公司股权相关的会计分录。

4. 甲公司适用的企业所得税税率为 25%，预计未来期间适用的企业所得税税率不会发生变化，未来期间能够产生足够的应纳税所得额用以抵减可抵扣暂时性差异。2019 年 1 月 1 日，甲公司递延所得税资产的年初余额为 200 万元、递延所得税负债的年初余额为 150 万元。2019 年度，甲公司发生的与企业所得税有关的交易或事项如下。

资料一：2019 年 2 月 1 日，甲公司以银行存款 200 万元购入乙公司的股票并将其分类为以公允价值计量且其变动计入当期损益的金融资产。该金融资产的初始入账金额与计税基础一致。2019 年 12 月 31 日，该股票投资的公允价值为 280 万元。根据税法规定，甲公司持有的乙公司股票当期的公允价值变动不计入当期应纳税所得额，待转让时将转让收入扣除初始投资成本的差额计入转让当期的应纳税所得额。

资料二：2019 年度，甲公司在自行研发 A 新技术的过程中发生支出 500 万元。其中满足资本化条件的研发支出为 300 万元。至 2019 年 12 月 31 日，A 新技术研发活动尚未结束，税法规定，企业费用化的研发支出在据实扣除的基础上再加计 75% 税前扣除。资本化的研发支出按资本化金额的 175% 确定应予税前摊销扣除的金额。

资料三：2019 年 12 月 31 日，甲公司成本为 90 万元的库存 B 产品出现减值迹象。经减值测试，其可变现净值为 80 万元。在此之前，B 产品未计提存货跌价准备。该库存 B 产品的计税基础与成本一致。税法规定，企业当期计提的存货跌价准备不允许当期税前扣除。在发生实质性损失时可予税前扣除。

资料四：2019 年，甲公司通过某县民政局向灾区捐赠 400 万元。税法规定，企业通过县级民政局进行慈善捐赠的支出，在年度利润总额 12% 以内的部分准予在当期税前扣除；超过年度利润总额 12% 的部分，准予在未来 3 年内税前扣除。甲公司 2019 年度的利润总额为 3000 万元。本题不考虑除企业所得税以外的税费及其他因素。

要求（答案中金额单位以万元表示）：

（1）分别编制甲公司 2019 年 12 月 31 日对乙公司股票投资按公允价值计量及其对所得税影响的会计分录。

（2）判断甲公司 2019 年 12 月 31 日 A 新技术研发支出的资本化部分形成的是应纳税暂时性差异还是可抵扣暂时性差异，并判断是否需要确认递延所得税资产。

（3）分别编制甲公司 2019 年 12 月 31 日对库存 B 产品计提减值准备及其对所得税影响的会计分录。

（4）计算 2019 年的捐赠支出所产生的暂时性差异的金额，并判断是否需要确认递延所得税资产。

（5）分别计算甲公司 2019 年 12 月 31 日递延所得税负债的余额和递延所得税资产的余额。

参考答案及解析

一、单项选择题

1.【答案】 C

【解析】 资产的计税基础为以后期间可以税前扣除的金额，负债的计税基础为负债账面价值减去以后可以税前列支的金额。选项 C，企业因保修费用确认的预计负债，税法允许在以后实际发生时税前扣除，即该预计负债的计税基础＝其账面价值－未来期间税前可扣除的金额＝0。

2.【答案】 B

【解析】 所得税费用＝150－10＝140（万元）

分录为（单位：万元）：

借：所得税费用　　　　　　　140
　　递延所得税资产　　　　　　10
　　其他综合收益　　　　　　　20
　　贷：递延所得税负债　　　　　　20
　　　　应交税费——应交所得税　150

3.【答案】 B

【解析】 甲公司2019年应交所得税＝（210－10＋20）×25%－（25－20）＝50（万元），确认所得税费用50万元；确认递延所得税费用＝25－20＝5（万元）。故甲公司2019年确认的所得税费用＝50＋5＝55（万元）。

4.【答案】 A

【解析】 2018年年末固定资产账面价值＝600－200＝400（万元），计税基础＝600－120＝480（万元），资产账面价值小于计税基础，形成可抵扣暂时性差异80万元。

5.【答案】 C

【解析】 2017年，利润表应列示的所得税费用＝应交所得税＋递延所得税费用＝15800－（320－20）＝15500（万元）。

6.【答案】 B

【解析】 以公允价值计量且其变动计入其他综合收益的金融资产公允价值上升500万元，导致的税会差异500万元，影响的是其他综合收益，不影响利润总额；2019年当期应交所得税＝（1000＋250－100）×15%＝172.5（万元）；2019年所得税费用＝172.5－250×25%＝110（万元）。

7.【答案】 B

【解析】 2018年12月31日，该固定资产的账面价值＝1000－1000÷20＝950（万元），双倍余额递减法计提折旧，2018年的折旧额＝1000×2÷20＝100（万元），2018年该固定资产的计税基础＝1000－100＝900（万元），账面价值950万元大于计税基础900万元，产生应纳税暂时性差异50万元，确认递延所得税负债＝50×25%＝12.5（万元）；2019年12月31日，该固定资产的账面价值＝1000－1000÷20×2＝900（万元），双倍余额递减法计提折旧，2019年的折旧额＝（1000－100）×2÷20＝90（万元），则2019年12月31日，该固定资产的计税基础＝1000－100－90＝810（万元），账面价值900万元大于计税基础810万元，产生应纳税暂时性差异，递延所得税负债应有余额＝（900－810）×25%＝22.5（万元），则2019年当期应该确认的递延所得税负债＝22.5－12.5＝10（万元）。

8.【答案】 C

【解析】 税法规定甲公司可以对环保设备的

投资额的10%从应纳税额中抵免，则可以抵免的应纳税额＝3000×10%＝300（万元），当年的利润总额产生的应纳税额＝1000×25%＝250（万元），小于可以抵免的金额300万元，有50万元可以在以后年度抵免，所以当年的应交所得税为0，递延所得税资产为50万元，则所得税费用＝应交所得税＋递延所得税＝－50（万元）。

二、多项选择题

1.【答案】 ABC

【解析】 选项A，使用寿命不确定的无形资产会计上不计提摊销，但税法规定会按一定方法进行摊销，会形成暂时性差异；选项B，企业计提的资产减值准备在发生实质性损失之前税法不承认，因此不允许税前扣除，会形成暂时性差异；选项C，交易性金融资产持有期间公允价值的变动税法上不承认，会形成暂时性差异；选项D，因违反税法规定应缴纳但尚未缴纳的滞纳金是企业的负债，税法不允许扣除，是永久性差异，不产生暂时性差异。

2.【答案】 AB

【解析】 资产的账面价值大于其计税基础，负债的账面价值小于其计税基础，产生应纳税暂时性差异，选项AB均正确。选项CD产生的均为可抵扣暂时性差异。

3.【答案】 BD

【解析】 选项A，商誉初始确认时形成的应纳税暂时性差异不应确认递延所得税负债；选项C，无论应纳税暂时性差异转回期间如何，递延所得税负债都不要求折现。

4.【答案】 CD

【解析】 选项A，产生应纳税暂时性差异；选项B，国债利息不产生暂时性差异。

5.【答案】 ABCD

6.【答案】 ABD

【解析】 一般而言，短期借款、应付票据、应付账款、其他应付款等负债的确认和偿还，不会对当期损益和应纳税所得额产生影响，其计税基础即为账面价值。

7.【答案】 AD

【解析】 应支付罚款产生的负债账面价值为300万元。该项负债的计税基础＝账面价值－未来期间计算应纳税所得额时按照税法规定可予抵扣的金额＝300－0＝300（万元），则不产生暂时性差异。

8.【答案】 AB

【解析】 选项CD,应该确认递延所得税负债。

9.【答案】 AC

【解析】 期末在确认100万元的公允价值变动时,账务处理如下(单位:万元):

借:其他权益工具投资 　　　　100
　　贷:其他综合收益 　　　　　　100

确认应纳税暂时性差异的所得税影响时(单位:万元):

借:其他综合收益 　　　　25
　　贷:递延所得税负债 (100×25％)25

三、判断题

1.【答案】 ×

【解析】 非同一控制下的企业合并中,购买日商誉的账面价值大于计税基础产生的应纳税暂时性差异,不应确认递延所得税负债,因企业合并成本固定,若确认递延所得税负债,则会减少被购买方可辨认净资产公允价值,增加商誉,由此进入不断循环。

2.【答案】 ×

【解析】 无形资产的确认不是产生于企业合并交易,同时在确认时既不影响会计利润也不影响应纳税所得额,按照所得税会计准则的规定,不确认该暂时性差异的所得税影响。

3.【答案】 ×

【解析】 企业应当根据适用税法规定,按照预期收回该资产或清偿该负债期间的适用税率计量。

4.【答案】 ×

【解析】 同时满足以下条件时,企业应当将递延所得税资产与递延所得税负债以抵销后的净额列示:①企业拥有以净额结算当期所得税资产及当期所得税负债的法定权利;②递延所得税资产及递延所得税负债是与同一税收征管部门对同一纳税主体征收的所得税相关或者是对不同的纳税主体相关,但在未来每一具有重要性的递延所得税资产及递延所得税负债转回的期间内,涉及的纳税主体意愿以净额结算当期所得税资产和当期所得税负债或是同时取得资产、清偿负债。

5.【答案】 √

四、计算分析题

【答案】 (1)2018年12月31日,该固定资产的账面价值=150-150÷5=120(万元),计税基础=150-50=100(万元),该资产的账面价值大于计税基础,产生应纳税暂时性差异20万元(120-100),应确认递延所得税负债=20×25％=5(万元)。

借:所得税费用 　　　　5
　　贷:递延所得税负债 　　　　5

(2)2018年12月31日,该金融资产的账面价值为期末公允价值550万元,计税基础为初始取得的成本600万元,账面价值小于计税基础,产生可抵扣暂时性差异50万元(600-550),应确认递延所得税资产=50×25％=12.5(万元)。

借:递延所得税资产 　　　　12.5
　　贷:其他综合收益 　　　　12.5

(3)2018年度的应纳税所得额=3000(利润总额)-20(因固定资产产生的应纳税暂时性差异)+200(罚款)=3180(万元)
当期应交所得税=3180×25％=795(万元)

借:所得税费用 　　　　795
　　贷:应交税费——应交所得税 　　　795

五、综合题

1.【答案】 (1)甲公司2015年1月1日取得专利技术:

借:无形资产 　　　　800
　　贷:银行存款 　　　　800

(2)2015年专利技术的摊销额=800÷5=160(万元)

借:制造费用 　　　　160
　　贷:累计摊销 　　　　160

(3)甲公司2016年12月31日对专利技术应计提减值准备的金额=(800-160×2)-420=60(万元)

借:资产减值损失 　　　　60
　　贷:无形资产减值准备 　　　60

(4)应交所得税=应纳税所得额×所得税税率=(利润总额+纳税调整增加额-纳税调整减少额)×所得税税率=(1000+60)×25％=265(万元)

递延所得税资产＝60×25％＝15(万元)

所得税费用＝当期所得税＋递延所得税费用＝265－15＝250(万元)

借：递延所得税资产　　　　　　15
　　所得税费用　　　　　　　　250
　　贷：应交税费——应交所得税　265

(5) 甲公司2017年度该专利技术应摊销的金额＝420÷3＝140(万元)

借：制造费用　　　　　　　　　140
　　贷：累计摊销　　　　　　　　140

2.【答案】　(1) 2015年度的应纳税所得额＝9520＋500－200＋180＝10000(万元)

2015年度的应交所得税＝10000×25％＝2500(万元)

(2) 资料(1)，对递延所得税无影响。

分析：非公益性现金捐赠，本期不允许税前扣除，未来期间也不允许抵扣，未形成暂时性差异，形成永久性差异，不确认递延所得税资产。

资料(2)，转回递延所得税资产50万元。

分析：2015年年末保修期结束，不再预提保修费，本期支付保修费用300万元，冲减预计负债年初余额200万元，因期末不存在暂时性差异，需要转回原确认的递延所得税资产50万元(200×25％)。

资料(3)，确认递延所得税资产45万元。

分析：税法规定，尚未实际发生的预计损失不允许税前扣除，待实际发生损失时才可以抵扣，因此本期计提的坏账准备180万元形成可抵扣暂时性差异，确认递延所得税资产45万元(180×25％)。

(3) 资料(1)：不涉及递延所得税的处理。

资料(2)：

借：所得税费用　　　　　　　　50
　　贷：递延所得税资产　　　　　　50

资料(3)：

借：递延所得税资产　　　　　　45
　　贷：所得税费用　　　　　　　　45

(4) 当期所得税(应交所得税)＝10000×25％＝2500(万元)

递延所得税费用＝50－45＝5(万元)

2015年度所得税费用＝当期所得税＋递延所得税费用＝2500＋5＝2505(万元)

(5) 购买日合并财务报表中应确认的递延所得税负债＝(360－200)×25％＝40(万元)

商誉＝合并成本－购买日应享有被购买方可辨认净资产公允价值(考虑递延所得税后)的份额＝10900－(10000＋160－40)×100％＝780(万元)

调整和抵销分录：

借：存货　　　　　　　　　　　160
　　贷：资本公积　　　　　　　　160

借：资本公积　　　　　　　　　40
　　贷：递延所得税负债　　　　　40

借：股本　　　　　　　　　　2000
　　未分配利润　　　　　　　8000
　　资本公积　　　　　　　　120
　　商誉　　　　　　　　　　780
　　贷：长期股权投资　　　　10900

3.【答案】　(1) 借：交易性金融资产——成本
　　　　　　　　　　　　　　　70
　　　　贷：银行存款　　　　　70

(2) 借：交易性金融资产——公允价值变动
　　　　　　　　　(80－70)10
　　　贷：公允价值变动损益　　10

借：所得税费用　　(10×25％)2.5
　　贷：递延所得税负债　　　　2.5

(3) 借：其他权益工具投资——成本
　　　　　　　　　　　　　900
　　　贷：银行存款　　　　　900

(4) 借：其他综合收益(900－840)60
　　　贷：其他权益工具投资——公允价值变动　　　　　　　　　60

借：递延所得税资产　(60×25％)15
　　贷：其他综合收益　　　　15

(5) 借：长期股权投资——投资成本
　　　　　　　　　　　　80000
　　　贷：银行存款　　　　80000

(6) 借：长期股权投资——损益调整
　　　　　　　　(200×30％)60
　　　贷：投资收益　　　　　60

4.【答案】　(1) 借：交易性金融资产——公允价值变动　　　　　　　　80
　　　贷：公允价值变动损益
　　　　　　　　　　　　　　80

借：所得税费用   20
　　贷：递延所得税负债   20

（2）甲公司 2019 年 12 月 31 日 A 新技术研发支出资本化部分账面价值为 300 万元，计税基础＝300×175%＝525（万元），形成的是可抵扣暂时性差异，但不确认递延所得税资产。

理由：为开发新技术，新产品、新工艺自行研发的无形资产，在初始计量时既不属于企业合并，也不影响应纳税所得额，产生的可抵扣暂时性差异属于不确认递延所得税资产的特殊情形。

（3）2019 年 12 月 31 日：

借：资产减值损失   10
　　贷：存货跌价准备   10

借：递延所得税资产   2.5
　　贷：所得税费用   2.5

（4）2019 年的捐赠支出所产生的暂时性差异金额＝400－3000×12%＝40（万元），应确认递延所得税资产的金额＝40×25%＝10（万元）。

（5）2019 年 12 月 31 日，递延所得税资产余额＝200＋2.5＋10＝212.5（万元），递延所得税负债余额＝150＋20＝170（万元）。

第十四章
外币折算

考情回顾

本章属于难度一般的章节,考试主要以客观题为主,考试分值为 $1\sim3$ 分,预计今年考试仍以客观题为主,出计算分析题的概率比较小。本章主要考查企业在选择记账本位币时应当考虑的因素、企业收到投资者以外币投入的资本的会计处理、外币货币性项目和非货币项目的会计处理、境外经营财务报表折算和境外经营的处置的处理。

考试变化

本章无实质性变化。

本章内容

第一节　外币交易的会计处理
第二节　外币财务报表的折算

第一节　外币交易的会计处理

本节框架

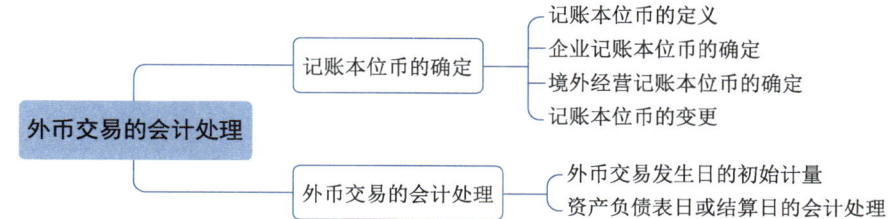

一、记账本位币的确定

（一）记账本位币的定义

记账本位币，是指企业经营所处的主要经济环境中的货币（基本可以认定为记账的币种）。

（二）企业记账本位币的确定★★

我国企业通常应选择人民币作为记账本位币。业务收支以人民币以外的货币为主的企业，可以按规定选定其中一种货币作为记账本位币，但是编报的财务报表应当折算为人民币。

知识链接▶ 外币是企业记账本位币以外的货币。外币交易，是指以外币计价或者结算的交易，包括买入或者卖出以外币计价的商品或者劳务、借入或者借出外币资金和其他以外币计价或者结算的交易。

选择记账本位币的考虑因素：

（1）该货币主要影响商品和劳务的销售价格，通常以该货币进行上述费用的计价和结算。

（2）该货币主要影响商品和劳务所需人工、材料和其他费用，通常以该货币进行商品和劳务的计价和结算。

（3）融资活动获得的货币以及保存从经营活动中收取款项所使用的货币。

提示▶记账本位币的选择因素：影响价格、影响成本、影响融资。企业在选择记账本位币的时候，应当根据企业具体情况不同而定，一般综合考虑前两个因素（价格和成本），但是有些情况下，仅根据收支情况难以确定记账本位币，企业需要进一步结合第三个因素综合分析后做出选择。

考试方向
考查选择记账本位币时应考虑的三个因素。

【例题 14-1 多选题】（2019 年真题）　下列各项中，属于企业在选择记账本位币时应当考虑的因素有（　　）。

A. 融资活动获得的币种

B. 保存从经营活动中收取款项所使用的币种

C. 销售商品时计价和结算使用的币种

D. 结算职工薪酬通常使用的币种

【答案】 ABCD

(三) 境外经营记账本位币的确定★★

境外经营有两个方面的含义：一是指企业在境外的子公司、合营企业、联营企业、分支机构；二是指企业在境内的子公司、联营企业、合营企业或者分支机构，选定的记账本位币与企业的记账本位币不同的，也应当视同境外经营。

境外经营是否需要选择与企业相同的记账本位币，还应考虑以下几个因素。

（1）境外经营对其所从事的活动是否拥有很强的自主性。如果境外经营所从事的活动拥有极大的自主性，就不能选择与企业相同的记账本位币；反之，应选择与企业相同的记账本位币。

（2）境外经营活动中与企业的交易是否在境外经营活动中占有较大比重。如果境外经营活动中与企业的交易占的比重较高，应当选择与企业相同的记账本位币；反之，应选择其他货币。

（3）境外经营活动产生的现金流量是否直接影响企业的现金流、是否可以随时汇回。如果境外经营活动产生的现金流量直接影响企业的现金流，且可以随时汇回，应当选择与企业相同的记账本位币；反之，应选择其他货币。

（4）境外经营活动产生的现金流量是否足以偿还现有债务和可预期的债务。如果境外经营活动产生的现金流量难以偿还其债务，应当选择与企业相同的记账本位币；反之，应选择其他货币。

提示 ▶ 自主性是否强、关联性是否大、是否可以及时回流、是否足够偿还债务。众多因素中优先考虑前两个因素。

考试方向 考查境外经营记账本位币选择时应当考虑的因素。

【例题 14-2 判断题】(2015 年真题) 在企业不提供资金的情况下，境外经营活动产生的现金流量难以偿还其现有债务和正常情况下可预期债务的，境外经营应当选择与企业记账本位币相同的货币作为记账本位币。( )

【答案】 √

(四) 记账本位币的变更★★

企业记账本位币一经确定，不得随意变更，除非与确定记账本位币相关的企业经营所处的主要经济环境发生重大变化。

企业因经营所处的主要经济环境发生重大变化，确需变更记账本位币的，应当采用变更当日的即期汇率将所有项目折算为变更后的记账本位币，折算后的金额作为以新的记账本位币计量的历史成本，由于采用同一即期汇率进行折算，不会产生汇兑差额。

考试方向 考查记账本位币变更的适用情形以及会计处理原则。

企业需要提供确凿的证据证明企业经营所处的主要经济环境确实发生了重大变化，并应当在附注中披露变更的理由。企业记账本位币发生变更的，在按照变更当日的即期汇率将所有项目折算为变更后的记账本位币时，其比较财务报表应当以可比当日的即期汇率折算所有资产负债表和利润表项目。

二、外币交易的会计处理

（一）外币交易发生日的初始确认

外币交易应当在初始确认时，采用交易发生日的即期汇率将外币金额折算为记账本位币金额；也可以采用按照系统合理的方法确定的、与交易发生日即期汇率近似的汇率。

《〈企业会计准则第 19 号——外币折算〉解释》规定，即期汇率通常是指中国人民银行公布的当日人民币外汇牌价的中间价。企业发生的外币兑换业务或涉及外币兑换的交易事项，应当以交易实际采用的汇率，即银行买入价或者卖出价折算。

即期汇率近似汇率是按照系统合理的方法确定的、与交易发生日即期汇率近似的汇率，通常是指当期平均汇率或加权平均汇率等。通常情况下，企业应当采用即期汇率进行折算。汇率波动不大的，也可以采用按照系统合理的方法确定的、与交易发生日即期汇率近似的汇率折算，但前后各期应当采用相同的方法确定当期的近似汇率。

企业收到投资者以外币投入的资本，采用交易日即期汇率折算，不采用合同约定汇率折算。外币投入资本与相应的货币性项目的记账本位币金额之间不产生外币资本折算差额。

案例 14-1

甲公司属于增值税一般纳税人，记账本位币为人民币，其外币交易采用交易日即期汇率折算。2019 年 5 月，发生如下外币业务：5 月 5 日，甲公司从国外乙公司购入某原材料，货款为 500000 美元，当日的即期汇率为 1 美元＝6.17 人民币元，按照规定应缴的进口关税为 200000 人民币元，支付进口增值税为 401050 人民币元，货款尚未支付，进口关税及增值税已由银行存款支付。

【分析】 甲公司账务处理为：

借：原材料　　　　　　　　　　（500000×6.17＋200000）3285000
　　应交税费——应交增值税（进项税额）　　　　　　　401050
　　贷：应付账款——乙公司（美元）　　　　　　　　　　3285000
　　　　银行存款　　　　　　　　　　　　　　　　　　　401050

案例 14-2

M 公司用人民币购入 1 万美元，当日银行挂牌买价为 1：6.2，银行挂牌卖价为 1：6.6，中间价为 1：6.4。

【分析】 M 公司买入美元，站在银行的角度是卖出美元，所以兑换所用的汇率为银行的卖出价，而通常记账所用的即期汇率为中间价，汇率变动产生的汇兑差额＝6.6－6.4＝0.2（万人民币元），账务处理如下（单位：万人民币元）：

借：银行存款［美元（即期汇率）］　　　　　　　　　　6.4
　　财务费用——汇兑差额　　　　　　　　　　　　　　0.2
　　贷：银行存款［人民币（卖出价）］　　　　　　　　　6.6

案例 14-3

甲公司的记账本位币为人民币，其外币交易采用交易日即期汇率折算。2019 年 8

月,甲公司为增资扩股与某外商签订投资合同,当日收到外商投入资本 100 万美元,当日的即期汇率为 1 美元＝6.89 人民币元,形成 650 万人民币元的实收资本。投资合同约定的汇率为 1 美元＝6.85 人民币元。

甲公司账务处理为如下(单位:万人民币元):

借:银行存款(美元)　　　　　　　　　　　　　　　　　　(100×6.89)689
　　贷:实收资本——某外商　　　　　　　　　　　　　　　　　　650
　　　　资本公积——资本溢价　　　　　　　　　　　　　　　　　39

考试方向
考查外币交易在初始确认时的会计处理。

【例题 14-3 单选题】(2014 年真题) 企业将收到的投资者以外币投入的资本折算为记账本位币时,应采用的折算汇率是( )。

A. 投资合同约定的汇率　　　　　　　B. 投资合同签订时的即期汇率

C. 收到投资款时的即期汇率　　　　　D. 收到投资款当月的平均汇率

【答案】 C

【名师点睛】 企业接受外币资本投资的,只能采用收到投资当日的即期汇率折算,不得采用合同约定汇率,也不得采用即期汇率的近似汇率折算。

【例题 14-4 单选题】(2019 年真题) 甲企业的记账本位币为人民币,2018 年分次收到某投资者以美元投入的资本 2000 万美元,投资活动约定的汇率为 1 美元＝6.94 人民币元。其中 2018 年 12 月 10 日收到第一笔投资 1000 万美元,当日的即期汇率为 1 美元＝6.93 人民币元;2018 年 12 月 20 日,收到第二笔投资 1000 元美元,当日的即期汇率为 1 美元＝6.96 人民币元。2018 年 12 月 31 日的即期汇率为 1 美元＝6.95 人民币元。2018 年 12 月 31 日,甲企业资产负债表中该投资者的所有者权益金额为人民币( )万元。

A. 13890　　　　B. 13880　　　　C. 13900　　　　D. 13700

【答案】 A

【名师点睛】 资产负债表中该投资者的所有者权益金额＝1000×6.93＋1000×6.96＝13890(万元)

(二) 资产负债表日或结算日的会计处理

1. 外币货币性项目

货币性项目,是指企业持有的资金和将以固定或可确定的金额的货币收取的资产或者偿付的负债。货币性资产包括库存现金、银行存款、应收账款、其他应收款、长期应收款等;货币性负债包括应付账款、其他应付款、短期借款、应付债券、长期借款、长期应付款等。外币货币性项目采用资产负债表日即期汇率折算。因资产负债表日即期汇率与初始确认时或者前一资产负债表日即期汇率不同而产生的汇兑差额,计入当期损益。

案例 14-4

甲公司记账本位币为人民币,其外币交易采用交易日即期汇率折算。2019 年 5 月,甲公司发生如下外币业务:

(1) 5 月 10 日,甲公司向国外丙公司出口销售商品一批,根据销售合同,货款共计 100 万欧元,当日的即期汇率为 1 欧元＝9.05 人民币元。假定不考虑增值税等相关税费,货款尚未收到。

甲公司账务处理为(单位:万人民币元):

借:应收账款——丙公司(欧元)　　　　　　　　　　　(100×9.05)905
　　贷:主营业务收入——出口商品　　　　　　　　　　　　　　905

(2) 5月31日,甲公司仍未收到丙公司购货款,当日的即期汇率为1欧元=9.08人民币元,针对此外币应收账款的期末汇总损益的会计处理如下(单位:万人民币元):

借:应收账款——丙公司(欧元)　　　　　　　　[100×(9.08-9.05)]3
　　贷:财务费用——汇兑差额　　　　　　　　　　　　　　　　3

(3) 假定6月25日,甲公司收到上述货款,兑换成人民币直接存入银行,当日银行的欧元买入价为1欧元=9.28人民币元。

甲公司账务处理为(单位:万人民币元):

借:银行存款(人民币)　　　　　　　　　　　　　　　(100×9.28)928
　　贷:应收账款——丙公司(欧元)　　　　　　　　　　　　　908
　　　　财务费用　　　　　　　　　　　　　　　　　　　　　20

(4) 5月23日,甲公司从银行借入200万英镑,期限为6个月,年利率为5%(等于实际利率),借入的英镑暂存银行。借入当日的即期汇率为1英镑=9.53人民币元。

甲公司账务处理为(单位:万人民币元):

借:银行存款(英镑)　　　　　　　　　　　　　　　　　　　1906
　　贷:短期借款(英镑)　　　　　　　　　　　　　　　　　　1906

(5) 若5月31日即期汇率为1英镑=9.75人民币元,针对此外币短期借款的期末汇总损益的会计处理如下(单位:万人民币元):

借:财务费用　　　　　　　　　　　　　　　　　　　　　　　44
　　贷:短期借款(英镑)　　　　　　　　　　　　[(9.75-9.53)×200]44

案例14-5

2018年1月1日,甲公司从境外采购一批原材料,价款为300000美元,合同约定1个月后付款,当日即期汇率为1美元=6.77人民币元。2018年3月31日,甲公司尚未向乙公司支付所欠货款300000美元,当日即期汇率为1美元=6.8人民币元。则对该笔交易产生的外币货币性项目"应付账款"采用期末即期汇率进行折算,折算为记账本位币2040000人民币元(300000×6.8),与其原记账本位币2031000人民币元(300000×6.77)之间差9000人民币元计入当期损益。

甲公司账务处理如下:

借:财务费用——汇兑差额　　　　　　　　　　　　　　　　9000
　　贷:应付账款——乙公司(美元)　　　　　　　(2040000-2031000)9000

【例题14-5 单选题】(2017年真题)　甲公司以人民币作为记账本位币。2016年12月31日,即期汇率为1美元=6.94人民币元,甲公司银行存款美元账户借方余额为1500万美元,"应付账款"美元账户贷方余额为100万美元。两者在汇率变动调整前折算的人民币余额分别为10350万人民币元和690万人民币元。不考虑其他因素。2016年12月

31 日因汇率变动对甲公司 2016 年 12 月营业利润的影响为(　　)。

A. 增加 56 万人民币元　　　　　　　　B. 减少 64 万人民币元

C. 减少 60 万人民币元　　　　　　　　D. 增加 4 万人民币元

【答案】　A

【名师点睛】　银行存款的汇兑差额＝1500×6.94－10350＝60(万人民币元)(汇兑收益),应付账款的汇兑差额＝100×6.94－690＝4(万人民币元)(汇兑损失),所以,因汇率变动导致甲公司增加的营业利润＝60－4＝56(万人民币元)。

【例题 14-6 单选题】(2020 年真题)　甲公司的记账本位币为人民币,其外币交易采用交易日的即期汇率折算。2019 年 11 月 1 日,甲公司向中国银行借入期限为 3 个月、年利率为 2.4％的 1000 万美元,当日即期汇率为 1 美元＝6.9 人民币元。甲公司对该美元借款每月末计提利息,到期一次还本付息。2019 年 11 月 30 日的即期汇率为 1 美元＝6.92人民币元,2019 年 12 月 31 日的即期汇率为 1 美元＝6.95 人民币元。甲公司该美元借款的借款费用不满足资本化条件。该美元借款对甲公司 2019 年度营业利润的影响金额为(　　)万人民币元。

A. 47.68　　　　　　B. 77.68　　　　　　C. 77.8　　　　　　D. 50

【答案】　C

【名师点睛】　甲公司相关账务处理(单位:万人民币元):

2019 年 11 月 1 日:

借:银行存款　　　　　　　　　　　　　　　　　　　　(1000×6.9)6900

　　贷:短期借款　　　　　　　　　　　　　　　　　　　　　　　　　　6900

2019 年 11 月 30 日,计提月利息:

借:财务费用　　　　　　　　　　　　　　　　(1000×2.4％×1/12×6.92)13.84

　　贷:应付利息　　　　　　　　　　　　　　　　　　　　　　　　　13.84

本金的汇兑差额:

借:财务费用　　　　　　　　　　　　　　　　　　[1000×(6.92－6.9)]20

　　贷:短期借款　　　　　　　　　　　　　　　　　　　　　　　　　　20

2019 年 12 月 31 日,计提月利息:

借:财务费用　　　　　　　　　　　　　　　　(1000×2.4％×1/12×6.95)13.9

　　贷:应付利息　　　　　　　　　　　　　　　　　　　　　　　　　13.9

本金和利息的汇兑差额:

借:财务费用[1000×(6.95－6.92)＋1000×2.4％×1/12×(6.95－6.92)＋1000×2.4％×

　　　　　　　　　　　　　　　　　　　1/12×(6.95－6.95)]30.06

　　贷:短期借款　　　　　　　　　　　　　　　　　　　　　　　　　　30

　　　　应付利息　　　　　　　　　　　　　　　　　　　　　　　　　0.06

综上所述,该美元借款对甲公司 2019 年度营业利润的影响金额＝13.84＋20＋13.9＋30.06＝77.8(万人民币元)。

【例题 14-7 判断题】(2020 年真题) 外币货币性资产项目的汇兑差额,企业应当计入当期损益。(　　)

【答案】 √

2. 外币非货币性项目

非货币性项目是指货币性项目以外的项目,通常包括存货、长期股权投资、以公允价值计量且其变动计入当期损益的金融资产(股票、基金等)、固定资产、无形资产等。

(1) 对于以历史成本计量的外币非货币性项目,在交易发生日按当日即期汇率折算,资产负债表日不应改变其原记账本位币金额,不产生汇兑差额。

> **案例 14-6**
>
> 　　甲公司的记账本位币为人民币,其外币交易采用交易日的即期汇率折算。2018 年 6 月 12 日,进口一项生产用专利技术,支付价款 500000 美元,已按当日即期汇率 1 美元=6.82 人民币元折算为人民币并记入"无形资产"账户。
>
> 　　**【分析】** "无形资产"属于非货币性项目,因此,资产负债表日不需要按照当日即期汇率进行调整。在资产负债表中填列"无形资产"时按照 3410000 元(500000×6.82)填列,按照历史汇率折算为人民币,不产生汇兑损益。

【例题 14-8 多选题】(2017 年真题) 下列各项涉及外币业务的账户中,企业因汇率变动需于资产负债日对其记账本位币余额进行调整的有(　　)。

A. 固定资产　　　　B. 应付债券　　　　C. 长期借款　　　　D. 应收账款

【答案】 BCD

【名师点睛】 固定资产属于以历史成本计量的外币非货币性项目,已在交易发生日按当日即期汇率折算,资产负债表日不应改变其原记账本位币金额,不产生汇兑差额。

(2) 对于以成本与可变现净值孰低计量的存货,在以外币购入存货并且该存货在资产负债表日的可变现净值以外币反映的情况下,确定资产负债表日存货价值时应当考虑汇率变动的影响。具体处理为:首先,将可变现净值按资产负债表日即期汇率折算为记账本位币金额;其次,再与以记账本位币反映的存货成本进行比较,从而确定该项存货的期末价值。

> **案例 14-7**
>
> 　　甲公司以人民币为记账本位币。2007 年 11 月 20 日,甲公司以每台 2000 美元的价格从美国某供货商手中购入国际最新型号 H 商品 10 台,并于当日支付了相应货款(假定甲公司有美元存款)。
>
> 　　2017 年 12 月 31 日,已售出 H 商品 2 台,国内市场仍无 H 商品供应,但 H 商品在国际市场的价格已降至每台 1950 美元。
>
> 　　11 月 20 日的即期汇率为 1 美元=7.8 元人民币,12 月 31 日的汇率为 1 美元=7.9 元人民币。
>
> 　　**【分析】** 假定不考虑增值税等相关税费,甲公司应作如下财务处理:
>
> 　　11 月 20 日,购入 H 商品:
>
> 　　借:库存商品——H　　　　　　　　　　　　　　　　　　　　156000
> 　　　　贷:银行存款　　　　　　　　　　　　　　　　　　　　　　156000

考试方向

通过具体的会计科目,判别出是归属于货币性项目还是非货币性项目,进而判断出是产生汇兑损益还是不产生汇兑差额。

第十四章

12月31日,由于库存8台H商品市场价格下跌,表明其可变现净值低于成本,应计提存货跌价准备:

确认资产减值损失＝2000×8×7.8－1950×8×7.9＝1560(人民币元)

借:资产减值损失   1560
　　贷:存货跌价准备   1560

期末,在计算库存商品——H商品的可变现净值时,在国内没有相应产品的价格,因此,只能依据H商品的国际市场价格为基础确定其可变现净值,但需要考虑汇率变动的影响。以国际市场价格为基础确定的可变现净值应按照期末汇率折算,再与库存H商品的记账本位币成本相比较,确定其应计提的跌价准备。

考试方向
考查外币非货币项目可变现净值的计算,以及进一步确定存货跌价准备的金额。

第十四章

提示 ▶存货成本按照取得时的即期汇率折算为记账本位币,而计算可变现净值时,按照资产负债表日的即期汇率计算,再比较两者的金额。

【例题14-9 单选题】(2016年真题) 甲公司以人民币作为记账本位币,对期末存货按成本与可变现净值孰低计价。2015年5月1日,甲公司进口一批商品,价款为200万美元,当日即期汇率为1美元＝6.1人民币元。2015年12月31日,甲公司该批商品中仍有50%尚未出售,可变现净值为90万美元,当日即期汇率为1美元＝6.2人民币元。不考虑其他因素,2015年12月31日,该批商品期末计价对甲公司利润总额的影响金额为(   )万人民币元。

A. 减少52　　　　B. 增加52　　　　C. 减少104　　　　D. 增加104

【答案】　A

【名师点睛】　2015年12月31日,该批商品期末发生了减值,确认资产减值损失＝200×50%×6.1－90×6.2＝52(万人民币元),故减少了利润总额共52万人民币元。

(3) 以公允价值计量的外币非货币性项目,如交易性金融资产(股票、基金),期末公允价值以外币反映的,应当先将该外币金额按照公允价值确定当日的即期汇率折算为记账本位币金额,再与原记账本位币金额进行比较,折算后的记账本位币金额与原记账本位币金额之间的差额应作为公允价值变动损益(含汇率变动),计入当期损益。

考试方向
考查外币交易性金融资产的核算。

案例14-8
国内甲公司的记账本位币为人民币。2020年12月5日,甲公司以每股1.5美元的价格购入乙公司B股10000股作为交易性金融资产,当日即期汇率为1美元＝6.3元人民币,款项已付。

2020年12月31日,由于市价变动,当月购入的乙公司B股的市价变为每股2美元,当日即期汇率为1美元＝6.1元人民币。

假定不考虑相关税费的影响,2020年12月5日,该公司对上述交易应作以下账务处理:

借:交易性金融资产——成本   (1.5×10000×6.3)94500
　　贷:银行存款(美元)   94500

根据《企业会计准则第 22 号——金融工具确认和计量》规定,交易性金融资产以公允价值计量。由于该项交易性金融资产是以外币计价,在资产负债表日,不仅应考虑美元市价的变动,还应一并考虑美元与人民币之间汇率变动的影响,上述交易性金融资产在资产负债表日的人民币金额为 122000 元(2×10000×6.1),与原账面价值94500 元(1.5×10000×6.3)的差额为 27500 元人民币,应计入公允价值变动损益。相应的会计分录为:

借:交易性金融资产——公允价值变动损益 27500
　　贷:公允价值变动损益 27500

27500 元人民币既包含甲公司所购乙公司 B 股股票公允价值变动的影响,又包含人民币与美元之间汇率变动的影响。

2020 年 2 月 27 日,甲公司将所购乙公司 B 股股票按当日市价每股 2.2 美元全部售出(即结算日),所得价款为 22000 美元,按当日汇率 1 美元=6.4 元人民币,折算为140800 人民币元,与其原账面价值 122000 人民币元的差额为 18800 元人民币,对于汇率的变动和股票市价的变动不进行区分,均作为投资收益进行处理。因此,售出当日,甲公司应作会计分录为:

借:银行存款(美元) 140800
　　贷:交易性金融资产——成本 94500
　　　　　　　　　　　　——公允价值变动 27500
　　　　投资收益 18800

(4) 指定为以公允价值计量且其变动计入其他综合收益的非交易性权益工具投资的,公允价值变动导致折算后的记账本位币金额与原记账本位币金额之间的差额应计入其他综合收益。以公允价值计量且其变动计入其他综合收益的外币货币性金融资产(债务工具),形成的汇兑差额计入当期损益。

【例题 14-10 多选题】(2014 年真题) 下列关于工商企业外币交易会计处理的表述中,正确的有( )。

A. 结算外币应收账款形成的汇兑差额应计入财务费用
B. 结算外币应付账款形成的汇兑差额应计入财务费用
C. 出售外币交易性金融资产形成的汇兑差额应计入投资收益
D. 出售外币其他债权投资形成的汇兑差额应计入其他综合收益

【答案】 ABC

【名师点睛】 出售外币其他债权投资形成的汇兑差额,应计入投资收益。

【例题 14-11 单选题】(2015 年真题) 2014 年 12 月 1 日,甲公司以 300 万港元取得乙公司在香港联交所挂牌交易的 H 股 100 万股,并将其指定为以公允价值计量且其变动计入其他综合收益的金融资产。2014 年 12 月 31 日,上述股票的公允价值为 350 万港元。甲公司以人民币作为记账本位币,假定 2014 年 12 月 1 日和 31 日 1 港元即期汇率分别为 0.83 人民币元和 0.81 人民币元。不考虑其他因素,2014 年 12 月 31 日,甲公司因该资产计入所有者权益的金额为( )万人民币元。

A. 34.5　　　　　　B. 40.5　　　　　　C. 41　　　　　　D. 41.5

考查公允价值计量的外币非货币性项目,公允价值变动导致期末和期初的差异是影响当期损益还是影响所有者权益。

【答案】 A

【名师点睛】 计入所有者权益的金额＝350×0.81－300×0.83＝34.5（万人民币元）

【例题 14-12 单选题】(2019 年真题) 甲公司的记账本位币为人民币，其外币交易采用交易日的即期汇率折算。2018 年 12 月 5 日，甲公司按每股 5 欧元的价格以银行存款购入乙公司股票 100000 股，分类为以公允价值计量且其变动计入当期损益的金融资产，当日即期汇率为 1 欧元＝7.85 元人民币。2018 年 12 月 31 日，乙公司股票的公允价值为每股 4 欧元，当日即期汇率为 1 欧元＝7.9 元人民币。该金融资产投资对甲公司 2018 年营业利润影响金额为（　　）万人民币元。

A. 减少 76.5　　　B. 减少 28.5　　　C. 增加 2.5　　　D. 减少 79

【答案】 A

【名师点睛】 外币项目以公允价值计量且其变动计入当期损益的金融资产的公允价值变动和汇兑差额统一计入公允价值变动损益。该金融资产投资对甲公司 2018 年营业利润影响金额＝4×10×7.9－5×10×7.85＝－76.5（万人民币元），选项 A 正确。

【例题 14-13 多选题】(2019 年真题) 下列各项外币金融资产事项中，会导致企业产生直接计入所有者权益的利得或损失有（　　）。

A. 以公允价值计量且其变动计入当期损益的债券投资的公允价值变动

B. 以公允价值计量且其变动计入其他综合收益的债券投资的汇兑差额

C. 指定为以公允价值计量且其变动计入其他综合收益的股票投资的公允价值变动

D. 指定为以公允价值计量且其变动计入其他综合收益的股票投资的汇兑差额

【答案】 CD

【名师点睛】 直接计入所有者权益利得或损失，指的是直接计入其他综合收益。选项 A，计入公允价值变动损益；选项 B，计入财务费用；选项 CD，均计入其他综合收益。

第二节　外币财务报表的折算

本节框架 ▶

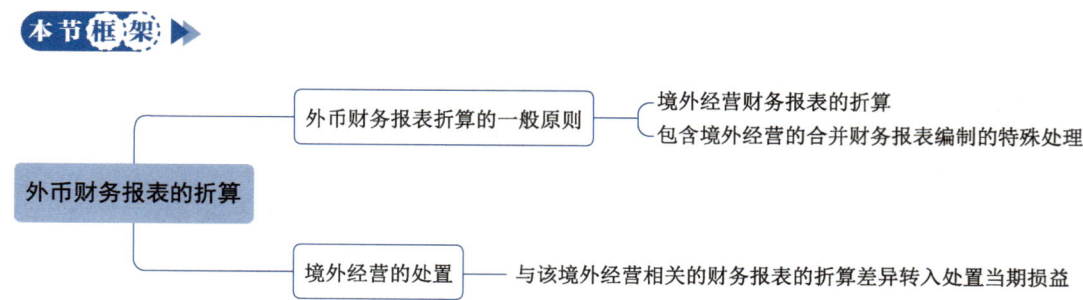

一、外币财务报表折算的一般原则

(一)境外经营财务报表的折算 ★★★

在对企业境外经营财务报表进行折算前，应当调整境外经营的会计期间和会计政策，使之与企业会计期间和会计政策相一致，根据调整后的会计政策及会计期间编制相应货币(记账本位币以外的货币)的财务报表,然后再进行折算,具体折算处理如下。

(1)利润表中的收入和费用项目,采用交易发生日的即期汇率折算,也可以采用按照系统合理的方法确定的、与交易发生日的即期汇率近似的汇率折算。详见表14-1。

表14-1 利润表(折算汇率的选择)

项目	汇率选择
收入项目	交易发生日的即期汇率或近似汇率
费用项目	交易发生日的即期汇率或近似汇率
"利润总额"/"净利润"	根据计算得出,非折算结果

(2)资产负债表中的资产和负债项目,采用资产负债表日的即期汇率折算,所有者权益项目除"未分配利润"项目外,其他项目采用发生时的即期汇率折算。详见表14-2。

表14-2 资产负债表(折算汇率的选择)

项目	汇率选择
资产项目	资产负债表日即期汇率
负债项目	资产负债表日即期汇率
"实收资本"/"资本公积"/"盈余公积"等	交易发生日即期汇率
"未分配利润"	根据各报表的勾稽关系计算金额,非折算结果

(3)产生的外币财务报表折算差额,在资产负债表中所有者权益项目下"其他综合收益"项目列示。

外币报表折算差额为以记账本位币反映的净资产减去以记账本位币反映的"实收资本""资本公积""盈余公积"及"未分配利润"等项目金额后的余额。企业选定的记账本位币不是人民币的,应当按照境外经营财务报表折算原则将其财务报表折算为人民币财务报表。

> **·易错易混点·**
>
> 外币报表折算差额影响的是其他综合收益,非当期损益。

【例题14-14 多选题】(2019年真题) 企业对外币报表进行折算时,下列项目中,不能采用资产负债表日即期汇率进行折算的有( )。

A."实收资本" B."盈余公积" C."合同负债" D."债权投资"

【答案】 AB

【名师点睛】 选项AB属于资产负债表中的所有者权益项目,应采用发生时的即期汇率折算;选项CD属于资产负债表中的负债和资产项目,应采用资产负债表日的即期汇率折算。

【例题14-15 多选题】(2013年真题) 下列关于资产负债表外币折算的表述中,正确的有( )。

A.外币报表折算差额应在所有者权益项目下单独列示

B.采用历史成本计量的资产项目应按资产确认时的即期汇率折算

考试方向

根据具体的财务报表项目,辨析该报表项目是属于资产、负债项目还是利润表项目,进而判断采用的汇率形式。

C. 采用公允价值计量的资产项目应按资产负债表日即期汇率折算

D. "未分配利润"项目以外的其他所有者权益项目应按发生时的即期汇率折算

【答案】 ACD

【名师点睛】 对外币报表进行折算时,资产负债表项目中的资产项目,应采用资产负债表日的即期汇率折算。

【例题 14-16 多选题】(2016 年真题) 企业对境外经营财务报表折算时,下列各项中,应当采用资产负债表日即期汇率折算的有(　　)。

A. "固定资产" 　　B. "实收资本" 　　C. "应付账款" 　　D. "未分配利润"

【答案】 AC

【名师点睛】 企业对境外经营财务报表折算时,对于资产负债表中的资产和负债项目,采用资产负债表日的即期汇率折算,所有者权益项目除"未分配利润"项目外,其他项目采用发生时的即期汇率折算。

【例题 14-17 多选题】(2018 年真题) 下列关于企业外币财务报表折算会计处理表述中,正确的有(　　)。

A. "营业收入"项目按照资产负债表日的即期汇率折算

B. "货币资金"项目按照资产负债表日的即期汇率折算

C. "长期借款"项目按照借款当日的即期汇率折算

D. "实收资本"项目按照收到投资者投资当日的即期汇率折算

【答案】 BD

【名师点睛】 选项 A,属于利润表中收入项目,应采用交易发生日的即期汇率折算,也可以采用按照系统合理的方法确定的、与交易发生日的即期汇率近似的汇率折算;选项 C,属于资产负债表中负债项目,采用资产负债表日的即期汇率折算。

【例题 14-18 单选题】(2018 年真题) 对于企业境外经营的外币财务报表,应采用资产负债表日即期汇率折算的是(　　)。

A. "管理费用" 　　B. "营业收入" 　　C. "盈余公积" 　　D. "固定资产"

【答案】 D

【名师点睛】 资产负债表中的资产和负债项目,应采用资产负债表日即期汇率折算,因此选项 D 正确。

【例题 14-19 单选题】(2020 年真题) 企业对外币财务报表进行折算时,下列各项中,应当采用交易发生日即期汇率折算的是(　　)。

A. "固定资产" 　　B. "未分配利润" 　　C. "实收资本" 　　D. "应付账款"

【答案】 C

【名师点睛】 在对外币报表进行折算时,资产负债表中的资产和负债项目,采用资产负债表日的即期汇率折算,选项 AD 不正确;所有者权益项目除"未分配利润"项目外,其他项目采用交易发生日的即期汇率折算,选项 B 不正确,选项 C 正确。

【例题 14-20 多选题】(2020 年真题) 企业对外币财务报表进行折算时,下列各项中,应当采用资产负债表日的即期汇率进行折算的有(　　)。

A. "合同资产" 　　B. "其他综合收益" C. "应付债券" 　　D. "营业收入"

【答案】 AC

【名师点睛】 企业对外币报表进行折算时,资产负债表中的资产和负债项目,采用资产负债表日的即期汇率折算,选项 AC 正确;所有者权益项目除"未分配利润"项目外,其他项目采用发生时的即期汇率折算,选项 B 不正确;利润表中的收入和费用项目,采用交易发生日的即期汇率折算,也可以采用按照系统合理的方法确定的、与交易发生日的即期汇率近似的汇率折算,选项 D 不正确。

【例题 14-21 判断题】(2020 年真题) 企业外币报表折算差额计入当期损益。(   )

【答案】 ×

【名师点睛】 企业外币报表折算差额应计入其他综合收益中,不应计入当期损益中。

(二)包含境外经营的合并财务报表编制的特别处理★★

(1)企业境外经营为其子公司的情况下,企业在编制合并财务报表时,对于境外经营财务报表折算差额,需要在母公司与子公司少数股东之间按照各自在境外经营所有者权益中所享有的份额进行分摊,具体分摊情况如表 14-3 所示。

表 14-3 外币报表折算差额在合并报表中的分摊

归属	列报
归属于母公司应分担的部分	"其他综合收益"项目下单独作为"外币报表折算差额"
属于子公司少数股东应分担的部分	少数股东权益

(2)企业存在实质上构成对子公司(境外经营)净投资的外币货币性项目的情况下,在编制合并财务报表时,应分别按以下两种情况编制抵销分录,具体如表 14-4 所示。

表 14-4 实质上构成净投资的外币长期应收项目的抵销差额

货币性项目的币种选择	列报
以母公司或子公司记账本位币反映	抵销长期应收应付项目的同时,将其产生的汇兑差额转入"其他综合收益"
以母、子公司本位币外的第三种货币反映	将母、子公司此项外币货币性项目产生的汇兑差额相互抵销,差额转入"其他综合收益"

二、境外经营的处置

企业在处置境外经营时,应当将资产负债表中所有者权益项目下列示的、与该境外经营相关的外币财务报表折算差额,自所有者权益项目转入处置当期损益;部分处置境外经营的,应当按处置的比例计算处置部分的外币财务报表折算差额,转入处置当期损益,具体如表 14-5 所示。

表 14-5 外币报表折算差额(其他综合收益)的结转

处置比例	结转结果
全部处置	全部转入处置当期损益
部分处置	按处置比例转入处置当期损益

同步练习

一、单项选择题

1. 下列关于我国企业记账本位币的说法中,不正确的是（　　）。

  A. 通常应当选择人民币作为记账本位币

  B. 企业的记账本位币一经确定,不得随意变更

  C. 在我国无论采用哪种货币作为记账本位币,编报的财务报告均应当折算为人民币

  D. 记账本位币只能是人民币

2. 企业因经营所处的主要经济环境发生重大变化,确需变更记账本位币时,应当采用的汇率是（　　）。

  A. 变更当期期初的市场汇率

  B. 变更当日的即期汇率的近似汇率

  C. 变更当日的即期汇率

  D. 变更当期期末资产负债表日的即期汇率

3. 甲公司为国内工业企业,主要从事汽车零部件的销售。甲公司 15% 的销售收入源自出口,出口货物采用欧元计价和结算;从美国进口所需原材料的 20%,进口原材料以美元计价和结算。不考虑其他因素,则甲公司应选择的记账本位币是（　　）。

  A. 人民币

  B. 美元

  C. 欧元

  D. 任一种都可以,企业可以自行确定和变更

4. 某企业存货的可变现净值以外币确定,在确定存货的期末价值时,需要将存货可变现净值折算为记账本位币,对于折算后的金额小于成本的差额应计入（　　）。

  A. 公允价值变动损益 B. 财务费用

  C. 营业外收入   D. 资产减值损失

5. 乙公司的记账本位币为人民币,对外币交易采用交易发生日的即期汇率折算。2016 年 7 月 12 日,乙公司出售价值为 700 万美元的库存商品,当日的即期汇率为 1 美元＝6.82 元人民币。2016 年 7 月 25 日,实际收到货款,当日的即期汇率为 1 美元＝6.88 元人民币。假定不考虑增值税等其他因素,下列说法中,不正确的是（　　）。

  A. 乙公司 7 月 12 日应收账款的入账价值为

4774 万元人民币

  B. 乙公司 7 月 12 日应收账款的入账价值为 4816 万元人民币

  C. 7 月 25 日实际收到货款时,银行存款记录的金额为 4816 万元人民币

  D. 7 月 25 日实际收到货款时,应冲减财务费用 42 万元人民币

6. 外币报表折算差额应当在（　　）。

  A. 合并资产负债表中的资产项目下单独列示

  B. 合并利润表中的财务费用项目下单独列示

  C. 合并资产负债表中的负债项目下单独列示

  D. 合并资产负债表中的所有者权益项目下单独列示

7. 下列关于企业记账本位币变更的表述中,正确的是（　　）。

  A. 企业记账本位币一经确定,不得随意变更,除非企业经营所处的主要经济环境发生重大变化

  B. 企业记账本位币一经确定,不得变更

  C. 企业的记账本位币一定是人民币

  D. 企业编报财务报表的货币可以按照人民币以外的币种来反映

8. 丙公司以人民币为记账本位币,对外币交易采用交易日的即期汇率折算,按月计算汇兑损益。2018 年 6 月 1 日,将 100 万美元到银行兑换为人民币,银行当日的美元买入价为 1 美元＝6.55 元人民币,中间价为 1 美元＝6.60 元人民币,卖出价为 1 美元＝6.65 元人民币。则计入当日财务费用的金额为（　　）万人民币元。

  A. －5   B. 10   C. 5   D. 8

9. 甲公司编制合并财务报表时,需要对其持有 70% 股份的境外经营子公司财务报表进行折算,该外币报表折算后资产总额为 2400 万人民币元,负债合计为 1500 万人民币元,所有者权益合计为 881 万人民币元,不考虑其他因素,则合并资产负债表上因外币报表折算差额导致"其他综合收益"项目应列示的金额为（　　）万人民币元。

  A. 19   B. 13.3   C. －13.3 D. －19

10. 对于收到投资者以外币投入的资本,企业应

当采用的折算汇率是( )。

A. 当期简单平均汇率

B. 交易发生日的即期汇率

C. 当期加权平均汇率

D. 合同约定汇率

二、多项选择题

1. 下列关于工商企业外币交易会计处理的表述中,正确的有( )。

A. 结算外币应收账款形成的汇兑差额应计入财务费用

B. 外币以公允价值计量且其变动计入当期损益的金融资产形成的汇兑差额应计入投资收益

C. 结算外币应付账款形成的汇兑差额应计入财务费用

D. 外币计量的以公允价值计量且其变动计入其他综合收益的金融资产(债权投资)形成的汇兑差额应计入其他综合收益

2. 下列各项中,属于货币性项目的有( )。

A. "其他应付款"　　B. "长期股权投资"

C. "固定资产"　　D. "短期借款"

3. 我国某企业的记账本位币为欧元,则下列说法中,正确的有( )。

A. 该企业以人民币计价和结算的交易属于外币交易

B. 该企业期末报的财务报表应当折算为人民币

C. 该企业以欧元计价和结算的交易不属于外币交易

D. 该企业期末编制报表的货币应为欧元,不需要折算

4. 下列关于外币折算的说法中,正确的有( )。

A. 以历史成本计量的外币非货币性项目,按交易发生日当日即期汇率折算,产生汇兑差额

B. 投资者以外币投入的资本,应按合同约定汇率折算

C. 以外币计量的交易性金融资产,由于汇率变动引起的公允价值变动计入公允价值变动损益

D. 其他债权投资形成的汇兑差额,应计入当期损益

5. 企业在确定记账本位币时应当考虑的因素有( )。

A. 该货币主要影响商品和劳务的销售价格,通常以该货币进行商品和劳务的计价和结算

B. 该货币主要影响商品和劳务所需人工、材料和其他费用,通常应当以该货币进行上述费用的计价和结算

C. 融资活动获得的货币

D. 企业的母公司所采用的记账本位币

6. 关于外币业务的处理,下列说法中,不正确的有( )。

A. 外币货币性项目,资产负债表日不改变其原记账本位币金额,不产生汇兑差额

B. 债权债务结算时应按结算当日即期汇率折算转出债权债务金额,结算当日计算汇兑损益

C. 对于以历史成本计量的外币非货币性项目,资产负债表日不应改变其原记账本位币金额,不产生汇兑差额

D. 期末计算存货的可变现净值时,应采用购入存货时的即期汇率计算确定

7. 境外经营的财务报表在进行折算时,按资产负债表日的即期汇率折算的项目有( )。

A. "无形资产"　　B. "资本公积"

C. "存货"　　D. "长期借款"

8. 外币财务报表折算中,外币财务报表项目中允许采用按照系统合理的方法确定的、与交易发生日即期汇率近似的汇率折算的有( )。

A. "营业成本"　　B. "固定资产"

C. "资本公积"　　D. "所得税费用"

9. 关于外币报表折算,下列说法中,正确的有( )。

A. 资产负债表中的资产项目,应当采用资产负债表日的即期汇率折算

B. 资产负债表中的所有者权益项目都应当采用交易发生时的即期汇率折算

C. 利润表中的收入和费用项目应当采用交易发生日的即期汇率或即期汇率的近似汇率折算

D. 外币报表折算差额,母公司享有的部分应当在合并报表中"其他综合收益"项目列示

10. 关于外币报表折算差额的表述中,正确的有( )。

A. "实收资本"采用交易发生日的即期汇率进行折算

B. "固定资产"采用资产负债表日的汇率进行折算

C. "应付账款"采用资产负债表日的汇率进行折算

D. "应付债券"按资产负债表日的即期汇率折算

三、判断题

1. 我国企业通常应选择人民币为记账本位币。业务收支以人民币以外的货币为主的企业,可以按规定选定其中一种货币作为记账本位币。但是编报的财务报表应当折算为人民币。（　　）

2. 境外经营是指企业在境外的子公司、合营企业、联营企业、分支机构。在境内的子公司、合营企业、联营企业、分支机构采用不同于本企业记账本位币的,不属于境外经营。（　　）

3. 企业记账本位币发生变更的,在按照变更当日的即期汇率将所有项目变更为记账本位币时,其比较财务报表应当以可比当日的即期汇率折算所有资产负债表和利润表项目。（　　）

4. 以成本和可变现净值孰低计量的存货,资产负债表日不应改变其记账本位币金额,不产生汇兑差额。（　　）

5. 外币报表项目中,货币资金项目折为记账本位币,应当采用资产负债表日即期汇率计算。（　　）

6. 实质上构成对子公司净投资的外币货币性项目以母公司或子公司的记账本位币反映,应将母、子公司此项外币货币性项目产生的汇兑差额相互抵销,差额转入"其他综合收益"。（　　）

7. 企业在处置全部境外经营时,应当将资产负债表所有者权益项目下列示的、与境外经营相关的外币报表折算差额全部自所有者权益项目其他综合收益转入处置当期损益。（　　）

四、计算分析题

甲公司是我国境内注册的一家股份有限公司,其70%的收入来国内销售,其余收入来自出口销售;生产产品所用原材料有60%需要从国内购买,出口产品和进口原材料通常以美元结算。外币交易采用业务发生时的即期汇率计算。

2018年12月31日,注册会计师在对甲公司2018年度的财务报表进行审计时,对甲公司的下列会计事项提出疑问:

(1) 甲公司选定的记账本位币为人民币。

(2) 2月10日,甲公司签订合同,接受国外某投资者的投资,合同约定汇率为1美元=7.6人民币元。3月14日,实际收到该项投资款2000万美元(假定全部作为股本核算),当时的即期汇率为1美元=7.5人民币元。甲公司进行的账务处理是:

借:银行存款(美元)(2000×7.5)15000
　　财务费用——汇兑差额　　　200
　　贷:股本　　　　(2000×7.6)15200

(3) 12月1日,甲公司将100万美元兑换成人民币存入银行,当日的即期汇率为1美元=7.65人民币元,银行的买入价为1美元=7.61人民币元。甲公司进行的会计处理是:

借:银行存款(人民币)　　　761
　　贷:银行存款(美元)　　　761

(4) 12月5日,甲公司购入A公司发行的股票100万股作为以公允价值计量且其变动计入当期损益的金融资产核算,每股支付价款10欧元,另支付交易费用50万人民币元,当时的即期汇率为1欧元=8.04人民币元。12月31日,A公司的股票的市场价格为每股13欧元,当日即期汇率为1欧元=8.1人民币元。甲公司在2018年12月31日进行的账务处理是:

借:交易性金融资产——公允价值变动
　　　　　　　　　　　　　　　2490
　　贷:公允价值变动损益　　　2430
　　　　财务费用——汇兑差额　　60

要求:根据上述资料,判断甲公司的处理是否正确,如果不正确请说明理由,并作出正确的会计处理(答案中的金额单位用万人民币元表示)。

参考答案及解析

一、单项选择题

1. 【答案】　D

【解析】　业务收支以人民币以外的货币为主的企业,可以选定其中一种货币作为记账本位币,但是编报的财务报告应当折算为人民币,因此选项D错误。

2.【答案】 C

【解析】 企业记账本位币发生变更的,应当采用变更当日的即期汇率将所有项目折算为变更后的记账本位币。

3.【答案】 A

4.【答案】 D

【解析】 此时表明存货发生了减值,要确认减值损失。

借:资产减值损失

　　贷:存货跌价准备

5.【答案】 B

【解析】 对于该项交易,乙公司7月12日应确认的应收账款＝700×6.82＝4774(万人民币元),7月25日实际收到的银行存款＝700×6.88＝4816(万人民币元),并冲减财务费用＝4816－4774＝42(万人民币元)。

6.【答案】 D

7.【答案】 A

【解析】 企业记账本位币一经确定,不得随意变更,除非企业经营所处的主要经济环境发生重大变化。企业通常应选择人民币作为记账本位币。业务收支以人民币以外的货币为主的企业,可以按准则的规定选定其中一种货币作为记账本位币。但是,编报的财务报表应当折算为人民币。

8.【答案】 C

【解析】 丙公司因货币兑换业务计入财务费用的金额＝100×(6.60－6.55)＝5(万人民币元)。分录如下(单位:万人民币元):

借:银行存款(人民币元)

　　　　　　　　(100×6.55)655

　　财务费用　　　　　　　　5

　　贷:银行存款(美元)(100×6.60)660

9.【答案】 B

【解析】 合并财务报表中"其他综合收益"项目应列示的金额＝(2400－1500－881)×70%＝13.3(万人民币元)。少数股东应负担的外币报表折算差额部分应并入少数股东权益列示于合并资产负债表。

10.【答案】 B

【解析】 企业接受外币投资,只能采用交易发生日的即期汇率折算,不得采用即期汇率的近似汇率或合同约定汇率折算。

二、多项选择题

1.【答案】 AC

【解析】 选项B,外币以公允价值计量且其变动计入当期损益的金融资产形成的汇兑差额应计入公允价值变动损益;选项D,外币计量的以公允价值计量且其变动计入其他综合收益的金融资产(债权投资)形成的汇兑差额应计入当期损益。

2.【答案】 AD

【解析】 "长期股权投资""固定资产"属于非货币性项目,选项BC不正确。

3.【答案】 ABC

【解析】 外币是企业记账本位币以外的货币,不是人民币以外的货币;编制的财务报表应当折算为人民币。业务收支以人民币以外的货币为主的企业,可以按准则的规定选定其中一种货币作为记账本位币。但是,编报的财务报表应当折算为人民币。

4.【答案】 CD

【解析】 选项A,以历史成本计量的外币非货币性项目,按交易发生日当日即期汇率折算,不产生汇兑差额;选项B,投资者以外币投入的资本,应按交易发生日的即期汇率折算。利润表中的收入和费用项目,采用交易发生日的即期汇率或即期汇率的近似汇率折算。

5.【答案】 ABC

【解析】 企业选定的记账本位币与企业的母公司所采用的记账本位币无关,选项D错误。

6.【答案】 AD

【解析】 外币货币性项目,资产负债表日应以当日即期汇率折算,因当日即期汇率不同于项目初始入账时或前一资产负债表日即期汇率而产生的汇兑差额计入当期损益,选项A不正确;计算存货的可变现净值时,应采用本期期末的即期汇率进行折算,选项D不正确。

7.【答案】 ACD

【解析】 资产负债表中的资产和负债项目,采用资产负债表日的即期汇率折算,所有者权益项目除"未分配利润"项目外,其他项目采用发生时的即期汇率折算。选项ACD正确。

8.【答案】 AD

【解析】 选项B是资产负债表中资产项目,应采用资产负债表日的即期汇率折算;选项C是所有者权益项目,应采用发生时的即期汇率折算。

9.【答案】 ACD

【解析】 资产负债表中的所有者权益项目除"未分配利润"项目外,其他项目采用发生时的即期汇率折算,故选项 B 错误。

10.【答案】 ABCD

三、判断题

1.【答案】 √

2.【答案】 ×

【解析】 境外经营是指企业在境外的子公司、合营企业、联营企业、分支机构。在境内的子公司、合营企业、联营企业、分支机构采用不同于本企业记账本位币的,也视同境外经营。

3.【答案】 √

4.【答案】 ×

【解析】 以成本和可变现净值孰低计量的存货,如果其可变现净值是以外币确定的,则在计算存货期末价值时,应先将可变现净值按资产负债表日即期汇率折算为记账本位币,再与以记账本位币反映的存货成本进行比较,从而确定该项存货的期末价值。

5.【答案】 √

6.【答案】 ×

【解析】 实质上构成对子公司净投资的外币货币性项目以母公司或子公司的记账本位币反映,则应在抵销长期应收应付项目的同时,将其产生的汇兑差额转入"其他综合收益"项目。

7.【答案】 √

四、计算分析题

【答案】(1) 甲公司选择人民币为记账本位币的做法是正确的。

选择记账本位币的考虑因素:

①该货币主要影响商品和劳务所需人工、材料和其他费用,通常以该货币进行上述费用的计价和结算;②该货币主要影响商品和劳务的销售价格,通常以该货币进行商品和劳务的计价和结算;③融资活动获得的货币以及保存从经营活动中收取款项所使用的货币。

记账本位币的选择因素:影响价格、影响成本、影响融资。企业在选择记账本位币的时候,应当根据企业具体情况不同而定,一般综合考虑前两个因素(价格和成本),但是有些情况下,仅根据收支情况难以确定记账本位币,企业需要进一步结合第三个因素综合分析后作出选择。本公司 70%收入来自国内,使用人民币作为记账本位币,符合要求。

(2) 甲公司接受投资者以外币投资的会计处理是错误的。

理由:企业接受投资者以外币投入的资本,无论是否有合同约定汇率,均不采用合同约定的汇率折算实际收到的外币金额,而是应当采用交易发生日的即期汇率折算,不产生汇兑差额。

正确的会计处理:

借:银行存款(美元)(2000×7.5)15000
  贷:股本 (2000×7.5)15000

(3) 甲公司的货币兑换业务的会计处理是错误的。

理由:发生外币兑换时,"银行存款(美元)"的贷方发生额应当以当日的即期汇率计算,"银行存款(人民币元)"的借方发生额应以当日的银行买入价计算,两者之间的差额作为汇兑差额计入财务费用。

正确的会计处理:

借:银行存款(人民币元)
                (100×7.61)761
   财务费用——汇兑差额   4
  贷:银行存款(美元) (100×7.65)765

(4) 甲公司以公允价值计量且其变动计入当期损益的金融资产期末公允价值变动损益的计算是错误的。

理由:对以公允价值计量的股票等非货币性项目,如果期末的公允价值是以外币表示的,那么应当先将该外币金额按照公允价值确定当日的即期汇率折算为记账本位币金额,再与原记账本位币金额进行比较。属于以公允价值计量且其变动计入当期损益的金融资产的,折算后的记账本位币金额与原记账本位币金额之间的差额作为公允价值变动损益,计入当期损益。

正确的会计处理:

借:交易性金融资产——公允价值变动
   (100×13×8.1—100×10×8.04)2490
  贷:公允价值变动损益   2490

第十五章 财务报告

本章近年考试平均分值为 12 分,各种题型均有涉及,以综合题形式考查较频繁。本章综合性较强,学习与考试难度较大,考生应当重视本章的学习。本章主要考查现金流量表现金流量的归类、合并财务报告的一些基本概念以及合并财务报表相关的调整及抵销分录。

考试变化

本章将抵销处理中的"应收票据及应收账款——坏账准备"调整为"应收账款——坏账准备",该调整对本章的学习无实质性影响。

本章结构

第一节 财务报告概述

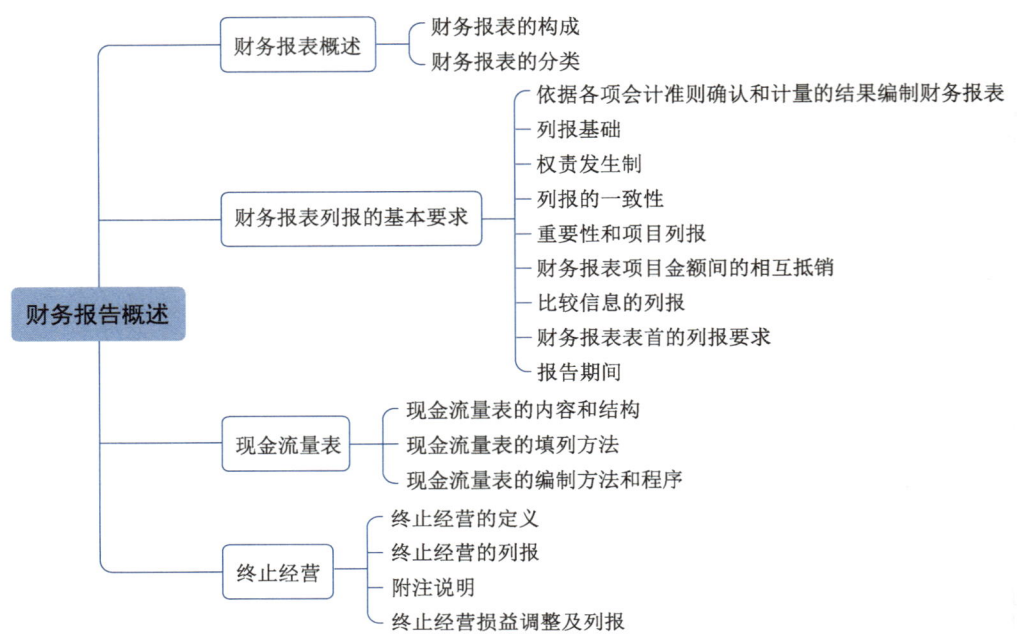

财务报告是企业财务会计确认与计量的最终结果体现,是向投资者等财务报告使用者提供决策有用信息的媒介和渠道,是沟通投资者、债权人等使用者与企业管理层之间信息的桥梁和纽带。

一、财务报表概述

财务报表是会计要素确认、计量的结果和综合性描述,是财务报告的核心内容。

(一) 财务报表的构成

一套完整的财务报表至少应当包括"四表一注",即资产负债表、利润表、现金流量表、所有者权益(或股东权益,下同)变动表以及附注。详见表15-1。

表15-1　财务报表的构成

资产负债表	资产负债表是反映企业在某一特定日期的财务状况的会计报表,即反映了某一特定日期关于企业资产、负债、所有者权益及其相互关系的信息
利润表	利润表是反映企业在一定会计期间的经营成果和综合收益的会计报表,反映了企业经营业绩的主要来源和构成
现金流量表	现金流量表是反映企业在一定会计期间的现金和现金等价物流入和流出的会计报表

（续表）

所有者权益变动表	所有者权益变动表是反映构成企业所有者权益的各组成部分当期的增减变动情况的报表。所有者权益变动表应当全面反映一定时期所有者权益变动的情况,不仅包括所有者权益总量的增减变动,还包括所有者权益增减变动的重要结构性信息,有助于报表使用者理解所有者权益增减变动的根源
附注	附注是对在财务报表中列示项目所作的进一步说明,以及对未能在这些报表中列示项目的说明等。附注由若干附表和对有关项目的文字性说明组成。企业编制附注的目的是通过对报表本身作补充说明,以更加全面、系统地反映企业财务状况、经营成果和现金流量的全貌

（二）财务报表的分类

财务报表可以按照不同的标准进行分类。

1. 按照编制期间分类

按照财务报表编制期间的不同,可以分为中期财务报表和年度财务报表。企业编制中期财务报表的,还应当遵循《企业会计准则第 32 号——中期财务报告》,中期财务报告至少应当包括资产负债表、利润表、现金流量表和附注,企业可以根据需要自行决定是否编制中期所有者权益变动表。与年度财务报表相比,除中期财务报告中的附注披露可适当简化外,中期资产负债表、利润表、现金流量表和所有者权益变动表（如果编制的话）的格式和内容应当与年度财务报表相一致。

2. 按照编报主体分类

按照财务报表编报主体的不同,可以分为个别财务报表和合并财务报表。

二、 财务报表列报的基本要求 ★

财务报表列报的基本要求如表 15-2 所示。

表 15-2　财务报表列报的基本要求

依据各项会计准则确认和计量的结果编制财务报表	企业应当根据实际发生的交易和事项,遵循基本准则、各项具体会计准则及解释的规定进行确认和计量。企业应当在附注中对这一情况作出声明,只有遵循了企业会计准则的所有规定时,财务报表才应当被称为"遵循了企业会计准则"。同时,企业不应以在附注中披露代替对交易和事项的确认和计量,也就是说,企业采用的不恰当的会计政策,不得通过在附注中披露等其他形式予以更正,企业应当对交易和事项进行正确的确认和计量
列报基础	持续经营是会计的基本前提,是会计确认、计量及编制财务报表的基础。在编制财务报表的过程中,企业管理层应当全面评估企业的持续经营能力。企业管理层在对企业持续经营能力进行评估时,应当利用其所有可获得的信息,评估涵盖的期间应包括企业自资产负债表日起至少 12 个月,评估需要考虑的因素包括宏观政策风险、市场经营风险、企业目前或长期的盈利能力、偿债能力、财务弹性以及企业管理层改变经营政策的意向等
权责发生制	除现金流量表按照收付实现制编制外,企业应当按照权责发生制编制其他财务报表。在采用权责发生制会计的情况下,当项目符合基本准则中财务报表要素的定义和确认标准时,企业就应当确认相应的资产、负债、所有者权益、收入和费用,并在财务报表中加以反映
列报的一致性	可比性是会计信息质量的一项重要质量要求,目的是使同一企业不同期间和同一期间不同企业的财务报表相互可比。可比性要求财务报表项目的列报应当在各个会计期间保持一致,不得随意变更。这一要求不仅针对财务报表中的项目名称,还包括财务报表项目的分类、排列顺序等方面

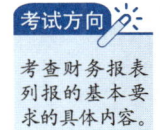

考试方向

考查财务报表列报的基本要求的具体内容。

（续表）

重要性和项目列报	关于项目在财务报表中是单独列报还是汇总列报，应当依据重要性原则来判断。总的原则是，如果某项目单个看不具有重要性，则可将其与其他项目汇总列报；如具有重要性，则应当单独列报。企业应当遵循如下规定： ① 性质或功能不同的项目，一般应当在财务报表中单独列报，但是不具有重要性的项目可以汇总列报。比如，存货和固定资产在性质上和功能上都有本质差别，必须分别在资产负债表上单独列报 ② 性质或功能类似的项目，一般可以合并列报，但是对其具有重要性的类别应该单独列报。比如，原材料、低值易耗品等项目在性质上类似，均通过生产过程形成企业的产品存货，因此可以汇总列报，汇总之后的类别统称为"存货"在资产负债表上单独列报 ③ 项目单独列报的原则不仅适用于报表，还适用于附注。某些项目的重要性程度不足以在资产负债表、利润表、现金流量表或所有者权益变动表中单独列示，但对附注却具有重要性，在这种情况下应当在附注中单独披露。比如，对某制造业企业而言，原材料、在产品、库存商品等项目的重要性程度不足以在资产负债表上单独列示，因此在资产负债表上汇总列示，但是鉴于其对该制造业企业的重要性，应当在附注中单独披露 ④ 在财务报表中单独列报的项目，企业应当单独列报。其他会计准则规定单独列报的项目，企业应当增加单独列报项目 重要性是判断财务报表项目是否单独列报的重要标准。在合理预期下，如果财务报表某项目的省略或错报会影响使用者据此作出经济决策的，则该项目就具有重要性。企业在进行重要性判断时，应当根据所处环境，从项目的性质和金额大小两方面予以判断：一方面，应当考虑该项目的性质是否属于企业日常活动、是否显著影响企业的财务状况、经营成果和现金流量等因素；另一方面，判断项目金额大小的重要性，应当通过单项金额占资产总额、负债总额、所有者权益总额、营业收入总额、营业成本总额、净利润、综合收益总额等直接相关或所属报表单列项目金额的比重加以确定。企业对于各个项目的重要性判断标准一经确定，不得随意变更
财务报表项目金额间的相互抵销	财务报表项目应当以总额列报，资产和负债、收入和费用、直接计入当期利润的利得项目和损失项目的金额不能相互抵销，即不得以净额列报，但企业会计准则另有规定的除外。以下三种情况不属于抵销，可以以净额列示： ① 一组类似交易形成的利得和损失以净额列示的，但具有重要性的除外 ② 资产或负债项目按扣除备抵项目后的净额列示 ③ 非日常活动的发生具有偶然性，并非企业主要的业务
比较信息的列报	企业在列报当期财务报表时，至少应当提供所有列报项目上一个可比会计期间的比较数据，以及与理解当期财务报表相关的说明，目的是向报表使用者提供对比数据，提高信息在会计期间的可比性。列报比较信息的这一要求适用于财务报表的所有组成部分，即既适用于四张报表，也适用于附注 通常情况下，企业列报所有列报项目上一个可比会计期间的比较数据，至少包括两套报表及其相关附注
财务报表表首的列报要求	财务报表通常与其他信息（如企业年度报告等）一起公布，企业应当将按照企业会计准则编制的财务报告与一起公布的同一文件中的其他信息相区分 企业在财务报表的显著位置（通常是表首部分）应当至少披露下列基本信息： ① 编报企业的名称，如企业名称在所属当期发生变更的，还应明确标明 ② 对资产负债表而言，应当披露资产负债表日，对利润表、现金流量表，对所有者权益变动表而言，应当披露报表涵盖的会计期间 ③ 货币名称和单位。按照我国《企业会计准则》的规定，企业应当以人民币作为记账本位币列报，并标明金额单位，如人民币元、人民币万元等 ④ 财务报表是合并财务报表的，应当予以标明

第十五章

（续表）

报告期间	企业至少应当编制年度财务报表。根据《中华人民共和国会计法》的规定，会计年度自公历1月1日起至12月31日止。因此，企业在编制年度财务报表时，可能存在年度财务报表涵盖的期间短于一年的情况，比如企业在年度中间（如3月1日）开始设立等。在这种情况下，企业应当披露年度财务报表的实际涵盖期间及其短于一年的原因，并应当说明由此引起财务报表项目与比较数据不具可比性这一事实

三、现金流量表

（一）现金流量表的内容和结构

1. 现金流量表的内容

现金流量表，是指反映企业在一定会计期间现金和现金等价物流入和流出的报表。编制现金流量表的主要目的，是为财务报表使用者提供企业一定会计期间内现金和现金等价物流入和流出的信息，以便于财务报表使用者了解和评价企业获取现金和现金等价物的能力，并据以预测企业未来现金流量。

现金流量表的作用主要体现在以下几个方面：一是有助于评价企业支付能力、偿债能力和周转能力；二是有助于预测企业未来现金流量；三是有助于分析企业收益质量及影响现金净流量的因素，掌握企业经营活动、投资活动和筹资活动的现金流量，可以从现金流量的角度了解净利润的质量，为分析和判断企业的财务前景提供信息。

现金等价物，是指企业持有的期限短、流动性强、易于转换为已知金额现金、价值变动风险很小的投资。期限短，一般是指从购买日起三个月内到期。现金等价物通常包括三个月内到期的债券投资等。权益性投资变现的金额通常不确定，因而不属于现金等价物。企业应当根据具体情况，确定现金等价物的范围，一经确定不得随意变更。

2. 现金流量表的结构

根据企业业务活动的性质和现金流量的来源，现金流量表在结构上将企业一定期间产生的现金流量分为三类：经营活动产生的现金流量、投资活动产生的现金流量和筹资活动产生的现金流量。现金流量表格式如表15-3所示。

表15-3　现金流量表

会企03表

编制单位：　　　　　　　　　　　　年　月　　　　　　　　　　　　单位：元

项目	本期金额	上期金额
一、经营活动产生的现金流量：		
销售商品、提供劳务收到的现金		
收到的税费返还		
收到其他与经营活动有关的现金		
经营活动现金流入小计		
购买商品、接受劳务支付的现金		
支付给职工以及为职工支付的现金		

（续表）

项目	本期金额	上期金额
支付的各项税费		
支付其他与经营活动有关的现金		
经营活动现金流出小计		
经营活动产生的现金流量净额		
二、投资活动产生的现金流量：		
收回投资收到的现金		
取得投资收益收到的现金		
处置固定资产、无形资产和其他长期资产收回的现金净额		
处置子公司及其他营业单位收到的现金净额		
收到其他与投资活动有关的现金		
投资活动现金流入小计		
购建固定资产、无形资产和其他长期资产支付的现金		
投资支付的现金		
取得子公司及其他营业单位支付的现金净额		
支付其他与投资活动有关的现金		
投资活动现金流出小计		
投资活动产生的现金流量净额		
三、筹资活动产生的现金流量：		
吸收投资收到的现金		
取得借款收到的现金		
收到其他与筹资活动有关的现金		
筹资活动现金流入小计		
偿还债务支付的现金		
分配股利、利润或偿付利息支付的现金		
支付其他与筹资活动有关的现金		
筹资活动现金流出小计		
筹资活动产生的现金流量净额		
四、汇率变动对现金及现金等价物的影响		
五、现金及现金等价物净增加额		
加：期初现金及现金等价物余额		
六、期末现金及现金等价物余额		

（二）现金流量表的填列方法

现金流量表的具体填列方法如表 15-4 所示。

表 15-4　现金流量表的填列方法

经营活动产生的现金流量	经营活动是指企业投资活动和筹资活动以外的所有交易和事项。各类企业由于行业特点不同,对经营活动的认定存在一定差异。对于工商企业而言,经营活动主要包括销售商品、提供劳务、购买商品、接受劳务、支付税费等。对于商业银行而言,经营活动主要包括吸收存款、发放贷款、同业存放、同业拆借等。对于保险公司而言,经营活动主要包括原保险业务和再保险业务等。对于证券公司而言,经营活动主要包括自营证券、代理承销证券、代理兑付证券、代理买卖证券等
投资活动产生的现金流量	投资活动是指企业长期资产的购建和不包括在现金等价物范围的投资及其处置活动。长期资产是指固定资产、无形资产、在建工程、其他资产等持有期限在一年或一个营业周期以上的资产。这里所讲的投资活动,既包括实物资产投资,也包括金融资产投资。这里之所以将"包括在现金等价物范围内的投资"排除在投资活动之外,是因为已经将包括在现金等价物范围的投资视同现金。不同企业由于行业特点不同,对投资活动的认定也存在差异
筹资活动产生的现金流量	筹资活动是指导致企业资本及债务规模和构成发生变化的活动。这里所说的资本,既包括实收资本(股本),也包括资本溢价(股本溢价);这里所说的债务,指对外举债,包括向银行借款、发行债券以及偿还债务等。通常情况下,应付账款、应付票据等商业应付款等属于经营活动,不属于筹资活动
汇率变动对现金及现金等价物的影响	现金流量表准则规定,外币现金流量以及境外子公司的现金流量,应当采用现金流量发生日的即期汇率或即期汇率近似的汇率折算。汇率变动对现金的影响额应当作为调节项目,在现金流量表中单独列报 汇率变动对现金的影响,指企业外币现金流量及境外子公司的现金流量折算成记账本位币时,所采用的是现金流量发生日的汇率或即期汇率近似的汇率,而现金流量表"现金及现金等价物净增加额"项目中外币现金净增加额是按资产负债表日的即期汇率折算。这两者的差额即为汇率变动对现金的影响

·易错易混点·

① 支付应付账款、应付票据等商业应付款等属于企业经营活动现金流量,不属于筹资活动现金流量。

② 与固定资产、无形资产有关的现金流量属于企业投资活动现金流量。

【例题 15-1 多选题】(2018 年真题)　下列各项现金收支中,应作为企业经营活动现金流量进行列报的有(　　)。

A. 购买原材料支付的现金　　　　B. 支付给生产工人的工资

C. 购买生产用设备支付的现金　　D. 销售产品受到的现金

【答案】　ABD

【名师点睛】　选项 C,属于投资活动现金流量。

【例题 15-2 多选题】(2018 年真题)　下列各项中,作为企业筹资活动现金流量进行列报的是(　　)。

A. 购买固定资产支付的现金　　　B. 预收的商品销售款

C. 支付的借款利息　　　　　　　D. 支付的现金股利

考试方向
考查现金流量的归类。

【答案】　CD

【名师点睛】　选项A,属于投资活动现金流量;选项B,属于经营活动现金流量。

【例题15-3 多选题】(2019年真题)　工业企业发生的下列现金收支中,属于筹资活动现金流量的有(　　)。

A. 向银行借款收到的现金　　　　　　　B. 债券投资收到的利息

C. 发放现金股利　　　　　　　　　　　D. 转让股票投资收到的现金

【答案】　AC

【名师点睛】　选项BD,属于投资活动现金流量。

【例题15-4 多选题】(2020年真题)　制造企业发生的下列现金收支中,属于投资活动现金流量的有(　　)。

A. 吸收投资收到的现金　　　　　　　　B. 支付的债券利息

C. 转让债券投资收到的现金　　　　　　D. 收到的现金股利

【答案】　CD

【名师点睛】　选项A,属于筹资活动的现金流量;选项B,属于筹资活动的现金流量。

(三) 现金流量表的编制方法和程序

1. 直接法和间接法

编制现金流量表时,列报经营活动现金流量的方法有两种:一是直接法,一是间接法。这两种方法通常也称为编制现金流量表的方法。如表15-5所示。

表15-5　直接法与间接法

方法	含义	特点
直接法	直接法是指按现金收入和现金支出的主要类别直接反映企业经营活动产生的现金流量,如销售商品、提供劳务收到的现金,购买商品、接受劳务支付的现金等就是按现金收入和支出的类别直接反映的。在直接法下,一般是以利润表中的营业收入为起算点,调节与经营活动有关的项目的增减变动,然后计算出经营活动产生的现金流量	采用直接法编报的现金流量表,便于分析企业经营活动产生的现金流量的来源和用途,预测企业现金流量的未来前景
间接法	间接法是指以净利润为起算点,调整不涉及现金的收入、费用、营业外收支等有关项目,剔除投资活动、筹资活动对现金流量的影响,据此计算出经营活动产生的现金流量。由于净利润是按照权责发生制原则确定的,且包括了与投资活动和筹资活动相关的收益和费用,将净利润调整为经营活动现金流量,实际上就是将按权责发生制原则确定的净利润调整为现金净流入,并剔除投资活动和筹资活动对现金流量的影响	采用间接法编报现金流量表,便于将净利润与经营活动产生的现金流量净额进行比较,了解净利润与经营活动产生的现金流量差异的原因,从现金流量的角度分析净利润的质量。所以,现金流量表准则规定企业应当采用直接法编报现金流量表,同时要求在附注中提供以净利润为基础调节到经营活动现金流量的信息

2. 工作底稿法、T型账户法和分析填列法

在具体编制现金流量表时,可以采用工作底稿法(详见表15-6)或T型账户法(详见表15-7),也可以采用分析填列法,即根据有关科目记录分析填列。

表 15-6　工作底稿法

含义		采用工作底稿法编制现金流量表,是以工作底稿为手段,以资产负债表和利润表数据为基础,对每一项目进行分析并编制调整分录,从而编制现金流量表
程序	第一步	将资产负债表的期初数和期末数过入工作底稿的期初数栏和期末数栏
	第二步	对当期业务进行分析并编制调整分录。编制调整分录时,要以利润表项目为基础,从"营业收入"开始,结合资产负债表项目逐一进行分析。在调整分录中,有关现金和现金等价物的事项,并不直接借记或贷记现金,而是分别记入"经营活动产生的现金流量""投资活动产生的现金流量""筹资活动产生的现金流量"有关项目。借记表示现金流入,贷记表示现金流出
	第三步	将调整分录过入工作底稿中的相应部分
	第四步	核对调整分录,借方、贷方合计数均已经相等,资产负债表项目期初数加减调整分录中的借贷金额以后,也等于期末数
	第五步	根据工作底稿中的现金流量表项目部分编制正式的现金流量表

表 15-7　T 型账户法

含义		采用 T 型账户法编制现金流量表是以 T 型账户为手段,以资产负债表和利润表数据为基础,对每一项目进行分析并编制调整分录,从而编制现金流量表
程序	第一步	为所有的非现金项目(包括资产负债表项目和利润表项目)分别开设 T 型账户,并将各自的期末期初变动数过入各相关账户。如果项目的期末数大于期初数,则将差额过入和项目余额相同的方向;反之,过入相反的方向
	第二步	开设一个大的"现金及现金等价物"T 型账户,每边分为经营活动、投资活动和筹资活动三个部分,左边记现金流入,右边记现金流出。与其他账户一样,过入期末期初变动数
	第三步	以利润表项目为基础,结合资产负债表分析每一个非现金项目的增减变动,并据此编制调整分录
	第四步	将调整分录过入各 T 型账户,并进行核对,该账户借贷相抵后的余额与原先过入的期末期初变动数应当一致
	第五步	根据大的"现金及现金等价物"T 型账户编制正式的现金流量表

四、 终止经营

(一) 终止经营的定义

终止经营是企业实施战略收缩的资产重组方式,企业进行收缩并非是经营失败的标志,而是企业发展的一项合理的战略选择。

终止经营,是指企业满足下列条件之一的、能够单独区分的组成部分,且该组成部分已经处置或者划分为持有待售类别:

(1)该组成部分代表一项独立的主要业务或一个独立的主要经营地区。

(2)该组成部分是拟对一项独立的主要业务或一个单独的主要经营地区进行处置的一项相关联计划的一部分。

(3)该组成部分是专为转售而取得的子公司。

(二) 终止经营的列报

不符合终止经营定义的持有待售的非流动资产或处置组,其减值损失和转回金额及处置损益应当作为持续经营损益列报;终止经营的减值损失和转回金额等经营损益及处置损益应当作为终止经营损益列报。

（三）附注说明

企业还应当在附注中披露终止经营的下列信息：

（1）终止经营的收入、费用、利润总额、所得税费用（收益）和净利润。

（2）终止经营的资产或处置组确认的减值损失及其转回金额。

（3）终止经营的处置损益总额、所得税费用（收益）和处置净损益。

（4）终止经营的经营活动、投资活动和筹资活动现金流量净额。

（5）归属于母公司所有者的持续经营损益和终止经营损益。

对于当期列报的终止经营，企业应当在当期财务报表中，将原来作为持续经营损益列报的信息重新作为可比会计期间的终止经营损益列报，并按照上述1,2,3,5的规定披露可比会计期间的信息。

企业因出售子公司的投资等原因导致其丧失对子公司控制权，且该公司符合终止经营定义的，应当在合并利润表中列报相关终止经营损益，并按照上述1至5的规定进行披露。

（四）终止经营损益调整及列报

企业应当在利润表中将终止经营处置损益的调整金额作为终止经营损益列报，并在附注中披露调整的性质和金额。可能引起调整的情形包括：

（1）最终确定处置条款，如与买方商定交易价格调整额和补偿金。

（2）消除与处置相关的不确定因素，如确定卖方保留的环保义务或产品质量保证义务。

（3）履行与处置相关的职工薪酬支付义务。

终止经营不在满足持有待售类别划分条件的，企业应当在当期财务报表中，将原来作为终止经营损益列报的信息重新作为可比会计期间的持续经营损益列报，并在附注中说明这一事实。

第二节 合并财务报表概述

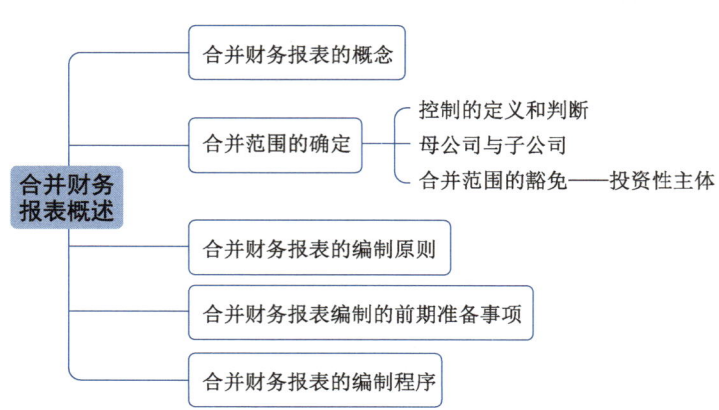

一、 合并财务报表的概念

合并财务报表是指反映母公司和其全部子公司形成的企业集团整体财务状况、经营成果和现金流量的财务报表。与个别财务报表相比合并财务报告有以下特点。

（1）合并财务报表反映的对象是由母公司和其全部子公司组成的会计主体。

（2）合并财务报表的编制者是母公司，但所对应的会计主体是由母公司及其控制的所有子公司所构成的合并财务报表主体（简称为"合并集团"）。

（3）合并财务报表是站在合并财务报表主体的立场上，以纳入合并范围的企业个别财务报表为基础，根据其他有关资料，抵销母公司与子公司、子公司相互之间发生的内部交易，考虑了特殊交易事项对合并财务报表的影响后编制的，旨在反映合并财务报表主体作为一个整体的财务状况、经营成果和现金流量。

合并财务报表至少包括：（1）合并资产负债表；（2）合并利润表；（3）合并现金流量表；（4）合并所有者权益（或股东权益）变动表；（5）附注。

二、 合并范围的确定

合并财务报表的合并范围应当以控制为基础予以确定，不仅包括根据表决权（或类似权利）本身或者结合其他安排确定的子公司，也包括基于一项或多项合同安排决定的结构化主体。

（一）控制的定义和判断★

控制，是指投资方拥有对被投资方的权力，通过参与被投资方的相关活动而享有可变回报，并且有能力运用对被投资方的权力影响其回报金额。

投资方要实现控制，必须具备两项基本要素，一是因涉入被投资方而享有可变回报；二是拥有对被投资方的权力，并且有能力运用对被投资方的权力影响其回报金额。

从控制的定义中可以发现，要达到控制，投资方需要满足以下要求。

1. 通过涉入被投资方的活动享有的是可变回报

可变回报，是不固定且可能随着被投资方业绩而变化的回报，可以仅是正回报，也可以仅是负回报，或者同时包括正回报和负回报。

2. 对被投资方拥有权力，并能够运用此权力影响回报金额

投资方能够主导被投资方的相关活动时，称投资方对被投资方享有"权力"。在判断投资方是否对被投资方拥有权力时，应注意以下几点：①权力只表明投资方主导被投资方相关活动的现时能力，并不要求投资方实际行使其权力；②权力是一种实质性权利，而不是保护性权利；③权力是为自己行使的，而不是代其他方行使；④权力通常表现为表决权，但有时也可能表现为其他合同安排。

（1）相关活动。

识别被投资方相关活动的目的是确定投资方对被投资方是否拥有权力。不同企业的相关活动可能是不同的，应当根据企业的行业特征、业务特点、发展阶段、市场环境等具体情况来进行判断，这些活动可能包括但不限于下列活动：①商品或劳务的销售和购买；②金融资产的管理；③资产的购买和处置；④研究与开发活动；⑤融资活动。对许多企业而言，经营和财务活动通常对其回报产生重大影响。

（2）"权力"是一种实质性权利。

① 实质性权利。实质性权利是指持有人在对相关活动进行决策时,有实际能力行使的可执行权利。判断一项权利是否为实质性权利,应当综合考虑所有相关因素,包括权利持有人行使该项权利是否存在财务、价格、条款、机制、信息、运营、法律法规等方面的障碍;当权利由多方持有或者行权需要多方同意时,是否存在实际可行的机制使得这些权利持有人在其愿意的情况下能够一致行权;权利持有人是否可从行权中获利等。实质性权利通常是当前可执行的权利,但某些情况下当前不可行使的权利也可能是实质性权利。

案例 15-1

投资方持有一份将于 25 天后结算的远期股权购买合同,该合同赋予投资方行权后能够持有被投资方的多数表决权股份。另外,能够对被投资方相关活动进行决策的最早时间是 30 天后才能召开的特别股东大会。其他投资方不能对被投资方相关活动现行的政策作出任何改变。

【分析】 本例中,虽然投资方持有的远期股权购买合同 25 天后才能结算,不是当前可执行的权利,但是由于股东大会最早召开的时间在 30 天后,晚于远期合同的可行权日(25 天后),在投资方执行远期合同之前,没有其他任何一方可以改变与被投资方的相关活动有关的决策。因此,虽然该权利当前不可执行,但仍然为一项实质性权利。

有时,其他投资方也可能拥有可行使的实质性权利,使得投资方不能控制被投资方。其他投资方拥有的可行使的实质性权利包括提出议案的主动性权利和对议案予以批准或否定的被动性权利,当这些权利不仅仅是保护性权利时,其他方拥有的这些权利可能导致投资方不能控制被投资方。

② 保护性权利。保护性权利是指仅为了保护权利持有人利益却没有赋予持有人对相关活动的决策权。通常包括应由股东大会(或股东会,下同)行使的修改公司章程,增加或减少注册资本,发行公司债券,公司合并、分立、解散或变更公司形式等事项持有的表决权。例如,少数股东批准超过正常经营范围的资本性支出或发行权益工具、债务工具的权利。再如,贷款方限制借款方从事损害贷款方权利的活动的权利,这些活动将对借款方信用风险产生不利影响从而损害贷款方权利,以及贷款方在借款方发生违约行为时扣押其资产的权利等。

保护性权利通常只能在被投资方发生根本性改变或某些例外情况发生时才能够行使,它既没有赋予其持有人对被投资方拥有权力,也不能阻止被投资方的其他投资方对被投资方拥有权力。仅享有保护性权利的投资方不拥有对被投资方的权力。

(3) 权力的持有人应为主要责任人。

拥有决策权的投资方在判断是否控制被投资方时,需要考虑其决策行为是以主要责任人(即实际决策人)的身份进行还是以代理人的身份进行。代理人是相对于主要责任人而言的,代表主要责任人行动并服务于该主要责任人的利益。主要责任人可能将其对被投资方的某些或全部决策权授予代理人,但在代理人代表主要责任人行使决策权时,代理人并不对被投资方拥有控制。

决策者在确定其是否为代理人时,应综合考虑该决策者与被投资方以及其他方之间的关系,尤其需要考虑下列四项:①决策者对被投资方的决策权范围;②其他方享有的实质性权利;③决策者的薪酬水平;④决策者因持有被投资方的其他权益而承担可变回报的风险。

（4）权力通常表现为表决权,有时也可以表现为其他合同安排。

① 表决权。投资方持有被投资方半数以上表决权的情况通常包括如下三种:一是投资方直接持有被投资方半数以上表决权;二是投资方间接持有被投资方半数以上表决权;三是投资方以直接和间接方式合计持有被投资方半数以上表决权。

投资方持有被投资方半数或以下表决权,但通过与其他表决权持有人之间的协议能够控制半数以上表决权。该类协议安排需确保投资方能够主导其他表决权持有人的表决,即其他表决权持有人按照投资方的意愿进行表决,而不是投资方与其他表决权持有人协商并根据双方协商一致的结果进行表决。

投资方拥有多数表决权但没有权力。确定持有半数以上表决权的投资方是否拥有权力,关键在于该投资方现时是否有能力主导被投资方的相关活动。当其他投资方现时有权力能够主导被投资方的相关活动,且其他投资方不是投资方的代理人时,投资方就不拥有对被投资方的权力。当表决权不是实质性权利时,即使投资方持有被投资方多数表决权,也不拥有对被投资方的权力。例如,被投资方相关活动被政府、法院、管理人、接管人、清算人或监管人等其他方主导时,投资方虽然持有多数表决权,但也不可能主导被投资方的相关活动。被投资方自行清算的除外。

持有被投资方半数或半数以下表决权。直接或间接结合,也只拥有半数或半数以下表决权,但仍然可以通过表决权判断拥有权力应综合考虑下列事项:考虑投资方持有的表决权相对于其他投资方持有的表决权份额的大小,以及其他投资方持有表决权的分散程度;考虑与其他表决权持有人的协议;考虑与其他合同安排产生的权利。如果结合表决权和上述所列因素,仍不足以判断投资者是否控制被投资方,则还需要考虑是否存在其他事实或情况,能够证明投资方拥有主导被投资方相关活动的能力。

② 其他合同安排。投资方可能通过持有的表决权和其他决策权相结合的方式使其当前能够主导被投资方的相关活动。例如,合同安排赋予投资方能够聘任被投资方董事会或类似权力机构多数成员,这些成员能够主导董事会或类似权力机构对相关活动的决策。但是,在不存在其他权利时,仅仅是被投资方对投资方的经济依赖(如供应商和其主要客户的关系)不会导致投资方对被投资方拥有权力。

（5）权力与回报之间的联系。

企业必须不仅拥有对被投资方的权力和因涉入被投资方面有权获得的可变回报,而且要有能力使用权力来影响因涉入被投资方而获得的企业回报。只有当企业不仅拥有对被投资方的权力、通过参与被投资放的相关活动而享有可变回报,而且有能力运用对被投资方的权力来影响其回报的金额时,企业才控制被投资方。

案例 15-2

A 公司持有 B 公司 40% 有表决权股份,其他 12 个投资方各持有 B 公司 5% 有表决权股份,且他们之间或其中一部分股东之间不存在进行集体决策的协议。根据全体股东协议,A 公司有权聘任或解聘董事会多数成员,董事会主导被投资者的相关活动。

【分析】 本例中,A公司持有的B公司有表决权股份(40%)不足50%,且其他12个投资方各持有B公司5%有表决权股份,根据A公司自身持有股份的绝对规模和其他股东的相对规模,难以得出A公司对B公司拥有权力。但是,综合考虑全体股东协议授予A公司聘任或解聘董事会多数成员,以及其他股东之间不存在集体决策的协议,可以判断A公司对B公司拥有权力。

考试方向

考查控制的概念以及控制的判断。

【例题15-5 多选题】(2013年真题) 下列各项中,被投资方不应纳入投资方合并财务报表合并范围的有( )。

A. 投资方和其他投资方对被投资方实施共同控制

B. 投资方拥有被投资方半数以上表决权但不能控制被投资方

C. 投资方未拥有被投资方半数以上表决权但有权决定其财务和经营政策

D. 投资方直接拥有被投资方半数以上表决权但被投资方已经被宣告清理整顿

【答案】 ABD

【名师点睛】 纳入投资方合并财务报表合并范围的前提是实施控制,选项AB没有达到实施控制;选项D,已宣告被清理整顿的原子公司不是母公司的子公司,不纳入合并报表范围。

【例题15-6 多选题】(2015年真题) 下列各项中,投资方在确定合并财务报表合并范围对应予考虑的因素有( )。

A. 被投资方的设立目的

B. 投资方是否拥有对被投资方的权力

C. 投资方是否通过参与被投资方的相关活动而享有可变回报

D. 投资方是否有能力运用对被投资方的权力影响其回报金额

【答案】 ABCD

【名师点睛】 合并财务报表的合并范围是指纳入合并财务报表编报的子公司的范围,应当以控制为基础予以确定。投资方要实现控制,必须具备两项基本要素,一是因涉入被投资方面享有可变回报;二是拥有对被投资方的权力,并且有能力运用对被投资方的权力影响其回报金额。除此之外,还应该综合考虑所有相关事实和情况,其中,对被投资方的设立目的和设计的分析,贯穿于判断控制的始终。

(二) 母公司与子公司

1. 母公司

母公司,是指控制一个或一个以上主体(含企业、被投资单位中可分割的部分,以及企业所控制的结构化主体等)的主体。

2. 子公司

子公司是指被母公司控制的主体。

考试方向

考查子公司纳入合并范围的辨析。

已宣告被清理整顿的或已宣告破产的原子公司,不再是母公司的子公司,不纳入合并财务报表范围。不论子公司规模大小、子公司向母公司转移资金能力是否受到严格限制,也不论在公司的业务性质与母公司或集内其他子公司是否有显著差别,只要能够被母公司施加控制的,都应纳入合并范围。

第十五章

（三）合并范围的豁免——投资性主体★

1. 投资性主体的定义及合并范围

母公司应当将其全部子公司（包括母公司所控制的被投资单位可分割部分、结构化主体）纳入合并范围。但是，如果母公司是投资性主体，则只应将那些为投资性主体的投资活动提供相关服务的子公司纳入合并范围，其他子公司不应予以合并，母公司对其他子公司的投资应当按照公允价值计量且其变动计入当期损益。

一个投资性主体的母公司如果其本身不是投资性主体，则应当将其控制的全部主体，包括投资性主体以及通过投资性主体间接控制的主体，纳入合并财务报表范围。

投资性主体的定义中包含了三个需要同时满足的条件：一是该公司以向投资方提供投资管理服务为目的，从一个或多个投资者获取资金；二是该公司的唯一经营目的，是通过资本增值、投资收益或两者兼有而让投资者获得回报；三是该公司按照公允价值对几乎所有投资的业绩进行计量和评价。

2. 投资性主体的特征

投资性主体通常应当具备下列四个特征：①拥有一个以上投资；②拥有一个以上投资者；③投资者不是该主体的关联方；④该主体的所有者权益以股权或类似权益存在。当主体不完全具备上述四个特征时，需要审慎评估，判断是否有确凿证据证明虽然缺少其中一个或几个特征，但该主体仍然符合投资性主体的定义。

3. 投资性主体与非投资性主体的转换

（1）当母公司由非投资性主体转变为投资性主体时，除仅将为其投资活动提供相关服务的子公司纳入合并财务报表范围编制合并财务报表外，企业自转变日起对其他子公司不再予以合并。

（2）当母公司由投资性主体转变为非投资性主体时，应将原未纳入合并财务报表范围的子公司于转变日纳入合并财务报表范围，将转变日视为购买日，原未纳入合并财务报表范围的子公司在转变日的公允价值视为购买的交易对价，按照非同一控制下企业合并的会计处理方法进行会计处理。

【例题 15-7 单选题】(2019 年真题)　母公司是投资性主体的，对不纳入合并范围的子公司的投资应当按照公允价值进行后续计量，公允价值变动应当计入的财务报表项目是（　　）。

A. 其他综合收益　　　　　　　　B. 公允价值变动收益

C. 资本公积　　　　　　　　　　D. 投资收益

【答案】　B

【名师点睛】　母公司是投资性主体的，则只应将那些为投资性主体的投资活动提供相关服务的子公司纳入合并范围，其他子公司不应予以合并，母公司对其他子公司的投资应当按照公允价值计量且其变动计入当期损益，所以对其公允价值变动应计入公允价值变动收益中，选项 B 正确。

三、合并财务报表的编制原则★

合并财务报表作为财务报表，必须符合财务报表编制的一般原则和基本要求，这些基本要求包括真实可靠、内容完整、重要性等。

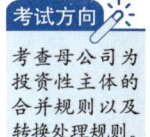

考试方向　考查母公司为投资性主体的合并规则以及转换处理规则。

合并财务报表的编制除了遵循财务报表编制的一般原则和要求外,还应遵循一体性原则,即合并财务报表反映的是由多个主体组成的企业集团的财务状况、经营成果和现金流量。在编制合并财务报表时应当将母公司和所有子公司作为整体来看待,视为一个会计主体,母公司和子公司发生的经营活动都应当从企业集团这一整体的角度进行考虑,包括对项目重要性的判断。在编制合并财务报表时,对于母公司与子公司、子公司相互之间发生的经济业务,应当视为同一会计主体的内部业务处理,对合并财务报表的财务状况、经营成果和现金流量不产生影响。另外,对于某些特殊交易,如果站在企业集团角度的确认和计量与站在个别财务报表角度的确认和计量不同,还需要站在企业集团角度就同一交易或事项予以调整。

四、 合并财务报表编制的前期准备事项

合并财务报表的编制涉及多个子公司,为了使编制的合并财务报表准确、全面反映企业集团的真实情况,必须做好一系列的前期准备工作,主要包括几个方面,如表15-8所示。

表 15-8　合并财务报表编制的前期准备工作

统一母子公司的会计政策	统一母公司和子公司的会计政策是保证母子公司财务报表各项目反映内容一致的基础。只有在财务报表各项目反映的内容一致的情况下,才能对其进行加总,编制合并财务报表。因此,在编制合并财务报表前,应统一要求子公司所采用的会计政策与母公司保持一致。对一些境外子公司,由于所在国或地区法律、会计准则等方面的原因,确实无法使其采用的会计政策与母公司所采用的会计政策保持一致,则应当要求其按照母公司所采用的会计政策,重新编报财务报表,也可以由母公司根据自身所采用的会计政策对境外子公司报送的财务报表进行调整,以重编或调整编制的境外子公司的财务报表,作为编制合并财务报表的基础
统一母子公司的资产负债表日及会计期间	母公司和子公司的个别财务报表只有在反映财务状况的日期和反映经营成果的会计期间都一致的情况下,才能进行合并。为了编制合并财务报表,必须统一企业集团内母公司和所有子公司的资产负债表日和会计期间,使子公司的资产负债表日和会计期间与母公司的资产负债表日和会计期间保持一致,以便于子公司提供相同资产负债表日和会计期间的财务报表
对子公司以外币表示的财务报表进行折算	对母公司和子公司的财务报表进行合并,其前提必须是母子公司个别财务报表所采用的货币计量单位一致。外币业务比较多的企业可以采用某一种外币作为记账本位币。在将境外经营纳入合并范围时,应该按照外币折算的相关规定进行处理
收集编制合并财务报表的相关资料	合并财务报表以母公司和其子公司的财务报表以及其他有关资料为依据,由母公司合并有关项目的数额编制。为编制合并财务报表,母公司应当要求子公司及时提供下列有关资料: ① 子公司相应期间的财务报表 ② 采用的与母公司不一致的会计政策及其影响金额 ③ 与母公司不一致的会计期间的说明 ④ 与母公司及与其他子公司之间发生的所有内部交易的相关资料,包括但不限于内部购销交易、债权债务、投资及其产生的现金流量和未实现内部销售损益的期初、期末余额及变动情况等资料 ⑤ 子公司所有者权益变动和利润分配的有关资料 ⑥ 编制合并财务报表所需要的其他资料

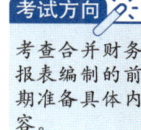

【例题 15-8 多选题】(2015 年真题)　母公司在编制合并财务报表前,对子公司所采用会计政策与其不一致的情形进行的下列会计处理中,正确的有(　　)。

A. 按照子公司的会计政策另行编报子公司的财务报表

B. 要求子公司按照母公司的会计政策另行编报子公司的财务报表

C. 按照母公司自身的会计政策对子公司财务报表进行必要的调整

D. 按照子公司的会计政策对母公司自身财务报表进行必要的调整

【答案】　BC

【名师点睛】　编制财务报表前,应当尽可能地统一母公司和子公司的会计政策,统一要求子公司所采用的会计政策与母公司保持一致。

考试方向
考查合并财务报表编制的前期准备具体内容。

五、合并财务报表的编制程序

合并财务报表的编制程序如表 15-9 所示。

表 15-9　合并财务报表的编制程序

设置合并工作底稿	合并工作底稿的作用是为合并财务报表的编制提供基础。在合并工作底稿中,对母公司和纳入合并范围的子公司的个别财务报表各项目的数据进行汇总、调整和抵销处理,最终计算得出合并财务报表各项目的合并数
将数据过入合并工作底稿	将母公司、纳入合并范围的子公司个别资产负债表,利润表及所有者权益变动表各项目的数据过入合并工作底稿
编制调整分录与抵销分录	在合并工作底稿中编制调整分录和抵销分录,将内部交易对合并财务报表有关项目的影响进行抵销处理。编制抵销分录,进行抵销处理是合并财务报表编制的关键和主要内容,其目的在于将个别财务报表各项目的加总金额中重复的因素予以抵销
计算合并财务报表各项目的合并数额	在母公司和纳入合并范围的子公司个别财务报表各项目加总金额的基础上,分别计算出合并财务报表中各资产项目、负债项目,所有者权益项目、收入项目和费用项目等的合并金额。其计算方法如下: ① 资产类各项目,其合并金额根据该项目加总金额,加上该项目调整分录与抵销分录的借方发生额,减去该项目调整分录与抵销分录的贷方发生额计算确定 ② 负债类各项目和所有者权益类项目,其合并金额根据该项目加总金额,减去该项目调整分录与抵销分录的借方发生额,加上该项目调整分录与抵销分录的贷方发生额计算确定 ③ 有关收入类各项目和有关所有者权益变动(收益类)项目,其合并金额根据该项目加总金额,减去该项目调整分录与抵销分录的借方发生额,加上该项目抵销分录的贷方发生额计算确定 ④ 有关成本费用类项目和有关利润分配的项目,其合并金额根据该项目加总金额,加上该项目调整分录与抵销分录的借方发生额,减去该项目调整分录与抵销分录的贷方发生额计算确定
填列合并财务报表	根据合并工作底稿中计算出的资产、负债,所有者权益、收入、费用类以及现金流量表中各项目的合并金额,填列生成正式的合并财务报表

第十五章

第三节　合并资产负债表

本节框架 ▶

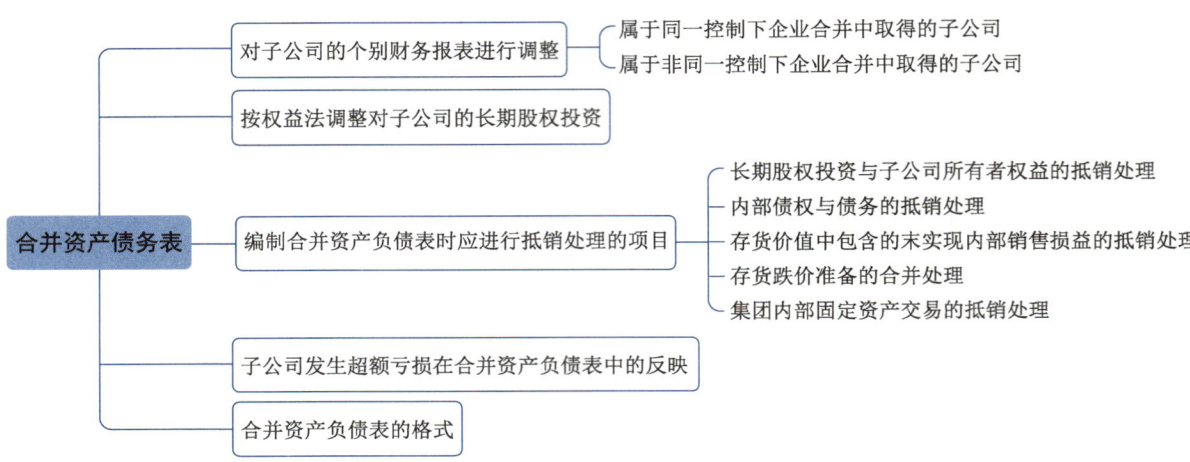

合并资产负债表是反映企业集团在某一特定日期财务状况的财务报表,由合并资产、负债和所有者权益各项目组成。

一、对子公司的个别财务报表进行调整 ★★★

在编制合并财务报表时,首先应对各子公司进行分类,分为同一控制下企业合并中取得的子公司和非同一控制下企业合并中取得的子公司两类。

(一) 属于同一控制下企业合并中取得的子公司

对于属于同一控制下企业合并中取得的子公司的个别财务报表,如果不存在与母公司会计政策和会计期间不一致的情况,则不需要对该子公司的个别财务报表进行调整,即不需要将该子公司的个别财务报表调整为公允价值反映的财务报表,只需要抵销内部交易对合并财务报表的影响即可。

(二) 属于非同一控制下企业合并中取得的子公司

对于属于非同一控制下企业合并中取得的子公司,除了存在与母公司会计政策和会计期间不一致的情况,需要对该子公司的个别财务报表进行调整外,还应当根据母公司为该子公司设置备查簿的记录,以记录该子公司的各项可辨认资产、负债及或有负债等在购买日的公允价值为基础,通过编制调整分录,对该子公司的个别财务报表进行调整,以使子公司的个别财务报表反映为在购买日公允价值基础上确定的可辨认资产、负债及或有负债在本期资产负债表日的金额。

案例 15-3

2020 年 1 月 1 日,甲公司以现金 10000 万元为对价取得乙公司 80% 的股权。当日乙公司可辨认净资产的账面价值为 10000 万元,其中,股本为 5000 万元,资本公积为

3000 万元,盈余公积为 500 万元,未分配利润为 1500 万元。经专业机构评估乙公司可辨认净资产公允价值为 12000 万元。其差额是由一项管理用固定资产的账面价值与公允价值不同造成的。假设该项固定资产的可使用年限为 10 年,净残值为 0,采用平均年限法计提折旧。甲、乙公司适用所得税率均为 25%。假定甲乙公司在合并前没有任何关联关系。该合并满足税法规定免税合并的条件,且乙公司股东选择免税合并。

【分析】 购买日与资产负债表日的会计处理详见表 15-10。

表 15-10 购买日与资产负债表日的会计处理 单位:万元

购买日(2020 年 1 月 1 日)	资产负债表日(2020 年 12 月 31 日)
① 按照公允价值与账面价值的差额调整固定资产的金额: 借:固定资产　2000 　贷:资本公积　2000 ② 确认递延所得税影响: 借:资本公积　500 　贷:递延所得税负债 　　　　(2000×25%)500	① 按照公允价值与账面价值的差额调整固定资产的金额: 借:固定资产　2000 　贷:资本公积　2000 ② 确认递延所得税影响: 借:资本公积　500 　贷:递延所得税负债　500 ③ 调整固定资产折旧金额: 借:管理费用　200 　贷:固定资产　(2000÷10)200 ④ 调整递延所得税负债: 借:递延所得税负债　50 　贷:所得税费用　(200×25%)50

二、 按权益法调整对子公司的长期股权投资 ★★★

合并报表准则规定,合并财务报表应当以母公司和其子公司的财务报表为基础,根据其他有关资料,按照权益法调整对子公司的长期股权投资后,由母公司编制。

在合并工作底稿中,将对子公司的长期股权投资调整为权益法时,应按照《企业会计准则第 2 号——长期股权投资》所规定的权益法进行调整。在确认应享有子公司净损益的份额时,对于属于非同一控制下企业合并形成的长期股权投资,应当以在备查簿中记录的子公司各项可辨认资产、负债及或有负债等在购买日的公允价值为基础,对该子公司的净利润进行调整后确认;对于属于同一控制下的企业合并形成的长期股权投资,可以直接以该子公司的净利润进行确认,但是该子公司的会计政策或会计期间与母公司不一致的,仍需要对净利润进行调整。具体调整分录如表 15-11 所示。

表 15-11 成本法调整为权益法具体调整分录

子公司所有者权益变动事项	母公司权益法调整分录
子公司实现净利润或净亏损	借(贷):长期股权投资 　贷(借):投资收益 提示 ▶ 如果合并类型为非同一控制下企业合并,应按照经调整后子公司净利润为基础计算投资收益 ▶ 如果存在未实现内部交易损益,在采用权益法进行调整时不再对该未实现内部交易损益进行调整

（续表）

子公司所有者权益变动事项	母公司权益法调整分录
子公司宣告现金股利或利润	借：投资收益 　　贷：长期股权投资
子公司其他综合收益增减变动	借（贷）：长期股权投资 　　贷（借）：其他综合收益
子公司所有者权益发生其他变动	借（贷）：长期股权投资 　　贷（借）：资本公积

考试方向

考查调整分录
的编制。

案例 15-4 沿用 **案例 15-3**

　　假定截至 2020 年 12 月 31 日，乙公司当年实现净利润为 1000 万元，提取法定公积金为 100 万元，乙公司分派现金股利为 480 万元，乙公司因持有的分类为以公允价值计量且其变动计入其他综合收益的金融资产公允价值变动计入其他综合收益的金额为 75 万元。

　　【分析】　甲公司 2020 年 12 月 31 日对长期股权投资的调整分录如下（单位：万元）。

　　（1）调整后乙公司净利润＝1000－200＋50＝850（万元），甲公司按照持股比例应享有金额＝850×80％＝680（万元）。

　　　借：长期股权投资　　　　　　　　　　　　　　　　　　　　680
　　　　　贷：投资收益　　　　　　　　　　　　　　　　　　　　　　　680

　　（2）甲公司按照持股比例，应分配现金股利金额＝480×80％＝384（万元）。

　　　借：投资收益　　　　　　　　　　　　　　　　　　　　　　384
　　　　　贷：长期股权投资　　　　　　　　　　　　　　　　　　　　　384

　　（3）甲公司按照持股比例，应确认其他综合收益金额＝75×80％＝60（万元）。

　　　借：长期股投资　　　　　　　　　　　　　　　　　　　　　　60
　　　　　贷：其他综合收益　　　　　　　　　　　　　　　　　　　　　60

　　经过调整后，甲公司长期股权投资金额＝10000＋680－384＋60＝10356（万元）。

三、 编制合并资产负债表时应进行抵销处理的项目 ★★★

　　合并资产负债表是以母公司和子公司的个别资产负债表为基础编制的。个别资产负债表则是以单个企业为会计主体进行会计核算的结果，它从母公司本身或从子公司本身的角度对自身的财务状况进行反映。

　　编制合并资产负债表时需要进行抵销处理的，主要有如下项目。

（一）长期股权投资与子公司所有者权益的抵销处理

　　母公司长期股权投资与子公司所有者权益抵销，应当区分合并类型是同一控制下企业合并还是非同一控制下企业合并，以及是全资子公司还是非全资子公司分别处理。

　　（1）同一控制下的企业合并取得的长期股权投资母公司按照子公司所有者权益的账

第十五章

面价值的份额入账,母公司长期股权投资的金额与应享有的子公司的所有者权益的金额是一致的,没有差异。

(2) 非同一控制下的企业合并取得的长期股权投资母公司按照应投出的资产公允价值入账,合并时可能会产生商誉。

提示 ▶ 商誉=合并成本(支付对价的公允价值之和)一购买日子公司可辨认净资产公允价值×母公司持股比例。

(3) 在子公司为全资子公司的情况下,母公司对子公司长期股权投资的金额和子公司所有者权益各项目的金额应当全额抵销。

(4) 在子公司为非全资子公司的情况下,应当将母公司对子公司长期股权投资的金额与子公司所有者权益中母公司所享有的份额相抵销。子公司所有者权益中不属于母公司的份额,即子公司所有者权益中抵销母公司所享有的份额后的余额,在合并财务报表中作为"少数股东权益"处理。在合并资产负债表中,"少数股东权益"项目应当在"所有者权益"项目下单独列示。

(5) 具体抵销分录。

① 同一控制下取得全资子公司:

借:实收资本/股本
　　资本公积
　　其他综合收益
　　盈余公积
　　未分配利润——年末
　　贷:长期股权投资

② 同一控制下取得非全资子公司:

借:实收资本/股本
　　资本公积
　　其他综合收益
　　盈余公积
　　未分配利润——年末
　　贷:长期股权投资
　　　　少数股东权益

③ 非同一控制下取得的全资子公司:

借:实收资本/股本
　　资本公积
　　其他综合收益
　　盈余公积
　　未分配利润——年末
　　商誉
　　贷:长期股权投资

④ 非同一控制下取得的非全资子公司：

借：实收资本/股本
　　资本公积
　　其他综合收益
　　盈余公积
　　未分配利润——年末
　　商誉
　　贷：长期股权投资
　　　　少数股东权益

案例 15-5 沿用 **案例 15-3** 及 **案例 15-4**

假定在 2020 年 12 月 31 日，乙公司个别资产负债表中所有者权益总额为 10595 万元，其中股本 5000 万元，资本公积 3000 万元，其他综合收益 75 万元，盈余公积 600 万元，未分配利润 1920 万元。甲公司在购买日及资产负债表日的抵消分录如表 15-12 所示。

购买日商誉金额＝10000－(10000＋2000－500)×80％＝800(万元)

表 15-12　　长期股权投资与子公司所有者权益抵销分录　　　　单位：万元

购买日(2020 年 1 月 1 日)	资产负债表日(2020 年 12 月 31 日)
借：股本　　　　　　　　　　　　　　5000 　　资本公积　　(3000＋2000－500)4500 　　盈余公积　　　　　　　　　　　500 　　未分配利润——年初　　　　　　1500 　　商誉　　　　　　　　　　　　　800 　　贷：长期股权投资　　　　　　10000 　　　　少数股东权益　　　　　　2300	借：股本　　　　　　　　　　　　　　5000 　　资本公积　　(3000＋2000－500)4500 　　其他综合收益　　　　　　　　　　75 　　盈余公积　　　　　　　(500＋100)600 　　未分配利润——年末 　　(1500＋1000－200＋50－100－480)1770 　　商誉　　　　　　　　　　　　　800 　　贷：长期股权投资　　　　　　10356 　　　　少数股东权益　　　　　　2389

考试方向

考查母公司长期股权投资与子公司所有者权益抵销的分录编制。

【例题 15-9 综合题】(2016 年真题)　2015 年 12 月 31 日，甲公司以定向增发公允价值为 10900 万元的普通股股票为对价取得乙公司 100％有表决权的股份，形成非同一控制下控股合并。假定该项企业合并符合税法规定的免税合并条件，且乙公司选择进行免税处理。乙公司当日可辨认净资产的账面价值为 10000 万元，其中股本为 2000 万元，未分配利润为 8000 万元。除一项账面价值与计税基础均为 200 万元、公允价值为 360 万元的库存商品外，其他各项可辨认资产、负债的账面价值与其公允价值、计税基础均相同。假定不考虑其他因素。

要求：根据以上资料分别计算甲公司在编制购买日合并财务报表时应确认的递延所得税和商誉的金额，并编制与购买日合并资产负债表有关的调整的抵销分录(答案中金额单位以万元表示)。

【名师点睛】　① 购买日合并财务报表中应确认的递延所得税负债＝(360－200)×25％＝40(万元)

② 商誉＝合并成本－购买日应享有被购买方可辨认净资产公允价值(考虑递延所得

第十五章

税后)的份额＝10900－(10000＋160－40)×100％＝780(万元)

调整分录：

借：存货		160
贷：资本公积		160
借：资本公积		40
贷：递延所得税负债		40

长期股权投资与子公司所有者权益的抵销处理：

借：股本		2000
未分配利润		8000
资本公积		120
商誉		780
贷：长期股权投资		10900

(二) 内部债权与债务的抵销处理

在编制合并资产负债表时需要进行合并处理的内部债权债务项目主要包括：①应收账款与应付账款；②应收票据与应付票据；③预付账款与合同负债；④债权投资与应付债券；⑤应收股利与应付股利；⑥其他应收款与其他应付款。

1. 应收账款与应付账款的抵销处理

(1) 初次编制合并财务报表时应收账款与应付账款的抵销处理。

在应收账款计提坏账准备的情况下,某一会计期间坏账准备的金额是以当期应收账款为基础计提的。在编制合并财务报表时,随着内部应收账款的抵销,与此相联系也须将内部应收账款计提的坏账准备予以抵销。内部应收账款抵销时,其抵销分录为：

借：应付账款
  贷：应收账款
借：应收账款——坏账准备
  贷：信用减值损失
借：所得税费用
  贷：递延所得税资产

> **案例 15-6**
>
> 假设甲公司 2018 年应收账款科目年末余额为 1000000 元,坏账准备余额为 10％,该应收账款系与子公司乙公司之间 2018 年产品购销产生,甲、乙公司适用的所得税率均为 25％。
>
> 【分析】 不考虑其他因素,2018 年甲公司编制合并抵销分录如下：
>
> | | |
> |---|---|
> | 借：应付账款 | 1000000 |
> | 贷：应收账款 | 1000000 |
> | 借：应收账款 | (1000000×10％)100000 |
> | 贷：信用减值损失 | (1000000×10％)100000 |
> | 借：所得税费用 | (1000000×10％×25％)25000 |
> | 贷：递延所得税资产 | (1000000×10％×25％)25000 |

（2）连续编制合并财务报表时内部应收款项及其坏账准备的抵销处理。

从合并财务报表来讲，内部应收账款计提的坏账准备的抵销是与抵销当期信用减值损失相对应的，上期抵销的坏账准备的金额，即上期信用减值损失抵减的金额，最终将影响到本期合并所有者权益变动表中的期初未分配利润金额的增加。由于利润表和所有者权益变动表是反映企业一定会计期间经济成果及其分配情况的财务报表，其上期期末未分配利润就是本期所有者权益变动表期初未分配利润（假定不存在会计政策变更和前期差错更正的情况）。抵销分录如下。

① 内部应收账款坏账准备本期余额与上期余额相等的合并处理：

借：应付账款
　　贷：应收账款

借：应收账款
　　贷：未分配利润——年初

借：未分配利润——年初
　　贷：递延所得税资产

案例 15-7 沿用 **案例 15-6**

假设甲公司 2019 年应收账款科目年末余额仍为 1000000 元，坏账准备余额为 10%，该应收账款系与子公司乙公司之间产品购销产生，甲、乙公司适用的所得税率均为 25%。

【分析】 不考虑其他因素，2019 年甲公司编制合并抵销分录如下：

借：应付账款　　　　　　　　　　　　　　　1000000
　　贷：应收账款　　　　　　　　　　　　　　　1000000

借：应收账款　　　　　　　　　　　　　　　100000
　　贷：未分配利润——年初　　　　　　　　　　100000

借：未分配利润——年初　　　　　　　　　　25000
　　贷：递延所得税资产　　　　　　　　　　　　25000

---

② 内部应收款项坏账准备本期余额大于上期余额的合并处理：

借：应付账款
　　贷：应收账款

借：应收账款
　　贷：未分配利润——年初

借：未分配利润——年初
　　贷：递延所得税资产

借：应收账款
　　贷：信用减值损失

借：所得税费用
　　贷：递延所得税资产

案例 15-8 沿用 **案例 15-6**

假设甲公司 2019 年应收账款科目年末余额为 1200000 元,坏账准备余额为 10%,该应收账款系与子公司乙公司之间产品购销产生,甲、乙公司适用的所得税率均为 25%。

【分析】 不考虑其他因素,2019 年甲公司编制合并抵销分录如下:

借:应付账款   1200000
    贷:应收账款   1200000

借:应收账款   100000
    贷:未分配利润——年初   100000

借:未分配利润——年初   25000
    贷:递延所得税资产   25000

借:应收账款   20000
    贷:信用减值损失   20000

借:所得税费用   5000
    贷:递延所得税资产   5000

③ 内部应收款项坏账准备本期余额小于上期余额时的合并处理:

借:应付账款
    贷:应收账款

借:应收账款
    贷:未分配利润——年初

借:未分配利润——年初
    贷:递延所得税资产

借:信用减值损失
    贷:应收账款

借:递延所得税资产
    贷:所得税费用

案例 15-9 沿用 **案例 15-6**

甲公司 2019 年个别资产负债表应收账款中有应收乙公司账款为 72 万元,该应收账款账面余额为 80 万元,甲公司对该应收账款累计计提坏账准备 8 万元,其中上期结转至本期的坏账准备 10 万元,本期冲减坏账准备 2 万元。该应收账款系与子公司乙公司之间产品购销产生,甲、乙公司适用的所得税率均为 25%。

【分析】 2019 年甲公司编制合并抵销分录如下(单位:万元):

借:应付账款   80
    贷:应收账款   80

借:应收账款   10
    贷:未分配利润——年初   10

借:未分配利润——年初   2.5
    贷:递延所得税资产   2.5

借:信用减值损失   2
    贷:应收账款   2

借:递延所得税资产   0.5
    贷:所得税费用   0.5

考试方向

考查集团内部应收账款与应付账款抵销分录的编制。

第十五章

2. 其他债权与债务项目的抵销处理

在某些情况下,债券投资而持有的企业集团内部成员企业的债券并不是从发行债券的企业直接购进的,而是在证券市场上从第三方手中购进的。在这种情况下,债权投资(其他债权投资)中的债券投资与发行债券企业的应付债券抵销时,可能会出现差额,应当计入合并利润表的投资收益或财务费用项目。

考试方向

考查其他债权与债务项目的抵销处理。

【例题 15-10 判断题】(2020 年真题) 母公司对子公司的债权投资与子公司应付债券抵销时出现的差额,应当计入合并利润表的投资收益或财务费用项目。( )

【答案】 √

(三) 存货价值中包含的未实现内部销售损益的抵销处理

存货价值中包含的未实现内部销售损益是由于企业集团内部商品购销、劳务提供活动所引起的。在内部购销活动中,销售企业将集团内部销售作为收入确认并计算销售利润。而购买企业则是以支付购货的价款作为其成本入账;在本期内未实现对外销售而形成期末存货时,其存货价值中也相应地包括两部分内容:一部分为真正的存货成本(即销售企业销售该商品的成本);另一部分为销售企业的销售毛利(即其销售收入减去销售成本的差额)。对于期末存货价值中包括的这部分销售毛利,从企业集团整体来看,并不是真正实现的利润。因为从整个企业集团来看,集团内部企业之间的商品购销活动实际上相当于企业内部物资调拨活动,既不会产生利润,也不会增加商品的价值。正是从这一意义上来说,将期末存货价值中包括的这部分销售企业作为利润确认的部分,称为未实现内部销售损益。因此,在编制合并资产负债表时,应当将存货价值中包含的未实现内部销售损益予以抵销。

1. 当期内部购进商品并形成存货情况下的抵销处理

(1) 至编制合并财务报表时,内部购进的存货完全未对外销售:

借:营业收入
　　贷:营业成本
　　　　存货

借:递延所得税资产
　　贷:所得税费用

(2) 至编制合并财务报表时,内部购进的存货完全对外销售:

借:营业收入
　　贷:营业成本

(3) 至编制合并财务报表时,内部购进的存货部分对外销售:

借:营业收入
　　贷:营业成本
　　　　存货

借:递延所得税资产
　　贷:所得税费用

案例 15-10

甲公司 2020 年将成本为 80000 元的产品销售给集团内部的乙公司,售价为 100000 元。甲、乙公司适用的所得税税率均为 25%（不考虑增值税等其他因素的影响）。

（1）当年该批产品未对集团外部销售:

借:营业收入	100000	
贷:营业成本		80000
存货		20000
借:递延所得税资产	5000	
贷:所得税费用		5000

（2）当年该批产品对外全部出售:

借:营业收入	100000	
贷:营业成本		100000

（3）当年该批产品一部分出售,一部分未售出（假设对外售出 60%）:

借:营业收入	100000	
贷:营业成本		92000
存货		8000
借:递延所得税资产	2000	
贷:所得税费用		2000

2. 连续编制合并报表时,内部抵销购进商品的抵销处理

对于上期内部购进商品全部实现对外销售的情况下,由于不涉及内部存货价值中包含的未实现内部销售损益的抵销处理,在本期连续编制合并财务报表时不涉及对其进行处理的问题。但在上期内部购进并形成期末存货的情况下,在编制合并财务报表进行抵销处理时,存货价值中包含的未实现内部销售损益的抵销,直接影响上期合并财务报表中合并净利润金额的减少,最终影响合并所有者权益变动表中期末未分配利润的金额的减少。

下面以上一年集团内部购销商品存货至当年年末未对外出售为假定进行说明,如表 15-13 所示。

表 15-13　内部存货购销连续编表抵销分录

上年抵销分录	本年抵销分录		
	至本年年末仍未出售	至本年年末全部出售	至本年年末出售部分（60%）
借:营业收入 　贷:营业成本 　　　存货 借:递延所得税资产 　贷:所得税费用	借:未分配利润—— 　　年初 　贷:存货 借:递延所得税资产 　贷:未分配利润 　　　——年初	借:未分配利润—— 　　年初 　贷:营业成本 借:递延所得税资产 　贷:未分配利润 　　　——年初 借:所得税费用 　贷:递延所得税 　　　资产	借:未分配利润——年初 　贷:营业成本 　　　存货 借:递延所得税资产 　贷:未分配利润—— 　　　年初 借:所得税费用 　贷:递延所得税资产

案例 15-11 沿用 **案例 15-10**

假定 2020 年,乙公司存货未对外销售,2021 年合并抵销分录分为以下三种情况处理。

(1) 2021 年,乙公司存货仍未对外销售:

借:未分配利润——年初	20000
贷:存货	20000

借:递延所得税资产	5000
贷:未分配利润——年初	5000

(2) 2021 年,乙公司存货全部对外出售:

借:未分配利润——年初	20000
贷:营业成本	20000

借:递延所得税资产	5000
贷:未分配利润 ——年初	5000

借:所得税费用	5000
贷:递延所得税资产	5000

(3) 2021 年,乙公司存货对外销售 60%:

借:未分配利润——年初	20000
贷:营业成本	12000
存货	(20000×40%)8000

借:递延所得税资产	5000
贷:未分配利润——年初	5000

借:所得税费用	(5000×60%)3000
贷:递延所得税资产	3000

考试方向

考查集团内部存货购销抵销分录的编制。

【例题 15-11 单选题】(2013 年真题) 2012 年 10 月 12 日,甲公司向其子公司乙公司销售一批商品,不含增值税的销售价格为 3000 万元,增值税税额为 510 万元,款项尚未收到。该批商品成本为 2200 万元,至当年 12 月 31 日,乙公司已将该批商品对外销售 80%。不考虑其他因素,甲公司在编制 2012 年 12 月 31 日合并资产负债表时,"存货"项目应抵销的金额为( )万元。

A. 160   B. 440   C. 600   D. 640

【答案】 A

【名师点睛】 甲公司在编制 2012 年 12 月 31 日合并资产负债表时,"存货"项目应抵销的金额为未实现的内部销售损益,金额=(3000-2200)×20%=160(万元)。

逆流交易情况下,在存货中包含的未实现内部销售损益中,归属于少数股东的未实现内部销售损益分摊金额在合并财务报表工作底稿中的抵销分录如下:

借:少数股东权益

  贷:少数股东损益

案例 15-12

甲公司为乙公司的母公司,且占乙公司表决权比例为 80%。2020 年 1 月 1 日,乙公司将一批自产产品出售给甲公司。该批产品售价为 1000 万元,成本为 800 万元。至 2020 年 12 月 31 日,甲公司尚未将该批存货对外出售。假定甲、乙公司适用所得税率均为 25%(不考虑除所得税外等其他因素的影响)。

【分析】 甲公司在合并工作底稿中作如下抵销分录(单位:万元):

借:营业收入		1000
贷:营业成本		800
存货		200
借:递延所得税资产		50
贷:所得税费用		50
借:少数股东权益		30
贷:少数股东损益		30

【例题 15-12 判断题】(2016 年真题) 母公司编制合并报表时,应将非全资子公司向其出售资产所发生的未实现内部交易损益全额抵销归属于母公司所有者的净利润。( )

【答案】 ×

【名师点睛】 合并报表递流交易的未实现损益应按照母公司持股比例抵减归属于母公司的净利润。

考查递流交易抵销的基本原则。

(四) 存货跌价准备的合并处理

对合并报表中关于存货跌价准备的抵销处理应当分以下两种情况处理。

(1)购买企业本期期末内部购进存货的可变现净值低于其取得成本,但高于销售企业的销售成本。这也就是说,在购买方个别财务报表的角度来看存货发生了减值,但是站在合并财务报表的角度来看,存货并未发生减值。抵销分录如下:

借:存货	
贷:资产减值损失	
借:所得税费用	
贷:递延所得税资产	

案例 15-13

甲公司持有乙公司 80% 的股权。2020 年 10 月 12 日,甲公司将其生产的产品销售给乙公司,该批产品的成本为 80000 元,销售收入为 100000 元。乙公司购入该批存货的入账成本为 100000 元(等于计税基础)。假设乙公司对该存货计提的存货减值准备为 10000 元。甲、乙公司适用所得税税率均为 25%(不考虑除所得税外的其他因素)。

【分析】 乙公司个别报表该批存货入账价值为 100000 元,与计税基础相等。乙公司为其计提存货跌价准备 10000 元,因此其可变现净值=100000-10000=90000(元)。但在合并报表角度来看该批存货成本应为 80000 元。因此,在合并报表层面该批存货并未发生减值。抵销分录如下:

借：存货——存货跌价准备	10000	
贷：资产减值损失		10000
借：所得税费用	2500	
贷：递延所得税资产		2500

（2）购买企业本期内部购进存货的可变现净值既低于该存货的取得成本，又低于销售企业的该存货的取得成本。也就是说在合并报表角度，存货发生减值，但减值金额低于购买方个别报表中计提的金额，应部分转回存货跌价准备及递延所得税资产。

考试方向
考查存货跌价准备抵销分录的编制。

案例 15-14 沿用 **案例 15-13**

假设乙公司对该存货计提的存货减值准备为 30000 元。

【分析】 从乙企业为存货计提 30000 元的存货跌价准备来计算，该存货的可变现净值＝100000－30000＝70000（元），但就集团公司而言，该存货的成本为 80000 元，大于其可变现净值 70000 元，因而应计提跌价准备 10000 元，但乙公司实际计提 30000 元，多提 20000 元，应当冲回。

借：存货——存货跌价准备	20000	
贷：资产减值损失		20000
借：所得税费用	5000	
贷：递延所得税资产		5000

（五）集团内部固定资产交易的抵销处理

购买企业购进的固定资产，在其个别资产负债表中以支付的价款作为该固定资产的原价列示，因此，首先就必须将该固定资产原价中包含的未实现内部销售损益予以抵销。其次，购买企业对该固定资产计提了折旧，折旧费计入相关资产的成本或当期损益。由于购买企业是以该固定资产的取得成本作为原价计提折旧，取得成本中包含未实现内部销售损益，在相同的使用寿命下，各期计提的折旧费要大于不包含未实现内部销售损益时计提的折旧费，因此还必须将当期多计提的折旧额从该固定资产当期计提的折旧费中予以抵销。

1. 初次交易当期的抵销处理

（1）企业集团内部产品销售给其他企业作为固定资产的交易的抵销处理：

借：营业收入
　　贷：营业成本
　　　　固定资产——原价
借：递延所得税资产
　　贷：所得税费用

（2）企业集团内部固定资产变卖交易的抵销处理：

借：资产处置收益
　　贷：固定资产——原价
借：递延所得税资产
　　贷：所得税费用

（3）当期多提折旧抵销：

借：固定资产——累计折旧
　　贷：管理费用

借：所得税费用
　　贷：递延所得税资产

2. 连续编制合并报表

在以后会计期间,该内部交易形成的固定资产仍然以原价在购买企业的个别资产负债表中列示,因此,必须将原价中包含的未实现内部销售损益的金额予以抵销;相应地,销售企业以前会计期间由于该内部交易所实现的销售利润,形成销售当期的净利润的一部分并结转到以后会计期间,在其个别所有者权益变动表中列示,因此,必须将期初未分配利润中包含的该未实现内部销售损益予以抵销,以调整期初未分配利润的金额。将内部交易形成的固定资产原价中包含的未实现内部销售损益抵销,并调整期初未分配利润。即按照原价中包含的未实现内部销售损益的金额,借记"未分配利润——年初"项目,贷记"固定资产——原价"项目。

对于该固定资产在以前会计期间计提折旧而形成的期初累计折旧,由于将以前会计期间按包含未实现内部销售损益的原价为依据而多计提折旧的抵销,一方面必须按照以前会计期间累计多计提的折旧额抵销期初累计折旧;另一方面由于以前会计期间累计折旧抵销而影响到期初未分配利润,因此,还必须调整期初未分配利润的金额。将以前会计期间内部交易形成的固定资产多计提的累计折旧抵销,并调整期初未分配利润。即按以前会计期间抵销该内部交易形成的固定资产多计提的累计折旧额,借记"固定资产——累计折旧"项目,贷记"未分配利润——年初"项目。具体抵销分录如下：

借：未分配利润——年初
　　贷：固定资产——原价

借：递延所得税资产
　　贷：未分配利润——年初

借：固定资产——累计折旧
　　贷：未分配利润——年初

借：未分配利润——年初
　　贷：递延所得税资产

案例 15-15

假设甲公司和乙公司均为同一母公司的子公司,A 公司以 500000 元的价格将其生产的产品销售给 B 公司,其销售成本为 300000 元,因该内部固定资产交易实现的销售利润为 200000 元。乙公司购买该产品作为管理用固定资产使用,按 500000 元的原价入账并在其个别资产负债表中列示。假设乙公司对该固定资产按 5 年的使用期限、采用年限平均法计提折旧,预计净残值为 0;该固定资产交易时间为本年 1 月 1 日,为简化抵销处理,该内部交易固定资产按 12 个月计提折旧。甲、乙公司适用所得税率均为 25%(假定不考虑除所得税外的其他因素)。

【分析】 本例有关抵销处理如下。

（1）该固定资产相关的销售收入、销售成本以及原价中包含的未实现内部销售利润的抵销：

借：营业收入　　　　　　　　　　　　　　　　　　500000
　　贷：营业成本　　　　　　　　　　　　　　　　　　　300000
　　　　固定资产——原价　　　　　　　　　　　　　　　200000
借：递延所得税资产　　　　　　　　　　　　　　　　50000
　　贷：所得税费用　　　　　　　　　　　　　　　　　　50000

（2）该固定资产当期多计提折旧的抵销：

借：固定资产——累计折旧　　　　　　　　　　　　　40000
　　贷：管理费用　　　　　　　　　　　　　　　　　　　40000
借：所得税费用　　　　　　　　　　　　　　　　　　10000
　　贷：递延所得税资产　　　　　　　　　　　　　　　　10000

（3）第二年的抵销处理：

借：未分配利润——年初　　　　　　　　　　　　　　200000
　　贷：固定资产——原价　　　　　　　　　　　　　　　200000
借：递延所得税资产　　　　　　　　　　　　　　　　50000
　　贷：未分配利润——年初　　　　　　　　　　　　　　50000
借：固定资产——累计折旧　　　　　　　　　　　　　40000
　　贷：未分配利润——年初　　　　　　　　　　　　　　40000
借：未分配利润——年初　　　　　　　　　　　　　　10000
　　贷：递延所得税资产　　　　　　　　　　　　　　　　10000
借：固定资产——累计折旧　　　　　　　　　　　　　40000
　　贷：管理费用　　　　　　　　　　　　　　　　　　　40000
借：所得税费用　　　　　　　　　　　　　　　　　　10000
　　贷：递延所得税资产　　　　　　　　　　　　　　　　10000

（4）第三年的抵销处理：

借：未分配利润——年初　　　　　　　　　　　　　　200000
　　贷：固定资产——原价　　　　　　　　　　　　　　　200000
借：递延所得税资产　　　　　　　　　　　　　　　　50000
　　贷：未分配利润——年初　　　　　　　　　　　　　　50000
借：固定资产——累计折旧　　　　　　　　　　　　　80000
　　贷：未分配利润——年初　　　　　　　　　　　　　　80000
借：未分配利润——年初　　　　　　　　　　　　　　20000
　　贷：递延所得税资产　　　　　　　　　　　　　　　　20000
借：固定资产——累计折旧　　　　　　　　　　　　　40000
　　贷：管理费用　　　　　　　　　　　　　　　　　　　40000
借：所得税费用　　　　　　　　　　　　　　　　　　10000
　　贷：递延所得税资产　　　　　　　　　　　　　　　　10000

第四年同上。

第十五章

3. 内部交易形成的固定资产在清理期间的抵销处理

（1）固定资产使用期限届满正常处置。

在这种情况下，购买企业内部交易形成的固定资产实体已不复存在，包含未实现内部销售损益在内的该内部交易形成的固定资产的价值已全部转移到用其加工的产品价值或各期损益中去了，因此，不存在未实现内部销售损益的抵销问题。从整个企业集团来说，随着该内部交易形成的固定资产的使用寿命届满，其包含的未实现内部销售损益也转化为已实现利润。但是，由于销售企业因该内部交易所实现的利润，作为期初未分配利润的一部分结转到购买企业对该内部交易形成的固定资产进行清理的会计期间为止。为此，必须调整期初未分配利润。在固定资产进行清理的会计期间，如果仍计提了折旧，本期计提的折旧费中仍然包含多计提的折旧额，因此需要将多计提的折旧额予以抵销。具体抵销分录如下：

借：未分配利润——年初
　　贷：管理费用

案例 15-16 沿用 **案例 15-15**

假定第五年年末该固定资产被处置。

第五年年初，固定资产原价的抵销使"未分配利润"减少 200000 元，而累计折旧的抵销使"未分配利润"增加 160000 元，两者抵销，"未分配利润"仍有 40000 元的差额。

借：未分配利润——年初	40000
贷：管理费用	40000
借：所得税费用	10000
贷：递延所得税资产	10000

以上抵销分录可以按照下述处理来理解：

借：未分配利润——年初	200000
贷：资产处置收益	200000
借：递延所得税资产	50000
贷：未分配利润——年初	50000
借：资产处置收益	160000
贷：未分配利润——年初	160000
借：未分配利润——年初	40000
贷：递延所得税资产	40000
借：资产处置收益	40000
贷：管理费用	40000
借：所得税费用	10000
贷：递延所得税资产	10000

第六年由于固定资产已经被处置则无需再作会计处理。

（2）超龄使用。

在固定资产使用期限届满当年仍在使用，因内部交易形成的损益仍然包含在固定资产原价及累计折旧中，因此，应当抵销固定资产原价及折旧额，同时调整年初未分配利

第十五章

润。具体抵销分录如下：

① 固定资产使用期限届满当年：

借：未分配利润——年初
　　贷：固定资产——原价

借：递延所得税资产
　　贷：未分配利润——年初

借：固定资产——累计折旧
　　贷：未分配利润——年初

借：未分配利润——年初
　　贷：递延所得税资产

借：固定资产——累计折旧
　　贷：管理费用

借：所得税费用
　　贷：递延所得税资产

② 固定资产使用期限届满次年：

借：未分配利润——年初
　　贷：固定资产——原价

借：递延所得税资产
　　贷：未分配利润——年初

借：固定资产——累计折旧
　　贷：未分配利润——年初

借：未分配利润——年初
　　贷：递延所得税资产

案例 15-17 沿用 **案例 15-15**

假定固定资产第五年年末仍正常使用：

借：未分配利润——年初	200000	
贷：固定资产——原价		200000
借：递延所得税资产	50000	
贷：未分配利润——年初		50000
借：固定资产——累计折旧	160000	
贷：未分配利润——年初		160000
借：未分配利润——年初	40000	
贷：递延所得税资产		40000
借：固定资产——累计折旧	40000	
贷：管理费用		40000
借：所得税费用	10000	
贷：递延所得税资产		10000

第六年超龄使用且企业未作处置：

借：未分配利润——年初	200000	
贷：固定资产——原价		200000
借：递延所得税资产	50000	
贷：未分配利润——年初		50000
借：固定资产——累计折旧	200000	
贷：未分配利润——年初		200000
借：未分配利润——年初	50000	
贷：递延所得税资产		50000

（3）提前清理。

因为固定资产的原价和折旧都已经通过"固定资产清理"科目进行清理,所以抵销分录中不能出现"固定资产"项目,应以"资产处置收益"取代。具体抵销分录如下：

借：未分配利润——年初	
贷：资产处置收益	
借：递延所得税资产	
贷：未分配利润——年初	
借：资产处置收益	
贷：未分配利润——年初	
借：未分配利润——年初	
贷：递延所得税资产	
借：资产处置收益	
贷：管理费用	
借：所得税费用	
贷：递延所得税资产	

案例 15-17 沿用 **案例 15-15**

假定第四年年末,该项对固定资产被处置：

借：未分配利润——年初	200000	
贷：资产处置收益		200000
借：递延所得税资产	50000	
贷：未分配利润——年初		50000
借：资产处置收益	120000	
贷：未分配利润——年初		120000
借：未分配利润——年初	30000	
贷：递延所得税资产		30000
借：资产处置收益	40000	
贷：管理费用		40000
借：所得税费用	10000	
贷：递延所得税资产		10000

考试方向：考查集团内部固定资产有关抵销分录的编制。

四、 子公司发生超额亏损在合并资产负债表中的反映

子公司少数股东分担的当期亏损超过了少数股东在该子公司期初所有者权益中所享有的份额,其余额仍应当冲减少数股东权益,即少数股东权益可以出现负数。

五、 合并资产负债表的格式

合并资产负债表格式综合考虑了企业集团中一般工商企业和金融企业(包括商业银行、保险公司和证券公司等)的财务状况列报的要求,与个别资产负债表的格式基本相同,主要增加了三个项目。

一是在"无形资产"项目下增加了"商誉"项目,用于反映非同一控制下企业合并中取得的商誉,即在控股合并下母公司对子公司的长期股权投资(合并成本)大于其在购买日子公司可辨认净资产公允价值份额的差额。

二是在所有者权益项目下增加了"归属于母公司所有者权益合计"项目,用于反映企业集团的所有者权益中归属于母公司所有者权益的部分,包括"实收资本"(或"股本")、"资本公积""库存股""盈余公积""未分配利润"和"外币报表折算差额"等项目的金额。

三是在所有者权益项目下,增加了"少数股东权益"项目,用于反映非全资子公司的所有者权益中不属于母公司的份额。

四是在"未分配利润"项目之后,"少数股东权益"项目之前,增加了"外币报表折算差额"项目,用于反映境外经营的资产负债表折算为人民币表示的资产负债表时所发生的折算差额中归属于母公司所有者权益的部分。

第四节 合并利润表

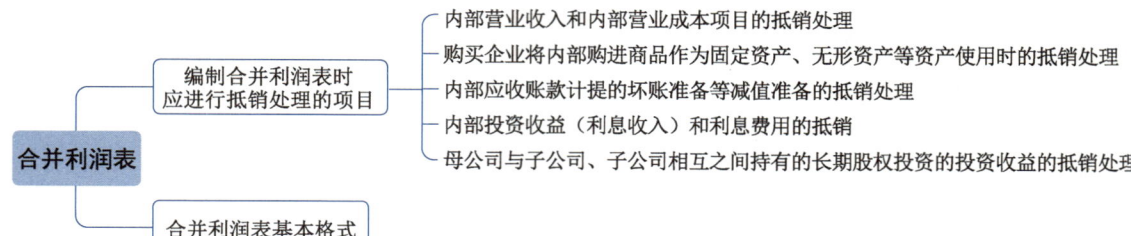

一、 编制合并利润表时应进行抵销处理的项目

合并利润表应当以母公司和子公司的利润表为基础,在抵销母公司与子公司、子公司相互之间发生的内部交易对合并利润表的影响后,由母公司合并编制。利润表作为以单个企业为会计主体进行会计核算的结果,分别从母公司本身和子公司本身反映其在一

定会计期间的经营成果。在以其个别利润表为基础计算的收入和费用等项目的加总金额中，也必然包含有重复计算的因素，因此，编制合并利润表时，也需要将这些重复的因素予以剔除。编制合并利润表时需要进行抵销处理的，主要有如下项目。

（一）内部营业收入和内部营业成本项目的抵销处理

内部营业收入是指企业集团内部母公司与子公司、子公司相互之间发生的商品销售（或劳务提供，下同）活动所产生的营业收入。内部营业成本是指企业集团内部母公司与子公司、子公司相互之间发生的商品销售活动所产生的营业成本。

在企业集团内部母公司与子公司、子公司之间发生内部购销交易的情况下，母公司和子公司都从自身的角度，以自身独立的会计主体进行核算反映其损益情况。从销售企业来说，以其内部销售确认当期销售收入并结转相应的销售成本，计算当期内部销售商品损益。从购买企业来说，其购进的商品可能用于对外销售，也可能是作为固定资产、工程物资、在建工程、无形资产等资产使用。在购买企业将内部购进的商品用于对外销售时，可能出现以下三种情况：

（1）内部购进商品全部实现对外销售。

（2）内部购进的商品全部未实现销售，形成期末存货。

（3）内部购进的商品部分实现对外销售、部分形成期末存货。

在购买企业将内部购进的商品作为固定资产、工程物资、在建工程、无形资产等资产使用时，则形成其固定资产、工程物资、在建工程、无形资产等资产。因此，对内部销售收入和内部销售成本进行抵销时，应分不同的情况进行处理。详见表15-14。

表 15-14 对内部销售收入和内部销售成本进行抵销时不同情况的处理

母公司与子公司、子公司相互之间销售商品，期末全部实现对外销售	从销售企业来说，销售给企业集团内其他企业的商品与销售给企业集团外部企业的情况下的会计处理相同，即在本期确认销售收入、结转销售成本、计算销售商品损益，并在其个别利润表中反映；对于购买企业来说，一方面要确认向企业集团外部企业的销售收入，另一方面要结转销售内部购进商品的成本，在其个别利润表中分别作为营业收入和营业成本反映，并确认销售损益。这也就是说，对于同一购销业务，在销售企业和购买企业的个别利润表中都作了反映。但从整个企业集团来看，这一购销业务只是实现了一次对外销售，其销售收入只是购买企业向企业集团外部企业销售该产品的销售收入，其销售成本只是销售企业向购买企业销售该商品的成本。销售企业向购买企业销售该商品实现的收入属于内部销售收入，相应地，购买企业向企业集团外部企业销售该商品的销售成本则属于内部销售成本。因此在编制合并利润表时，就必须将重复反映的内部营业收入与内部营业成本予以抵销
母公司与子公司、子公司之间销售商品，期末未实现对外销售而形成存货的抵销处理	在内部购进的商品未实现对外销售的情况下，其抵销处理参见本章第三节有关"存货价值中包含的未实现内部销售损益的抵销处理"的内容
母公司与子公司、子公司之间销售商品，期末部分实现对外销售，部分形成期末存货的抵销处理	即内部购进的商品部分实现对外销售，部分形成期末存货的情况，可以将内部购买的商品分为两部分来理解：一部分为当期购进并全部实现对外销售；另一部分为当期购进但未实现对外销售而形成期末存货

(二) 购买企业将内部购进商品作为固定资产、无形资产等资产使用时的抵销处理

企业集团内母公司与子公司、子公司相互之间将自身的产品销售给其他企业作为固定资产(作为无形资产等的处理原则类似)使用的抵销处理,参见本章第三节有关"内部交易形成的固定资产在购入当期的抵销处理"的内容。

(三) 内部应收账款计提的坏账准备等减值准备的抵销处理

编制合并资产负债表时,需要将内部应收账款与应付账款相互抵销,与此相适应需要将内部应收账款计提的坏账准备予以抵销。相关抵销处理参见本章第三节有关"应收账款与应付账款的抵销处理"的内容。

(四) 内部投资收益(利息收入)和利息费用的抵销处理

企业集团内部母公司与子公司、子公司相互之间可能发生相互持有对方债券的内部交易。在持有母公司或子公司发行的企业债券的情况下,发行债券的企业计付的利息费用作为财务费用处理,并在其个别利润表"财务费用"项目中列示;而持有债券的企业,将购买的债券在其个别资产负债表"债权投资"(本章为简化合并处理,假定购买债券的企业将该债券投资归类为债权投资)项目中列示,当期获得的利息收入则作为投资收益处理,并在其个别利润表"投资收益"项目中列示。在编制合并财务报表时,应当在抵销内部发行的应付债券和债权投资等内部债权债务的同时,将内部应付债券和债权投资相关的利息费用与投资收益(利息收入)相互抵销,即将内部债券投资收益与内部发行债券的利息费用相互抵销。

(五) 母公司与子公司、子公司相互之间持有的长期股权投资的投资收益的抵销处理 ★★★

内部投资收益是指母公司对子公司或子公司对母公司、子公司相互之间的长期股权投资的收益,即母公司对子公司的长期股权投资在合并工作底稿中按权益法调整的投资收益,实际上就是子公司当期营业收入减去营业成本和期间费用、所得税费用等后的余额与其持股比例相乘的结果。此种情况下就会导致母公司确认的投资收益和子公司确认的净利润重复,所以要将母公司将成本法调整为权益法确认的投资收益与子公司利润分配进行抵销。

(1) 在子公司为全资子公司的情况下,子公司本期净利润就是母公司本期对子公司长期股权投资按权益法调整的投资收益。假定子公司期初未分配利润为零,子公司本期净利润就是子公司本期可供分配的利润,是本期子公司利润分配的来源,而子公司本期利润分配[包括提取盈余公积、对所有者(或股东)的分配等]的金额与期末未分配利润的金额则是本期利润分配的结果。母公司对子公司的长期股权投资按权益法调整的投资收益正好与子公司的本年利润分配项目相抵销。应当编制的抵销分录:

借:投资收益

　　未分配利润——年初

　　贷:提取盈余公积

　　　　对所有者(或股东)的分配

　　　　未分配利润——年末

(2) 在子公司为非全资子公司的情况下,母公司本期对子公司长期股权投资按权益法调整的投资收益与本期少数股东损益之和就是子公司本期净利润,同样假定子公司期初未分配利润为零,母公司本期对子公司长期股权投资按权益法调整的投资收益与本期

少数股东损益之和,正好与子公司本年利润分配项目相抵销。应编制的抵销分录:

借:未分配利润——年初
　　投资收益
　　少数股东损益
　贷:提取盈余公积
　　　对所有者(或股东)的分配
　　　未分配利润——年末

案例 15-18

　　假定母公司持有子公司 80% 的股份,子公司年初未分配利润为 100 万元,本年实现净利润 900 万元,故可供分配利润为 1000 万元。假定本年提取盈余公积 100 万元,分配现金股利 600 万元,则年末未分配利润余额为 300 万元。不考虑其他因素,权益法下,母公司应确认投资收益 720 万元(900×80%),少数股东损益为 180 万元。

　　母公司投资收益与子公司利润分配的抵销分录如下(单位:元):

借:未分配利润——年初 　　　　　　　　　　　　　1000000
　　投资收益 　　　　　　　　　　　　　　　　　　7200000
　　少数股东损益 　　　　　　　　　　　　　　　　1800000
　贷:提取盈余公积 　　　　　　　　　　　　　　　　　1000000
　　　对所有者(或股东)的分配 　　　　　　　　　　　　6000000
　　　未分配利润——年末 　　　　　　　　　　　　　　3000000

考试方向
考查母公司投资收益与子公司利润分配抵销分录的编制。

二、合并利润表基本格式

　　合并利润表的格式综合考虑了企业集团中一般工商企业和金融企业(包括商业银行、保险公司和证券公司)的经营成果列报的要求。

第五节　合并现金流量表

本节框架 ▶

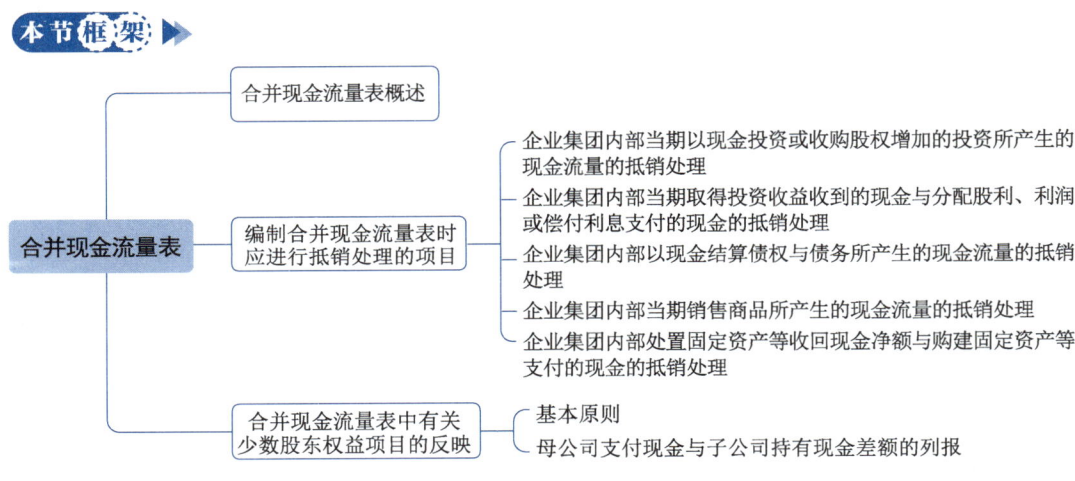

一、合并现金流量表概述

合并现金流量表是综合反映母公司及其所有子公司组成的企业集团在一定会计期间现金和现金等价物流入和流出的报表。

合并现金流量表的编制原理、编制方法和编制程序与合并资产负债表、合并利润表的编制原理、编制方法和编制程序相同。即首先编制合并工作底稿,将母公司和所有子公司的个别现金流量表各项目的数据全部过入同一合并工作底稿;然后根据当期母公司与子公司以及子公司相互之间发生的影响其现金流量增减变动的内部交易,编制相应的抵销分录,通过抵销分录将个别现金流量表中重复反映的现金流入量和现金流出量予以抵销;最后,在此基础上计算出合并现金流量表的各项目的合并金额,并填制合并现金流量表。

二、编制合并现金流量表时应进行抵销处理的项目 ★

现金流量表作为以单个企业为会计主体进行会计核算的结果,分别从母公司本身和子公司本身反映其在一定会计期间现金流入和现金流出。在以其个别现金流量表为基础计算的现金流入和现金流出项目的加总金额中,也必然包含有重复计算的因素,因此,编制合并现金流量表时,也需要将这些重复的因素予以剔除。编制合并现金流量表时需要进行抵销处理的项目,如表 15-15 所示。

表 15-15　编制合并现金流量表时不同项目的抵销处理

企业集团内部当期以现金投资或收购股权增加的投资所产生的现金流量的抵销处理	母公司直接以现金对子公司进行的长期股权投资或以现金从子公司的其他所有者(即企业集团内的其他子公司)处收购股权,表现为母公司现金流出,在母公司个别现金流量表作为投资活动现金流出列示。子公司接受这一投资(或处置投资)时,表现为现金流入,在其个别现金流量表中反映为筹资活动的现金流入(或投资活动的现金流入) 从企业集团整体来看,母公司以现金对子公司进行的长期股权投资实际上相当于母公司将资本拨付下属核算单位,并不引起整个企业集团的现金流量的增减变动。因此,编制合并现金流量表时,应当在母公司与子公司现金流量表数据简单相加的基础上,将母公司当期以现金对子公司长期股权投资所产生的现金流量予以抵销
企业集团内部当期取得投资收益收到的现金与分配股利、利润或偿付利息支付的现金的抵销处理	母公司对子公司进行的长期股权投资和债权投资,在持有期间收到子公司分派的现金股利(利润)或债券利息,表现为现金流入,在母公司个别现金流量表中作为取得投资收益收到的现金列示。子公司向母公司分派现金股利(利润)或支付债券利息,表现为现金流出,在其个别现金流量表中反映为分配股利、利润或偿付利息支付的现金。从整个企业集团来看,这种投资收益的现金收支,并不引起整个企业集团的现金流量的增减变动。因此,编制合并现金流量表时,应当在母公司与子公司现金流量表数据简单相加的基础上,将母公司当期取得投资收益收到的现金与子公司分配股利、利润或偿付利息支付的现金予以抵销
企业集团内部以现金结算债权与债务所产生的现金流量的抵销处理	母公司与子公司、子公司相互之间当期以现金结算应收账款或应付账款等债权与债务,表现为现金流入或现金流出,在母公司个别现金流量表中作为收到其他与经营活动有关的现金或支付其他与经营活动有关的现金列示,在子公司个别现金流量表中作为支付其他与经营活动有关的现金或收到其他与经营活动有关的现金列示。从整个企业集团来看,这种现金结算债权与债务,并不引起整个企业集团的现金流量的增减变动。因此,编制合并现金流量表时,应当在母公司与子公司现金流量表数据简单相加的基础上,将母公司当期以现金结算债权与债务所产生的现金流量予以抵销

考试方向

考查合并现金流量表有关主要抵销项目。

（续表）

企业集团内部当期销售商品所产生的现金流量的抵销处理	母公司向子公司当期销售商品（或子公司向母公司销售商品或子公司相互之间销售商品，下同）所收到的现金，表现为现金流入，在母公司个别现金流量表中作为销售商品、提供劳务收到的现金列示。子公司向母公司支付购货款，表现为现金流出，在其个别现金流量表中反映为购买商品、接受劳务支付的现金。从整个企业集团来看，这种内部商品购销现金收支，并不会引起整个企业集团的现金流量的增减变动。因此，编制合并现金流量表时，应当在母公司与子公司现金流量表数据简单相加的基础上，将母公司与子公司、子公司相互之间当期销售商品所产生的现金流量予以抵销
企业集团内部处置固定资产等收回的现金净额与购建固定资产等支付的现金的抵销处理	母公司向子公司处置固定资产等长期资产，表现为现金流入，在母公司个别现金流量表中作为处置固定资产、无形资产和其他长期资产收回的现金净额列示。子公司表现为现金流出，在其个别现金流量表中反映为购建固定资产、无形资产和其他长期资产支付的现金。从整个企业集团来看，这种固定资产处置与购置的现金收支，并不会引起整个企业集团的现金流量的增减变动。因此，编制合并现金流量表时，应当在母公司与子公司现金流量表数据简单相加的基础上，将母公司与子公司、子公司相互之间处置固定资产、无形资产和其他长期资产收回的现金净额与购建固定资产、无形资产和其他长期资产支付的现金相互抵销

三、 合并现金流量表中有关少数股东权益项目的反映

（一）基本原则

个别报表中不体现少数股东有关的现金流量。

对于子公司与少数股东之间发生的现金流入和现金流出，从整个企业集团来看，也影响到其整体的现金流入和流出数量的增减变动，必须在合并现金流量表中予以反映。子公司与少数股东之间发生的影响现金流入和现金流出的经济业务包括：少数股东对子公司增加权益性投资、少数股东依法从子公司中抽回权益性投资、子公司向其少数股东支付现金股利或利润等。为了便于企业集团合并财务报表使用者了解掌握企业集团现金流量的情况，有必要将与子公司少数股东之间的现金流入和现金流出的情况单独予以反映。

对于子公司的少数股东增加在子公司中的权益性投资，在合并现金流量表中应当在"筹资活动产生的现金流量"之下的"吸收投资收到的现金"项目下"其中：子公司吸收少数股东投资收到的现金"项目反映。

对于子公司向少数股东支付现金股利或利润，在合并现金流量表中应当在"筹资活动产生的现金流量"之下的"分配股利、利润或偿付利息支付的现金"项目下"其中：子公司支付给少数股东的股利、利润"项目反映。

对于子公司的少数股东依法抽回在子公司中的权益性投资，在合并现金流量表应当在"筹资活动产生的现金流量"之下的"支付其他与筹资活动有关的现金"项目反映。

（二）母公司支付现金与子公司持有现金差额的列报

在企业合并当期，母公司购买子公司及其他营业单位支付对价中以现金支付的部分与子公司及其他营业单位在购买日持有的现金和现金等价物应当相互抵销，区分两种情况分别处理。

（1）子公司及其他营业单位在购买日持有的现金和现金等价物小于母公司支付对价中以现金支付的部分，按减去子公司及其他营业单位在购买日持有的现金和现金等价物

后的净额在"取得子公司及其他营业单位支付的现金净额"项目反映,应编制的抵销分录为:借记"取得子公司及其他营业单位支付的现金净额"项目,贷记"年初现金及现金等价物余额"项目。

案例 15-19

假定母公司购买子公司支付现金 6000 万元,子公司在购买日持有的现金和现金等价物为 2000 万元,则"取得子公司及其他营业单位支付的现金净额"项目反映为 4000 万元。抵销分录如下(单位:元):

借:取得子公司及其他营业单位支付的现金净额　　　　　　　　　20000000
　　贷:年初现金及现金等价物余额　　　　　　　　　　　　　　　　　　20000000

---

(2)子公司及其他营业单位在购买日持有的现金和现金等价物大于母公司支付对价中以现金支付的部分,按减去子公司及其他营业单位在购买日持有的现金和现金等价物后的净额在"收到其他与投资活动有关的现金"项目中反映,应编制的抵销分录为:借记"取得子公司及其他营业单位支付的现金净额"项目和"收到其他与投资活动有关的现金"项目,贷记"年初现金及现金等价物余额"项目。

案例 15-20

假定母公司购买子公司支付现金 4000 万元,子公司在购买日持有的现金和现金等价物为 5000 万元,则"收到其他与投资活动有关的现金"项目反映为 1000 万元。抵销分录如下(单位:元):

借:取得子公司及其他营业单位支付的现金净额　　　　　　　　　40000000
　　收到其他与投资活动有关的现金　　　　　　　　　　　　　　　10000000
　　贷:年初现金及现金等价物余额　　　　　　　　　　　　　　　　　　50000000

第六节　合并所有者权益变动表

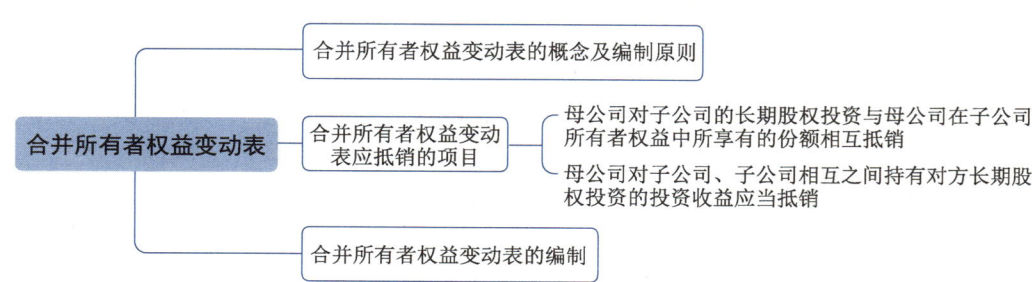

一、合并所有者权益变动表的概念及编制原则

合并所有者权益变动表是反映构成企业集团所有者权益的各组成部分当期的增减

变动情况的财务报表。合并财务报表准则规定,合并所有者权益变动表应当以母公司和子公司的所有者权益变动表为基础,在抵销母公司与子公司、子公司相互之间发生的内部交易对合并所有者权益变动表的影响后,由母公司合并编制。合并所有者权益变动表也可以根据合并资产负债表和合并利润表进行编制。

二、 合并所有者权益变动表应抵销的项目

编制合并所有者权益变动表时需要进行抵销处理的项目,主要有如下项目。

(1)母公司对子公司的长期股权投资与母公司在子公司所有者权益中所享有的份额相互抵销,其抵销处理参见本章第三节有关"长期股权投资与子公司所有者权益的抵销处理"的内容。

(2)母公司对子公司、子公司相互之间持有对方长期股权投资的投资收益应当抵销等,其抵销处理参见本章第四节有关"母公司与子公司、子公司相互之间持有对方长期股权投资的投资收益的抵销处理"的内容。

需要说明的是,从合并财务报表前后一致的理念、原则出发,将母公司及其全部子公司构成的企业集团作为一个会计主体,反映集团外部交易的情况,企业集团内部母子公司之间的投资收益和利润分配与其他内部交易一样应当相互抵销。同时,应当关注合并所有者权益变动表"未分配利润"的年末余额,将其中子公司当年提取的盈余公积归属于母公司的金额进行单项附注披露。

三、 合并所有者权益变动表的编制

合并所有者权益变动表的格式与个别所有者权益变动表的格式基本相同。所不同的只是在子公司存在少数股东的情况下,合并所有者权益变动表增加"少数股东权益"栏目,用于反映少数股东权益变动的情况。

第七节 合并财务报表附注

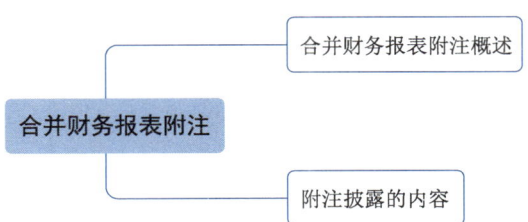

一、 合并财务报表附注概述

附注是合并财务报表不可或缺的组成部分,是对在合并资产负债表、合并利润表、合并现金流量表和合并所有者权益变动表等报表中列示项目的文字描述或明细资料,以及

对未能在这些报表中列示项目的说明。

二、 附注披露的内容

（1）公司基本情况。

（2）财务报表的编制基础。

（3）重要会计政策及会计估计。

（4）合并财务报表项目注释。

（5）合并范围的变更。

（6）在其他主体中的权益。

（7）与金融工具相关的风险。

（8）公允价值的披露。

（9）关联方及关联交易。

（10）股份支付。

（11）承诺及或有事项。

（12）资产负债表日后事项。

（13）其他重要事项。

（14）母公司财务报表主要项目注释。

（15）补充资料。

第十五章

同步练习

一、单项选择题

1. 甲公司拥有对四家公司的控股权,其下属子公司的会计政策和会计估计均符合会计准则规定。不考虑其他因素,甲公司在编制2016年合并财务报表时,对其子公司进行的下列调整中,正确的是(　　)。
   A. 将子公司(乙公司)1年以内应收账款坏账准备的计提比例由3%调整为与甲公司相同的计提比例5%
   B. 对2016年通过同一控制下企业合并取得的子公司(丁公司),将其固定资产、无形资产的折旧和摊销年限按照与甲公司相同的期限进行调整
   C. 将子公司(丙公司)投资性房地产的后续计量模式由成本模式调整为与甲公司相同的公允价值模式
   D. 将子公司(戊公司)闲置不用但没有明确处置计划的机器设备由固定资产调整为持有待售非流动资产并相应调整后续计量模式

2. 甲公司及其子公司对投资性房地产采用不同的会计政策,甲公司采用成本模式对投资性房地产进行后续计量,子公司采用的会计政策具体为:子公司乙对作为投资性房地产核算的房屋采用公允价值模式进行后续计量,子公司丙对作为投资性房地产核算的土地使用权采用成本模式计量,按剩余15年期限分期摊销并计入损益,子公司丁出租的房屋采用成本模式计量,按照仍可使用年限10年计提折旧,子公司戊对在建的投资性房地产采用公允价值模式进行后续计量。不考虑其他因素,下列关于甲公司在编制合并财务报表时,对纳入合并范围的各子公司投资性房地产的会计处理中,正确的是(　　)。
   A. 将投资性房地产的后续计量统一为成本模式,同时统一有关资产折旧的年限
   B. 子公司的投资性房地产后续计量均应按甲公司的会计政策进行调整,即后续计量采用成本模式并考虑折旧或摊销,折旧或摊销年限根据实际使用情况确定
   C. 对于公允价值能够可靠计量的投资性房地

产采用公允价值计量,其他投资性房地产采用成本模式计量
   D. 区分在用投资性房地产与在建投资性房地产,在用投资性房地产统一采用成本模式计量,在建投资性房地产采用公允价值模式计量

3. 甲公司为某集团母公司,其与控股子公司(乙公司)会计处理存在差异的下列事项中,在编制合并财务报表时,应当作为会计政策予以统一的是(　　)。
   A. 甲公司产品保修费用的计提比例为售价的3%,乙公司为售价的1%
   B. 甲公司对机器设备的折旧年限按不少于10年确定,乙公司按不少于15年确定
   C. 甲公司对投资性房地产采用成本模式进行后续计量,乙公司采用公允价值模式
   D. 甲公司对1年以内应收款项计提坏账准备的比例为期末余额的5%,乙公司为期末余额的10%

4. 2016年1月1日,甲公司从本集团内另一企业处购入乙公司80%有表决权的股份,构成同一控制下企业合并,2016年度,乙公司实现净利润800万元,分派现金股利250万元。2016年12月31日,甲公司个别资产负债表中所有者权益总额为9000万元。不考虑其他因素,甲公司2016年12月31日合并资产负债表中归属于母公司所有者权益的金额为(　　)万元。
   A. 9550　　B. 9440　　C. 9640　　D. 10050

5. 乙公司为甲公司的全资子公司,且甲公司无其他子公司。2017年度,乙公司实现净利润500万元,提取盈余公积50万元,宣告分配现金股利150万元,2017年,甲公司个别报表中确认投资收益480万元,不考虑其他因素,2017年,甲公司合并利润表中"投资收益"项目的列示金额为(　　)万元。
   A. 330　　B. 480　　C. 630　　D. 500

6. 甲公司为乙公司的母公司,2018年6月30日,甲公司将其生产成本为120万元的W产品以200万元的价格销售给乙公司,乙公司将W产品作为固定资产核算,预计使用5年,预计净

残值为 0,采用年限平均法提计折旧,不考虑其他因素,该固定资产在甲公司 2019 年 12 月 31 日合并资产负债表中列示的金额为( )万元。

A. 140　　B. 84　　C. 160　　D. 72

7. 2018 年 12 月 31 日,甲公司从非关联方取得乙公司 70%有表决权股份并能够对乙公司实施控制。2019 年 6 月 1 日,甲公司将一批成本为 40 万元的产品以 50 万元的价格销售给乙公司。至 2019 年 12 月 31 日,乙公司已对外出售该批产品的 40%。2019 年度,乙公司按购买日公允价值持续计算的净利润为 500 万元。不考虑其他因素,甲公司 2019 年度合并利润表中少数股东损益的金额为( )万元。

A. 147　　B. 148.2　　C. 148.8　　D. 150

二、多项选择题

1. 下列各项关于财务报表列报的表述中,正确的有( )。

A. 出售子公司产生的利得和损失在利润表"资产处置收益"项目列报

B. 收到与资产相关的政府补助在现金流量表中作为经营活动产生的现金流量列报

C. 收到的扣缴个人所得税款手续费在利润表"其他收益"项目列报

D. 自资产负债表日起超过 1 年到期且预期持有超过 1 年的以公允价值计量且其变动计入当期损益的金融资产在资产负债表中作为流动资产列报

2. 在编制现金流量表时,下列现金流量中,属于经营活动现金流量的有( )。

A. 当期缴纳的所得税

B. 收到的活期存款利息

C. 发行债券过程中支付的交易费用

D. 支付的基于股份支付方案给予高管人员的现金增值额

3. 2019 年度,甲公司产生现金流量的部分交易如下:

① 对外销售商品收到现金 15000 万元。

② 收到联营企业分派的现金股利 200 万元。

③ 出售子公司收到现金 1200 万元。

④ 向股东支付现金股利 3600 万元。

下列各项关于甲公司上述交易产生的现金流量列报的表述中,正确的有( )。

A. 支付股东的现金股利作为筹资活动的现金流出

B. 对外销售商品收到的现金作为经营活动的现金流入

C. 收到联营企业分派的现金股利作为投资活动的现金流入

D. 出售子公司收到的现金作为筹资活动现金流入

4. 在判断投资方是否能够控制被投资方时,投资方应当具备的要素有( )。

A. 拥有对被投资方的权力

B. 通过参与被投资方的相关活动而享有可变回报

C. 有能力运用对被投资方的权力影响其回报金额

D. 参与被投资方的财务和经营政策

5. 甲公司(非投资性主体)为乙公司、丙公司的母公司。乙公司为投资性主体,拥有两家全资子公司,两家子公司均不为乙公司的投资活动提供相关服务,丙公司为股权投资基金,拥有两家联营企业,丙公司对其拥有的两家联营企业按照公允价值考核和评价管理层业绩。不考虑其他因素,下列关于甲公司、乙公司和丙公司对其所持股权投资的会计处理中,正确的有( )。

A. 乙公司不应编制合并财务报表

B. 丙公司在个别财务报表中对其拥有的两家联营企业的投资应按照公允价值计量,公允价值变动计入当期损益

C. 乙公司在个别财务报表中对其拥有的两家子公司应按照公允价值计量,公允价值变动计入当期损益

D. 甲公司在编制合并财务报表时,应将通过乙公司间接控制的两家子公司按公允价值计量,公允价值变动计入当期损益

6. 下列选项中,符合终止经营定义的是( )。

A. 该组成部分代表一项独立的主要业务或一个单独的主要经营地区

B. 该组成部分是拟对一项独立的主要业务或一个单独的主要经营地区进行处置的一项相关联计划的一部分

C. 该组成部分是专为转售而取得的子公司

D. 能够单独区分的组成部分,且该组成部分已经处置或划分为持有待售类别

7. 甲公司 2019 年个别资产负债表中应收账款

475 万元为 2013 年向乙公司销售商品发生的应收销货款的账面价值,甲公司对该笔应收账款计提的坏账准备为 25 万元。乙公司 2019 年个别资产负债表中应付账款 500 万元系 2019 年向甲公司购进商品存货发生的应付购货款。甲公司和乙公司拥有共同母公司。对于该笔交易,下列表述中,正确的是(　　)。

A. 将内部应收账款与应付账款相互抵销

B. 将内部应收账款计提的坏账准备予以抵销

C. 内部应收账款和应付账款的抵销金额为 475 万元

D. 内部应收账款和应付账款的抵销金额为 500 万元

8. 甲公司 2019 年向乙公司销售商品 1000 万元,其销售成本为 800 万元,该商品的销售毛利率为 20%。甲公司购进的该商品 2019 年全部未实现对外销售而形成期末存货。甲公司和乙公司拥有共同母公司。对于该笔交易,下列表述中,正确的是(　　)。

A. 将销售企业实现的内部销售收入及其相对应的销售成本予以抵销

B. 将内部购进形成的存货价值中包含的未实现内部销售损益予以抵销

C. 抵销存货的金额为 200 万元

D. 抵销收入的金额为 1000 万元

9. 甲公司 2019 年以 300 万元的价格将其生产的产品销售给乙公司,其销售成本为 270 万元。乙公司购买该产品作为管理用固定资产使用,按 300 万元入账。假设甲公司对该固定资产按 3 年的使用寿命采用年限平均法计提折旧,预计净残值为 0。该固定资产交易时间为 2019 年 1 月 1 日。假定甲公司该内部交易形成的固定资产 2019 年按 12 个月计提折旧。甲公司与乙公司拥有同一母公司。关于 2019 年合并财务报表,下列表述中,正确的是(　　)。

A. 2019 年度未实现内部交易损益抵销的金额为 20 万元

B. 2019 年度未实现内部交易损益抵销的金额为 30 万元

C. 合并报表中固定资产的初始入账价值为 300 万元

D. 合并报表中固定资产的初始入账价值为 270 万元

10. 下列各项中,企业编制合并财务报表时,需要进行抵销处理的有(　　)。

A. 母公司对子公司长期股权投资与对应子公司所有者权益中所享有的份额

B. 子公司对母公司销售商品价款中包含的未实现内部销售利润

C. 母公司和子公司之间的债权与债务

D. 母公司向子公司转让无形资产价款中含的未实现内部销售利润

11. 相对于个别财务报表,下列各项中,仅属于企业合并财务报表项目的有(　　)。

A. 投资收益　　　　B. 少数股东损益

C. 债权投资　　　　D. 少数股东权益

三、判断题

1. 财务报表是企业财务会计确认与计量的最终结果体现,是向投资者等财务报告使用者提供决策有用信息的媒介和渠道,是沟通投资者、债权人等使用者与企业管理层之间信息的桥梁和纽带。(　　)

2. 不符合终止经营定义的持有待售的非流动资产或处置组,其减值损失和转回金额及处置损益应当作为终止经营损益列报。(　　)

3. 在编制合并财务报表前,应统一要求子公司所采用的会计政策与母公司的保持一致。应当要求其按照子公司所采用的会计政策,重新编报财务报表。(　　)

4. 对于非同一控制下企业合并取得子公司,应该按照该子公司各项可辨认资产、负债等在购买日的账面价值进行合并,账面价值和购买价款的差额计入资本公积。(　　)

5. 同一控制下企业合并形成的长期股权投资,合并成本与合并对价账面价值之间的差额,应计入其他综合收益。(　　)

6. 子公司向少数股东支付的现金股利或利润,在合并现金流量表中应当在"投资活动产生的现金流量"项目单独反映。(　　)

7. 母公司在编制合并现金流量表时,应将其直接以现金对子公司进行长期股权投资形成的现金流量,与子公司筹资活动形成的与之对应的现金流量相互抵销。(　　)

8. 合并财务报表中,少数股东权益项目的列报金额不能为负数。(　　)

四、计算分析题

甲公司拥有乙公司 80% 有表决权资本,能够对乙公司实施控制。2019年6月,甲公司向乙公司销售一批商品,成本为500万元,售价为800万元,至2019年12月31日,乙公司尚未出售上述商品,2020年,乙公司将上述商品对外销售80%。甲公司和乙公司适用的所得税税率为25%。假定不考虑其他因素。

要求:

(1)计算2019年12月31日合并财务报表中应确认的递延所得税资产,并编制相关会计分录。

(2)计算2020年12月31日合并财务报表中应确认的递延所得税资产,并编制相关会计分录。

五、综合题

1. 2016年,甲公司以定向增发股票方式取得了乙公司的控制权,但不构成反向购买。本次投资前,甲公司不持有乙公司的股份且与乙公司不存在关联方关系。甲、乙公司的会计政策和会计期间相一致。相关资料如下。

(1)1月1日,甲公司定向增发每股面值为1元、公允价值为12元的普通股股票1500万股,取得乙公司80%有表决权的股份,相关手续已于当日办妥。

(2)1月1日,乙公司可辨认净资产的账面价值为18000万元,其中:股本5000万元,资本公积3000万元,盈余公积1000万元,未分配利润9000万元,除销售中心业务大楼的公允价值高于账面价值2000万元外,其余各项可辨认资产、负债的公允价值与账面价值均相同。

(3)1月1日,甲、乙公司均预计销售中心业务大楼尚可使用10年,预计净残值为零,采用年限平均法计提折旧。

(4)5月1日,甲公司以赊销方式向乙公司销售一批成本为600万元的产品,销售价格为800万元。至当年年末,乙公司已将该批产品的60%出售给非关联方。

(5)12月31日,甲公司尚未收到乙公司所欠上述货款,对该应收账款计提了坏账准备16万元。

(6)乙公司2016年度实现的净利润为7000万元,计提盈余公积700万元,无其他利润分配事项。

假定不考虑增值税、所得税等相关税费及其他因素。

要求(答案中金额单位以万元表示):

(1)编制甲公司2016年1月1日取得乙公司80%股份的相关会计分录。

(2)编制甲公司2016年1月1日合并工作底稿中对乙公司有关资产的相关调整分录。

(3)分别计算甲公司2016年1月1日合并资产负债表中商誉和少数股东权益的金额。

(4)编制甲公司2016年1月1日与合并资产负债表相关的抵销分录。

(5)编制甲公司2016年12月31日与合并资产负债表、合并利润表相关的调整和抵销分录。

2. 2017年1月1日,甲公司以银行存款5700万元自非关联方取得乙公司80%的有表决权的股份,对乙公司进行控制,本次投资前,甲公司不持有乙公司股份且与乙公司不存在关联方关系,甲、乙公司的会计政策和会计期间相一致。

(1)2017年1月1日,乙公司所有者权益的账面价值为5900万元,其中:股本2000万元,资本公积1000万元,盈余公积900万元,未分配利润2000万元。除存货的公允价值高于账面价值100万元外,乙公司其余各项可辨认资产、负债的公允价值与其账面价值相同。

(2)2017年6月30日,甲公司将其生产的成本900万元的设备以1200万元的价格出售给乙公司,当期,乙公司以银行存款支付货款,并将该设备作为行政管理用固定资产立即投入使用,乙公司预计设备的使用年限为5年,预计净残值为零,采用年限平均法计提折旧。

(3)2017年12月31日,乙公司将2017年1月1日库存的存货全部对外出售。

(4)2017年度,乙公司实现净利润600万元,提取法定盈余公积60万元,宣告并支付现金股利200万元。

不考虑增值税、企业所得税等相关因素,甲公司编制合并报表时以甲、乙公司个别财务报表为基数在合并工作底稿中将甲公司对乙公司的长期股权投资由成本法调整为权益法。

要求(答案中金额单位以万元表示):

(1)分别计算甲公司在2017年1月1日合并财务报表中应确认的商誉金额和少数股东权益的金额。

(2)编制2017年1月1日合并工作底稿中与乙公司资产相关的调整分录。

（3）编制甲公司 2017 年 1 月 1 日与合并资产负债表相关的抵销分录。

（4）编制 2017 年 12 月 31 日与合并资产负债表、合并利润表相关的调整和抵销分录。

3. 甲公司对乙公司进行股票投资的相关资料如下。

（1）2015 年 1 月 1 日，甲公司以银行存款 12000 万元从非关联方取得乙公司的 60％的有表决权股份。并于当日取得对乙公司的控制权，当日乙公司所有者权益的账面价值为 16000 万元，其中：股本 8000 万元，资本公积 3000 万元，盈余公积 4000 万元，未分配利润 1000 万元。乙公司各项可辨认资产、负债的公允价值与其账面价值均相同。本次投资前，甲公司不持有乙公司股份且与乙公司不存在关联方关系。甲、乙公司的会计政策和会计期间相一致。

（2）乙公司 2015 年度实现的净利润为 900 万元。

（3）乙公司 2016 年 5 月 10 日对外宣告分配现金股利 300 万元，并于 2016 年 5 月 20 日分派完毕。

（4）2016 年 6 月 30 日，甲公司将持有的乙公司股权中的 1/3 出售给非关联方。所得价款 4 500 万元全部收存银行。当日，甲公司仍对乙公司具有重大影响。

（5）乙公司 2016 年度实现净利润 400 万元，其中 2016 年 1 月 1 日至 6 月 30 日实现的净利润为 300 万元。

（6）乙公司 2017 年度发生亏损 25000 万元。甲、乙公司每年均按当年净利润的 10％提取法定盈余公积。

本题不考虑增值税等相关税费及其他因素。

要求（答案中金额单位以万元表示）：

（1）编制甲公司 2015 年 1 月 1 日取得乙公司股权的会计分录。

（2）计算甲公司 2015 年 1 月 1 日编制合并资产负债表时应确认的商誉，并编制与购买日合并报表的相关分录。

（3）分别编制甲公司 2016 年 5 月 10 日在乙公司宣告分派现金股利时的会计分录和 2016 年 5 月 20 日收到现金股利时的会计分录。

（4）编制甲公司 2016 年 6 月 30 日出售部分乙公司股权的会计分录。

（5）编制甲公司 2016 年 6 月 30 日对乙公司剩余股权由成本法转为权益法的会计分录。

（6）分别编制甲公司 2016 年年末和 2017 年年末确认投资损益的会计分录。

4. 甲公司和乙公司采用的会计政策和会计期间相同，甲公司和乙公司 2014 年至 2015 年有关长期股权投资及其内部交易或事项如下。

（1）2014 年度资料：

① 1 月 1 日，甲公司以银行存款 18400 万元自非关联方购入乙公司 80％有表决权的股份。交易前，甲公司不持有乙公司的股份且与乙公司不存在关联方关系；交易后，甲公司取得乙公司的控制权。乙公司当日可辨认净资产的账面价值为 23000 万元，其中：股本 6000 万元，资本公积 4800 万元，盈余公积 1200 万元，未分配利润 11000 万元；各项可辨认资产、负债的公允价值与其账面价值均相同。

② 3 月 10 日，甲公司向乙公司销售 A 产品一批，售价为 2000 万元，生产成本为 1400 万元。至当年年末，乙公司已向集团外销售 A 产品的 60％。剩余部分形成年末存货，其可变现净值为 600 万元，计提了存货跌价准备 200 万元；甲公司应收款项 2000 万元尚未收回，计提坏账准备 100 万元。

③ 7 月 1 日，甲公司将其一项专利权以 1200 万元的价格转让给乙公司，款项于当日收存银行。甲公司该专利权的原价为 1000 万元，预计使用年限为 10 年，残值为零，采用年限平均法进行摊销，至转让时已摊销 5 年。乙公司取得该专利权后作为管理用无形资产核算，预计尚可使用 5 年，残值为零。采用年限平均法进行摊销。

④ 乙公司当年实现的净利润为 6000 万元，提取法定盈余公积 600 万元，向股东分配现金股利 3000 万元，因持有的其他债权投资公允价值上升计入当期其他综合收益的金额为 400 万元。

（2）2015 年度资料：

2015 年度，甲公司与乙公司之间未发生内部购销交易。至 2015 年 12 月 31 日，乙公司上年自甲公司购入的 A 产品剩余部分全都向集团外售出，乙公司支付了上年所欠甲公司货款 2000 万元。

假定不考虑增值税、所得税等相关税费及其他因素。

要求(答案中金额单位以万元表示):

(1) 编制甲公司 2014 年 12 月 31 日合并乙公司财务报表时按照权益法调整长期股权投资的调整分录以及该项投资直接相关的(含甲公司内部投资收益)抵销分录。

(2) 编制甲公司 2014 年 12 月 31 日合并乙公司财务报表时与内部购销交易相关的抵销分录(不要求编制与合并现金流量表相关的抵销分录)。

(3) 编制甲公司 2015 年 12 月 31 日合并乙公司财务报表时与内部购销交易相关的抵销分录(不要求编制与合并现金流量表相关的抵销分录)。

5. 2019 年,甲公司对乙公司进行股权投资的相关交易或事项如下:

资料一:2019 年 1 月 1 日,甲公司以定向增发 3000 万股普通股(每股面值为 1 元、公允价值为 6 元)的方式从非关联方取得乙公司 90% 的有表决权股份,能够对乙公司实施控制。当日,乙公司可辨认净资产的账面价值为 20000 万元。各项可辨认资产、负债的公允价值均与其账面价值相同。乙公司所有者收益的账面价值为 20000 万元,其中:股本 10000 万元,资本公积 8000 万元,盈余公积 500 万元,未分配利润 1500 万元。本次投资前,甲公司不持有

乙公司股份且与乙公司不存在关联方关系。甲公司的会计政策、会计期间与乙公司的相同。

资料二:2019 年 9 月 20 日,甲公司将其生产的成本为 700 万元的 A 产品以 750 万元的价格出售给乙公司。当日,乙公司以银行存款支付全部货款。至 2019 年 12 月 31 日,乙公司已将上述从甲公司购买的 A 产品对外出售了 80%。

资料三:2019 年度,乙公司实现净利润 800 万元,提取法定盈余公积 80 万元。

甲公司以甲、乙公司个别财务报表为基础编制合并财务报表,合并工作底稿中将甲公司对乙公司的长期股权投资由成本法调整为权益法。本题不考虑增值税、企业所得税等相关税费及其他因素。

要求(答案中金额单位以万元表示):

(1) 计算甲公司 2019 年 1 月 1 日取得乙公司 90% 股权的初始投资成本,并编制相关会计分录。

(2) 编制甲公司 2019 年 1 月 1 日与合并资产负债表相关的抵销分录。

(3) 编制甲公司 2019 年 12 月 31 日与合并资产负债表、合并利润表相关的调整和抵销分录。

参考答案及解析

一、单项选择题

1. 【答案】 C

【解析】 选项 AB,属于会计估计,不需要与母公司统一;选项 C,属于编制合并报表时统一母公司与子公司的会计政策;选项 D,闲置不用但没有明确处置计划的机器设备不满足划分为持有待售的条件,属于错误的会计处理。

2. 【答案】 B

【解析】 母公司编制合并财务报表前,应当尽可能统一母公司和子公司的会计政策,统一要求子公司所采用的会计政策与母公司保持一致。

3. 【答案】 C

【解析】 选项 ABD,属于会计估计;选项 C,属于会计政策。

4. 【答案】 B

【解析】 2016 年 12 月 31 日,甲公司合并资产负债表中归属于母公司的所有者权益 = 9000 + (800 - 250) × 80% = 9440(万元)。

5. 【答案】 A

【解析】 合并报表中的分录如下(单位:万元):

借:长期股权投资　　　　　　500
　　贷:投资收益　　　　　　　　　500

借:投资收益　　　　　　　　150
　　贷:长期股权投资　　　　　　　150

合并报表中的抵销分录为(单位:万元):

借：投资收益　　　　　　　　500

　　贷：年末未分配利润　　　　　300

　　　　提取盈余公积　　　　　　50

　　　　对所有者(或股东)的分配　150

合并报表中"投资收益"的列示的金额＝480＋500－150－500＝330(万元)

6.【答案】 B

【解析】 2019年12月31日,该固定资产在甲公司合并资产负债表日列示的金额＝120－120÷5×1.5＝84(万元)。

7.【答案】 D

【解析】 甲公司是乙公司的母公司,则甲公司向乙公司销售产品属于顺流交易,顺流交易未实现交易损益影响的是母公司的净利润,不影响子公司净利润,则不影响少数股东损益的金额,甲公司2019年度合并利润表中少数股东损益的金额＝500×30%＝150(万元)。

二、多项选择题

1.【答案】 BC

【解析】 出售子公司产生的利得或损失在利润表中"投资收益"项目列报,选项A错误;自资产负债表日起超过1年到期且预期持有超过1年的以公允价值计量且其变动计入当期损益的金融资产在资产负债表中作为非流动项目列报,选项D错误。

2.【答案】 ABD

【解析】 选项C,属于筹资活动现金流量。

3.【答案】 ABC

【解析】 出售子公司收到的现金应作为投资活动现金流入,选项D错误。

4.【答案】 ABC

【解析】 在判断投资方是否能够控制被投资方时,如果投资方同时具备以下要素,则投资方能够控制被投资方:①拥有对被投资方的权力;②通过参与被投资方的相关活动而享有可变回报;③有能力运用对被投资方的权力影响其回报金额。

5.【答案】 ABCD

【解析】 如果母公司是投资性主体,则只应将那些为投资性主体的投资活动提供相关服务的子公司纳入合并范围,其他子公司不应予以合并,母公司对其他子公司的投资应当按照公允价值计量且其变动计入当期损益。

6.【答案】 ABCD

7.【答案】 ABD

【解析】 具体分录为(单位:万元):

借：应付账款　　　　　　　　500

　　贷：应收账款　　　　　　　500

借：应收账款——坏账准备　　25

　　贷：资产减值损失　　　　　25

8.【答案】 ABCD

9.【答案】 AD

【解析】 与该固定资产相关的销售收入、销售成本以及原价中包含的未实现内部销售损益的抵销分录(单位:万元):

借：营业收入　　　　　　　　300

　　贷：营业成本　　　　　　　270

　　　　固定资产——原价　　　30

该固定资产当期多计提折旧额的抵销分录：

借：固定资产——累计折旧　　10

　　贷：管理费用　　　　　　　10

10.【答案】 ABCD

11.【答案】 BD

【解析】 合并报表中,少数股东对子公司的净资产享有份额,所以少数股东权益及少数股东损益仅存在于合并报表中,选项BD正确。

三、判断题

1.【答案】 ×

【解析】 财务报告是企业财务会计确认与计量的最终结果体现,是向投资者等财务报告使用者提供决策有用信息的媒介和渠道,是沟通投资者、债权人等使用者与企业管理层之间信息的桥梁和纽带。

2.【答案】 ×

【解析】 不符合终止经营定义的持有待售的非流动资产或处置组,其减值损失和转回金额及处置损益应当作为持续经营损益列报;终止经营的减值损失和转回金额等经营损益及处置损益应当作为终止经营损益列报。

3.【答案】 ×

【解析】 在编制合并财务报表前,应统一要求子公司所采用的会计政策与母公司的保持一致。应当要求其按照母公司所采用的会计政策,重新编报财务报表。

4.【答案】 ×

【解析】 对于非同一控制下企业合并取得子公司,应该按照该子公司各项可辨认资产、负债等在购买日的公允价值进行合并。对于属于非同一控制下企业合并中取得的子公司,应当根据母公司为该子公司设置备查簿的记录,以记录该子公司的各项可辨认资产、负债及或有负债等在购买日的公允价值为基础,通过编制调整分录,对该子公司的个别财务报表进行调整,以使子公司的个别财务报表反映为在购买日公允价值基础上确定的可辨认资产、负债及或有负债在本期资产负债表日的金额。

5.【答案】 ×

【解析】 同一控制下企业合并,合并成本与合并对价账面价值之间的差额,应计入资本公积,资本公积不足冲减的,调整留存收益。

6.【答案】 ×

【解析】 对于子公司向少数股东支付现金股利或利润,在合并现金流量表中应当在"筹资活动产生的现金流量"之下的"分配股利、利润或偿付利息支付的现金"项目下的"其中:子公司支付给少数股东的股利、利润"项目反映。

7.【答案】 √

8.【答案】 ×

【解析】 在合并财务报表中少数股东权益可以出现负数。

四、计算分析题

【答案】 (1)2019 年 12 月 31 日,递延所得税资产余额 = (800 - 500) × 25% = 75(万元),2019年,递延所得税资产的发生额为 75 万元。会计分录如下:

借:递延所得税资产　　　　　750000
　　贷:所得税费用　　　　　　　750000

(2)2020 年 12 月 31 日,递延所得税资产余额 = (800 - 500) × 20% × 25% = 15(万元),2020 年,递延所得税资产的发生额 = 15 - 75 = -60(万元)。会计分录如下:

借:递延所得税资产　　　　　750000
　　贷:未分配利润——年初　　　750000

借:所得税费用　　　　　　　600000
　　贷:递延所得税资产　　　　　600000

五、综合题

1.【答案】(1)借:长期股权投资　　18000
　　　　　　　貸:股本　　　　　　　1500
　　　　　　　　　资本公积——股本溢价
　　　　　　　　　　　　　　　16500

(2)借:固定资产　　　　　2000
　　　　貸:资本公积　　　　　2000

(3)合并商誉 = 18000 - (18000 + 2000) × 80% = 2000(万元)

少数股东权益 = (18000 + 2000) × 20% = 4000(万元)

(4)借:股本　　　　　　　5000
　　　　资本公积　　　　　5000
　　　　盈余公积　　　　　1000
　　　　未分配利润　　　　9000
　　　　商誉　　　　　　　2000
　　　　貸:长期股权投资　　　18000
　　　　　　少数股东权益　　　4000

(5)借:固定资产　　　　　2000
　　　　貸:资本公积　　　　　2000

借:销售费用　　　　　　　200
　　貸:固定资产——累计折旧　　200

调整后的乙公司净利润 = 7000 - 200 = 6800(万元),甲公司确认净利润份额 = 6800 × 80% = 5440(万元)

借:长期股权投资　　　　5440
　　貸:投资收益　　　　　　5440

借:营业收入　　　　　　800
　　貸:营业成本　　　　　　800

借:营业成本　　　　　　80
　　貸:存货　　　　　　　80

借:应付账款　　　　　　800
　　貸:应收账款　　　　　　800

借:应收账款——坏账准备　　16
　　貸:信用减值损失　　　　　16

借:股本　　　　　　　5000
　　资本公积　　　　　5000
　　盈余公积　　　　　1700
　　未分配利润　　　　15100
　　商誉　　　　　　　2000
　　貸:长期股权投资　　　23440
　　　　少数股东权益　　　5360

借：投资收益　　　　　　　5440
　　少数股东损益　　　　　1360
　　未分配利润——年初　　9000
　　　贷：提取盈余公积　　　　　700
　　　　未分配利润——年末　　15100

2.【答案】（1）合并商誉＝5700－（5900＋100）×80%＝900（万元）

少数股东权益＝（5900＋100）×20%＝1200（万元）

（2）按照公允价值调整分录：

借：存货　　　　　　　　　100
　　　贷：资本公积　　　　　　　100

（3）长期股权投资与所有者权益抵销分录：

借：股本　　　　　　　　　2000
　　资本公积　　　　　　　1100
　　盈余公积　　　　　　　900
　　未分配利润　　　　　　2000
　　商誉　　　　　　　　　900
　　　贷：长期股权投资　　　　　5700
　　　　少数股东权益　　　　　1200

（4）内部交易的抵销分录：

借：营业收入　　　　　　　1200
　　　贷：营业成本　　　　　　　900
　　　　固定资产——原价　　　　300

借：固定资产——累计折旧
　　　　　（300÷5÷2）30
　　　贷：管理费用　　　　　　　30

按照公允价值调整分录：

借：存货　　　　　　　　　100
　　　贷：资本公积　　　　　　　100

借：营业成本　　　　　　　100
　　　贷：存货　　　　　　　　　100

权益法调整分录：

借：长期股权投资
　　［（600－100－200）×80%］240
　　　贷：投资收益　　　　　　　240

调整后，长期股权投资账面价值＝5700＋240＝5940（万元）。

长期股权投资与所有者权益抵销分录：

借：股本　　　　　　　　　2000
　　资本公积　　　　　　　1100
　　盈余公积　　（900＋60）960
　　未分配利润
　　　（2000＋500－200－60）2240
　　商誉　　　　　　　　　900
　　　贷：长期股权投资　　　　　5940
　　　　少数股东权益
　　　　［（6000＋500－200）×20%］1260

投资收益与利润分配抵销分录：

借：投资收益
　　　　［（600－100）×80%］400
　　少数股东损益
　　　　［（600－100）×20%］100
　　未分配利润——年初　　2000
　　　贷：对所有者（或股东）的分配　200
　　　　提取盈余公积　　　　　60
　　　　未分配利润——年末　　2240

3.【答案】（1）

借：长期股权投资　　　　　12000
　　　贷：银行存款　　　　　　　12000

（2）编制合并资产负债表时，应确认的商誉＝12000－16000×60%＝2400（万元）。

借：股本　　　　　　　　　8000
　　资本公积　　　　　　　3000
　　盈余公积　　　　　　　4000
　　未分配利润　　　　　　1000
　　商誉　　　　　　　　　2400
　　　贷：长期股权投资　　　　　12000
　　　　少数股东权益　　　　　6400

（3）2016 年 5 月 10 日：

借：应收股利　　　　　　　180
　　　贷：投资收益　　　　　　　180

2016 年 5 月 20 日：

借：银行存款　　　　　　　180
　　　贷：应收股利　　　　　　　180

（4）借：银行存款　　　　　　　4500
　　　贷：长期股权投资
　　　　　（12000×1÷3）4000
　　　　投资收益　　　　　　　500

(5) 借：长期股权投资

        (900×40%＋300×40%)480

    贷：盈余公积   36

        利润分配——未分配利润

                  324

        投资收益 (300×40%)120

2016 年 5 月 10 日，对外宣告分配现金股利的处理：

    借：投资收益 (300×40%)120

        贷：长期股权投资   120

调整后，剩余的长期股权投资的账面价值＝12000×2÷3＋480－120＝8360（万元）。

(6) 借：长期股权投资

        [(400－300)×40%]40

        贷：投资收益   40

弥补亏损前长期股权投资的账面价值＝8360＋40＝8400（万元），甲公司应承担乙公司的亏损＝25000×40%＝10000（万元），超过长期股权投资账面价值，应以长期股权投资的账面价值为限承担亏损。

    借：投资收益   8400

        贷：长期股权投资   8400

4.【答案】(1) 合并财务报表中按照权益法调整，取得投资当年应确认的投资收益＝6000×80%＝4800（万元）。

    借：长期股权投资   4800

        贷：投资收益   4800

应确认的其他综合收益＝400×80%＝320（万元）

    借：长期股权投资   320

        贷：其他综合收益   320

分配现金股利调整减少长期股权投资＝3000×80%＝2400（万元）

    借：投资收益   2400

        贷：长期股权投资   2400

调整后，长期股权投资的账面价值＝18400＋4800－2400＋320＝21120（万元）。

抵销长期股权投资和子公司所有者权益：

    借：股本   6000

        资本公积   4800

        盈余公积   1800

        未分配利润——年末

        (11000＋6000－600－3000)13400

        其他综合收益   400

        贷：长期股权投资   21120

           少数股东权益   5280

    借：投资收益   4800

        少数股东损益   1200

        未分配利润——年初 11000

        贷：提取盈余公积   600

           对所有者(或股东)的分配 3000

           未分配利润——年末 13400

(2) 2014 年 12 月 31 日，内部购销交易相关的抵销分录：

    借：营业收入   2000

        贷：营业成本   2000

    借：营业成本   240

        贷：存货   240

    借：存货   200

        贷：资产减值损失   200

    借：应付账款   2000

        贷：应收账款   2000

    借：应收账款   100

        贷：信用减值损失   100

    借：资产处置收益   700

        贷：无形资产   700

    借：无形资产 (700÷5×6÷12)70

        贷：管理费用   70

(3) 借：未分配利润——年初 240

        贷：营业成本   240

    借：存货   200

        贷：未分配利润——年初 200

    借：营业成本   200

        贷：存货   200

    借：应收账款   100

        贷：未分配利润——年初 100

借：信用减值损失   100

    贷：应收账款   100

借：未分配利润——年初   700

    贷：无形资产   700

借：无形资产   70

    贷：未分配利润——年初   70

借：无形资产   (700÷5)140

    贷：管理费用   140

5.【答案】(1) 2019 年 1 月 1 日,取得乙公司 90% 股权的初始投资成本＝3000×6＝18000(万元)。

借：长期股权投资   18000

    贷：股本   3000

      资本公积——股本溢价   15000

(2) 借：股本   10000

    资本公积   8000

    盈余公积   500

    未分配利润   1500

    贷：长期股权投资   18000

      少数股东权益   2000

(3) 调整分录：

借：长期股权投资   720

    贷：投资收益   720

抵销分录：

借：股本   10000

    资本公积   8000

    盈余公积   (500＋80)580

    年末未分配利润

       (1500＋800−80)2220

    贷：长期股权投资   18720

      少数股东权益   2080

借：投资收益   720

    少数股东损益   80

    年初未分配利润   1500

    贷：提取盈余公积   80

      年未未分配利润   2220

借：营业收入   750

    贷：营业成本   740

      存货   10

第十六章
会计政策、会计估计变更和差错更正

近年考试中,本章的考试分值为 1.5～4.5 分。本章内容通常以客观题的形式出现,也可能与其他章节相结合以综合题的形式出现。本章重点的考查内容是会计政策变更和会计估计变更的区分以及会计政策变更、会计估计变更和前期差错的会计处理。

考 试 变 化

本章内容未发生实质性变化。

本 章 结 构

第一节 会计政策及其变更
第二节 会计估计及其变更
第三节 前期差错更正

第一节　会计政策及其变更

 本节框架 ▶

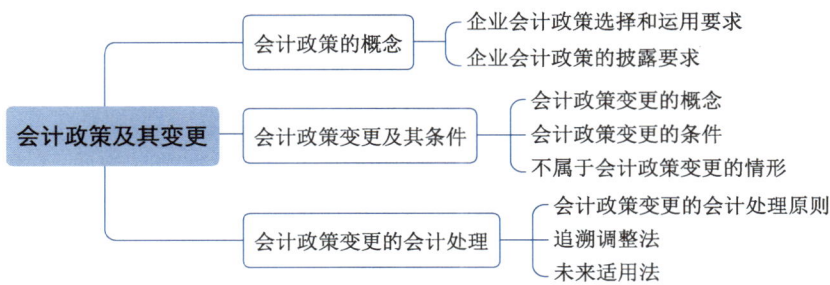

一、会计政策的概念★

会计政策,是指企业在会计确认、计量和报告中所采用的原则、基础和会计处理方法。

(1)会计原则是指企业会计准则规定的、适用于企业会计核算所采用的具体会计原则。

(2)会计基础是指为了将会计原则应用于交易或者事项而采用的基础。

(3)会计处理方法是指企业在会计核算中按照法律、行政法规或者国家统一的会计制度等规定采用或者选择的、适合于本企业的具体会计处理方法,如存货发出的计价方法、先进先出法、个别计价法等。

• 易错易混点 •

① 会计原则包括一般原则和特定原则,会计政策所指的会计原则是指某一类会计业务的核算所应遵循的特定原则,而不是笼统地指所有的会计原则。

② 会计基础包括会计确认基础和会计计量基础。可供选择的会计确认基础包括权责发生制和收付实现制。会计计量基础主要包括历史成本、重置成本、可变现净值、现值和公允价值。会计政策所指的会计基础,主要是指会计计量基础。

(一)企业会计政策选择和运用的要求

(1)企业应在国家统一的会计准则制度规定的会计政策范围内选择适用的会计政策。

(2)会计政策应当保持前后各期的一致性。

• 易错易混点 •

企业通常应在每期采用相同的会计政策。企业选用的会计政策一般情况下不能也不应当随意变更,以保持会计信息的可比性。

第十六章

（二）企业会计政策披露的要求

企业应当披露重要的会计政策，不具有重要性的会计政策可以不予披露。判断会计政策是否重要，应当考虑与会计政策相关项目的性质和金额。企业应当披露的重要会计政策项目包括以下几类。

（1）财务报表的编制基础、计量基础和会计政策的确定依据等。

（2）发出存货成本的计量，是指企业确定发出存货成本所采用的会计处理方法。例如，企业发出存货成本的计量是采用先进先出法，还是采用其他计量方法。

（3）固定资产的初始计量，是指对取得的固定资产初始成本的计量。例如，企业取得的固定资产初始成本是以购买价款为基础进行计量，还是以购买价款的现值为基础进行计量。

（4）无形资产的确认，是指将无形项目的支出确认为无形资产。例如，企业内部研究开发项目开发阶段的支出是确认为无形资产，还是在发生时计入当期损益。

（5）投资性房地产的后续计量，是指企业在资产负债表日对投资性房地产进行后续计量所采用的会计处理方法。例如，企业对投资性房地产的后续计量是采用成本模式，还是公允价值模式。

（6）长期股权投资的后续计量，是指企业取得长期股权投资后的具体会计处理方法。例如，企业对被投资单位的长期股权投资是采用成本法，还是采用权益法核算。

（7）收入的确认，是指收入确认所采用的会计方法。

（8）借款费用的处理，是指借款费用的会计处理方法，即是采用资本化还是采用费用化。

（9）外币折算，是指外币折算所采用的方法以及汇兑损益的处理。

（10）合并政策，是指编制合并财务报表所采纳的原则。例如，母公司与子公司的会计年度不一致的处理原则及合并范围的确定原则等。

二、会计政策变更及其条件 ★★★

（一）会计政策变更的概念

会计政策变更，是指企业对相同的交易或者事项由原来采用的会计政策改用另一会计政策的行为。

（二）会计政策变更的条件

符合下列条件之一，企业可以变更会计政策。

（1）法律、行政法规或国家统一的会计制度等要求变更。这种情况是指按照法律、行政法规以及国家统一的会计制度的规定，要求企业采用新的会计政策。在这种情况下，企业应按规定改变原会计政策，采用新的会计政策。

（2）会计政策的变更能够提供更可靠、更相关的会计信息。这种情况是指由于经济环境、客观情况的改变，使企业原来采用的会计政策所提供的会计信息，已不能恰当地反映企业的财务状况、经营成果和现金流量等情况。在这种情况下，应改变原有会计政策，按新的会计政策进行核算，以对外提供更可靠、更相关的会计信息。

（三）不属于会计政策变更的情形

（1）本期发生的交易或者事项与以前相比具有本质差别而对其采用新的会计政策。例如，将自用的办公楼改为出租，不属于会计政策变更，而是采用新的会计政策。

（2）对初次发生的或不重要的交易或者事项采用新的会计政策。

【例题16-1 多选题】(2011年真题) 下列关于会计政策及其变更的表述中，正确的有(　　)。

A. 会计政策涉及会计原则、会计基础和具体会计处理方法

B. 变更会计政策表明以前会计期间采用的会计政策存在错误

C. 变更会计政策应能够更好地反映企业的财务状况和经营成果

D. 本期发生的交易或事项与前期相比具有本质差别而采用新的会计政策，不属于会计政策变更

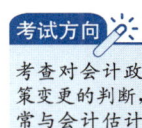

考试方向

考查对会计政策变更的判断，常与会计估计变更结合考查。

【答案】 ACD

【名师点睛】 会计政策变更，并不意味着以前期间的会计政策是错误的，只是由于情况发生了变化，或者掌握了新的信息、积累了更多的经验，使得变更会计政策能够更好地反映企业的财务状况、经营成果和现金流量，选项B错误。

【例题16-2 单选题】(2018年真题) 下列属于会计政策变更的是(　　)。

A. 固定资产折旧方法由年限平均法变更为年数总和法

B. 无形资产摊销年限由10年变为6年

C. 发出存货方法由先进先出法变为移动加权平均法

D. 成本模式计量的投资性房地产的净残值率由5%变为3%

【答案】 C

【名师点睛】 选项ABD均属于会计估计变更。

【例题16-3 判断题】(2020年真题) 企业因追加投资导致长期股权投资的核算由权益法转为成本法的，应当作为会计政策变更进行处理。(　　)

【答案】 ×

【名师点睛】 因追加投资导致长期股权投资的核算由权益法转为成本法的，应作为企业当期新事项进行处理。

三、会计政策变更的会计处理

(一) 会计政策变更的会计处理原则

（1）法律、行政法规或者国家统一的会计制度等要求变更的情况下，企业应当分别按以下情况进行处理：

① 国家发布相关的会计处理办法，则按照国家发布的相关会计处理规定进行处理。

② 国家没有发布相关的会计处理办法，则采用追溯调整法进行会计处理。

（2）在会计政策变更能够提供更可靠、更相关的会计信息的情况下，企业应当采用追溯调整法进行会计处理，将会计政策变更累积影响数调整列报前期最早期初留存收益，其他相关项目的期初余额和列报前期披露的其他比较数据也应当一并调整。

（3）确定会计政策变更对列报前期影响数不切实可行的，应当从可追溯调整的最早期间期初开始应用变更后的会计政策。

（4）在当期期初确定会计政策变更对以前各期累积影响数不切实可行的，应当采用未来适用法处理。例如，企业因账簿、凭证超过法定保存期限而销毁，或因不可抗力而毁坏、遗失，如火灾、水灾等，或因人为因素，如盗窃、故意毁坏等，可能使当期期初确定会计

第十六章

政策变更,对以前各期累积影响数无法计算,即不切实可行,在这种情况下,会计政策变更应当采用未来适用法进行处理。

提示▶ 法律规定了方法,就得按照法律规定的方法进行。

▶法律没有规定,能进行追溯的,就追溯调整。

▶不能追溯的,只能采用未来适用法。

考试方向
考查不同情形下会计政策变更的会计处理方法。

【例题 16−5 判断题】(2016 年真题) 企业对政策变更采用追溯调整法时,应当按照会计政策变更的累积影响数调整变更当期期初的留存收益。 ( )

【答案】 ×

【名师点睛】 采用追溯调整法进行会计处理,将会计政策变更累积影响数调整列报前期最早期初留存收益,其他相关项目的期初余额和列报前期披露的其他比较数据也应当一并调整。

(二)追溯调整法★★

追溯调整法,是指对某项交易或事项变更会计政策,视同该项交易或事项初次发生时即采用变更后的会计政策,并以此对财务报表相关项目进行调整的方法。

追溯调整法的具体程序:

(1)计算会计政策变更的累积影响数。

(2)编制相关项目的调整分录。

(3)调整列报前期最早期初财务报表相关项目及其金额。

(4)报表附注说明。

其中,会计政策变更累积影响数,是指按照变更后的会计政策对以前各期追溯计算的列报前期最早期初留存收益应有金额与现有金额之间的差额。

会计政策变更的累积影响数,通常可以通过以下步骤计算获得:

① 根据新的会计政策重新计算受影响的前期交易或事项。

② 计算两种会计政策下的差异。

③ 计算差异的所得税影响金额(指的是对递延所得税资产或递延所得税负债的影响)。

④ 确定前期中每一期的税后差异。

⑤ 计算会计政策变更的累积影响数。

考试方向
考查会计政策变更累积影响数的计算以及通过追溯调整法对会计政策变更进行账务处理。

案例 16−1

2018 年 12 月,甲公司外购一栋写字楼,支付价款 1200 万元,预计使用年限为 20 年,净残值为 0,采用直线法计提折旧。同日,甲公司将该写字楼租赁给乙公司使用,并一直采用成本模式进行后续计量。2021 年 1 月 1 日,甲公司认为,出租给乙公司使用的写字楼,其所在地的房地产交易市场比较成熟,具备了采用公允价值模式计量的条件,决定将该项投资性房地产从成本模式转为公允价值模式。当日该写字楼的公允价值为 1800 万元。假设甲公司按净利润的 10% 计提盈余公积(本例不考虑所得税影响)。

【分析】 2021年1月1日,甲公司投资性房地产的入账价值为转换日公允价值1800万元,转换日账面价值＝1200－1200÷20×2＝1080(万元),公允价值与账面价值之间的差额＝1800－1080＝720(万元)。应作追溯调整处理,差额计入留存收益,其中盈余公积金额＝720×10％＝72(万元),未分配利润的金额＝720×90％＝648(万元)。

2021年1月1日,甲公司会计处理如下(单位:万元):

借:投资性房地产——成本		1800
投资性房地产累计折旧	(1200÷20×2)120	
贷:投资性房地产		1200
盈余公积		72
利润分配——未分配利润		648

(三) 未来适用法

未来适用法,是指将变更后的会计政策应用于变更日及以后发生的交易或者事项,或者在会计估计变更当期和未来期间确认会计估计变更影响数的方法。

在未来适用法下,不需要计算会计政策变更产生的累积影响数,也无须重编以前年度的财务报表。对于企业会计账簿记录及财务报表上反映的金额,在变更之日仍保留原有的金额,不因会计政策变更而改变以前年度的既定结果,并在现有金额的基础上再按新的会计政策进行核算。

提示 ▶当会计政策变更对以前各期累积影响数不切实可行的,应采用未来适用法处理。

第二节　会计估计及其变更

本节框架 ▶

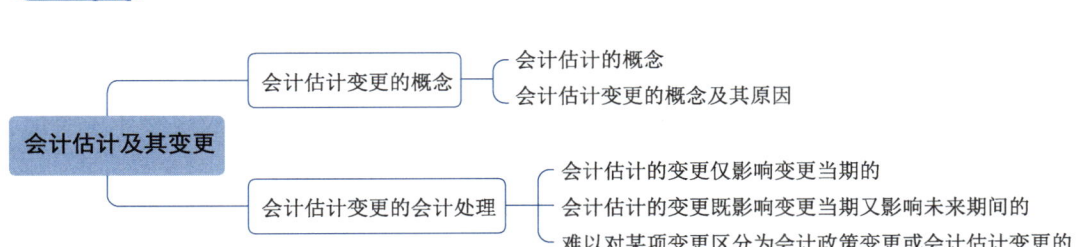

一、 会计估计变更的概念

(一) 会计估计的概念★★

会计估计,是指企业对其结果不确定的交易或事项以最近可利用的信息为基础所作的判断。

下列各项属于常见的需要进行估计的项目。

(1) 存货可变现净值的确定。

(2) 固定资产的预计使用寿命与净残值,固定资产的折旧方法。

（3）使用寿命有限的无形资产的预计使用寿命与净残值。

（4）可收回金额按照资产组的公允价值减去处置费用后的净额确定的,确定公允价值减去处置费用后的净额的方法;可收回金额按照资产组预计未来现金流量的现值确定的,预计未来现金流量的确定。

（5）建造合同或劳务合同履约进度的确定。

（6）公允价值的确定。

（7）预计负债初始计量的最佳估计数的确定。

·易错易混点·

进行会计估计并不会削弱会计确认和计量的可靠性。

考试方向

考查会计估计的业务。

【例题16-4 多选题】(2019年真题) 下列各项中,属于会计估计的有（　　）。

A. 固定资产预计使用寿命的确定

B. 无形资产预计残值的确定

C. 投资性房地产采用公允价值计量

D. 收入确认时合同履约进度的确定

【答案】 ABD

【名师点睛】 投资性房地产后续计量属于会计政策。会计估计,是指企业对其结果不确定的交易或事项以最近可利用的信息为基础所作的判断。

【例题16-5 多选题】(2017年真题) 下列各项中,属于企业会计估计的有（　　）。

A. 劳务合同履约进度的确定

B. 预计负债初始计量的最佳估计数的确定

C. 无形资产减值测试中可收回金额的确定

D. 投资性房地产公允价值的确定

【答案】 ABCD

（二）会计估计变更的概念及其原因

1. 会计估计变更的概念

会计估计变更,是指由于资产和负债的当前状况及预期经济利益和义务发生了变化,从而对资产或负债的账面价值或者资产的定期消耗金额进行调整。

固定资产折旧方法、预计使用年限和净残值的改变以及无形资产摊销方法、预计使用年限和净残值的改变均是对资产的定期消耗金额进行调整,因此属于会计估计变更。而存货发出计价方法的改变不是对资产定期消耗金额进行调整,属于会计政策变更。

2. 会计估计变更的原因

由于企业经营活动中内在的不确定因素,许多财务报表项目不能准确地计量,只能加以估计,估计过程涉及以最近可以得到的信息为基础所作的判断。但是,估计毕竟是就现有资料对未来所作的判断,随着时间的推移,如果赖以进行估计的基础发生变化,或者由于取得了新的信息、积累了更多的经验或后来的发展,就可能不得不对会计估计进行修正,但会计估计变更的依据应当真实、可靠。会计估计变更的情形包括如下几种。

（1）赖以进行估计的基础发生了变化。企业进行会计估计,总是依赖于一定的基础。

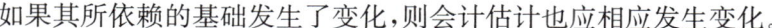

如果其所依赖的基础发生了变化,则会计估计也应相应发生变化。

(2)取得了新的信息、积累了更多的经验。企业进行会计估计是就现有资料对未来所作的判断,随着时间的推移,企业有可能取得新的信息、积累更多的经验,在这种情况下,企业可能不得不对会计估计进行修订,即发生会计估计变更。

常考的会计估计变更事项如下:

(1)固定资产或者无形资产折旧或者摊销方法、年限、净残值的变更。

(2)坏账准备提取比率的变更。

(3)存货可变现净值估计的变更。

提示 ▶ 常考的会计政策变更事项:①投资性房地产成本模式转为公允价值模式;②存货发出计价方法变更;③按照新会计准则对子公司长期股权投资的核算方法由权益法转为成本法。

·易错易混点·

由于增加或减少投资,长期股权投资的核算方法由权益法转为成本法,或者由成本法转为权益法,不属于会计政策变更。

考试方向

考查会计政策变更与会计估计变更的区别。

【例题 16-6 单选题】(2019 年真题) 下列各项中,属于会计政策变更的是(   )。

A. 长期股权投资的核算因增加投资份额由权益法改为成本法

B. 固定资产折旧方法由年限平均法改为年数总和法

C. 资产负债表日将奖励积分的预计兑换率由 95% 改为 90%

D. 与资产相关的政府补助由总额法改为净额法

【答案】 D

【名师点睛】 选项 A 为企业当期新事项;选项 BC 属于会计估计变更。

【例题 16-7 单选题】(2018 年真题) 属于企业会计估计变更的是(   )。

A. 无形资产摊销方法由年限平均法变为产量法

B. 发出存货的计量方法由移动加权平均法改为先进先出法

C. 投资性房地产的后续计量由成本模式变为公允价值模式

D. 政府补助的会计处理方法由总额法变为净额法

【答案】 A

【名师点睛】 选项 BCD 属于会计政策变更。

【例题 16-8 单选题】(2017 年真题) 下列各项中,属于企业会计政策变更的是(   )。

A. 固定资产的残值率由 7% 改为 4%

B. 投资性房地产后续计量由成本模式变为公允价值模式

C. 使用寿命确定的无形资产的预计使用年限由 10 年变更为 6 年

D. 劳务合同履约进度的确定由已经发生的成本占预计总成本的比例改为已完工作的测量

【答案】 B

【名师点睛】 投资性房地产后续计量由成本模式变为公允价值模式属于会计政策

第十六章

变更,选项 B 正确,其他各项均属于会计估计变更。

二、 会计估计变更的会计处理

企业对会计估计变更应当采用未来适用法处理。未来适用法的要求如下。

(1) 会计估计的变更仅影响变更当期的,其影响数应当在变更当期予以确认,如应收账款坏账计提比例的改变等。

(2) 会计估计的变更既影响变更当期又影响未来期间的,其影响数应当在变更当期和未来期间予以确认,如固定资产预计使用年限的改变等。

(3) 难以对某项变更区分为会计政策变更或会计估计变更的,应当将其作为会计估计变更处理。

案例 16-2

乙公司于 2014 年 12 月 31 日购入一项管理用设备,该设备原价为 2500 万元,预计使用寿命为 10 年,预计净残值为 10 万元,按年限平均法计提折旧。2019 年 12 月 31 日,由于新技术发展等原因,需要对原估计的使用寿命和净残值作出重新估计,预计该设备预计尚可使用年限为 4 年,预计净残值为 30 万元。不考虑相关税费的影响,乙公司对该项会计估计变更的会计处理如下。

(1) 不调整以前各期折旧,也不计算累积影响数。

(2) 变更日及以后改按新的估计计提折旧。

【分析】 按原估计,每年折旧额为 249 万元,已提折旧 5 年,共计 1245 万元,该项固定资产账面价值为 1255 万元,则第 5 年相关科目的期初余额为:"固定资产"金额为 2500 万元,"累计折旧"金额为 1245 万元,固定资产的账面价值为 1255 万元。

改变预计使用年限和净残值后,从 2020 年起,每年计提的折旧费用为 306.25 万元 [(1255−30)÷4]。2020 年不必对以前年度已提折旧进行追溯调整,只需按重新预计的尚可使用年限和净残值计算确定折旧费用,有关账务处理如下(单位:万元):

借:管理费用　　　　　　　　　　　　　　　　　　　　　　306.25
　　贷:累计折旧　　　　　　　　　　　　　　　　　　　　　　　306.25

考试方向

考查会计估计变更的会计处理方法。

【例题 16-9 单选题】(2011 年真题) 下列关于会计估计及其变更的表述中,正确的是( )。

A. 会计估计应以最近可利用的信息或资料为基础

B. 对结果不确定的交易或事项进行会计估计会削弱会计信息的可靠性

C. 会计估计变更应根据不同情况采用追溯重述或追溯调整法进行处理

D. 某项变更难以区分为会计政策变更和会计估计变更的,应作为会计政策变更处理

【答案】 A

【名师点睛】 会计估计应当以最近可利用的信息或资料为基础,选项 A 正确;会计估计变更不会削弱会计信息的可靠性,选项 B 错误;会计估计变更应采用未来适用法进行会计处理,选项 C 错误;难以区分为会计政策变更和会计估计变更的,应作为会计估计变更处理,选项 D 错误。

第十六章

【例题 16-10 多选题】(经典好题) 下列各项中,企业需要进行会计估计的有( )。

A. 建造合同履约进度的确定　　　B. 固定资产折旧方法的选择

C. 预计负债计量金额的确定　　　D. 应收账款未来现金流量的确定

【答案】 ABCD

【例题 16-11 多选题】(2016 年真题) 下列各项中,属于会计估计变更的事项有( )。

A. 固定资产折旧方法由年限平均法变更为年数总和法

B. 投资性房地产的后续计量由成本模式变更为公允模式

C. 无形资产预计使用寿命由不能确定变更为 10 年

D. 坏账准备的计提比例由 5% 变更为 10%

【答案】 ACD

【名师点睛】 选项 B 属于会计政策变更。

第三节　前期差错更正

 本节框架 ▶

一、 前期差错的概念

前期差错,是指由于没有运用或错误运用下列两种信息,而对前期财务报表造成省略或错报:

(1)编报前期财务报表时预期能够取得并加以考虑的可靠信息。

(2)前期财务报告批准报出时能够取得的可靠信息。

前期差错通常包括会计记录错误、应用会计政策错误、疏忽或曲解事实以及舞弊产生的影响以及存货、固定资产盘盈等。

提示 ▶ 根据会计估计的性质来说,随着更多信息的获得,会计估计可能需要进行修正,但是会计估计变更不属于前期差错更正。

二、 前期差错更正的会计处理 ★★

(一)前期差错更正的会计处理原则

企业应当采用追溯重述法更正重要的前期差错,但确定前期差错累积影响数不切实可行的除外。追溯重述法是指在发现前期差错时,视同该项前期差错从未发生过,从而对财务报表相关项目进行更正的方法。

重要的前期差错是指足以影响财务报表使用者对企业财务状况、经营成果和现金流量作出正确判断的前期差错。不重要的前期差错是指不足以影响财务报表使用者对企业财务状况、经营成果和现金流量做出正确判断的会计差错。

前期差错的重要性取决于在相关环境下对遗漏或错误表述的规模和性质的判断。前期差错所影响的财务报表项目的金额或性质,是判断该前期差错是否具有重要性的决定性因素。一般来说,前期差错所影响的财务报表项目的金额越大、性质越严重,其重要性程度越高。

提示 ▶对于不重要的前期差错,可以采用未来适用法更正。

▶对于重要的前期差错,采用追溯重述法更正。

(二) 前期差错更正的具体会计处理

1. 不重要的前期差错的会计处理

对于不重要的前期差错,企业不需调整财务报表相关项目的期初数,但应调整发现当期与前期相同的相关项目;属于影响损益的,应直接计入本期与上期相同的净损益项目;属于不影响损益的,应调整本期与前期相同的相关项目。

2. 重要的前期差错的会计处理

对于重要的前期差错,企业应当在其发现当期的财务报表中,调整前期比较数据。具体地说,企业应当在重要的前期差错发现当期的财务报表中,通过下述处理对其进行追溯更正。

(1) 追溯重述差错发生期间列报的前期比较金额。

(2) 如果前期差错发生在列报的最早前期之前,则追溯重述列报的最早前期的资产、负债和所有者权益相关项目的期初余额。

对于发生的重要的前期差错,如影响损益,则应将其对损益的影响数调整发现当期的期初留存收益,财务报表其他相关项目的期初数也应一并调整;如不影响损益,则应调整财务报表相关项目的期初数。

确定前期差错影响数不切实可行的,可以从可追溯重述的最早期间开始调整留存收益的期初余额,财务报表其他相关项目的期初余额也应当一并调整,也可以采用未来适用法。

案例 16-3

2020 年 12 月 31 日,甲公司发现 2018 年公司漏记一项管理用固定资产的折旧费用 100000 元,所得税申报表中也未扣除该项费用。假定 2018 年甲公司适用所得税税率为 25%,无其他纳税调整事项。该公司按净利的 10% 和 5% 提取法定盈余公积和任意盈余公积。(假定税法允许调整应交所得税)

【分析】 (1) 分析前期差错的影响数。

2018 年,少计折旧费用 100000 元,多计所得税费用 25000 元(100000×25%),多计净利润 75000 元,多计应交税费 25000 元(100000×25%),分别多提法定盈余公积和任意盈余公积 7500 元(75000×10%)和 3750 元(75000×5%)。

（2）编制有关项目的调整分录。

① 补提折旧：

借：以前年度损益调整——管理费用　　　　　　　　　　　　100000
　　贷：累计折旧　　　　　　　　　　　　　　　　　　　　　　100000

② 调整应交所得税：

借：应交税费——应交所得税　　　　　　　　　　　　　　　　25000
　　贷：以前年度损益调整——所得税费用　　　　　　　　　　　25000

③ 将"以前年度损益调整"科目余额转入"未分配利润"：

借：利润分配——未分配利润　　　　　　　　　　　　　　　　75000
　　贷：以前年度损益调整　　　　　　　　　　　　　　　　　　75000

④ 因净利润减少，调减盈余公积：

借：盈余公积——法定盈余公积　　　　　　　　　　　　　　　7500
　　　　　　　——任意盈余公积　　　　　　　　　　　　　　　3750
　　贷：利润分配——未分配利润　　　　　　　　　　　　　　　11250

（3）财务报表调整和重述。

甲公司在列报 2020 年度财务报表时，应调整 2020 年度财务报表的相关项目年初余额，利润表有关项目及所有者权益变动表的上年金额也应进行调整。

① 资产负债表项目的调整：

调减固定资产 100000 元；调减应交税费 25000 元；调减盈余公积 11250 元；调减未分配利润 63750 元。

② 利润表项目的调整：

调增管理费用 100000 元；调减所得税费用 25000 元；调减净利润 75000 元。

③ 财务报表附注说明：

本年度发现 2018 年漏记固定资产折旧 100000 元，在编制 2020 年比较财务报表时，已对该项差错进行了更正；更正后，调减 2018 年净利润 75000 元，调增累计折旧 100000 元。

·易错易混点·

① 本年发现本年的会计差错，直接调整本年相关项目的内容，常用的方法有红字冲销法、补充登记法、划线更正法。

② 本年发现上年的会计重大会计差错，采用追溯重述法。

③ 财务报告批准报出前发现报告年度的会计差错，适用资产负债表日后调整事项的规定，应当按照资产负债表日后事项的处理原则处理。

考试方向 考查前期差错更正的具体会计处理。

【例题 16-12 单选题】（2016 年真题）　2015 年 12 月 31 日，甲公司发现应自 2014 年 10 月开始计提折旧的一项固定资产从 2015 年 1 月才开始计提折旧，导致 2014 年管理费用少计 200 万元，被认定为重大差错，税务部门允许调整 2015 年度的应交所得税。甲公司使用的企业所得税税率为 25%,无其他纳税调整事项,甲公司利润表中的 2014 年度利润为 500 万元,并按 10% 提取了法定盈余公积。不考虑其他因素,甲公司更正该差错时应将 2015 年 12 月 31 日资产负债表未分配利润项目年初余额调减( )万元。

A. 15   B. 50   C. 135   D. 150

【答案】 C

【名师点睛】 甲公司更正该差错时,应将 2015 年 12 月 31 日资产负债表未分配利润项目年初余额调减 $=200\times(1-25\%)\times(1-10\%)=135$(万元)。相关会计分录为:

借:以前年度损益调整——管理费用   200
　贷:累计折旧   200

借:应交税费——应交所得税   (200×25%)50
　贷:以前年度损益调整——所得税费用   50

借:盈余公积   15
　利润分配——未分配利润   135
　贷:以前年度损益调整   (200-50)150

【例题 16-13 多选题】(2020 年真题) 2019 年 12 月 31 日,甲公司发现 2017 年 12 月收到投资者投入的一项行政管理用固定资产尚未入账,投资合同约定该固定资产价值为 1000 万元(与公允价值相同),预计使用年限为 5 年,预计净残值为 0,采用年限平均法计提折旧。甲公司将漏记该固定资产事项认定为重要的前期差错。不考虑其他因素,下列关于该项会计差错更正的会计处理表述中,正确的有( )。

A. 增加 2019 年度管理费用 200 万元

B. 增加固定资产原价 1000 万元

C. 增加累计折旧 400 万元

D. 减少 2019 年年初留存收益 200 万元

【答案】 ABCD

【名师点睛】 该项重要的前期差错的账务处理如下(单位:万元):

借:固定资产   1000
　贷:实收资本等   1000

借:以前年度损益调整管理费用   (1000÷5)200
　贷:累计折旧   200

借:管理费用   200
　贷:累计折旧   200

借:盈余公积   20(假定按照 10% 计提盈余公积)
　利润分配——未分配利润   180
　贷:以前年度损益调整   200

综上,选项 ABCD 均正确。

第十六章

同步练习

一、单项选择题

1. 下列各项中,属于会计估计变更的是( )。
   A. 资产负债表日交易性金融资产按公允价值计量且其变动计入当期损益
   B. 因执行新会计准则,内部研发无形资产开发阶段发生的符合资本化条件的研发支出,由计入当期损益改为予以资本化
   C. 固定资产净残值率由5%改为4%
   D. 因执行新会计准则,短期投资改为交易性金融资产

2. 下列项目中,属于会计估计项目的是( )。
   A. 将履约进度的确定方法由投入法改为产出法
   B. 固定资产的使用年限和折旧方法
   C. 内部研发项目开发阶段的支出资本化还是费用化
   D. 长期股权投资采用成本法核算还是权益法核算

3. 采用追溯调整法计算出会计政策变更的累积影响数后,一般应当( )。
   A. 重新编制以前年度会计报表
   B. 调整变更当期期初留存收益,以及会计报表其他相关项目的期初数和上年数
   C. 调整变更当期期末及未来各期会计报表相关项目的数字
   D. 只需在报表附注中说明其累积影响金额

4. 甲公司对所得税采用资产负债表债务法核算,适用的所得税税率为25%,2018年10月以600万元购入W上市公司的股票,作为短期投资,期末按成本法计价。甲公司从2019年1月1日起,执行新企业准则,并按照新企业准则的规定将该项股权投资划分为交易性金融资产,期末按照公允价值计量,2018年年末,该股票公允价值为450万元,则该会计政策变更对甲公司2019年的期初留存收益的影响金额为( )万元。
   A. -112.5   B. -150
   C. -145   D. -108.75

5. 会计政策变更的累积影响数是指( )。

6. 会计政策是指( )。
   A. 企业在会计计量中所采用的原则、基础和会计处理方法
   B. 企业在会计确认中所采用的原则、基础和会计处理方法
   C. 企业在会计确认、计量和报告中所采用的原则、基础和会计处理方法
   D. 企业在会计报告中所采用的原则、基础和会计处理方法

7. 甲公司于2018年1月15日取得一项无形资产,2019年6月7日,甲公司发现2018年对该项无形资产仅摊销了11个月。甲公司2018年度的财务会计报告已于2019年4月12日批准报出。假定该事项涉及的金额较大,不考虑其他因素,则甲公司正确的做法是( )。
   A. 按照会计政策变更处理,调整2018年12月31日资产负债表的年初数和2018年度利润表、所有者权益变动表的上年数
   B. 按照重要会计差错处理,调整2019年12月31日资产负债表的期末数和2019年度利润表、所有者权益变动表的本期数
   C. 按照重要会计前期差错处理,调整2019年12月31日资产负债表的年初数和2019年度利润表、所有者权益变动表的上年数
   D. 按会计估计变更处理,不需追溯重述

8. 某上市公司发生的下列交易或事项中,属于会计政策变更的是( )。
   A. 因固定资产改良将其折旧年限由8年延长至10年
   B. 期末对按业务发生时汇率折算的外币长期借款余额按期末市场汇率进行调整

A. 会计政策变更对当期税后净利润的影响数
B. 会计政策变更对当期投资收益、累计折旧等相关项目的影响数
C. 会计政策变更对以前各期追溯计算的列报前期最早期初留存收益应有金额与现有金额之间的差额
D. 会计政策变更对以前各期追溯计算后各有关项目的调整数

C. 年末根据当期发生的暂时性差异所产生的递延所得税负债调整本期所得税费用

D. 发出存货的计价方法由先进先出法改为加权平均法

9. 下列各项中,属于企业会计政策变更的是( )。

A. 将固定资产的折旧方法由年数总和法变更为年限平均法

B. 将无形资产的摊销方法由直线法变更为产量法

C. 将产品保修费用的计提比例由销售收入的1.5%变更为1%

D. 将政府补助的会计处理方法由净额法变更为总额法

二、多项选择题

1. 下列有关会计估计变更的表述中,正确的有( )。

A. 会计估计变更,不改变以前期间的会计估计,也不调整以前期间的报告结果

B. 企业难以对某项变更区分为会计政策变更或会计估计变更的,应当将其作为会计估计变更处理

C. 企业难以对某项变更区分为会计政策变更或会计估计变更的,应当将其作为会计政策变更处理

D. 对于会计估计变更,企业应采用未来适用法进行会计处理

2. 下列用以更正能够确定累积影响数的重要前期差错的方法中,不正确的有( )。

A. 追溯重述法　　　B. 追溯调整法

C. 红字更正法　　　D. 未来适用法

3. 下列交易或事项中,属于会计政策变更的有( )。

A. 存货期末计价由按成本计价改为按成本与可变现净值孰低计价

B. 投资性房地产由成本模式计量改为公允价值模式计量

C. 固定资产由按直线法计提折旧改为按年数总和法计提折旧

D. 坏账准备的计提比例由应收账款余额的5%改为10%

4. 甲公司于 2014 年 12 月 31 日购入一台管理用设备,原价为 200 万元,原预计使用年限为 10 年,预计净残值为 8 万元,按双倍余额递减法计提折旧,与税法规定相同。由于固定资产所

含经济利益预期消耗方式的改变和技术因素的原因,已不能继续按原定的折旧方法、折旧年限计提折旧。甲公司于 2017 年 1 月 1 日将设备的折旧方法改为年限平均法,将设备的折旧年限由原来的 10 年改为 8 年,预计净残值仍为 8 万元。甲公司所得税采用资产负债表债务法核算,适用的所得税税率为 25%。下列关于甲公司的会计处理说法中,正确的有( )。

A. 该设备 2016 年计提折旧额为 32 万元

B. 该设备 2015 年计提折旧额为 40 万元

C. 该设备 2017 年计提折旧额为 20 万元

D. 该会计估计使 2017 年净利润增加 4.2 万元

5. 关于会计政策变更的追溯调整法和未来适用法,下列表述中,正确的有( )。

A. 追溯调整法,是指对某项交易或事项变更会计政策,视同该项交易或事项初次发生时即采用变更后的会计政策,并以此对财务报表相关项目进行调整的方法

B. 未来适用法,是指将变更后的会计政策应用于变更日及以后发生的交易或者事项,或者在会计估计变更当期和未来期间确认会计估计变更影响数的方法

C. 追溯调整法,应对前期已对外报出的财务报表进行调整

D. 未来适用法一定不会影响变更当期期初的留存收益

6. 下列事项中,属于前期差错的有( )。

A. 前期舞弊产生的影响

B. 前期应用会计政策错误

C. 前期疏忽或曲解事实

D. 因本期利润较低,将计提的固定资产减值准备进行转回

7. 下列各项中,应采用未来适用法处理的有( )。

A. 企业因账簿超过法定保存期限而销毁,引起会计政策变更累积影响数只能确定账簿保存期限内的部分

B. 企业账簿因不可抗力因素而毁坏,引起累积影响数无法确定

C. 会计政策变更累积影响数能够确定,但法律或行政法规要求对会计政策的变更采用未来适用法

D. 会计估计变更

8. 企业发生的下列情形中,一般属于前期会计差

错的有（　　）。

A. 固定资产盘亏

B. 以前期间会计舞弊

C. 以前期间漏提折旧

D. 固定资产盘盈

三、判断题

1. 如果会计政策变更的累积影响数能够合理确定，无论属于什么情况，均采用追溯调整法进行会计处理。（　　）

2. 企业的会计政策变更均应根据累积影响数调整报表期初数。（　　）

3. 为使企业在不同会计期间提供的会计信息具有可比性，企业在任何情况下均不允许变更会计政策。（　　）

4. 会计估计以最近可利用的信息或资料为基础，不会削弱会计确认和计量的可靠性。（　　）

5. 会计估计变更仅影响变更当期的，其影响数应当在变更当期予以确认；既影响变更当期又影响未来期间的，其影响数应当在变更当期和未来期间予以确认。（　　）

6. 确定会计政策变更对列报前期影响数不切实可行的，应当采用未来适用法处理。（　　）

7. 投资性房地产由公允价值模式变更为成本模式，属于会计政策变更。（　　）

8. 固定资产达到预定可使用状态后发生的借款利息计入固定资产成本，属于会计差错。（　　）

四、计算分析题

甲公司 2015 年、2016 年分别以 4500000 元和 1100000 元的价格从股票市场购入 A、B 两只以交易为目的的股票（假设不考虑购入股票发生的交易费用），市价一直高于购入成本。公司采用成本与市价孰低法对购入股票进行计量。公司从 2017 年起，对其以交易为目的购入的股票由成本与市价孰低改为公允价值计量，公司保存的会计资料比较齐备，可以通过会计资料追溯计算。假设所得税税率为 25%，公司按净利润的 10% 提取法定盈余公积，按净利润的 5% 提取任意盈余公积。两种方法计量的交易性金融资产账面价值如下表所示：

两种方法计量的交易性金融资产账面价值

单位:元

项目	成本与市价孰低	2015 年年末公允价值	2016 年年末公允价值
A 股票	4500000	5100000	5100000
B 股票	1100000	—	1300000

（1）计算 2017 年上述会计政策变更的累积影响数。

（2）编制该公司 2015 年和 2016 年会计政策变更的相关会计分录。

（3）对 2017 年上述会计政策变更报表项目的调整作出说明。

参考答案及解析

一、单项选择题

1.【答案】 C

【解析】 选项 A 属于正常核算；选项 BD 属于新的交易或事项。

2.【答案】 B

【解析】 选项 ACD 属于会计政策。常见的会计估计包括存货可变现净值的确定；固定资产的预计使用寿命与净残值；固定资产的折旧方法；使用寿命有限的无形资产的预计使用寿命与净残值；预计负债初始计量的最佳估计数的确定等。上述变更均属于会计估计变更。

3.【答案】 B

【解析】 会计政策变更：①调整变更当年资产负债表相关项目的年初数；②调整变更当年利润表上年数。

4.【答案】 A

【解析】 会计政策变更对 2019 年的期初留存收益影响额 $=(450-600)\times(1-25\%)=-112.5$（万元）

5.【答案】 C

6.【答案】 C

7.【答案】 C

【解析】 该事项属于本期发现前期重大会计差错，应予以追溯重述，如影响损益，应将其对损益的影响调整发现当期的期初留存收益,会计报表其他相关项目的期初数也应一并调整。

8.【答案】 D

【解析】 选项 A,改良后相当于是一项新的固定资产,属于新的业务事项,与会计政策变更和会计估计变更无关;选项 BC 属于正常的业务核算。

9.【答案】 D

【解析】 选项 ABC 均属于会计估计变更。

二、多项选择题

1.【答案】 ABD

【解析】 企业难以对某项变更区分为会计政策变更或会计估计变更的,应当将其作为会计估计变更处理。对于会计估计变更,企业应采用未来适用法进行会计处理,不调整以前期间的报告结果。

2.【答案】 BCD

【解析】 进行前期重要会计差错更正的方法是追溯重述法,故选项 BCD 都不正确。

3.【答案】 AB

【解析】 会计政策变更是指企业对相同的交易或事项由原来采用的会计政策改为另一会计政策的行为。选项 CD 为会计估计变更。

4.【答案】 ABCD

【解析】 该管理设备预计使用年限为 10 年,按双倍余额递减法计提折旧,所以年折旧率=2÷10×100%=20%,设备 2015 年计提的折旧额=200×20%=40(万元),选项 B 正确;设备 2016 年计提的折旧额=(200−40)×20%=32(万元),选项 A 正确;2017 年 1 月 1 日,设备的账面净值=200−40−32=128(万元),设备 2017 年计提的折旧额=(128−8)÷(8−2)=20(万元),选项 C 正确;按原会计估计,设备 2017 年计提的折旧额=(200−40−32)×20%=25.6(万元),上述会计估计变更使 2017 年净利润增加=(25.6−20)×(1−25%)=4.2(万元),选项 D 正确。

5.【答案】 ABD

【解析】 企业不能调整已经报出的财务报表,选项 C 错误。

6.【答案】 ABC

【解析】 按照会计准则的规定,前期差错通常包括计算错误、应用会计政策错误、疏忽或曲解事实以及舞弊产生的影响等,选项 ABC 正确;选项 D 属于当期会计差错。

7.【答案】 BCD

【解析】 选项 A,保存期限内的影响数可以获得,应采用追溯调整法。

8.【答案】 BCD

【解析】 固定资产盘亏,不属于会计差错,应该通过"待处理财产损溢"科目进行处理。

三、判断题

1.【答案】 ×

【解析】 如果是国家法律法规要求进行会计政策变更并相应规定了处理办法,应按照规定的办法进行处理,不一定采用追溯调整法。

2.【答案】 ×

【解析】 如果累积影响数不能可靠确定的话,应该采用未来适用法,不需要调整报表的期初数。

3.【答案】 ×

【解析】 企业不能随意变更会计政策,并不意味着企业的会计政策在任何情况下均不能变更。

4.【答案】 √

5.【答案】 √

6.【答案】 ×

【解析】 确定会计政策变更对列报前期影响数不切实可行的,应当从可追溯调整的最早期间期初开始应用变更后的会计政策。在当期期初确定会计政策变更对以前各期累积影响数不切实可行的,应当采用未来适用法处理。

7.【答案】 ×

【解析】 投资性房地产不能由公允价值模式转换为成本模式,其属于会计差错。

8.【答案】 √

四、计算分析题

【答案】(1)

改变交易性金融资产计量方法后的累积影响数

单位:元

时间	公允价值	成本与市价孰低	税前差异	所得税影响	税后差异
2015 年年末	5100000	4500000	600000	150000	450000
2016 年年末	1300000	1100000	200000	50000	150000
合计	6400000	5600000	800000	200000	600000

上述会计政策变更的累积影响数为 600000 元。

（2）对 2015 年有关事项的调整分录：

① 调整交易性金融资产：

借：交易性金融资产——公允价值变动
　　　　　　　　　　　　600000

　　贷：利润分配——未分配利润　450000

　　　　递延所得税负债　　　　　　150000

② 调整利润分配：

借：利润分配——未分配利润
　　　　　　（450000×15％）67500

　　贷：盈余公积　　　　　　　　67500

对 2016 年有关事项的调整分录：

① 调整交易性金融资产：

借：交易性金融资产——公允价值变动
　　　　　　　　　　　　200000

　　贷：利润分配——未分配利润　150000

　　　　递延所得税负债　　　　　　50000

② 调整利润分配：

借：利润分配——未分配利润
　　　　　　（150000×15％）22500

　　贷：盈余公积　　　　　　　　22500

（3）甲公司在列报 2017 年财务报表时，应调整 2017 年资产负债表有关项目的年初余额、利润表有关项目的上年金额及所有者权益变动表有关项目的上年金额和本年金额也应进行调整。

① 资产负债表项目的调整：

调增交易性金融资产年初余额 800000 元；调增递延所得税负债年初余额 200000 元；调增盈余公积年初余额 90000 元；调增未分配利润年初余额 510000 元。

② 利润表项目的调整：

调增公允价值变动收益上年金额 200000 元；调增所得税费用上年金额 50000 元；调增净利润上年金额 150000 元。

③ 所有者权益变动表项目的调整：

调增会计政策变更项目中盈余公积上年金额 67500 元，未分配利润上年金额 382500 元，所有者权益合计上年金额 450000 元。

调增会计政策变更项目中盈余公积本年金额 22500 元，未分配利润本年金额 127500 元，所有者权益合计本年金额 150000 元。

第十六章

第十七章
资产负债表日后事项

　　本章针对资产负债表日后事项的判定、调整事项的会计处理作了表述。近三年考试题型为客观题和综合题,分数每年为 8 分左右。

考试变化

　　本章无实质性变化。

本章结构

第一节　资产负债表日后事项概述

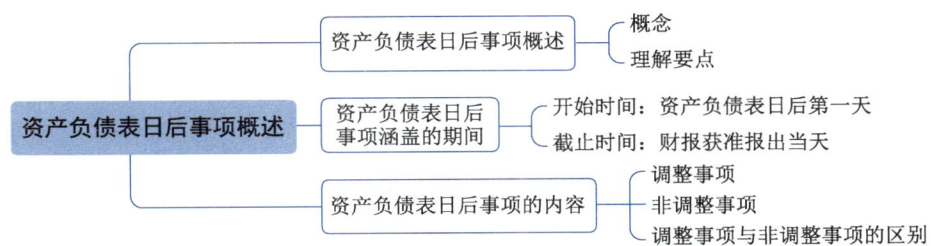

一、资产负债表日后事项概述

（一）概念

资产负债表日后事项,是指资产负债表日至财务报告批准报出日之间发生的有利或不利事项。

（二）理解要点

（1）资产负债表日,是指会计年度末和会计中期期末。我们国家会计年度采用公历制度,所以在我们国家,资产负债表日一般指的是公历自然月的月末。

（2）财务报告批准报出日,是指公司董事会或者类似机构批准财务报告对外报出的日期。

（3）资产负债表日后事项,是在这个特定时期内(资产负债表日至财务报告批准报出日之间)发生的有利或不利事项,并非全部事项。有利或不利事项是指资产负债表日后事项肯定对企业财务状况和经营成果具有一定影响(既包括有利影响也包括不利影响)的事项。如果某些事项的发生对企业并无任何影响,那么,那些事项既不是有利事项也不是不利事项,也就不属于资产负债表日后事项。

二、资产负债表日后事项涵盖的期间

资产负债表日后事项涵盖的期间是资产负债表日次日起至财务报告批准报出日止这一段时间。

> **案例 17-1**
>
> 甲上市公司 2019 年的年度财务报告于 2020 年 3 月 1 日编制完成,注册会计师完成年度财务报表审计工作并签署审计报告的日期为 2020 年 4 月 1 日,董事会批准财务报告对外公布的日期为 2020 年 4 月 17 日,财务报告实际对外公布的日期为 2020 年 4 月 22 日,股东大会召开日期为 2020 年 5 月 12 日。
>
> 根据资产负债表日后事项涵盖期间的规定,甲上市公司 2019 年度财务报告资产负债表日后事项涵盖的期间为 2020 年 1 月 1 日至 4 月 17 日(财务报告批准报出日)。

三、 资产负债表日后事项的内容 ★★★

资产负债表日后事项包括资产负债表日后调整事项和资产负债表日后非调整事项。

（一）调整事项

资产负债表日后调整事项，是指对资产负债表日已经存在的情况提供了新的或进一步证据的事项。常见的日后调整事项包括：

（1）资产负债表日后诉讼案件结案，法院判决证实了企业在资产负债表日已经存在现时义务，需要调整原先确认的与该诉讼案件相关的预计负债，或确认一项新负债。

（2）资产负债表日后取得确凿证据，表明某项资产在资产负债表日发生了减值或者需要调整该项资产原先确认的减值金额。

（3）资产负债表日后进一步确定了资产负债表日前购入资产的成本或售出资产的收入。

（4）资产负债表日后发现了财务报表舞弊或差错。

考查资产负债表日后调整事项的识别与判定。

> **案例 17-2**
>
> 甲公司于 2019 年年末，对其存货计提了 100 万元存货跌价准备，2019 年的财务报表在 2020 年 4 月 20 日获准报出，于 4 月 25 日正式对外报出，2020 年 4 月 10 日，甲公司发现其 2019 年计提的存货跌价准备 100 万元计算错误，应当计提 60 万元的存货跌价准备。
>
> **【分析】** 本例中，甲公司在 2019 年 12 月 31 日对存货计提 100 万元的存货跌价准备，但是在财务报告获准报出前，发现计提准备的金额计算错误，满足调整事项的条件，该事项在资产负债表日已经存在，且在报表报出前提供了新的或进一步的证据的事项，属于资产负债表日后调整事项。

（二）非调整事项

资产负债表日后非调整事项，是指表明资产负债表日后发生的情况的事项。常见的资产负债表日后非调整事项包括：

（1）资产负债表日后发生重大诉讼、仲裁、承诺。

（2）资产负债表日后资产价格、税收政策、外汇汇率发生重大变化。

（3）资产负债表日后因自然灾害导致资产发生重大损失。

（4）资产负债表日后发行股票和债券以及其他巨额举债。

（5）资产负债表日后资本公积转增资本。

（6）资产负债表日后发生巨额亏损。

（7）资产负债表日后发生企业合并或处置子公司。

（8）资产负债表日后，企业利润分配方案中拟分配的以及经审议批准宣告发放的股利或利润。

（三）调整事项与非调整事项的区别

某一事项是调整事项还是非调整事项，取决于该事项表明的情况在资产负债表日或者以前是否已经存在或者发生。如果在资产负债表日或者之前已经存在或者发生，则属于调整事项；反之，则属于非调整事项。

第十七章

案例 17-3

甲公司 2019 年度的财务报告于 2020 年 3 月 25 日经董事会批准对外公布,2020 年 2 月 25 日,由于甲公司违约,被其客户起诉,甲公司估计很可能要败诉,因此在当期的报表中计提了 500 万元的预计负债。

【分析】 本例中,该诉讼案件发生的时间为 2020 年 2 月 25 日,在 2019 年财务报告的资产负债表日(2019 年 12 月 31 日)之前不存在,不属于 2019 年财务报告的报告事项,属于资产负债表日后非调整事项,但是由于该事项金额较大,需要在 2019 年财务报告附注中予以披露。

【例题 17-1 多选题】(2019 年真题) 下列各项企业资产负债表日后事项中,属于非调整事项的有( )。

A. 发现报告年度的财务报表重要差错　　　B. 将资本公积转增资本

C. 因火灾导致厂房毁损　　　D. 发行债券

【答案】 BCD

【名师点睛】 选项 A 属于资产负债表日后调整事项。

【例题 17-2 单选题】(2018 年真题) 甲公司 2017 年财务报告批准报出日是 2018 年 4 月 25 日,甲公司发生的下列事项中,属于资产负债表日后调整事项的是( )。

A. 2018 年 4 月 12 日,发现上一年少计提存货跌价准备

B. 2018 年 3 月 1 日,定向增发股票

C. 2018 年 3 月 7 日,发生重大灾害导致一条生产线报废

D. 2018 年 4 月 28 日,因一项非专利技术纠纷,引起诉讼

【答案】 A

【名师点睛】 选项 BC 属于资产负债表日后非调整事项;选项 D 属于本期新发生的事项。

【例题 17-3 单选题】(2018 年真题) 甲公司 2017 年财务报告批准报出日为 2018 年 3 月 20 日,属于资产负债表日后调整事项的是( )。

A. 2018 年 3 月 9 日,公布资本公积转增资本

B. 2018 年 2 月 10 日,外汇汇率发生重大变化

C. 2018 年 1 月 5 日,地震造成重大财产损失

D. 2018 年 2 月 20 日,发现上年度重大会计差错

【答案】 D

【名师点睛】 选项 ABC 属于资产负债表日后非调整事项。

【例题 17-4 单选题】(2017 年真题) 甲公司 2016 年度财务报告批准报出日为 2017 年 4 月 1 日,属于资产负债表日后调整事项的是( )。

A. 2017 年 3 月 11 日,甲公司上月销售产品因质量问题被客户退回

B. 2017 年 3 月 5 日,甲公司用 3000 万元盈余公积转增资本

C. 2017 年 2 月 8 日,甲公司发生火灾造成重大损失 600 万元

D. 2017 年 3 月 20 日,注册会计师发现甲公司 2016 年度存在重大会计舞弊

【答案】 D

【名师点睛】 选项 ABC 不属于资产负债表日前已经存在的情况所发生的事项,因此不属于日后调整事项。

【例题 17-5 多选题】(2016 年真题) 在资产负债日后至财务报告批准报出日前发生的下列事项中,属于资产负债表日后调整事项的有( )。

A. 企业报告年度销售给某主要客户的一批产品因存在质量缺陷被退回

B. 因汇率发生重大变化导致企业持有的外币货币资金出现重大汇兑损失

C. 报告年度未决诉讼经人民法院判决败诉,企业需要赔偿的金额大幅超过已确认的预计负债

D. 企业获悉主要客户在报告年度发生重大火灾,需要大额补提报告年度应收该客户账款的坏账准备

【答案】 ACD

【名师点睛】 选项 B,因汇率发生重大变化导致企业持有的外币资金出现重大汇兑损失属于资产负债表日后非调整事项。

【例题 17-6 单选题】(2020 年真题) 下列各项资产负债表日后事项中,属于非调整事项的是( )。

A. 发现报告年度高估了固定资产的弃置费用

B. 以资本公积转增资本

C 发现报告年度虚增收入

D. 发现报告年度低估了应收账款的信用减值损失

【答案】 B

【名师点睛】 选项 ACD 均属于在资产负债表日后期间发现的差错,属于调整事项;选项 B 属于非调整事项。

【例题 17-7 单选题】(2020 年真题) 企业下列各项资产负债表日后发生的事项中,属于调整事项的是( )。

A. 发现报告年度重要会计差错　　　　B. 处置子公司

C. 发生重大诉讼　　　　D. 董事会通过利润分配方案

【答案】 A

【名师点睛】 选项 BCD 属于资产负债表日后非调整事项。

第二节　资产负债表日后调整事项

资产负债表日后调整事项

资产负债表日后调整事项的处理原则
- 涉及损益的事项,通过"以前年度损益调整"科目核算
- 涉及利润分配的事项,直接在"利润分配——未分配利润"科目核算
- 不涉及损益和利润分配的事项,调整相关的科目
- 同时调整财务报表相关项目的数字

资产负债表日后调整事项的具体会计处理方法
- 资产负债表日后诉讼案件结案
- 有确凿证据表明某项资产在资产负债表日发生了减值或者需要调整原先的减值金额
- 进一步确认资产负债表日前购入资产的成本或者售出资产的收入
- 资产负债表日后发现了财务报表舞弊或差错

一、 资产负债表日后调整事项的处理原则

资产负债表日后发生的调整事项,应当如同资产负债表所属期间发生的事项一样,作出相关账务处理,并对资产负债表日已经编制的财务报表进行调整。这里的财务报表包括资产负债表、利润表及所有者权益变动表等内容,但不包括现金流量表正表。

由于资产负债表日后事项发生在次年,上年度的有关账目已经结转,特别是损益类科目在结账后已无余额。因此,资产负债表日后发生的调整事项,应当分别按以下情况进行处理。

(1)涉及损益的事项,通过"以前年度损益调整"科目核算。调整完成后,应将"以前年度损益调整"科目的贷方或借方余额,转入"利润分配——未分配利润"科目。

(2)涉及利润分配调整的事项,直接在"利润分配——未分配利润"科目核算。

(3)不涉及损益以及利润分配的事项,调整相关科目。

(4)通过上述账务处理后,还应同时调整财务报表相关项目的数字,包括:

① 资产负债表日编制的财务报表相关项目的期末数或本年发生数。

② 当期编制的财务报表相关项目的期初数或上年数。

③ 经过上述调整后,如果涉及报表附注内容的,还应当调整报表附注相关内容。

二、 资产负债表日后调整事项的具体会计处理方法 ★ ★ ★

1. 资产负债表日后诉讼案件结案,法院判决证实了企业在资产负债表日已经存在现时义务,需要调整原先确认的与该诉讼案件相关的预计负债,或确认一项新负债

案例 17-4

2019 年 12 月 10 日,甲公司由于违约被对方起诉至法院,截至 12 月 31 日,法院尚未作出判决,咨询相关法律专家,专家一致认为最终的判决很可能对甲公司不利,甲公司根据法律专家的建议确认预计负债 300 万元,2020 年,在甲公司财务报表批准报出前,法院作出终审判决,甲公司需要赔付对方 400 万元。假设甲企业适用的所得税税率为 25%,按照净利润的 10% 提取盈余公积,预计未来期间适用的企业所得税税率不变且企业能够产生足够的应纳税所得额用以抵减可抵扣暂时性差异。

【分析】 (1) 2019 年 12 月 31 日账务处理如下(单位:万元)。

借:营业外支出 300
　　贷:预计负债 300
借:递延所得税资产 (300×25%)75
　　贷:所得税费用 (300×25%)75

(2)资产负债表日后事项相应的调整分录如下(单位:万元)。

借:预计负债 300
　　以前年度损益调整——营业外支出 100
　　贷:其他应付款 400
借:以前年度损益调整——所得税费用 75
　　贷:递延所得税资产 75

借：应交税费——应交所得税　　　　　　　　　　　　　　　　　　（400×25%）100
　　贷：以前年度损益调整——所得税费用　　　　　　　　　　　　（400×25%）100

（3）"以前年度损益调整"科目余额转入"利润分配——未分配利润"。

"以前年度损益调整"的金额借方余额＝100＋75－100＝75（万元），具体会计分录为（单位：万元）：

借：利润分配——未分配利润　　　　　　　　　　　　　　　　　　　　75
　　贷：以前年度损益调整　　　　　　　　　　　　　　　　　　　　　　75

（4）因净利润变动，调整盈余公积，具体会计分录如下（单位：万元）。

借：盈余公积　　　　　　　　　　　　　　　　　　　　　　　　　　　7.5
　　贷：利润分配——未分配利润　　　　　　　　　　　　　　　　（75×10%）7.5

（5）调整报告年度财务报表。

① 资产负债表：调减预计负债300万元，调减递延所得税资产75万元，调增其他应付款400万元，调减应交税费100万元，调减盈余公积7.5万元，调减未分配利润67.5万元。

② 利润表：调增营业外支出100万元，调减所得税费用25万元，调减净利润75万元。

案例 17-5 沿用 **案例 17-4**

假设2020年法院终审判决为200万元。

【分析】　（1）2019年的账务处理同上。

（2）资产负债表日后事项相应的调整分录如下（单位：万元）：

借：预计负债　　　　　　　　　　　　　　　　　　　　　　　　　　300
　　贷：其他应付款　　　　　　　　　　　　　　　　　　　　　　　　200
　　　　以前年度损益调整——营业外支出　　　　　　　　　　　　　　100

借：以前年度损益调整　　　　　　　　　　　　　　　　　　　　　　75
　　贷：递延所得税资产　　　　　　　　　　　　　　　　　　　　　　75

借：应交税费——应交所得税　　　　　　　　　　　　　　　　　　　　50
　　贷：以前年度损益调整——所得税费用　　　　　　　　　　　（200×25%）50

（3）"以前年度损益调整"科目余额转入"利润分配——未分配利润"。

"以前年度损益调整"的金额贷方余额＝100－75＋50＝75（万元），具体账务处理如下（单位：万元）：

借：以前年度损益调整　　　　　　　　　　　　　　　　　　　　　　75
　　贷：利润分配——未分配利润　　　　　　　　　　　　　　　　　　75

（4）因净利润变动，调整盈余公积，具体账务处理如下（单位：万元）：

借：利润分配——未分配利润　　　　　　　　　　　　　　　　　（75×10%）7.5
　　贷：盈余公积　　　　　　　　　　　　　　　　　　　　　　　　　7.5

案例 17-6 沿用 **案例 17-4**

假设 2020 年法院判决为 300 万元。

【分析】 （1）2019 年的账务处理同上。

（2）资产负债表日后事项相应的调整分录如下（单位：万元）：

借：预计负债		300
贷：其他应付款		300
借：以前年度损益调整——所得税费用		75
贷：递延所得税资产		75
借：应交税费——应交所得税	（300×25%）75	
贷：以前年度损益调整——所得税费用		75

【例题 17-8 单选题】（2015 年真题）　企业对资产负债表日后调整事项进行会计处理时，下列报告年度财务报表项目中，不应调整的是（　　）。

A. 损益类项目　　　　　　　　　　B. 应收账款项目

C. 货币资金项目　　　　　　　　　D. 所有者权益类项目

考试方向

考查与未结诉讼案有关资产负债日后事项的会计处理。

【答案】　C

【名师点睛】　日后调整事项中涉及的货币资金，是本年度的现金流量，不影响报告年度的现金项目，所以不能调整报告年度资产负债表的货币资金项目，故选项 C 错误。

2. 资产负债表日后取得确凿证据，表明某项资产在资产负债表日发生了减值或者需要调整该项资产原先确认的减值金额

案例 17-7

甲公司 2019 年的年报于 2020 年 4 月 25 日批准报出。甲公司按净利润的 10% 提取法定盈余公积。甲公司采用资产负债表债务法进行所得税核算，所得税税率为 25%。甲公司于 2019 年 10 月 1 日销售给乙公司的一批商品形成应收账款 100 万元，款项一直未收。甲公司于 2019 年年末针对此应收账款提取了 10% 的坏账准备。由于乙公司长期经营不善，于 2020 年 2 月 5 日破产，预计甲公司的应收账款只能收回 70%。根据上述资料，甲公司对该事项的会计处理如下（单位：万元）。

（1）2019 年甲公司的账务处理如下：

借：应收账款		100
贷：主营业务收入		100
借：信用减值损失		10
贷：坏账准备	（100×10%）10	
借：递延所得税资产	（10×25%）2.5	
贷：所得税费用		2.5

（2）2019 年年底应计提的坏账准备金额＝100×（1－70%）＝30（万元），应补提坏账准备＝30－10＝20（万元）。资产负债表日后事项相应的调整分录如下（单位：万元）：

借：以前年度损益调整——信用减值损失		20
贷：坏账准备		20

借：递延所得税资产   5

  贷：以前年度损益调整——所得税费用   5

（3）"以前年度损益调整"科目余额转入"利润分配——未分配利润"。

"以前年度损益调整"的金额借方余额＝20－5＝15（万元），具体账务处理如下：

借：利润分配——未分配利润   15

  贷：以前年度损益调整——本年利润   15

（4）因净利润变动，调整盈余公积：

借：盈余公积   （15×10％）1.5

  贷：利润分配——未分配利润   1.5

（5）调整报告年度财务报表。

① 资产负债表：调增递延所得税资产 5 万元，调减应收账款 20 万元，调减盈余公积 1.5 万元，调减未分配利润 13.5 万元。

② 利润表：调增信用减值损失 20 万元，调减营业利润 20 万元，调减所得税费用 5 万元，调减净利润 15 万元。

考试方向

考查与减值准备计提及调整有关资产负债日后事项的会计处理。

【例题 17-9 多选题】（2019 年真题） 甲企业适用的所得税税率为 25％，预计未来期间适用的企业所得税税率不变且企业能够产生足够的应纳税所得额用以抵减可抵扣暂时性差异，其 2018 年度财务报表批准报出日为 2019 年 4 月 25 日。2019 年 2 月 10 日，甲企业调减了 2018 年计提的坏账准备 100 万元，该调整事项发生时，企业所得税汇算清缴尚未完成。不考虑其他因素，上述业务对甲企业 2018 年财务报表的影响说法正确的有（ ）。

A. 应收账款增加 100 万元   B. 递延所得税资产增加 25 万元

C. 应交所得税增加 25 万元   D. 所得税费用增加 25 万元

【答案】 AD

【名师点睛】 甲企业调减计提的坏账准备，可抵扣暂时性差异减少，因此应调减递延所得税资产，选项 B 不正确；企业计提的坏账准备不得在税前扣除，不会影响应交所得税的金额，选项 C 不正确。甲企业相关分录为（单位：万元）：

借：坏账准备   100

  贷：以前年度损益调整——信用减值损失   100

借：以前年度损益调整——所得税费用   25

  贷：递延所得税资产   25

【例题 17-10 综合题】（2020 年真题） 甲公司 2019 年度财务报告批准报出日为 2020 年 4 月 10 日。2019 年至 2020 年，甲公司发生的相关交易或事项如下：2020 年 4 月 1 日，甲公司收到债务人丁公司破产清算组偿还的货款 5 万元，已收存银行。甲公司与丁公司的债权债务就此结清。2019 年 12 月 31 日，甲公司对丁公司该笔所欠货款 20 万元计提的坏账准备余额为 12 万元。甲公司按照净利润的 10％提取法定盈余公积。本题不考虑增值税，企业所得税等相关税费及其他因素。判断甲公司 2020 年 4 月 1 日收到丁公司破产清算组偿还的货款并结清债权债务关系是否属于资产负债表日后调整事项，并编

制相关会计分录。

【答案】 甲公司 2020 年 4 月 1 日收到丁公司破产清算组偿还的货款并结清债权债务关系属于资产负债表日后调整事项。具体会计处理如下(单位:万元):

借:以前年度损益调整——信用减值损失　　　　　　　　3
　　贷:坏账准备　　　　　　　　　　　　　　　　　　　　　3

借:盈余公积　　　　　　　　　　　　　　　　　　　　0.3
　　利润分配——未分配利润　　　　　　　　　　　　　2.7
　　贷:以前年度损益调整——值用减值损失　　　　　　　　3

借:坏账准备　　　　　　　　　　　　　　　　　　　　15
　　贷:应收账款　　　　　　　　　　　　　　　　　　　　15

借:银行存款　　　　　　　　　　　　　　　　　　　　5
　　贷:应收账款　　　　　　　　　　　　　　　　　　　　5

3. 资产负债表日后进一步确定了资产负债表日前购入资产的成本或者售出资产的收入

案例 17-8

甲公司 2019 年的年报于 2020 年 4 月 25 日批准报出。甲公司按净利润的 10% 提取法定盈余公积。甲公司采用资产负债表债务法进行所得税核算,所得税税率为 25%。甲公司于 2019 年 10 月 1 日销售给乙公司的一批商品于 2020 年 3 月 1 日发生了退货,该商品的售价为 1000 万元,商品成本为 800 万元,增值税税率为 13%,款项一直未收,对此退货开具了增值税红字专用发票。甲公司期末按照应收账款余额的 5% 计提坏账准备。根据上述资料,甲公司的会计处理为(单位:万元)。

(1) 2019 年甲公司的账务处理:

借:应收账款　　　　　　　　　　　　　　　　　　　　1130
　　贷:主营业务收入　　　　　　　　　　　　　　　　　　1000
　　　　应交税费——应交增值税(销项税额)　　　　　　　　130

借:主营业务成本　　　　　　　　　　　　　　　　　　800
　　贷:库存商品　　　　　　　　　　　　　　　　　　　　800

借:信用减值损失　　　　　　　　　　　　　　　　　　56.5
　　贷:坏账准备　　　　　　　　　　　　　　　　　　　　56.5

借:所得税费用　　　　　　　　　　　　　　　　　　　50
　　贷:应交税费——应交所得税　　　　　　　　　　　　　50

借:递延所得税资产　　　　　　　　　(56.5×25%)14.125
　　贷:所得税费用　　　　　　　　　　　　　　　　　　14.125

(2) 资产负债表日后事项相应的调整分录如下:

借:以前年度损益调整——主营业务收入　　　　　　　　1000
　　应交税费——应交增值税(销项税额)　　　　　　　　130
　　贷:应收账款　　　　　　　　　　　　　　　　　　　　1130

借：库存商品	800	
贷：以前年度损益调整——主营业务成本		800
借：坏账准备	56.5	
贷：以前年度损益调整——信用减值损失		56.5
借：以前年度损益调整——所得税费用	14.125	
贷：递延所得税资产		14.125
借：应交税费——应交所得税	50	
贷：以前年度损益调整——所得税费用		50
借：盈余公积	10.7625	
利润分配——未分配利润	96.8625	
贷：以前年度损益调整		107.625

4. 资产负债表日后发现财务报表舞弊或者差错

案例 17-9

甲公司 2019 年 10 月 1 日与乙公司签订自产机器销售及安装合同，机器售价为 50 万元，成本为 40 万元，当日开出增值税专用发票，增值税税率为 13%。假定机器安装不构成单项履约义务。合同约定，在设备安装结束且符合验收标准后，甲公司有权收取合同全部价款。截至 2019 年年末，机器尚未发出，甲公司作了如下账务处理（单位：万元）：

借：合同资产	56.5	
贷：主营业务收入		50.0
应交税费——应交增值税（销项税额）		6.5
借：主营业务成本	40	
贷：库存商品		40

甲公司 2019 年的年报于 2020 年 4 月 10 日批准报出。甲公司按净利润的 10% 提取法定盈余公积。甲公司采用资产负债表债务法进行所得税核算，所得税税率为 25%。注册会计师于 2020 年 3 月 1 日发现此会计处理，提请企业作出调整。资产负债表日后调整分录如下（单位：万元）：

借：以前年度损益调整——主营业务收入	50	
贷：合同资产		50
借：库存商品	40	
贷：以前年度损益调整——主营业务成本		40
借：应交税费——应交所得税	[(50−40)×25%] 2.5	
贷：以前年度损益调整——所得税费用		2.5
借：利润分配——未分配利润	7.5	
贷：以前年度损益调整		7.5
借：盈余公积——法定盈余公积	0.75	
贷：利润分配——未分配利润		0.75

调整报告年度财务报表：

资产负债表：减少合同资产 50 万元，增加存货 40 万元，应交税费减少 2.5 万元，减少盈余公积 0.75 万元，减少未分配利润 6.75 万元。

利润表：减少营业收入 50 万元，减少营业成本 40 万元，减少营业利润 10 万元，减少利润总额 10 万元，减少所得税费用 2.5 万元，减少净利润 7.5 万元。

第三节 资产负债表日后非调整事项

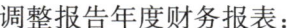

资产负债表日后非调整事项的处理原则

资产负债表日后非调整事项

资产负债表日后非调整事项的具体处理方法

一、 资产负债表日后非调整事项的处理原则 ★

资产负债表日后发生的非调整事项，是表明资产负债表日后发生的情况的事项，与资产负债表日存在状况无关，不应当调整资产负债表日的财务报表。但有的非调整事项由于事项重大，对财务报告使用者具有重大影响，如不加以说明，将不利于财务报告使用者作出正确估计和决策，因此，应在附注中加以披露。

·易错易混点·

① 资产负债表日后发生的非调整事项，不应当调整资产负债表日的财务报表。

② 资产负债表日后发生的非调整事项，如果事项重大，应在附注中加以披露。

二、 资产负债表日后非调整事项的具体会计处理方法 ★

对于资产负债表日后发生的非调整事项，应当在报表附注中披露每项重要的资产负债表日后非调整事项的性质、内容，及其对财务状况和经营成果的影响。无法作出估计的，应当说明原因。常见的资产负债表日后非调整事项见本章第一节"非调整事项"内容。

【例题 17-11 单选题】（2012 年真题） 在资产负债表日后至财务报告批准报出日之间发生的下列事项中，属于资产负债表日后非调整事项的是（   ）。

A. 以资本公积转增股本

B. 发现了财务报表舞弊

考试方向

考查资产负债表日后非调整事项的内容。

C. 发现原预计的资产减值损失严重不足

D. 实际支付的诉讼赔偿额与原预计金额有较大差异

【答案】 A

【名师点睛】 资产负债表日后资本公积转增资本(股本)属于资产负债表日后非调整事项。

【例题 17-12 判断题】(2020 年真题) 资产负债表日至财务报告批准报出日之间,股东大会批准了董事会拟定的股利分配方案,企业应将该事项作为资产负债表日后调整事项处理。( )

【答案】 ×

【名师点睛】 资产负债表日至财务报告批准报出日之间,股东大会批准了董事会拟定的股利分配方案,企业应将该事项作为资产负债表日后非调整事项。

第十七章

同步练习

一、单项选择题

1. 甲公司 2019 年度财务报告于 2020 年 2 月 10 日编制完成,注册会计师完成审计并签署审计报告日是 2020 年 4 月 10 日,经董事会批准报表于 4 月 20 日对外公布,股东大会召开日为 4 月 25 日。按照准则规定,该公司 2019 年资产负债表日后事项的涵盖期间为( )。
   A. 2020 年 1 月 1 日至 2020 年 4 月 20 日
   B. 2020 年 2 月 10 日至 2020 年 4 月 10 日
   C. 2020 年 1 月 1 日至 2020 年 2 月 10 日
   D. 2020 年 2 月 10 日至 2020 年 4 月 25 日

2. 下列在年度资产负债表日至财务报告批准报出日之间发生的事项中,属于资产负债表日后非调整事项的是( )。
   A. 资产负债表日前已经存在的未决诉讼,在资产负债表日后期间进行判决
   B. 上期销售已确认收入并可以合理估计退货率的商品发生退货
   C. 资产负债表日后取得确凿证据,表明某项资产在资产负债表日发生了减值或者调整原先资产确认的减值金额
   D. 资产负债表日后发生重大诉讼、仲裁、承诺

3. 2019 年 12 月 31 日,乙公司对一起未决诉讼确认的预计负债为 800 万元。2020 年 3 月 6 日,法院对该起诉讼判决,乙公司应赔偿丙公司 600 万元,乙公司和丙公司均不再上诉。乙公司的所得税税率为 25%,按净利润的 10% 提取法定盈余公积,2019 年度财务报告批准报出日为 2020 年 3 月 31 日,预计未来期间能够取得足够的应纳税所得额用以抵扣可抵扣暂时性差异,则该事项导致乙公司 2019 年 12 月 31 日资产负债表"未分配利润"项目期末余额调整增加的金额为( )万元。
   A. 135   B. 150   C. 180   D. 200

4. 丁公司 2019 年度财务报表于 2020 年 4 月 30 日经董事会批准对外报出,按照净利润的 10% 提取法定盈余公积。2019 年 12 月 31 日,应收 A 公司账款 2000 万元,当日对其计提坏账准备 200 万元。2020 年 2 月 20 日,丁公司获悉 A 公司已向法院申请破产,应收 A 公司账款预计全部无法收回。不考虑其他因素,上述日后事项对 2019 年未分配利润的影响金额为( )万元。
   A. −180   B. −1620   C. −1800   D. −2000

5. 下列关于资产负债表日后调整事项的表述中,正确的是( )。
   A. 资产负债表日后发现了财务报表舞弊或差错,若金额不重大,那么不作为调整事项处理
   B. 资产负债表日后发生重大诉讼、仲裁、承诺等属于资产负债表日后调整事项
   C. 如果资产负债表日后事项对资产负债表日的情况提供了进一步的证据,证据表明的情况与原来的估计和判断不完全一致,则按照原来的估计进行会计处理
   D. 资产负债表日后取得确凿证据,表明某项资产在资产负债表日发生了减值或者需要调整该项资产原先确认的减值金额,属于资产负债表日后调整事项

6. A 公司为增值税一般纳税人,A 公司年度财务报告批准报出日为次年 4 月 30 日。A 公司所得税采用资产负债表债务法核算,适用的所得税税率为 25%,按净利润的 10% 计提盈余公积。2020 年 2 月 15 日,完成了 2019 年度所得税汇算清缴工作。则 A 公司在 2020 年 1 月 1 日至 4 月 30 日发生的下列事项中,属于 2019 年度资产负债表日后调整事项的是( )。
   A. 2020 年 4 月 10 日,发生严重火灾,损失一栋仓库,价值 500 万元
   B. 2020 年 3 月,持有的美国国债因外汇汇率发生变动,价格下降 300 万元
   C. 2020 年 1 月 30 日,发现 2019 年年末"在建工程"余额 200 万元,于 2019 年 6 月已达到预定可使用状态但尚未转入固定资产
   D. 2020 年 4 月 18 日,企业宣告分配现金股利

7. 在资产负债表日后期间董事会提出的利润分配方案中,涉及的现金股利及股票股利分配事项属于( )。

A. 前期差错　　　　B. 当期一般业务

C. 非调整事项　　　D. 调整事项

8. 资产负债表日至财务报告批准报出日之间发生的调整事项在进行调整处理时,不能调整的是( )。

A. 资产负债表　　　B. 现金流量表正表

C. 利润表　　　　　D. 所有者权益变动表

9. 资产负债表日次日起至财务报告批准报出日之间发生的调整事项在进行会计处理时,下列各项中,不能调整的项目是( )。

A. "营业收入"　　　B. "货币资金"

C. "应交税费"　　　D. "未分配利润"

10. 下列关于资产负债表日后重要的非调整事项的处理中,正确的是( )。

A. 应调整报告年度的报表

B. 应在报告年度的报表附注中披露

C. 应调整报告年度的报表,同时在报表附注中披露

D. 不需要调整报告年度的报表,也不需要在报表附注中披露

二、多项选择题

1. 下列关于资产负债表日后事项的表述中,正确的有( )。

A. 资产负债表日后事项包含调整事项和非调整事项

B. 资产负债表日后期间可以是资产负债表日次日起至董事会或类似机构再次批准财务报告报出日之间的期间

C. 资产负债表日后事项是在这个特定期间内发生的全部事项

D. 资产负债表日后事项包括有利事项和不利事项

2. 下列资产负债表日后事项中,属于调整事项的有( )。

A. 资产负债表日后,发生企业合并或处置子公司

B. 资产负债表日后,企业利润分配方案中拟分配的以及经审议批准宣告发放的股利或利润

C. 资产负债表日后,进一步确定了资产负债表日前购入资产的成本或售出资产的收入

D. 资产负债表日后,发现了财务报表舞弊或差错

3. 下列各项中,应在"以前年度损益调整"科目贷

方核算的有( )。

A. 补记上年度少计的企业应交所得税

B. 上年度误将研究费计入无形资产价值

C. 上年度多计提了存货跌价准备

D. 上年度误将购入设备款计入管理费用

4. 甲公司发生的下列资产负债表日后事项中,属于非调整事项的有( )。

A. 外汇汇率发生重大变化

B. 报告年度销售的商品发生退回

C. 发生企业合并

D. 发生火灾导致报告年度采购的原材料严重毁损

5. 乙公司的 2019 年度财务报表于 2020 年 5 月 31 日经董事会批准对外报出,乙公司按照净利润的 10% 提取法定盈余公积,适用的所得税税率为 25%。2019 年 12 月 31 日,乙公司根据当时所掌握的信息和资料,确定其持有的一批存货的可变现净值为 500 万元,该批存货的成本为 700 万元。2020 年 3 月 21 日,乙公司进一步获得的确凿证据表明,乙公司在 2019 年年末估计的该批存货的可变现净值不准确,经重新估计后,确定该批存货在 2019 年年末的可变现净值为 400 万元。不考虑其他因素,则乙公司的下列会计处理中,正确的有( )。

A. 该事项属于资产负债表日后调整事项

B. 该事项对乙公司留存收益的影响金额为 100 万元

C. 乙公司应当调增应交所得税 25 万元

D. 乙公司应该调减 2019 年资产负债表中"存货"项目金额 100 万元

6. 下列关于资产负债表日后事项期间调整事项处理的表述中,正确的有( )。

A. 涉及损益的事项,通过"以前年度损益调整"科目核算

B. 涉及利润分配调整的事项,直接在"利润分配——未分配利润"科目核算

C. 不涉及损益及利润分配的事项,调整相关科目

D. 通过相关账务调整后,还应同时调整财务报表相关项目的数字

7. 下列各项中,表述正确的有( )。

A. 资产负债表日后发生的调整事项如涉及现金收支项目的,均不调整报告年度资产负债表的"货币资金"项目和现金流量表正表

各项目数字

   B. 资产负债表日后事项中的调整事项,涉及损益的,通过"以前年度损益调整"科目核算,然后将"以前年度损益调整"科目的余额转入"本年利润"科目

   C. 资产负债表日后事项中的调整事项,涉及损益的,直接在"利润分配——未分配利润"科目核算

   D. 涉及利润分配调整的事项,直接在"利润分配——未分配利润"科目核算

8. 甲公司 2020 年发生的下列各项资产负债表日后事项中,属于调整事项的有(   )。

   A. 外汇汇率发生重大变化导致外币存款出现巨额汇兑损失

   B. 因火灾导致原材料发生重大损失

   C. 发现 2019 年确认的存货减值损失出现重大差错

   D. 2019 年 12 月已全额确认收入的商品因质量问题被全部退回

9. 下列各项关于企业资产负债表日后事项会计处理的表述中,正确的有(   )。

   A. 重要的非调整事项应当在报告年度财务报表附注中披露

   B. 调整事项涉及损益的,应调整报告年度利润表相关项目的金额

   C. 发生在报告年度企业所得税汇算清缴后涉及损益的调整事项,不应调整报告年度的应纳税额

   D. 调整事项涉及现金收支的,应调整报告年度资产负债表的"货币资金"项目的金额

三、判断题

1. 资产负债表日后发生的全部事项都属于资产负债表日后事项。   (   )

2. 董事会或类似机构批准财务报告对外公布的日期,与实际对外公布日之间发生的与资产负债表日后事项有关的事项,由此影响财务报告对外公布日期的,应以董事会或类似机构再次批准财务报告对外公布的日期为截止日期。   (   )

3. 甲公司 2018 年财务报告的批准报出日为 2019 年 4 月 25 日。在日后期间,甲公司发现其所产的 A 产品因不符合国家于 2019 年 3 月新制定的环保标准,市场前景黯淡,导致库存 A 产品的可变现净值低于其账面价值。甲公司应

当将其作为调整事项处理,计提存货跌价准备。   (   )

4. 资产负债表日后企业以资本公积转增资本将会改变企业的资本(或股本)结构,影响较大,应当在财务报表附注中进行披露。   (   )

5. 资产负债表日后期间诉讼案件结案,人民法院判决证实了企业在资产负债表日已经存在现时义务,需要调整原先确认的与该诉讼案件相关的预计负债,或确认一项新的负债。(   )

6. 资产负债表日后至财务会计报告批准报出日之间发生的报告年度已确认收入的商品因质量问题被退回,该事项属于资产负债表日后非调整事项。   (   )

7. 企业在资产负债表日后期间发现报告年度以前存在的重大差错的,应当调整报告年度相关报表项目的期末数等,不需要调整其期初数。   (   )

8. 如果企业在资产负债表日后期间获得可靠证据证实某项资产在资产负债表日已经发生了减损,企业应将其作为调整事项处理。(   )

9. 资产负债表日后期间取得确凿证据,表明某项资产在资产负债表日发生了减值或者需要调整该项资产原先确认的减值金额,应作为调整事项进行处理。   (   )

10. 资产负债表日后发生的重大诉讼等事项,不需要在财务报表附注中予以披露。   (   )

四、计算分析题

甲公司系增值税一般纳税人,适用的增值税税率为 17%,适用的所得税税率为 25%,按净利润的 10% 计提法定盈余公积。甲公司 2016 年度财务报告批准报出日为 2017 年 3 月 5 日,2016 年度所得税汇算清缴于 2017 年 4 月 30 日完成,预计未来期间能够取得足够的应纳税所得额用以抵减可抵扣暂时性差异。相关资料如下:

(1) 2016 年 6 月 30 日,甲公司尚存无订单的 W 商品 500 件,单位成本为 2.1 万元/件,市场销售价格为 2 万元/件,估计销售费用为 0.05 万元/件。甲公司未曾对 W 商品计提存货跌价准备。

(2) 2016 年 10 月 15 日,甲公司以每件 1.8 万元的销售价格将 500 件 W 商品全部销售给乙公司,并开具了增值税专用发票。商品已发出,付款期为 1 个月,甲公司此项销售业务满足收入确认条件。

(3) 2016 年 12 月 31 日,甲公司仍未收到乙公司

上述货款,经减值测试,按照应收账款余额的10%计提坏账准备。

(4) 2017年2月1日,因W商品质量缺陷,乙公司要求甲公司在原销售价格基础上给予10%的折让。当日甲公司同意了乙公司的要求,开具了红字增值税专用发票,并据此调整原坏账准备的金额。

假定上述销售价格和销售费用均不含增值税,且不考虑其他因素。

要求(答案中金额单位以万元表示):

(1) 计算甲公司2016年6月30日对W商品应计提存货跌价准备的金额,并编制相关会计分录。

(2) 编制甲公司2016年10月15日出售W商品确认收入和结转成本的会计分录。

(3) 计算甲公司2016年12月31日计提坏账准备的金额,并编制相关会计分录。

(4) 计算甲公司2017年2月1日因销售折让调整销售收入和所得税影响的分录。

(5) 编制甲公司2017年2月1日因销售折让而调整坏账准备及所得税影响的相关会计分录。

(6) 编制甲公司2017年2月1日因销售折让而结转损益及调整盈余公积的相关会计分录。

五、综合题

甲公司系增值税一般纳税人,2018年度财务报告批准报出日为2019年4月20日。甲公司在2019年1月1日至2019年4月20日期间发生的相关交易或事项如下:

(1) 2019年1月5日,甲公司于2018年11月3日销售给乙公司并已确认收入和收讫款项的一批产品,由于质量问题,乙公司提出货款折让要求。经双方协商,甲公司以银行存款向乙公司退回100万元的货款及相应的增值税税款16万元,并取得税务机关开具的红字增值税专用发票。

(2) 2019年2月5日,甲公司以银行存款55000万元从非关联方处取得丙公司55%的股权,并取得对丙公司的控制权。在此之前,甲公司已持有丙公司5%的股权,并将其分类为以公允价值计量且其变动计入当期损益的金融资产。原5%股权投资初始入账金额为4500万元,在2019年2月5日的账面价值和公允价值分别为4900万元和5000万元。甲公司原购买丙公司5%的股权和后续购买55%的股权不构成"一揽子交易"。

(3) 2019年3月10日,注册会计师就甲公司2018年度财务报表审计中发现的商誉减值问题与甲公司进行沟通,注册会计师认为甲公司2018年度多计提商誉减值20000万元,并要求甲公司予以调整,甲公司接受了该意见。

甲公司按净利润的10%计提法定盈余公积。本题不考虑除增值税以外的税费及其他因素。

要求(答案中金额单位以万元表示):

(1) 判断甲公司2019年1月5日给予乙公司的货款折让是否属于资产负债表日后调整事项,并编制相关会计分录。

(2) 判断甲公司2019年2月5日取得丙公司控制权是否属于资产负债表日后调整事项,并编制相关会计分录。

(3) 判断甲公司2019年3月10日调整商誉减值是否属于资产负债表日后调整事项,并编制相关会计分录。

参考答案及解析

一、单项选择题

1.【答案】 A

【解析】 资产负债表日后事项涵盖的期间为报告年度次年的1月1日或报告期间下一期第一天起至董事会或类似机构批准财务报告可以对外公布的日期,即以董事会或类似机构批准财务报告对外公布的日期为截止日期。

2.【答案】 D

3.【答案】 A

【解析】 由于2018年12月31日确认预计负债800万元,实际判决诉讼损失600万元,因此需要调减损失200万元,考虑所得税之后,应调整增加"未分配利润"项目期末余额 $= 200 \times (1 - 25\%) \times 90\% = 135$(万元),选项A正确。此业务日后期间相关账务处理如下(单

位:万元):

① 借:预计负债　　　　　　　800

　　　贷:以前年度损益调整　　200

　　　　其他应付款　　　　　600

② 借:以前年度损益调整　　　200

　　　贷:递延所得税资产　　200

③ 借:应交税费——应交所得税150

　　　贷:以前年度损益调整　　150

④ 借:以前年度损益调整　　　150

　　　贷:盈余公积　　　　　　15

　　　利润分配——未分配利润135

4.【答案】 B

【解析】 该事项减少 2018 年未分配利润的金额=(2000-200)×(1-10%)=1620(万元)
调整分录为(单位:万元):

借:以前年度损益调整——信用减值损失

　　　　　　　　　　　　　　　1800

　　贷:坏账准备　　　　　　　1800

借:盈余公积　　　　　　　　　180

　　利润分配——未分配利润

　　　　　　　　　　　　　　　1620

　　贷:以前年度损益调整　　　1800

5.【答案】 D

【解析】 资产负债表日后发现了财务报表舞弊或差错,无论金额是否重大,均作为资产负债表日后调整事项处理,选项 A 不正确;资产负债表日后发生重大诉讼、仲裁、承诺等属于资产负债表日后非调整事项,选项 B 不正确;如果资产负债表日后事项对资产负债表日的情况提供了进一步的证据,证据表明的情况与原来的估计和判断不完全一致,则需要对原来的会计处理进行调整,选项 C 不正确。

6.【答案】 C

【解析】 选项 ABD 属于资产负债表日后非调整事项。

7.【答案】 C

【解析】 在资产负债表日后期间,董事会提出的利润分配方案中分配股利,并不属于资产负债表日已经存在情况的进一步证明,因此属于非调整事项。

8.【答案】 B

【解析】 资产负债表日后发生调整事项应相应调整资产负债表日已编制的会计报表,这里

的会计报表指的是资产负债表、利润表及所有者权益变动表等内容,而现金流量表正表本身不调整,但现金流量表补充资料的相关项目应进行调整,调整后并不影响经营活动现金流量的总额。

9.【答案】 B

【解析】 资产负债表日后发生的调整事项,如涉及货币资金和现金收支项目的,均不调整报告年度资产负债表的"货币资金"项目和现金流量表正表各项目的数字。货币资金是企业现在实际收到或支付的款项,并不会因为调整该事项而减少或增加该企业的现金或银行存款,所以不调整报告年度资产负债表的"货币资金"项目和现金流量表正表各项目的数字。

10.【答案】 B

二、多项选择题

1.【答案】 ABD

【解析】 资产负债表日后事项并不是在这个特定期间内发生的全部事项,而是与资产负债表日存在状况有关的事项,或虽然与资产负债表日存在状况无关,但对企业财务状况具有重大影响的事项,选项 C 不正确。

2.【答案】 CD

【解析】 选项 AB 属于日后非调整事项。

3.【答案】 CD

【解析】 选项 AB,通过"以前年度损益调整"科目的借方核算。

选项 A,补记上年度少计的企业应交所得税:

借:以前年度损益调整

　　贷:应交税费——应交所得税

选项 B,上年度误将研究费计入无形资产价值:

借:以前年度损益调整

　　贷:无形资产

选项 C,上年度多计提了存货跌价准备:

借:存货跌价准备

　　贷:以前年度损益调整——调整资产减值损失

选项 D,上年度误将购入设备款计入管理费用:

借:固定资产

　　贷:以前年度损益调整——调整管理费用

4.【答案】 ACD

第十七章

【解析】 选项 B 属于资产负债表日后调整事项。

5.**【答案】** AD

【解析】 乙公司应当将该事项作为调整事项，补提存货跌价准备 100 万元，同时确认递延所得税资产 25 万元。由于该存货的减值损失尚未实际发生，不允许税前扣除，所以乙公司不应调整应交所得税，应调整递延所得税资产。该事项影响留存收益的金额＝100×（1－25％）＝75（万元）。所以选项 BC 不正确。

本题会计分录为（单位：万元）：

借：以前年度损益调整——资产减值损失
　　　　　　　　　　　　　　　　100
　　贷：存货跌价准备　　　　　　　100

借：递延所得税资产　　　　　　　　25
　　贷：以前年度损益调整——所得税费用
　　　　　　　　　　　　　　　　25

借：盈余公积　　　　　　　　　　7.5
　　利润分配——未分配利润　　67.5
　　贷：以前年度损益调整　　　　75.0

6.**【答案】** ABCD

7.**【答案】** AD

【解析】 资产负债表日后调整事项中，涉及损益的事项，通过"以前年度损益调整"科目核算，然后将"以前年度损益调整"科目的余额转入"利润分配——未分配利润"科目，选项 BC 错误。

8.**【答案】** CD

【解析】 选项 AB 属于资产负债表日后非调整事项。

9.**【答案】** ABC

【解析】 资产负债表日后事项如涉及现金收支项目，均不调整报告年度资产负债表的货币资金项目和现金流量表各项目数字，选项 D 错误。

三、判断题

1.**【答案】** ×

【解析】 资产负债表日后事项不是在资产负债表日后期间发生的全部事项，而是与资产负债表日存在状况有关的事项，或虽然与资产负债表日存在状况无关，但对企业财务状况具有重大影响的事项，其他事项不属于资产负债表日后事项。

2.**【答案】** √

3.**【答案】** ×

【解析】 甲公司 A 产品出现减值，是由 2019 年 3 月经济环境发生新变化所引起的，在报告年度资产负债表日并不存在这一状况，所以不应该作为调整事项处理。

4.**【答案】** √

5.**【答案】** √

6.**【答案】** ×

【解析】 资产负债表日后期间发生的报告年度已确认收入的销售商品的退回，属于资产负债表日后调整事项。

7.**【答案】** ×

【解析】 企业在资产负债表日后期间发现报告年度以前存在的重大差错的，应当调整报告年度相关报表项目的期初数等。

8.**【答案】** √

9.**【答案】** √

10.**【答案】** ×

【解析】 资产负债表日后发生的重大诉讼等事项，对企业影响较大，为防止误导投资者及其他财务报告使用者，应当在财务报表附注中予以披露。

四、计算分析题

【答案】 （1）W 商品的成本＝2.1×500＝1050（万元）

W 商品的可变现净值＝500×（2－0.05）＝975（万元）

应计提存货跌价准备＝1050－975＝75（万元）

借：资产减值损失　　　　　　　75
　　贷：存货跌价准备　　　　　　75

（2）借：应收账款　　　　　　　1053
　　　贷：主营业务收入　　　　　900
　　　　　应交税费——应交增值税（销项税额）
　　　　　　　　　　　　　　　153

借：主营业务成本　　　　　　　975
　　存货跌价准备　　　　　　　75
　　贷：库存商品　　　　　　　1050

（3）2016 年 12 月 31 日，甲公司应计提坏账准备的金额＝1053×10％＝105.3（万元）。

借：信用减值损失　　　　　　105.3
　　贷：坏账准备　　　　　　　105.3

(4) 2017 年 2 月 1 日,甲公司因销售折让调减销售收入的金额＝900×10％＝90(万元),

应调减应交所得税的金额＝90×25％＝22.5(万元)。

借:以前年度损益调整——调整主营业务收入
      90.0
  应交税费——应交增值税(销项税额)
      15.3
   贷:应收账款   105.3

借:应交税费——应交所得税 22.5
  贷:以前年度损益调整——调整所得税费用
      22.5

(5) 借:坏账准备   10.53
  贷:以前年度损益调整——调整信用减
   值损失   10.53

借:以前年度损益调整——调整所得税费用
      2.63
  贷:递延所得税资产 2.63

(6) 甲公司因销售折让对净利润的增加额＝
－90＋22.5＋10.53－2.63＝－59.6(万元)

借:利润分配——未分配利润 59.6
  贷:以前年度损益调整 59.6

借:盈余公积   5.96
  贷:利润分配——未分配利润 5.96

五、综合题

【答案】 (1)甲公司 2019 年 1 月 5 日给予乙公司的货款折让属于资产负债表日后调整事项会

计分录如下:

借:以前年度损益调整——主营业务收入
      100
  应交税费——应交增值税(销项税额)
      16
   贷:银行存款   116

借:盈余公积   10
  利润分配——未分配利润 90
   贷:以前年度损益调整——主营业务收入
      100

(2) 甲公司 2019 年 2 月 5 日取得丙公司控制权不属于资产负债表日后调整事项。会计分录如下:

借:长期股权投资(55000＋5000)60000
  贷:交易性金融资产——成本 4500
      ——公允价值变动
      400
    投资收益   100
    银行存款   55000

(3) 甲公司 2019 年 3 月 10 日调整商誉减值属于资产负债表日后调整事项。会计分录如下:

借:商誉减值准备   20000
  贷:以前年度损益调整——资产减值损失
      20000

借:以前年度损益调整——资产减值损失
      20000
  贷:盈余公积   2000
   利润分配——未分配利润 18000

第十八章
政府会计

考 情 回 顾

本章近年考试平均分值为 1～2 分,通常考查一道单选题或判断题,偶尔考查一道多选题。本章是非重点章节,学习难度并不大,但内容较多。本章考点主要集中在政府会计特定业务的会计处理。

考 试 变 化

本章无实质性变化。

本 章 结 构

第一节 政府会计概述
第二节 政府单位特定业务的核算

第一节　政府会计概述

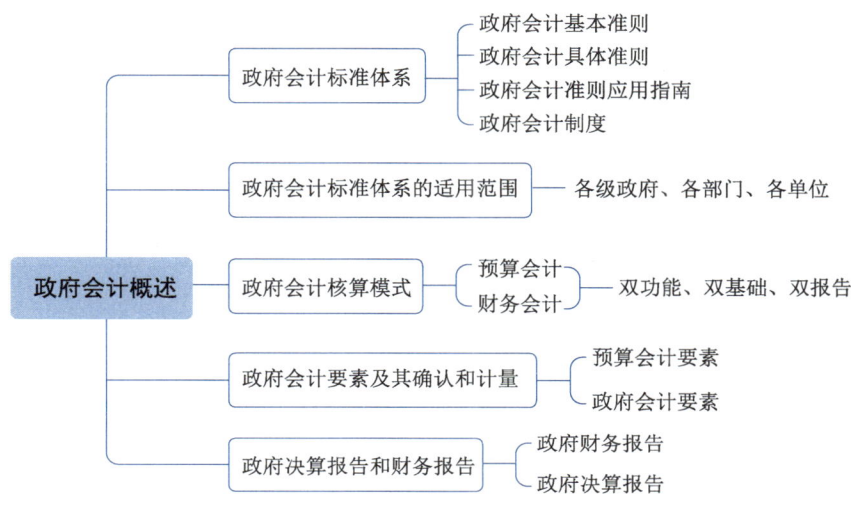

政府会计是会计体系的重要分支,它是运用会计专门方法对政府及其组成主体的财务状况、运行情况(含运行成本)、预算执行等情况进行全面核算、监督和报告。

一、政府会计标准体系

我国的政府会计标准体系由政府会计基本准则、具体准则及应用指南和政府会计制度等组成。

二、政府会计标准体系的适用范围

政府会计标准体系适用于政府会计主体。根据《基本准则》,政府会计主体主要包括各级政府、各部门、各单位。军队、已纳入企业财务管理体系的单位和执行《民间非营利组织会计制度》的社会团体,其会计核算不适用政府会计标准体系。

三、政府会计核算模式

政府会计由预算会计和财务会计构成,实行"双功能、双基础、双报告"的核算模式。

(一)政府预算会计和财务会计的适度分离

(1)"双功能"。政府会计应当实现预算会计和财务会计双重功能。预算会计应准确完整反映政府预算收入、预算支出和预算结余等预算执行信息,财务会计应全面准确反映政府的资产、负债、净资产、收入、费用等财务信息。

(2)"双基础"。预算会计实行收付实现制,国务院另有规定的,从其规定;财务会计实行权责发生制。

(3)"双报告"。政府会计主体应当编制决算报告和财务报告。政府决算报告,以预算会计核算生成的数据为准;政府财务报告的编制主要以权责发生制为基础,以财务会计核算生成的数据为准。

(二)政府预算会计和财务会计的相互衔接

政府预算会计和财务会计"适度分离",并不是要求政府会计主体分别建立预算会计和财务会计两套账,对同一笔经济业务或事项进行会计核算,而是要求政府预算会计要素和财务会计要素相互协调,决算报告和财务报告相互补充,共同反映政府会计主体的预算执行信息和财务信息。

四、 政府会计要素及其确认和计量★

(一)政府预算会计要素

政府预算会计要素包括预算收入、预算支出与预算结余。详见表18-1。

表 18-1 政府预算会计要素

政府预算会计要素	具体内容
预算收入	预算收入是指政府会计主体在预算年度内依法取得的并纳入预算管理的现金流入。预算收入一般在实际收到时予以确认,以实际收到的金额计量
预算支出	预算支出是指政府会计主体预算年度内依法发生并纳入预算管理的现金流出。预算支出一般在实际支付时予以确认,以实际支付的金额计量
预算结余	预算结余是指政府会计主体预算年度内预算收入扣除预算支出后的资金余额,以及历年滚存的资金余额。预算结余包括结余资金和结转资金。结转资金是指预算安排项目的支出年终尚未执行完毕或者因故未执行,且下年需要按原用途继续使用的资金

(二)政府财务会计要素

政府财务会计要素包括资产、负债、净资产、收入和费用。详见表18-2。

表 18-2 政府财务会计要素

政府财务会计要素	具体内容
资产	① 资产是指政府会计主体过去的经济业务或者事项形成的,由政府会计主体控制的,预期能够产生服务潜力或者带来经济利益流入的经济资源。服务潜力是指政府会计主体利用资产提供公共产品和服务以履行政府职能的潜在能力。经济利益流入表现为现金及现金等价物的流入,或者现金及现金等价物流出的减少 ② 政府会计主体的资产按照流动性,分为流动资产和非流动资产。流动资产是指预计在1年内(含1年)耗用或者可以变现的资产,包括货币资金、短期投资、应收及预付款项、存货等。非流动资产是指流动资产以外的资产,包括固定资产、在建工程、无形资产、长期投资、公共基础设施、政府储备资产、文物文化资产、保障性住房和自然资源资产等 ③ 政府资产的计量属性主要包括历史成本、重置成本、现值、公允价值和名义金额。政府会计主体在对资产进行计量时,一般应当采用历史成本。采用重置成本、现值、公允价值计量的,应当保证所确定的资产金额能够持续、可靠计量。无法采用历史成本、重置成本、现值和公允价值计量属性的,采用名义金额(即人民币1元)计量

(续表)

政府财务会计要素	具体内容
负债	负债是指政府会计主体过去的经济业务或者事项形成的,预期会导致经济资源流出政府会计主体的现时义务。现时义务是指政府会计主体在现行条件下已承担的义务。未来发生的经济业务或者事项形成的义务不属于现时义务,不应当确认为负债。 政府会计主体的负债按照流动性,分为流动负债和非流动负债。流动负债是指预计在1年内(含1年)偿还的负债,包括应付及预收款项、应付职工薪酬、应缴款项等。非流动负债是指流动负债以外的负债,包括长期应付款、应付政府债券和政府依法担保形成的债务等。 政府负债的计量属性主要包括历史成本、现值和公允价值
净资产	净资产是指政府会计主体资产扣除负债后的净额,其金额取决于资产和负债的计量
收入	收入是指报告期内导致政府会计主体净资产增加的、含有服务潜力或者经济利益的经济资源的流入
费用	费用是指报告期内导致政府会计主体净资产减少的、含有服务潜力或者经济利益的经济资源的流出

【例题 18-1 多选题】(2020 年真题) 下列各项中,属于政府会计中资产计量属性的有(   )。

A. 公允价值　　　　B. 可变现净值　　　　C. 历史成本　　　　D. 名义金额

【答案】 ACD

【名师点睛】 政府会计中资产的计量属性主要包括历史成本、重置成本、现值、公允价值和名义金额。

考试方向

考查政府会计要素的计量规则。

【例题 18-2 多选题】(2019 年真题) 下列各项中,属于政府预算会计要素的有(   )。

A. 预算结余　　　　B. 预算收入　　　　C. 净资产　　　　D. 预算支出

【答案】 ABD

【名师点睛】 政府预算会计要素包括预算收入、预算支出和预算结余。

考试方向

了解为主,适当关注政府会计要素的有关内容。

五、 政府决算报告和财务报告

(一) 政府财务报告

政府财务报告是反映政府会计主体某一特定日期的财务状况和某一会计期间的运行情况和现金流量等信息的文件。

政府财务报告应当包括财务报表和其他应当在财务报表中披露的相关信息和资料。财务报表包括财务报表和附注。会计报表至少应当包括资产负债表、收入费用表和净资产变动表。

政府财务报告主要分为政府部门财务报告和政府综合财务报告。政府部门编制部门财务报告,反映本部门的财务状况和运行情况;财政部门编制政府综合财务报告,反映政府整体的财务状况、运行情况和财政中长期可持续性。

第十八章

（二）政府决算报告

政府决算报告是综合反映政府会计主体年度预算收支执行结果的文件。

政府决算报告应当包括决算报表和其他应当在决算报告中反映的相关信息和资料。

第二节 政府单位特定业务的核算

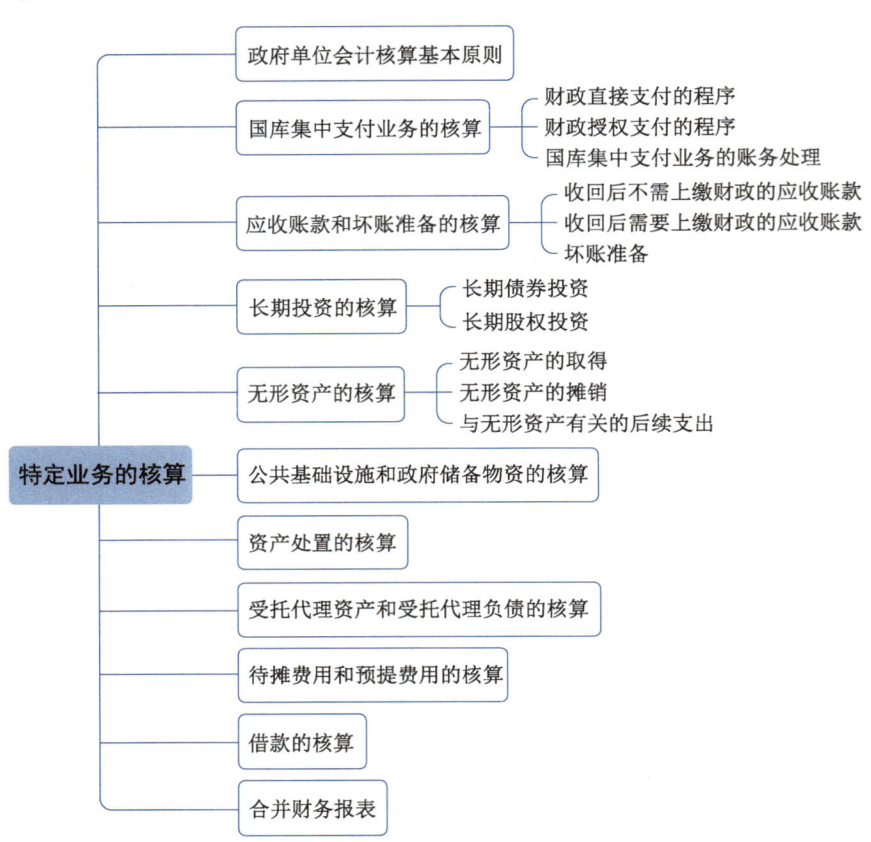

一、政府单位会计核算基本原则

（一）预算会计

单位预算会计采用收付实现制，国务院另有规定的从其规定。预算会计恒等式为"预算收入－预算支出＝预算结余"。

（二）财务会计

反映单位财务状况的等式为"资产－负债＝净资产"，反映运行情况的等式为"收入－费用＝本期盈余"，本期盈余经分配后最终转入净资产。财务会计采用权责发生制。

此外，单位财务会计核算中关于应交增值税的会计处理与企业会计基本相同，但是在预算会计处理中，预算收入和预算支出包含了销项税额和进项税额，实际缴纳增值税时计入预算支出。为了简化起见,本节内容在账务处理介绍中一般不涉及增值税的会计处理。

二、 国库集中支付业务的核算 ★ ★

国库集中收付,是指以国库单一账户体系为基础,将所有财政性资金都纳入国库单一账户体系管理,收入直接缴入国库和财政专户,支出通过国库单一账户体系支付到商品和劳务供应者或用款单位的一项国库管理制度。

(一)财政直接支付的程序

在财政直接支付方式下,政府单位在需要使用财政资金时,按照批复的部门预算和资金使用计划,向财政国库支付执行机构提出支付申请。财政国库支付执行机构根据批复的部门预算和资金使用计划及相关要求对支付申请审核无误后,向代理银行发出支付令,并通知中国人民银行国库部门,通过代理银行进入全国银行清算系统实时清算,财政资金从国库单一账户划拨到收款人的银行账户。

在这种支付方式下,政府单位提出支付申请,由财政部门发出支付令,再由代理银行经办资金支付。对于财政直接支付的资金,政府单位应予收到政府国库支付执行机构委托银行转来的"财政直接支付入账通知书"时,按入账通知书中标明的金额进行会计处理。年度终了,政府单位还应依据本年度财政直接支付预算指标数与当年财政直接支付实际支出数的差额,进行相应会计处理。

(二)财政授权支付的程序

在财政授权支付方式下,政府单位按照批复的部门预算和资金使用计划,向财政国库支付执行机构申请授权支付的月度用款额度,财政国库支付执行机构将批准后的限额通知代理银行和政府单位,并通知中国人民银行国库部门。政府单位在月度用款额度限额内,自行开具支付令,通过财政国库支付执行机构转由代理银行向收款人付款,并与国库单一账户清算。

在这种支付方式下,单位申请到的是用款限额而不是存入单位账户的实有资金,单位可以在用款限额内自行开具支付令,再由代理银行向收款人付款。政府单位应在收到代理银行盖章的"授权支付到账通知书"以及支用额度时,进行类似于收支银行存款的会计处理。年度终了,政府单位应依据代理银行提供的对账单作注销额度的会计处理;如果单位本年度财政授权支付预算指标数大于零余额账户用款额度下达数,政府单位还应根据两者的差额,进行相应会计处理。

(三)国库集中支付业务的账务处理

政府单位核算国库集中支付业务,应当在进行预算会计核算的同时进行财务会计核算。政府单位在财务会计中应当设置"财政拨款收入""零余额账户用款额度""财政应返还额度"等科目,在预算会计中应设置"财政拨款预算收入""资金结存——零余额账户用款额度""资金结存——财政应返还额度"科目。

1. 直接支付业务

(1)单位收到"财政直接支付入账通知书",按照通知书中的直接支付入账金额。

① 预算会计:

借:行政支出/事业支出等
　　贷:财政拨款预算收入

② 财务会计：

借：库存物品/固定资产/应付职工薪酬/业务活动费用/单位管理费用
　　贷：财政拨款收入

（2）年末，根据本年财政直接支付预算指标数与当年财政直接支付实际支出数的差额。

① 预算会计：

借：资金结存——财政应返还额度
　　贷：财政拨款预算收入

② 财务会计：

借：财政应返还额度
　　贷：财政拨款收入

（3）下年度恢复财政直接支付额度后，单位以财政直接支付方式发生实际支出时。

① 预算会计：

借：行政支出/事业支出等
　　贷：资金结存——财政应返还额度

② 财务会计：

借：库存物品/固定资产/应付职工薪酬/业务活动费用/单位管理费用等
　　贷：财政应返还额度

案例 18-1

2020 年 10 月 9 日，某事业单位根据经过批准过的部门预算和用款计划，向同级财政部门申请支付第三季度水费 106000 元。10 月 18 日，财政部门经审核后，以财政直接支付方式向自来水公司支付了该单位的水费 106000 元。10 月 23 日，该事业单位收到了"财政直接支付入账通知书"。该单位应作如下账务处理：

借：事业支出　　　　　　　　　　　　　　　　　　　　106000
　　贷：财政拨款预算收入　　　　　　　　　　　　　　　　106000

同时，

借：单位管理费用　　　　　　　　　　　　　　　　　　106000
　　贷：财政拨款收入　　　　　　　　　　　　　　　　　　106000

案例 18-2

2020 年 12 月 31 日，某行政单位财政直接支付指标数与当年财政直接支付实际支出数之间的差额为 200000 元。2021 年年初，财政部门恢复了该单位的财政直接支付额度。2021 年 1 月 15 日，该单位以财政直接支付方式购买一批办公用物资（属于上年预算指标数），支付给供应商 100000 元价款，该行政单位应作如下账务处理。

（1）2020 年 12 月 31 日，补记指标：

借：资金结存——财政应返还额度　　　　　　　　　　　200000
　　贷：财政拨款预算收入　　　　　　　　　　　　　　　200000

同时，

借：财政应返还额度——财政直接支付　　　　　　　　　200000
　　贷：财政拨款收入　　　　　　　　　　　　　　　　　200000

（2）2021 年 1 月 15 日,使用上年预算指标购买办公用品:

借:行政支出 100000
　　贷:资金结存——财政应返还额度 100000

同时,

借:库存物品 100000
　　贷:财政应返还额度——财政直接支付 100000

2. 授权支付业务

（1）单位收到代理银行盖章的"授权支付到账通知书"时,根据通知书所列数额。

① 预算会计:

借:资金结存——零余额账户用款额度
　　贷:财政拨款预算收入

按规定支用额度时,按照实际支用的额度:

借:行政支出/事业支出等
　　贷:资金结存——零余额账户用款额度

② 财务会计:

借:零余额账户用款额度
　　贷:财政拨款收入

按规定支出额度时,按照实际支出的额度:

借:库存物品/固定资产/应付职工薪酬/业务活动费用/单位管理费用等
　　贷:零余额账户用款额度

（2）年末,依据代理银行提供的对账单作注销额度的相关账务处理。

① 预算会计:

借:资金结余——财政应返还额度
　　贷:资金结存——零余额账户用款额度

② 财务会计:

借:财政应返还额度
　　贷:零余额账户用款额度

（3）下年恢复额度时。

① 预算会计:

借:资金结存——零余额账户用款额度
　　贷:资金结存——财政应返还额度

② 财务会计:

借:零余额账户用款额度
　　贷:财政应返还额度——财政授权支付

第十八章

（4）年末,单位本年度财政授权支付预算指标数大于零余额账户用款额度下达数,根据未下达的用款额度。

① 预算会计:

借:资金结存——财政应返还额度
　　贷:财政拨款预算收入

② 财务会计:

借:财政应返还额度
　　贷:财政拨款收入

（5）下年收到财政部门批复的上年年末未下达零余额账户用款额度时。

① 预算会计:

借:资金结存——零余额账户用款额度
　　贷:资金结存——财政应返还额度

② 财务会计:

借:零余额账户用款额度
　　贷:财政应返还额度

案例 18-3

2020 年 3 月,某科研所根据经过批准的部门预算和用款计划,向同级财政部门申请财政授权支付用款额度 180000 元。4 月 6 日,财政部门审核后,以财政授权支付方式下达了 170000 元用款额度。4 月 8 日,该科研所收到代理银行转来的"授权支付到账通知书",该科研所应作如下账务处理:

借:资金结存——零余额账户用款额度　　　　　　　　　　170000
　　贷:财政拨款预算收入　　　　　　　　　　　　　　　　　170000

同时,

借:零余额账户用款额度　　　　　　　　　　　　　　　170000
　　贷:财政拨款收入　　　　　　　　　　　　　　　　　　170000

案例 18-4

2020 年 12 月 31 日,某事业单位经与代理银行提供的对账单核对无误后,将 150000 元零余额账户用款额度予以注销。另外,本年度财政授权支付预算指标数大于零余额账户用款额度下达数,未下达的用款额度为 200000 元。2021 年度,该单位收到代理银行提供的额度恢复到账通知书及财政部门批复的上年年末未下达零余额账户用款额度。该事业单位应作如下账务处理。

（1）注销额度:

借:资金结存——财政应返还额度　　　　　　　　　　　150000
　　贷:资金结存——零余额账户用款额度　　　　　　　　　　150000

同时,

借:财政应返还额度——财政授权支付　　　　　　　　150000

　　贷:零余额账户用款额度　　　　　　　　　　　　　　　150000

（2）补记指标数:

借:资金结存——财政应返还额度　　　　　　　　　　200000

　　贷:财政拨款预算收入　　　　　　　　　　　　　　　　200000

同时,

借:财政应返还额度——财政授权支付　　　　　　　　200000

　　贷:财政拨款收入　　　　　　　　　　　　　　　　　　200000

（3）2021 年,恢复额度:

借:资金结存——零余额账户用款额度　　　　　　　　150000

　　贷:资金结存——财政应返还额度　　　　　　　　　　　150000

同时,

借:零余额账户用款额度　　　　　　　　　　　　　　150000

　　贷:财政应返还额度——财政授权支付　　　　　　　　　150000

（4）2021 年,收到财政部门批复的上年年末未下达的额度:

借:资金结存——零余额账户用款额度　　　　　　　　200000

　　贷:资金结存——财政应返还额度　　　　　　　　　　　200000

同时,

借:零余额账户用款额度　　　　　　　　　　　　　　200000

　　贷:财政应返还额度——财政授权支付　　　　　　　　　200000

考试方向 掌握财政直接支付和财政授权支付的会计核算问题。

三、 应收账款和坏账准备的核算 ★

单位的应收账款是指单位因出租资产、出售物资等应收取的款项以及事业单位提供服务、销售产品等应收取的款项。对于事业单位收回后不需上缴财政的应收账款应当计提坏账准备,对于收回后需上缴财政的应收账款不计提坏账准备。

（一）收回后不需上缴财政的应收账款

1. 发生应收账款时

借:应收账款

　　贷:事业收入/经营收入/租金收入/其他收入等

2. 收回应收账款时

（1）财务会计:

借:银行存款

　　贷:应收账款

（2）预算会计:

借:资金结存——货币资金

　　贷:事业预算收入/经营预算收入

（二）收回后需要上缴财政的应收账款

1. 发生应收账款时

借：应收账款
  贷：应缴财政款

2. 收回应收账款时

借：银行存款
  贷：应收账款

3. 将款项上缴财政时

借：应缴财政款
  贷：银行存款

（三）坏账准备

本科目核算事业单位对收回后不需上缴财政的应收账款和其他应收款提取的坏账准备。事业单位应当于每年年末，对收回后不需上缴财政的应收账款和其他应收款进行全面检查，分析其可收回性，对预计可能产生的坏账损失计提坏账准备、确认坏账损失。

1. 坏账准备的计提方法

坏账准备的计提方法（如表 18-3 所示）。

表 18-3 坏账准备的计提方法

计提方法	概念
余额百分比法	根据会计期末应收账款的余额和估计的坏账比率，估计坏账损失，计提坏账准备
账龄分析法	根据应收账款账龄的长短来估计坏账
个别认定法	根据每一项应收账款的情况来估计坏账损失

2. 当期应补提或冲减的坏账准备金额的计算公式

当期应补提（或冲减）的坏账准备 = 按照期末应收账款和其他应收款计算应计提的坏账准备金额 − "坏账准备"科目期末贷方余额（或 + "坏账准备"科目期末借方余额）

考试方向
考查坏账准备计提的会计处理。

3. 坏账准备的账务处理

坏账准备的账务处理，详见表 18-4。

表 18-4 坏账准备的账务处理

提取坏账准备	冲减坏账准备	账龄超过规定年限并确认无法收回的应收账款	已核销的应收账款日后又收回

借：其他费用
  贷：坏账准备
	借：坏账准备
	  贷：其他费用
		借：坏账准备
		  贷：应收账款
			借：应收账款
			  贷：坏账准备
			同时，
			借：银行存款
			  贷：应收账款
			借：资金结存——货币资金
			  贷：非财政拨款结余

第十八章

四、长期投资的核算 ★

长期投资是事业单位取得的持有时间超过 1 年(不含 1 年)的债权和股权性质的投资。

(一)长期债券投资

长期债券投资在取得时,应当按照实际成本作为初始投资成本。实际支付价款中包含的已到付息期但尚未领取的债券利息,应当单独确认为应收利息,不计入长期债券投资初始投资成本。

1. 初始取得时

(1)财务会计:

借:长期债券投资——成本
　　应收利息
　　　贷:银行存款

(2)预算会计:

借:投资支出
　　　贷:资金结存——货币资金

2. 收到价款里包含利息时

(1)财务会计:

借:银行存款
　　　贷:应收利息

(2)预算会计:

借:资金结存——货币资金
　　　贷:投资支出

3. 长期债券投资持有期间,确认利息收入

长期债券投资持有期间,应当按期以票面金额与票面利率计算确认利息收入。

(1)分期付息、一次还本:

借:应收利息
　　　贷:投资收益

收到分期付息的利息:

① 财务会计:

借:银行存款
　　　贷:应收利息

② 预算会计:

借:资金结存——货币资金
　　　贷:投资预算收益

（2）一次还本付息：

借：长期债券投资——应计利息
　　贷：投资收益

4. 到期收回或对外出售债券投资

（1）财务会计：

借：银行存款
　　贷：长期债券投资
　　　　应收利息
　　　　投资收益

（2）预算会计：

借：资金结存——货币资金
　　贷：投资支出/其他结余/投资预算收益

（二）长期股权投资

1. 取得长期股权投资的处理

长期股权投资在取得时，应当按照实际成本作为初始投资成本。

（1）以现金取得的长期股权投资的。

以支付现金取得的长期股权投资，按照实际支付的全部价款（包括购买价款和相关税费）作为实际成本。实际支付价款中包含的已宣告但尚未发放的现金股利，应当单独确认为应收股利，不计入长期股权投资初始投资成本。

① 取得长期股权投资时。

a. 财务会计：

借：长期股权投资
　　应收股利
　　贷：银行存款

b. 预算会计：

借：投资支出
　　贷：资金结存——货币资金

② 收到取得股权投资时实际支付阶段中包含的已宣告但尚未发放的现金股利时。

a. 财务会计：

借：银行存款
　　贷：应收股利

b. 预算会计：

借：资金结存——货币资金
　　贷：投资支出

（2）以现金以外的其他资产置换取得的长期股权投资的。

事业单位以现金以外的其他资产置换取得的长期股权投资，其成本按照换出资产的评估价值加上支付的补价或减去收到的补价，加上换入长期股权投资发生的其他相关支出确定。

以固定资产、无形资产取得长期股权投资的。

a. 财务会计：

借：长期股权投资
　　固定资产累计折旧(无形资产累计摊销)
　　资产处置费用
　　贷：固定资产(无形资产)
　　　　银行存款
　　　　其他应交税费
　　　　其他收入

b. 预算会计：

借：其他支出
　　贷：资金结存——货币资金

（3）以未入账的无形资产取得长期股权投资的。

① 财务会计：

借：长期股权投资
　　贷：银行存款
　　　　其他应交税费
　　　　其他收入

② 预算会计：

借：其他支出
　　贷：资金结存——货币资金

2. 长期股权投资持有期间的处理

长期股权投资在持有期间,通常应当采用权益法进行结算。事业单位无权决定被投资单位的财务和经营政策或无权参与被投资单位的财务和经营政策决策的,应当采用成本法核算。

（1）采用成本法核算。

采用成本法核算时,长期股权投资的账面余额通常保持不变,但追加或收回投资时,应当相应调整其账面余额。

① 长期股权投资持有期间,被投资单位宣告发放现金股利或利润时：

借：应收股利
　　贷：投资收益

② 收到现金股利或利润时：

a. 财务会计：

借：银行存款
　　贷：应收股利

b. 预算会计：

借：资金结存——货币资金
　　贷：投资预算收益

（2）采用权益法核算。

采用权益法核算的,事业单位应当根据其在被投资单位所享有的所有者权益份额的变动对长期股权投资的账面余额进行调整。

① 被投资单位实现净利润的:

借:长期股权投资——损益调整
  贷:投资收益

② 本投资单位发生净亏损的:

借:投资收益
  贷:长期股权投资——损益调整

提示 ▶以"长期股权投资"科目的账面余额减记至零为限,事业单位负有承担额外损失义务的除外。

③ 被投资单位日后又实现净利润的:

借:长期股权投资——损益调整
  贷:投资收益

④ 被投资单位宣告分派现金股利或利润的:

借:应收股利
  贷:长期股权投资——损益调整

⑤ 被投资单位发生除净损益和利润分配以外的所有者权益变动的:

借(贷):长期股权投资——其他权益变动
  贷(借):权益法调整

⑥ 事业单位处置长期股权投资:政府会计主体按规定报经批准处置长期股权投资,应当冲减长期股权投资的账面余额,并按规定将处置价款扣除相关税费后的余额作应缴款项处理,或者按规定将处置价款扣除相关税费后的余额与长期股权投资账面余额的差额计入当期投资损益。

采用权益法核算的长期股权投资,因被投资单位除净损益和利润分配以外的所有者权益变动而将应享有的份额计入净资产的(权益法调整),处置该项投资时,还应当将原计入净资产的相应部分转入当期投资损益。

案例 18-8

甲科研事业单位报经批准于 2020 年 1 月 10 日以自行研发的专利技术作价出资,与乙企业共同成立丙有限责任公司(假定相关的产权手续于当日办理完毕)。甲单位该专利技术账面余额为 50 万元,累计摊销 20 万元,评估价值 400 万元。丙公司注册资本 600 万元,甲单位股权比例为 60%,能够决定丙公司财务和经营政策。2020 年,丙公司全年实现净利润 400 万元、除净利润以外的所有者权益减少额为 60 万元。2020 年 4 月,丙公司宣告向股东分配利润 200 万元,6 月,丙公司实际向股东支付了利润 200 万元。2020 年,丙公司全年发生净亏损 900 万元,2021 年丙公司全年实现净利润 300 万元。假定不考虑税费等其他因素。甲单位的账务处理如下:

第十八章

考试方向
考查长期投资的核算。

(1) 2020 年 1 月,以无形资产取得长期股权投资:

借:长期股权投资——丙公司(成本) 4000000

　　无形资产累计摊销 200000

　　　贷:无形资产 500000

　　　　其他收入 3700000

(2) 2020 年 12 月 31 日:

确认对丙公司投资收益:

借:长期股权投资——丙公司(损益调整) 2400000

　　贷:投资收益 2400000

确认丙公司除净利润以外的所有者权益减少额中应分担的份额:

借:权益法调整 360000

　　贷:长期股权投资——丙公司(其他权益变动) 360000

(3) 2020 年 4 月,确认丙公司宣告分派利润中应享有份额:

借:应收股利 1200000

　　贷:长期股权投资——丙公司(损益调整) 1200000

宣告分派利润后"长期股权投资——丙公司"科目的账面余额＝4000000＋2400000－360000－1200000＝4840000(元)

2020 年 6 月,实际收到丙公司发放的股利:

借:银行存款 1200000

　　贷:应收股利 1200000

同时,

借:资金结存——货币资金 1200000

　　贷:投资预算收益 1200000

(4) 2020 年 12 月 31 日,确认对丙公司的投资损失:

可减少"长期股权投资——丙公司"科目账面余额为 4840000 元。

借:投资收益 4840000

　　贷:长期股权投资——丙公司(损益调整) 4840000

备查登记中应记录未减记长期股权投资的金额＝9000000×60％－4840000＝560000(元)

(5) 2021 年 12 月 31 日,确认对丙公司的投资收益:

可恢复"长期股权投资——丙公司"科目账面余额＝3000000×60％－560000＝1240000(元)

借:长期股权投资——丙公司(损益调整) 1240000

　　贷:投资收益 1240000

五、 无形资产的核算 ★

无形资产,是指政府会计主体控制的没有实物形态的可辨认非货币性资产,如专利权、商标权、著作权、土地使用权、非专利技术等。资产满足下列条件之一的,符合无形资产定义中的可辨认性标准:

(1) 能够从政府会计主体中分离或者划分出来,并能单独或者与相关合同、资产或负债一起,用于出售、转移、授予许可、租赁或者交换。

(2) 源自合同性权利或其他法定权利,无论这些权利是否可以从政府会计主体或其他权利和义务中转移或者分离。

提示 ▶ 政府单位购入的不构成相关硬件不可缺少组成部分的软件,应当确认为无形资产。政府单位自创商誉即内部产生的品牌、报刊名等,不应确认为无形资产。

(一) 无形资产的取得

政府单位取得无形资产的方式主要包括外购、自行研发和无偿调入。无形资产在取得时按照成本进行初始计量,并分别按照不同取得方式进行会计处理。

1. 外购的无形资产

政府单位外购的无形资产,其成本包括购买价款、相关税费(不包括按规定可抵扣的增值税进项税)以及可归属于该项资产达到预定用途前发生的其他支出。

(1) 外购无形资产时。

① 财务会计:

借:无形资产
　　贷:财政拨款收入/零余额账户用款额度/应付账款/银行存款等

② 预算会计:

借:行政支出/事业支出等
　　贷:资金结存/财政拨款预算收入

(2) 委托软件公司开发软件。

① 合同中约定预付开发费的:

a. 财务会计:

借:预付账款
　　贷:财政拨款收入/零余额账户用款额度/银行存款等

b. 预算会计:

借:行政支出/事业支出等
　　贷:资金结存/财政拨款预算收入

② 软件开发完成交付使用并支付剩余开发费用时。

a. 财务会计:

借:无形资产
　　贷:预付账款
　　　　财政拨款收入/零余额账户用款额度/银行存款等

b. 预算会计：

借：行政支出/事业支出等
    贷：资金结存/财政拨款预算收入

2. 自行开发的无形资产

单位自行研究开发项目的支出，应当区分研究阶段支出与开发阶段支出，研究阶段的支出，应当于发生时计入当期费用；开发阶段的支出，先按合理方法进行归集，如果最终形成无形资产的，应当确认为无形资产；如果最终未形成无形资产的，应当计入当期费用。

政府单位应当设置"研发支出"科目，核算自行研发项目研究阶段和开发阶段发生的各项支出。该科目下应当分"研究支出""开发支出"进行明细核算。建设项目中的软件研发支出，应当通过"在建工程"科目核算。

（1）研究阶段支出。

① 财务会计：

借：研发支出——研究支出
    贷：相关科目

借：业务活动费用
    贷：研发支出——研究支出

② 预算会计：

借：行政支出/事业支出等
    贷：资金结存/财政拨款预算收入

（2）开发阶段支出。

① 财务会计：

借：研发支出——开发支出
    贷：有关科目

借：无形资产
    贷：研发支出——开发支出

② 预算会计：

借：行政支出/事业支出等
    贷：资金结存/财政拨款预算收入

提示▶ 自行研究开发项目尚未进入开发阶段，或者确实无法区分研究阶段支出和开发阶段支出，但按法律程序已申请取得无形资产的，应当将依法取得时发生的注册费、聘请律师费等费用确认为无形资产。

财务会计处理：

借：无形资产
    贷：财政拨款收入/零余额账户用款额度/银行存款等

同时，预算会计处理：

借：行政支出/事业支出等
　　贷：资金结存/财政拨款预算收入

对于依法取得前发生的研究开发支出：

借：业务活动费用
　　贷：研发支出

3. 无偿调入的无形资产

（1）财务会计：

借：无形资产
　　贷：零余额账户用款额度/银行存款
　　　　无偿调拨净资产

（2）预算会计：

借：其他支出
　　贷：资金结存/财政拨款预算收入

考试方向

考查政府单位取得无形资产的确定。

【例题 18-3 判断题】（2020 年真题）　政府单位取得无偿调入的无形资产，应当按照该资产的公允价值加上相关税费作为初始成本。（　　　）

【答案】　×

【名师点睛】　政府单位无偿调入的无形资产，在财务会计中，按照调出方账面价值加上相关税费，借记"无形资产"科目，按照发生的相关税费等，贷记"零余额账户用款额度""银行存款"等科目，按照其差额，贷记"无偿调拨净资产"科目；同时在预算会计中，按照实际支付的相关税费，借记"其他支出"科目，货记"资金结存"或"财政拨款预算收入"科目。

（二）无形资产的摊销

政府单位应当对使用年限有限的无形资产进行摊销，但已摊销完毕仍继续使用的无形资产和以名义金额计量的无形资产除外。使用年限不确定的无形资产不应摊销。

对于使用年限有限的无形资产，政府单位应当按照以下原则确定无形资产的摊销年限：

（1）法律规定了有效年限的，按照法律规定的有效年限为摊销年限。

（2）法律没有规定有效年限的，按照相关合同或单位申请书中的受益年限作为摊销年限。

（3）法律中没有规定有效年限、相关合同或单位申请书也没有规定受益年限的，应当根据无形资产为政府会计主体带来服务潜力或经济利益的实际情况，预计其使用年限。

（4）非大批量购入、单价小于 1000 元的无形资产，可以于购买的当期将其成本一次性全部转销，计入当期费用。

政府单位应当采用年限平均法或者工作量法对无形资产进行摊销，应摊销金额为其成本，不考虑预计残值。因发生后续支出而增加无形资产成本的，对于使用年限有限的无形资产，应当按照重新确定的无形资产成本以及重新确定的摊销年限计算摊销。财务会计处理如下：

借：业务活动费用/单位管理费用/加工物品/在建工程等
　　贷：无形资产累计摊销

（三）与无形资产有关的后续支出

与无形资产有关的后续支出，符合无形资产确认条件的，应当计入无形资产成本；不符合无形资产确认条件的，应当在发生时计入当期费用或者相关资产成本。

1. 符合无形资产确认条件的后续支出

（1）如需暂停对无形资产进行摊销，应当将无形资产账面价值转入"在建工程"科目：

借：在建工程
　　无形资产累计摊销
　　贷：无形资产

（2）发生后续支出时：

① 财务会计：

借：无形资产［无须暂停摊销的］/在建工程［须暂停摊销的］
　　贷：财政拨款收入/零余额账户用款额度/银行存款

② 预算会计：

借：行政支出/事业支出
　　贷：资金结存/财政拨款预算收入

（3）暂停摊销的无形资产升级改造或扩展功能完成交付使用：

借：无形资产
　　贷：在建工程

2. 不符合无形资产确认条件的后续支出

（1）财务会计：

借：业务活动费用/单位管理费用等
　　贷：财政拨款收入/零余额账户用款额度/银行存款等

（2）预算会计：

借：行政支出/事业支出
　　贷：资金结存/财政拨款预算收入

六、 公共基础设施和政府储备物资的核算

公共基础设施和政府储备物资属于单位控制的经管（即经手管理）资产。经管类资产是政府单位以管理方式控制的，供社会公众使用的经济资源，主要包括公共基础设施、政府储备物资、文物文化资产、保障性住房等。

（一）公共基础设施

公共基础设施，是指政府单位为满足社会公共需求而控制的，同时具有以下特征的有形资产：

（1）是一个有形资产系统或网络的组成部分。

（2）具有特定用途。

（3）一般不可移动。

为了核算公共基础设施，政府单位应当设置"公共基础设施"和"公共基础设施累计折旧"科目。公共基础设施在取得时，应当按照其成本入账，其账务处理与固定资产基本相同。

（二）政府储备物资

政府储备物资是指政府单位为满足实施国家安全与发展战略、进行抗灾救灾、应对公共突发事件等特定公共需要而控制的，具有以下特征的有形资产：

（1）在应对可能发生的特定事件或情形时动用。

（2）其购入、存储保管、更新（轮换）、动用等由政府及相关部门发布的专门管理制度规范。

七、资产处置的核算

政府单位资产处置的形式按照出售（自主出售除外）、出让、转让、置换、对外捐赠、无偿调拨、报废、毁损以及货币性资产损失核销等。政府单位应当在财务会计中设置"资产处置费用""无偿调拨净资产""待处理财产损溢——待处理财产价值/处理净收入"明细科目。

（1）出售、出让、转让资产。

① 将被处置资产账面价值转销：

借：资产处置费用
　　固定资产累计折旧/无形资产累计摊销
　　　贷：固定资产/无形资产

② 将处置收入扣除相关处置费用后的处置净收益上缴财政：

借：银行存款
　　　贷：应缴财政款

借：应缴财政款
　　　贷：银行存款

③ 按规定将资产处置收益纳入单位预算管理的，应将净收益在财务会计中记入"其他收入"科目，在预算会计中记入"其他预算收入"科目。

④ 事业单位出售、转让以货币取得的长期股权投资：

a. 财务会计：

借：银行存款
　　　贷：长期股权投资
　　　　　应收股利
　　　　　投资收益

b. 预算会计：

借：资金结存——货币资金
　　　贷：投资支出［出售本年度取得］/其他结余［出售以前年度取得］
　　　　　投资预算收益

（2）对于置换出资产,应按与换入资产一同进行相关会计处理。

（3）对于对外捐赠资产,政府单位应当将被处置资产账面价值转销记入"资产处置费用"科目,并将发生的归属于捐出方的相关费用在财务会计中记入"资产处置费用"科目、在预算会计中记入"其他支出"科目。

（4）对于无偿调出资产,政府单位应当将被处置资产账面价值转销记入"无偿调拨净资产"科目,并将发生的归属于调出方的相关费用在财务会计中记入"资产处置费用"科目,在预算会计中记入"其他支出"科目。

（5）对于资产报废、毁损、盘盈、盘亏,政府单位应当在报经批准前将相关资产账面价值转入"待处理财产损溢"科目,待报经批准后再进行资产处置的相关会计处理。

【例题 18-4 多选题】（2020 年真题） 2020 年 9 月 1 日,甲事业单位报经批准提前报废一项固定资产,该固定资产的账面余额为 500000 元,已计提折旧 480000 元。以银行存款支付清理费用 5000 元,残料变卖收入 8000 元已收存银行。不考虑其他因素,下列关于甲事业单位资产处置会计处理的表述中,正确的有（   ）。

考试方向
考查资产处置的会计处理。

    A. 增加应缴财政款 3000 元　　　　B. 增加其他费用 5000 元

    C. 增加其他收入 8000 元　　　　　D. 增加资产处置费用 20000 元

【答案】 AD

【名师点睛】 甲事业单位报废固定资产的相关账务处理。

① 将固定资产转入待处置资产时:

借:待处理财产损溢——待处理财产价值	20000	
固定资产累计折旧	480000	
贷:固定资产		500000

② 报经批准对固定资产予以处置时:

借:资产处置费用	20000	
贷:待处理财产损溢——待处理财产价值		20000

③ 支付清理费用时:

借:待处理财产损溢——处理净收入	5000	
贷:银行存款		5000

④ 收到残料变价收入时:

借:银行存款	8000	
贷:待处理财产损溢——处理净收入		8000

⑤ 结转固定资产处置净收入:

借:待处理财产损溢——处理净收入	3000	
贷:应缴财政款		3000

综上,选项 AD 正确。

八、受托代理资产和受托代理负债的核算

受托代理资产是指政府单位接受委托方委托管理的各项资产,包括受托指定转赠的

物资、受托存储保管的物资和罚没物资等。

提示▶政府单位收到的受托代理资产为现金和银行存款的,不通过"受托代理资产"科目核算,应当通过"库存现金""银行存款"科目进行核算。

(1)政府接受委托人委托存储保管或需要转赠给受赠人的物资,其成本按照有关凭据注明的金额确定。财务会计处理如下:

借:受托代理资产
　　贷:受托代理负债

将受托转赠物资交付给受赠人或按委托人要求发出委托存储保管的物资时,作相反会计分录。转赠物资的委托人取消了对捐赠物资的转赠要求,且不再收回捐赠物资的,应当将转赠物资转为单位的存货、固定资产等,同时确认其他收入。

(2)政府单位罚没的物资,其成本按照有关凭据注明的金额确定,罚没物资成本无法可靠确定的,应当设置备查簿进行登记。财务会计处理如下:

① 罚没物资验收,按照确定的成本:

借:受托代理资产
　　贷:受托代理负债

② 罚没物资处置时:

借:受托代理负债
　　贷:受托代理资产

借:银行存款
　　贷:应缴财政款

九、 待摊费用和预提费用的核算

(一) 待摊费用

核算单位已经支付,但应当由本期和以后各期分别负担的分摊期在 1 年以内(含 1 年)的各项费用,如预付航空保险费、预付租金等。摊销期限在 1 年以上的租入固定资产改良支出和其他费用,应当通过"长期待摊费用"科目核算,不通过本科目核算。待摊费用应当在其受益期限内分期平均摊销,如预付航空保险费应在保险期的有效期内平均摊销,预付租金应在租赁期内分期平均摊销,计入当期费用。

1. 发生待摊费用时,应当按照实际预付的金额

(1)财务会计:

借:待摊费用/长期待摊费用
　　贷:财政拨款收入/零余额账户用款额度/银行存款

(2)预算会计:

借:行政支出/事业支出
　　贷:资金结存/财政拨款预算收入

2. 按照受益期限分期平均摊销

借:业务活动费用/单位管理费用等
　　贷:待摊费用/长期待摊费用

> **提示** ▶ 如果某项待摊费用不能使政府单位受益,应当将其摊余金额一次全部转入当期费用。

(二) 预提费用

预提费用是指政府单位预先提取的已经发生但尚未支付的费用,如预提租金费用等。

> **提示** ▶ 事业单位计提的借款利息费用,通过"应付利息""长期借款"科目核算,不通过本科目核算。

1. 事业单位按照规定从科研收入中提取项目间接费用或管理费用时

(1) 财务会计:

借:单位管理费用等
　　贷:预提费用——项目间接费用或管理费

(2) 预算会计:

借:非财政拨款结转——项目间接费用或管理费等
　　贷:非财政拨款结余——项目间接费用或管理费等

2. 实际使用计提的项目间接费用或管理费用时

(1) 财务会计:

借:预提费用——项目间接费用或管理费
　　贷:银行存款/库存现金等

(2) 预算会计:

借:事业支出
　　贷:资金结存

3. 政府单位按期预提租金等其他预提费用

借:业务活动费用/单位管理费用等
　　贷:预提费用

4. 实际支付款项时

(1) 财务会计:

借:预提费用
　　贷:零余额账户用款额度/银行存款等

(2) 预算会计:

借:行政支出/事业支出等
　　贷:资金结存/财政拨款预算收入等

十、 借款的核算

借款是事业单位从银行或其他金融机构借入的款项。

（一）取得借款

1. 财务会计

借：银行存款
    贷：短期借款/长期借款——本金

2. 预算会计

借：资金结存——货币资金
    贷：债务预算收入

（二）计提借款利息

事业单位应当按照借款本金和合同或协议约定的利率按期计提借款利息。

1. 为购建固定资产等工程项目借入的专门借款的利息

（1）事业单位为购建固定资产等工程项目借入专门借款的，对于发生的专门借款利息应当按照借款利息减去尚未动用的借款资金产生的利息收入后的金额，属于工程项目建设期间发生的，计入工程成本；不属于工程项目建设期间发生的，计入当期费用。

（2）工程项目建设期间发生非正常中断且中断连续超过3个月（含3个月）的，事业单位应当将非正常中断期间的借款费用计入当期费用。

（3）如果中断是使工程项目达到交付使用所必须的程序，则中断期间所发生的借款费用仍应计入工程成本。

2. 其他借款的利息

（1）事业单位除工程项目借款以外的其他借款计提的利息，应当计入当期费用。相关财务会计处理如下：

借：其他费用
    贷：应付利息［短期借款或分期付息、到期还本长期借款利息］/长期借款——应计利息［到期
        一次还本付息的长期借款利息］

（2）实际支付短期借款利息或分期付息长期借款利息时：

① 财务会计：

借：应付利息
    贷：银行存款

② 预算会计：

借：其他支出
    贷：资金结存——货币资金

（三）偿还借款

1. 财务会计

借：短期借款/长期借款——本金/长期借款——应计利息
    贷：银行存款

2. 预算会计

借：债务还本支出［本金部分］
    其他支出［利息金额］
    贷：资金结存——货币资金

十一、合并财务报表

(一)合并财务报表的概念和构成

合并财务报表,是指反映合并主体和其全部被合并主体形成的报告主体整体财务状况和运行情况的财务报表。合并主体,是指有一个或一个以上被合并主体的政府会计主体。

合并财务报表至少包括合并资产负债表、合并收入费用表和附注。

(二)合并财务报表的分类和编制主体

合并财务报表按照合并级次分为部门(单位)合并财务报表、本级政府合并财务报表和行政区政府合并财务报表。

(三)合并程序

1. 一般合并程序

合并财务报表应当以合并主体和其被合并主体的财务报表为基础,根据其他有关资料加以编制。合并财务报表应当以权责发生制为基础编制。

2. 报告期内被合并主体变动的处理

报告期内被合并主体变动的处理,详见表18-5。

表 18-5 报告期内增加被合并主体处理规则表

增加或减少被合并主体事由	合并收入费用表	合并资产负债表
因划转而纳入	报告期内收入、费用包括在合并收入费用表本期数中	期初数不作调整
因划转而不纳入	报告期内收入、费用不包括在合并收入费用表本期数中	期初数不作调整
被合并主体撤销	期初至撤销日的收入、费用包括在本期合并收入费用表的本期数中	① 期初资产、负债和资产项目金额包括在合并资产负债表的本期数中 ② 期初至撤销日的收入、费用项目金额所引起的净资产变动金额应当包括在合并资产负债表的期末数中

(四)部门(单位)合并财务报表★

1. 合并范围

部门(单位)合并资产负债表的合并范围一般应当以财政预算拨款关系为基础予以确定。有下级预算单位的部门(单位)为合并主体,其下级预算单位为被合并主体。部门(单位)所属的企业不纳入部门(单位)合并财务报表的合并范围。

2. 合并程序

合并财务报表应当以合并主体和其被合并主体的财务报表为基础,根据其他有关资料加以编制。合并财务报表应当以权责发生制为基础编制。合并主体和其合并范围内被合并主体个别财务报表应当采用权责发生制编制,按规定未采用权责发生制编制的,应当先调整为权责发生制基础的财务报表,再由合并主体进行合并。

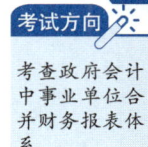

考试方向

考查政府会计中事业单位合并财务报表体系。

第十八章

编制合并财务报表时,应当将合并主体和其全部被合并主体视为一个会计主体,遵循政府会计准则制度规定的统一的会计政策。合并范围内合并主体、被合并主体个别财务报表未遵循政府会计准则制度规定的统一会计政策的,应当先调整为遵循政府会计准则制度规定的统一会计政策的财务报表,再由合并主体进行合并。

3. 合并财务报表格式

参考《政府会计准则第 9 号——财务报表编制和列报》及《政府会计制度》中关于资产负债表格式,及部门(单位)合并收入费用表的格式相关规定。

同步练习

一、单项选择题

1. 不属于政府会计中事业单位合并财务报表体系组成部分的是（　　）。

　A. 合并资产负债表　　B. 附注

　C. 合并收入费用表　　D. 合并利润表

2. 下列关于政府会计核算的表述中,不正确的是（　　）。

　A. 政府会计应当实现财务会计与预算会计双重功能

　B. 财务会计核算实行收付实现制,预算会计核算实行权责发生制

　C. 单位对于纳入部门预算的现金收支业务,在采用财务会计核算的同时应当进行预算会计核算

　D. 财务会计要素包括资产、负债、净资产、收入和费用,预算会计要素包括预算收入、预算支出和预算结余

3. 关于政府会计核算模式,下列各项中,表述错误的是（　　）。

　A. 政府会计由预算会计和财务会计构成

　B. 预算会计实行收付实现制,国务院另有规定的从其规定;财务会计实行权责发生制

　C. 政府会计主体应当编制决算报告和财务报告

　D. 政府会计主体应当编制预算报告和财务报告

4. 下列各项中,不属于事业单位流动负债的有（　　）。

　A. 预收账款　　　　　B. 应缴款项

　C. 长期待摊费用　　　D. 短期借款

5. 事业单位按规定对单位管理用的固定资产计提折旧,下列各分录中,正确的是（　　）。

　A. 借:单位管理费用

　　　　贷:固定资产累计折旧

　B. 借:非流动资金基金——固定资产

　　　　贷:累计折旧

　C. 借:事业基金

　　　　贷:累计折旧

　D. 借:事业支出

　　　　贷:累计折旧

6. 下列各项中,不属于政府会计流动负债的是（　　）。

　A. 应付短期政府债券　B. 应付及预收款项

　C. 短期借款　　　　　D. 应付长期政府债券

7. 下列关于政府储备物资的表述中,不正确的是（　　）。

　A. 政府储备物资可以是无形资产

　B. 政府储备物资是政府单位为满足实施国家安全与发展战略、进行抗灾救灾、应对公共突发事件等特定公共需求而控制的

　C. 政府储备物资应对可能发生的特定事件或情形时动用

　D. 政府储备物资包括战略及能源物资、抢险抗灾救灾物资、农产品、医药物资和其他重要商品物资

二、多项选择题

1. 政府财务报告包括财务报表和其他应当在财务报告中披露的相关信息和资料,财务报表包括（　　）。

　A. 资产负债表　　　　B. 收入费用表

　C. 利润表　　　　　　D. 附注

2. 政府单位核算国库集中支付业务,应当在进行财务会计核算的同时进行预算会计核算。在预算会计中设置的科目包括（　　）。

　A. "财政拨款预算收入"

　B. "资金结存——零余额账户用款额度"

　C. "资金结存——财政应返还额度"

　D. "零余额账户用款额度"

3. 下列各项中,属于政府负债计量属性的有（　　）。

　A. 现值　　　　　　　B. 公允价值

　C. 名义余额　　　　　D. 历史成本

4. 政府单位控制的经管(即经手管理)资产,不同于政府单位以自身占有、使用方式控制的固定资产和库存物品,下列各项资产中,属于政府经管资产的有（　　）。

　A. 公共基础设施　　　B. 政府储备物资

　C. 文物文化资产　　　D. 保障性住房

5. 2017 年 5 月 5 日,甲单位接受其他事业单位无偿调入物资一批,根据调出单位提供的相关凭证注明,该批物资在调出方的账面价值为 300

万元,甲单位经验收合格后入库。物资调入过程中,甲单位以银行存款支付了运输费 20 万元。下列关于甲单位与财务会计相关的会计分录表述中,正确的有(   )。

A. 库存商品增加 300 万元

B. 库存物资增加 320 万元

C. 贷方无偿调拨净资产金额为 320 万

D. 贷方无偿调拨净资产金额为 300 万

6. 下列各项关于政府单位特定业务会计核算的一般原则中,正确的有(   )。

A. 政府单位财务会计实行权责发生制

B. 除另有规定外,单位预算会计采用收付实现制

C. 对于纳入部门预算管理的现金收支业务,同时进行财务会计和预算会计核算

D. 对于单位应上缴财政的现金所涉及的收支业务,进行预算会计处理

三、判断题

1. 根据《政府会计准则——基本准则》的规定,行政事业单位对于纳入预算管理的现金收支业务,在采用财务会计核算的同时,应当进行预算会计核算。（   ）

2. 政府财务会计要素包括资产、负债、净资产、收入和费用。（   ）

3. 政府单位对于纳入部门预算管理的现金收支业务以外的其他业务,在采用财务会计核算的同时,也应进行预算会计核算。（   ）

4. 预算会计包括预算收入、预算支出,对政府会计主体预算执行过程中发生的全部预算收入和全部预算支出进行会计核算,主要反映和监督预算收支执行情况。（   ）

5. 政府财务报告主要分为政府部门财务报告和政府综合财务报告。财政部门编制部门财务报告,反映本部门的财务状况和运行状况;政府部门编制政府综合财务报告,反映政府整体的财务状况、运行情况和财政中长期可持续性。（   ）

6. 政府单位的应收账款须计提坏账准备。（   ）

7. 对于事业单位受托代理的现金以及应上缴财政的现金所涉及的收支业务,在采用财务会计处理的同时,应当进行预算会计核算。（   ）

8. 财政部门编制的政府综合财务报告,是用于反映财政部门自身财务状况,运行情况和净资产变动情况的报告。（   ）

9. 行政事业单位在预算会计中设"资金结存"科目,核算纳入预算管理的资金流出、流入、调整和滚存情况。（   ）

10. 政府单位收到的受托代理资产为现金和银行存款的,通过"受托代理资产"科目核算。（   ）

11. 政府会计中,自行研究开发项目尚未进入开发阶段,或者确实无法区分研究阶段支出和开发阶段支出的,财务会计核算中应该全部费用化。（   ）

参考答案及解析

一、单项选择题

1.【答案】 D

【解析】 政府会计中合并财务报表至少由合并资产负债表、合并收入费用表和附注组成,合并利润表不属于政府会计合并财务报表的组成部分。

2.【答案】 B

【解析】 预算会计实行收付实现制,国务院另有规定的,从其规定,财务会计实行权责发生制。故选项 B 不正确。

3.【答案】 D

【解析】 政府会计主体应当编制决算报告和财务报告。政府决算报告的编制主要以收付实现制为基础,以预算会计核算生成的数据为准。政府财务报告的编制主要以权责发生制为基础,以财务会计核算生成的数据为准。

4.【答案】 C

【解析】 政府会计主体的负债按照流动性,分为流动负债和非流动负债。流动负债是指预计在 1 年内(含 1 年)偿还的负债,包括短期借款、应付短期政府债券、应付及预收款项、应缴款项等。非流动负债是指流动负债以外的

负债,包括长期借款、长期应付款、应付长期政府债券等。

5.【答案】 A

【解析】 事业单位管理用固定资产折旧应通过"单位管理费用"核算,借记"单位管理费用",贷记"固定资产累计折旧",故答案选 A。

6.【答案】 D

【解析】 应付长期政府债券属于政府会计非流动负债。

7.【答案】 A

【解析】 政府储备物资是指政府单位为满足实施国家安全与发展战略、进行抗灾救灾、应对公共突发事件等特定公共需求而控制的,同时具有下列特征的有形资产:①在应对可能发生的特定事件或情形时动用;②其购入、存储保管、更新(轮换)、动用等由政府及相关部门发布的专门管理制度规范。政府储备物资包括战略及能源物资、抢险抗灾救灾物资、农产品、医药物资和其他重要商品物资,通常情况下由政府单位委托承储单位存储。

二、多项选择题

1.【答案】 ABD

【解析】 财务报表包括会计报表和附注。会计报表一般包括资产负债表、收入费用表和净资产变动表。政府单位可根据实际情况自行选择编制现金流量表。

2.【答案】 ABC

【解析】 政府单位应当在财务会计中设置"财政拨款收入""零余额账户用款额度""财政应返还额度"科目,在预算会计中设置"财政拨款预算收入""资金结存——零余额账户用款额度""资金结存——财政应返还额度"科目,核算国库集中支付业务。

3.【答案】 ABD

【解析】 政府负债的计量属性主要包括历史成本、现值和公允价值。选项 C 属于政府资产的计量属性。

4.【答案】 ABCD

【解析】 公共基础设施和政府储备物资属于政府单位控制的经管(即经手管理)资产。不同于政府单位以自身占有、使用方式控制的固定资产和库存物品,经管资产是政府单位以管理方式控制的、供社会公众使用的经济资源,主要包括公共基础设施、政府储备物资、文物

文化资产、保障性住房等。

5.【答案】 BD

【解析】 该笔业务账务会计处理如下(单位:万元):

借:库存物品　　　　　　　　　 320
　贷:银行存款　　　　　　　　 20
　　 无偿调拨净资产　　　　 300

6.【答案】 ABC

【解析】 对于单位受托代理的现金以及应上缴财政的现金所涉及的收支业务,仅需要进行财务会计处理,不需要进行预算会计处理,选项 D 错误。

三、判断题

1.【答案】 √

2.【答案】 √

3.【答案】 ×

【解析】 政府单位对于纳入部门预算管理的现金收支业务,在采用财务会计核算的同时应当进行预算会计核算;对于其他业务,仅需进行财务会计核算。

4.【答案】 ×

【解析】 预算会计通过预算收入、预算支出与预算结余三个要素,对政府会计主体预算执行过程中发生的全部预算收入和全部预算支出进行会计核算,主要反映和监督预算收支执行情况。

5.【答案】 ×

【解析】 政府财务报告主要分为政府部门财务报告和政府综合财务报告。政府部门编制部门财务报告,反映本部门的财务状况和运行状况;财政部门编制政府综合财务报告,反映政府整体的财务状况、运行情况和财政中长期可持续性。

6.【答案】 ×

【解析】 政府单位应视应收账款收回后是否需要上缴财政进行不同的会计处理。对于事业单位收回后不需上缴财政的应收账款应当计提坏账准备,对于收回后需上缴财政的应收账款不计提坏账准备。

7.【答案】 ×

【解析】 对于单位受托代理的现金、不属于本年度部门预算的现金,以及应上缴财政的、应转拨的、应退回的现金所涉及的收支业务,仅

需要进行财务会计处理,不需要进行预算会计处理。

8.【答案】 ×

【解析】 2014 年 8 月,新修正的《预算法》要求"各级政府财政部门应当按年度编制以权责发生制为基础的政府综合财务报告,报告政府整体财务状况、运行情况和财政中长期可持续性,报本级人民代表大会常务委员会备案"。

9.【答案】 √

【解析】 为了保证单位预算会计要素单独循环,在日常核算时,单位应当设置"资金结存"科目,核算纳入年度部门预算管理的资金的流入、流出、调整和滚存等情况。

10.【答案】 ×

【解析】 政府单位收到的受托代理资产为现金和银行存款的,不通过"受托代理资产"科目核算,应当通过"库存现金""银行存款"科目进行核算。

11.【答案】 ×

【解析】 政府会计中,自行研究开发项目尚未进入开发阶段,或者确实无法区分研究阶段支出和开发阶段支出,但按法律程序已申请取得无形资产的,应当按照依法取得时发生的注册费、聘请律师费等费用,在财务会计中,借记"无形资产"科目,贷记"财政拨款收入""零余额账户用款额度""银行存款"等科目。

第 十 九 章
民间非营利组织会计

考情回顾

本章主要学习民间非营利组织特定业务的核算以及财务会计报告。本章独立出题，难度适中。在近几年考试中本章知识点占 1～2 分的分值，主要以客观题的形式考查，重点关注民间非营利组织的受托代理业务的核算、捐赠收入的核算及会费收入的核算。

考试变化

本章内容无实质性变化。

本章结构

第一节　民间非营利组织会计概述
第二节　民间非营利组织特定业务的核算
第三节　民间非营利组织的财务会计报告

第一节　民间非营利组织会计概述

 本节框架 ▶

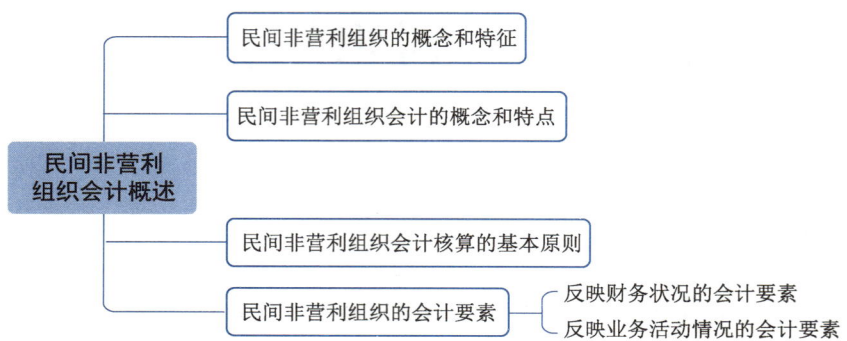

一、民间非营利组织的概念和特征

（一）民间非营利组织的概念

民间非营利组织是指通过筹集社会民间资金举办的、不以营利为目的，从事教育、科技、文化、卫生、宗教等社会公益事业，提供公共产品的社会服务组织。

（二）民间非营利组织的特征

适用于《民间非营利组织会计制度》的民间非营利组织应当同时具备以下特征：

1. 该组织不以营利为目的和宗旨。
2. 资源提供者向该组织投入资源并不得以取得经济回报为目的。
3. 资源提供者不享有该组织的所有权。

二、民间非营利组织会计的概念和特点

（一）民间非营利组织会计的概念

民间非营利组织会计是对民间非营利组织的财务收支活动进行连续、系统、综合地记录、计量和报告，以价值指标客观地反映业务活动过程，从而为业务管理和其他相关的管理工作提供信息的活动。

（二）民间非营利组织会计的特点

1. 以权责发生制为会计核算基础。
2. 在采用历史成本计价的基础上，引入公允价值计量基础。
3. 民间非营利组织资源提供者既不享有组织的所有权，也不取得经济回报。

三、民间非营利组织会计核算的基本原则

《民间非营利组织会计制度》要求民间非营利组织在进行会计核算时，应当遵循客观性原则、相关性原则、实质重于形式原则、一贯性原则、可比性原则、及时性原则、可理解性原则、配比性原则、历史成本原则、谨慎性原则、划分费用性支出和资本性支出原则以及重要性原则的基本原则。

四、民间非营利组织的会计要素

1. 反映财务状况的会计要素

反映财务状况的会计要素包括资产、负债和净资产（如表 19-1 所示），其会计等式为：

资产－负债＝净资产

2. 反映业务活动情况的会计要素

反映业务活动情况的会计要素包括收入和费用（如表 19-2 所示），其会计等式为：

收入－费用＝净资产变动额

提示▶由于民间非营利组织资源提供者既不享有组织的所有权，也不取得经济回报，所以会计要素无所有者权益和利润。

表 19-1 反映财务状况的会计要素

资产	资产是指过去的交易或者事项形成并由民间非营利组织拥有或者控制的资源，该资源预期会给民间非营利组织带来经济利益或者服务潜力，包括流动资产、长期投资、固定资产、无形资产、在建工程、文物文化资产和受托代理资产等
负债	负债是指过去的交易或者事项形成的现时义务，履行该义务预期会导致含有经济利益或者服务潜力的资源流出民间非营利组织，包括流动负债、长期负债和受托代理负债等
净资产	净资产是指民间非营利组织的资产减去负债后的余额，包括限定性净资产和非限定性净资产

表 19-2 反映业务成果的会计要素

收入	收入是指民间非营利组织开展业务活动取得的、导致本期净资产增加的经济利益或者服务潜力的流入，包括捐赠收入、会费收入、提供服务收入、政府补助收入、投资收益、商品销售收入等主要业务活动收入和其他收入
费用	费用是指民间非营利组织为开展业务活动所发生的，导致本期净资产减少的经济利益或者服务潜力的流出，包括业务活动成本、管理费用、筹资费用和其他费用等

第二节 民间非营利组织特定业务的核算

本节框架▶

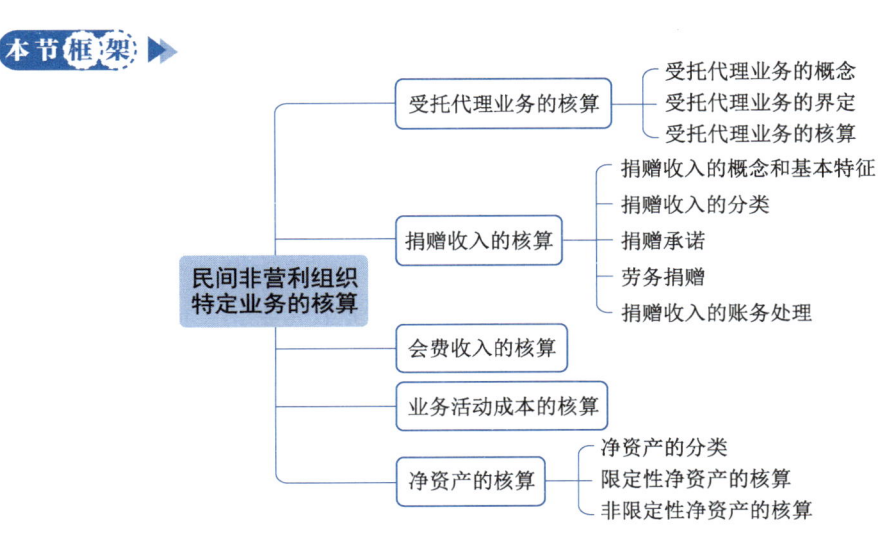

一、受托代理业务的核算

(一) 受托代理业务的概念

受托代理业务是指民间非营利组织从委托方收到受托资产,并按照委托人的意愿将资产转赠给指定的其他组织或者个人的受托代理过程。

(二) 受托代理业务的界定

受托代理业务是指有明确的转赠或者转交协议,或者虽然无协议但同时满足以下条件的业务。

(1) 民间非营利组织在取得资产的同时即产生了向具体受益人转赠或转交资产的现时义务,不会导致自身净资产的增加。

(2) 民间非营利组织仅起到中介而非主导发起作用,帮助委托人将资产转赠或转交给指定的受益人,并且没有权利改变受益人,也没有权利改变资产的用途。

(3) 委托人已明确指出了具体受益人个人的姓名或受益单位的名称,包括从民间非营利组织提供的名单中指定一个或若干个受益人。

(三) 受托代理业务的核算

1. 收到受托代理资产时

民间非营利组织应当对受托代理资产比照接受捐赠资产的原则进行确认和计量原则,但在确认一项受托代理资产时,应当同时确认一项受托代理负债:

借:受托代理资产
　　贷:受托代理负债

其中,受托代理资产的入账价值应当按照以下方法确定。

(1) 如果受托代理资产为现金、银行存款或其他货币资金,应当按照实际收到的金额作为受托代理资产的入账价值。

(2) 如果受托代理资产为短期投资、存货、长期投资、固定资产和无形资产等非现金资产,应当视不同情况确定其入账价值。

① 如果委托方提供了有关凭据,应当按照凭据上表明的金额作为入账价值,如果凭据上标明的金额与受托代理资产的公允价值相差较大,受托代理资产应当以其公允价值入账。

② 如果捐赠方没有提供相关凭据的,受托代理资产应当按照公允价值作为入账价值。

2. 转赠或者转出受托代理资产时

借:受托代理负债
　　贷:受托代理资产

3. 收到的受托代理资产如果为现金、银行存款或其他货币资金

借:现金/银行存款/其他货币资金——受托代理资产
　　贷:受托代理负债

借:受托代理负债
　　贷:现金/银行存款/其他货币资金——受托代理资产

提示 ▶收到代理资产如果为现金、银行存款或其他货币资金,可以不通过"受托代理资产"科目核算,而在"现金""其他货币资金"科目下设置"受托代理资产"明细科目核算。

考试方向

考查受托代理业务的会计处理。

【例题 19-1 判断题】(2020 年真题) 甲基金会与乙企业签订一份协议,约定乙企业通过甲基金会向丙希望小学捐款 30 万元,甲基金会在收到乙企业汇来的捐赠款时应确认捐赠收入。( )

【答案】 ×

【名师点睛】 甲基金会在该事项中起到中间作用,该事项属于受托代理业务,甲基金会在收到乙企业汇来的捐赠款时应借记"银行存款——受托代理资产"等科目,贷记"受托代理负债"科目,不确认捐赠收入。

二、 捐赠收入的核算

(一)捐赠收入的概念和基本特征

捐赠收入是指民间非营利组织接受其他单位或者个人捐赠所取得的收入。

捐赠基本的特征:①无偿的;②自愿的;③捐赠中资产或劳务的转移不带有商业目的。

(二)捐赠收入的分类

按捐赠方对捐赠的资产提出的限制性条件(时间限定或范围限定等)分为两类:限定性收入和非限定性收入。

(三)捐赠承诺

民间非营利组织对于捐赠承诺,不能确认收入,但可以在会计报表附注中披露。

【例题 19-2 判断题】(2020 年真题) 民间非营利组织对于捐赠承诺,应作为捐赠收入予以确认。( )

【答案】 ×

【名师点睛】 由于捐赠承诺不满足非交换交易收入的确认条件,民间非营利组织对于捐赠承诺不应予以确认。

(四)劳务捐赠

民间非营利组织对于劳务捐赠,不能确认收入,但应当在会计报表附注中披露。

(五)捐赠收入的账务处理

(1)通常情况下,捐赠收入设置两个明细科目:"捐赠收入——限定性收入"和"捐赠收入——非限定性收入"。

(2)收到款项时,借记"银行存款"科目,贷记"捐赠收入"科目。

(3)对于附捐赠条件的捐赠业务,比如捐赠业务做完后,对于余下的款项要退回,则要按需偿还的金额,借记"管理费用"科目,贷记"其他应付款"等科目。

(4)如果限定性捐赠收入的限制在确认收入的当期得以解除,应当将其转为非限定性捐赠收入。

(5)会计期末,捐赠收入的明细科目要结转入净资产,"捐赠收入——限定性收入"余额结转入"限定性净资产","捐赠收入——非限定性收入"余额结转入"非限定性净资产"。因此,这里也可以看出,非营利组织的净资产能反映出接受了多少捐赠。

三、 会费收入的核算

会费收入是指民间非营利组织根据章程等的规定向会员收取的会费。

民间非营利组织(协会)是按会员制组织的,因此要对会员收费。通常情况下,民间非营利组织的会费收入是非限定性收入。期末非限定性收入也要转入非限定性净资产。对会费收入,通过"会费收入"科目核算。

"会费收入"科目的贷方反映当期会费收入的实际发生额。

四、 业务活动成本的核算

业务活动成本是指民间非营利组织在开展各种业务活动过程中发生的支出的核算。通过"业务活动成本"科目核算。业务活动成本最终要冲减"非限定性净资产"。

五、 净资产的核算

(一) 净资产的分类

民间非营利组织的净资产分为两类:限定性净资产和非限定性净资产。

(二) 限定性净资产的核算

民间非营利组织应当设置"限定性净资产"科目来核算本单位的限定性净资产,并可以根据本单位的具体情况和实际需要,在"限定性净资产"科目下设置相应的二级科目和明细科目。

1. 期末结转限定性收入

将限定性捐赠收入、政府补助收入等转入"限定性净资产"科目的贷方。

2. 限定性净资产重分类

当限定性净资产的限制已经解除,应当对净资产进行重分类。将限定性净资产转为非限定性净资产,借记"限定性净资产"科目,贷记"非限定性净资产"科目。

【例题 19-3 判断题】(2020 年真题) 甲基金会经与捐赠人协商,捐赠人同意将原限定捐赠给特定群体的款项转为由基金会自主支配。甲基金会应将该限定性净资产重分类为非限定性净资产。( )

【答案】 √

(三) 非限定性净资产的核算

民间非营利组织应当设置"非限定性净资产"科目来核算本单位的非限定性净资产,并可以根据本单位的具体情况和实际需要,在"非限定性净资产"科目下设置相应的二级科目和明细科目。

(1) 期末结转非限定性收入。将捐赠收入、会费收入、提供服务收入、政府补助收入、商品销售收入、投资收益、其他收入等转入"非限定性净资产"科目的贷方。

(2) 期末结转成本费用项目。将业务活动成本、管理费用、筹资费用、其他费用等转入"非限定性净资产"科目的借方。

(3) 限定性净资产重分类。当限定性净资产的限制已经解除,应当对净资产进行重分类。将限定性净资产转为非限定性净资产,借记"限定性净资产"科目,贷记"非限定性净资产"科目。

（4）调整以前期间非限定性收入、费用项目。如果因调整以前期间非限定性收入、费用项目而涉及调整非限定性净资产的,应当就需要调整的金额,借记或贷记有关科目,贷记或借记"非限定性净资产"科目。

第三节　民间非营利组织的财务会计报告

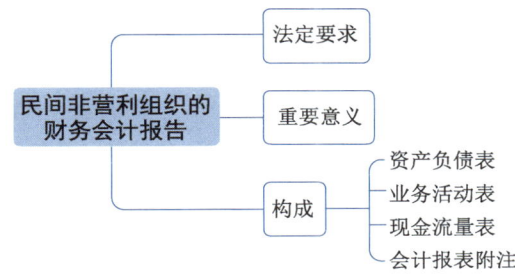

一、 民间非营利组织编制财务会计报告的法定要求

《会计法》规定,任何单位,包括民间非营利组织都必须定期编制财务会计报告,并要求财务会计报告必须真实、完整。

二、 民间非营利组织编制财务会计报告的重要意义

（1）如实反映民间非营利组织的经济资源、债务情况、收入、成本费用和现金流量情况。

（2）解脱民间非营利组织管理层的受托责任。

（3）为捐赠人、会员、债权人、政府监管部门和民间非营利组织自身等会计信息使用者决策提供有用的信息。

（4）提高民间非营利组织的透明度,增强其社会公信力。

三、 民间非营利组织财务会计报告的构成

《民间非营利组织会计制度》规定,民间非营利组织的会计报表至少应当包括资产负债表、业务活动表和现金流量表三张基本报表,同时民间非营利组织还应当编制会计报表附注。

同步练习

一、单项选择题

1. 对于因无法满足捐赠所附条件而必须退还给捐赠人的部分捐赠款项,民间非营利组织应将该部分需要偿还的款项确认为( )。
   - A. 管理费用
   - B. 其他费用
   - C. 筹资费用
   - D. 业务活动成本

2. 甲社会团体的章程规定,每位会员每年应缴会费1200元。2018年12月25日,甲社会团体收到W会员缴纳的2017年至2019年会费共计3600元。不考虑其他因素,2018年,甲社会团体应确认的会费收入为( )元。
   - A. 1200
   - B. 3600
   - C. 2400
   - D. 0

3. 下列各项中,属于民间非营利组织应确认捐赠收入的有( )。
   - A. 接受捐赠承诺
   - B. 接受劳务捐赠
   - C. 接受货币资金捐赠
   - D. 收到受托代理资产

4. 下列关于受托代理资产入账价值的确定的表述中,不正确的是( )。
   - A. 如果受托代理资产为现金、银行存款或其他货币资金,应当按照实际收到的金额作为受托代理资产的入账价值
   - B. 如果受托代理资产为非现金资产,委托方提供了有关凭据,凭据上标明的金额与受托代理资产的公允价值相差不大,应当按照凭据上表明的金额作为入账价值
   - C. 如果受托代理资产为非现金资产,捐赠方没有提供相关凭据的,受托代理资产应当按照公允价值作为入账价值
   - D. 如果受托代理资产为非现金资产,委托方提供了有关凭据,凭据上标明的金额与受托代理资产的公允价值相差较大,应当按照凭据上表明的金额作为入账价值

5. 下列各项关于民间非营利组织会计处理中,正确的是( )。
   - A. 收到受托代理资产时,确认一项受托代理资产时,应当同时确认一项受托代理负债
   - B. 以收付实现制为会计核算基础
   - C. 反映财务状况的会计要素包括资产、负债和所有者权益
   - D. 接受劳务捐赠,确认捐赠收入

6. 民间非营利组织的会计报表不包括( )。
   - A. 资产负债表
   - B. 利润表
   - C. 现金流量表
   - D. 业务活动表

7. 下列各项关于捐赠收入的会计处理中,不正确的是( )。
   - A. 接受现金捐赠时,按照应确认的金额,借记"现金"科目,贷记"捐赠收入"科目
   - B. 对于接受的附条件捐赠,按照需要偿还的金额,借记"捐赠收入",贷记"其他应付款"等科目
   - C. 如果限定性捐赠收入的限制在确认收入的当期得以解除,应当将其转为非限定性捐赠收入
   - D. 期末,捐赠收入的明细科目要结转入净资产,"捐赠收入——限定性收入"余额结转入"限定性净资产","捐赠收入——非限定性收入"余额结转入"非限定性净资产"

二、多项选择题

1. 2015年12月10日,甲民间非营利组织按照与乙企业签订的一份捐赠协议,向乙企业指定的一所贫困小学捐赠电脑50台,该组织收到乙企业捐赠的电脑时进行的下列会计处理中,正确的有( )。
   - A. 确认固定资产
   - B. 确认受托代理资产
   - C. 确认捐赠收入
   - D. 确认受托代理负债

2. 下列各项中,民间非营利组织应确认捐赠收入的有( )。
   - A. 接受志愿者无偿提供的劳务
   - B. 收到捐赠人未限定用途的物资
   - C. 收到捐赠人的捐赠承诺函
   - D. 收到捐赠人限定了用途的现金

3. 下列各项关于民间非营利组织捐赠业务的处理中,正确的有( )。
   - A. 捐赠属于非交换交易
   - B. 捐赠承诺满足非交换交易收入的确认条件
   - C. 民间非营利组织对于劳务捐赠,不予以确认
   - D. 如果捐赠人对捐赠资产的使用设置了时间限制或用途限制,则所确认的相关捐赠收入为限定性捐赠收入

第十九章

4. 下列各项关于民间非营利组织的相关处理中，正确的有（　　）。

　　A. 在实务中，民间非营利组织既可能作为受赠人，接受其他单位或个人的捐赠；也可能作为捐赠人，对其他单位或个人作出捐赠

　　B. 民间非营利组织对于捐赠承诺，不应确认收入

　　C. 民间非营利组织的会费收入通常属于非交换交易收入

　　D. 期末，民间非营利组织的"业务活动成本"科目的余额转入非限定性净资产，借记"非限定性净资产"科目，贷记"业务活动成本"科目

5. 下列各项关于民间非营利组织的说法中，正确的有（　　）。

　　A. 以权责发生制为会计核算基础

　　B. 在采用历史成本计价的基础上，引入公允价值计量基础

　　C. 反映财务状况的会计要素包括资产、负债和净资产

　　D. 反映业务活动情况的会计要素包括收入和费用

6. 民间非营利组织的会计报表包括（　　）。

　　A. 资产负债表　　　　B. 业务活动表

　　C. 现金流量表　　　　D. 报表附注

7. 民间非营利组织的净资产分为（　　）。

　　A. 受托代理资产　　B. 非限定性净资产

　　C. 受托代理负债　　D. 限定性净资产

8. 民间非营利组织反映财务状况的会计要素包括（　　）。

　　A. 资产　　　　　　B. 负债

　　C. 所有者权益　　　D. 净资产

9. 民间非营利组织反映业务活动情况的会计要素包括（　　）。

　　A. 收入　　B. 费用　　C. 利润　　D. 净资产

10. 甲企业与某社会团体于 2019 年 5 月 20 日签订书面捐赠协议，承诺通过某社会团体捐赠给乙民办小学电脑，价值 100 万元。2019 年 6 月 20 日，甲企业按照协议规定将电脑运至某社会团体。下列某社会团体的账务处理中，正确的有（　　）。

　　A. 确认固定资产

　　B. 确认捐赠收入

　　C. 确认受托代理负债

　　D. 确认受托代理资产

三、判断题

1. 民间非营利组织对其受托代理的非现金资产，如果资产凭证上标明的金额与其公允价值相差较大，应以该资产的公允价值作为入账价值。（　　）

2. 民间非营利组织应当采用收付实现制作为会计核算基础。（　　）

3. 民间非营利组织应将预收的以后年度会费确认为负债。（　　）

4. 民间非营利组织接受劳务捐赠时，应当按照其公允价值确认捐赠收入。（　　）

5. 民间非营利组织接受捐赠的固定资产，捐赠方没有提供有关凭据的，应以公允价值计量。（　　）

6. 民间非营利组织接受捐赠后，因无法满足捐赠所附条件而将部分捐赠退还给捐赠人时，应冲减捐赠收入。（　　）

7. 民间非营利组织的净资产分为两类：限定性净资产和非限定性净资产。（　　）

参考答案及解析

一、单项选择题

1.【答案】 A

　　【解析】 对于接受的附条件捐赠，如果存在需要偿还全部或部分捐赠资产或者相应金额的现时义务时（比如因无法满足捐赠所附条件而必须将部分捐赠款退还给捐赠人时），按照需要偿还的金额，借记"管理费用"科目，贷记"其他应付款"等科目，选项 A 正确。

2.【答案】 A

　　【解析】 "会费收入"科目的贷方反映当期会费收入的实际发生额。2018 年会费收入应为 1200 元。

3.【答案】 C

　　【解析】 选项 A，接受捐赠承诺，不确认捐赠

收入;选项 B,接受劳务捐赠,不确认捐赠收入;选项 D,收到受托代理资产,确认"受托代理资产"和"受托代理负债",不确认捐赠收入。

4.【答案】 D

【解析】 选项 D,如果受托代理资产为非现金资产,委托方提供了有关凭据,凭据上标明的金额与受托代理资产的公允价值相差较大,应当按照公允价值作为入账价值。

5.【答案】 A

【解析】 选项 B,民间非营利组织会计处理以权责发生制为会计核算基础;选项 C,反映财务状况的会计要素包括资产、负债和净资产;选项 D,接受劳务捐赠,不确认捐赠收入。

6.【答案】 B

【解析】 民间非营利组织的会计报表包括资产负债表、业务活动表、现金流量表、报表附注,不包括利润表。

7.【答案】 B

【解析】 选项 B,对于接受的附条件捐赠,按照需要偿还的金额,借记"管理费用",贷记"其他应付款"等科目。

二、多项选择题

1.【答案】 BD

【解析】 乙企业在该项业务当中,只是起到中介人的作用,收到受托代理资产时,应该确认受托代理资产和受托代理负债。

2.【答案】 BD

【解析】 选项 A,民间非营利组织对于其接受的劳务捐赠,不予以确认;选项 C,捐赠承诺不满足非交换交易收入的确认条件,不能确认为捐赠收入。

3.【答案】 ACD

【解析】 选项 B,捐赠承诺不满足非交换交易收入的确认条件,不应予以确认,但可以在会计报表附注中作相关披露。

4.【答案】 ABCD

5.【答案】 ABCD

6.【答案】 ABCD

7.【答案】 BD

【解析】 民间非营利组织的净资产分为两类:限定性净资产和非限定性净资产。

8.【答案】 ABD

【解析】 民间非营利组织反映财务状况的会计要素包括资产、负债和净资产。

9.【答案】 AB

【解析】 民间非营利组织反映业务活动情况的会计要素包括收入和费用。

10.【答案】 CD

【解析】 收到受托代理资产时,民间非营利组织应当在确认一项受托代理资产时,同时确认一项受托代理负债。

借:受托代理资产
　　贷:受托代理负债

三、判断题

1.【答案】 √

2.【答案】 ×

【解析】 民间非营利组织应当采用权责发生制作为会计核算基础。

3.【答案】 √

【解析】 民间非营利组织会费收入反映当期实际发生额,预收的以后年度会费应确认为负债,计入预收账款。

4.【答案】 ×

【解析】 民间非营利组织接受的劳务捐赠收入不予确认,但应当在会计报表附注中作相关披露。

5.【答案】 √

6.【答案】 ×

【解析】 对于附捐赠条件的捐赠业务,比如捐赠业务做完后,对于余下的款项要退回,则要按需偿还的金额,借记"管理费用"科目,贷记"其他应付款"等科目。

7.【答案】 √

第十九章